IOA·BAPT CONEGL

cima*da*conegliano

POETA DEL PAESAGGIO

a cura di Giovanni C.F. Villa

Marsilio

Sotto l'Alto Patronato
del Presidente della
Repubblica Italiana

REGIONE DEL VENETO
Promotore del Comitato
regionale per le celebrazioni
di Cima da Conegliano

Con il patrocinio di

MiBAC MINISTERO PER I BENI E LE ATTIVITÀ CULTURALI

PROVINCIA DI TREVISO

Promossa da

Comune di Conegliano

Prodotta e organizzata da

artematica

In collaborazione con

MiBAC DIREZIONE REGIONALE PER I BENI CULTURALI E PAESAGGISTICI DEL VENETO

MiBAC Soprintendenza Speciale per il Patrimonio Storico Artistico ed Etnoantropologico e per il polo museale della città di Venezia e dei comuni della Gronda lagunare

MiBAC Soprintendenza per i Beni Storici Artistici ed Etnoantropologici per le province di Venezia, Belluno, Padova e Treviso

inBrera Pinacoteca

centro arti visive

cimadaconegliano
POETA DEL PAESAGGIO

Conegliano, Palazzo Sarcinelli
26 febbraio - 2 giugno 2010

Mostra e catalogo a cura di
Giovanni C.F. Villa

Sponsor principale

fondazione ANTONVENETA

Sponsor

STEFANEL

Partner

GENERALI Assicurazioni Generali S.p.A.

Media Partner

IL GAZZETTINO

In collaborazione con

CANON D'ORO RESIDENZA D'EPOCA

DOIMO CITYLINE

LIBRERIA LOVAT

FADALTI

LINEA GRAFICA

olojin Web Marketing & Design

VN VENETA NASTRI CENTRO SERVIZI LAMIERE

Fornitore ufficiale software di biglietteria

RIBES informatica

Trasportatore ufficiale

apice

Realizzazione allestimento

OTT ART Prodotti per l'Arte

Sicurezza

ITALPOL

Le eccellenze del territorio celebrano
Cima da Conegliano

CARPENÈ MALVOLTI

CASTAGNER

Cecchetto LA TRADIZIONE DEL VINO

LAZZARIS

MASOTTINA

salumi DeStefani

Soligo Alimenta il benessere dal 1883

COMITATO REGIONALE
PER LE CELEBRAZIONI
DI CIMA DA CONEGLIANO

Presidente
Alberto Maniero

Segretario tesoriere
Maria Teresa De Gregorio

Matteo Ceriana
Andreas Henning
Mauro Lucco
Egidio Martini
Paola Rossi
Anna Maria Spiazzi
Angelo Tabaro
Giovanni C.F. Villa
Andrea Causin
Daniele Stival
Carlo Alberto Tesserin

Comitato d'onore
Giancarlo Galan *Presidente della Giunta regionale del Veneto*
Alberto Maniero *Presidente del Comitato regionale per le celebrazioni di Cima da Conegliano*
Caterina Bon Valsassina
Marzio Favero
Leonardo Muraro

COMITATO SCIENTIFICO

Sandrina Bandera
Soprintendenza per i beni storici, artistici ed etnoantropologici per le province di Milano, Bergamo, Como, Lecco, Lodi, Monza, Pavia, Sondrio e Varese
Caterina Bon Valsassina
Soprintendenza Speciale per il Patrimonio storico, artistico ed etnoantropologico e per il Polo Museale della città di Venezia e dei comuni della Gronda lagunare
David Alan Brown
National Gallery of Art, Washington
Matteo Ceriana
Gallerie dell'Accademia, Venezia
Peter Humfrey
University of St. Andrews, Scotland
Mauro Lucco
Università degli Studi di Bologna
Anna Maria Spiazzi
Soprintendenza per i beni storici, artistici ed etnoantropologici per le province di Venezia, Belluno, Padova e Treviso
Giovanni C.F. Villa
Università degli Studi di Bergamo

Comune di Conegliano

Sindaco
Alberto Maniero

artematica

Amministratore delegato
Andrea Brunello

Direttore organizzativo
Stefano Notturno

Ufficio prestiti
Zaira Bellet (responsabile)
Laura Conte
Sandy Maddalon

Ufficio marketing
Stefanella Ebhardt (responsabile)
Roberta Zamprogno

Ufficio comunicazione
Paola De Troia

Comunicazione grafica
Piero Tosi

Ufficio turismo
Federica Fasan
Alessia Ippoliti

Merchandising e biglietterie
Daniela Lorenzon

Ufficio prenotazioni
Alessandra Ceselin
Margherita Cattai
Sara Mion

Amministrazione
Anna Cadamuro (responsabile)
Antonella Zamberlan

Responsabile mostra
Laura Gardenal

Ufficio stampa
CLP Relazioni Pubbliche
Carlo Ghielmetti
Manuela Petrulli

Progettazione allestimento
TA s.r.l. studio di architettura
Alberto Torsello architetto

Conservazione
Centro Restauri di Giovanna Niero

Conferenze e formazione insegnanti
Sergio Favotto

Attività didattiche
Artestoria - Associazione culturale

Audioguide
Start

Gestione infrastruttura IT
GT Tech

ALBO DEI PRESTATORI

Francia
Parigi, Musée Jacquemart-André, Institut de France
Parigi, Petit Palais, Musée des Beaux-Arts de la Ville de Paris

Germania
Düsseldorf, Stiftung museum kunst palast, Sammlung Kunstakademie

Italia
Bologna, Pinacoteca Nazionale
Este, Comune di Este
Firenze, Galleria degli Uffizi
Milano, Museo Poldi Pezzoli
Milano, Pinacoteca di Brera
Milano, Veneranda Biblioteca Ambrosiana, Pinacoteca
Olera, Parrocchia San Bartolomeo Apostolo
Parma, Galleria Nazionale
Venezia, Diocesi Patriarcato di Venezia, Chiesa di San Giovanni in Bragora
Venezia, Gallerie dell'Accademia
Vicenza, Musei Civici. Pinacoteca di Palazzo Chiericati
Vittorio Veneto, Museo Diocesano di Arte Sacra «Albino Luciani»

Portogallo
Lisbona, Calouste Gulbenkian Museum

Regno Unito
Cardiff, Amgueddfa Cymru-National Museum Wales
Edinburgo, The National Gallery of Scotland
Harewood, The Earl and Countess of Harewood and the Trustees of the Harewood House Trust
Londra, The National Gallery

Stati Uniti d'America
Detroit, The Detroit Institute of Arts
Philadelphia, Philadelphia Museum of Art
Washington, National Gallery of Art

Svizzera
Zurigo, collezione privata

Ringraziamenti
La nostra gratitudine va ai direttori, conservatori e collaboratori dei musei e delle istituzioni che hanno concesso il prestito delle opere, a tutti i collezionisti che hanno preferito mantenere l'anonimato e a tutti coloro che hanno collaborato

Cristina Acidini, Iole Adami, Federica Alloggio, Irina Antonova, Naomi Aplin, Silvano Armellin, Irina Artemieva, Maria Elisa Avagnina, Jean-Pierre Babelon, Giovanna Baldissin Molli, Alessia Ballarin, Silvia Baratta, Pietro Basciano, Emanuela Bassetti, Carla Batson, Bettina Baumgärtel, Graham W.J. Beal, Mons. Rino Bechevolo, Pierpaolo Becich di San Servolo, Andrea Bellieni, Vania Bellotto, Stephanie Belt, Doriano Bendotti, Lucia Benedetti, Tiziana Benincà, Adriana Bergamo, Laurent Bergeot, Alessio Berna, Tito Berna, Barbara Bernard, Elisa Bernardi, Bruno Bertagnoli, Giuseppe Bertini, Alessandro Bertoni, Bruno Bianchi, Elodia Bianchin, Alessandra Bidoggia, Elena Bisiol, Ennio Bittante, Veronica Boldrin, Ilona Bolgh, Anna Bonamigo, Mariangela Bonamigo, Mario Bonamigo, Stefano Bonetti, Paola Borghese, Carlotta Borghi, Gianantonio Borgonovo, Ennio Bornancin, Marcella Bortolanza, Valentino Bortolato, Mario Bortolot, Andrea Bortolotti Zelio, Maurizio Bottoni, Tiziana Bottoni, Valerio Brambilla, Yvonne Brandt, Annamaria Bravetti, Andrea Bresolin, David Brown, Chezzy Brownen, Cornelia Brueggemann, Livio Brugnera, Lorenzo Brugnera, Bertilla Brunelli, Benedetta Brunello, Enrico Brunello, Luana Bruniera, John Buchanan, Jacklyn Burns, Simonetta Busatto, Angela Buso, Stefano Buson, Mons. Franco Buzzi, Alberto Cabrini, Gabriella Cabrini, Don Bruno Caccia, Alberto Cacco, Renato Cais, Gian Piero Cammarota, Claudio Campagna, Luigi Campagnol, Fiorenzo Cantalupi, Federico Capraro, Laura Carazzai, Caterina Cardona, Etile Carpenè, Rinaldo Carpenè, Mario Carraro, Leonardo Carrer, Nell Carrington, Raphaëlle Cartier, Tiziana Casagrande, Marco Casarin, Rosalie Cass, Giulia Castagner, Roberto Castagner, Alberto Castoldi, Serenella Castri, Viola Cattaneo, Angela Cavaliere, Hubert Cavaniol, Giorgio Cecchetto, Camilla Cecchi, Roberto Cecchi, Dennis Cecchin, Tommaso Ceccon, Consuelo Ceolin, Marco Ceotto, Chiara Ceschi, Dario Cimorelli, Gilles Chazal, Mita Cipriani, Michael Clarke, Renza Clochiatti Garla, Daniele Collatuzzo, Angelo Colombo, Alessandro Conficoni, Christiane Coulet, Hélène Couot, Sally-Ann Coxon, Alberto Craievich, Michele Cunta, Floriano Curto, Lucia Da Re, Emanuela Daffra, Adriano Dal Bianco, Federico Dal Bianco, Lucia Dal Bo, Ugo Dal Bo', Enrico Maria Dal Pozzolo, Mario Dalla Riva, Marchesa Zaira Dalla Rosa Prati, Kenny Daragh, Emma Darbyshire, Louisa Dare, Eugenia De Beni, Roldano De Biasi, Mariolina De Francesco, Pamela De Giusti, Maria Teresa De Gregorio, Frans de Jong, Maria Giuseppa De Leo, Cesare De Michelis, Dino De Poli, Anna Chiara De Stefani, Cesare De Stefani, Mara De Vido, Delphine Desveaux, Aurora Di Mauro, Uberto Di Remigio, Enzo Di Rienzo, Maria Maddalena Di Sopra, Giacomo Andrea Doria, Francesca Dottor, Marielle Doyon-Crimail, Laurence Durand, Henrike Dustmann, Dawn Edmonds, Tim Egan, Charlotte Engelsen, Melinda Erdohati, Marcia Erickson, Sjarel Ex, Daniela Faburlani, Francesco Facchin, Piero Fadalti, Marzia Faietti, Oliver Fairclough, Cristina Falsarella, Vasco Fassina, Franca Fava, Sergio Favotto, Carola Ferrario, Luigi Ficacci, Davide Fignon, Julie Firth, Giovanni Follador, Roberto Fontanari, Isabella Forcolin, Lucia Fornari Schianchi, Andrea Franceschi, Franca Franchi, Stefano Franzo, Marco Fratucello, Giorgio Frighetto, Holly Frisbee, Alessandro Fumo, Gastone Furlan, Rev.mo Mons. Mosè Furlan, Irene Galifi, Don Antonio Gamba, Arianna Gambirasi, Gianni Garatti, Elisabetta Gardin, Gian Gabriele Garla, Cristina Garetto, Davide Gasparotto, Giorgio Ghezzi, Matteo Giacomini, Mirko Giaveri, Maurizio Gibin, Francesco Girardi, Simonetta Giuliani, Gabriella Golluccio, Claire Gosling, Judy Gough, Melania Granzo, Maggie Gregory, Heather Griffiths, Susan Grinols, Manuel Gualandi, Mirella Gualandi, Carlo Guarino, Marina Gerra, Stan Guichard, Claire Hallinan, il Conte e la Contessa di Harewood, Marianne Heinz, Florence Hemici, Andreas Henning, Mary Hersov, Dorian Hill, Katie Holyoak, Michael Houlihan, Philip Hunt, Francesco Iannone, Olga Ilmenkova, Chante St Clair Inglis, Guido Jaccarino, David Jaffé, Pierfrancesco Jelmoni, Kay Kays, Christine Kyburz Kamm, Joanna Kilian, Ingrid Knauf, Maria Kostaki, Sára Kulcsár-Szabó, Cinzia Lacchia, Ann Laidlaw, Justus Lange, Fabrizio Lanza, Lord e Lady Lascelles, Michèle Lavallée, Alberto Lazzaris, Margherite Le Mière, John Leighton, Gaëlle Lemaire, H.F. Lenfest, Emilio Lippi, Silvia Lo Cascio, Yvonne Locke, Angelo Loda, Gigi Longo, Loris Lovat, Henri Loyrette, Piero Lucchi, Diamante Luling Buschetti, Gillian M.H. Walker, Sonia Maccan, Andrzej Maciejewski, Luciano Madrisotti, Giovanni Claudio Magon, Massimiliano Magon, Patrick Mandron, Federica Manoli, Mariuccia Marcon, Aimee Marshall, Rossella Martignoni, Sandro Martin, Alessandro Martini, Eugenio Martini, Steve McCluskey, Luca Melloni, Andrea Mencattini, Luigi Menegazzi, Mons. Antonio Meneguolo, J. Patrice Marandel, Irene Menato, Marco Meregalli, Giorgio Mies, Anastasia Mikliaeva, Salvatore Minardo, Leopoldino Miorin, Franco Miracco, Kathy Molesky, Ludovico Montagni, Elisa Morandin, Enio Moras, Riccardo Morgante, Andrew Morris, Theresa-Mary Morton, Antonio Motteran, Camilla Mozzato, Francesca Mureri, Sarah Murray, Barbara Nani, Antonio Natali, Marco Navoni, Giovanni Niero, Silvana Niero, Dania Nobile, Enrico Noè, Barbara Notaro Dietrich, Ragna Nothoff, Elena Obuhovich, Aleksandra Oleksiak, Mariolina Olivari, Loredana Olivato, Stefano Pace, Amalia Pacia, Erika Padoin, Jenny Page, Susan Page, Giovanni Pagliarulo, Matteo Pantaleoni, Anna Parma, Laura Pasin, Valter Paties, Marchesa Flaminia Patrizi Montoro, Maria Lisa Patuzzo, Catherine Paulus, Mosè Pavanello, Veronique Pellier, Nicholas Penny, João Castel-Branco Pereira, Sophie Petit, Michail Piotrovskij, Elena Piovesan, Paolo Pistellato, Giancarlo Piva, Antonella Poleggi, Mario Polesel, Alberto Polita, Sara Poloniato, Marta Pomiato, Melissa Pope, Riccardo Possamai, Maurizio Potočnik, Michele Potočnik, Earl A. Powell III, Alberto Pra, Andrea Pugiotto, Luca Quartana, Heidi Raatz, Graziano Raveggi, Steffi Reh, Maria Reilly, Mario Resca, Diana Ricci, Morgante Riccardo, Chiara Rigoni, Jane Roberts, Anna Robinson, Micha Röhring, Diego Romano, Marco Rosci, Angela Rossi, Giuseppe Rossi, Timothy Rub, Emanuela Ruggio, Linda Ruggio, Margherita Ruocco, Antonina Russo, Giuseppe Russo, Nicolas Sainte Fare Garnot, Salvador Salort-Pons, Elizabeth Saluk, Luísa Sampaio, Giorgio Santuzzo, Lucia Sardo, Renato Sartor, Giovanni Sartori, Nadia Scantamburlo, Laura Scarpa, Claudia Scatolini, Giuseppe Schiavinotto, Sabine Schroyen, Shannon N. Schuler, Antonio Scilipoti, Daria Sedova, Piero Semenzato, Attilio Serafin, Michela Silvestrini, Janice Slater, Clare Smith, Greg Smith, Michelle J. Smith, Dawn Somerville, Eva Soos, Francesco Sormani, Cristiana Sparvoli, Paul Spencer-Longhurst, Sandra Sperandio, Giorgio Spigariol, Giuseppe Stefanel, Tiziana Stefanel, Neal Stimler, Elizabeth Streeting, Carl Brandon Strehlke, Elisabetta Sturiale, Luke Syson, Angelo Tartuferi, Roberto Tasinato, Serena Tellini, Gloria Tessarolo, Barbara Thiemig, Alicia Thomas, Don Diego Tiraboschi, Rita Toma, Marianna Tomasatti, Catia Tommasi, Maurizio Tondato, Maurizio Torcellan, Maurizio Torresan, Alberto Torsello, Debora Tosato, Patricia Touzard, Matteo Tradardi, Giorgio Trevi, Francesco Tuan, Elena Tubino, Alexandra Urruty, Don Luca Valoti, Erik van Boxtel, Anna van Lingen, Nuno Vassallo e Silva, Patrizia Verducci, Simona Vernetti, Giancarlo Vettorello, Giulia Vidotto, Helen Vincenzi, Luciano Volpato, Margreet Wafelbakker, Stefan Weppelmann, Matthew Westerby, Lawrence J. Wheeler, Diane B. Wilsey, Beat Wismer, Katherine Wodehouse, Barbara Wood, Amy Wright, Floriano Zambon, Laura Zanchetta, Patrizia Zanettin, Annalisa Zanni, Loris Zava, Annarita Ziveri, Gianni Zorzetto, Filiberto Zovico

Un ringraziamento a tutti i dipendenti del Comune di Conegliano che hanno contribuito alla realizzazione della mostra

C'è chi, del tutto legittimamente, si interroga se sia opportuno allestire ancora nuove mostre su Giorgione oppure su Palladio e così di seguito elencando: Mantegna, Tiziano, Sebastiano Ricci, Tiepolo, Canaletto. Simili elenchi possono diventare interminabili. In realtà, non è semplice né scontato dare una risposta, un'indicazione univoca.
Saggio e doveroso sarebbe quindi che da parte del committente, sia questi soggetto pubblico o privato, venisse svolta una riflessione adeguata, imponendo una valutazione di fattibilità del progetto da molti punti di vista.
È ovvio che l'istituzione pubblica è chiamata a tenere conto, in modo prioritario, delle istanze proposte dal mondo culturale, per intenderci, dagli studi, dalla ricerca, da quanto si impone come reale esigenza per chi ha rinnovato analisi e riflessioni di vario genere in storia dell'arte o dell'architettura, in archeologia, nell'ambito della contemporaneità, che da sola abbraccia imprevedibili linguaggi creativi, nonché sperimentazioni innovative davvero sorprendenti.
Poi ci sono le altre ragioni, diverse ovviamente, ma non per questo meno importanti, se si ha a cuore il coerente dispiegarsi di una politica culturale che ha «occhi» per vedere e «mente» per capire, così da poter andare al di là di memorie storiche a volte scontate ed essere capaci di avviare percorsi culturali, ci si augura inediti. Fortunatamente, ormai da molti decenni, non può essere trascurato il fatto che riscoprire un museo abbandonato, restaurare gli antichi palazzi del corso principale di una qualunque nostra città storica, sottrarre all'oblio un ciclo di affreschi o un loro semplice frammento, recuperare la storia sepolta nei territori di un'archeologia troppo spesso disarmata, ridare vita alle superstiti «officine» dove, come secoli fa, si ricompongono libri e documenti preziosissimi, non è più sufficiente, se si vuole ridare senso e valore al binomio cultura e società.
E tutto ciò evitando, se possibile, di perdersi in tracciati storicistici o sociologici o «impegnati», così come un tempo si era obbligati a fare di fronte al conformistico accostamento cultura e società, che i più traducevano in cultura e politica.
Perciò, o una rinnovata avventura museale, il clamoroso episodio espositivo, la stimolante stagione teatrale, la doverosa celebrazione centenaria fanno parte di un progetto complessivo, cioè esteso all'insieme di tutte le opportunità che rendono «produttiva» in ogni senso una città o una regione, oppure la cultura è condannata a un ruolo marginale, e quindi sconfitta in partenza. Ma a essere sconfitta, in quel caso, è anche la città o la regione, dimostratasi incapace di alimentare se stessa con quanto – pur essendo stato l'ossigeno della nostra storia passata – nessuno ha saputo immettere più nelle «mongolfiere» non solo dell'immaginazione artistica e speculativa, che costituirebbe l'aspetto più scontato dell'impresa, ma anche in quelle dell'imprenditoria, di tutta una società che, se favorevole al superamento di regole convenzionali, di orizzonti oscurati da pensieri e segni stereotipati e pigri, non potrebbe che desiderare di vivere il più a lungo possibile proprio lì dove nuove «mongolfiere» volano.
Quante mostre su Giorgione, su Palladio, su Tiziano, sono state fatte? Molte. E con questo? Se pensiamo al caso Giorgione saremo costretti a riconoscere l'impossibilità di sostenere l'assioma per cui «tutto sappiamo ormai di lui e della sua arte». E come giustificheremo il nostro «rifiuto» a un'ennesima mostra giorgionesca quando, entrando in una libreria, scopriremmo l'uscita di un nuovo romanzo scritto, evidentemente, da chi, incurante delle nostre e altrui perplessità, si è lasciato andare all'inseguimento del secolare mistero esibito oppure nascosto nella Tempesta? *Lo stesso accade con Tintoretto, con Leonardo, con Palladio.*
Dunque? A ogni generazione va riconosciuto il diritto di cimentarsi con il «suo» Tintoretto, con il «suo» Giorgione, con il «suo» Tiziano, e, infine, con il «suo» Cima da Conegliano.
Tra l'altro, a testimonianza di un'efficace coerenza alla base di una reale politica culturale, c'è il fatto che sia Giorgione sia Cima da Conegliano hanno appreso, si fa per dire, le stesse «lezioni» suggerite loro da Giovanni Bellini, ma non solo. Almeno così raccontano i vecchi manuali di storia dell'arte. Ma è sufficiente Bellini per cogliere il segreto della poesia del grandissimo paesista Giovanni Battista Cima da Conegliano? Naturalmente, come sempre accade quando si prendono in esame gli immortali maestri del Rinascimento veneto, diventa inevitabile la domanda su Antonello da Messina e il suo ruolo nella formazione artistica, per esempio, di Cima.
Da ultimo, è motivo d'orgoglio il fatto che la nostra generazione abbia avvertito il desiderio di potersi confrontare con il segreto di un'arte a suo modo perfetta, quella di Cima appunto, creando i legittimi presupposti per una mostra che fa onore al Veneto e a tutti coloro che l'hanno voluta.

GIANCARLO GALAN
Presidente della Regione del Veneto

Cima da Conegliano è ricordato come il poeta del Paesaggio per la sua innata e peculiare sensibilità nei confronti dei luoghi e della natura.
Per celebrare uno degli artisti italiani più amati, la sua terra natale promuove un'esposizione unica nel panorama nazionale: un'occasione irripetibile per far conoscere il suo lavoro, nella fattispecie la sua «resa topografica e concreta dei colli trevigiani, di Conegliano Veneto e delle sue terre». La provincia di Treviso, non a caso, è un mirabile territorio che collega la catena delle Prealpi con la laguna di Venezia e offre una pregevole varietà di paesaggi e memorie di storia veneta. Tra le meraviglie della Marca Trevigiana, le «vecchie» città storiche come Treviso e Conegliano; e ancora, i paesaggi collinari disegnati dai «piccoli» filari di «grandi» vini. I folti boschi del Montello, la Piana del Cansiglio e le rive del fiume Piave o del lungo Sile. Treviso rappresenta una singolare realtà di area agropolitana, che unisce una trama di centri abitati e di spazi rurali, in cui si riconosce ancora, nonostante gli interventi, l'antico disegno. La provincia di Treviso è una terra dove la storia, la cultura, l'arte, l'ambiente, l'enogastronomia e l'industrializzazione convivono da sempre con esemplare senso di continuità. Dove l'archeologia del paesaggio si sposa con quella umana senza contrasto. È certamente un onore per la Provincia di Treviso, da sempre impegnata nella promozione del territorio, affidare alle tele del celebre pittore il compito di evocare gli esemplari scorci del Trevigiano, certi che la mostra attrarrà numerosi turisti e visitatori nella Marca Trevigiana.

LEONARDO MURARO
Presidente della Provincia di Treviso

Giovanni Battista Cima, ancora prima di essere uno degli artisti simbolo del primo Rinascimento veneziano, è stato un coneglianese autentico.
Questo identificarsi nella sua terra natale è diventato talmente centrale nella sua personalità artistica che il paesaggio di Conegliano è stato eletto a simbolo di una dimensione alta, universale e, nella sua simbologia, ultraterrena.
Un paesaggio che ricorre costantemente nella sua opera a prescindere da dove si trovasse a lavorare, che aveva ben interiorizzato e impresso nella memoria tanto da manifestare una somiglianza al vero ancora oggi riscontrabile.
Si prenda per tutte la pala che raffigura Sant'Elena, custodita alla National Gallery di Washington, dove arriva a una descrizione pittorica così meticolosa che vi si riconoscono, in basso, il borgo con nobili palazzi e chiese, le mura di cinta che salgono verso l'alto dove si distinguono le torri di Castelvecchio, dei Coderta, e la collegiata di San Leonardo, e sullo sfondo il castello di San Salvatore.
Un paesaggio che non è solo natura ma nel quale si distingue bene la mano dell'uomo, sia nell'azione edificatoria sia nelle lavorazioni agricole.
La grande fama che il «Zuan Batista Depentor» ha conquistato in Italia, e soprattutto all'estero, si è trasmessa di conseguenza alla sua terra natale, grazie all'idillio sancito nel suo nome d'arte.
L'eccezionale mostra, che propone a Conegliano opere provenienti dai più prestigiosi musei del mondo, è quindi, prima ancora che un fatto artistico di eccezionale straordinarietà, una dimostrazione di riconoscenza e affetto della Comunità verso il suo figlio maggiore.
Artematica, che ne cura l'organizzazione, ha avuto il merito di saper coinvolgere intorno a un progetto scientifico di altissimo livello le più importanti istituzioni territoriali, Regione del Veneto, Provincia di Treviso e Comune di Conegliano, e prestigiosi partner privati, ponendo una cura particolare sia agli aspetti legati all'accoglienza dei visitatori sia alla didattica per la scuola.
Un evento straordinario che ha visto per l'occasione l'Amministrazione comunale impegnata nel restauro di uno dei suoi palazzi più prestigiosi, Palazzo Sarcinelli, per decenni sede di mostre d'altissimo livello che l'hanno inserito di diritto nei circuiti del turismo d'arte nazionali e internazionali.

ALBERTO MANIERO
Sindaco di Conegliano

La mostra di Cima da Conegliano rappresenta un unicum *nel panorama delle esposizioni dedicate ai grandi maestri della pittura del Cinquecento. L'impresa è stata più volte tentata e mai concretizzata proprio per la difficoltà della sua realizzazione. Le opere di Giovanni Battista Cima, infatti, sono in gran parte dipinti su tavola caratterizzati da supporti molto fragili e sono conservati nei più prestigiosi musei del mondo. Dopo cinquant'anni Artematica è riuscita a portare a termine questa iniziativa, riunendo oltre quaranta opere di Cima: questo è sicuramente un grande successo, reso possibile grazie alla stretta collaborazione con gli enti locali e gli sponsor coinvolti.*
Ma Cima da Conegliano. Poeta del Paesaggio *è ben più di una semplice esposizione monografica dall'alto profilo scientifico, è l'elemento trainante di un circuito vivo e stimolante, elemento cardine di un turismo di qualità, dove la qualità è data dalle modalità di accesso alla fruizione oltre ai contenuti qualitativi della proposta stessa.*
È questo il senso sotteso al lavoro della società da me rappresentata: fornire al visitatore un servizio completo in cui all'approfondimento culturale si accompagna un percorso articolato di cui la mostra d'arte rappresenta solo uno dei molteplici aspetti.
Fondamentale per la realizzazione della mostra è stato il contributo della Regione del Veneto che ha da subito creduto in questo progetto, impegnandosi al fianco di Artematica per rendere omaggio a un grande Maestro del territorio, purtroppo spesso sottovalutato o non giustamente valutato dalla critica, e quasi sconosciuto al grande pubblico. Altro partner importante dell'esposizione è la Provincia di Treviso che ha scelto di intervenire, soprattutto a livello turistico, per promuovere questa importante esposizione attraverso i canali che le sono più consoni. Di rilievo anche il coinvolgimento da parte del Comune di Conegliano che ha creato una rete tra i diversi soggetti presenti in città per accogliere nel migliore dei modi il ritorno delle opere di Cima nella terra che gli diede i natali.
Per la prima volta nostro partner, Fondazione Antonveneta ha deciso di contribuire alla realizzazione di questa mostra, ribadendo un'innata sensibilità nei confronti della tutela, della valorizzazione e della promozione del patrimonio artistico della Regione del Veneto.
Vorrei ricordare con gratitudine le tre Soprintendenze coinvolte nell'ambiziosa campagna di restauri delle opere di Cima dislocate nel territorio, per il loro importante lavoro che ha portato nuove scoperte e informazioni preziose confluite in una sezione della mostra.
E non posso concludere se non ricordando colui che in prima persona ha creduto in questa esposizione, lavorando strenuamente al progetto con impegno e infinita professionalità e serietà, Giovanni C.F. Villa, curatore della mostra. Il contributo scientifico di questo grande studioso, unitamente alle competenze presenti in seno ad Artematica, hanno portato a una mostra di cui non posso che sentirmi orgoglioso.

ANDREA BRUNELLO
Amministratore delegato di Artematica

La presente esposizione vede Cima da Conegliano di nuovo protagonista, dopo la storica mostra curata da Luigi Menegazzi nel 1962.
I saggi e le schede del catalogo disegnano un'immagine nuova dell'artista, non più gregario ma attore principale della scena culturale veneziana e veneta del Rinascimento, tanto che viene spontaneo interrogarsi sul ruolo e sull'influenza esercitata da o su altri maestri quali Bellini, Giorgione, Lotto.
Cinquant'anni di studi, ricerca e attenta attività di tutela non sono quindi trascorsi invano. È vero che molte opere vengono dall'estero, ma altrettanto vero è che ognuna di esse è profondamente veneta, e non solo per questioni di stile.
L'altro protagonista dell'esposizione è il paesaggio delle composizioni cimesche, finalmente spogliato della veste agreste e idillica che ne ha sempre accompagnato la lettura, e ora restituito ai suoi valori di autenticità e realismo, pur nella consapevolezza che anche Cima, come quasi tutti gli artisti del suo tempo, ricorre spesso all'apporto di specialisti proprio per i fondali delle opere.
Nell'anno delle celebrazioni giorgionesche la mostra di Cima da Conegliano assume un valore particolare, spingendoci a indagare i rapporti tra gli artisti, la circolazione di modelli e opere, l'affrancarsi di un secolo, il Cinquecento, dalla tradizione di quello precedente.
Offre, a poca distanza da Castelfranco, un'ulteriore vetrina sul mondo dell'arte rinascimentale, aperta agli studiosi e agli appassionati, tra i quali speriamo di contare numerosi giovani.
Testimonia, dopo quasi cinque secoli, il significato della conservazione del paesaggio in una regione a forte vocazione industriale.
Ciò che Palazzo Sarcinelli ospita è quindi un esempio di sintesi virtuosa. L'impegno e la competenza di tecnici e funzionari delle Soprintendenze, il contributo, anche finanziario, di varie Istituzioni del territorio, la competenza di giovani studiosi e altrettanto puntuali diagnosti concorrono in maniera complementare a offrire una nuova immagine critica di Cima da Conegliano e un'altrettanto inedita storia iconografica della fascia collinare trevigiana.

UGO SORAGNI
Direzione regionale per i beni culturali
e paesaggistici del Veneto

L'esposizione permanente di un'opera in un museo o quella temporanea in una mostra è un precipitato di operazioni che si aprono e si chiudono nel segno della ricerca: fin dalla nostra Costituzione, la ricerca e tutela – prima ancora della valorizzazione, di cui è fondamento ineludibile – sono connesse e interdipendenti, ove si leggano contestualmente i due commi dell'articolo 9: «la tutela del paesaggio e del patrimonio storico artistico di cui al comma secondo sono effetti virtuosi della ricerca che la Repubblica promuove ai sensi del comma primo; e che, a sua volta, trae linfa vitale dalla salvaguardia dei valori storici e ambientali della Nazione».
Tanto più, allora, si farà ricerca e contestualmente tutela nel promuovere una mostra come questa, frutto di studi approfonditi – strettamente storico artistici ma anche iconologici, di riferimento all'ambito culturale del tempo, ma anche al contesto fisico e geografico –, una mostra che, grazie proprio a quegli studi, legge le opere d'arte di Giovanni Battista Cima – in cui si dispiega il suo agreste, ma raffinatissimo, canto di lode alla propria terra – sollecitando nuove ricerche sulla sua pittura tanto quanto nuove attenzioni al paesaggio, che di quelle opere è non mero sfondo ma soggetto primo, non meno di quanto lo siano le figure e le storie raccontate.
Nel progettare, da lontano, una mostra che non sia l'episodica presentazione di capolavori messi in fila, ma il portato di un lavoro silenzioso e lungimirante, l'istituzione Soprintendenza mette in atto, nei propri musei come nel territorio sul quale esercita le proprie competenze di tutela, un circuito di operazioni che interessano tutto l'orizzonte della propria attività: dalla scelta delle opere da destinare all'esposizione – discriminata da molti fattori quali la rappresentatività sotto vari profili (autografia, soggetto, qualità e conservazione) delle opere individuate, la praticabilità e l'opportunità dello spostamento, la valutazione del possibile detrimento alla fruizione nell'ordinario collocamento – alle operazioni di conservazione e di restauro, al proprio contributo alla redazione del catalogo e alla collocazione dei dipinti in mostra, intesa non solo come vigilanza alle operazioni di trasporto, movimentazione e collocamento. Anche la successione dei dipinti in un'esposizione è infatti una scelta critica, anzi, «critica in atto» (Argan), frutto di tutto il precedente percorso di studio: che, a sua volta, non è solo il risultato di convinzioni raggiunte ma, come ogni ricerca, è ancor più una presentazione di ulteriori problemi da risolvere, favorito dalla materiale vicinanza delle opere, agevolmente confrontabili.
Per tutti i visitatori questo materiale affiancamento di dipinti di Giovanni Battista Cima – nello sguardo a tutto tondo che per la prima volta dopo quasi cinquant'anni è possibile posare sull'opera di questo straordinario artista che della «periferia» collinare ha fatto il centro dei più profondi sentimenti umanistici – consente, insieme al puro piacere di contemplarne la bellezza, resa più intima dalla familiarità dei luoghi che descrive, di legare insieme futuro e passato, storia e progetto, di dare, insomma, gli strumenti per apprezzare l'ambiente, fisico e umano, che è quello della propria quotidianità. Che vuol dire anche saperlo pensare in termini di salvaguardia, e non meramente fisica: per sottrarlo cioè, anche attraverso la conoscenza della sua storia e della sua raffigurazione, a distorsioni e stravolgimenti, per farlo portatore di valori di rispetto, nei confronti della natura come dell'uomo, che sono in ultima analisi i valori più profondi della convivenza civile.
È proprio per la qualità scientifica del progetto e per l'affidabilità degli organizzatori, esempio virtuoso di come sia possibile coniugare tutela e valorizzazione, che la Soprintendenza per il polo museale di Venezia ha voluto dare il proprio contributo concreto all'auspicato meritatissimo successo di questa mostra sia con il prestito di opere dai musei e dal territorio di competenza sia con l'impegno scientifico per il catalogo di molti dei suoi funzionari storici dell'arte.

CATERINA BON VALSASSINA
Soprintendente della Soprintendenza Speciale
per il Patrimonio storico, artistico ed etnoantropologico
e per il Polo Museale della città di Venezia e dei comuni della Gronda lagunare

Nella giornata di studio Tra Livenza e Tagliamento. Arte e cultura a Portogruaro e nel territorio concordiese tra XV e XVI secolo – *organizzata dalla Soprintendenza a fine 2008 quale riflessione propedeutica a una mostra, tuttora in preparazione, che sarà importante corollario all'odierna esposizione coneglianese – si proponeva una ricognizione sulla presenza di Cima da Conegliano nel Veneto orientale, ricordando in particolare l'*Incredulità di san Tommaso, *già nella chiesa di San Francesco a Portogruaro e ora alla National Gallery di Londra, il trittico di Navolè di Gorgo al Monticano, ora al Museo Diocesano di Arte Sacra «Albino Luciani» di Vittorio Veneto, e il polittico di San Fior, tuttora nella parrocchiale del comune trevigiano. Si rammentavano anche, tra i capolavori del medesimo ambito territoriale, la Sacra conversazione realizzata per il Duomo di Oderzo – ora alla Pinacoteca di Brera – e la pala del Duomo di Conegliano, lì conservata fin dall'esecuzione, nel 1493. Un novero di opere cui andrebbero aggiunte, per completare la ricognizione geografica, le* Madonne con Bambino *dei musei di Este, di Treviso, di Conegliano; il trittico della chiesa di San Leonardo a Treviso; la pala già nella chiesa di San Dionisio a Zermen e ora al Museo civico di Feltre. Si tratta, con tutta evidenza, di un patrimonio straordinario che, fatte salve le diverse competenze per l'opera di Feltre e le Madonne di Treviso e Conegliano, che sono depositi delle Gallerie dell'Accademia di Venezia, ha precocemente sollecitato la Soprintendenza a un'attenzione tutta particolare, nella quale l'altissimo interesse storico-critico e quello conservativo si sono intrecciati inscindibilmente. I fascicoli territoriali d'archivio tramandano sollecitudini (di Cantalamessa, Fogolari e via via fino a Valcanover) che datano già ai primissimi anni del XX secolo e di cui viene dato conto nelle dettagliate schede di catalogo; ma anche la storia più recente ha visto l'organo di tutela sistematicamente impegnato nella salvaguardia e nella valorizzazione delle opere di Cima. Nel 1993, in particolare, venne promossa un'operazione metodologicamente paradigmatica: il restauro dei polittici di Navolè, di San Fior e della chiesa di San Leonardo a Treviso fu occasione per una serie di indagini scientifiche non distruttive e stratigrafiche, per approfondite verifiche di studio e attributive, per ipotesi grafiche di ricostruzione dell'aspetto originario dei complessi pittorici e, infine, per una piccola ma importante esposizione destinata a valorizzare tutti i dati emersi. Fu un lavoro esemplare, che vide la collaborazione serrata degli Uffici di Venezia e di Verona, allora riuniti sotto un'unica Soprintendenza; un lavoro che è stato poi prezioso, negli anni, per l'attività di monitoraggio e di manutenzione che è stata condotta con continuità e che ha suggerito, nel 2006, un intervento d'urgenza sul polittico sanfiorese, compromesso da alcuni microsollevamenti e sporcato da deiezioni di uccelli. A un restauro vero e proprio, e a una inedita e importantissima campagna d'indagini, è stata invece più recentemente sottoposta la pala di Conegliano, già trasportata su tela e restaurata nel 1963, ma ora nuovamente compromessa da consistenti depositi di sporco e dall'alterazione delle vecchie integrazioni. I risultati di questo lavoro, eseguito grazie a un'articolata sinergia pubblico–privato che ha visto impegnati, accanto alla Soprintendenza, la Diocesi di Vittorio Veneto, l'Università di Bergamo e il Rotary Club – quale principale finanziatore –, vengono ora illustrati e valorizzati all'interno della mostra di Conegliano che, opportunamente, dedica ampio spazio all'attività conservativa svolta dalle istituzioni preposte sulle opere di Giovanni Battista Cima.*
La collaborazione scientifica della Soprintendenza all'importante evento espositivo è stata piena e fattiva, stante la totale condivisione dei presupposti scientifici che l'hanno ispirata. L'occasione ha peraltro indotto a un intervento manutentivo sul trittico di Navolè e all'esecuzione integrativa di indagini scientifiche sia su questo trittico sia sull'opera di San Fior, nell'ottica di un completamento dei risultati del 1993 ma anche di una riflessione sull'evoluzione delle tecnologie che a un solo quindicennio di distanza consentono nuove e più puntuali consapevolezze. Si è dunque operato nella convinzione di poter dare nuovi significativi apporti allo studio del grande artista coneglianese, con un impegno che dovrebbe contribuire a conciliare le ragioni della valorizzazione con quelle, sempre necessariamente presupposte, della conoscenza.

ANNA MARIA SPIAZZI
Soprintendenza per i Beni storici, artistici ed etnoantropologici
per le province di Venezia, Belluno, Padova e Treviso

Giovanni Battista Cima detto Cima da Conegliano è conosciuto per la sua importante qualità pittorica dovuta non soltanto alla tecnica straordinaria che utilizzava ma anche al suo modo di leggere il mondo e il paesaggio. Proprio a tale proposito è interessante analizzare il quadro artistico nel quale si colloca l'attività di Cima da Conegliano.

Già nel Cinquecento si sviluppò un nuovo modo di vedere e descrivere il mondo, al quale gli artisti nordici erano pervenuti soprattutto imparando a sfruttare le proprietà di un medium a base di olio, che consentiva una maggiore complessità e brillantezza ottica, estendeva la gamma tonale e accresceva la scioltezza della tecnica pittorica. Giorgio Vasari aveva attribuito a Jan van Eyck la paternità dell'invenzione della pittura a olio: una tesi sfatata ormai da lungo tempo, inizialmente tramite l'esame delle fonti documentarie e più di recente grazie all'introduzione di metodi scientifici moderni nelle indagini sulle sostanze presenti nei dipinti. I dati che oggi possediamo sembrano dimostrare che il legame oleoso era in uso da tempo e comunque prima di van Eyck e che, nel periodo in cui gli artisti italiani preferivano lavorare soprattutto, ma non esclusivamente, con la tempera a uovo, costituiva probabilmente il metodo autoctono di dipingere su tavola nelle regioni settentrionali d'Europa. Il successo e la diffusione della cultura delle Fiandre, iniziato nel corso del Quattrocento, sono dovuti allo sviluppo economico di una solida società borghese e mercantile, che si concentra nelle grandi città commerciali e soprattutto intorno alla nuova capitale del ducato di Borgogna, trasportata a Bruges sotto il regno di Filippo il Buono. Questo fenomeno è dovuto soprattutto al perfezionamento della pittura a olio. Come è ormai ben noto questa tecnica estremamente duttile era già usata in precedenza e veniva descritta già nel testo di Teofilo.

Contemporaneamente da Venezia intanto la risonanza delle opere e degli artisti toscani si irradiava verso la terraferma e prima di tutto nella vicinissima Padova, che con la sua cultura multiforme e la viva tradizione antiquaria offriva un humus particolarmente disposto all'assimilazione della prospettiva. La prima influenza è pervenuta nel Veneto tramite le testimonianze toscane di Paolo Uccello (1425), di Filippo Lippi (1443) e di Donatello (dal 1443 al 1453).

Si può affermare che in pittura, dall'antichità classica fino ai giorni nostri, lo scenario naturalistico ha sempre ricoperto un ruolo capitale: a partire da Giovanni Bellini e Cima da Conegliano si sviluppa il concetto di «paesaggio» come genere pittorico seppure non ancora indipendente.

Mentre la situazione in Italia è caratterizzata dalla concezione sancita dalla teoria accademica che pone il paesaggio in un posto inferiore rispetto alla gerarchia dei soggetti e dei temi da rappresentare, la pittura veneta risulta però esente da questo atteggiamento anche per merito delle grandiose visioni di Cima da Conegliano.

Gli studi più recenti hanno chiarito che la rinascenza veneziana non costituì semplicemente una reazione alle novità fiorentine, bensì un'espressione estremamente originale, testimonianza di una serie di mutamenti localmente in corso nell'ambito artistico e sociale. L'arte veneziana, dunque, va esaminata, come quella fiorentina, cioè secondo il suo proprio linguaggio. A ciò si aggiunge anche la pratica dell'incisione che trovò in Venezia una committenza sensibile e attenta. Nella città lagunare venivano copiate, mutuate, traslate, talvolta mascherate e imitate, le incisioni nordiche che, in particolare, grazie all'attività di Dürer, costituivano un repertorio inesauribile di motivi iconografici.

Nessun artista veneziano, grande o piccolo, sfugge a questa moda: da Carpaccio a Cima da Conegliano, da Giovanni Bellini a Giorgione. Alcuni temi mitologici adottati da Cima da Conegliano mostrano il suo interesse per una cultura intellettuale sicuramente trasmesso dall'arte della stampa.

È possibile, come si è già argomentato, che i dipinti di tema sacro di Cima da Conegliano, con la dovizia di particolari realistici e suggestivi, e con la pacata semplicità (chiaramente collimanti con un «credo» adottato dell'artista), favorissero la concentrazione durante le pratiche religiose legate alla corrente riformatrice della «devotio moderna». Questo movimento era nato nei Paesi Bassi e aveva avuto un certo seguito nel Veneto, in particolare grazie all'apostolato di (san) Lorenzo Giustiniano e della sua congregazione di Canonici Regolari di San Giorgio in Alga, un'isola della laguna di Venezia.

Tutte queste tematiche rendono Cima da Conegliano, che solo apparentemente sembra estraneo ai grandi movimenti, un artista in continuo dialogo con lo spettatore e in continuo dialogo con la storia del suo e di ogni tempo.

SANDRINA BANDERA
Soprintendente per i beni storici artistici
ed etnoantropologici per le province di Milano, Bergamo,
Como, Lecco, Lodi, Monza, Pavia, Sondrio e Varese
Direttore della Pinacoteca di Brera

Il Centro Arti Visive, istituito nel Dipartimento di Lettere, Arti e Multimedialità dell'Università degli Studi di Bergamo, nasce per indagare gli aspetti culturali che vengono costruiti e comunicati attraverso l'immaginario visuale.
Questo significa studiare gli oggetti e le esperienze visive prodotti in ambiti come la letteratura, la pittura, la scultura, la fotografia, il cinema, i video e le tecnologie digitali.
Gli approcci metodologici adottati, che includono varie discipline tra cui la teoria letteraria, la storia dell'arte e del cinema e l'antropologia, si affiancano a specifici laboratori didattici e progetti editoriali per offrire percorsi di ricerca differenziati.
Accanto a queste attività principali che prevedono la catalogazione dei beni culturali, incentrata sull'inventariazione dei soggetti in ambito pittorico e fotografico, nell'intento di creare una sorta di enciclopedia dell'immaginario in stretta connessione con i temi letterari, il Centro ha sviluppato un laboratorio per le attività multimediali e televisive, che ha come suoi principali obiettivi lo studio e la creazione di sceneggiature, l'analisi di testi filmici, delle immagini fotografiche, la conoscenza e l'utilizzo degli strumenti multimediali. Sul fronte della comunicazione e dello studio dei nuovi media, il CAV è promotore di progetti quali RGB, la radio dell'Università degli Studi di Bergamo.
Facendo propria l'ottica di un approccio ai testi che sia anche fisica e materiale – supporti concreti di un pensiero – il cav ha avviato da un quadriennio una serie di studi scientifici dedicati alla conoscenza materica delle opere, condotti soprattutto mediante analisi ottiche d'immagine e spettroscopiche di tipo non invasivo, anche in collaborazione con altri centri di ricerca. A indagare tecniche esecutive, dettagli nascosti, scritture cancellate, sostanze organiche e inorganiche, problemi legati al degrado e alla conservazione, entro ricerche dal carattere non episodico ma sistematico, tale da poter affiancare utilmente il lavoro degli storici e dei filologi.
Un fronte di attività che si colloca nell'ambito di un'università che interagisce con un territorio ove l'arte è stata da sempre un punto di riferimento essenziale per la vita, dando esito a eccellenze quali l'Accademia Carrara e ponendo le basi per la grande storia del restauro che, dal Manuale di Secco Suardo a figure storiche quali Mauro Pelliccioli, si è per oltre un secolo intrecciata con quella della città orobica, portandola a primeggiare nel mondo per la scientificità e altissima nomea dei suoi illustri restauratori.
In quest'ottica, l'Università degli Studi di Bergamo si è fatta promotore di un nuovo sistema urbano orientato alla definizione di un vero e proprio quadrilatero della cultura che leghi città alta e città bassa, coinvolgendo il complesso monumentale di Sant'Agostino e la sede dell'ex Collegio Baroni in un fisiologico collegamento con l'Accademia Carrara e la GAMEC.
Partendo da questi presupposti, è stato dunque doveroso e un privilegio poter mettere a disposizione strumentazioni scientifiche e personale tecnico a favore di una mostra orientata alla tutela e conoscenza del territorio, essendo coinvolta direttamente la Bergamasca con uno dei suoi gioielli assoluti, il Polittico di Olera, opera che inaugura il catalogo di Cima da Conegliano. E su Cima sono state per l'occasione offerte le analisi riguardanti una trentina di opere, in gran misura appartenenti a enti pubblici italiani (Soprintendenze di Milano, di Parma, di Venezia, ad esempio) ed ecclesiastici – le analisi a Conegliano, Vittorio Veneto e San Fior svolte in ausilio alla Soprintendenza del Veneto Orientale – e in qualche caso stranieri, i cui esiti sono in parte testimoniati in catalogo.
Un'operazione che avrà anche una precisa ricaduta didattica andando a definire spazi e programmazioni di laboratori didattici e corsi specialistici rivolti a un pubblico selezionato di professionisti del settore e dottorandi, nell'intento di rendere l'analisi del testo visivo un dialogo tra discipline e studiosi dalle più diverse formazioni e interessi.

ALBERTO CASTOLDI
Direttore del Centro Arti Visive - CAV
Università degli Studi di Bergamo

LA CANDIDATURA DEL TERRITORIO DEI COLLI DI CONEGLIANO E VALDOBBIADENE ALL'ISCRIZIONE NELLA LISTA DEL PATRIMONIO UNIVERSALE DELL'UNESCO

Nel corso del 2009 il Consorzio di Tutela del Prosecco di Conegliano e Valdobbiadene ha avviato la procedura per la richiesta dell'inserimento del territorio dei colli di Conegliano nella lista del patrimonio universale dell'umanità tutelata dall'UNESCO.
Tale decisione è stata il frutto di un processo di maturazione culturale sviluppatosi nel corso dell'ultimo decennio che ha visto i produttori di prosecco sempre più consapevoli dell'importanza di rendere espliciti i valori culturali e identitari che costituiscono l'essenza stessa del prodotto vinicolo.
Il paesaggio dei colli di Conegliano e Valdobbiadene rappresenta in quest'ottica quella sintesi perfetta di fattori naturali e antropici, «così come percepiti dalle popolazioni», che troviamo esposta nella Convenzione Europea del Paesaggio secondo la cui logica il procedimento è stato fatto proprio e avviato formalmente dalla Regione del Veneto con una deliberazione del settembre 2009.

Motivazioni
Coerentemente con l'articolo 1 della Convenzione (Convention concerning the Protection of World Cultural and Natural Heritage, *adottata dall'UNESCO nel 1972 a Parigi) questo ambito si caratterizza per essere ascrivibile nella categoria dei paesaggi culturali, ossia quei siti che sono originati dalla combinata attività dell'uomo e della natura.*
In particolare il sito in questione appartiene alla seconda categoria di paesaggi (Organically evolved landscape - continuous) *ossia quelli generati da un processo continuo, evolutosi nella storia, attraverso il quale una società e la sua cultura si sono organizzate in risposta a peculiari caratteristiche dell'ambiente fisico.*
Un processo che ancor oggi è pienamente vitale e in evoluzione ma che, pur nell'ammodernamento dei modi di produzione attraverso l'uso della scienza e della tecnologia, mantiene ancora intatti i caratteri originali che lo hanno prodotto, il peculiare aspetto percepito caratterizzato da una grande complessità e variabilità paesaggistica, la cultura materiale legata alla coltivazione della vite contraddistinta dall'eccellenza qualitativa dei prodotti.

Criteri di iscrizione
Definito in tal modo l'oggetto di candidatura il Consorzio ha richiesto l'iscrizione alla lista dei siti di interesse straordinario tutelati dall'UNESCO sulla base dei seguenti tre criteri:

1. Il sito è portatore di una straordinaria testimonianza di un processo di civilizzazione e di una cultura ancora vitale (bear a unique or at least exceptional testimony to a cultural tradition or to a civilization which is living or which has disappeared).
La coltivazione della vite rappresenta per l'area candidata una tradizione documentata da almeno 1000 anni e ancora straordinariamente vitale che ha prodotto, soprattutto nel corso degli ultimi due secoli, specifiche e uniche ricerche e sperimentazioni condotte da grandi e innovatori studiosi del luogo di rinomanza internazionale e da istituzioni di ricerca tra le quali spicca una delle prime scuole enologiche del mondo: l'Istituito Cerletti fondato nel 1876 e l'Istituto Sperimentale per la Viticoltura fondato nel 1923, istituzioni che ancora oggi svolgono un ruolo formativo, culturale e scientifico di primo piano per il settore vitivinicolo nazionale e internazionale e per la filiera produttiva che comprende un settore enotecnico che opera sul mercato mondiale.

2. Il sito è un esempio eclatante di insediamento umano che è chiaramente rappresentativo di una forte interazione dell'uomo con un ambiente fisico e geografico particolarmente fragile (be an outstanding example of a traditional human settlement, land-use, or sea-use which is representative of a culture [or cultures], or human interaction with the environment especially when it has become vulnerable under the impact of irreversible change).

Un particolare sistema geomorfologico dotato di grande spettacolarità paesaggistica e di peculiari caratteristiche pedologiche e microclimatiche ha favorito in questo territorio la coltivazione della vite e in particolare del vitigno del cosiddetto Prosecco sin da tempi molto remoti.
L'impianto dei vigneti e le forme dell'insediamento umano, che con un processo storico continuo hanno determinato la trasformazione dei luoghi, sono indissolubilmente legate alla storia e alla cultura locale, con le tecniche di coltivazione e con i materiali locali e hanno prodotto nel tempo un sistema paesaggistico unico e particolarmente integro. Un sistema che, per la natura fisica dei luoghi particolarmente fragile, richiede un costante e continuo intervento dell'uomo.

3. Il sito è indissolubilmente legato ad alcune produzioni artistiche di indiscutibile valore universale (be directly or tangibly associated with events or living traditions, with ideas, or with beliefs, with artistic and literary works of outstanding universal significance).

Le rappresentazioni pittoriche di Giovanni Battista Cima da Conegliano, uno dei più importanti maestri del Rinascimento italiano, riportano frequenti citazioni del paesaggio del sito candidato, ricche di descrizioni dettagliate dei caratteri fisici, architettonici e vegetazionali, dotate ancor oggi di grande riconoscibilità.

Un valore universale
La candidatura del bene è motivata da una serie di fattori che ne determinano l'unicità e la riconoscibilità a livello mondiale quale paesaggio culturale.

Innanzitutto va considerata la peculiarità fisica del sito, generato da un fenomeno geologico (il processo di formazione delle Alpi) che in questa piccola porzione del territorio ha assunto forme del tutto particolari e ben individuabili, determinate dal processo di erosione selettivo sviluppatosi in un lungo arco di tempo.
Questo processo ha determinato la formazione di un paesaggio strutturato su elementi invariati molto forti (le grandi dorsali di tipo hogback) della porzione più a nord e il sistema di meandri dei solchi di erosione della porzione collinare più a sud). A livello di paesaggio percepito da parte del visitatore, tale struttura geologica molto netta se letta dal satellite o da foto aerea, diventa meno percepibile, mentre emergono le infinite forme che costituiscono il sistema dei rilievi e la grande frammistione di elementi naturali (boschi, incolti e vegetazioni riparali) e di elementi antropici (prevalentemente vigneti con caratteristiche di impianto e geometrie straordinariamente variabili).

Gli insediamenti umani, compresi nell'ambito del sito, sono tutti di rilevante valore storico o quantomeno testimoniale e risalgono in larga parte a un periodo compreso tra l'XI e il XVI secolo.
La stessa edilizia vernacolare presenta caratteri e materiali costruttivi intimamente connessi con la natura fisica dei luoghi e con la storia locale tanto da costituire un insieme unitario con i quadri paesaggistici locali ed è ancora caratterizzata da un ottimo grado di conservazione e da una diffusa permanenza delle funzioni originarie.

Le rappresentazioni di questo paesaggio storico sono presenti nell'iconografia degli artisti locali sin da epoca remota ma soprattutto in tre grandi maestri veneti del Rinascimento italiano: Giovanni Battista Cima da Conegliano, Giovanni Bellini e Giorgione.
Dei tre il Cima rappresenta con maggior fedeltà i luoghi, certamente a causa del contatto più frequente con gli elementi percettivi di un territorio che in buona sostanza coincide con una certa precisione con l'ambito candidato. Ne sono esempi eclatanti la Madonna dell'arancio *conservata alla Galleria dell'Accademia a Venezia che riporta la perfetta riproduzione del Casello di San Salvatore di proprietà dei Collalto esattamente com'è oggi, se si escludono le aggiunte settecentesche successive, o il castello e la città di Conegliano come riportate nella* Sant'Elena *dell'NGA di Washington e in altre opere.*
Tale verosimiglianza ricomprende anche i caratteri morfologici e geologici che sono citati in maniera ricorrente e sono tipici del cosiddetto paesaggio a «landri» che interessa la parte meridionale dei colli di Conegliano.

Le stratificazioni suborizzontali, portate in evidenza dai fenomeni erosivi, sono un leitmotiv di molte opere e trovano una forte concordanza di forme con il colle di Giano di Conegliano, con il colle Capriolo di Rua, con le balze di Collalbrigo e le terrazze di origine glaciale di Col.
I fenomeni più minuti sono ben rilevabili lungo il corso erosivo del Crevada, del Soligo e degli affluenti del Monticano, il fiume che attraversa Conegliano e che è una vera e propria icona ricorrente in moltissime opere dell'artista.
*Le formazioni di puddinga alternate a strati arenacei più teneri sono descritte con dettaglio realistico, ad esempio, nell'*Adorazione dei Magi *che si trova nella chiesa dei Carmini a Venezia, ove tali rocce, rappresentate con spirito di osservazione quasi scientifico, sono contornate della tipica vegetazione che le caratterizza ancora oggi.*
Sullo sfondo di questi primi piani sono ben visibili le colline alte delle cordonate e ancora più lontano, la quinta, fortemente marcata in azzurro dalla prospettiva aerea, delle Prealpi.
Anche il rapporto coltivi/boschi sembra ancora ben leggibile per il perdurare di modi di coltivazione che assegnano alle porzioni a nord lo sviluppo del bosco, fino al crinale collinare e a sud i coltivi separati da complessi sistemi di siepi e di vegetazione ripariale.
In molti quadri sono inoltre reperibili immagini molto precise di Conegliano, quasi sempre visto da est, del castello di Susegana e degli altri castelli presenti all'interno dell'ambito.
Ben documentate sono pure le caratteristiche dell'edificato locale, sia quello di natura monumentale e legato ai sistemi difensivi quattrocenteschi, peraltro visibile ancor oggi, sia quello di natura povera che risulta collocato nelle porzioni collinari o lungo i corsi d'acqua.

Ma soprattutto traspare in molti dipinti quello che è il carattere del paesaggio locale, complesso e mutevole, oltre all'aspetto coloristico e all'atmosfera caratteristica di questa porzione del Veneto.

Va anche sottolineata la precisa definizione geografica del sito, nettamente distinto e separato fisicamente sia dai territori di pianura collocati a sud, sia dalle porzioni pedemontane collocate a nord. Il sito è riconoscibile per tale motivo con molta chiarezza da qualsiasi parte lo si avvicini e costituisce lo skyline tipico dell'alta pianura trevigiana.
Sotto questo aspetto il sito rappresenta un elemento isolato e unico dell'intera Pianura padana.

Anche sotto il profilo del prodotto dominante il sito viene identificato da una serie di produzioni vinicole e spumantistiche di qualità che risultano interamente comprese nell'ambito (DOCG Prosecco di Conegliano e Valdobbiadene, DOC Prosecco superiore di Cartizze, DOC Refrontolo passito – Marzemino, DOC Colli di Conegliano Bianco e DOC Colli di Conegliano Rosso) e che pertanto rappresentano una sorta di attributo esclusivo del sito in grado di contribuire chiaramente a quella definizione di unicità che risulta uno degli elementi fondamentali della candidatura.
Il numero stesso delle DOC, concentrate in un'area così ridotta, ci conferma l'assoluta eccezionalità del sito e la sua importanza sovranazionale.

Il sito, pur unitario dal punto di vista morfologico, presenta due distinte forme di coltivazione che corrispondono a due ambiti paesaggistici diversi che si compenetrano. La parte delle alte colline a corde, da sempre destinata alla coltivazione della vite per le favorevoli condizioni climatiche e di esposizione, conserva sino a oggi le sue caratteristiche di eccezionale paesaggio costruito giorno dopo giorno, con impianti a tagliapoggio soggetti a perenne manutenzione a causa della fragilità idrogeologica del terreno e ancora oggi unicamente lavorato a mano per l'impossibilità di introdurre qualsiasi forma di meccanizzazione date le elevatissime pendenze.
La parte collinare più acclive si è prestata in passato anche a forme di coltivazione più varie, legate al mantenimento della famiglia contadina, e a sistemi di impianto diversi (cavalcapoggio, rittochino), anche se a partire già dal primo Ottocento è stata il luogo preferito per l'impianto della moderna monocoltura viticola che in questi luoghi ha avuto la prima sperimentazione che continua sino a oggi con forme e tecniche di impianto soggette a

continuo rinnovo, andando a formare un paesaggio unico per le numerose variazioni delle texture degli impianti viticoli stese su un sistema di colline di straordinaria bellezza.

La secolare tradizione della viticoltura e delle tecniche spumantistiche trovano in questo territorio un fondamento scientifico e tecnico che vanta almeno due secoli di lavoro di ricerca e di sperimentazione sul campo attraverso istituzioni didattiche storiche che vanno dalle prime Accademie Agrarie dell'Ottocento, alla prima scuola di viticoltura italiana (l'Istituito Cerletti fondato nel 1876) che ha contributo a formare una grande quantità di tecnici destinati al territorio nazionale e all'estero, istituzione oggi diventata anche corso universitario.
Non dimenticando l'Istituto sperimentale per la viticoltura (oggi Centro Ricerche Agricole - Consiglio per la ricerca e la sperimentazione in agricoltura, fondato nel 1923) che con i suoi laboratori, la sua ricchissima e unica biblioteca di settore e le sue pubblicazioni, la ricchissima collezione di germoplasma viticolo, ha contributo in maniera rilevante alla selezione e al miglioramento sia dei vitigni sia delle tecniche di coltivazione e di lavorazione originando, nell'area del Conegliano, un settore enotecnico in grado di collocare i propri impianti e la propria tecnologia in tutte le parti del mondo.

LEOPOLDO SACCON

Regione del Veneto
Consorzio di Tutela del Prosecco di Conegliano e Valdobbiadene

Cima da Conegliano
Poeta del Paesaggio

Cima da Conegliano, o il godimento dell'armonia

GIOVANNI C.F. VILLA

Originaria fratellanza dell'uomo con la natura piuttosto che misterica filiazione. Un incanto che si ritrova in tutti i quadri cimeschi di figura e paesaggio, più smalto goticizzante all'inizio, più soffio e calore in seguito...[1]

Una tavola del Cima va assaporata analiticamente. Allora soltanto ci si può rendere conto della qualità raffinata della sua fantasia espressiva, delle flessioni sottili del suo sentimento...[2]

La riscoperta di Giovan Battista Cima da Conegliano fra gli studiosi non data da oggi, ma per la maggior parte dei curiosi e appassionati di cose d'arte il pittore è forse ancora incapsulato, per così dire, in un bozzolo di paesaggismo e provincialismo. Anche se la sua arte è davvero «una comunione con l'ambiente naturale, così stretta e viva da destare in noi quasi metaforiche illusioni dei sensi; ché par di respirare aria fresca, profumo di fiori, alito di verzura, odor di terra: sapore di verità»[3], la sua cultura è vasta, raffinata, cosmopolita in una città, la Venezia a cavallo fra Quattro e Cinquecento, che è davvero la capitale dell'arte europea. E non solo: per ricchezza di committenza, prestigio di bottega, frequenza delle richieste, il coneglianese è uno dei primi nella città che vede attivi contemporaneamente i due Bellini, i Vivarini, Carpaccio e Giorgione. Fra questi grandissimi

la sua personalità si afferma con le singolari sue doti di contemplatore, quasi estatico, sereno dolce e carezzevole della natura infinitamente varia. Un'atmosfera singolarmente sua, una luce dorata e trasparentissima entro cui respirano calme e austere le creature sue, Santi, Madonne, Pastori, ed in cui si compone il paesaggio di Cima, coneglianese sempre, idillico e bucolico nell'insieme e nel più suggestivo e delicato particolare; tanto che la «veduta» filtri discreta ed incantevole dagli spazi liberi delle grandi pale[4].

Occorrerà dunque cercare i motivi profondi di una grandezza, l'intreccio di abilità, la varietà di opzioni entro cui l'arte di questo rampollo di una famiglia di benestanti artigiani di Conegliano si sviluppa, giungendo rapidamente a risultati maturi, e poi riposando nella certezza di un'armonia raggiunta, di un piacere e un godimento di forme e colore, suoi e nostri. Sarà una ricerca molteplice, cui i saggi di questo catalogo forniscono variati e stimolanti risultati.

Nella sua introduzione al convegno del 1994 Peter Humfrey notava come «la cronologia di Cima non sembra ormai proporre particolari problemi»[5]: rimane invece una delle questioni più controverse quella relativa a tutta la sua prima formazione. Se la data di nascita a Conegliano non è certa – la deduzione si fonda sul presupposto che a partire dal quattordicesimo anno di età ogni cittadino doveva pagare le tasse, per cui si ipotizzava il pittore esser nato tra il 1459 e il 1460, in una forzata interpretazione documentaria, come osserva in appendice Manuela Barausse – del tutto oscure sono la fase dell'apprendistato e le prime attività professionali fino al definitivo stabilirsi a Venezia. Anche perché il materiale pittorico nel tempo attribuito a Cima non è tale da poter essere scalato troppo indietro rispetto alla prima data certa, il 1489 segnato sulla pala di Vicenza (cat. 4). Un'ipoteca critica derivò da Giorgio Vasari che pone Cima nella scuola di Giovanni Bellini, dedicandogli relativamente poco spazio nell'ambito della *Vita di Vittore Scarpaccia*[6]. Un'originaria indicazione seguita dalla maggior parte della critica – in primis Sansovino[7], Ridolfi[8], Lanzi[9], Morelli[10] – per poi mutare sull'asse di un dialogo tra Bellini e Cima, secondo l'impostazione al problema data da Selvatico[11]. Saranno quindi Botteon e Aliprandi[12] e Gronau[13] a lavorare sull'ipotesi di una formazione squisitamente locale, tra i territori di Conegliano, Ceneda e Serravalle. I primi ritenendo il maestro di Giovan Battista vada cercato in uno dei quattro artisti che vivevano a Conegliano al tempo della sua adolescenza: Giovanni di Francia, Giacomo da Feltre, Dario e Desiderio; Gronau avanzando la possibilità di un alunnato presso Dario da Treviso. E poco distante, a Serravalle, abitava Jacopo da Valenza, da alcuni considerato un modello, da altri un imitatore della maniera di Cima. Coletti[14] ha poi concentrato la sua attenzione su di un altro maestro: Girolamo da Treviso il vecchio, mentre Burckhardt[15] si è rivolto all'ambiente vicentino, ove era operoso Bartolomeo Montagna e dove Cima firmava e datava l'opera che, d'altronde, mostra già una qualità assoluta. Ma «Bartolomeo ha più contorno ed è più bellinesco, il Cima, più severamente geometrico, modella con maggior cura in tondo, mantenendo più intimi rapporti con Antonello. Anzi nessun altro artista eminente merita quanto lui il titolo di erede e successore del messinese»[16]; proseguendo poi, Bernard Berenson, a suggerire «che il coneglianese, allorché prima venne a Venezia, andò forse da Alvise, ritrovando io le traccie di antichi rapporti tra i due artisti»[17]. Sul tema è intervenuto Puppi: il rapporto tra i due era certamente costruito su «reciproci influssi, prestiti, scambi: sul piano della formazione e dell'arricchimento del proprio linguaggio»[18], sottolineando come si debbano essere incontrati a Vicenza, non a Venezia, alla luce degli spostamenti di Bartolomeo tra il 1482 e il 1490. Un rapporto, tra Montagna e Cima, che andrà piuttosto risolto nella logica belliniana, nel comune prototipo di tanto sentire, la *Trasfigurazione di Cristo* per la cappella Fioccardo del Duomo di Vicenza, oggi a Capodimonte, negli accordi tonali e tra uomo e natura lezione per entrambi.

È certo che incisiva fu la presenza di Alvise Vivarini, peraltro al massimo di un quindicennio più anziano di Cima, che oltre a Berenson anche Cantalamessa considerava il probabile maestro, seguiti in questo da Mauro Lucco: «È ovvio che, alla fine degli anni ottanta, a Venezia, si vedesse il mondo con gli occhi di

Cima da Conegliano, *Cristo in pietà sostenuto dalla Madonna, Nicodemo e san Giovanni Evangelista con le Marie*, Venezia, Gallerie dell'Accademia (cat. 8), particolare

Cima da Conegliano, *Incredulità di San Tommaso e san Magno vescovo*, Venezia, Gallerie dell'Accademia (cat. 37), particolare

Giovanni Bellini, e Cima non fa eccezione; ma dopo essere passato, io credo, per una esperienza alvisiana, che gli ha dischiuso anche la conoscenza dell'eredità artistica di Antonello da Messina»[19]. Alvise può essere dunque considerato il buon tramite di un certo realismo antonelliano mediato da opere come la pala di San Francesco a Treviso, che molto influenzò i primi passi di un Cima poi in attenta meditazione e impegnato dialogo con le opere in San Bartolomeo a Vicenza.

Ma chiunque ne sia stato il maestro appare a tutti evidente che, oltre l'orizzonte culturale ben certificato dell'arte in laguna, esista una capacità di assimilazione precoce e talentuosa, perché la sapienza di Cima è quasi senza uguali nella Venezia di fine secolo in particolare per la sopraffina tecnica e l'attento disegno, d'altra parte ovvio in tutti coloro che apprendevano la lezione di Giovanni Bellini. Un talento di rara purezza vissuto dalla critica quasi come un limite tanto che Pignatti, pur sottolineandone l'«inimitabile bravura tecnica», nelle pagine dedicate a Cima della sua *summa* sull'arte veneziana ricorre con una significativa frequenza al termine «ingenuo»[20]: per carattere, emozioni, sentimento puro. Anche per questo Pallucchini[21] conclude: «formatosi nell'ambito antonellesco di Bartolomeo Montagna, il Cima si orientò poi verso il gusto di Giovanni Bellini [...] specialmente a contatto del colorismo tonale giorgionesco, s'arricchì di luminosità. Nella sua arte non ci sono sorprese o abbandoni: un'ispirazione placida e tranquilla dà il costante accento alla sua attività».

Così che per spiegare l'altissima arte di Cima lo si è messo sempre in relazione con contemporanei che dovevano essergli icone di riferimento, raramente colleghi in un dialogo paritario – allora si sottolinea l'influenza di Perugino nella pala di Parma[22] o quella di Leonardo di passaggio a Venezia[23] – e solo rapidi accenni si sono fatti al suo fondamentale e decisivo ruolo per l'opera di Lotto[24], che ne sarà erede naturale nella passione per i fiamminghi e nel lato fortemente umano e psicologico, o l'influenza avuta su alcune scelte di Savoldo, rintuzzate da Gilbert[25]. Notevoli poi i rapporti, ancora poco studiati anche per la relativa complessità nell'individuare figure e scuole, con i miniatori ben attivi a Venezia e nella sua azione in area padana su Correggio, con Lucco che paragona la posa della Maddalena ritratta da Cima nella *Madonna con il Bambino tra il Battista e la Maddalena* del Louvre, ma ultima eseguita per Parma, con l'omonima santa nella cosiddetta *Madonna di san Girolamo* di Correggio oggi alla Galleria Nazionale di Parma: «un atteggiamento che, mi pare, dovette parlare al cuore di un grande artista, capace appunto di fare del rapimento sentimentale una delle colonne portanti della sua pittura»[26]; con Coletti che individuava un'affinità spirituale con la *Madonna di san Francesco* della Gemäldegalerie di Dresda, del 1514-15. Una pala, quella per i domenicani di Parma, di fatto emblema del protoclassicismo del coneglianese, della sua magistrale capacità di resa emotiva dell'uomo e del paesaggio, sempre tesi alla ricerca psicologica.

L'idioma di Cima si delinea con una rapidità eccezionale, tanto che alla metà degli anni novanta del Quattrocento, già giunto alla piena maturità, tocca le due sponde dell'Adriatico e abbraccia anche in ampiezza i territori della Serenissima, avendo lasciato un polittico a Olera (cat. 1) e giungendo fino a Capodistria, con il polittico per la chiesa di Sant'Anna (1513, oggi in Palazzo Ducale a Mantova). In una capacità di permeare i territori legata anche agli intensi rapporti con ordini religiosi e confraternite: per quella dei Battuti, ad esempio, eseguirà la pala per il Duomo di Oderzo (cat. 2), la pala del Duomo di Conegliano del 1493 (cat. 9), la *Madonna con il Bambino* per la chiesa della Beata Vergine delle Grazie a Gemona del 1496 e l'*Incredulità di san Tommaso* di Portogruaro firmata e datata nel 1504 (cat. 38).

Il suo linguaggio è scandito da una sintassi di lucidissima chiarezza, tutta giocata su di una linea nitida, ferma, a imbrigliare il colore – sempre alla massima intensità e purezza – mai sgualcito da un oggettivo chiaroscuro se non nell'ultimo decennio di attività. Prima le ombre si modellano con nettezza assoluta, le figure voltate di tre quarti verso la luce. Il disegno plastico, rilevato dai giochi di luce, risente di quella classicità intesa in comune sentire con la statuaria di Antonio e soprattutto Tullio Lombardo e con l'arte del bronzo di Andrea Riccio, fusi in immagini con «un senso di rigore stilistico d'una sottigliezza quasi alessandrina»[27]. Anche per questo nel 1492 lo si definisce, nell'incarico per la pala del Duomo di Conegliano, «pictore eximio Venetiis permanente»[28]. Con Vasari[29] che aveva potuto soggiungere che se non fosse morto giovane avrebbe pareggiato il maestro, Giovanni Bellini. Ma l'insieme delle scarne notizie, e il poco spazio dedicatogli nelle *Vite*, non agevolarono gli storici ottocenteschi che, al principio della moderna storiografia dell'arte, costruivano il canone di opere e artisti. Per cui l'ampiezza dei giudizi andava dall'ignorarlo praticamente al sottolinearne una grandezza fin eccessiva, se Milanesi annotando l'aretino arrivava a definirlo «il Masaccio dell'arte veneta, quindi l'artista più grande ch'essa abbia avuto nel Quattrocento»[30] e Pietro Selvatico percorreva la medesima strada[31]. Quanto a Crowe e Cavalcaselle, nel primo tentativo realmente monografico, impostarono un rapporto del tipo: Cima sta a Bellini come Francia a Perugino.

In definitiva però il coneglianese fu a lungo considerato un artista provinciale, e solo recentemente – anche a seguito del convegno del 1994 – se ne è sottolineato il ruolo portante per quanto riguarda la pittura d'altare allo spegnersi del Quattrocento[32]. In effetti Cima è a Venezia fin dal 1486, e da qui spedirà nel 1489 l'ancona per San Bartolomeo in Vicenza (cat. 4) che, a differenza di tutte le altre poste sugli altari della chiesa, è appositamente dipinta a tempera su di una leggerissima tela. Vi esprime con personale maturità una linea belliniana, in cui a una soluzione di spiccata volumetria aggiunge l'invenzione dell'archivolto a graticciato naturalistico di improvviso, rustico sapore. Di pochi anni dopo data l'invenzione del *Battesimo di Cristo* di San Giovanni in Bragora a Venezia (cat. 10), ove in una limpidezza di luce adamantina la natura appare di una profondità e una liricità assolute mentre le figure «di preferenza arretrate dal proscenio, risultano perfettamente immerse nel paesaggio, sembrano cresciute nel paesaggio stesso; così come il paesaggio pur nella ricchezza e varietà degli episodi che lo compongono, sembra nato spontaneamente e non composto; umilmente vero e concreto»[33]. Un'opera topica di un *modus operandi*, esempio di quella pratica d'eccelso artigianato che riusciva a dar lavoro a «più di sette artigiani fra cui uno scultore per la cornice, un muratore per l'installazione e un doratore. Inoltre un falegname aveva preparato le tavole per il pittore, un altro pittore si occupò del fregio dipinto sul muro intorno alla cornice e un vetraio ristrutturò le finestre perché l'opera fosse più in luce. Altra mano d'opera fu necessaria per la realizzazione di un tendaggio da appendere davanti al quadro e per numerosi trasporti per via d'acqua e di terra»[34].

Cima vi pone figure dal canone ideale, quasi copie pittoriche

Cima da Conegliano, *San Pietro martire tra i santi Nicola e Benedetto con un angelo musicante*, Milano, Pinacoteca di Brera (cat. 45), particolare

degli esiti scultorei di Tullio Lombardo, ma più liberi e sciolti, che riusciranno così ad agire sulla pittura d'altare del Cinquecento veneto in modi rimarchevoli, e l'opera diverrà pietra di paragone persino per il *Battesimo di Cristo* di Giovanni Bellini in Santa Corona a Vicenza. Un *Battesimo* ove Cima rimedita quella solenne classicità che sempre emerge dall'idealizzata lisciatura dei volumi, già problematicamente proposta dal *Trittico* di San Giuliano, di fatto il testamento pittorico di Antonello in laguna, ora ammirabile solo nel *San Sebastiano* di Dresda (Gemäldegalerie Alte Meister). In esso si propongono alcuni tratti essenziali: il taglio dall'alto in basso, l'idealizzazione dei volumi, la politezza di superfici e cromie, la quiete che tutto avvolge in un ideale di classicità prettamente greca. È questo il canone anche per Cima, che adotterà volumi puri e forme cilindriche di ascendenza antonelliana con il suo *San Sebastiano* di Strasburgo (cat. 30) che «sembra essere fratello carnale del «Sebastiano» di Antonello»[35] e di cui Longhi scriveva:

> la sostanza del Cima, rusticità che si converte in classicità pretta, fa pensare a un «canone» misterioso da rammentarsi anche dopo quello di Policleto. Una figura che è come una torre d'avorio sull'alto cielo; lo sboccio lento delle spalle, l'interspazio tra torso e braccio, il panno fasciato liscio sui fianchi; quella freccia sola[36].

Partendo dunque da Antonello, mediato attraverso Alvise Vivarini e la statuaria di Tullio Lombardo, questo è il punto cui giunge Cima. Adottando un punto di vista sempre ribassato è l'uomo che governa spazio e pittura, un uomo che diviene misura armonica dello spazio stesso, in una limpida descrizione della realtà attraverso un disegno saldo e preciso a imbrigliare le figure. Il disegno sottostante è strutturato su di un segno di puro contorno, tanto da essere visibile solo ove vi siano ripensamenti. Appare fluido e dallo spessore uniforme, tracciato con un pennello e un *medium* liquido, con il tratteggio parallelo, ampio e pausato, che va a definire le zone d'ombreggiatura. La tonalità emotiva narra la natura modulando l'intensità, la purezza e la profondità di colori che diverranno sempre più saturi con il trascorrere degli anni. Indubbiamente da Cima, straordinario disegnatore, precisissimo ad esempio nella rappresentazione di piviali e pianete, tanto da meritarne uno studio specifico[37], potevamo attenderci un disegno maggiormente elaborato: dell'artista coneglianese rimangono infatti diversi disegni preparatori, tra cui un *San Girolamo*[38] plausibilmente riferibile all'omonimo santo della pala di Vicenza; una *Testa di San Girolamo*[39] per l'omonima figura nella *Madonna dell'arancio* (cat. 19) e il *Bambino Gesù dormiente*[40] per la *Natività* della chiesa di Santa Maria dei Carmini di Venezia (cat. 51). Inoltre, la *Madonna con il Bambino* di Rotterdam[41] (Museum Boijmans-Van Beuningen), priva di ogni spontaneità e connotata da plasticità scultorea e impressionante monumentalità, presenta una quadrettatura con il chiaro scopo di permettere l'ingrandimento proporzionale delle parti del disegno su di un cartone avente le dimensioni del dipinto finale. Ipotizzabile così che Cima eseguisse numerosi studi preparatori per le singole figure delle composizioni, limitandosi a livello di disegno sottostante a eseguirne i tratti principali e intervenendo poi a livello pittorico per la definizione finale dell'immagine. Dato confermato dalla *Madonna in trono con il Bambino tra i santi Andrea e Pietro* (cat. 42) ove l'incompiutezza dell'opera mostra un primo disegno preparatorio eseguito con un *medium* ferrogallico, con la stanchezza e la meccanicità dei personaggi che fa pensare a un *assemblage* di diversi disegni memorativi da parte della bottega e non di una composizione armonica in cui vibri una comunicazione di gesti e sguardi.

Un Cima poi magistrale nello sviluppo della tecnica a velature, nella ricerca dell'accordo tonale a legare primo piano e paesaggio lontano. Così la regia chiaroscurale si basa sulla brillantezza dell'imprimitura a biacca – o, nel caso essa manchi, su di una preparazione chiara che diviene parte necessaria, e non solo strumentale, della poetica del colore – a originare la luce del sottomodellato da cui principiare con velature successive a definire prima il mezzotono e poi le ombre del medesimo colore. È indubbio che non si possa parlare di pittura tonale nella *vulgata* giorgionesca, i colori sfaldandosi in mille sfumature tramite le modulazioni di luce e ombra ma riuscendo a mantenere sempre la loro integrità in un'accezione satura e intensissima. A dar loro vita è una luminosità limpida, tersa e chiara, la luce del mattino nelle giornate di primavera, efficace a rendere l'assoluta leggibilità di ogni dettaglio, non colorando le ombre né le lontananze. Fin dagli esordi sul fondo oro di Olera Cima cerca di ammorbidire certe scabrosità della linea lavorando sul tema del lustro, con bagliori cristallini resi con sottili velature di colore che ampliano la gamma cromatica accentuando la profondità. Così tinta d'elezione diverrà il giallo, fatto di orpimento e realgar, che Cima saprà rendere magistralmente, declinandolo in ambra e arancio, giocando con le resine a sfumare e accendere il tono. Andando a influenzare perfino la tavolozza del Dürer della *Pala del Rosario* (Praga, Národní Galerie). Un danubiano con cui il rapporto dovette essere intenso, Jill Dunkerton[42] avanzando «il sospetto che Cima fosse uno dei frequentatori del suo studio» a Venezia, e ciò sia alla luce delle analogie tecniche, sia per il legame tra il *Cristo tra i dottori* di Cima[43] (National Museum) e quello di Dürer. Ma forse la relazione è da ribaltare: è il tedesco che, arrivando a Venezia, si sarà recato nella bottega di Cima, l'artista a lui più vicino per sensibilità e intenzioni.

Una messa in colore della cultura del protoclassicismo, nelle novità di posa e nella lieve accentuazione sentimentale: eccellono in tal modo le pale in cui l'architettura è aperta, integrata nel territorio, ove la luce naturale orchestra l'ambiente. Sovente compare la figura dell'angelo musicante al centro della tela, in basso, a far da contrappunto al protagonista principale, con un effetto di addolcimento della composizione. Cima trasforma mirabilmente il linguaggio astratto di volumi e linee nella sua calma solenne, «la sua particolare sensibilità cromatica, così ricca e profonda, lo salva da ogni scadimento accademico»[44] mantenendosi tecnicamente sempre fedele a se stesso, se non negli ultimi anni di attività. Ma tutto rimane sempre orientato all'adesione della pittura al modulo neoellenico di Tullio Lombardo, meditato attentamente da Cima in ogni dettaglio del monumento funebre del doge Andrea Vendramin per la basilica di Santi Giovanni e Paolo a Venezia. Così che il Costantino dei *Costantino e sant'Elena* e le *Tre storie della vera Croce* (1501-03, cat. 31) – significativamente coppia con la *Resurrezione* di Alvise Vivarini conclusa nel 1498 (in un cielo d'alba, il gigantesco Cristo sul sepolcro memore nella posa di Perugino) – non è che un geniale adattamento del guerriero di destra della tomba Vendramin.

Negli anni della maturità Cima accentua alcune caratteristiche che vanno lette in relazione alla situazione culturale veneziana. Sempre maggiore l'attenzione al dettaglio ornamentale, all'elemento figurativo contestualizzato in ambienti architettonici.

Basti pensare, più che alle specchiature marmoree, ai mosaici antichi inseriti nelle architetture lombardesche, così come Bellini aveva fatto nella *Pala di San Giobbe* (Venezia, Gallerie dell'Accademia) Sono ricerche che seguono ormai direzioni differenti rispetto al recupero antiquario globale di un Andrea Mantegna: una classicità diversa dal suo rovello archeologico scultoreo esaltato nella ricerca di effetti plastici e illusionistici. All'abilità di rappresentazione di tutto ciò che sono le pietre dure, le armature, i marmi, Cima aggiunge la sapienza di rendere un corpo umano quasi scultoreo a prima vista, vivissimo per intensità di sguardi quando lo si ammira da vicino. La tensione poetica è nella misura ed equilibrio che si fondono in una classica *dignitas*, in quella calma assoluta, immobilità, che si riflette anche nel suo rapporto con le novità artistiche.

È qui la grandezza di Cima, in quel trovare immediato un registro e poi non mutarlo più, tanto perfetto qual era, così da renderci difficoltoso lo scalare cronologicamente i suoi dipinti. Un senso delle proporzioni che si permette di recuperare i moduli classici per eccellenza, il chiasmo di Madre e Figlio a riprendere il tema del contrapposto, manifestandosi poi nella capacità di essere grande, magniloquente nel piccolo formato: impressiona, vedendone in riproduzione le opere, la sensazione di monumentalità che esse offrono, ben distante dalle reali dimensioni delle scene. La torsione attiva dei personaggi, il gioco del contrapposto è un indice del rapporto tra i Lombardo e Cima, capace su questa base di imprimere caratteristiche di novità anche a un tema come la Madonna con il Bambino, ove accanto alle eleganti e canoniche Madonne il Fanciullo è sempre più istantanea di neonati che ripresa di putti classici, tanto da farlo emergere per la deliziosa varietà e vivacità dei suoi Bambini.

Già Pallucchini[45] aveva intuito l'importanza del dialogo con i Lombardo, marcando come il classicismo di Cima sia un classicismo di proporzioni, di «metrica statuaria», formalmente controllatissimo. Per cui nell'accordo fra figura e paesaggio, la prima statutariamente si staglia sul secondo, che vuole essere sempre volutamente topografico. È una chiave realistica ancora in un gusto medievale, non dissimile dalla tipica insistenza del Boccaccio nel situare le più divine visioni nella pineta di Classe, o i ritrovamenti di corpi santi nel contado intorno a Messina, mentre le avventure del più avventuroso degli armatori partono da una bella villa di Revello. Non a caso Ave Appiano ha evidenziato come realizzazioni quali la pala di Parma (cat. 21), la *Madonna dell'arancio* (cat. 19) o la pala della Madonna dell'Orto (cat. 11) siano «simbolo di un programma umanistico che mascherandosi dietro al recupero dell'antico sceglie di far perdere solennità alla figura di Maria, presentata in versione povera, caratteristica, autentica, traducendo l'evento sacro nei toni di una quotidianità d'atmosfera familiare»[46].

Un Cima in cui compare un valore umanistico del tutto coerente con la cultura contemporanea: la sintesi tra la composizione chiara e geometrica, i personaggi in posa misurata, disegnati e scultorei, l'espressione assorta e intensa. Da qui partirà verso il movimento delle forme, come in un passaggio dalla linearità plastica greca del IV secolo alla plastica ellenistica e traianea, portando movimento e una compunta drammaticità. Molto poteva ammirare di quella scultura a Venezia, dalla collezione del cardinale Grimani ai pezzi in bottega dei Bellini o dello stesso Tullio Lombardo. In questi discorsi di classicità si inserisce probabilmente anche l'attenzione neobizantina di Cima che, fin dal 1492-93 della pala per il Duomo di Conegliano (cat. 9), avrà come costante l'ambientazione in interni basilicali dai catini mosaicati, mentre i marmi colorati descritti con eccezionale acribia da Cima rappresentano una precisa scelta metaforica, in perfetto parallelismo con quanto elaborato nell'*Hypnerotomachia Poliphili*, tanto che «chiunque sia stato il "Maestro del Polifilo", era vicino all'ambiente di Cima da Conegliano»[47].

L'adesione a una poetica umanistica insita nella cerchia di Aldo Manuzio, il recupero dell'antico, i paralleli tra eroi classici e santi cristiani. Se negli anni novanta del Quattrocento Manuzio mette in piedi quello studio che porterà Venezia a essere il fulcro della produzione libraria e speculazione intellettuale d'Europa, tramite l'edizione di testi latini e inediti greci, Cima ne rappresenta l'ala figurativa in chiave religiosa, con il *Compianto su Cristo morto*[48] commissionato poco oltre la metà dell'ultimo decennio del Quattrocento da Alberto Pio signore di Carpi per la cappella di famiglia nella chiesa dei francescani osservanti di San Nicolò a Carpi: «et questa pittura ebbe S. Alberto la tenne in Roma un tempo fra le cose» andando a Roma ambasciatore del papa nel 1512. Un'opera che aveva dimensioni, infatti, più da studiolo umanistico che da cappella gentilizia e che per la sua alta qualità Francesco I d'Este trasse per le collezioni ducali. Tavola dai mille rimandi, *in primis* alla scultura in terracotta che tanta fortuna aveva in Emilia. Fu Venturi il primo a vedere i rapporti con i *Compianti* di Guido Mazzoni, alla luce dell'espressività ed emotività della scena, figlia anche di un'impostazione monumentale. Bellissimo il realistico ritratto di una Vergine anziana, così come già in Bellini, seguendo un modello che Cima aveva adottato nel *Cristo in pietà sostenuto dalla Madonna, Nicodemo e san Giovanni evangelista con le Marie* di Venezia (cat. 8) e riprenderà nella versione di Varsavia (National Museum). Con poi la regia di pose, gli sguardi, gli intrecci di mani tra Madre e Figlio che la rendono una delle opere di maggiore tensione drammatica.

Un Alberto Pio (1475-1531), umanista e diplomatico tra papa Leone X e Francesco I di Francia, grande sostenitore della stamperia di Manuzio e della cultura greca che poté conoscere Cima attraverso vari canali, oltre che dall'editore anche dai vescovi di Treviso Bernardo de' Rossi o Bernardo Malchiostro, originari di Parma. Conoscenze assai legate all'ordine degli osservanti francescani e che avranno certo influito sulle scelte di questi ultimi e gli indirizzi operativi di Cima, probabili tramiti per la commissione di capolavori quali la pala *Madonna con il Bambino e i santi Michele arcangelo e Andrea apostolo* ora in Galleria Nazionale a Parma (cat. 21). Tavola di lezione per la generazione futura, da Sebastiano del Piombo a Tiziano, anche solo riferendosi agli anni della pala di San Giovanni Crisostomo del primo, senza dunque tornare alle ipotesi di Fiocco di un alunnato di Sebastiano presso Cima[49]. Seguiranno la pala per il protonotario apostolico e canonico del Capitolo della cattedrale di Parma Bartolomeo Montini, originariamente nella cappella absidale destra del transetto nel Duomo di Parma (1506-07), per Lanzi «la miglior tavola forse che ne vedessi»[50], e poi quella per la chiesa del convento delle domenicane di San Domenico. Nella pala del Duomo, raffigurante la *Madonna con il Bambino in trono tra i santi Cosma, Damiano, Apollonia, Caterina d'Alessandria, Giovanni evangelista e un angelo suonatore*, la scena è collocata in un'abside illuminata dalle specchiature marmoree mentre il catino è decorato da un mosaico raffigurante Cristo in cattedra tra la Madonna e san Giovanni evangelista. Un angelo suona la viola. Rispetto alla *Pala di San Zaccaria* di Giovanni Bellini

(Venezia, chiesa di San Zaccaria), Cima chiude l'architettura e regola ogni dettaglio sul vibrato intenso della luce: dai toni così caldi da legare figure e ambiente in un'unione espressiva da rappresentare uno dei vertici assoluti del pittore. La *Madonna in trono con il Bambino tra il Battista e la Maddalena* oggi al Louvre[51] ma di provenienza domenicana, databile intorno al 1513, gli anni del *Polittico di Sant'Anna* a Capodistria (Mantova, Palazzo Ducale) e da leggersi in tangenza con il pannello centrale del trittico del Musée des Beaux-Arts di Caen del 1511, è l'ultima delle pale per Parma, città dal respiro tutto emiliano, culturalmente prossima alla Bologna di Francia e Costa, con retaggi centro italiani che andavano nella direzione di quel Perugino da Cima già meditato a Venezia. L'afflato poetico del dipinto per i domenicani ha fatto spesso intrecciare il rapporto di dare/avere con Giorgione e la *Pala di Castelfranco* (Castelfranco Veneto, Duomo). Qui la poesia di Cima è di colore tridimensionale, nella maggior fusione atmosferica e cromatica di figure e paesaggio: il primo piano invaso da gamme calde e sature, panneggi struggenti nei loro cangianti, stagliati su di uno sfondo che vibra dei toni terra, bruni e verdi del paesaggio appena bagnato da una luce non tonale.

L'altro aspetto umanistico, laico, è dato dalla presenza dei temi mitologici in Cima, con una trattazione in chiave classico-pagana. Ecco allora i pochi parergia. I quattro medaglioni con finti bassorilievi in marmo desunti da medaglie e pezzi di scultura antica nella quinta architettonica della pala della Madonna dell'Orto (cat. 11)– che «nell'architettura, nelle arie delle teste, nel comparto de' colori ha quel non so che per cui non si farebbe mai fine di riguardarla»[52] e da vedersi in tralice così da ricomporne la prospettiva – densa di significati moraleggianti: l'albero di quercia – forza morale, *robur*, rinascita – il fico – simbolo di conoscenza, del sapere religioso contrapposto alla decadenza pagana – e l'edera, emblema di immortalità ma anche, più semplicemente, a indicare lo stato di abbandono dei ruderi, il tempo trascorso da un'era. E su tutto il gufo espressione, nella tradizione classica, delle tenebre, dell'infedele abituato all'errore, accecato dalla luce della verità. O ancora il timpano del tempio sullo sfondo del *Miracolo di san Marco: il risanamento di Aniano* di Berlino (cat. 25), decorato con un fregio di delfini e una naiade, personificazione del paganesimo. Semplice il simbolismo del crollo del paganesimo con il sopravvenire dell'era cristiana: ma non è solo l'inserzione di citazioni dall'antico in fregi decorativi, ciò che è più interessante è il modo in cui Cima respira l'antichità, ricrea una classicità intesa seguendo il clima culturale veneziano al termine del secolo. E lo mostra nell'atteggiamento dei personaggi, nei loro abbigliamenti e posture, fin dalla santa Lucia del *Polittico di Olera* (cat. 1) o dalle sante Caterina d'Alessandria e Apollonia della pala dei Battuti (cat. 9) o alla *Sant'Elena* di Washington (cat. 16), come già notava Tempestini[53], fino all'apice assoluto del citato *San Sebastiano* di Strasburgo (cat. 30).

E ancora laica e umanistica è la dimensione del gusto e dello stile di vita: ad esempio attraverso la raffigurazione degli strumenti musicali, indagata in ultimo da Stefano Toffolo che ha individuato nei dipinti di Cima «strumenti musicali, appartenenti alle diverse tipologie: strumenti a pizzico (liuto, cetera), strumenti ad arco (lira da braccio, ribeca), strumenti a fiato (flauto dolce, flauto dritto lungo, trombe, cornamusa)» raffigurati «con una certa precisione sia della loro morfologia che della pratica esecutiva evidenziata (posizione delle mani, uso dell'arco ecc.)»[54]. Coglie così l'importanza della musica al tempo, esaltata da Baldassar Castiglione tra le virtù nel *Libro del Cortigiano* edito a Venezia nel 1528. All'armonia di forme e colore, aggiunge l'armonia dei suoni.

Ma gli esiti laici sono secondari per Cima, pur se indicativi; e nella sua fase tarda – morì ancor giovane nella sua Conegliano – Cima rielabora i suoi temi di fondo. Così nell'*Adorazione dei pastori* di Santa Maria dei Carmini (cat. 51), commissionata dal mercante di stoffe Giovanni Calvo, unisce al tema della Madonna con santi la rappresentazione narrativa di un avvenimento. In una commistione di temi evidente anche nella sua opera finale, la *Madonna allattante il Bambino in un paesaggio* di Amsterdam[55] (Rijksmuseum) che, per quanto rovinata dal trasferimento da tavola su tela subito nel 1903, mantiene una buona leggibilità. In essa fonde i motivi della Madonna lattante e della Madonna dell'umiltà elaborando – uno dei pochi veneziani – il tema squisitamente due-trecentesco della *Virgo lactans*, la *Galactotrophousa* o *Glykophilousa*[56]. È l'esito finale di quanto impostato con la *Madonna dell'arancio* (cat. 19) e il *Riposo nella fuga in Egitto con i santi Giovanni Battista e Lucia* Gulbenkian (cat. 20) e le suggestioni derivate da Dürer, dalla cui *Madonna dell'albero* (1513) è tratta la posa del Bambino.

Nel periodo in cui Giovanni Bellini si dedica totalmente alla commissione della decorazione dei teleri per la sala del Maggior Consiglio di Palazzo Ducale – poi distrutta da un incendio – seguendo soltanto un più tradizionale lavoro di bottega per le opere di devozione privata, i due generi fondamentali della pittura lagunare sembrano dunque polarizzarsi intorno a due figure, cui si rivolge prevalentemente la committenza: a Carpaccio i cicli narrativi voluti e proposti dalle scuole, a Cima la pittura di storia sacra, soprattutto quella richiesta per ornare gli altari, di cui sarà maestro indiscusso per tutto l'ultimo decennio del Quattrocento. Va detto che, nell'interpretazione di Coletti, Carpaccio avrebbe ispirato il Cima del principio del Cinquecento, in particolare nel rinnovato atteggiamento narrativo della sua pittura, pensando alla *Presentazione* di Dresda (Gemäldegalerie), al *Miracolo di San Marco* di Berlino (cat. 25) o alla *Crocifissione* di Birmingham[57] (Barber Institute of Fine Arts). Una lettura prontamente ribaltata da Pignatti, poiché «certo è che il Cima non ebbe a imparare nulla, sul piano figurativo, dal coetaneo maestro veneziano, da cui anzi lo aveva sempre diviso un sostanziale classicismo, risolto in forme geometricamente lucenti, su impaginazioni spaziate e solenni, aliene da ogni "realismo", espresse in colore di trasparente, vitrea chiarezza» osservando poi come sia proprio «il veneziano infatti a subire, attorno al 1510, una precisa influenza cimesca, e che si tratti di influenza stilistica e non semplicemente iconografica o di gusto»[58]. E proprio la virata nella tenuta del colore del Carpaccio cinquecentesco, ora vitreo e smaltato, sembra un apporto giunto direttamente da Cima.

Insieme alla ricerca di un afflato di maggior intensità emotiva rispetto a quanto raggiungeva il più icastico Giovanni Bellini, e tale da portare Cima a tendere alla maggior dolcezza richiesta dal ruolo devozionale della pittura. Così

Dopo Giovanni Bellini ed il Carpaccio, e prima di Giorgione, il pittore prediletto di Venezia rimane Cima da Conegliano; né ciò deve stupire, nessun maestro del tempo sapendo rendere al pari di lui l'atmosfera argentea che leggera ed ampia bagna il paesaggio italiano. Egli risveglia la memoria delle belle ore passate ai piedi delle Alpi e degli Appennini freschi, ravvolti in una nebbia grigio-porporina; parimenti i suoi castelli, i suoi fiumi hanno lo stesso dono di rievocare e persino di comunicarci piacevoli stati d'animo e di corpo. Le sue figure severe e caste, ma di rado imbronciate, alle volte ci sorprendono per quelle nari palpitanti e quelle bocche di grande sensibilità; nelle sue donne parmi ravvisare una stretta parentela con certe nostre prodotte da generazioni di puritano raffrenamento, di selezione e di rivolta. Ciò per il carattere del Cima come illustratore; come decoratore lo vince soltanto il Bellini. Egli disegna con vigore, con squisita precisione e con un senso della linea raramente sorpassato in Venezia; il colorito trasparente, fresco, perlaceo non è quasi mai freddo e duro; il modellare solido, alle volte arieggia alla porcellana[59].

Scorrere la produzione devozionale di Cima vuol anche dire comprendere una tecnica di riproduzione continua e costante. Dal Pozzolo ha dedicato un impegnato saggio all'argomento, seguendo quanto abbozzato prima da Coletti e poi da Humfrey[60], sottolineando in sostanza «da un lato la notevole organizzazione dell'officina e, dall'altro, la straordinaria fortuna commerciale dei prodotti (e quindi autorità iconografica e peso culturale)»[61]. Tanti i discepoli che, come Andrea Busati o Pasqualino Veneto, saranno piccoli maestri fedelissimi al verbo del maestro proseguendo in quell'opera di penetrazione della sua arte fin nelle valli ove più marcata è stata l'influenza veneziana, *in primis* quelle bergamasche ove Cima sarà presente a Olera e Ornica, rafforzando l'influenza su artisti autoctoni ma veneziani di formazione, come i Santacroce o Andrea Previtali. E a definire il ruolo e personalità di Cima è sufficiente guardare a una ben documentata commissione: il *Polittico di San Martino* di Lattanzio da Rimini per la parrocchiale di San Martino a Moio de' Calvi a Piazza Brembana. Alcuni rappresentanti di una confraternita di emigranti si incontrò a Venezia nel giugno del 1499: in questa e successive riunioni ordinarono prima la cornice all'intagliatore Alessandro da Caravaggio e l'anno successivo cinque tavole a Lattanzio che «in ogno bonta beleza [...] taliter che siano laudate de tanta nonta [...] zoe de beleza che quele che sono sopra la pala grande de San Zuan Bragola»[62]. Ovvero belle quanto le figure del *Battesimo di Cristo* di Cima (cat. 10). Ricordiamo anche che la *Presentazione di Maria al tempio* di Berlino (Gemäldegalerie) servì indubbiamente da modello a Tiziano per il telero da lui eseguito per la Scuola Grande della Carità tra il 1534 e il 1538, in dettagli come quello della venditrice di frutta o nel posizionamento di Maria, e in generale nella struttura compositiva. E in tanti altri luoghi la penetrazione dell'arte di Cima sarà fondante, Cavalcaselle osservando nella sua trattazione di Pellegrino da San Daniele e dell'arte friulana quanto l'opera di rinnovamento dell'arte locale fosse operata da Cima più che da ogni altro artista veneziano.

È anche per questo ruolo raggiunto e confermato dalle costanti ordinazioni che Cima, peraltro avviatosi da solide basi familiari nel costituire una bottega, fonda la propria fortuna grazie alle ricche committenze divenendo un solido proprietario «detenendo circa una trentina di campi e due case in città» e «quella a lui ascritta non era una ditta piccola, con i suoi 15 ettari, all'incirca, come ampiezza si poneva fra le prime 30 delle 265 censite del suo gruppo sociale [...] anche per quel che riguarda la tipologia delle colture le sue aziende si ponevano in linea con quelle più avanzate della podesteria»[63]. Tanto che a Venezia si potrà permettere una «caseta» dal cospicuo canone d'affitto, 20 ducati annui, nella corte della casa da «statio» dei Corner Piscopia, quello che oggi è il palazzo Loredan affacciato sul Canal Grande e prossimo a Rialto – dunque il cuore commerciale di Venezia – nella contrada di San Luca, alla cui chiesa faceva capo la Fraglia dei pittori. Di cui Cima dovette essere personaggio di certo rilievo essendo stato lui a richiedere, nel 1511, di portare da uno a due i rappresentanti dei «figureri», cioè i pittori veri e propri che non desideravano essere confusi con alcuno degli altri sette gruppi di artigiani di cui era composta la Fraglia: doratori, pittori di stoffe o cuoio, illustratori dei libri, fabbricanti di maschere o carte da gioco. Ma le richieste non furono accettate, così che la direzione rimase composta da «uno compagno de figure, uno coffaner, uno cortiner et uno dorador».

Pur rimanendo sempre altissimo il livello qualitativo e formale della sua arte, a Cima non importa mutare profondamente il proprio stile per inseguire il nuovo che avanza, l'icona moderna di Giorgione e i suoi proseliti. Rimane fedele a un mondo che è quello dell'umanesimo manuziano. Al passaggio del secolo, intorno a quella rivoluzione tonale che spazzò via una generazione quattrocentesca, in cui grandi al volgere del Quattrocento come Bartolomeo Montagna o Vittore Carpaccio non hanno la capacità di adeguarsi, Cima non si porrà il problema di un aggiornamento dei propri canoni espressivi, semplicemente perché non interessato a seguire nuove linee di lettura quanto a sviluppare al massimo quelli che sono i propri temi d'elezione.

Giorgione può non essere stato allievo di Cima, come sostenuto da Coletti, ma sicuramente lui, di Castelfranco e della marca trevigiana, sarà rimasto abbagliato dalla luce di Cima, dal timbro cromatico che dona a ogni cosa. Una luce che è lustro fiammingo declinato in senso atmosferico a creare una poesia di terra in un gioco di atmosfere psicologiche. Solo da qui Giorgione può partire, principiando un dialogo intenso e fruttuoso con il più maturo maestro di Conegliano.

E dall'unione della loro lezione prenderà avvio la stagione del colore, il grande Cinquecento veneto introdotto da un Cima che «moriva lucido e senza rimorsi mentre Tiziano dipingeva l'Assunta»[64].

Chi parte da Venezia, dopo un viaggio di due ore [...] giunge al limite del Veneto e, per dissolvenza, entra nel Friuli. Il paesaggio non sembra mutare, ma se il viaggiatore è sottile, qualcosa annusa nell'aria. È cessata sulla Livenza la campagna dipinta da Palma il Vecchio e da Cima[65].

A Ugi, per quanto è stato, per quanto sarà.

[1] A. Zanzotto, *Un paese nella visione di Cima*, in *Omaggio a G.B. Cima da Conegliano*, «La Provincia di Treviso», numero speciale, v, 4-5, luglio-ottobre 1962, p. 32.

[2] R. Pallucchini, *Appunti alla mostra di Cima da Conegliano*, in «Arte Veneta», xvi, 1962, p. 227.

[3] L. Coletti, *Due pagine inedite di Luigi Coletti: Sulla critica d'arte; Sentimento e valore della natura in G.B. Cima da Conegliano*, in *Omaggio a G.B. Cima da Conegliano*, cit., p. 6.

[4] G. De Logu, *Pittura veneziana dal* XIV *al* XVIII *secolo*, Bergamo 1958, p. 53.

[5] P. Humfrey, *Cima da Conegliano: un decennio di ricerche e un convegno di studi*, in *Cima da Conegliano*, Atti del convegno internazionale di studi su Giovan Battista Cima (Conegliano, Palazzo Sarcinelli, 1-2 ottobre 1993), a cura di P. Humfrey, A. Gentili, «Venezia Cinquecento. Studi di storia dell'arte e della cultura», iv, 8, 1994, p. 7.

[6] G. Vasari, *Le vite de' più eccellenti Pittori Scultori e Architettori scritte e di nuovo ampliate da M. Giorgio Vasari Pittore e Architetto aretino co' ritratti loro, e con le nuove Vite dal 1500 in sino al 1567*, ed. a cura di G. Milanesi, Firenze 1878-1885, iii, p. 645.

[7] F. Sansovino, *Venetia città nobilissima et singolare, descritta in* XIII *libri*, Venezia 1581, pp. 62a, 86b.

[8] C. Ridolfi, *Le maraviglie dell'arte, overo le Vite degli illustri pittori veneti e dello stato*, Venezia 1648, pp. 54-60.

[9] «Lo stile conformasi al buono di Gian Bellini. I professori scambiarono spes-

so l'uno coll'altro: così il Conegliano è diligente, grazioso, vivace nelle mosse e nel colorito; ancorché men morbido». L. Lanzi, *Storia pittorica della Italia dal Risorgimento delle Belle Arti fin presso al fine del XVIII secolo*, ed. a cura di M. Capucci, Firenze 1968, p. 31.

[10] G. Morelli, *Della pittura italiana. Studi storico critici di Giovanni Morelli (Ivan Lermolieff). Le Gallerie Borghese e Doria-Pamphili in Roma. Prima edizione italiana*, Milano 1897 (I ed. Leipzig 1890), p. 282.

[11] P. Selvatico, *Storia estetico-critica delle arti del disegno*, Venezia 1852-1856, p. 487.

[12] V. Botteon - A. Aliprandi, *Ricerche intorno alla vita e alle opere di Giambattista Cima. XVII settembre MDCCCXCIII*, Conegliano, pp. 53-57.

[13] G. Gronau, recensione a V. Botteon - A. Aliprandi, *Ricerche intorno alla vita e alle opere di Giambattista Cima*, in «Repertorium für Kunstwissenschaft», 17, 1894, p. 464.

[14] L. Coletti, *Cima da Conegliano*, Venezia 1959, p. 29.

[15] R. Burckhardt, *Cima da Conegliano: ein venezianischer Maler des Übergangs vom Quattrocento zum Cinquecento*, Leipzig 1905, pp. 131-139.

[16] B. Berenson, *Dipinti veneziani in America,* Milano 1919, p. 183.

[17] *Ibid*., p. 184.

[18] L. Puppi, *Cima e Bartolomeo Montagna*, in *Omaggio a G.B. Cima da Conegliano*, cit., p. 12.

[19] M. Lucco, *Una nuova opera di Cima da Conegliano*, in *Cima da Conegliano*, cit., p. 26

[20] T. Pignatti, *L'arte veneziana*, Venezia 1989, p. 95.

[21] *Cinque secoli di pittura veneta*, catalogo della mostra (Venezia, Procuratie Nuove 1945), a cura di R. Pallucchini, Venezia 1945, p. 53.

[22] Humfrey, *Cima*, cit., p. 13.

[23] E.M. Dal Pozzolo, *È tutto Cima?*, in *Cima da Conegliano*, cit., p. 77 e anche Humfrey, *Cima*, cit., p. 13.

[24] Dal Pozzolo, *È tutto Cima?*, cit., p. 78.

[25] Humfrey, *Cima*, cit., p. 13.

[26] Lucco, *Una nuova opera*, cit., p. 31.

[27] Pallucchini, *Appunti alla mostra*, cit., p. 227.

[28] Botteon-Aliprandi, *Ricerche*, cit., p. 196.

[29] Vasari, *Vite*, cit., p. 645.

[30] *Ibid*., p. 645, n. 2.

[31] P. Selvatico, *Storia estetico-critica delle arti del disegno*, Venezia 1852-1856, II, 1856, p. 487.

[32] M. Lucco, *Venezia*, in *La pittura nel Veneto. Il Quattrocento,* a cura di M. Lucco, II, Milano 1990, p. 466.

[33] Coletti, *Due pagine inedite*, cit., p. 14.

[34] N. Huse - W. Wolters, *Venezia. L'arte del Rinascimento. Architettura, scultura, pittura 1460-1590*, Venezia 1989, pp. 207-208.

[35] V. Lazareff, *Opere nuove e poco note di Cima da Conegliano*, in «Arte Veneta», XI, 1957 (1958), p. 41.

[36] R. Longhi, *Viatico per cinque secoli di pittura veneziana*, Firenze 1946; ora in *Edizione delle opere complete di Roberto Longhi*, X, *Ricerche sulla pittura veneta. 1946-1969*, Firenze 1978, p. 60.

[37] R. Grönwoldt, *Studies of Italian Textiles. II. Some Groups of Renaissance Orphreys of Venetian Origin*, in «The Burlington Magazine», CVII, 746, maggio 1965, pp. 231-240.

[38] Penna e inchiostro con lumeggiature a biacca su carta colorata in rosso cupo, 229 × 95 mm, Firenze, Uffizi, Gabinetto dei Disegni e delle Stampe.

[39] Pennello e inchiostro bruno con lumeggiatura di biacca su carta azzurra, 254 × 100 mm, Londra, British Museum.

[40] Punta d'argento e penna, bistro, rialzato a biacca su carta azzurra, 156 × 129 mm, Roma, Accademia Nazionale dei Lincei.

[41] Penna con tocchi in grigio, bruno e bianco su carta azzurra, 260 × 160 mm, Rotterdam.

[42] J. Dunkerton, *Nord e Sud: tecniche pittoriche nella Venezia rinascimentale*, in *Il Rinascimento a Venezia e la pittura del Nord ai tempi di Bellini, Dürer, Tiziano*, catalogo della mostra (Venezia, Palazzo Grassi, 5 settembre 1999 - 9 gennaio 2000), a cura di B. Aikema, B.L. Brown, Milano 1999, p. 101.

[43] Tempera su tavola, 54,6 × 84,4 cm, firmato sul cartellino «Joannes Baptiste Conegliane[n]sis / opus, Varsavia, Nationalgalerie, inv. 131513. Per una discussione critica sui due dipinti e i loro ipotetici rapporti, S.C. Martin, in *Il Rinascimento a Venezia*, cit., pp. 294-295 e P. Humfrey, in *Bellini, Giorgione, Titian and the Renaissance of Venetian Painting*, catalogo della mostra (Washington, National Gallery of Art, 18 giugno - 17 settembre 2006; Vienna, Kunsthistorisches Museum, 17 ottobre 2006 - 7 gennaio 2007), a cura di D.A. Brown, S. Ferino-Pagden, Washington 2006, n. 16.

[44] Pallucchini, *Appunti alla mostra*, cit., p. 227.

[45] *Ibid*., p. 224.

[46] A. Appiano Caprettini, *Estetica del rottame: consumo del mito e miti del consumo nell'arte*, Roma 1999, p. 25.

[47] P. Meller, *La cultura umanistica del Cima*, in *Omaggio a G.B. Cima*, cit., p. 23.

[48] Olio su tavola, 136 × 107 cm, Modena, Galleria Estense.

[49] G. Fiocco, *Sebastiano del Piombo e Cima da Conegliano*, in «L'Arte», XV, 4, luglio-agosto 1912, pp. 293-298.

[50] Lanzi, *Storia pittorica*, cit., p. 31.

[51] Olio su tavola, 167 × 110 cm, firmata su di un cartellino «IOANIS BAPTE / CONEGLANES(IS) / OPUS».

[52] Lanzi, *Storia pittorica*, cit., p. 31.

[53] A. Tempestini, *L'approccio alla civiltà classica in Cima da Conegliano*, in *Cima da Conegliano*, cit., p. 37.

[54] S. Toffolo, *Liuto, lira da braccio e altri strumenti musicali nelle opere di Cima da Conegliano*, in «Il Fronimo: Rivista di chitarra», XXXIII, 129, gennaio-marzo 2005, p. 37.

[55] Olio su tavola trasferita su tela, 81 × 66,5 cm, Amsterdam. Rimangono fondamentali le osservazioni di C. Wiethoff in *The Early Venetian Paintings in Holland,* catalogo della mostra a cura di H.W. Van Os, J.R.J. Van Asperen de Boer, C.E. de Jong Jansen, C. Wiethof, Maarssen 1978, pp. 56-59.

[56] In ultimo si segnala E. Martini, *Di alcune opere di Cima da Conegliano*, in «Arte documento», IV, 1990, pp. 78-79.

[57] Coletti, *Cima da Conegliano*, cit., pp. 49-50.

[58] T. Pignatti, *Rapporti fra il Cima ed il Carpaccio attorno al primo decennio del Cinquecento*, in *Omaggio a G.B. Cima da Conegliano*, cit., pp. 9-10.

[59] Berenson, *Dipinti veneziani*, cit., p. 178.

[60] Coletti, *Cima da Conegliano*, cit., pp. 65-68; P. Humfrey, *Cima da Conegliano*, Cambridge 1983, pp. 61-69; Dal Pozzolo, *È tutto Cima?*, cit., pp. 61-80.

[61] Dal Pozzolo, *È tutto Cima?*, cit., p. 62.

[62] G. Ludwig, *Archivalische Beiträge zur Geschichte der venezianischen Malerei*, in «Jahrbuch der Königlich Preußischen Kunstsammlungen», XXVI, 1905, Beiheft, pp. 31-32.

[63] M. Pitteri, *Il paesaggio agrario coneglianese del primo Cinquecento e le opere di G.B. Cima da Conegliano*, in «Storiadentro. Rivista di studi storici», n.s., I, 2002, p. 118.

[64] Longhi, *Viatico*, cit., p. 14.

[65] Da un articolo di Pier Paolo Pasolini del 1948 ora in P.P. Pasolini, *Un paese di temporali e di primule*, a cura di N. Naldini, Parma 1993.

Cima da Conegliano,
Estasi di santa Maria Maddalena, Berlino,
Gemäldegalerie,
Staatliche Museen
zu Berlin,
inventario 44a

Il Cima e il significato storico delle sue immagini

EUGENIO BATTISTI

Oggi, un artista come Cima e una cultura pittorica come quella veneta, specialmente di provincia, fra la fine del Quattro e i primi decenni del Cinquecento, costituiscono quasi un punto limite per la critica figurativa.
Ci troviamo, infatti, di fronte a una produzione alta sì, qualitativamente, ma omogenea, con botteghe organizzate per un lavoro quasi in serie, destinato a un ambito sociale abbastanza vasto ma nello stesso tempo alquanto inerte, per lo più tendente a scegliere e ad acquistare ciò che è più comune di gusto, un po' come accade oggi per i mass media.
D'altronde, a differenza della pubblicistica e della grafica divulgativa di oggi, questo ambiente di committenti o acquirenti appare altamente qualificato, e gli artisti che lo servirono sono maestri di alto, se non altissimo livello. Manca, a Venezia, in questo momento, lo sprint di una corte; sembra accertabile il prevalere di tendenze di gusto tipicamente borghesi, ma non viene certo meno l'informazione, l'orgoglio, subito fatto proprio dalle città di provincia, di alimentare una propria grandissima scuola. Si aggiunga, inoltre, che l'aggiornamento critico è proprio ora rapidissimo, sia per il fatto che l'Università di Padova va acquistando un orientamento sempre più eclettico, sia per il costituirsi di cenacoli letterari, come quello di Asolo, sia per l'attività intensissima dell'editoria, sia anche per la più veloce e larga rispondenza del pubblico alle novità librarie.
La cultura media, dunque, appare elevata, complessa, *à la page*, anche se resta ai limiti della vera creatività: quella che informa l'opera d'altronde di pochissimi artisti come i Bellini, Giorgione, Tiziano, il Lotto, che per ragioni di ambiente, di personalità, di temperamento, non tanto condividono il gusto comune, quanto lo sconvolgono con una rapidissima evoluzione di stili e di temi.
Il Cima, ovviamente, sta sul piano del gusto medio; contamina e assimila più che inventare. Né è possibile individuare, tranne che in un caso, almeno per ora, suoi diretti rapporti con letterati o poeti; tuttavia le opzioni che opera sono ben calcolate, personali e interessanti.
In un discorso come questo, rapido e sommario, è inevitabile ricorrere a schemi, ad articolazioni fittizie, che la pubblicazione di un nuovo documento – almeno è augurabile – potrà subito gettare all'aria. Inoltre il corpus del maestro, nonostante la limpida e attenta monografia del Coletti, resta assai incerto nella sua reale consistenza, ed è onesto aggiungere che in particolare chi scrive si sente portato a un severissimo sfrondamento ed è proclive, anche, a una posticipazione relativamente forte di talune opere, proprio per ragioni di stile, oltre che iconografiche (anche se le seconde hanno come indizio cronologico una validità oggettiva tutt'altro che trascurabile). Il dubbio nel giudizio, il ritegno davanti al Cima, nascono però da un'altra considerazione, connessa sempre alla curiosa situazione, prodottasi in questo momento nel Veneto, più che in ogni altra provincia (tranne, ovviamente, la Toscana), di una produzione di livello medio estremamente diffusa e qualificata, tanto da non poter essere in nessun caso definita, almeno dal nostro punto di vista, artigianale anche se si vale di idee derivate, che però subito adotta e trasforma sensibilmente. In genere, noto fra parentesi, una situazione siffatta permette dei rapporti assai duttili e vivaci con le élites, su cui il gusto di massa può a volta addirittura vantare aggio. Nel Cima, che mi pare sostanzialmente legato all'ambito del gusto di Giovanni Bellini, non mancano infatti delle geniali puntate innovatrici che permettono alle sue opere di affiancarsi, a volte, ai grandi capolavori del «museo immaginario» mondiale. Eccoci così, di fronte a lui, nella difficilissima situazione di dover discriminare, da un lato, le varie componenti, in lui riflesse, della cultura delle élites della capitale in cui, d'altronde, si trasferì e ritrovarne, eventualmente, la lontana origine; dall'altro, di imparare a discernere, in mezzo alle repliche e alle derivazioni, quando egli cessi di assimilare per inventare, o almeno, riesca a foggiarsi una poetica, uno stile individuale, e perché lo faccia.
Purtroppo, i documenti sulla vita dell'artista sono estremamente scarsi; e le fonti antiche che parlano di lui estremamente generiche. Non resta dunque che leggere nelle sue opere, procedendo per induzioni e per ipotesi. Come esperimento, si potrebbe proprio partire da due opere che molti ritengono, nonostante le piccole dimensioni (0,25 cm diametro) i capolavori del Cima: cioè il *Giudizio di Mida* (cat. 34), e *La Luna ed Endimione* (cat. 33), della Galleria Farnese di Parma.
Non vogliamo, qui, neppure sfiorare il difficile tema degli eventuali rapporti di discepolato di Giorgione presso il più anziano Cima, problema d'altronde male impostato: in quanto, invece di tentare impossibili o improbabili alberi di genealogia artistica, sarebbe meglio, per la critica dell'arte antica, tentare come si è fatto per il Caravaggismo di distinguere, specialmente nell'ambito di un gusto analogamente unitario, qual è quello del Giorgionismo, a cui senza dubbio i due tondi del Cima spiritualmente appartengono, gli apporti e le caratteristiche delle singole personalità.
Proprio questo lavoro di distinzione, nel caso del Cima, appare d'altronde utilissimo, e permette, forse, qualche precisazione cronologica.
L'appartenenza dei due tondi, certamente, a una suppellettile lignea o ad un piccolo mobile, riporta immediatamente alla memoria la citazione del Ridolfi di una attività dello stesso Giorgione presso botteghe specializzate in prodotti siffatti: «uscito dalla scuola del Bellino, si trattenne per qualche tempo in Venezia, dandosi a dipingere nelle botteghe de' dipintori,

Cima da Conegliano, *Madonna con il Bambino tra i santi Girolamo e Giovanni Battista*, Washington, National Gallery of Art, Andrew W. Mellon Collection, inventario 1937.1.33

Cima da Conegliano, *Madonna con il Bambino tra i santi Cristina e Francesco,* Nivaa, The Nivaagaard Picture Gallery, inventario NMK 1900-2

lavorandovi quadri di divotione, recinti da letto e gabinetti». Abbiamo infatti, d'imitazione giorgionesca, come si è visto anche alla recente mostra del 1955, una larga produzione di assai varia qualità di composizioni mitologiche o pastorali di piccole dimensioni. Mentre nulla di tutto ciò è attribuibile con onestà al Giorgione stesso, si può ritenere accertata l'attività in tale ambito, per così dire decorativo, di maestri come Palma il Vecchio, il Romanino, forse il Cariani.
Bisogna anche dire che il più celebre esempio di mobile dipinto è uscito proprio dalle mani di Giovanni Bellini: il restrello conservato, scomposto, all'Accademia di Venezia e curiosamente appartenuto a una personalità assai implicata nel Giorgionismo: Vincenzo Catena.
I due poli a cui guarda questa produzione sono d'altronde proprio il Bellini tardo e Giorgione.
La cosa si spiega anche al di fuori delle influenze stilistiche. La pittura decorativa di mobili ha un tipico carattere profano e fu proprio Giorgione il primo a creare, a Venezia, composizioni di gusto esclusivamente mitologico e laico. Al contrario, noi ben conosciamo la ripugnanza del Bellini ad aderire a tale tematica, peraltro divulgatissima non solo a Firenze, ma a Mantova, dalla sua corrispondenza con Isabella D'Este. Così nel 1501-1502 Giovanni Bellini si rifiuta, con varie scuse, di eseguire una scena mitologica; solo nel 1505 circa pare acconsentire.
Ormai siamo, d'altronde, proprio negli anni in cui Giorgione si affaccia prepotentemente alla ribalta, e con lui a Venezia, nella pittura, la tematica dell'umanesimo letterario. Non si vuole con ciò dire, però, che il restrello di G. Bellini appartenuto al Catena risalga necessariamente al primo decennio del Cinquecento, anche se ciò è abbastanza probabile, in quanto bisogna distinguere fra allegorie di carattere moralistico, come quelle atte per tradizione a uno specchio, e scene mitologiche di gusto pastorale spesso nettamente erotico: queste ultime anche combattute, e severamente in taluni centri, dalla Chiesa: fra l'altro furono bruciate nel rogo delle vanità fatto dal Savonarola a Firenze. Il Bellini, per vari indizi, sembra un artista assai preoccupato dell'ortodossia religiosa e devozionale. Ma ciononostante non poté impedire che i suoi allievi e i suoi committenti abbandonassero la tematica tradizionale.
Ritornando al Cima, qual è la sua posizione in proposito? Le due composizioni, più di molte altre coeve, sono tipicamente profane, anzi erotiche. Il nudo virile di Apollo è esibito con notevole disinvoltura, anche se lo giustifica l'esplicito riferimento alla statuaria antica. Il soggetto, in entrambi i tondi, è esclusivamente letterario: nel *Giudizio di Mida* (cat. 34) il riferimento è alle *Metamorfosi* di Ovidio, libro undicesimo, di cui riporto una traduzione in volgare

Ora avvenne, che Pan trovossi un giorno sul Timolo, ch'è monte aspro e sublime;
e con le Ninfe, che gli eran d'intorno, si diede nel sonar le lodi prime:
dicendo, che saría vergogna e scorno non pure in ciò a qualunque altro si stime; nia ad Apollo medesmo: onde alla prova l'Apportator del di tosto si trova.
S'elegge a quel giudicio il Dio del Monte; lo qual sbrigò da gl'arbori le orecchie
E si cinse le tempie, indi la fronte
di quercie, che n'havea d'antiche e vecchie;
sedendo poi sopra 'l suo stesso monte dice, che l'uno e l'altro s'apparecchie a mostrar sua virtú; ch'egli sarebbe tal, qual perfetto Giudice essere debbe.
Or trovandosi Mida anco presente, diè prima Pan a le sue canne il fiato; il cui rustico suono agevolmente
lo potè dilettare, e gli fu grato. Poscia con maestade e gravemente vestito di purpureo habito ornato, Febo, sonando la gemmata Lira,
il cuor del Monte a sè distringe e tira. Ond'esso giudicò, che Pan dovesse cedere al dotto Apollo il primo honore. Parve, che quel giudizio anco piacesse a tutti, e fu lodato per migliore.
Sol Mida, perché 'l suon non intendesse, disse, che preso havea Timolo errore
onde Febo, acciò ch'altri in lui si specchi gli fece lunghi e d'Asino gli orecchi.

Abbiamo riportato il relativamente lungo episodio perché ci permette un confronto assai utile con la sua rappresentazione figurata.
Cima, anzitutto, sopprime uno dei protagonisti, quello che, presumibilmente, avrebbe più interessato un illustratore di emblemi o un pittore del tardo Cinquecento: cioè la personificazione del Monte Tmolo che, d'altronde, compare nelle vignette delle *Metamorfosi*, in cui a volte il Tmolo ha addirittura riservata a sé tutta la parte di sinistra della illustrazione.
Nel tondo Mida sta al centro, è anzi più sollevato dei due competitori: ma l'andamento circolare della composizione, in modo curioso, finisce per mettere in rilievo quasi maggiore le figure laterali dei due antagonisti. Si aggiunga che con vera sottigliezza compositiva, il più basso Pan trova solidarietà, per così dire, con l'alto Mida, equilibrando così la bellezza un po' fredda e solenne di Apollo.
Cima, inoltre, tranne il riferimento, assai appariscente, al manto per altro non rosso del dio del Sole, si serve solo a memoria e genericamente della poesia ovidiana. Ne rappresenta poi un momento del tutto fuori dalla successione narrativa esposta dalle *Metamorfosi*: Mida non dovrebbe avere ancora le orecchie d'asino, in quanto Apollo sta ancora suonando e, dal suo gesto, ci sembra solo sul punto di giudicare.
Proprio come nella *Tempesta* di Giorgione sono presentati i protagonisti, e non l'azione cui essi partecipano.
Più che un racconto, abbiamo pertanto una specie di allegoria a tre, o meglio a due. Pan e Mida, infatti, finiscono per identificarsi. Il Cima cita, come abbiamo detto, a memoria, o da un appunto assai semplificato. Ma conosce indirettamente o, forse per propria lettura, tutto il canto: da cui risulta che Mida, stufo dell'oro, trova, dopo un bagno purificatore, la sua pace in Arcadia

Quinci dannando le ricchezze e 'l Regno si diede a ricercar campagne e boschi: e di sempre habitar fece disegno
gli ombrosi monti, e gli antri incolti e foschi L'allegoria si spiega, perciò, come una contrapposizione fra due tipi di poesia: quella di tono elevato di cui
è rappresentante Apollo, e quella pastorale allegorizzata da Pan e premiata da Mida.

Per la seconda, da parte del Cima (come da parte di Ovidio), non manca un certo disdegno; la caratterizzazione di Mida e di Pan è lievemente caricaturale e si rifà, certo, ai versi delle *Metamorfosi* che seguono a quelli ultimamente citati

Ma vile gli rimase e rozo ingegno;
E gli occhi del giudizio infermi e loschi,

Anche iconograficamente la figura di Mida finisce per identificarsi, d'altronde, del tutto con il tipo dell'Ignoranza. Ben diversa sarebbe stata anche la figurazione di Pan se il pittore fosse stato connesso con l'orfismo filosofico del tempo!

Se ci trovassimo di fronte a un artista noto anche per la sua produzione letteraria, per il suo impegno teorico o trattatistico, saremmo giustificati nell'interpretare il tondo come una specie di programma pittorico: Cima rifiuta la poesia villareccia, che invece avrebbe avuto subito dopo il suo massimo trionfo a Padova e a Venezia, per una arcadia sofisticata e letteraria. Ma se passiamo al secondo tondo, quello con la *Luna ed Endimione* (cat. 33), dobbiamo registrare un rapporto troppo sottile per essere calcolato da un pittore come il Cima, la cui cultura sembra ben più generica. Apollo, infatti, è anche il dio del Sole; e suo pendant dunque è la Luna, che scende sul pastore da essa addormentato per assicurarsene l'eterno possesso.

Cima da Conegliano, *Madonna con il Bambino tra i santi Giovanni Battista e Girolamo*, Lipsia, Museum der bildenden Künste, inventario 1648

Cima da Conegliano, *Madonna con il Bambino tra i santi Girolamo e Maria Maddalena*, Monaco, Alte Pinakothek, Bayerische Staatsgemäldesammlungen, inventario 992

I due tondi sono una trascrizione, in termini elegiaco-pastorali, della polarità astrologica Luna-Sole. Se pensiamo che il motivo di Endimione veniva ripreso, con grande successo, proprio nel 1506 dal Cariteo, la figura del committente che da un lato legge attentamente le *Metamorfosi*, dall'altro è affascinato dalla poesia pastorale dell'umanesimo napoletano cui peraltro il mondo padano e veneto appare strettamente legato, sembra meritevole di un'indagine approfondita, e suscettibile forse di una precisa identificazione.
A Cima resta il merito di essersi adeguato felicissimamente a questo programma letterario e proprio svolgendo quei motivi pittorici che costituiscono, di questo momento artistico, il lato più tipico e anche il più raffinato. Egli pure sente in modo assai poetico il legame fra figura umana e paesaggio, cioè fra individualità e cosmo, che era la scoperta, e anche forse la ricerca della filosofia e della poesia colta nel triangolo compreso grosso modo fra il Po e il Danubio; considera però questo legame, a differenza degli artisti nordici e del più inquieto e sottile Giorgione, come alcunché di sereno, privo di motivi escatologici. Ciò risulta evidentissimo nel tondo con Endimione dormiente, che svolge il motivo profondamente romantico di amore e morte (al sonno e al vincolo eterno allude anche l'edera abbarbicata attorno al tronco dell'albero dietro il capo del protagonista) con una sobrietà e una serenità incomparabili.
Nelle schede che illustrano, in vari cataloghi, quest'opera ricorre frequentemente l'aggettivo «ingenuo», «spontaneo». Chi ha stilato tali postille, certo, dimostra di ignorare come questa serenissima Arcadia, dove anche la morte si trasfigura in un sonno amoroso, fiorisca in uno dei più angosciati momenti figurativi della civiltà umana, fra l'*Apocalisse* del Durer, le violenze espressive delle composizioni storiche per il Palazzo della Signoria di Firenze di Leonardo e di Michelangelo, e a quattro passi, addirittura dalla ripresa neo-ellenistica, piena di fermenti osceni, demoniaci, espressionistici del Riccio. La storia politica, e perché no, quella religiosa, sembrano mostrare come questo rifugio spirituale in Arcadia sia, più che l'ultima fioritura d'una vena tardo gotica, una opzione modernistica, la concettualizzazione di un valore magari già posseduto ma senza conoscerne l'esatta consistenza, e la eterna attualità. I due tondi ce ne danno la prova, quasi, direi, anche dal punto di vista storico-mitologico. Infatti riconnettono, in modo felicissimo, le divinità del Sole e della Luna con il ciclo della vegetazione e la vita pastorale che ne dipende; e ciò avviene spontaneamente, per una vocazione tanto intima da sembrare addirittura inconscia. Ci si trova, d'altronde, negli anni del programma di Alvise Cornaro d'una riforma della vita sociale come ritorno alla vita in villa.
Siamo così giunti a un altro aspetto, abbastanza notevole del mondo figurativo del Cima la sua concezione dell'antichità. Abbiamo già visto che Apollo è improntato abbastanza fedelmente su un Apollo antico semipanneggiato, ma gli attributi sono generici: ad esempio Pan, che è detto da Ovidio suonare la zampogna, è qui rappresentato con uno strumento a corde in mano. Il fatto che né il «monte», né la «luna» siano personificati indica (specialmente ricordando l'acribia in proposito del Mantegna, ancora ben vivo quando venivano dipinti questi due tondi) una notevole indifferenza antiquaria. La stessa indifferenza impronta, a differenza della sottigliezza continua del Bellini, anche le grandi composizioni devozionali o narrative (oltreché le genericissime «scene bacchiche» di cui peraltro è curiosamente anticipatore il formato lungo e stretto.
Un bell'esempio è il disegno preparatorio per il frontone del tempio del Miracolo di San Marco. Il motivo, di origine genericamente antica, probabilmente si trovava già compreso negli album di disegni di Jacopo Bellini; ma ha dato luogo a esiti estremamente diversi.
Nel Mantegna, esso compare, da quanto sappiamo, ben due volte: in un tondo della Pala di San Zeno e quindi, a distanza di decenni, nella famosa incisione delle «divinità marine». Il passar degli anni in lui rende sempre più violento, aggressivo il mondo delle divinità pagane, tanto da far loro assumere caratteri mostruosi ed espressionistici.
La stessa interpretazione, con maggiore o minore energia drammatica, danno al tema il Riccio e Jacopo de' Barbari.
Il Cima, invece, riduce il motivo, adornandolo anche di putti, alle leziosità d'una rocaille.
In lui l'improvvisa crisi magico-escatologica, che permea il passaggio dal Quattrocento al Cinquecento, e costituisce il vero punto di cesura, forse, fra Medioevo ed età moderna, ha una risonanza bassissima. Confrontando le divulgatissime incisioni di Jacopo de' Barbari, che possiamo considerare, in questo momento, il veneziano più europeizzato, ci si accorge più che mai di questo fatto: iconograficamente identici sono il fauno dell'incisione B. 13 e il Pan del *Giudizio di Mida*, ma da un lato abbiamo una divinità altera, che allude e riconduce all'età dell'oro, polemizzando contro la vita sociale in nome della società, anzi religiosità naturale; dall'altro un mezzo villano, volgare e zotico, nonostante la corona in testa.
Per il suo Apollo, il Cima poté forse giovarsi dell'incisione del Barbari B. 16; ma anche qui il contrasto è abissale: Apollo, come dio della luce, non solo irradia, ma sembra esplodere attorno a sé la sua forza; e Diana, la Dea della notte, accanto al cervo, sopraffatta dalla rotazione degli astri, affonda nello spazio, come un mostro onirico, con i suoi capelli sciolti.
Il tema del contrasto fra Sole-Luna è qui espresso con una intensità del tutto moderna; in Cima, ciò che emerge in primo piano (e anche, incanta), è invece la riduzione a un piano novellistico di ciò che è mitologia e fiaba.
Iconologicamente si potrebbe, forse, definire «presbite» la visione del Cima. Egli coglie solo il lato superficiale, o meglio, l'aspetto più apparente delle cose; ne dà, in altre parole, una versione decorativa.
Lo possiamo verificare in un altro tema: quello del san Sebastiano. Si tratta, come ho potuto dimostrare proprio a proposito del

AGNVS DEI

Mantegna, di un motivo che si riempie quasi spontaneamente di larghe componenti simboliche, proprio per il suo valore escatologico. San Sebastiano è il protettore dalle pestilenze e quasi sempre le sue immagini sono eseguite in concomitanza con tali terribili eventi. Non posso verificare ora, le date probabili dei San Sebastiano del Cima. Ma la connessione è indiscutibile, specialmente per piccole pale, in cui la figura del santo appare isolata.

Ora, in che modo il Cima affronta il tema? Nel modo più semplice, senza sottintesi. L'espressione è patetica, ma senza esprimere dolore per il martirio, o estasi, o rassegnazione, o forza morale. Né il santo protegge, come ad esempio nella pala di Antonello, un luogo reale: i borghi fortificati dello sfondo sembrano squisite, ma generiche, aggiunte; e lo stesso Castel Sant'Angelo esattamente descritto come era verso il 1500 (il Cima scese a Roma in occasione del Giubileo?) e che pur rappresenta una testimonianza storica di prim'ordine, allude sì all'origine guerriera e romana del santo, ma senza stabilire legami essenziali. Si aggiunga, poi, che il san Sebastiano, nel Cima, finisce per non essere neppur più legato alla colonna: è un'immagine devota a se stante, con il minimo di attributi che la qualificano e la ambientano storicamente.

Lo stesso si può dire di un'altra associazione iconografica fra monumenti antichi ed azione sacra: cioè del tempio, in rovina, della *Madonna coi Santi Michele e Andrea* della Galleria Farnese di Parma (cat. 21). Le rovine dei templi pagani, su cui trionfa Gesù, nella sua nascita, sono in genere il pendant dell'Adorazione dei Magi: trionfo della fede nuova sull'antica, altera e superba.

Il Cima sente, invece, la poesia delle rovine – forse per una lettura del Polifilo, 1499? – come un fatto a sé, come uno sfondo patetico, o meglio, paesistico, che gli dà modo di organizzare calme e serene superfici e di inserire una quantità di elementi decorativi sparsi a terra come in una specie di natura morta. Il Cima, si aggiunga, ha spesso delle geniali trovate nell'impaginazione architettonica del dipinto, talmente felici e innovatrici, da far pensare alla possibile collaborazione di un architetto suo amico.

L'originalità di tali soluzioni dipende, però, sempre da quella visione da lontano, che si è detta, per cui motivo pittorico e significato simbolico appaiono largamente dissociati.

Egli costruisce, si potrebbe dire, ad occhio, ignorando o dimenticando di violare delle regole tradizionali, e, soprattutto, di sfiorare, senza accorgersene, significati drammatici, allusività angosciose. Egli è disponibile a molte esperienze per la stessa ragione di dissociazione culturale che gli permette di collocare, indifferentemente, una *Madonna col Bambino e Santi* presso un tempio fedelmente ricostruito, o sotto una cupola mosaicata di imitazione bizantineggiante (credo il primo caso indipendente dalla copia di un monumento famoso, come la facciata di San Marco, in Gentile Bellini), o di alludere alla grande arcaicità della Storia Sacra, invece che con colonne e capitelli, inserendo un edificio romanico al centro esatto della scena come nella *Natività di Santa Maria del Carmine* (cat. 51), a Venezia. Per lui tutto fa antico e tutto storia (fra parentesi sia detto che tale edificio sarebbe piaciuto moltissimo al Bruegel delle *Torri di Babele*). Bisogna però dire che in un momento in cui gli interessi storici erano esclusivamente rivolti all'antichità classica, questo atteggiamento che è del Cima in quanto sì uomo di cultura veneziana, ma giunto solo in ritardo in contatto con la cerchia umanistica, cioè non in grado di conoscerne gli ascendenti, permette, curiosamente, delle soluzioni narrative a proprio modo felicemente storicistiche. Non solo un capolavoro ma qualcosa di assolutamente inconsueto, come capacità di uscire con la fantasia, almeno, dal proprio contesto e condizionamento ambientale, sono la *Presentazione di Maria al tempio* di Dresda e *Gli Ambasciatori presso il Sultano* di Berlino, ambientati nel mondo islamico e forse rabbinico, con una coerenza quale dal punto di vista scenografico, forse, solo il Romanticismo avrebbe riconquistata (unico il Mansueti, ai tempi del Cima, giunse a risultati analoghi, ma più faticosamente). Sarebbe, naturalmente, necessario, anche qui, condurre uno studio sui committenti, sui consulenti che assistettero all'esecuzione del ciclo, specialmente quello delle *Storie di San Marco* (cat. 25), e sulle eventuali fonti grafiche. Ma Cima, anche a prima vista, si dimostra perfettamente a suo agio nel saltare di civiltà in civiltà con intuizioni pittoriche sottili (stupende ad esempio le variegature, così orientaleggianti, dei marmi imitati d'altronde dal rivestimento di San Marco).

Dopo aver accennato alla cultura storica, bisognerà accennare a quella scientifica del Cima, cioè alla sua capacità di lettura diretta del mondo della zoologia e della botanica. È un interesse vivace, ma non particolarissimo: egli resta di parecchie misure dietro il Bellini e anche ad altri suoi colleghi. Inoltre, questi interessi sono saltuari: abbiamo la *Madonna dell'Arancio* (cat. 19) piena di vegetazione, e altre opere in cui invece le masse del fogliame sono tirate via senza scrupolo e banalizzate (senza che si debba pensare, inevitabilmente, a un intervento della Scuola).

Ciò che più lo affascina, ma certo non quanto il Mantegna e il Bellini, è il mondo terrestre delle pietre, dei minerali, delle erbe basse e, per concomitanza quasi inevitabile, il colore e la qualità dei materiali edilizi (specialmente i marmi, usati secondo i moduli albertiano-lombardi, ad esempio di Santa Maria dei Miracoli). Circa gli animali, conosce i volatili come un buon cacciatore ma non dovette entrar mai in uno zoo, e si dimostra assai imbarazzato nel dipingere i leoni. Così, specialmente in zoologia, egli è sovente infelice.

Come non ha interessi costanti e intensi per il mondo archeologico, che si limita a rievocare poeticamente, così non ha un amore per la natura capace di fargli trovare Dio nelle piccole cose. Egli non è, pertanto, né sintetico, né analitico. Tuttavia, qui specialmente si dimostra assai personale, valendosi di stilizzazioni e ripetizioni suggestive (penso alle luci sugli alberi della bellissima tavola di Berlino), e dando al paesaggio un aspetto arcano e drammatico. Egli, nella tavola citata e ai due lati della Madonna di Miglionico, d'una data assai interessante, 1499, rivela una durezza e una forza quasi nordiche, che derivano anche dall'aver attribuito un colore assai scuro alla veduta lontana (curiosamente proprio come Giovanni Fontana aveva consigliato di fare nel suo trattato di prospettiva dedicato a Jacopo Bellini). Questi paesaggi dimostrano, in fin dei conti, un'attitudine antiarcaica; il loro incupirsi è pieno di inquietudine e di pathos.

Bastava un piccolo passo ulteriore per fare di questo maestro un caposcuola, o almeno, nel paesaggio, per consentirgli di trarre, entro la cultura veneta, un'alternativa al Bellini tardo e a Giorgione.

Tuttavia, a questo punto, mancò di coraggio e d'idee. Di nuovo si dimostra il rappresentante pittorico di una società soddisfatta e non inquieta anche se i segni apocalittici si ripetevano nelle predizioni e nella realtà delle cose.

Lo si vede, proprio, nelle sue «Madonne» che, come giustamente osservò il Coletti, costituiscono quasi un'unica sequenza cinematografica, a fotogrammi staccati.

Certo, fra la malinconia dolorosa delle Madonne giovanili e il più nervoso emozionalismo di quelle tarde c'è un lungo sviluppo, e un approfondimento morale. Ma al centro di questo rosario sta, come ha intravisto il Francastel (però e non giustamente, a proposito di Giorgione) una certa indifferenza religiosa. Bellini, scrive l'insigne studioso francese: «mosso dalla sua intensa sensibilità, cerca di identificarsi con i suoi personaggi. E questi gravitano sempre attorno alla sofferenza; soffrono sia quando si mostrano pazienti sia quando si dominano a forza di elevazione morale; quale ne sia la variante, l'esito della loro emozione resta sempre doloroso». Niente di ciò, noi riteniamo, è in Cima per cui, assai meglio che per Giorgione, vale la osservazione successiva sempre del Francastel: «Alieno all'idea medievale di una sofferenza necessaria e salvatrice, non si preoccupa di farci risentire ciò che provano i protagonisti di scene il cui senso è valido per l'intera umanità. La sua Madonna non è che un segno, una maniera immaginosa di rivelare, a noi spettatori, l'idea della dolcezza divina che il paesaggio, anch'esso pieno di dolcezza ha generato nello spirito di un uomo».

Anche in questo caso, però, il Cima, nonostante la sua assenza di dramma e di concettosità trova un modo proprio istintivo e felicissimo, per riportare le sue immagini devozionali, cacciate, più ancora che in Arcadia, nel limbo di una stilizzazione rigida e antonellesca, sull'altare della trasfigurazione simbolica, cioè per dare a esse un transfert divino.

Egli le circonda, affettuosamente, di una luce calda; forse la più intensa e patetica di tutta la pittura veneta, proprio perché il contesto generale è, come si è detto, scuro e intensificato.

E anche nel ricordo, questa luce colorata, quasi di un sole al tramonto, resta in chi l'ha ammirata una volta, un bisogno, un desiderio eterno, tanto più che è l'ultima accesasi, a Venezia e in Italia, prima che la semiombra della malinconia e poi il nero cupo degli incubi notturni invadessero sia l'arte sacra, sia la novella, sia, perfino, la fiaba.

Questo testo fu edito da Eugenio Battisti in *Omaggio a Cima da Conegliano*, in «La Provincia di Treviso», v, 1962, 4-5, luglio-ottobre, pp. 25-30. Si ringrazia la professoressa Giuseppa Saccaro Del Buffa, presidente della Fondazione Eugenio Battisti, per averne concesso la ristampa.

Cima da Conegliano, *Madonna con il Bambino e i santi Giovanni Battista e Lucia*, Berlino, Gemäldegalerie, Staatliche Museen zu Berlin, inventario 1302

Cima da Conegliano, *Madonna con il Bambino tra i santi Giovanni Battista e Caterina*, New York, The Pierpont Morgan Library, inventario AZ013

Cima da Conegliano, *Madonna con il Bambino tra i santi Antonio abate, Lucia e i donatori*, Cleveland, The Cleveland Museum of Art. Lascito John L. Severance, inventario 1942.636

Cima da Conegliano,
Battesimo di Cristo,
Venezia, Diocesi
Patriarcato di Venezia.
Chiesa di San
Giovanni in Bragora
(cat. 10)

Cima e le opere sacre: tra fede e poesia

GIANMATTEO CAPUTO

Il riferimento alla valenza poetica che il titolo di questa mostra attribuisce all'arte di Cima da Conegliano è assolutamente appropriato anche quando ci si riferisce non solo agli elementi naturalistici che caratterizzano le ambientazioni delle sue opere, ma soprattutto quando si approfondiscono i contenuti delle composizioni che egli realizzò per il culto e la devozione all'interno delle chiese. La forma poetica è infatti uno dei generi letterari presenti nella sacra scrittura; le ragioni dell'uso di questa modalità compositiva sono assai diverse nella Bibbia ma in fondo possono apparire non lontane da quello che potremmo definire una sorta di parallelismo con lo stile di Cima.

La poesia venne utilizzata innanzi tutto dagli autori sacri per rendere più ricchi e «musicalmente» belli concetti teologici e verità di fede, attribuendo un valore estetico alle narrazioni. Nelle pale d'altare, come hanno notato diversi critici, Cima valorizza i motivi devozionali e ogni singolo particolare compositivo in vista di una partecipazione emotiva e sentimentale pienamente rispondente alla tradizione culturale e spirituale del tempo, privilegiando quindi aspetti meno narrativi ma riflessivamente più estatici, come se alla mente, al cuore e allo spirito del fedele fosse affidata la pura meditazione del mistero presentato attraverso l'immagine.

L'altra modalità con cui gli autori sacri si servirono della poesia è quella che portò alla composizione di inni e strofe ritmiche facilmente memorizzabili, dei quali si impadronì la liturgia stessa nel corso dei secoli. Inni e cantici costituirono e costituiscono ancora oggi forme di poesia quasi musicali nella loro composizione, che consentono la preghiera corale dell'assemblea nell'ambito dell'azione rituale. Allo stesso modo, Cima compone le sue pale d'altare liberandole dal rigore dello stile che lo ha preceduto, fornendo tuttavia una struttura compositiva che, riallacciandosi alla Tradizione, ne consente la riconoscibilità, quella dimensione universale che è appunto anche poetica, quasi sacramentale.

Il riferimento all'arte della poesia per Cima da Conegliano non è quindi circoscrivibile alla contestualizzazione paesaggistica delle sue opere o alla modalità artistico-espressiva del suo stile. Esso può in un certo senso essere esteso anche alla modalità con cui egli interpretava ed esprimeva i contenuti di fede rappresentati nelle pale d'altare e in tutte le opere a soggetto religioso. La sua caratteristica specifica consisteva proprio nel narrare eventi di fede non con il racconto ma proponendone una meditazione e contemplazione poetica, aspetto questo che ha spinto a giudicare meno riuscite e poetiche opere che alludono agli aspetti più drammatici della vicenda terrena di Cristo, e che invece intendono non indugiare sugli aspetti più duri e cruenti del racconto.

Se pensiamo alla liturgia, essa stessa propone il riferimento alla narrazione non alla maniera di una prosa ma di una poesia. Si pensi alla modalità con cui la celebrazione eucaristica propone il memoriale-evento ritualizzato dell'ultima cena voluta da Cristo. Il testo che attualizza quel racconto è quasi-poetico, con la scansione ritmica del racconto (riportato dai sinottici) dei gesti e delle parole di Cristo nella cena pasquale: prese il pane, lo spezzò, lo diede ai discepoli e disse. La sequenza del racconto e delle parole, accompagnate dai gesti, ripetute per due volte per le specie del pane e del vino, ripropongono quasi in forma poetica la memoria di quell'evento, in sé drammatico e sofferto, che ricorda la passione e morte di Gesù Cristo. La forma non prevale sul contenuto, ma lo ritualizza, lo rende ripetibile e universale, dà ad esso una dimensione esteticamente caratterizzata.

Ciò che ho richiamato per il rito liturgico e la sua forma può per certi aspetti essere paragonato o quanto meno riferito anche alla modalità narrativa delle opere di Cima. Egli si accosta ai temi e agli episodi rappresentati e ne incarna il racconto, avvicinandolo alla dimensione più umanistica dell'arte rinascimentale del suo tempo, ma al tempo stesso ne sfuma le durezze e le asprezze usando una poetica capace di rendere quasi liturgico o ritualizzato il loro contenuto.

Infatti Cima sembra canonizzare alcune immagini, anche quando usa con maggiore libertà il riferimento alla tradizione che lo ha preceduto. Senza entrare nel dettaglio di un'analisi che può essere compiuta solo affrontando ogni singola opera del nostro autore, ritengo opportuno proporre, quale riferimento emblematico di quest'ipotesi di lettura iconografica, la pala del *Battesimo di Cristo* che campeggia nell'altare maggiore della chiesa di san Giovanni in Bragora a Venezia (cat. 10).

Per entrare nel merito di questa rilettura dell'opera è necessario contestualizzarne la realizzazione, ricordando che, nella seconda metà del Quattrocento, Venezia manifesta una grande vitalità artistica, con autori che caratterizzeranno in maniera significativa l'arte italiana del Rinascimento.

Siamo nel periodo in cui nell'area culturale legata a Venezia operano tra gli altri Vivarini e Bartolomeo Montagna, Carpaccio e Giorgione e i Bellini. In questo contesto Cima da Conegliano si trova a operare, quando sceglie come sua residenza quella contrada nella cui chiesa fin dal 1436 si riuniva la frangia dei pittori. L'opera di Cima va compresa e interpretata proprio in riferimento a questo contesto culturale. Nel 1456 era morto Lorenzo Giustiniani, primo patriarca di Venezia; nel 1464 era salito al soglio pontificio Pietro Barbo, con il nome di Paolo II. Proprio questo papa era stato battezzato nella chiesa di San Giovanni in Bragora. L'opera di Cima fu commissionata dal parroco della chiesa, tale umanista Cri-

stoforo Rizzo, pare su indicazione di Alvise Vivarini, come viene testimoniato da una serie di registri ancora conservati nell'archivio parrocchiale che documenta le spese elevate che furono sostenute per la realizzazione della fabbrica della chiesa e soprattutto per la decorazione del presbiterio.
Quest'opera, primo grande intervento d'altare in città, costituisce non solo la sua prova di abilità, ma si presenta come la sua attestazione e consacrazione di autore d'alto livello. Nel contesto di un complesso programma architettonico e iconografico del presbiterio e dell'intera chiesa, a Cima venne chiesto di interpretare il tema che non solo doveva richiamare l'intitolazione della chiesa, ma doveva anche rispondere alla presenza della scuola di devozione del Battista che in quella chiesa si radunava.
Certo è che la committenza si trovò a dover illustrare e di conseguenza richiedere a Cima di interpretare il tema senza perdere quella focalizzazione rituale e liturgica che l'opera riceveva dalla sua collocazione. Da parte sua, Cima aveva certamente ammirato i mosaici marciani (all'epoca cappella dogale e non cattedrale della città), cogliendone spunti per quegli elementi che la sua opera rielabora con assoluta originalità, capace di influenzare anche le opere che seguiranno (si pensi al Bellini di Santa Corona a Vicenza). Altro elemento ispiratore sono stati sicuramente gli scritti patristici (Ignazio di Antiochia, Giovanni Elemosinario, Lorenzo Giustiniani) che erano spesso fonte di ispirazione della predicazione del tempo, molto legata alla tradizione e alla sacra scrittura.
Nel riferire la poetica di Cima anche alla sua capacità di ricondurre nell'ambito liturgico la narrazione e la rappresentazione, credo sia assolutamente importante ricordare che la tradizione cattolica celebra solennemente l'evento del battesimo di Cristo nella liturgia come evento epifanico della sua natura e figliolanza divina, che richiama sia il mistero della incarnazione che della natività. È in ragione di ciò che la Chiesa, sia occidentale che orientale, ha sempre unito la memoria liturgica di questo evento alla celebrazione del Natale; oggi la Chiesa cattolica vede nella celebrazione del battesimo di Gesù la solennità che chiude il tempo di Natale. Questo elemento è di centrale importanza per l'interpretazione del contenuto dell'opera e per svelarne alcuni particolari compositivi.
Il riferimento al battesimo nel Giordano rappresenta significativamente la festa che compendia i temi epifanici del Natale, considerato liturgicamente come tempo della manifestazione di Dio nella persona di Gesù Cristo. Rivelare e svelare Cristo quale Figlio di Dio e legare questo aspetto alla celebrazione eucaristica: questo è stato il compito che Cima si trovò a dover affrontare e che svolse con una capacità assolutamente geniale e delicata insieme. Tale epifania dell'incarnazione si rivela e si svela in senso duplice, come manifestazione del mistero della natura di Cristo e come didascalico richiamo alla realtà eucaristica che sull'altare viene celebrata.
Il primo elemento didascalico e iconografico presente nell'opera è rappresentato dalla presenza dei cori degli angeli, che con andamento quasi ritmato racchiudono la rappresentazione. Le loro ali indicano simbolicamente che essi sono liberi dalla materia e si possono liberare con la volontà dagli impedimenti fisici. Dionigi l'Areopagita afferma:

> L'ala simboleggia la prontezza a elevarsi, il celestiale che da l'accesso verso l'alto e, con l'ascesa, il superamento di tutte le bassezze; la leggerezza delle ali indica che essi non hanno alcuna inclinazione terrestre ma si elevano in completa purezza e senza pesi verso le altezze sublimi.

Questi angeli sono innanzitutto memoria della creazione, nella corte che circonda la nube che campeggia nella parte superiore del dipinto, celando e rivelando la presenza del Padre-creatore, dal quale discende lo Spirito in forma di colomba. L'immagine del Padre non è rappresentata nella forma tradizionale dell'uomo anziano dalla chioma e la barba canuta, ma è svelata dalla presenza delle nuvole, poiché nel momento epifanico del battesimo il Padre si rivela nel volto del Figlio in cui si compiace; ricorda infatti Giovanni a conclusione del prologo al suo Vangelo: «Dio nessuno l'ha mai visto: proprio il Figlio unigenito, che è nel seno del Padre, lui lo ha rivelato». Cristo battezzato è epifania del Padre, il quale è inacessibile all'uomo.
Cristo si erge al centro della scena, ma in un atteggiamento di umile sottomissione al Battista. Nonostante la sua posizione verticale ed eretta in diretta corrispondenza con la ciotola battesimale usata dal Battista per compiere il gesto dell'aspersione dell'acqua e della colomba che scende su di lui, il Cristo è leggermente chinato verso Giovanni, a suggerire quel dialogo che sembra essere appena avvenuto fra i due, come ricordato nei Vangeli.
Seguendo la stessa linea dell'albero secco alle sue spalle, che quasi simboleggia il legno della croce, il Cristo si curva, ma la sua immagine è luminosa di quella luce che richiama la sua trasfigurazione al Tabor, momento di panico per i suoi nel manifestarsi della sua natura. In fondo anche qui Cristo, Figlio di Dio, vede proclamata e annunciata la sua natura divina nel gesto di sottomissione al battesimo di Giovanni e al battesimo che riceverà sul legno della croce.
L'evento nella sua rappresentazione evoca anche le pagine dell'Antico Testamento che ne costituiscono l'archetipo. L'acqua del Giordano, che corre in diretta corrispondenza con la colomba simbolo dello Spirito che discende su Cristo, è evidente richiamo allo Spirito che aleggiava sulle acque al momento della creazione. La stessa creazione viene citata dalle figure degli angeli colorati che chiudono il cielo. Non è un caso ma una diretta corrispondenza al modo in cui la predicazione, ispirandosi ai Padri, interpretava queste festività come immagini speculari l'una dell'altra. Infatti gli undici angeli che assistono alla scena, li ritroveremo nello stesso numero attorno all'immagine della creazione di Adamo nella Cappella Sistina. Dunque per Cima Cristo appare come il nuovo Adamo, il Figlio prediletto nel quale il Padre si compiace, del quale qui si evidenzia la bellezza originaria e originale.
E veniamo all'ambientazione, che sembra chiaramente alludere alla terraferma veneziana: le immagini sono nitidamente paesaggistiche, anche se probabilmente non corrispondenti a un reale paesaggio come quello delle colline di Conegliano, e offrono una dimensione reale a un evento che è nella storia ma anche al di là di essa. È quel «già e non ancora» che caratterizza la liturgia, poiché attualizza, rimandando a un passato che ha già visto gli eventi ritualizzati e a un futuro in cui noi ne vedremo la pienezza di significato e il compimento. Per questo la natura rappresenta la cifra incarnata e reale, in fondo storica, della narrazione, anche se non rappresenta la ricostruzione cronachistica dell'evento e dell'ambiente in cui è accaduto. Non solo il Cristo è quindi immagine del Padre,

ma anche la natura è partecipe dell'evento dell'incarnazione; non però in senso panteistico, piuttosto in quanto richiamo alla storicità attualizzata dell'episodio.
Il battesimo di Cristo non è solo epifania dell'incarnazione, ma anche manifestazione del mistero pasquale. Le parole di Cristo al Battista (cfr. Mt 3. Lc 3.) alludono all'evento della passione-morte-risurrezione di Gesù Cristo. Gli angeli sulla riva sembrano porgere in atteggiamento mesto al Cristo non solo gli abiti con i quali rivestirsi, ma le vesti rosse e blu che richiamano nei colori le due nature del Figlio, quella umana e quella divina. Poco ci interessa sapere se siano angeli o arcangeli: la loro funzione principale sta nell'evocare il mistero della passione e la forza della risurrezione che svelano la persona di Gesù nelle sue due nature. Il Cristo indossa solo un perizoma, altro richiamo pasquale che evoca – secondo l'iconografia tradizionale – il panno indossato durante la crocifissione, evento del suo sacrificio.
Anche le acque del Giordano sono un richiamo all'Antico Testamento. C'è da chiedersi se, come sostenuto da alcuni, la loro rappresentazione sia frutto di un'ingenua resa prospettica o se siano un tentativo di rappresentare o meglio ancora citare l'evento pasquale del mar Rosso, le cui acque si fermarono e aprirono per far passare il popolo ebreo in fuga dalla schiavitù d'Egitto. Non è chiaro se Cima tenti di rappresentare la trasparenza delle acque in quella nitida rappresentazione dei piedi e del fondale su cui essi poggiano, o se mostri realmente un riferimento all'evento della fuga nel passaggio all'asciutto del mare; se così fosse dovremmo sospettare che la linea che solca le gambe del Cristo sia stata aggiunta a posteriori.
L'albero secco, richiamo della croce, è collocato in una serie di riferimenti spaziali e ambientali che evocano una certa serenità, e suscita una notevole drammaticità che allude al sofferenza di Cristo nella sua futura passione. Ma tutto è pacato e quasi sospeso, poiché questi rimandi sono solo poeticamente allusivi a ciò che nella liturgia viene celebrato sacramentalmente e simbolicamente nei segni eucaristici. Il *Battesimo* di Cima è una pala d'altare che non può non far pensare al sacrificio eucaristico che dinanzi ad essa la liturgia mette in atto. Il corpo di Cristo rappresentato umanisticamente e classicamente da Cima trova così corrispondenza con le specie eucaristiche del pane e del vino. La forza dell'umile sottomissione al Battista esprime plasticamente la kenosi di Cristo nella morte in croce, vissuta come obbedienza al Padre e sottomissione alla volontà degli oppositori.
E quel Cristo rappresentato come il vero Figlio di Dio è «l'agnello di Dio che toglie il peccato del mondo» che il Battista indicava alle folle e che viene offerto e sacrificato nelle specie eucaristiche sulla mensa dell'altare. Sempre la bellezza umana con cui veniva rappresentato il corpo di Cristo richiamava tutti i valori espressi dalla tradizione classica, portando a compimento la ricchezza della manifestazione della natura divina nella piccolezza della natura umana: anche questa è la kenosi di Dio, il tutto nel frammento. Quel corpo è il Dio fatto uomo non umanità, fatto singolo-unico-unigenito, colui del quale gli angeli elevano il canto di gloria nell'alto dei cieli nel giorno dell'incarnazione. Per l'allusione a questo mistero la Pasqua celebra anche il Natale ed evoca il mistero delle specie eucaristiche. Quel corpo rappresentato fa vedere con gli occhi del corpo quel corpo che gli occhi dello spirito vedono nelle specie del pane e del vino.

Cima da Conegliano, *Lamentazione sul Cristo morto con la Madonna, le Marie, Giuseppe d'Arimatea, Nicodemo e i santi Giovanni Evangelista, Francesco e Bernardino*, Modena, Galleria, Museo e Medagliere Estense, inventario 470

L'umanesimo discreto di Cima da Conegliano

RENZO VILLA

«Adì p(rim)o Mazo 1489, Joanes baptista de Coneglano» assisteva alla collocazione della sua tempera su tela, una *Madonna in trono con il Bambino tra i santi Giacomo apostolo e Girolamo*, nella seconda cappella da sinistra della chiesa di San Bartolomeo in Vicenza (Vicenza, Pinacoteca Civica di Palazzo Chiericati, cat. 4). Alla vigilia del quarto decennio della sua vita il pittore di estrazione provinciale poteva ora considerarsi, con piena soddisfazione, accolto nel novero degli artisti più apprezzati in area veneta. «San Bortolo» era un edificio di fondazione duecentesca nel borgo omonimo, fuori le prime mura: nelle arcate che si affacciavano sulla luminosa e ampia navata centrale rilucevano ora splendidi altari marmorei, ciascuno sormontato da una grande pala. La radicale ristrutturazione esponeva all'ammirazione di tutti le grandiose tele, i capolavori realizzati da maestri diversi, comuni interpreti della rinascita vicentina dominata dall'alta lezione di Bartolomeo Montagna. Di lui la chiesa accoglieva tre opere, cominciando dalla pala dell'altar maggiore, ove il gruppo di santi intorno alla Madonna sull'alto trono era collocato sotto un leggero padiglione, sintonizzato sui motivi architettonici del vicino chiostro, immerso in una straordinaria chiarità mattinale. L'opera mostrava l'ormai matura riflessione del pittore sulla *Pala di San Cassiano* di Antonello a Venezia e sugli esiti di luminosità di Giovanni Bellini, che integravano la lezione padovana di Mantegna e l'energia dell'arte centroitaliana. Era stato proprio Bartolomeo Montagna a chiamare o raccomandare per la decorazione della chiesa prestigiosa Giovanni Buonconsiglio, Giovanni Speranza e appunto Giovanni Battista Cima da Conegliano. Se a noi nulla è giunto dell'edificio quattrocentesco, l'eccezionale congiuntura pittorica si manifesta ancora nel gruppo di opere di omogenea qualità, testimoni dello sviluppo civile di Vicenza e della volontà del suo patriziato di stabilire legami non occasionali con l'impianto culturale che chiudiamo nella formula dell'«umanesimo», qui nella declinazione veneta, e più in generale padana. Nelle luci, nelle atmosfere sospese, nel naturalismo e nel disegno sicuro delle figure, nei prospettici impianti architettonici, nell'intensità naturalistica dei paesaggi, nella precisione di emozioni sottilmente rappresentate, cogliamo infatti i caratteri e di un orientamento intellettuale e di un gusto. Diverso ormai dalla misura toscana e dal disegno fiorentino: è l'espressione di un linguaggio pittorico che prelude la dizione non più regionale, ma pienamente italica dell'arte cinquecentesca.

In quella che possiamo considerare come sua prima e piena dichiarazione di poetica, Cima mostra la totale assimilazione di quegli orientamenti intellettuali e pittorici, cui aggiunge il fondamentale riconoscimento del ruolo centrale dell'architettura costitutiva dello spazio. Seguendo i dettami di Leon Battista Alberti, dispiega l'arte più matematicamente elaborata del disegno prospettico, nel pieno recupero del dettato classico; lo spazio è poi movimentato dalla luce atmosferica della tradizione veneziana. L'esito della sua pala unificata realizza una sintesi metafisica, assorta e quasi astratta, ove il silenzioso dialogo sacro è scandito da un alto muro, strutturato nella misura efficacissima della serliana codificata da Pietro Lombardo, che separa la meditazione divina da un altro mondo, che si deve immaginare aperto, con le colture arboree di aranci splendenti a ingentilire l'ardua prospettiva. Il paradosso è che ciò che vediamo – una Madonna assorta e tenera, un Bambino gentile e benedicente, e i due santi patronimici dei committenti, i fratelli Jacopo e Girolamo Sangiovanni – è la manifestazione della sacralità, mentre la natura, con le chiome alberate, le variate nuvole, i frutti attentamente coltivati, è «oltre». Il legame fra il qui e ora dell'immanenza del sacro e il mondo quotidiano dell'*ora et labora* sarà fornito dalla geniale pergola arditamente scorciata, collegamento fra il mondo delle forme ideali e il giardino, che dobbiamo immaginare nascosto, oltre il graticcio. Un Eden incantato e perduto, una Natura disposta e promessa all'Uomo. Proponendoci nella malinconia dei volti, la reminiscenza della colpa antica che cacciò Adamo, Cima avanza subito un tema umanistico di grande fascino e fortuna, cui si associano allusioni di concettuale eleganza per il gusto araldico e simbolico, come nella lucertola sul muro. Allegorica è la stessa figura di Maria – *ianua Coelis* – transito necessario per accedere alla dimensione del giardino. Ella – *Virgo sapientissima* – sorregge sul ginocchio il Libro che non ha bisogno di leggere, in cui è contenuta la storia della Salvezza, e dunque anche della passione del Figlio. Il suo sguardo protegge colui che legge e consulta per il suo apostolato: è Giacomo minore, il figlio di Alfeo, l'autore della prima *Lettera* cattolica apostolica, fratello di Gesù nei tratti, ma poi con barba e capelli scomposti e trascurati per aver scelto d'essere *nazirèo* ovvero senza cura della persona. È ritratto con il bastone per cardare la lana, strumento del suo martirio. Chi ci guarda severo con un terzo Libro è Girolamo, il dottore della Chiesa in vesti cardinalizie che regge arditamente la sua *Vulgata*. Una triangolazione di libri, scritti e letti e tradotti, l'Antico e il Nuovo Testamento, mentre il mondo classico ha fornito i molti marmi politi e le forme del trono, e il sedile, i gradini e il pavimento, tutti raffinatissimi nelle soluzioni prospettiche e nella densità dei colori, allusivi al sangue che sarà versato. Ma nelle triadi di significato dobbiamo anche includere le tre età dell'Uomo, infanzia maturità e vecchiaia, e la più generale sintesi fra architettura, natura e umanità, fra tempo della vita, eternità e spazio.

Insomma Cima ci propone subito una fuga di prospettive allegoriche, una sintesi di simbologia, di misurata retorica e densa significazione che mostra quanto il giovane provinciale abbia sa-

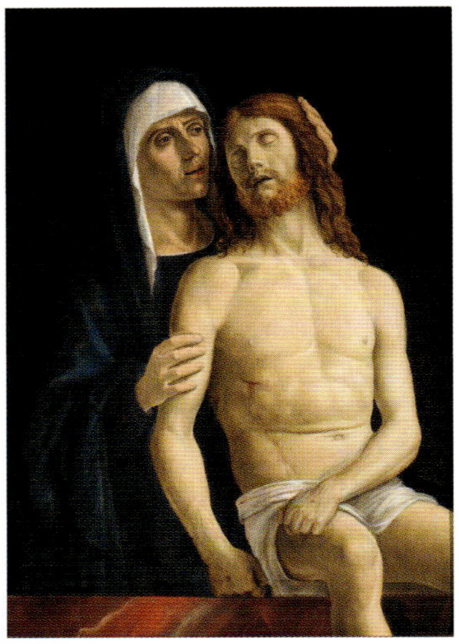

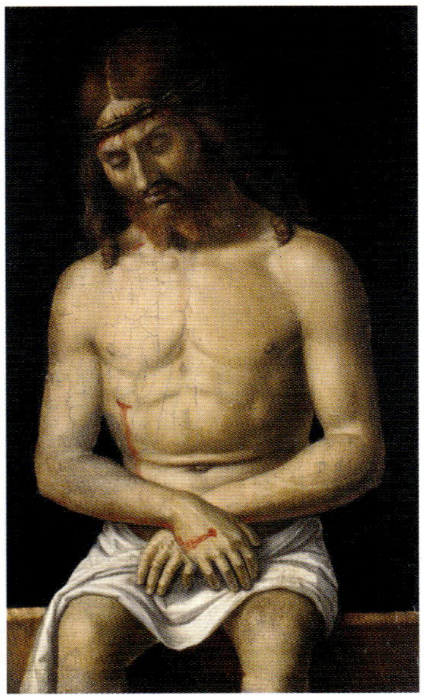

puto assorbire dalla più aggiornata cultura urbana. Non resterà un episodio isolato: Cima negli anni ritornerà e varierà queste formule e tematiche umanistiche, per esempio con le variazioni sull'età matura in un'altra rappresentazione di intellettuali con i loro libri, il tutto ancora costruito in una rigorosa serliana: nella *Madonna con Bambino e i santi Pietro, Romualdo, Benedetto e Paolo*, ora a Berlino (Gemäldegalerie, Staatliche Museen, cat. 17). Poi il pittore saprà mantenersi sempre aggiornato e sottilmente sofisticato nelle diverse soluzioni visive che avrà esposto e illustrato a una committenza altrettanto sofisticata, restando contemporaneamente in grado di parlare un linguaggio apparentemente semplice, umanissimo e comprensibile anche al pubblico devoto più semplice cui è destinata la gran parte dei suoi lavori a carattere sacro.

La riflessione di Cima sull'architettura come ordine razionale in cui si colloca la scena luminosa sarà sempre declinata con il recupero dell'antichità, seguendo l'indicazione più caratteristica dell'umanesimo veneto che afferma il compimento, a opera del cristianesimo, del destino civilizzatore di Roma. Punto d'arrivo di questa visione allegorica è la *Madonna con il Bambino e i santi Michele arcangelo e Andrea*, oggi alla Galleria Nazionale di Parma (cat. 21): qui la rovina classica è protagonista assoluta, anche perché la croce, cui sembra sorreggersi un meditabondo e assorto Andrea, rappresenta il sostegno, l'autentico puntello di ciò che resta di un tempio pagano. Mentre la rocca di Conegliano, visione del presente e dell'immanente, domina il paesaggio da lontano, nel tempo del sacro il tempio mostra i tratti preziosi dell'antico nella pluralità dei marmi compositi. Si conferma così il significato morale per cui solo la fede cristiana può intendere e recuperare un mondo coltissimo ma corrotto: e intanto la maceria classica, lavorata da Cima con un gusto della documentazione antiquaria di raffinatissima qualità visiva, è insieme spettacolo e ornamento retorico. Questa visione profondamente radicata nell'umanesimo veneto è sottolineata dalla chiarità della luce: difficile trovare altre rovine così vigorosamente luminose, marmi caduti così levigati e lucenti. Si tratta non soltanto di una riproduzione nel pieno gusto dell'antiquaria, ma anche esattamente di una «messa in scena» del programma di filologia e restauro umanistico, cui si unisce la ferma volontà del pensiero cristiano di giudicare ciò che del passato greco e latino possiamo e dobbiamo accogliere: è il progetto di Ermolao Barbaro. Perciò Cima presenta la Madonna come madre seduta sulle rovine, nella pausa di un faticoso itinerario, mentre il Bimbo sorretto premurosamente siede sull'alto gradino come sul proprio trono, cosciente che su quelle rovine edificherà una nuova Chiesa. Come nella *Madonna dell'arancio* (Venezia, Gallerie dell'Accademia, cat. 19), ove la donna è seduta direttamente sulla roccia, simbolo di una certezza della fede, qui ella siede su una pietra che il tempo non può annichilire. L'orchestrazione teatrale della scena è limata dall'autenticità familiare dei personaggi, mentre Michele sorregge la bilancia su cui saranno pesate le anime che avranno saputo inerpicarsi sulle difficili cime della verità, e avranno saputo interpretare e difendere i resti di un passato glorioso, di un luogo di meditazione, sorrette da una fede incrollabile. E intanto Cima si è esercitato con maestria, anche con un preziosismo quasi espressione di sprezzatura, dimostrazione di un'abilità nella progettazione e nel disegno architettonico non inferiore all'abilità coloristica, nell'ardua prospettiva dell'arco ribassato, della croce arditamente inclinata, nel frammento classico pienamente recuperato. Anche la pala con *San Giovanni Battista tra i santi Pietro, Marco, Girolamo e Paolo* della chiesa della Madonna dell'Orto (cat. 11) presenta un rudere splendido, e lo propone con una carica simbolica, un'energia di dizione, una densità culturale davvero stupefacente. Sorta di «sacra conversazione» anomala per più versi, a cominciare dalla centralità di Giovanni Battista per finire alla totale apertura nello spazio agreste del portico classico, il rudere che inquadra la scena della pala appare prezioso all'occhio di chi ne ha percorso le eleganti tarsie marmoree, le perfette misure costruttive, i ricchi medaglioni che presentano scene dei vizi pagani, prefigurando in chiave allegorica la ragione morale della caduta del mondo antico. Un rudere che la natura va conquistando: una quercia contorta e povera di foglie seppure ancora salda e forte, emerge dietro le colonne; un fico è nato tra le vele crollate, mentre l'edera scende dalla cornice. Una civetta osserva meditabonda l'intero evento, dall'alto delle occhiaie vuote di un'architettura pur sempre salda nelle fondamenta. L'avventura dell'analisi iconologica offre una varietà di polisemie: se la quercia può essere la sapienza pagana che attende il vigore della predicazione cristiana, preconizzata dal Battista, e poi difesa e diffusa da Pietro e Marco e da Girolamo e Paolo, altrettante immagini diverse della Chiesa pastorale ed evangelica, sapiente e missionaria, il fico rappresenta quell'Antico Testamento i cui frutti maturi non saranno rinnovati. Ovvero quella Sinagoga ebraica che non dà più frutti, lei che così dolci e succosi li offriva prima della venuta di Cristo, ma è sterile per coloro che non sanno riconoscere la predicazione di colui che proclama la prossima venuta del Messia. Così Giovanni Battista, il predicatore nell'estrema povertà, con la sua esile croce di canne si sarà nutrito di quei frutti abbondanti, ma ora è in attesa di altri, più cospicui e celestiali frutti. E dunque il tempio in rovina e il fico impoverito rappresentano le due fonti di una sapienza che saprà rinascere solo attraverso il messaggio cristiano. Mentre l'edera dionisiaca, la pianta del fanciullo che raffigura l'eterno ritorno, assume la funzione di ricordare l'immortalità, la civetta funge da ammonimento: chi non ascolterà il messaggio del Battista si perderà nelle tenebre, nelle selve abitate dagli uccelli notturni e rapaci.

Se la continuità con l'antico proclamata e voluta dagli umanisti è anche – forse soprattutto – continuità con quell'*universitas christianorum* in cui si identifica ciò che chiamiamo «evo di mezzo», la selva delle interpretazioni allegoriche cui rimanda ciascun simbolo recupera sia il registro colto sia quello popolare. Ed ecco allora la necessità di leggere nell'opera di Cima la presenza del mondo dei simboli, costruiti a partire da erbari e bestiari medievali: così nella *Madonna dell'arancio* compare la celidonia, la piantina che, come la fede, nasce da un gramo suolo e pure nutrirà con il suo lattice le rondini, missionarie di prossimi arrivi, mentre la pernice rappresenta la presenza continua della tentazione e del male, l'aridità dell'anima. L'arancio è pianta feconda e solare, indicando anche l'unità dei fedeli nel segno del Cristo. Giuseppe a parte si riposa fra lecci e querce verdeggianti, mentre la Madre e il Bambino attendono di fecondare un'arida terra.

È anche per questa fusione fra temi di fondo dell'umanesimo veneziano e gusto allegorico, ultimo esito delle più elaborate costruzioni simboliche medievali, che Cima ci appare singolarmente in sintonia con il senso generale dell'impresa aldina per eccellenza: l'*Hypnerotomachia Poliphili* di Francesco Colonna. Ritroviamo puntualmente il medesimo gusto per le citazioni

Cima da Conegliano, *Crocifissione*, Birmingham, The Barber Institute of Fine Arts, The University of Birmingham, inventario 38.4

Cima da Conegliano, *Presentazione della Vergine al tempio*, Dresda, Gemäldegalerie Alte Meister, Staatliche Kunstsammlungen Dresden, inventario 63

Cima da Conegliano, *Cristo portacroce*, Oxford, Ashmolean Museum, University of Oxford, inventario A874

Cima da Conegliano, *Cristo morto sorretto dalla Vergine*, Varsavia, Museum Palace at Wilanów, inventario 1534

Cima da Conegliano, *Cristo morto*, Birmingham, Birmingham Museums & Art Gallery, inventario 16.30

archeologiche, tradotte nella ricostruzione fantastica delle architetture; l'uso dell'epigrafia e la bravura antiquaria. Il tutto però non declinato nello sperimentalismo linguistico del frate veneziano, ma nel linguaggio poetico nazionale, sentitamente «italiano», che è poi la fondamentale lezione di Giovanni Bellini.

Abilissimo impaginatore di architetture Cima è anche maestro nella costruzione di importanti paesaggi urbani, soprattutto quando dà prova della dimensione narrativa, ovvero «storica» del racconto per immagini, là dove la contiguità con Carpaccio appare più leggibile. È il caso dell'invenzione nella *Presentazione della Vergine* (Dresda, Gemäldegalerie) di un'ardita scala piramidale; oppure lo scorcio del cortile e la serie di rivestimenti marmorei studiati nel dettaglio e nel gusto illusionistico del *Miracolo di san Marco* (Berlino, Gemäldegalerie, Staatliche Museen, cat. 25) mentre nei turbanti e copricapi sentiamo tutta l'invenzione documentaria di Gentile Bellini. Nello spazio urbano del *Teseo si presenta alla corte di Minosse con la delegazione ateniese* (cat. 23) compare quella che ci pare non già ingenua sovrapposizione, ma bellissima sintesi di una città osservata per storico sviluppo di stili e funzioni: dalle aspre fortificazioni trecentesche si transita attraverso il gotico lombardo, alla più elegante contemporaneità spaziale albertiana, secondo una precisione di lettura storica degna di un manuale. Mentre un padiglione protegge la *Madonna in trono con il Bambino e i santi Caterina (?), Giorgio, Nicola, Antonio abate, Sebastiano e Lucia (?)* delle Gallerie dell'Accademia (cat. 27), nella *Crocifissione* di Birmingham (Barber Institute of Fine Arts) le folle si addensano negli spaccati di edifici classici: è una Gerusalemme irosa e violenta, contrapposta alla meditazione silenziosa nell'orto.

Nell'opera di Cima è comunque sempre presente la città nel fondale o in secondo piano; che nel caso del borgo di Conegliano assume quasi la funzione di firma, di significante del nome dell'autore. È un luogo compiuto a memoria, ma poi rinnovato dalla cronaca, come nella *Sant'Elena* di Washington (National Gallery of Art, cat. 16) ove sono ricordati i fatti dei crolli delle torri coniglianesi. Opposto allo spazio cintato della civiltà è l'ambiente naturale: pianure e colline non lavorate dagli agricoltori, ma pascoli e serene colture arboree. La poetica del *rus* virgiliano, più volte evocata, unisce umiltà, nobiltà e semplicità. Se per Cicerone *Vita rustica parsimoniae, diligentiae, iustitiae magistra est*, in Cima l'umiltà è solennità, la nobiltà è umana e fraterna, la semplicità è sapiente: soluzioni per ossimori di un paesaggio rustico che attende di essere fecondato. Poiché in Cima sembra esserci ancora l'attesa di quel lavoro nei campi che il patriziato veneziano sosterrà con i suoi capitali, e la città è il luogo dell'artigianato operoso, non del mercato e degli scambi.

Se attraverso queste sollecitazioni visive risaliamo alla cultura umanista a Venezia nell'età di Cima, nei due decenni esattamente a cavallo fra vecchio e nuovo secolo, dobbiamo subito ricordare che quella stagione fu informata – usando la formula di Vittore Branca – da una sapienza civile, ovvero da un «umanesimo» che fu prima e anzitutto un abito civile e mentale, che improntò sostanzialmente solo, e in parte, il patriziato. Fu l'espressione della *societas* della repubblica, la cultura comune di un gruppo urbano corale, il medesimo che riconosciamo nelle processioni di Gentile e Giovanni Bellini come nei teleri delle *Storie di Sant'Orsola* di Carpaccio (Venezia, Gallerie dell'Accademia). Quei patrizi umanisti, tutti appartenenti alle poche famiglie in cui si riassume la storia della classe dirigente in laguna, erano stati gli allievi della Scuola di San Marco ove insegnava Benedetto Brugnoli, amatissimo da Bembo, reggente per trentasei anni, dal 1466 al 1502. Era suo collega Marcantonio Cocci detto il Sabellico, che nel *De Latinae linguae reparatione* del 1489 traccia un bilancio orgoglioso e maturo proprio della cultura umanistica veneta. Mentre una seconda cattedra fu tenuta prima da Mario Filelfo, poi da Giorgio Merula e Giorgio Valla, in una linea di rigorosa filologia filoellenica. E alla scuola era giunta dal 1468 la biblioteca del cardinal Bessarione, mentre si pratica quell'antiquaria che a Venezia era diffusa fin dalla prima generazione di allievi di Guarino Veronese, a cominciare da Leonardo Giustinian, e dagli acquirenti di Ciriaco d'Ancona. E tuttavia proprio la lentissima vicenda della biblioteca ci ricorda che le *humanae litterae* a Venezia restano l'attributo e l'ornamento di giovani il cui compito è però anzitutto quello di esercitare la diplomazia, i propri doveri d'ufficio, di rappresentare al meglio le istituzioni della repubblica a loro affidate, e dedicarsi con rispetto sempre all'oculato mantenimento e arricchimento del patrimonio familiare. Solo dopo questi doveri primari sarà permesso il piacere della scrittura latina, del privato esercizio nella lingua greca, delle amate letture ed esercizi eruditi e filologici.

Non è difficile riconoscere i maestri della generazione attiva nell'età di Cima. Su tutti domina Ermolao Barbaro, il grande innovatore degli studi aristotelici, personaggio centrale del dibattito e filosofico e filologico. Nella tradizione aldina compare a fianco dagli amici Poliziano e Pico, in una triade dell'umanesimo inteso anzitutto come rinascita degli studi classici e rigorosa attività di ripristino e lettura autentica dei testi. Fra le sue diverse lezioni, che informano un'epoca intera della cultura veneziana, emergono le ricerche su Aristotele e Dioscoride, e i suoi commenti a Plinio il Vecchio che agiranno profondamente sulla ripresa degli studi naturalistici così come l'istituzione di un orto botanico, che sarà il modello di quello fondato poi a Padova dal nipote Daniele, e motiva anche gli esiti pittorici di un Giovanni Bellini e di un Cima, con la collocazione in un paesaggio che è essenzialmente mentale, delle più calligrafiche rappresentazioni di specie arboree ed erbacee, minuziosamente osservata dal vero. Anche così si idealizza lo spazio italiano, sempre sospeso fra campagna lavorata e architettura borghigiana. Barbaro non è solo: con lui troviamo una schiera di patrizi che uniscono all'attività diplomatica una profonda conoscenza filologica e filosofica, come quel Gerolamo Donà che trascorre la sua vita di diplomatico presso Massimiliano d'Austria, Ludovico Sforza e Alessandro VI, ma è anche l'umanista traduttore di Giovanni Damasceno e Alessandro di Afrodisia. Ed è lui che attraverso l'amico Poliziano salda la rigorosa militanza aristotelica con i risultati più alti e soggettivi della tradizione fiorentina. Tutti comunque condividono la più classica matrice agostiniana: i valori cristiani sono completamento e coronamento della civiltà classica mentre la difesa di poesia ed eloquenza, ovvero il valore morale degli studi, è garanzia della fusione di verità e bellezza. Il che corrisponde a un ordine di compostezza, di nobiltà interiore, di limpida armonia morale e luminoso decoro che poi sono tradotti nelle luci della grande stagione della pittura umanistica veneziana, nella lezione di Giovanni Bellini. È infine una *respublica letteraria* e artistica, che apparentemente riesce a passare indenne – o meglio mantiene una forza coesiva interna – attraverso la tragedia della fine delle libertà italiane e la generale frana di un'intera civiltà.

Cima da Conegliano, *Cristo tra i dottori*, Varsavia, Museum Palace at Wilanów, inventario 131513

Cima da Conegliano, *Cristo benedicente*, Dresda, Gemäldegalerie Alte Meister, Staatliche Kunstsammlungen Dresden, inventario 61

Cima da Conegliano, *Testa di Santa*, Milano, Museo Poldi Pezzoli, inventario 1588

Cima da Conegliano, *Testa di santo Stefano*, Philadelphia, Philadelphia Museum of Art; John G. Johnson Collection, 1917, inventario 1171

Cima da Conegliano, *Testa di Cristo*, Dresda, Gemäldegalerie Alte Meister, Staatliche Kunstsammlungen Dresden, inventario 62

Era stata la grande lezione filologica di Lorenzo Valla ad avviare una rivisitazione integrale non soltanto della tradizione latina ma anche, in modi innovativi, di quella ebraica. Nell'età di Cima agli ebrei non era ancora permesso abitare nella città lagunare poiché l'area del *ghetto* sarà loro riservata dal 1516: nel frattempo erano sottoposti a ricorrenti restrizioni seguite da ampie tolleranze, poi da settari fanatismi e ancora improvvise aperture. Mentre ai banchieri ebrei era permesso un soggiorno in laguna di non più di quindici giorni, per coloro che giungevano dalle città della costa adriatica, attraverso le regolari vie d'acqua, non esistevano vincoli. E tuttavia per un veneziano non era usuale accostarsi alla sapienza ebraica. Anche per la necessità di una mediazione intellettuale carica di plurimi significati la conoscenza della lingua ebraica è decisamente rara. È quindi ancora una volta anticipatore il Cima che intorno al 1495 dipinge l'*Annunciazione* per la chiesa di Santa Maria dei Crocicchieri, oggi a San Pietroburgo (Ermitage, cat. 15). La scena è assolutamente silenziosa: leggerissimo il passo dell'angelo, appena reclinato più per il lungo volo o la fatica dell'incedere nell'aria, che per l'omaggio alla Donna infine trovata. La quale interrompe sommessa la preghiera a cui era intenta, ovviamente *leggendo* – la mano sinistra ancora ferma a trattenere le pagine del Libro – appena avverte la presenza celestiale. Intimamente già conosce il messaggio che il pittore imprime con bella evidenza sul bordo ligneo del baldacchino, protezione del sonno incorrotto. È un messaggio che giunge dai secoli più lontani. Isaia 7.14: «Ecco la vergine che concepisce e partorisce un figlio». La visione profetica è scritta in perfetti e chiarissimi caratteri ebraici: *Hinneh ha-'almah harah we-yoledet ben*. Precoce è l'attenzione di Cima se consideriamo che solo tre anni dopo, nel 1498, Aldo Manuzio stamperà alcune parole in carattere ebraico in un testo di Poliziano, e altri pochi caratteri compariranno l'anno successivo in una xilografia del *Poliphilo.* La prefigurazione del Vecchio Testamento rinvia dunque a un cristianesimo sapienziale cui solo pochi ardui letterati andavano accostandosi nell'ultimo decennio del Quattrocento veneziano. Mentre la commissione a Cima da parte dell'Arte dei Setaioli non risolve la presenza dell'elemento ebraico così dichiaratamente esposto, occorre ricordare come proprio fra sete e broccati Cima nasconda sovente caratteri arabi, come nella bordura delle vesti del *Polittico di Olera* (chiesa parrocchiale, cat. 1), della *Madonna* nel Duomo di Conegliano (Conegliano, Museo Civico, cat. 9), nella *Madonna con Bambino* della Pinacoteca di Bologna (cat. 14). Tratti ulteriori di un pittore che dalla provincia seppe giungere rapidamente alla radice urbana dei saperi, ma l'attrazione della cultura umanistica per le antiche scritture è anche una manifestazione accettabile, non pericolosa, di quell'interesse per l'occulto, il misterico e il magico, altrettante manifestazioni «antirinascimentali» che percorrono in profondità il mondo lagunare, aperto a scambi e commistioni con l'Oriente celebrato anche visivamente da Gentile Bellini e poi da Carpaccio, Giorgione e Cima stesso per esempio nella *Presentazione di Maria al Tempio* della Gemäldegalerie di Dresda. Qui Cima dipinge un

tempio e palazzo [che] emergono dal terreno assolato e disseccato, cosparso di grossi ciottoli. Ultimo degli astanti, a sinistra, è un bambino guidato dalla madre, che serra in mano uno di quei sassi levando in alto uno sguardo fisso, incomprensivo, forse letteralmente cieco: è ancora l'immagine del popolo ebraico che non può vedere e capire, duro e sterile come pietra, di intelletto e di cuore. A destra siedono sui gradini un ragazzo e una donna, mercanti autorizzati delle offerte d'uso per il tempio, con ceste e gabbie come da consueta e sterminata iconografia[1].

Sembra dunque di cogliere, nelle presenze ebraiche in Cima, quel duplice rinvio sia alla sapienza veterotestamentaria sia alla perdurante polemica cristiana contro i deicidi. Anche attraverso Aldo Manuzio Cima avrà avvertito la presenza dei temi ebraici della *qabbalah,* sentiti e trasmessi da Giovanni Pico della Mirandola, e la sua apertura verso i testi ermetici, così come l'opera di diffusione del simbolismo mistico giudaico da parte di Johannes Reuchlin, che tanto andava orientando gli interessi ebraici di Aldo[2]. Intanto una personalità come Francesco Zorzi già possiede una significativa biblioteca ebraica, e l'ebraico è una componente essenziale della cultura umanistica di Pietro Bembo, un cabalismo cristiano in una linea neoplatonica e ficiniana, la medesima di Pico e dell'umanesimo declinato nella bassa padana[3].

Questa sottile relazione con aspetti meno noti dell'umanesimo veneziano rappresenta l'assoluta capacità da parte di Cima di relazionarsi ai tempi e al variare delle minime sfumature della committenza umanistica: raggiunge il culmine nel *Compianto su Cristo morto* di Modena richiesto da Alberto Pio, il principe di Carpi terzo del suo nome. Personaggio di una precocità degna dello zio Pico della Mirandola, di cui è a sei anni allievo, frequentando anche il circolo umanistico del Guarino, e seguendo lezioni di scienze naturali e chirurgia. Non a caso il suo precettore era già Aldo Manuzio, cui resterà legato tutta la vita e di cui il principe sarà primo e principale mecenate, nonché migliore esempio della qualità del maestro stesso. Un editore erudito e antichista egregio e insieme moralista e pio, convinto che *et sanctos mores et bonas litteras simul edoceantur adulescentuli*: nella sua «risentita coscienza morale è radicata la consapevolezza che la sapienza antica, l'alta scuola dei classici, ha il suo compimento, necessario e risolutivo, nella nuova realtà cristiana»[4]. A un mese dalla morte, nel 1515, Manuzio si firmerà come Aldo Pio dedicando l'ultima sua fatica editoriale proprio ad Alberto, «a suggello di un'impresa condotta fin dall'inizio all'insegna di quel nome»[5].

Il ritratto di Alberto Pio, forse di Bernardino Loschi, l'artista di corte di Alberto dal 1500, alla National Gallery di Londra, è quello di un uomo intenso e intento, uno studioso perfettamente inserito nella parte del principe e grande diplomatico in un perpetuo e compiuto equilibrio fra ruoli intellettuali e sensibilità alle cose del mondo, rappresentate dal paesaggio lontano, oltre la loggia signorile. Alberto è, come Pico, un umanista che ricerca nell'ordine e nella logica della scolastica l'esposizione e la ricostruzione di una sistemazione intellettuale che proprio l'umanesimo nordico ora nuovamente poneva in discussione. La sua tensione spirituale, che lo farà rivolgere all'ordine francescano, sosterrà l'ultima, anche aspra polemica con Erasmo da Rotterdam, che Alberto Pio aveva conosciuto presso Aldo a Venezia in occasione del primo soggiorno in città di quel già prestigiosissimo intellettuale. Ma in altri, più distesi tempi. Dopo la pubblicazione delle tesi di Lutero e dopo il sacco di Roma, Alberto accusa Erasmo di essere prossimo per molte affermazioni alla riforma luterana, che sarebbe stata ispirata proprio dalle sue pubblicazioni.

Al tempo della commissione a Cima, il giovane Alberto, sovente ospite presso la corte estense, in amicizia con Pietro Pomponazzi e in familiarità con Celio Calcagnini, Lilio Gregorio Girardi, e poi Pietro Bembo e Lodovico Ariosto, esaltava l'opera d'arte come occasione per l'elevazione dello spettatore, che avrebbe trovato nella sua contemplazione un motivo per avvicinarsi maggiormente al divino. Il *Compianto su Cristo morto con san Francesco e san Bernardino* oggi a Modena (Galleria Estense) risulta la meditata e attenta traduzione visiva del desiderio di Alberto di muovere la compassione di colui che devotamente ammira la scena. L'impegno del pittore per ottenere un risultato cui Alberto sarà sempre affezionato, è ottenuto ponendo la figura della Madre in modo del tutto speculare a Cristo, in una contemporaneità emozionale di morte e perdita di sensi. Realizza anche nell'anziana Maria un eccellente ritratto dal vero, particolarmente naturalistico, di donna d'area padana con l'energica struttura morfologica della testa e la rudezza dell'incarnato e delle pieghe di un viso vissuto e stanco. Il crollo fisico della Madonna di fronte al Figlio morto è la dimostrazione del suo essere «corredentrice»: Cima su probabile indicazione di Alberto seguace francescano, recupera i contenuti di una predica di san Bernardino, come individuato da Peter Humfrey[6].

Da queste poche osservazioni sulla relazione fra Cima e la cultura dell'area lagunare e padana, non appare più imprevedibile il fatto che il suo catalogo, che contiene tante emergenze umanistiche, presenti oltre al *recto*, anche il *verso* della filologia cristiana. Ovvero l'imporsi, proprio nell'ultimo decennio del Quattrocento, dei temi mitologici. Una rinascita degli dei pagani antichi che trova un'occasione specifica nelle vicende dionisiache, segnatamente nei cassoni nuziali. E molti usciranno prevedibilmente dalla sua bottega, anche se poco ci resta. Non la sola vicenda di Arianna appartiene al ciclo dionisiaco: anche Mida è colui che per la sua iniziazione orfica riconosce e accoglie Sileno, e ottiene da Dioniso di esaudire il desiderio che lo condurrà, tramutando tutto in oro, alla follia per fame. Mida è però anche colui che vuole tornare alla rusticità, al mondo primitivo di Pan, colui che rifiuta l'eleganza apollinea e ne riceverà in punizione divina le stigmate delle orecchie asinine, ovvero una ben pesante ironia sul suo desiderio di fuga nel mistero del primitivo. Nei miti di Mida compaiono così insieme le variazioni sul tema dell'illusorietà dell'esperienza umana, in particolare l'illusione di una possibile fuga nella naturalità, e la variante, sostanzialmente di origine petrarchesca, che segnala la fallacia del giudizio estetico e ironizza moralisticamente sulla difficoltà di accedervi per via intellettuale. In ogni caso la critica al gusto di Mida è anche critica – dell'artista e del committente – a quel gusto villereccio che si cominciava a diffondere fra Padova e Venezia. Ennesima variante dell'andare verso il popolare che segna il tracollo e la stanchezza, il punto d'arrivo di un'elaborazione intellettuale estrema, il che non è nuovo nella storia intellettuale delle classi dirigenti italiane. Se questi temi sembrano avvicinare Cima al giovane Giorgione, va anche ricordato come siano contemporanei alla nuova diffusione di Ovidio nell'editoria veneziana – giacché alle *Metamorfosi* rinviano tutti i soggetti mitologici di Cima, tranne l'Endimione la cui fonte è Luciano – e al più generale recupero neoellenistico, appunto con la diffusione in particolare dei temi dionisiaci, poi da altri sviluppati nella direzione di rabbiosi erotismi. Il tono ironico che compare in ogni rappresentazione mitologica di Cima restituisce comunque un atteggiamento ancora tipico del mondo veneziano nei confronti delle favole antiche, ove all'estrema erudizione si associa sempre la distanza che tanto era cara a Erasmo, e che poi darà il risultato più alto nel *Festino degli Dei* di Giovanni Bellini (Washington, National Gallery of Art), una rivendicazione in pieno Rinascimento della tradizionale lettura umanistica del testo classico.

Proprio alla lezione dell'umanesimo veneziano e alle particolari declinazioni padane, a Carpi e Parma, rimarrà sempre fedele Cima da Conegliano, interprete equilibrato e sicuro in una stagione politicamente anche tragica, piena di tensioni e insicurezze: che lui saprà attraversare mantenendosi fedele a quella volontà di equilibrio formale, di aristotelica misura, di rivisitazione della tradizione e certezza di fede, di intensità luminosa, annunciata fin nel suo primo e programmatico capolavoro vicentino.

[1] A. Gentili, *Le storie di Carpaccio. Venezia, i Turchi, gli Ebrei*, Venezia 1996, p. 132.
[2] Su tutto il tema cfr. G. Busi, *L'enigma dell'ebraico nel Rinascimento*, Torino 2007.
[3] Cfr. M. Danzi, *La biblioteca del cardinal Pietro Bembo*, Génève 2005.
[4] V. Branca, *La sapienza civile. Studi sull'Umanesimo a Venezia*, Firenze 1998, p. 77.
[5] C. Dionisotti, *Aldo Manuzio editore*, Milano 1975, p. XXII.
[6] P. Humfrey, *Alberto III Pio e il compianto di Cristo morto di Cima da Conegliano*, in *Quadri rinomatissimi. Il collezionismo dei Pio di Savoia*, a cura di J. Bentini, Modena 1994. Id., *Cima da Conegliano and Alberto Pio*, in «Paragone», XXIX, 341, 1978, pp. 86-100. Più in generale: C. Schmidt Arcangeli, *Cima da Conegliano e Vincenzo Catena pittori veneti a Carpi*, in *La Pittura veneta negli stati estensi*, a cura di J. Bentini, S. Marinelli, A. Mazza, Verona 1996-1997. A. Sarchi, *The Studiolo of Alberto Pio da Carpi*, in *Drawing Relationship in Northern Italian Renaissance: Patronage and Theories of Invention*, a cura di G. Periti, Aldershot 2004, pp. 129-145.

Cima da Conegliano,
Madonna con il Bambino tra i santi Giovanni Battista, Cosma, Damiano, Apollonia, Caterina e Giovanni Evangelista,
Parma, Galleria Nazionale, inventario 360

Cima e la pala d'altare

PETER HUMFREY

Per motivi non ancora del tutto chiari, i pittori veneziani degli ultimi decenni del Quattrocento, diversamente dai colleghi operanti nei principali altri centri artistici italiani, tendevano a specializzarsi nella pittura narrativa o in quella devozionale. Così Gentile Bellini, seguito poi da Vittore Carpaccio, lavorò precipuamente come pittore di storie, solitamente eseguendo cicli di tele commissionate per adornare le alte pareti delle principali sale conciliari di Palazzo Ducale o delle scuole; mentre Alvise Vivarini e Cima concentrarono i loro maggiori sforzi in tavole destinate agli altari delle chiese (solo il caposcuola veneziano, Giovanni Bellini, era ugualmente maestro in entrambi i tipi di commissioni pittoriche). Cima, infatti, era decisamente più prolifico di qualsiasi altro contemporaneo lagunare nell'ambito della pittura d'altare e oggi, di lui, rimangono circa trenta fra polittici, trittici e pale a campo unificato. Tutte opere che costituiscono l'ossatura stessa della sua carriera, dagli esordi alla metà degli anni ottanta del Quattrocento fino alla morte, avvenuta circa trent'anni dopo.
Ed essendo datate le opere di maggior importanza, esse ci forniscono la principale fonte d'informazione sul suo sviluppo stilistico. Vi è poi da aggiungere che buona parte di quanto si conosce dei committenti di Cima è proprio legato alle commissioni di pale d'altare.
La caratteristica generale dell'arte di Cima – l'attenzione meticolosa al dettaglio e l'inclinazione alla calma meditativa che pervade i sacri attori e, similmente, i paesaggi di sfondo – suggerisce un'estrosa predilezione a focalizzarsi su di un tipo di pittura atta a stimolare lo spirito devozionale nella solenne collocazione liturgica dell'altare. Fonte d'ispirazione estetica erano, per Cima, i principali esempi di pittura d'altare a Venezia nel periodo appena precedente la sua affermazione come artista indipendente: la pala ora smembrata di Antonello da Messina realizzata per la chiesa di San Cassiano nel 1475-76 (frammenti conservati al Kunsthistorisches Museum di Vienna), la *Pala di San Giobbe* di Giovanni Bellini del 1480 circa (Venezia, Gallerie dell'Accademia) e la pala per Santa Maria dei Battuti a Belluno, del 1485-86 circa, eseguita da Alvise Vivarini (Berlino, già Kaiser-Friedrich-Museum, distrutta nel 1945). Tutte fonti rintracciabili, per esempio, nel grande capolavoro della prima maturità del pittore, la *Madonna in trono con il Bambino tra i santi Giovanni Battista, Nicola, Caterina, Apollonia, Francesco e Pietro*, realizzata nel 1492-93 per l'altare maggiore di Santa Maria dei Battuti della città natale, Conegliano (cat. 9). Dai predecessori Cima attinse gli elementi essenziali della composizione: il campo scenico, costituito da un alto rettangolo che termina in arco; la sistemazione triangolare delle figure, con la Madonna e il Bambino seduti su di un alto trono, gli angeli che suonano alla base e i santi in piedi disposti simmetricamente a entrambi i lati, oltre, naturalmente, la collocazione del gruppo di figure sotto un baldacchino d'architettura maestosa e classicheggiante. Sfortunatamente non ci è pervenuta la cornice originale della pala, ma si può supporre che fosse di legno dorato riccamente intarsiato o, più probabilmente, di pietra bianca istriana (come quella della *Pala di San Giobbe*) e riproducesse perfettamente le forme architettoniche del dipinto, combinandole tra loro per creare l'illusione che lo spazio occupato dalle figure sacre fosse direttamente contiguo a quello reale dell'interno della chiesa.
Come nel periodo precedente, all'incirca prima del 1470, quando le pale d'altare veneziane assunsero la struttura tipica di polittici incorniciati da un ricco repertorio di decorazioni in stile gotico, le cornici delle pale d'altare della generazione di Cima continuarono a fornire un complemento visivo essenziale alle tavole racchiuse in esse. Diversamente dai contemporanei più anziani, Bartolomeo Vivarini e Giovanni Bellini, Cima non affrontò mai la sfida di collaborare con marangoni che utilizzavano ancora uno stile gotico d'intaglio, e si può presupporre che tutte le sue pale fossero originariamente inserite all'interno di cornici «all'antica» che ne completavano naturalmente l'approccio moderno e pienamente rinascimentale alla forma pittorica e allo spazio. Tuttavia il campo unificato, del tipo rappresentato dalla pala di Conegliano, non divenne immediatamente normativo e, fino al 1513, committenti provinciali come i francescani di Sant'Anna di Capodistria imposero al pittore il formato tradizionale del polittico a più pannelli. Sviluppando la propria arte, pur nella costante fedeltà alle richieste e ai gusti dei numerosi committenti, sia che provenissero dall'urbana Venezia o dal Veneto profondo, o da città ancor più distanti, come Parma, Cima riuscì a realizzare una serie di pale straordinariamente varie e originali nella composizione e spesso della più alta qualità esecutiva.

POLITTICI E TRITTICI

Sono giunti a noi tre polittici di grande formato di Cima, ognuno risalente a una diversa fase della carriera, così come molti dei suoi trittici. Nessuna di queste opere fu realizzata per chiese veneziane, anche se il trittico più importante, ora diviso tra la Wallace Collection di Londra e il Musée des Beaux-Arts di Strasburgo (catt. 29, 30), si trovava originariamente a San Rocco, nella vicina Mestre. La costante preferenza di alcuni committenti non veneziani per un formato che nella capitale stava diventando sempre più arcaico può, in parte, riflettere un gusto provinciale, ma anche essere giustificato dalla maggiore comodità nel trasporto su lunga distanza. Entrambe

Cima da Conegliano e bottega, Polittico in otto scomparti: al centro *Madonna con il Bambino*; nel registro inferiore *San Francesco*; *San Girolamo*; *San Pietro*; *Sant'Antonio da Padova*; nel registro superiore *Santa Chiara*; *San Luigi*; *San Bernardino*; *Santa Caterina*; nei pinnacoli *Angelo annunciante*; *Cristo come uomo di dolori*; *Madonna annunciata*; nella predella *San Bonaventura* e *Cinque santi protomartiri francescani*, Miglionico (Matera), chiesa Madre Santa Maria Maggiore

Cima da Conegliano, Polittico in dieci scomparti (detto *Polittico di Capodistria*): al centro *Madonna in trono con il Bambino*; nel registro inferiore *Santa Maria Maddalena*, *Sant'Anna*, *San Gioacchino* e *Santa Caterina*; nel registro superiore *Santa Chiara*, *San Francesco*, *San Girolamo* e *San Nazario*; nella cimasa *Cristo benedicente tra i santi Pietro e Andrea*, già Capodistria, chiesa di Sant'Anna (ora Ordine dei Minori Frati Francescani della provincia Veneta, in deposito presso il Palazzo Ducale di Mantova)

Cima da Conegliano, *Vescovo in trono tra due santi*, Londra, The Royal Collection, inventario 12807

Cima da Conegliano e bottega, Polittico in quattordici scomparti: nel registro inferiore *Sant'Antonio abate*, *Giovanni Battista*, *Sant'Ambrogio*, *San Pietro* e *San Marco*; nel registro superiore *Santa Caterina*, *Giovanni Evangelista*, *Madonna con il Bambino*, *San Giacomo* e *Santa Scolastica*; nella cimasa *Angelo annunciante*; *Cristo come uomo di dolori*; *Madonna annunciata*; nel pinnacolo *Dio Padre*, Ornica (Bergamo), chiesa parrocchiale di Sant'Ambrogio

le considerazioni sono valide per quella che si considera la primissima pala di Cima: il polittico del 1486-88 circa tuttora nella chiesa parrocchiale di Olera, nella valle del Serio a nord di Bergamo (cat. 1). Come una serie di altre opere esportate da Venezia nelle valli bergamasche fra gli anni ottanta e novanta del Quattrocento, il polittico fu probabilmente commissionato da immigrati nella capitale per conto di amici e parenti ritornati al paese natio[1]. L'abside principale della chiesa parrocchiale, da poco ricostruita, era decorata da affreschi, e l'opera di Cima fu dunque concepita per essere collocata contro questo sfondo riccamente policromo[2]. Sebbene la cornice originale, fortunatamente preservata, mostri una serie di elementi decorativi moderni come archi tondi, pilastri classicheggianti, candelabre, fogliame e teste di putti «all'antica», la sontuosa doratura che ricopre la cornice e lo sfondo delle tavole fu sicuramente studiata per assecondare il tradizionale gusto per la sontuosità materiale. Similmente, di vecchio stile è la presenza al centro del complesso della statua di legno policromo e dorato di San Bartolomeo, probabilmente intagliata da un certo Alvise Bianco[3]. Allo stesso tempo il formato a più pannelli, tali da poter essere trasportabili separatamente e riassemblabili *in situ*, si adattava assai meglio a uno spostamento su lunghe distanze, via terra e lungo una vallata montana stretta e scoscesa, di un'unica e pesante ancona composta di più tavole assemblate.

È più difficile valutare l'equilibrio di priorità nel caso del polittico a quattro ordini di Miglionico, del 1499, poiché non si conosce la destinazione originaria dell'opera[4], mentre nel caso del polittico di Capodistria del 1513 (ora Mantova, Palazzo Ducale) la facilità di trasporto non dev'essere stata presa in considerazione al momento della scelta del formato, poiché l'opera sarebbe stata trasferita da Venezia a Capodistria via mare. Un polittico affascinante anche perché ricco dell'originaria cornice, opera documentata di Vettor da Feltre, autore del soffitto splendidamente intagliato della Sala Capitolare della Scuola Grande di San Marco[5]. Come già nel polittico di Miglionico, Cima dà luce e aria al tradizionale formato aprendo lo sfondo al paesaggio e al cielo. Eppure, nonostante la bellezza di alcune singole parti, è chiaro che a quel tempo il formato del polittico doveva aver imposto scomodi vincoli a un pittore abituato ad applicare la sua inventiva compositiva all'ampio formato della pala unificata.

Allo stesso modo gran parte dei trittici di Cima presenta aperture ad arco semplice o rettangolari, al di là delle quali le figure sacre appaiono su sfondi *en plein air*. In tal senso, più raffinato compositivamente e più ricco di dettagli paesaggistici è il trittico di Mestre del 1500-02 circa (cat. 30), in cui il pannello centrale (ora resecato) mostrava l'imponente figura statuaria di santa Caterina in piedi sotto un baldacchino architettonico, la cui parte anteriore era data dalla cornice[6]. L'idea principale di un trittico a forma di serliana, al di là della quale i santi occupano uno spazio unificato, è chiaramente debitrice al *Trittico dei Frari* di Bellini del 1488; ma è tipico di Cima l'aver rimpiazzato lo spazio interno misteriosamente splendente di Bellini con una veduta verso un paesaggio fresco e verdeggiante e un profilo di colline azzurrate sullo sfondo.

La necessità del pittore di considerare, in fase di progettazione di una pala non destinata a un altare veneziano, l'ambito culturale e l'ambiente di collocazione, emerge nuovamente osservando la prima opera datata di Cima, la pala per la chiesa di San Bartolomeo a Vicenza del 1489 (cat. 4). Probabilmente eseguita subito dopo il *Polittico di Olera* (o forse contemporaneamente ad esso), la pala di Vicenza è composta da un unico campo rettangolare e ha dunque una resa assai differente[7]. Pur forse rifatta nell'Ottocento (per lo meno in parte), la cornice riflette fedelmente e chiaramente l'originale nella forma a tabernacolo, sia nella struttura, con due pilastri laterali che sostengono una trabeazione classica, sia nell'uso del funereo falso marmo rosso scuro a decoro dei fusti dei pilastri, della base e del fregio. La severa geometria della composizione, ove l'architettura dipinta è costituita da un muro parallelo al piano pittorico, dietro il quale spunta la chioma degli alberi, ha spesso ricordato ai critici le pale contemporanee dell'Italia centrale, come ad esempio quelle poste nei transetti della chiesa di Santo Spirito a Firenze. Ma un modello più immediato, sia per la forma a tabernacolo sia per la scelta cromatica austera, non veneziana, si può trovare nella *Pala di Santa Monica*, dipinta poco prima dal caposcuola vicentino Bartolomeo Montagna per uno degli altari della stessa chiesa, mentre la forma absidale della pergola sembra riflettere quella della cappella Sangiovanni cui l'opera di Cima era destinata. È significativo che il pittore non abbia più adottato una simile struttura, sebbene occasionalmente scelse il semplice campo rettangolare per pale di ridotte dimensioni, quali il *San Pietro in cattedra tra i santi Giovanni Battista e Paolo e un angelo musicante* del 1516 (Milano, Brera, cat. 56).

Il formato standard usato da Cima per le pale che raffiguravano un insieme atemporale di santi, è quello già visto nella pala di Conegliano del 1492-93 (cat. 9). Diversamente dai modelli di Antonello da Messina, Giovanni Bellini e Alvise Vivarini, quest'opera mostra già le figure sacre contro lo sfondo del cielo, così da essere illuminate da una luce solare naturale; in altri esempi successivi dello stesso tipo il pittore va oltre, inserendo ampie vedute di un paesaggio poeticamente evocativo. Nella *Pala Dragan* del 1499-1501 circa, ad esempio, originariamente nella chiesa di Santa Maria della Carità (ora Gallerie dell'Accademia; cat. 27), la sostituzione dei grossi pilastri della pala d'altare di Conegliano con sottili colonne di marmo (che riprendevano quelle della cornice ora perduta di Cristoforo Solari)[8] contribuisce a creare l'effetto di una loggia ariosa, che conduce lo sguardo verso la veduta tipicamente cimesca di un paesaggio prealpino, con campi e una fattoria. Nella pala di *San Pietro martire tra i santi Nicola e Benedetto* del 1505-06 circa (Milano, Brera; cat. 45), originariamente nella chiesa veneziana del Corpus Domini, la volta architettonica è nuovamente sostenuta da pilastri massicci, ma il numero di santi è stato drasticamente ridotto, permettendo così la visione non solo del pendio di un'altura, ma anche di una valle fertile, con un pastore che suona il flauto vicino a un lago, prima che la campagna salga a un lontano borgo e ai picchi montani sullo sfondo. In confronto a queste due grandi pale d'altare per le chiese veneziane, la piccola e intima *Pala Montini* del 1506-08 circa ritorna in modo inusuale all'idea belliniana di uno spazio absidale completamente chiuso, con un mosaico bizanti-

Cima da Conegliano, il *Trittico di Mestre* nell'incisione di Antonio Baratti

Cima da Conegliano, *Madonna con il Bambino tra San Giorgio e San Giacomo*, Caen, Musée des Beaux-Arts

Cima da Conegliano, *Santa Lucia con le sante Maria Maddalena e Caterina*, Berlino, Gemäldegalerie, Staatliche Museen zu Berlin, inventario 42

Cima da Conegliano, *Sant'Antonio abate tra i santi Rocco e Lucia*, New York, The Metropolitan Museum of Art, Rogers Fund, 1907, inventario 07.149

Cima da Conegliano, *Dio Padre*, Bologna, Pinacoteca Nazionale, inventario 972

Cima da Conegliano, *Dio Padre*, Londra, The Samuel Courtauld Trust, The Courtauld Gallery

Cima da Conegliano, *Cristo in trono*, Mosca, Museo Statale delle Belle Arti A.S. Pushkin, inventario 1636

Cima da Conegliano, *Il Redentore*, Pavia, Musei Civici (Pinacoteca Malaspina), inventario 383

neggiante nella mezza cupola; ma in questo caso sia il motivo delle absidi sia del mosaico sono stati probabilmente utilizzati per armonizzarsi con elementi simili situati nel luogo di destinazione dell'opera, il transetto sud del Duomo di Parma[9].
Come le pale di Bellini, tutti questi esempi di Cima devono molto della loro grandiosità alla perfetta simmetria compositiva, interrotta appena dai ritmi gentili delle pose delle figure. In un primo momento, comunque, probabilmente nel 1492-93, il pittore introdusse un effetto di asimmetria innovativo e altamente fantasioso nella pala di *San Giovanni Battista tra i santi Pietro, Marco, Girolamo e Paolo* per l'altare Saraceno, il primo a destra nella chiesa della Madonna dell'Orto a Venezia (*in situ*; cat. 11), bilanciando, sulla sinistra, la linea delle tre colonne marmoree a destra con un pilastro e un albero in parte sfiorito. Un'innovazione in parte favorita dalla posizione d'angolo del dipinto nella chiesa, che ovviamente ne impone la visione sia obliqua (da sinistra) sia frontale[10]; ma, in parte, anche la recente esperienza pittorica di Cima del *Battesimo di Cristo* per la chiesa di San Giovanni in Bragora (cat. 10), con la sua ambientazione di puro paesaggio, potrebbe averlo incoraggiato a introdurre nello schema un equilibrio pittorico più libero, non strettamente architettonico. Alcuni anni più tardi Cima introdurrà elementi innovativi nella prima delle tre pale d'altare per la città di Parma (cat. 21), in cui l'architettura monumentale classicheggiante sulla destra, vista in diagonale, è bilanciata in un equilibrio sottilissimo dal profondo paesaggio di sinistra. In questo caso risulta impossibile ipotizzare alcuna suggestione dell'ambiente esterno riguardo la sua concezione, dal momento che la chiesa per la quale era destinata, la Santissima Annunziata di Parma, venne distrutta già a metà del Cinquecento[11]. Qualunque fosse la ragione, comunque, è chiaro che Cima introdusse un nuovo potenziale di dinamismo nella struttura della pala d'altare, poi sfruttato dalla successiva generazione di pittori veneziani, quali Sebastiano del Piombo nella *Pala di San Giovanni Crisostomo* del 1508-09 e Tiziano nella *Pala di San Marco* (Santa Maria della Salute) del 1511 circa.
Altra importante innovazione di cui Cima fu pioniere negli anni novanta del Quattrocento fu l'abolizione dell'architettura, ormai canonizzata, e il posizionamento delle figure sacre in un'ambientazione puramente paesaggistica. Nella cosiddetta *Madonna dell'Arancio* del 1496-98 circa (Venezia, Gallerie dell'Accademia; cat. 19), dipinta per la chiesa delle monache di Santa Chiara a Murano, gli elementi architettonici laterali sono sostituiti da un paio d'alberi, mentre il centro della composizione è occupato da un grande arancio, sicuramente simbolo della Vergine Maria come Nuova Eva. Invece dell'abituale trono imponente, la Madonna è seduta su una roccia ricoperta di vegetazione e al posto della consueta pavimentazione in marmo, il primissimo piano è occupato dalla minuziosa descrizione di piante e uccelli. Un'allusione alla fuga in Egitto nella figura di Giuseppe con l'asino in secondo piano a sinistra suggerisce che Cima fosse propenso a introdurre un'innovazione radicale nella struttura tradizionale altamente formale della Madonna in trono con Bambino e santi, riconducibile alla sua esperienza di pittore di pale con soggetti narrativi nei quali non era presente alcuna architettura[12]. Gran parte dell'informalità della *Madonna dell'Arancio* si ritrova nella terza pala d'altare che Cima dipinse per Parma, la *Madonna con il Bambino tra i santi Giovanni Battista e Maria Maddalena* del 1511-13 circa, ora al Louvre; sebbene le figure sacre ora occupino lo spazio del sagrato rivestito di marmo in primo piano e la Madonna sieda sotto un baldacchino riccamente decorato, l'architettura che li circonda è tuttavia ancora assente e, come nella *Madonna dell'Arancio*, i santi a lato si muovono verso la Madonna con il Bambino con gesti carichi di devozione.

PALE D'ALTARE NARRATIVE

Sebbene la maggior parte delle pale d'altare cimesche rappresenti gruppi ideali e atemporali di santi, il pittore fu un importante precursore nella raffigurazione di scene tratte dai vangeli come soggetti principali dei suoi dipinti per altare. Gli esempi più importanti sono il *Battesimo di Cristo* del 1492-93 per l'altare maggiore di San Giovanni in Bragora (*in situ*; cat. 10); le due versioni dell'*Incredulità di san Tommaso* (Gallerie dell'Accademia, Venezia e National Gallery, Londra; catt. 37, 38), commissionate all'inizio del nuovo secolo da due confraternite religiose (rispettivamente, la Scuola dei Mureri a Venezia e la Scuola di San Tommaso dei Battuti a Portogruaro); e l'*Adorazione dei pastori* del 1509-11 circa per Santa Maria dei Carmini (*in situ*; cat. 51), commissionata dal mercante di stoffe Giovanni Calvo. Tutti e tre i soggetti sono tratti dai vangeli e chiaramente scelti dai committenti di Cima, in dialogo con l'artista, per celebrare i legami tra la vita dei loro rispettivi santi patroni con quella di Cristo.
In confronto alle narrazioni realistiche dipinte da Carpaccio, le storie sacre rappresentate da Cima sono trattate in modo tanto statico quanto lo sono i gruppi atemporali della Madonna e santi. Ma per Cima questa era una parte necessaria del decoro della pittura d'altare, dal momento che i suoi dipinti avevano ancora lo scopo sia di offrire ai fedeli di fronte all'altare le immagini dei santi ai quali rivolgere le loro preghiere, sia di illustrare come l'evento evangelico potesse essere realmente accaduto. Di conseguenza, diversamente dalle narrazioni cicliche studiate per illustrare le pareti delle camere consiliari, le pale narrative di Cima continuano a essere centrate attorno a un asse verticale, e le figure a dominare sull'ambientazione circostante. Inoltre, mantenendo il loro aspetto immutabile, le sue narrazioni contengono spesso figure sacre anacronistiche rispetto all'evento storico, ma alle quali evidentemente il committente desiderava esprimere un'ulteriore devozione. Così nell'*Incredulità di san Tommaso* a Venezia vi è testimone san Magno di Oderzo (cat. 37), mentre all'*Adorazione dei pastori* (cat. 51) partecipano santa Caterina, sant'Elena e l'arcangelo Raffaele con il bambino Tobia.
Il *Battesimo di Cristo* di San Giovanni in Bragora (cat. 10) riveste un ruolo particolarmente importante nella storia delle pale narrative a Venezia, come riconobbe lo stesso Bellini un decennio più tardi nella sua versione per la chiesa di Santa Corona a Vicenza[13]. Faceva parte di un ambizioso programma di decorazione del coro e del presbiterio della chiesa appena ricostruita ma, in contrasto con lo stile ancora gotico dell'edificio, la transenna in marmo e la cornice della pala d'altare erano in stile pienamente classico. La cornice di Sebastiano da Milano (formata, nell'ordine principale, da mezze colonne appaiate con due pilastri e da un ordine superiore che sostiene una trabeazione con frontone) è straordinariamente pomposa e mostra chiaramente l'influenza del monumento tombale

Cima da Conegliano, *Madonna in trono con il Bambino tra i santi Giovanni Battista e Maria Maddalena*, Parigi, Musée du Louvre, inventario 1259

di Tullio Lombardo per il doge Andrea Vendramin (ora alla chiesa dei Santi Giovanni e Paolo), da poco collocato nella chiesa di Santa Maria dei Servi. Posizionata contro il muro di fondo della chiesa, la cornice sarebbe parsa come un imponente portale, o una finestra, al di là del quale si sarebbe scorto san Giovanni mentre battezzava Cristo, in un paesaggio dove il fiume Giordano serpeggiava lungo la valle alle loro spalle, allontanandosi. La solida struttura architettonica data dalla cornice rinforza la geometria della composizione di Cima, dandole allo stesso tempo una nuova flessibilità, in un modo che sembra più naturale rispetto ai rigidi schemi degli eleganti gruppi di santi sotto le cupole e le logge. Dello scambio di influenze e contaminazioni tra composizioni necessariamente più libere delle pale d'altare narrative e i soggetti sacri, atemporali, si è già trattato.

Il processo di alleggerimento della simmetria compositiva fa un ulteriore passo in avanti nell'ultima pala d'altare per la chiesa dei Carmini (cat. 51). In parte, senza dubbio, perché il soggetto dell'*Adorazione dei pastori* richiede che la figura di spicco, quella di Cristo, sia rappresentata come un neonato. Esiste un valido motivo per sostenere che l'altare realizzato da Giovanni Calvo[13] fosse dedicato a Giuseppe, che Cima, nel dipinto, rappresenta frontalmente in un'insolita posizione di rilievo, appena a sinistra dell'asse verticale, fungendo da perno visivo tra la parte sinistra e quella destra della composizione e incoraggiando il pastore in primo piano, solitamente rappresentato con le sembianze del committente, ad adorare il neonato[14]. Ma, ovviamente, Giuseppe non può letteralmente occupare il centro dell'attenzione in presenza di Cristo e della Vergine: così i tre membri della Sacra Famiglia sono disposti attorno all'asse centrale in un equilibrio del tutto libero. La cornice originale è andata perduta, rendendo quindi impossibile valutare adeguatamente il modo in cui era stata pensata a completamento della composizione pittorica; ma bisogna notare che, ritornando alla tradizione iconografica bizantina in cui la Natività aveva luogo in una grotta piuttosto che in una stalla fatta di pali e travi, Cima ambienta la scena, così come il *Battesimo di Cristo* (cat. 10), in un paesaggio en plein air. Che qui, a contrasto con la freschezza della luce quasi albeggiante del *Battesimo*, lascia spazio al crepuscolo della sera, i contorni addolciti e i colori caldi e pastosi. I due pastori, con le loro greggi, posti in secondo piano apparentemente lo stesso uomo e il ragazzo tra i fedeli in primo piano rafforzano l'atmosfera di tranquillità pastorale e di solennità che si ritrova anche nei paesaggi di Giorgione e del primo Tiziano. Anche nel contesto della pittura d'altare, nella quale le figure sacre occupano necessariamente la posizione più importante, Cima capisce come rinforzare il messaggio religioso sfruttando il suo genio di poeta del paesaggio.

Traduzione a cura di Laura Conte

[1] P. Humfrey, *L'importazione di dipinti veneziani a Bergamo e nelle sue valli, da Bartolomeo Vivarini a Palma il Vecchio*, in *Bergamo: l'altra Venezia*, catalogo della mostra (Bergamo, Accademia Carrara, 4 aprile - 8 luglio 2001), a cura di F. Rossi, Milano 2001, pp. 43-47; E. Daffra - M. Ceriana, *Cima da Conegliano e la bottega di Alvise Bianco per San Bartolomeo a Olera*, in *Inauratam et ornatam. Il polittico di Cima da Conegliano a Olera*, a cura di E. Daffra, Azzano San Paolo 2005, p. 74.

[2] Daffra-Ceriana, *Cima da Conegliano*, cit., p. 41.

[3] *Ibid.*, p. 58.

[4] Il polittico non fu originariamente dipinto per la cittadina della Basilicata, ma vi fu inviato in dono alla fine del XVI secolo dal compositore di madrigali al servizio di Vincenzo Gonzaga: don Marc'Antonio Mazzone, che lo aveva acquistato al mercato d'arte di Lipsia. Si veda *Il polittico di Cima da Conegliano a Miglionico*, a cura di G. Scarcia, Napoli 2002, pp. 49-50.

[5] Per il polittico di Capodistria e la relativa documentazione, si veda P. Humfrey, *Cima da Conegliano*, Cambridge (Mass.) 1983, pp. 91-92, 205-206; L. Ventura, *Cima da Conegliano: il polittico di Capodistria «ritrovato»; per la riapertura di un capitolo post-bellico*, in *Cima da Conegliano*, Atti del convegno internazionale di studi su Giovan Battista Cima (Conegliano, Palazzo Sarcinelli, 1-2 ottobre 1993), a cura di P. Humfrey, A. Gentili, «Venezia Cinquecento. Studi di storia dell'arte e della cultura», IV, 8, 1994, pp. 167-180.

[6] J. Dunkerton, *The Restoration of Two Panels by Cima da Conegliano from the Wallace Collection*, in «National Gallery Technical Bulletin», XXI, 2000, pp. 58-69.

[7] P. Humfrey, *Cima da Conegliano at San Bartolomeo in Vicenza*, in «Arte Veneta», XXXI, 1977, pp. 176-181; A. Gentili, *Smontando e rimontando le costruzioni simboliche della pale d'altare*, in *Cima da Conegliano*, cit., pp. 71-92; M.E. Avagnina, in *Pinacoteca Civica di Vicenza: Dipinti dal XIV al XVI secolo*, Vicenza 2003, pp. 152-153.

[8] Humfrey, *Cima da Conegliano*, cit., pp. 39-40, 147-50; R. Lauber, *«Ornamento lodevole» e «ornatissima di pietre»: Marcantonio Michiel nella chiesa veneziana di Santa Maria della Carità*, in «Arte Veneta», LV, 1999, pp. 144-148.

[9] P. Humfrey, *Cima da Conegliano a Parma*, in «Saggi e Memorie di Storia dell'Arte», XIII, 1982, pp. 35-46; A. Talignani, *La Cappella Montini nella Cattedrale di Parma: un «unicum» di forme, colori ed epigrafi nella «periferia»*, in *Emilia e Marche nel Rinascimento: l'identità visiva della «periferia»*, a cura di G. Periti, Azzano San Paolo 2005, pp. 119-180.

[10] P. Humfrey, *Cima's Altarpiece in the Madonna dell'Orto*, in «Arte Veneta», XXXIII, 1979, pp. 122-125; Id., *The Altarpiece in Renaissance Venice*, New Haven-London, 1993, pp. 212-213.

[11] Id., *Cima da Conegliano a Parma*, cit.; Id., *Cima's Altarpiece*, cit, p. 216.

[12] Id., *Cima da Conegliano*, cit., pp. 34-36; Id., *Cima's Altarpiece*, cit., p. 213; B. Aikema, *Avampiano e sfondo nell'opera di Cima da Conegliano. La pala d'altare e lo spettatore tra la fine del Quattrocento e l'inizio del Cinquecento*, in *Cima da Conegliano*, cit., pp. 105-106; Gentili, *Smontando e rimontando*, cit., pp. 74-81.

[13] P. Humfrey, *Cima da Conegliano, Sebastiano Mariani and Alvise Vivarini at the East End of San Giovanni in Bragora in Venice*, in «The Art Bulletin», 1980, pp. 350-360; Id., *Cima da Conegliano*, cit., pp. 27-29; Id., *Cima's Altarpiece*, cit., pp. 225-229; Aikema, *Avampiano e sfondo*, cit., pp. 99-101; Gentili, *Smontando e rimontando*, cit., pp. 83-86.

[14] C. Wilson, *St Joseph in Italian Renaissance Society and Art: New Directions and Interpretations*, Philadelphia 2001, pp. 91-92.

Cima da Conegliano,
Madonna con il Bambino e donatore, Berlino, Gemäldegalerie, Staatliche Museen zu Berlin, inventario 7

Paesaggi di devozione: Cima e il tema della Madonna con il Bambino

ELISABETTA FRANCESCUTTI

I dipinti di piccolo formato, realizzati per la devozione privata, costituiscono una parte significativamente ricca e complessa della produzione artistica di Cima da Conegliano[1]. Spesso considerati dalla critica seriali e ripetitivi[2], frutto della collaborazione di discepoli o apprendisti e destinati a un mercato rigoglioso ma minore[3], rappresentano invece uno strumento imprescindibile per la comprensione dell'artista e della committenza colta e raffinata di cui è stato interprete privilegiato.

Riduttiva appare infatti l'ipotesi che i dipinti del nostro maestro venissero semplicemente replicati per soddisfare le esigenze devozionali di nobili, ecclesiastici e cittadini veneti. Neppure la supposizione che la produzione cimesca, tranne sporadici casi, fosse destinata al mercato dell'arte del periodo, a cui si rivolgevano i collezionisti animati da un desiderio di fruizione estetica, rende veramente giustizia alla creatività dell'artista. Tra i suoi committenti si ricordano il padre camaldolese Pietro Boldù, il condottiero Alberto Dragan, Alberto Pio signore di Carpi, Giovanni Pietro Gazzo da Este e i nobili veneziani Girolamo e Daniele Renier, oltre a confraternite, scuole e ordini religiosi. Non si deve dimenticare invero che, mentre Giovanni Bellini era impegnato nell'impresa di Palazzo Ducale, Cima fu il pittore più importante di Venezia: le sue opere quindi corrispondono a richieste ben precise dei richiedenti, tradotte dall'artista con un linguaggio molto personale[4].

Lo dimostrano la varietà dei temi trattati – che spaziano dalla Sacra Conversazione a episodi narrativi come il *Riposo nella fuga in Egitto con i santi Giovanni battista e Lucia* di Lisbona (Fundaçao Calouste Gulbenkian, cat. 20) o il *Compianto su Cristo morto* della Galleria Estense di Modena – la specifica attenzione nella resa dei protagonisti e dell'ambiente che li accoglie, la straordinaria abilità tecnica delle composizioni: soltanto alcuni degli elementi che rendono questa produzione tanto importante quanto, nel suo complesso, non ancora compiutamente indagata[5].

Non risulta infatti che sia stato ancora pienamente valutato l'insieme di novità introdotte da Cima nelle opere per la fruizione privata, ambito in cui l'artista si confronta con la tradizione con maggiore libertà e inventiva, proponendo modelli iconografici diversi, che confermano il ruolo di protagonista rivestito dal maestro nella scena culturale veneta del Rinascimento.

Particolarmente significativa risulta, in tal senso, l'analisi del tema della Madonna con il Bambino, soggetto di derivazione bizantina che a Venezia e in terraferma si era diffuso con una certa ampiezza a partire almeno dal secolo XIV, attraverso dipinti di piccole dimensioni, prevalentemente a sviluppo verticale, caratterizzati da un'iconografia standardizzata della Vergine, collocata in posizione assiale, a mezzo busto, che sorregge Gesù, nella maggior parte dei casi appoggiato su un parapetto. A partire dalla seconda metà del Quattrocento l'impaginazione tradizionale, in cui l'esiguo spazio pittorico, racchiuso dalla cornice, era in genere saturato dalle due immagini sacre, conosce nuove e interessanti rielaborazioni dovute ai principali artisti del periodo, tra i quali si distinguono Giovanni Bellini e Cima da Conegliano, le cui opere furono sicuramente quelle maggiormente replicate da discepoli ed epigoni[6]. Grazie alle nuove realizzazioni, stimolate dalla rilettura della produzione precedente, lo schema consueto si amplia: la collocazione *en plein air*, l'introduzione di uno o più santi e/o della figura del committente che, in modi sempre nuovi, viene ammesso a condividere la dimensione divina, l'utilizzo del formato orizzontale inducono una vera e propria rivoluzione all'interno del genere, successivamente arricchito dalle interpretazioni di Tiziano, Veronese, Tintoretto[7].

Il contributo apportato da Cima al tema della Madonna con il Bambino, interpretato in maniera alquanto personale, è da attribuire alla notevole capacità del pittore di assimilare i fenomeni artistici del tempo, determinata anche da un solido retroterra culturale: le sue innovazioni sono solo in apparenza banali, come conferma la lettura delle singole caratteristiche distintive.

Nelle composizioni cimesche, ad esempio, i personaggi sacri sono caratterizzati da un plasticismo di sapore classico, che sottende profondi legami con il mondo antico ma anche con la statuaria veneta coeva, in particolare con quella di Tullio e Antonio Lombardo, la cui arte fu profondamente influenzata dalla scultura romana, dalla quale i due fratelli trassero «le pose in contrappunto, le proporzioni delle loro figure uniformemente mature e robuste e gli schemi anatomici dei nudi»[8]. Le invenzioni del maestro di Conegliano, non a caso, confermano una concezione tridimensionale della forma che permetterà al pittore di collocare i suoi personaggi in uno spazio percepibile, percorso da una luce reale e caratterizzato dalla presenza di dati naturali verificabili.

Nei dipinti destinati alla devozione privata, la Vergine, a mezza figura, è rappresentata raramente in piedi, in posizione assiale e frontale, come nella tavola di Detroit (Institute of Arts, cat. 5), dove contempla assorta il Bimbo, seduto su di un drappo verde che copre parzialmente la balaustra in marmo screziato. La collocazione centrale è infatti riservata da Cima alle opere di grande formato, pale d'altare e polittici, come dimostra la raffinata cimasa del *Polittico di Olera* (cat. 1), in cui il gruppo sacro è sbalzato in primo piano dal fondo in lamina dorata. Un approccio diverso distingue invece le composizioni di dimensioni ridotte, dove il pittore pone Maria quasi sempre seduta di sbieco e l'impostazione diagonale contribuisce a generare e misurare lo spazio del dipinto, delimitato dal parapetto marmoreo che separa la dimensione dello spettatore da quella divina[9]. Il naturalismo della raffigurazione contribuisce ad affievolire il valore simbolico del parapetto stesso – altare dove sacro e profano si incontrano; allusione al sacrificio eucaristico della messa; metafora della tomba –, tanto che a volte viene addirittura omesso e il suo significato è traslato su altri elementi rappresentati, come nella matura tavola oggi alla National Gallery di Londra (cat. 36), dove un vivace Gesù tiene stretto nella manina sinistra un fanello. La Vergine non è mai raffigurata in trono e il suo sedile, quando appare, è di pietra o di marmo, doloroso riferimento al sepolcro come nel dipinto di Cardiff (National Museum of Wales, cat. 26), degli inizi del XVI secolo, in cui il Bimbo è significativamente disteso tra le braccia materne, colto in un attimo di pensosa introspezione.

In tutte le rappresentazioni del tema, il corpo della Madonna, fasciato dalla veste e avvolto nel manto spesso caratterizzati da preziose finiture, è concepito come un complesso armonico di forme solide, che accoglie Gesù. Tra le sue braccia il Bimbo è raramente compreso nel suo destino di passione: esemplificativa in tal senso è la tavola firmata della Pinacoteca Nazionale di Bologna (cat. 14), dove è rappresentato stante, i piedi sul mantello della Madre, con le braccia incrociate al petto per ricordare, rispettivamente, il sudario e la morte. Il Salvatore appare sereno e soltanto il suo sguardo rivolto alla Vergine mesta rimanda al futuro doloroso cammino che compirà per la redenzione degli uomini.

Più spesso il Bambinello rivolge invece a Maria un gesto di affettuosa intimità: allunga una manina per accarezzarle il volto (Gemona del Friuli, Museo Civico; Parigi, Musée du Petit Palais, cat. 18), le stringe un dito della mano, come nella raffinata tavola di Firenze (Galleria degli Uffizi, cat. 7), dove tutto pare concentrarsi nei pochi semplici gesti dei due protagonisti, o si volge con l'imprevedibilità tipica dei piccoli, la cintura del vestito materno tra le dita, quasi ad attendere un bacio (Londra, The National Gallery). Forse per esorcizzare la futura morte, Gesù sprigiona una vitalità a stento trattenuta nel corpicino paffuto e nudo che un miracolo, all'apparenza possibile, potrebbe animare improvvisamente[10]. Il Bimbo pare un piccolo Ercole cristiano calato nella quotidianità dei tempi di Cima, e la sintesi così naturale di tradizione pittorica e realtà contingente offerta dall'artista nelle sue composizioni non doveva sfuggire alla committenza di allora. Volutamente le raffigurazioni sottendono sempre la presenza e la partecipazione del devoto, offerente o spettatore che sia. Il parapetto sancisce la cesura tra i due mondi, quello umano e quello divino: ma l'attenta scelta dei marmi che lo costituiscono, così legata a quelli tradizionalmente in uso all'epoca, rende difficile tuttavia stabilire con certezza a quale dei due appartenga e tale ambiguità è acuita ulteriormente dall'utilizzo di un'unica fonte di illuminazione e dalla presenza di oggetti e architetture reali[11].

La tavola raffigurante la *Madonna con il Bambino* del Museo Civico di Gemona del Friuli, assieme a quella di Este (Museo Nazionale Atestino, cat. 35) l'unica datata, è un esempio interessante di questa produzione, da cui derivano almeno sei repliche[12]. Purtroppo la sua vicenda conservativa, che ha causato la perdita di ampie zone della superficie pittorica, in particolare del volto di Maria, è all'origine di un parziale, anche se giustificato oblio, nonostante l'importanza del dipinto per la comprensione del percorso creativo dell'artista. Dietro al parapetto di marmo, che reca il cartellino con la firma e la data (1496), è seduta con impostazione di tre quarti la Vergine; i riflessi cangianti toccati di rosa e di viola che caratterizzano l'interno del manto denotano il grande virtuosismo tecnico del maestro. Il Bambino Gesù le giace in grembo e volge la manina ad accarezzarle il volto: le braccia e le gambe formano due studiati contrappunti, che sono proposti però con grande naturalismo. Il drappo verde, alle spalle del gruppo sacro, delimita i due terzi della superficie lasciando intravedere sulla sinistra uno squarcio di paesaggio, dove si riconosce il castello di Collalto. Come in tutte le opere in cui è raffigurato, il paramento regale, di antica tradizione iconografica, sembra aver perso il suo carattere di solennità per acquistare una dimensione quasi domestica: poco oltre il margine superiore del dipinto, benché non sia visibile, si intuisce la presenza del sostegno cui, grazie ad anelli metallici, è sospesa la pesante tela, come suggeriscono anche le pieghe che muovono il tessuto.

Il nitore formale, la ricercatezza nelle proporzioni e l'accattivante vena di realismo accomunano la tavola friulana ad altre realizzazioni, come la *Madonna* degli Uffizi (cat. 7) o quella di Este (cat. 35), e testimoniano la rielaborazione compiuta da Cima degli stimoli culturali offerti dalla Venezia del Quattrocento. La *Madonna Morelli* di Giovanni Bellini, conservata all'Accademia Carrara di Bergamo, costituisce un antecedente delle opere citate: simili sono infatti la collocazione in tralice delle due figure e la loro consistenza volumetrica, il ruolo della luce, la caratterizzazione dello sfondo e il tenore emotivo della scena[13]. Nondimeno il nostro pittore stempera la dimensione velatamente tragica dello sguardo della Vergine nella dolce umanità che promana dal Bimbo, intento a ricercare affettuosamente la Madre, e la severità della composizione di Bellini cede il passo a un'interpretazione più immediata e terrena del tema, che rende le realizzazioni cimesche particolarmente adatte a una collocazione privata: la camera da letto o lo studiolo di una casa, oppure la cella di un convento.

Un ruolo di comprimario nelle opere del maestro di Conegliano è svolto poi dal paesaggio, che cessa di essere divino o bucolico e diventa rappresentazione topografica di luoghi e monumenti reali, resa con consapevolezza vitruviana del punto di vista e con una sapiente alternanza di elementi naturali, edifici e strutture costruite dall'uomo. La *Madonna con il Bambino e donatore* degli inizi del nono decennio, firmata, ora conservata nella Gemäldegalerie di Berlino, è forse l'opera in cui Cima riesce a restituire con il medesimo realismo il committente e l'ambiente fisico che ospita la composizione[14]. Nel dipinto la Vergine, posta a destra del riguardante e in posizione obliqua rispetto alla superficie pittorica, tiene sulle ginocchia Gesù che benedice un personaggio raffigurato in ginocchio e a mani giunte. L'artista connota con significativa abilità ritrattistica il volto del committente, visto di tre quarti[15]: i capelli lunghi, gli occhi leggermente sporgenti, il naso irregolare definiscono con precisione il privilegiato interlocutore del Bimbo. Colto in preghiera, vestito della consueta toga nera sopra la «camisa» bianca allora usate a Venezia da tutti coloro che non rivestivano cariche pubbliche, il devoto condivide lo spazio sacro, grazie anche all'assenza del parapetto[16]. Un ampio e arioso paesaggio, brulicante di vita, contestualizza l'evento, che si svolge «tra gli ideali confini del castello di Collalto e quello di Conegliano»[17], e contribuisce a rendere credibile l'incontro tra la Vergine e il committente. L'artista, infatti, definisce con il rigore di una camera ottica l'ambiente fisico che accoglie i protagonisti e il riguardante. Il naturalismo della figurazione, costellata anche da numerosi elementi simbolici[18], è il presupposto che permette a Cima di ottenere una grande efficacia devozionale, grazie alla fusione di riferimenti di natura teologale – di certo solidamente radicati nei committenti dell'epoca – e paesaggio reale, che

Cima da Conegliano, *Madonna con il Bambino*, Philadelphia, Philadelphia Museum of Art; John G. Johnson Collection, 1917, inventario 176

Cima da Conegliano, *Madonna con il Bambino*, Gemona del Friuli, Museo Civico

Cima da Conegliano, *Madonna con il Bambino*, Londra, The National Gallery, inventario NG 2506

Cima da Conegliano, *Madonna con il Bambino*, San Francisco, Fine Arts Museums of San Francisco, Museum Purchase, Roscoe and Margaret Oakes Income Fund, inventario 1981.6

Cima da Conegliano, *Testa della Vergine* (frammento), Lipsia, Museum der bildenden Künste, inventario 1378

Cima da Conegliano, *Madonna con il Bambino*, Minneapolis, Minneapolis Institute of Arts, donato in memoria di Mr. e Mrs. Frederic W. Clifford dai loro figli, inventario 55.4

Cima da Conegliano, *Madonna con il Bambino*, Francoforte, Städel Museum, inventario 852

Cima da Conegliano, *Madonna con il Bambino*, Amsterdam, Rijksmuseum, inventario 1219

smette così di costituire una semplice appendice, un commento o un fondale e diventa parte di un tutto, in cui ogni elemento ha la sua precisa ragione d'essere. La veduta, che lentamente digrada chiudendosi con la corona di monti, ha lo scopo di confermare la veridicità di quanto sta accadendo sul proscenio: non è un esempio di «duplice punto di vista» che permette di integrare la rappresentazione con spunti allegorici offerti alla meditazione del riguardante, ma un elemento concreto di un insieme unitario, in cui la differenza di scala rappresentativa è giustificata soltanto dall'effettiva distanza[19].

La Madonna con il Bambino e l'ignoto devoto al loro cospetto sono personaggi reali della terraferma veneta dell'ultimo decennio del Quattrocento e Cima lo testimonia con i dettagli dell'abbigliamento, che li collocano proprio in tale momento storico, ma soprattutto attraverso i colli, le vie, i corsi d'acqua e i monumenti architettonici, ripresi da punti di vista precisi e ancora oggi ricostruibili, come conferma il castello di Conegliano sulla destra, con le mura e le torri visibili da sud.

La precisione fotografica dei paesaggi che contestualizza i dipinti di Cima destinati alla devozione privata è forse l'elemento più rivoluzionario e meno compreso di questa produzione e di tutto il *corpus* del maestro. La restituzione del sito di Conegliano nella tavola con *Sant'Elena* ora nella National Gallery of Art di Washington (cat. 16), «con in basso il borgo con i palazzi e le chiese raccolti dentro le mura che risalgono il pendio del colle e chiudono nella loro cinta le torri di Castelvecchio e dei Coderta, assieme alla collegiata di San Leonardo e l'Oratorio di Sant'Orsola [...] e il ponte sul fiume Monticano protetto da mura merlate»[20], come pure quelle della fascia collinare trevigiana alle spalle della *Madonna* di Londra (cat. 22), o del castello di San Salvatore di Collalto nella pala della *Madonna dell'arancio* di Venezia (Gallerie dell'Accademia, cat. 19), suggeriscono l'abolizione di ogni limite dello spazio pittorico e rendono evidente la compenetrazione tra mondo divino e mondo umano. Personaggi e ambiente sono impaginati con un ritmo armonico, in apparenza dettato dalle stesse leggi che governano il mondo naturale: per tale motivo ogni solennità scompare dalle rappresentazioni, per lasciare spazio a un clima di quieta confidenza e di intima comunione spirituale che lega i personaggi sacri e lo spettatore.

Non è un caso quindi che i nuovi modelli iconografici introdotti da Cima nelle opere destinate al culto domestico venissero accolti con favore, come testimonia la presenza di numerose repliche del medesimo soggetto, a volte autografe, in altri casi da assegnare ad artisti a lui vicini.

Senza entrare, in questa sede, nel dibattuto problema dei dipinti di altre personalità artistiche presenti nella bottega del maestro, e tralasciando le questioni dell'utilizzo di modelli o cartoni in essa conservati e dell'ispirazione cimesca che caratterizza molte opere simili, vale la pena analizzare, almeno per alcuni casi, la serie di riproduzioni del prototipo.

Come anticipato, l'impaginazione della *Madonna con il Bambino* di Gemona del Friuli è ripresa in almeno sei dipinti successivi[21]; quello del Musée du Petit Palais di Parigi (cat. 18), ambientato *en plein air* e connotato da grande ricercatezza formale e coloristica, è sicuramente autografo e da collocare entro il primo lustro del XVI secolo. Alle due composizioni del maestro fanno eco la tavola trasferita su tela di collezione privata, attribuibile ad Anton Maria da Carpi, le due riproduzioni di Budapest (n. 98 e n. 1247), quella di Treviso e un'ulteriore replica, citata dalle fonti, ma ora non reperibile. Anche se frutto di personalità minori e spesso caratterizzate da una evidente discontinuità qualitativa, tali opere testimoniano la fortuna dei modelli cimeschi, nuovi e più stimolanti, e riflettono non solo i gusti e le richieste della committenza, ma la facilità con cui l'ambiente artistico era disposto ad accogliere e reiterare soggetti che avevano reinventato, senza rivoluzionarli, schemi compositivi già collaudati.

Osservazioni simili possono essere proposte per la tavola di Bologna (Pinacoteca Nazionale, cat. 14), per quella di Firenze (cat. 7), di Este (cat. 35) o di San Francisco; tuttavia il riscontro più felice è dato dalla fortuna del modello della *Madonna con il Bambino* della National Gallery di Londra (cat. 22)[22], al quale lo stesso Cima sembra affidare il compito di divulgare le novità contenute nella sua interpretazione del tema. Nel dipinto, i corpi plasticamente torniti del Bimbo e della Vergine, finemente drappeggiata, sono accolti in uno dei paesaggi più analiticamente descritti dall'artista. Le due figure sono composte con classico equilibrio, che si rivela nei movimenti degli arti e dei corpi. La sapiente armonia cromatica, il vivace realismo, la felice ambientazione paesaggistica si fondono in un insieme di incredibile verosimiglianza, una finestra sul mondo degli uomini nel quale anche la divinità, con tutta la sua carica semantica, trova una collocazione che appare tangibile al devoto. Analoghe per contenuti e qualità tecnica sono la tavola di Raleigh (cat. 22), la *Madonna* di Los Angeles (cat. 22) e quella, in controparte, di Londra (cat. 36); mentre intrise del messaggio cimesco sono le repliche con varianti di Treviso (cat. 22), del Louvre (cat. 22), della Galerie Huisse di Rouen, dell'Ermitage di San Pietroburgo (cat. 22) e della Staatliche Kunstsammlungen di Kassel (cat. 22).

Quello che fino a oggi è stato interpretato come sintomo di mancanza di inventiva del maestro o motivato da leggi commerciali ha forse un altro significato: nessun artista come Cima da Conegliano ha saputo rendere possibile con tale naturalezza, nel Rinascimento veneto, l'epifania divina nella realtà di ogni giorno.

Desidero rivolgere un ringraziamento particolare a Lucia Sartor e Cristina Vescul. Questo scritto è dedicato alla memoria di Beppina Sinicco.

[1] Benché la maggior parte degli studiosi di Cima abbia rivolto la propria attenzione anche alle opere di piccolo formato destinate alla devozione o al collezionismo privati, manca ancora tuttavia uno studio complessivo che rilevi analogie e differenze tra questa forma di espressione artistica e quella che caratterizza le pale d'altare, e tra la produzione cimesca e quella degli altri protagonisti della scena culturale veneziana. Per ulteriori approfondimenti sul tema si vedano in particolare: V. Botteon - A. Aliprandi, *Ricerche intorno alla vita e alle opere di Giambattista Cima. XVII Settembre MDCCCXCIII*, Conegliano 1893 (rist. anastatica, Bologna 1984); L. Coletti, *Cima da Conegliano*, Venezia 1959, in part. pp. 45-50; *Cima da Conegliano*, catalogo della mostra (Treviso, Palazzo dei Trecento, 26 agosto - 11 novembre 1962), a cura di L. Menegazzi, Venezia 1962; F. Zava Boccazzi, *Cima da Conegliano*, Milano 1965; L. Menegazzi, *Cima da Conegliano*, Treviso 1981; P. Humfrey, *Cima da Conegliano*, Cambridge (Mass.) 1983, pp. 49-53; C. Schmidt Arcangeli, *Icona o close-up? Due dipinti devozionali nell'opera di Cima da Conegliano*, in *Cima da Conegliano*, Atti del convegno internazionale di studi su Giovan Battista Cima (Conegliano, Palazzo Sarcinelli, 1-2 ottobre 1993), a cura di P. Humfrey, A. Gentili, «Venezia Cinquecento. Studi di storia dell'arte e della cultura», IV, 8, 1994, pp. 21-45; *Cima da Conegliano: le Madonne*, a cura di M. Vazzoler, s.l., s.d. (ma 1993).

[2] Coletti individua, per il tema della Madonna con il Bambino, quattro schemi (A, B, C, D): dai relativi cartoni l'artista o la bottega avrebbero tratto le varie repliche del medesimo soggetto, a volte proponendolo in controparte, come nel caso delle tavole di Cardiff e Londra (National Gallery, n. 2506). Anche se è innegabile che l'artista mantenga una grande costanza di modelli iconografici lungo tutto l'arco della sua carriera, ogni realizzazione autografa è caratterizzata da una straordinaria qualità esecutiva. Cfr. Coletti, *Cima da Conegliano*, cit., pp. 70-96.

[3] Sulla bottega vedi Botteon - Aliprandi, *Ricerche*, cit., pp. 75-83; Coletti, *Cima da Conegliano*, cit., pp. 65-68; Menegazzi, *Cima da Conegliano*, cit., pp. 13-14; E.M. Dal Pozzolo, *È tutto Cima?*, in *Cima da Conegliano*, cit., pp. 61-80; G. Fossaluzza, *Pittori friulani alla bottega di Alvise Vivarini e del Cima*, in «Saggi e Memorie di Storia dell'Arte», XX, 1996, pp. 35-94.

[4] Un discorso diverso riguarda invece la fortuna di determinati modelli iconografici. Per ulteriori approfondimenti cfr. Humfrey, *Cima da Conegliano*, cit., pp. 9-10.

[5] Nelle opere destinate alla devozione privata Cima spazia con grande libertà tra i diversi generi: accanto alle consuete raffigurazioni della Madonna con il Bambino e alle Sacre Conversazioni, compaiono rappresentazioni di santi, come san Girolamo (cfr. R. Echols, *Cima and the Theme of Saint Jerome in the Wilderness*, in *Cima da Conegliano*, cit., pp. 47-69) e scene narrative. Questa varietà conferma che i dipinti di piccolo formato non erano destinati ai mercanti d'arte ma rispondevano a precise esigenze devozionali o di intercessione del committente.

[6] Per spunti generali sul tema si veda l'ottimo e sempre attuale studio di R. Goffen, *Icon and Vision. Giovanni Bellini's Half Length Madonnas*, in «The Art Bulletin», LVII, 1975, pp. 487-518.

[7] Oltre al saggio della nota precedente cfr. R. Goffen, *«Nostra Conversatio in Caelis Est». Observations on the Sacra Conversazione in the Trecento*, in «The Art Bulletin», LXI, 1975, pp. 198-222; C. Schmidt, *La «sacra conversazione» nella pittura veneta*, in *La pittura nel Veneto. Il Quattrocento*, a cura di M. Lucco, II, Milano 1990, pp. 703-726; R. Goffen, *Immagini per la devozione privata. Alfa: la Madonna col Bambino*, in Id., *Giovanni Bellini*, Milano 1990, pp. 23-65.

[8] Cfr. A. Markham Schulz, *La vita e l'opera di Antonio Lombardo*, in *Il Camerino d'alabastro. Antonio Lombardo e la scultura all'antica*, catalogo della mostra (Ferrara, Castello di Ferrara, 14 marzo - 13 giugno 2004), a cura di M. Ceriana, Milano 2004, pp. 15-33. In particolare Cima desume dalla produzione dei Lombardo impianti architettonici, partiti decorativi, *texture* dei materiali, ma anche il plasticismo statuario delle figure, a volte l'animazione psicologica dei volti e il classicismo formale di derivazione antica. Anche proporzioni e nitore esecutivo sono mutuate dalla scultura coeva. Cfr. R. Pallucchini, *Appunti alla mostra di Cima da Conegliano*, in «Arte Veneta», XVI, 1962, pp. 221-228, in part. p. 224; M. Lucco, *Venezia*, in *La pittura nel Veneto*, cit., pp. 395-480, in part. pp. 466-468; A. Tempestini, *L'approccio alla civiltà classica in Cima da Conegliano e Giovanni Bellini*, in *Cima da Conegliano*, cit., pp. 35-60; A Sarchi, *Antonio tra i letterari e gli artisti del tempo*, in *Il Camerino d'alabastro*, cit., pp. 35-47; G. Fossaluzza, *Giovanni Battista Cima. 53. Daniele nella fossa dei leoni*, *ibid.*, pp. 230-233; M. Ceriana, *Opere di Tullio Lombardo diminuite o scomparse (e altre minuzie)*, in *Tullio Lombardo. Scultore e architetto nella Venezia del Rinascimento*, Atti del convegno di studi (Venezia, Fondazione Giorgio Cini, 4-6 aprile 2006), a cura di M. Ceriana, Verona 2007, pp. 23-68; I. Favaretto, *Di un torsetto femminile della raccolta Mantova Benavides e del gusto per l'antico nella cultura artistica veneta del XVI secolo*, in *Tullio Lombardo*, cit., pp. 369-379; M. Ceriana, *Bellini e le arti plastiche*, in *Giovanni Bellini*, catalogo della mostra (Roma, Scuderie del Quirinale, 30 settembre 2008 - 11 gennaio 2009), a cura di M. Lucco, G.C.F. Villa, Cinisello Balsamo 2008, pp. 91-103.

[9] Giovanni Bellini, invece, ha prediletto, tranne rare eccezioni (*Madonna dei cherubini rossi*, Venezia, Gallerie dell'Accademia; *Madonna della pera*, Venezia, Gallerie dell'Accademia), la rappresentazione della Vergine in posizione assiale e frontale.

[10] La nudità di Cristo è il principale attributo della sua umanità e intende ricordare al devoto la sua morte, strumento della salvezza dell'umanità. Per approfondimenti sul tema cfr. L. Steinberg, *The Sexuality of Christ in Renaissance Art and in Modern Oblivion*, New York 1983; C. Walker Bynum, *The Body of Christ in the Latter Middle Ages: A Reply to Leo Steinberg*, in «Renaissance Quarterly», 39, 1986, pp. 399-439.

[11] Cima presta sempre molta attenzione al dato oggettivo. I marmi e le pietre che utilizza, rispettivamente, per il parapetto e il sedile della Vergine sembrano tratti dalla lombardesca chiesa di Santa Maria dei Miracoli di Venezia; i monumenti inseriti nel paesaggio sono ancora perfettamente riconoscibili; la luce ha un valore unificante: è quindi difficile distinguere, attraverso questi elementi, il mondo divino da quello umano.

[12] L'opera, attualmente conservata nel Museo Civico di Gemona del Friuli, è una tempera su tavola di 89 × 68,8 cm. Proviene dalla chiesa gemonese intitolata alla Madonna delle Grazie, officiata da frati minori osservanti, costruita assieme all'annesso convento tra il 1490 e il 1497. Il primo guardiano del nuovo monastero fu padre Lorenzo da Camposampiero: la critica pertanto ritiene, con buona approssimazione, che il dipinto sia stato commissionato dagli osservanti direttamente a Cima per la nuova chiesa. La tavola, venerata e ritenuta miracolosa, vi è documentata, in cattivo stato di conservazione, già nell'ultimo quarto del XVI secolo, quando ha inizio la sua travagliata storia conservativa che si conclude con il restauro del 1990. La zona centrale, a tutta altezza, è perduta e completamente rifatta, come testimonia una lastra del 1938 conservata nell'archivio fotografico di Udine della Soprintendenza per i beni storici, artistici ed etnoantropologici del Friuli Venezia Giulia (neg. TS75207). Nonostante la secolare permanenza in chiesa, che farebbe propendere per una commissione pubblica, è probabile che la tavola sia stata allogata da un privato o da uno dei frati per le proprie esigenze devozionali e successivamente donata al complesso monastico; qui trovò degna collocazione sull'altare fatto erigere da Alvise di Montegnacco nel 1514. Significativa appare la notizia che i frati, mentre erano assenti dal convento nel 1564-79, acconsentirono che il dipinto «fusse levato dalla sua cassa et portato in casa di secolari» (cfr. I.M. Giuliani, *Il convento e la chiesa di S. Maria delle Grazie in Gemona. Studio monografico e documenti inediti*, Venezia 1942, pp. 58-65). Tale fatto potrebbe essere legato a esigenze di custodia dell'opera, ma anche a una richiesta di tipo devozionale, poiché le dimensioni e l'iconografia della tavola la rendevano adatta a essere accolta tra mura domestiche. Per notizie esaurienti sul dipinto e ampia bibliografia precedente cfr. F. Merluzzi, *Giovanni Battista Cima detto Cima da Conegliano. 2. Madonna con il Bambino*, in *Il Museo Civico di Gemona. Catalogo delle opere*, a cura di F. Merluzzi, Gemona del Friuli 2007, pp. 42-47.

[13] Per un'approfondita analisi della tavola di Bellini cfr. P. Humfrey, *Madonna con il Bambino (Madonna di Alzano, anche detta Madonna Morelli o Madonna Agliardi)*, in *Giovanni Bellini*, cit., pp. 232-233.

[14] Cfr. Schmidt, *Icona o close-up?*, cit., pp. 32-45, con bibliografia precedente.

[15] Sorprendentemente non si conosce nessun ritratto singolo di Cima, che tuttavia dimostra un'eccellente abilità ritrattistica nei volti inseriti nei dipinti sacri.

[16] Cfr. S.M. Newton, *The Dress of the Venetians 1495-1525*, Aldershot 1988, p. 42.

[17] Cfr. Menegazzi, *Cima da Conegliano*, cit., p. 93. l'artista rappresenta la fascia di campagna parzialmente urbanizzata tra Collalto e Conegliano, così come appariva nell'ultimo decennio del XV secolo.

[18] La critica ha offerto numerose letture degli elementi contenuti nel paesaggio della tavola di Berlino: per Humfrey, infatti, l'uomo a cavallo nel centro dello sfondo sarebbe una reminescenza della statua di *Gattamelata* di Donatello a Padova, mentre Gentili focalizza l'attenzione sul significato iconologico delle metafore paesaggistiche utilizzate dall'artista. Secondo quest'ultimo studioso in tutti i dipinti di Cima ambientati *en plein air* si crea un rapporto tra la vita contemplativa, allusa dalle figure sacre, e quella attiva, rappresentata dal paesaggio stesso, ricco di riferimenti simbolici. L'uomo a cavallo, ad esempio, rappresenta spesso un soldato o un mercante, allusioni, rispettivamente, alla guerra e alla dimensione della ricchezza mondana collegata al viaggio e alla mercanzia. A volte il cavaliere è accompagnato da uno scudiero, come in questo caso, ed entrambi vestono ampie tuniche e portano sul capo turbanti: queste presenze, nel contesto storico veneziano di fine Quattrocento, rimandano alle insidie mortali dell'infedele contemporaneo, il Turco, nei confronti dei cristiani e si contrappongono all'elogio della fede costituito dagli altri simboli. Come nelle sacre conversazioni di Bellini non mancano infatti riferimenti mariani e la Vergine è ricordata sotto forma di solida rocca, fortezza, torre, città murata e fortificata, pascolo fertile e ameno, montagna eccelsa e intatta, cielo luminoso, nuvola mattutina. Cfr. Humfrey, *Cima da Conegliano*, cit., p. 82; A. Gentili, *Giovanni Bellini, la bottega, i quadri di devozione*, in «Venezia Cinquecento. Studi di Storia dell'arte e della cultura», II, 1991, pp. 27-60.

[19] Sulle possibili letture delle opere di Cima si veda B. Aikema, *Avampiano e sfondo nell'opera di Cima da Conegliano. La pala d'altare e lo spettatore tra la fine del Quattrocento e l'inizio del Cinquecento*, in *Cima da Conegliano*, cit., pp. 93-112. Poi anche U. Soragni, *Giorgione e il culto del sole*, Saonara 2009, pp. 222-223.

[20] Cfr. E. Ortis Alessandrini, *Presenze di Cima da Conegliano a Portogruaro e nel Veneto orientale*, in *Tra Livenza e Tagliamento. Arte e cultura a Portogruaro e nel territorio concordiese tra XV e XVI secolo*, Atti della giornata di studio (Portogruaro, 28 novembre 2008), a cura di A.M. Spiazzi, L. Majoli, Vicenza 2009, pp. 169-184, in part. p. 170.

[21] Cfr. Humfrey, *Cima da Conegliano*, cit., p. 147, n. 137.

[22] Cfr. *ibid.*, p. 109, n. 62.

Cima da Conegliano,
Davide e Gionata,
Londra, The National
Gallery, inventario
NG 2505

La pittura mitologica di Cima da Conegliano

MARGARET BINOTTO

I miti antichi e le favole ovidiane, in particolare, assumono alla fine del Quattrocento, al culmine del movimento di rinascita umanistica e archeologica della cultura classica, un ruolo rilevante nella vita delle corti italiane ed europee, offrendo a letterati, artisti, musicisti e artigiani una pressoché inesauribile miniera di soggetti narrativi, che ben si adattano alle molteplici esigenze rappresentative e autocelebrative del cerimoniale di corte: dalle varie forme dell'intrattenimento teatrale e musicale, alla produzione letteraria, all'arredo e alla decorazione dei palazzi.

A Venezia, priva di una corte e dei suoi rituali, l'amore per il mondo classico si esplicita nei circoli di studiosi che fanno capo ai primi editori, cui si deve la pubblicazione, in molti casi in «vulgare», di testi fondamentali della tradizione classica, consentendone la più ampia diffusione e conoscenza.

Approfondendo alcune prime osservazioni di Meller[1] riguardo al rapporto esistente tra il cimesco *Bacco che incorona Arianna abbandonata sull'isola di Nasso e la fa sua sposa* (Milano, Museo Poldi Pezzoli, cat. 43) e due scene di trionfo raffigurate nell'edizione aldina del 1499 dell'*Hypnerotomachia Poliphili*, Peter Humfrey, nel capitolo della monografia (1983) dedicato alla pittura mitologica di Cima da Conegliano, ipotizza che i suoi committenti avessero consuetudine con studiosi e collezionisti delle edizioni illustrate di testi classici, pubblicate dagli stampatori impostisi sulla scena lagunare nei due ultimi decenni del XV secolo. Nel contempo allarga l'orizzonte d'indagine, individuando precisi riferimenti, nell'ambito della scultura, con i rilievi narrativi dei Lombardo, i bronzetti «all'antica» del Riccio e le placchette del Moderno e della sua bottega, piccoli e preziosi oggetti che soddisfavano la passione antiquaria dei committenti. Senza dimenticare infine, per la scelta dei soggetti, l'influenza della letteratura pastorale nel genere poetico dell'Arcadia.

L'inserimento della pittura mitologica in una prospettiva più ampia di relazioni, fortemente connotate da un gusto antichizzante, ha consentito di restituirle un ruolo tutt'altro che marginale nell'ambito della produzione dell'artista, facendo così giustizia dei giudizi spesso sommari espressi in passato dalla critica.

La stessa funzione decorativa di queste opere, per lo più incastonate nel mobilio delle dimore patrizie o altoborghesi, aveva impedito di apprezzare pienamente la posizione di avanguardia assunta dalle «mitologie» cimesche nel panorama della pittura veneziana tra il 1490 e il 1510. Va detto, peraltro, che sulla possibilità di una corretta valutazione di tale produzione incidono sia il numero limitato di opere pervenuteci, in alcuni casi in forma di frammenti, sia, di conseguenza, la difficoltà di cogliere in modo compiuto i rapporti con la produzione religiosa – dalle pale d'altare alle Madonne con il Bambino per la devozione privata – stabilendo così dei punti fermi in una cronologia povera di appigli documentari.

Realizzati per soddisfare la crescente domanda di opere che riflettessero le nuove esigenze di una colta committenza d'*élite*, spinta da «un quasi febbrile desiderio di riappropriarsi dell'antico»[2], questi dipinti, applicati a cofanetti, cassoni, forzieri, spalliere, dossali e altri elementi d'arredo delle ricche case veneziane, rimasero «somewhat exceptional»[3] nel catalogo di Cima, anche se mi sembra ragionevole considerare che l'esiguità del numero di tavole mitologiche giunte sino a noi sia forse imputabile, più che a una scelta di campo del pittore, all'intrinseca fragilità di tale tipo di arredi, soggetti alla quotidiana usura della vita domestica e per giunta destinati a seguire le alterne vicende delle famiglie nel susseguirsi delle generazioni.

Inoltre la decisione di Cima di dedicarsi quasi totalmente alle sacre conversazioni e, sul versante delle tavole per la devozione domestica, ai temi della Madonna con il Bambino e di san Gerolamo, fu quasi certamente orientata dalla particolare situazione del mercato veneziano, polarizzato, a partire dagli anni settanta e ottanta, fra le grandi commissioni dei teleri per Palazzo Ducale, affidate principalmente ai Bellini, e i cicli narrativi per le scuole veneziane, che videro in Vittore Carpaccio il maggior protagonista.

Destinata alla decorazione di mobili e arredi dei palazzi privati, la pittura di cassone[4], espressione delle raffinatezze della vita cortese, utilizzò per quasi tutto il XV secolo stilemi e modalità della tradizione tardogotica[5], che impedirono di dare forme classiche alle divinità pagane e ai protagonisti delle favole mitologiche. La «reintegrazione della forma classica con il contenuto classico», avvenuta nell'Italia settentrionale grazie al contributo degli studi profani condotti nelle Università di Padova, Pavia, Bologna e Ferrara, vede affermarsi nelle corti dell'Italia settentrionale e nella società oligarchica di Venezia «un atteggiamento "antiquario" così diffuso che archeologi, pittori e umanisti puri e semplici lavoravano, possiam dire, all'unisono»[6]. A questa trasformazione concorre in maniera decisiva l'illustrazione dei testi classici, promossa dall'industria editoriale. Il rapporto non diretto con le fonti classiche ma mediato dalla cultura libraria antiquaria assume – a parere di Chastel – una connotazione peculiare nella città lagunare, nella quale per la prima volta «indipendentemente da preoccupazioni umanistiche [...] è stata data una versione figurata di ciò che l'antichità ha di più gradevole, e con una interpretazione leggera, diretta, accessibile, dove gli episodi diventano delle graziose scene di genere», esposte con «episodi giustapposti e quindi in uno stile da "fumetto"». Le traduzioni in volgare di Ovidio divengono una sorta di «mitologia portatile» e sono una «invenzione veneziana, completamente opposta alla versione umanistica e dotta dei Fiorentini e dei Romani»[7].

Cima si presenta sulla scena della cultura figurativa lagunare, come pittore di cassoni, alla metà degli anni novanta, con un linguaggio capace di rispondere alla passione «antiquaria» dei suoi committenti e ispirandosi nella scelta dei soggetti al *livre de chevet* della mitologia, le *Metamorfosi* di Ovidio, non nella versione originale, bensì nella traduzione in volgare di Giovanni Bonsignori, intitolata *Ovidio Metamorphoseos Vulgare*, stampata a Venezia nel 1497 da Giovanni Rosso Vercellese, *ad istantia* di Lucantonio Giunta.[8]

Di sicura autografia cimesca si ritengono, allo stato attuale degli studi[9], la coppia formata da *Teseo si presenta alla corte di Minosse con la delegazione ateniese* (Svizzera, coll. privata, cat. 23) e *Teseo e il Minotauro* (Milano, Pinacoteca di Brera, in deposito al Museo Poldi Pezzoli, cat. 24); l'insieme costituito da *Bacco incorona Arianna abbandonata sull'isola di Nasso e la fa sua sposa* (Milano, Museo Poldi Pezzoli, cat. 43), *Sileno ubriaco sul dorso di un asino, accompagnato da tre fauni* e *Satiro con botticella* (entrambi a Philadelphia, Museum of Art, John G. Johnson Collection, catt. 44a-b) e *Fauno che suona il flauto di Pan* (Parigi, coll. privata); il *Sonno di Endimione* e *Mida assiste alla contesa musicale tra Apollo e Pan* della Galleria Nazionale di Parma (catt. 33-34); e il *Duello sulla riva del mare* (Berlino, Staatliche Museen Gemäldegalerie)[10], probabile frammento di una composizione più ampia[11].

Mentre Coletti[12], spinto dalla necessità di dimostrare la dipendenza di Giorgione da Cima nell'elaborazione dei primi esempi di una pittura «moderna» in piccolo e con soggetti ovidiani, aveva datato tutte le opere sopra elencate all'inizio del 1500, la storiografia successiva e, in particolare gli studi di Humfrey (1981, 1983), ne hanno invece più correttamente scalato l'esecuzione tra il 1495-97 della tavola svizzera fino al 1510-15 del *Paesaggio* berlinese, ravvisando una graduale evoluzione da un tipo di composizione fortemente influenzata dalle modalità della pittura a fregio dei cicli narrativi carpacceschi e, insieme, dalla semplificazione del racconto proposta dalle miniature e dalle xilografie del libro illustrato umanistico a una più libera interpretazione delle favole classiche, ambientate sullo sfondo di paesaggi di ampio respiro, che pur non condividendo la «voluta elusività delle "poesie" di Giorgione»[13] furono realizzate con una sensibilità cromatica affine a quella tonale.

I più antichi nella serie dei dipinti di soggetto mitologico e allegorico di Cima sono i pannelli raffiguranti *Teseo si presenta alla corte di Minosse* e *Teseo e il Minotauro* (Milano, Brera, ora Poldi Pezzoli, catt. 23-24), le cui misure suggeriscono la loro originaria appartenenza a un medesimo cassone nuziale. In essi sono evidenti i rapporti con alcune xilografie dell'*Ovidio Metamorphoseos Vulgare*: i giovani ateniesi della tavola svizzera, vestiti con divise militari romane, in attesa di Teseo, assomigliano ai soldati al centro della scena con Minosse impegnato nell'assedio di Megara, la città del re Nisso e della figlia Scilla (Libro VIII, cap. I, f. LXII*v*) o alle guardie che sorvegliano il Labirinto nel foglio LXIV*v* (Libro VIII, cap. X).

Non sono soltanto le soluzioni formali proposte dalle incisioni dell'incunabolo veneziano ad attrarre l'attenzione di Cima, ma anche, e lo si vedrà a proposito del *Sonno di Endimione* di Parma (Galleria Nazionale, cat. 33), la vena fantastica e affabulatoria della sua prosa. Illuminante per la comprensione del «rapporto fra i compiti comunicativi affidati allo scritto e al disegno» e delle differenti possibilità espressive del mezzo verbale e di quello iconico è l'analisi condotta da Giovanni Pozzi proprio sulla tecnica illustrativa del racconto che caratterizza l'*Ovidio* moralizzato giuntino, come pure il *Decameron* stampato sempre nel 1497 da Gregorio de' Gregori. Nella narrazione si devono fare i conti con relazioni di causa ed effetto che presuppongono precise scansioni temporali, perciò, mentre la lingua che è «mezzo comunicativo che si muove secondo un prima e un dopo, può riprodurre naturalmente il progresso dell'intreccio, la pittura invece si trova in difficoltà, perché il suo modo di rappresentare non si svolge successivamente, ma si sviluppa in superficie; quando vuole rappresentare è obbligata a suggerire un movimento nella stabilità»[14]. Pertanto «il racconto può essere reso con la pluripartizione dello spazio ricevente [come è nel caso di molte vignette dell'incunabolo o della tavola svizzera di Cima] oppure con la distribuzione delle unità sequenziali in spazi autonomi successivi»: riguardo ai passi del mito scelti e illustrati, vengono selezionati solo «alcuni indicatori visivi per sollecitare dalla memoria la ricostruzione dell'intero sviluppo»[15]. Naturalmente non si tratta di un sistema nuovo, perché rappresenta l'evoluzione di schemi narrativi utilizzati in precedenza sia nei codici miniati, sia nelle predelle delle pale d'altare[16].

Rovesciando il verso di lettura delle xilografie giuntine, Cima colloca sulla destra i tre delegati al seguito di Teseo, le cui loriche romane si combinano con copricapi appartenenti all'equipaggiamento degli eserciti di fine Quattrocento, dalla mezza testa del giovane in tunica azzurra, al cappello d'arme del soldato in lorica rossa e mantello bianco, alla borgognotta alla romana esibita sulla lancia dell'armigero di schiena. Sotto l'elegante loggia rinascimentale si passa al momento successivo del racconto: Teseo, riconosciuto come principe, figlio di Egeo, viene accolto da Minosse e dalla sua corte. In secondo piano, quasi al centro della composizione, nel portico d'angolo di un palazzo policromo, Teseo riceve da Arianna e dalla sorella Fedra il gomitolo di filo che lo aiuterà a fuggire dal Labirinto. È proprio questo episodio, non riportato nel testo latino delle *Metamorfosi* ma ben descritto nell'incunabolo, a confermare che sicuramente il pittore doveva averne in mano una copia.

Nella tavola con il *Teseo e il Minotauro* (cat. 24) è l'edificio a pianta circolare, ben segnalato dall'insegna con la scritta «LABERINTO», della xilografia al foglio LXIV*v* del Libro VIII, cap. XX, a suggerire al pittore la soluzione compositiva per l'ambientazione del combattimento fra l'eroe ateniese e il mostro cretese. Cima tuttavia legge con attenzione anche il testo ovidiano: la clava nodosa che Fedra consegna al principe ateniese come arma per finire il mostro, spunta nella tavola da sotto il ventre del Minotauro, fungendo da «indicatore visivo» (Pozzi), capace di richiamare alla memoria un altro momento del mito, non completamente esplicitato dall'immagine.

Sono molteplici le ragioni dell'enorme successo editoriale dell'*Ovidio* giuntino, che fu venduto nei primi quattro mesi della sua pubblicazione in ben milleottocento esemplari: la presentazione in una lingua accessibile di un testo classico latino, illustrato da un apparato di 53 xilografie, straordinarie «per realismo ed efficacia espressiva»[17]; la restituzione del loro aspetto greco-romano a divinità e personaggi, abbigliati all'antica, a testimonianza dell'ammirazione per quell'epoca passata ed esemplare; la varietà di soluzioni formali proposte che sollecitano la creatività degli artisti e nel contempo rispondono alle esigenze di una produzione artigianale di alto e medio livello, largamente diffusa, e alla continua ricerca di modelli iconografici e narrativi di facile fruizione; la possibilità di investire il mito classico di significati simbolici, legati a specifici temi della

speculazione filosofica e in funzione di esigenze autocelebrative della committenza.
Humfrey, convinto che i committenti delle mitologie di Cima appartenessero «to the same class of consumers that subscribed and collected the handsome illustrated editions of classical texts currently being issued by leading Venetian printers such as Aldus Manutius»[18], si chiedeva se il pittore non avesse partecipato alla realizzazione, direttamente o come suggeritore di soluzioni disegnative, di alcune delle lussuose edizioni di autori classici, risalenti agli anni 1490-1510. A dimostrazione di tale ipotesi richiamava alcune miniature attribuite a Benedetto Bordon: da quelle a tempera presenti nell'incunabolo *Luciano, Opere*, stampato nel 1494 a Venezia da Simone Bevilacqua (Vienna, Österreichische Nationalbibliothek, Inc. 4.G.27)[19], in particolare per la notevole somiglianza rilevata fra la figura di *Mercurio con una Virtù* e il *Teseo* della tavola già Brera, ora in deposito al Poldi Pezzoli, alla miniatura con il *Trionfo di Anteros e Venere genitrice*, contenuta nel *Canzoniere* di Antonio Grifo (Venezia, Biblioteca Marciana, ms It. Z64)[20]. Accettava inoltre l'assegnazione al Bordon delle incisioni dell'*Ovidio* giuntino del 1497 e dell'*Hypnerotomachia Poliphili*[21].
Mina Gregori, in occasione della mostra ateniese del 2003[22], coglieva un interessante rapporto fra l'anomalo Minotauro «androcefalo» della tavoletta milanese e il consimile personaggio raffigurato nel foglio che introduce alla *Vita di Teseo* (c. a2), contenuta nella versione latina delle *Vite Parallele* di Plutarco, edita a Venezia da Nicola Jenson nel 1478. Ancora più interessante è però la dipendenza del mostro milanese dal vigoroso ed energico centauro (c. h.10), incorniciato dalla lettera iniziale «C». L'incunabolo, conservato nella Biblioteca Medicea Laurenziana a Firenze (Inc. I.7[I]), apparteneva a Girolamo Rossi, umanista pistoiese amico di Marsilio Ficino, presente a Venezia fra il 1480 e il 1495[23]. Come già le incisioni dell'*Ovidio Metamorphoseos*, anche le iniziali figurate nelle *Vite*, attribuite al «Maestro delle Sette Virtù» (forse Jacometto Veneziano)[24] o a Benedetto Bordon[25], furono utilizzate dagli artisti come un utilissimo repertorio di motivi all'antica, in cui satiri, tritoni, centauri, soldati, anziani con turbanti, esibiti negli atteggiamenti più vari, erano più facilmente accessibili rispetto ai modelli originali raffigurati nei sarcofagi classici: Humfrey afferma infatti che «Cima's fauns and satyrs remain closer to those of Riccio and of classicising miniaturistis such as the Master of Putti than to authentic classical sculpture»[26]. Un ulteriore e importante confronto è quello istituibile con il *Teseo che duella con il Minotauro* miniato da Francesco di Antonio del Chierico nella lettera iniziale «Q» dell'*incipit* della *Vita di Teseo* nel manoscritto latino delle *Vite parallele* di Plutarco, conservato presso la Biblioteca Medicea Laurenziana di Firenze (Plut. 25.26, c. 1) e datato *post* 1462[27]. Evidenti sono le analogie tra la pose divaricate delle gambe di Teseo nel codice fiorentino e nel pannello milanese, come pure tra le anatomie del Minotauro e il particolare delle clave adagiate sul terreno.
Oltre ai rapporti segnalati con le miniature e le incisioni, nelle due tavole con storie di Teseo, i punti di riferimento di Cima, alla fine degli anni novanta, sono Carpaccio e Pietro Lombardo. Con il primo condivide l'esile e mobile struttura delle figure, l'attenta osservazione dei particolari, la tipologia dei fondali architettonici, ma non l'atmosfera né la lingua, rimandendogli sempre sostanzialmente estranea l'anneddotica di Vittore[28]; dallo scultore gli derivano, ad esempio, suggerimenti per l'am-

Cima da Conegliano, *Duello in un paesaggio in riva al mare*, Berlino, Gemäldegalerie, Staatliche Museen zu Berlin, inventario 17A

Cima da Conegliano e bottega, *Giudizio di Mida*, Copenaghen, Statens Museum for Kunst, inventario KMS 4514 di aggregazione, dove si stipulavano frequentemente i contratti fra i parenti, come complicati passaggi di proprietà e cessioni di benefici[51].

Come Scipione Montino, anche il cognato Bartolomeo Prati (1471-1542) svolse un ruolo importante nella vita politica e culturale di Parma. Fu «primo dottore collegiato di una famiglia di antica tradizione notarile» – il padre era il notaio Gaspare Prati – e per lui sin dall'inizio l'attività politica fu «tutt'uno con la sua professione di giurista»[52]. Membro del consiglio cittadino, nel 1513 e nel 1523 partecipò ad alcune ambasciate inviate alla corte papale dalla città e fu nominato «luogotenente» del governatore pontificio Francesco Guicciardini (1521-22).

Rettore dell'Ospedale e affiliato alla confraternita della Steccata, nel 1530 ne fu priore e fabbriciere.

Prese in moglie il 7 agosto 1501 Margherita Brugnoli, figlia di Federico e di Margherita Montini, dalla quale ebbe diciotto figli[53].

Bartolomeo ebbe inoltre relazioni personali e professionali con il famoso giurista Andrea Alciati, che era in corrispondenza con Erasmo da Rotterdam. Il suo alto profilo morale viene sottolineato nell'orazione funebre pronunciata da Cristoforo Farasio, che nel ricordare «gli incarichi di giudice e difensore in importanti cause» gli riconosce «un alto senso di giustizia nel difendere la verità e nel pronunziare sentenze»[54]. Se come committente dell'*Ecce Homo* di Correggio, Bartolomeo Prati, nella veste di giureconsulto, «impegnato ad assicurare ordine, pace e giustizia alla comunità di Parma» si interroga «sul contrasto tra principi morali e norme di diritto che l'amministrazione del potere e della giustizia comportano»[55], nelle tavole con il *Sonno di Endimione* e *Mida assiste alla contesa musicale tra Apollo e Pan* (catt. 33-34) l'uomo «pubblico» si rileva nell'intimità della sua casa, nel mondo privatissimo degli affetti familiari.

Qualunque fosse la collocazione dei tondi nell'arredo del palazzo – sulla fronte di un cassone nuziale[56] (commissionati dunque nel 1501), sulla spalliera di un letto o sul coperchio di uno strumento musicale a tastiera, come una spinetta[57] –, attraverso l'atmosfera di elegiaco incanto in cui sono inscenate le due favole, sono forse i desideri e i progetti di Bartolomeo e della giovane sposa a esplicitarsi in immagini di straordinaria gradevolezza, ma di altrettanto singolare complessità di significato. Nel numero sorprendente di interpretazioni che gli studiosi hanno proposto dell'iconografia dei due tondi Prati si coglie la difficoltà di addentrarsi in una cultura di somma ricercatezza, il cui obiettivo è la costruzione, come in questo caso, di «immagini strutturalmente polisemantiche» e «ambigue quanto basta a prestarsi a quella pluralità di letture e interpretazioni che – come diceva Barthes – fonda del resto *le plaisir du texte*»[58]. Quanto più si crede di avvicinarsi alla soluzione dell'enigma, scoprendo di volta in volta le citazioni dall'*Ovidio Metamorphoseos*, dai bronzetti del Riccio, o dalle placchette della bottega del Moderno, tanto più ci sfugge il senso complessivo dell'allegoria, depistati anche dalla quantità di simboli che circondano, ad esempio, la figura di Endimione.

Tra le numerose versioni del mito quella ritratta da Cima è ispirata principalmente al *Dialogo XI* di Luciano: la Luna confida a Venere il suo amore per il pastorello che «dormendo respira un alito soave d'ambrosia» la cui languida posizione riprende in controparte quella di Teti nella xilografia dell'*Ovidio Metamorphoseos* (Libro XI, cap. XIII, f. LXXXXIV*v*). La nicchia verde che accoglie il placido sonno del giovane è quella del regno del Sonno descritta dal Bonsignori nell'*Ovidio* giuntino: il sentore umido del Lete zampillante «fa deventare li capelli crespi», mentre il gorgoglio dell'acqua e l'«abondanza de papaveri» conciliano il riposo a Endimione e agli animali (Libro XI, cap. XXIV)[59], che, pur essendo tutti deputati alla sorveglianza dalla tradizione, sono però vinti dalla magia dell'incanto, e assistono inconsapevoli all'arrivo di Luna-Diana alle prime luci dell'alba. I versi del Cariteo: «Non vide giorno mai più bella luce, / ch'io quella notte, che mi venne in sonno / La Luna ignuda ornata del suo sole» (*Endimione*, sestina I, vv. 37-39) traducono in poesia gli istanti di trepida sospensione che precedono l'atto simbolico dell'ascesi dell'anima che dalla *voluptas* dei sensi si eleva alla contemplazione del bello, attraverso l'esperienza dell'amore celeste[60]. Pubblicata a Napoli nel 1506, e ristampata a Venezia senza data, la raccolta di rime del catalano Benedetto Gareth, detto «Cariteo», circolava già dai primi anni novanta del Quattrocento, con il titolo *Endimion a la Luna*[61], e in questo modo si potrebbe spiegare la precoce fortuna della figura di Endimione a Venezia, ma, in ogni caso, il *Canzoniere* del poeta e il dipinto di Cima sono entrambi profondamente immersi nell'atmosfera bucolica del mito d'Arcadia. Se i due tondi furono commissionati per ornare un mobile per la camera da letto dei novelli sposi, Endimione-Bartolomeo, con la clamide e la corazza del *miles amans* (si veda per l'argomento la scheda relativa ai tondi), sta per congiungersi sul far dell'alba in questo *locus amœnus* con la propria Diana-Margherita, secondo un *topos* diffuso all'epoca nei festeggiamenti degli eventi nuziali, grazie alla funzione propiziatoria della fertilità coniugale assegnata alla dea[62]. «Gli amori di Bacco e Arianna, di Marte per Rea, di Zeus per Ganimede, di Diana per Endimione, erano tutte variazioni di uno stesso tema: l'amore di un dio per un mortale. Morire significava essere amati da un dio, e partecipare per mezzo di lui alla beatitudine eterna»[63]. Se il significato simbolico attribuito al dipinto continua, ahimè, a sfuggirci, è certo però che l'*Endimione* Prati rappresentò per la cultura figurativa parmense del primo Cinquecento, insieme al *Sogno del cavaliere* di Raffaello (Londra, The National Gallery), un modello iconografico di così pregnante significato da essere imitato nella figura di *Sforzino Sforza*, ritratto sul sarcofago del monumento funerario realizzato in suo onore da Giovan Francesco d'Agrate (1528-1534/35) in Santa Maria della Steccata[64]. A distanza di quasi trent'anni era ancora ben presente allo scultore la «complessa simbolizzazione» di cui si era caricato in ambito veneto il mito di Endimione e, soprattutto, come si manipolassero disinvoltamente le immagini, arricchendo il loro primo originario significato di altri di diverso ordine. Nel caso di Sforzino, che giace nella medesima posizione di Endimione e del cavaliere raffaellesco, poggiando il capo su di un libro e sull'elmo guerresco (attributi della *Virtus*), il tema del sogno da «stato liberatorio ed elegiaco» diviene «momento fattivo e addirittura conoscitivo dell'immaginazione»[65] e messaggio di ammaestramento morale.

Nel tondo *Mida assiste alla contesa musicale di Apollo e Pan* (cat. 34) è evidente la dipendenza dalla placchetta del Museo Correr, uscita dalla bottega del Moderno con *Orfeo che libera Euridice dagli Inferi*[66], come pure dalla xilografia dell'*Ovidio* giuntino che illustra il medesimo mito (Libro XI, Cap. VIII, f. LXXXXIII*r*), ma non è altrettanto agevole cogliere il legame con il dipinto in *pendant*. Tra le numerose letture proposte dalla critica, elencate nella scheda relativa, quella che prova a giustificare l'accostamento dei due soggetti coglie una prima correlazione fra la «polarità astrologica», come dice Battisti (1962), di Luna-Diana nell'*Endimione* e di Sole-Apollo nel *Giudizio di Mida*, e una seconda fra la Poesia, emblematizzata nel pastore dormiente, e la Musica elegiaca suonata da Apollo. La concezione neoplatonica della musica e del canto come strumento di elevazione della mente verso l'armonia celeste viene simbolicamente raffigurata nel canto che Apollo sta intonando, come rivelano le sue labbra dischiuse. Analogamente l'unione «tra l'astro del cielo e l'inconsapevole giovane, diventa allegoria e metafora della tensione ideale e spirituale dell'uomo, della sua ascesi sublimata verso l'empirea serenità dell'amore divino»[67].

La problematicità dell'intepretazione deriva dall'impossibilità di penetrare nelle intenzioni del committente, di cui sono forse spia quelle singolari «varianti» (Gandolfo 1978) al mito, testimoni della vastità della sua cultura letteraria e filosofica e dei suoi interessi collezionistici. Alla sua passione per monete e medaglie va ricondotta la scelta della forma circolare per le due tavole: è noto infatti che Bartolomeo possedeva una celebre collezione numismatica[68]. È probabile pure che egli raccogliesse quegli strumenti musicali (ricordati e vincolati a fedecommesso nell'inventario del 1661), tra i quali forse anche l'inconsueto *ribechino* tenuto in mano da Pan, strumento medievale a due corde, già caduto in disuso all'inizio del Cinquecento, e che compare solo in questo dipinto di Cima, come assicura Winternitz[69].

I due pannelli parmensi partecipano, a mio avviso, di quella fase «classica» della pittura cimesca, che Humfrey circoscrive al 1500-05, e che vede realizzata nel *Costantino e sant'Elena* di San Giovanni in Bragora a Venezia (1501-03, cat. 31), nell'*Incredulità di san Tommaso* delle Gallerie dell'Accademia di Venezia (1502-1504, cat. 37) e di Londra (National Gallery, 1503-1505, cat. 38), nella *Madonna con il Bambino* di Este (Museo Nazionale Atestino, 1504, cat. 35) e nella *Pala di San Pietro Martire* (Milano, Pinacoteca di Brera 1505-06). Nelle belle forme anatomiche di Apollo traspare la conquista, che matura in questo quinquennio, di una «sostenutezza formale» e di un «marcato classicismo»[70] derivanti dal confronto con i personaggi scolpiti da Tullio Lombardo nella tomba del doge Andrea Vendramin (Venezia, chiesa dei Santi Giovanni e Paolo)[71]. La dolcezza davvero «neollenistica» del volto di Apollo è molto vicina, specie per la conformazione del capo e per quel sospiro che sfugge dalle labbra dischiuse, al *Ritratto di giovane* in marmo del Museo Nazionale Brukenthal di Sibiu[72], o, in particolare, al ragazzo, affiancato da un bimbo, che assiste al *Miracolo del piede risanato* nella cappella di Sant'Antonio, nella basilica omonima di Padova, entrambi opere di Tullio del primo lustro del Cinquecento.

In questi anni il pittore modifica il proprio approccio al paesaggio: alla sottile e tagliente definizione dei contorni di matrice fiamminga sostituisce un più morbido trapasso dei piani e un cromatismo più caldo; «the painting has much in common with Giorgione's closely contemporary Castelfranco altarpiece»[73] e risente degli ideali arcadici che affascinano in quei primissimi anni del secolo i circoli letterari veneziani. Gli esiti di tale sviluppo sono soprattutto evidenti nei tondi in esame e nella tavole con *San Girolamo nel deserto* di Washington (National Gallery of Art, cat. 40) e di Londra (National Gallery, cat. 41). Merita un ripensamento la tradizionale datazione al 1505-10 dei due tondi parmensi, sostenuta da gran parte della critica: essa poggiava sulla convinzione che l'adozione da parte di Cima della tematica pastorale e la ricerca di una nuova fusione delle

Bottega del Moderno o Maestro di Orfeo e Orione, *Orfeo libera Euridice dagli Inferi*, placchetta, Venezia, Museo Correr

figure nel paesaggio grazie al colore caldo e ambrato fosse da ricondurre a una diretta dipendenza dai paesaggi giorgioneschi, quali quelli del *Tramonto* di Londra, della *Tempesta* delle Gallerie dell'Accademia di Venezia e dei *Tre filosofi* di Vienna (Kunsthistorisches Museum), la cui esecuzione era situata nel secondo lustro del decennio. Costituiva inoltre ulteriore argomento a favore di tale proposta cronologica il riconoscimento del rapporto con il *Canzoniere* del Cariteo, il cui anno di stampa, pur non essendo indicato nell'edizione veneziana di Manfrin Bon (si veda nota 61), veniva variamente situato nel 1506, 1507 e anche 1509.

Se il matrimonio Prati-Brugnoli, celebrato il 7 agosto 1501, rappresenta verosimilmente l'occasione per la realizzazione dei dipinti, la necessaria retrodatazione trova oggi un'importante conferma nella cronologia prospettata da Ballarin[74] e Lucco[75] per il catalogo di Giorgione sullo scorcio dei due secoli. Quando Cima riceve l'incarico per le due allegorie Prati, il collega di Castelfranco aveva già realizzato le tavolette della collezione Emo Capodilista (Padova, Musei Civici) e della Phillips Memorial Gallery (Washington 1498-99), come pure la *Natività Allendale* (1499, Washington, National Gallery of Art) e stava compiendo il cosiddetto *Tramonto* (1500-01, Londra, The National Gallery). Entrando nel merito della spinosa questione delle precedenze fra i due nello sviluppo di una poetica pastorale, sembra di poter concludere che il cambiamento sopravvenuto nella pittura di Cima non sia tanto imputabile a un deciso «impatto con Giorgione», quanto piuttosto a «un sottile adeguamento culturale, che significa una comprensione più interna»[76] delle novità della rivoluzione giorgionesca.

Concludono la serie dei dipinti mitologici *Bacco incorona Arianna abbandonata sull'isola di Nasso e la fa sua sposa* (Milano, Museo Poldi Pezzoli, cat. 43), *Sileno ubriaco sul dorso di un asino, accompagnato da tre fauni* e *Satiro con botticella* (entrambi a Philadelphia, Museum of Art, John G. Johnson Collection, catt. 44a-b) e *Fauno che suona il flauto di Pan* (Parigi, coll. privata), incastonati probabilmente in un cassone nuziale[77] contenente la dote della sposa, da esibire a beneficio di parenti e invitati nel momento della «deductio ad domum mariti» per le vie della città verso la nuova dimora[78]. L'iconografia degli amori di Bacco e Arianna divenne fra Quattro e Cinquecento un *topos* epitalamico nella celebrazione di importanti matrimoni, quali, ad esempio, quello di Eleonora d'Aragona, figlia del re di Napoli, con Ercole d'Este, duca di Ferrara nel 1473, o quello di Cosimo I con Eleonora di Toledo nel 1539[79].

Per quanto lo stato di conservazione precario del gruppo di tavole imponga cautela nella valutazione, si nota una maggiore gracilità delle corporature, affine a quella che si rileva in un dipinto tardo come l'*Incoronazione della Vergine* della collezione Patrizi di Roma[80]. La stesura fluida dei paesaggi retrostanti le figure e una sobrietà descrittiva, che non indulge nel racconto minuzioso dei particolari della vegetazione, come appariva dei dipinti della fase classica, richiama piuttosto la concisione narrativa del *Duello sulla riva del mare* di Berlino, datato intorno al 1510.

[1] P. Meller, *La cultura umanistica del Cima*, in *Omaggio a Giovanni Battista Cima da Conegliano*, in «La Provincia di Treviso», numero speciale, V, 4-5, luglio-ottobre 1962, pp. 23-24.

[2] G.C.F. Villa, *Giovanni Bellini*, Cinisello Balsamo 2008, p. 165.

[3] P. Humfrey, *Cima da Conegliano*, Cambridge 1983, p. 7.

[4] Per una disamina di carattere generale sulla pittura di cassone si veda P. Thornton, *Interni del Rinascimento italiano*, Milano 1992 (ed. inglese, *The Italian Renaissance Interior: 1400-1600*, London 1991[1]) pp. 192-204.

[5] Per l'importanza del mito nella tradizione testuale e figurativa del Rinascimento si vedano gli studi di C. Cieri Via, *I luoghi del mito fra decorazione e collezionismo*, in *Immagini degli Dei. Mitologia e collezionismo tra '500 e '600*, catalogo della mostra (Lecce, Fondazione Memmo, 7 dicembre 1996 - 31 marzo 1997), a cura di C. Cieri Via, Milano 1996, pp. 29-48; Id., *Dall'allegoria al simbolo: ipotesi interpretative sul mito come ideologia per immagini*, in *Giorgione e la cultura veneta tra '400 e '500. Mito, allegoria, analisi iconologica*, Atti del convegno (Roma, novembre 1978), a cura di A. Gentili, C. Cieri Via, Roma 1981, pp. 146-148 e B. Guthmüller, *Il mito e la tradizione testuale (*Le Metamorfosi *di Ovidio)*, in *Immagini degli Dei. Mitologia e collezionismo tra '500 e '600*, cit., pp. 22-28.

[6] E. Panofsky, *Rinascimento e rinascenze nell'arte occidentale*, Milano 1971 (trad. ed. inglese 1960), pp. 202-203, 207.

[7] A. Chastel, *Favole, forme, figure*, Torino 1988 (trad. it. di *Fables, formes, figure*, Paris 1978), pp. 134-135.

[8] L'incunabolo consultato e da cui sono tratte le immagini riprodotte in questo saggio è conservato presso la Biblioteca del Museo Correr a Venezia (Inc. E 65). Giovanni Bonsignori da Città di Castello compose l'opera fra il 1375 e il 1377: è una traduzione in compendio delle *Metamorfosi* ovidiane, accompagnata da esposizioni allegoriche. Il testo di riferimento è quello che Giovanni del Virgilio aveva scritto in latino fra il 1322 e il 1323: nella traduzione il Bonsignori di suo «mette, talvolta, delle citazioni dantesche, un maggior gusto dottrinale per le scienze naturali, un più chiuso moralismo che lo spinge ad ammorbidire o a tralasciare talune di quelle spiegazioni allegoriche in chiave sessuale cui propendeva la sua fonte»: G. Ballistreri, voce *Bonsignori, Giovanni*, in *Dizionario Biografico degli Italiani*, 12, Roma 1970, pp. 407-409.

[9] Da ritenersi opera di collaborazione, databile alla metà del secondo decennio del Cinquecento, è il *Giudizio di Mida* (Copenaghen, Statens Museum for Kunst). Presumibilmente acquistato intorno al 1820 in Italia dal conte A.D. Moltke, rimase di proprietà della famiglia fino al 1948, quando fu venduto dalla contessa Cornelia T. Moltke alla Dansk Kunstmuseumsforening (L.S., *Royal Museum of Fine Arts. Catalogue of Old Foreign Paintings*, Copenhagen 1951, pp. 49-50, cat. 116 a). Con gli interventi di Humfrey (*Cima da Conegliano*, cit., p. 96, cat. 38) e di Dal Pozzolo (*È tutto Cima?*, in *Cima da Conegliano*, Atti del convegno internazionale di studi su Giovan Battista Cima (Conegliano, Palazzo Sarcinelli, 1-2 ottobre 1993), a cura di P. Humfrey, A. Gentili, «Venezia Cinquecento. Studi di storia dell'arte e della cultura», IV, 7, 1994, pp. 61-80, in part. p. 71) è stata messa in dubbio l'autografia cimesca, accettata in precedenza dalla critica, ad eccezione di Bonicatti (*Aspetti dell'umanesimo nella pittura veneta dal 1455 al 1515*, Roma 1964, p. 191), che, come per i tondi di Parma, pensava a Bernardo Parentino.

Sono state assegnate alla sola bottega e con varie proposte attributive, tra cui Pietro degli Ingannati (P. Humfrey, *Some additions to the Cima catalogue*, in «Arte Veneta», XL, 1986, p. 156, n. 9), su suggerimento di Mauro Lucco, le due tavole con *Storie di Ghismonda* (Tours, Musée des Beaux-Arts), ispirate alla prima novella della Quarta giornata del *Decamerone,* come pure la *Battaglia di Pompeo*, di collezione privata (*ibid.*, p. 154); le due *Storie di Coriolano* della collezione Berenson di Settignano (M.L. Ferrari, *Cassoni rinascimentali*, Milano 1964, ripubblicato in Id., *Studi di storia dell'arte*, a cura di A. Boschetto, Firenze 1979, pp. 118-119); il *Soggetto mitologico* del City Museum and Art Gallery di Northampton, interpretato come *Davide e Salomone*, oppure come *Agamennone e Achille* (Humfrey, *Cima da Conegliano*, cit., p. 185, cat. 220); la *Morte di Marco Curzio* e una *Scena di storia antica* (ubicazione ignota, *ibid.*, pp. 195-196, catt. 244-245), forse della stessa mano del precedente dipinto inglese.

[10] Unica delle tavole mitologiche di sicura autografia cimesca a non essere presente in mostra è il *Duello sulla riva del mare,* già nella collezione Ashburnham (Londra), acquistato nel 1901 sul mercato antiquario dal museo di Berlino (*ibid.*, p. 85). Probabile fosse il paesaggio di un episodio tratto da un mito ovidiano o dalle saghe argonautiche o dal mito di Teseo, come lascia intendere la nave «a cocca» nel fondale. Appartiene verosimilmente alla tarda attività di Cima, intorno al 1510, come suggerito da Ballarin (*Cima at Treviso*, in «The Burlington Magazine», CIV, 716, novembre 1962, p. 486), Menegazzi (*Cima da Conegliano*, catalogo della mostra [Treviso, Palazzo dei Trecento, 26 agosto

- 11 novembre 1962], a cura di L. Menegazzi, Venezia 1962, p. 57, cat. 76) e Humfrey (*Cima da Conegliano*, cit., pp. 84-85, cat. 15).

[11] G. Fossaluzza, in *Il Camerino di alabastro. Antonio Lombardo e la scultura all'antica*, catalogo della mostra (Ferrara, Castello di Ferrara, 14 marzo - 13 giugno 2004), a cura di M. Ceriana, Milano 2004, p. 230: nei dipinti mitologici «le figure dominano sul paesaggio tanto da lasciar supporre che nel caso in cui ciò non avviene, come nel *Duello* di Berlino ci si trovi in realtà di fronte a un frammento». Le misure della tavola (32 × 53 cm) ne indicano la originaria ubicazione più che sulla fronte di un cassone, su di un dossale da parete.

[12] L. Coletti, *Cima da Conegliano*, Venezia 1959 (1960²), p. 55.

[13] P. Humfrey, *La pittura a Venezia nel Rinascimento*, Milano 1996 (trad. di *Painting in Renaissance Venice*, New Haven-London 1995), p. 147.

[14] G. Pozzi, *Il «Polifilo» nella storia del libro illustrato veneziano*, in *Sull'orlo del visibile parlare*, Milano 1993, pp. 89-113 (riedizione del saggio pubblicato *Giorgione e l'umanesimo veneziano*, a cura di R. Pallucchini, Firenze 1981, pp. 71-107), in part. p. 95. Lo studioso analizza specificamente i due più importanti incunaboli illustrati della tipografia veneziana: l'*Ovidio Metamorphoseos* del 1497 e il *Decameron*, stampato pure nel 1497 da Gregorio de' Gregori, comparandoli all'apparato iconografico dell'*Hypnerotomachia Poliphili* cui riconosce un carattere di unicità rispetto alla media del libro illustrato veneziano.

[15] *Ibid.*, p. 101.

[16] A proposito di una possibile collaborazione all'interno delle botteghe pittoriche fra gli esecutori di predelle di pale d'altare, da un lato, e di pannelli per mobilio da arredo, dall'altro, Bauer Eberhardt (*Cima, Benedetto Bordon e il Maestro delle sette virtù: nuove attribuzioni e coincidenze*, in *Cima da Conegliano*, Atti del convegno internazionale di studi su Giovan Battista Cima (Conegliano, Palazzo Sarcinelli, 1-2 ottobre 1993), a cura di P. Humfrey, A. Gentili, «Venezia Cinquecento. Studi di storia dell'arte e della cultura», IV, 8, 1994, p. 123) ravvisa la «grande affinità formale» tra il *Mercurio e Menippo* nel *Luciano* di Vienna di Benedetto Bordon e il *Battista che ammonisce i farisei* nella predella del polittico di San Fior. Le botteghe artistiche italiane erano officine con direttori e assistenti impegnati in una estesa gamma di attività (A. Chastel, *La grande officina: arte italiana 1460-1500*, Milano 1979, pp. IX-XI), secondo quindi un modello di «operatività pluridirezionale» (P. Tosetti Grandi, *«Favole tolte da Ovidio e da altri poeti»: per tre coppie di cassoni nuziali di Bologna*, in «Bollettino del Museo Civico di Padova», 79, 1990, pp. 224). Riguardo al problema dell'organizzazione e della ripartizione dei compiti all'interno degli atelier operanti tra Quattro e Cinquecento, Augusto Gentili (*Amore e amorose persone: tra miti ovidiani, allegorie musicali, celebrazioni matrimoniali*, in *Tiziano. Amor Sacro e Amor Profano*, catalogo della mostra [Roma, Palazzo delle Esposizioni, 22 marzo - 22 maggio 1995], a cura di M.G. Bernardini, Milano 1995, p. 88) ipotizza l'esistenza di una suddivisione della produzione per settori specializzati, nell'ambito della quale i pittori di cassoni lavoravano insieme agli esecutori delle predelle delle pale d'altare. Si sono interessati del funzionamento in particolare delle botteghe veneziane anche Battisti (*Il Cima e il significato storico della sue immagini*, in *Omaggio a Giovanni Battista Cima da Conegliano*, cit., p. 25), Fantelli (in *Giorgione a Venezia*, catalogo della mostra [Venezia, Gallerie dell'Accademia, settembre-novembre 1978], Milano 1978, p. 193), Rosand (*Painting in Cinquecento Venice: Titian, Veronese, Tintoretto*, New Haven-London 1982, pp. 7-14) e Humfrey (*La pittura a Venezia nel Rinascimento*, cit., pp. 108-111).

[17] P. Lucchi - M. Viero, *«Parole e figure. Momenti di storia del libro e della stampa dalle raccolte del Museo Correr»: una visita guidata all'esposizione*, in *I ritratti in miniatura delle collezioni dei Musei Civici Veneziani*, in «Bollettino dei Musei Civici Veneziani», 2, 2007, pp. 129-153, in part. p. 142.
Le xilografie della versione in volgare delle *Metamorfosi*, firmate dal monogramma «IA» vennero tenute presenti anche da Benedetto Montagna, che ne trasse ispirazione per le sue incisioni con il *Rapimento di Europa*, *Apollo e Marsia* e *Apollo e Pan*: C. Callegari, in *In the Light of Apollo: Italian Renaissance and Greece*, catalogo della mostra (Atene, Ethnike Pinakotheke kai Museio Alexandru Sutzu, 22 dicembre 2003 - 31 marzo 2004), a cura di M. Gregori, Cinisello Balsamo 2003, p. 335, cat. VII.12.

[18] Humfrey, *Cima da Conegliano*, cit., p. 54.

[19] Si veda per le miniature, attribuite al Bordon, di questo incunabolo pergamenaceo la scheda di G. Mariani Canova, in *In the Light of Apollo*, cit., pp. 265-266, cat. III.26.

[20] G. Mariani Canova, *Antonio Grifo illustratore del Petrarca queriniano*, in G. Frasso, G. Mariani Canova, E. Sandal, *Illustrazione libraria, filologia e esegesi petrarchesca tra Quattrocento e Cinquecento: Antonio Grifo e l'incunabolo queriniano G V 15*, Padova 1990, p. 195, n. 72: riesaminando le attribuzioni del foglio con il *Trionfo di Venere* del codice marciano, retrodatava, rispetto ad Humfrey, la miniatura al 1490 circa e la riferiva al «secondo maestro del *Canzoniere* Grifo», operante a contatto con «la cultura figurativa veneta d'entroterra fiorita tra Vicenza e Treviso negli anni novanta» e quindi con Bartolomeo Montagna, con Marescalco e con il giovane Cima. La studiosa ricorda gli accostamenti della pagina miniata a Cima, al «maestro del Polifilo», alle miniature del Bordon, all'incisore delle *Metamorfosi* del 1497, a Benedetto Montagna e a Pietro Paolo degli Agabiti. Si veda inoltre per la silloge poetica marciana L. Marcozzi, voce *Grifo, Antonio*, in *Dizionario Biografico degli Italiani*, Roma 2003, 59, pp. 400-402.

[21] Humfrey, *Cima da Conegliano*, cit., p. 55 e p. 191, cat. 232, fig. 195c.
Si è interessata inoltre dei rapporti tra Benedetto Bordon, Aldo Manuzio e Lucantonio Giunta L. Armstrong, *Studies of Renaissance miniaturists in Venice*, London 2003, II, pp. 644-652.

[22] M. Gregori, in *In the Light of Apollo*, cit., pp. 430-431, cat. X.5.

[23] A. Dillon Bussi, *I libri decorati di Girolamo Rossi. Illustrazione libraria a Venezia nella seconda metà del Quattrocento*, in «Verona Illustrata», 2, 1989, pp. 32, 37 ss.

[24] L'appellativo con cui Mariani Canova (*La miniatura veneta del Rinascimento 1450-1500*, Venezia 1969, p. 123) designò l'anonimo miniatore venne suggerito dalla raffigurazione delle *Sette Virtù* in un frontespizio del *Decretum Gratiani*, stampato a Venezia da Nicola Jenson nel 1477 (Gotha, Landesbibliothek, Mon. Typ. 1477, f. 11*v*). Dillon Bussi (*I libri decorati di Girolamo Rossi*, cit., p. 38, n. 4) sottolineava la matrice ferrarese della cultura dell'ignoto maestro, che più tardi la stessa studiosa provava ad avvicinare con prudenza a Jacometto: *Due ritratti di Raffaele Zavenzoni. E alcune ipotesi sul Maestro degli Uffici di Montecassino, il Maestro delle Sette Virtù Jacometto e Lauro Padovano*, in «Libri e Documenti», XXI, 1, 1995, p. 37.

[25] Per Ulrike Bauer-Eberhardt, *Cima, Benedetto Bordon e il Maestro delle sette virtù: nuove attribuzioni e coincidenze*, in *Cima da Conegliano*, cit., p. 118, il «Maestro delle Sette Virtù» altri non è che Benedetto Bordon. Pur notando affinità stilistiche e formali tra il miniatore e Cima, la studiosa ritiene che siano molto diversi per «carattere e temperamento artistico» e non accetta l'ipotesi di Humfrey di un alunnato di Bordon presso Cima intorno al 1494, perché già negli anni settanta, cioè al tempo degli incunaboli di Gotha e del Plutarco fiorentino, Benedetto aveva sviluppato uno stile personale (pp. 122-123).

[26] Humfrey, *Cima da Conegliano*, cit., p. 57. Per la funzione di «indisputably leaders in the establishment of the *all'antica* style in the Veneto» assunta dal Maestro dei Putti e dal Maestro del Plinio di Londra a partire dagli anni settanta si veda L. Armstrong, *Renaissance Miniature Painter and Classical Imagery. The Master of the Putti and his Venetian Workshop*, London 1981, p. 2.

[27] Il manoscritto è esaminato da C. Filippini, *Plutarco istoriato: le Vite parallele nella miniatura italiana del Quattrocento e la Morte di Cesare nei cassoni fiorentini*, in *Biografia dipinta. Plutarco e l'arte del Rinascimento (1400-1550)*, a cura di R. Guerrini, La Spezia 2001, pp. 155-208.

[28] Humfrey, *Cima da Conegliano*, cit., p. 50.

[29] *Ibid.*, p. 14: «With his social origins in the artisan class of a provincial town, his own intellectual education is unlikely to have been more than rudimentary; and although two surviving documents show that he was certainly not illiterate, an elementary grammatical mistake in the inscription on the Montini altarpiece reveals a very defective knowledge of Latin».

[30] C. Dionisotti, in *Aldo Manuzio editore: dediche, prefazioni, note ai testi*, Milano 1975, p. XIII, chiarisce bene la natura particolare del rapporto di «solidarietà intellettuale» fra il brillante editore e il giovane Pio, nel quale Aldo «riconobbe il principe capace di far propria la nuova cultura umanistica [...] per farsene strumento di una missione politica fondata sull'intelligenza piuttosto che sull'uso della forza».

[31] P. Humfrey, *Cima da Conegliano and Alberto Pio*, in «Paragone», XXIX, 341, luglio 1978, p. 92. Sui possibili rapporti fra Alberto Pio, Cima e la committenza parmense si vedano C. Gilbert (*Savoldo, Cima, Parma and Pio Family*, in *Cima da Conegliano*, Atti del convegno internazionale di studi su Giovan Battista Cima (Conegliano, Palazzo Sarcinelli, 1-2 ottobre 1993), a cura di P. Humfrey, A. Gentili, «Venezia Cinquecento. Studi di storia dell'arte e della cultura», IV, 8, 1994, pp. 118-120; L. Viola (in *Galleria Nazionale di Parma. Catalogo delle opere dall'Antico al Cinquecento*, a cura di L. Fornari Schianchi, Milano 1997, p. 140, cat. 126); M. Gregori (in *In the Light of Apollo*, cit., p. 431); G. Periti (*Correggio, Prati e l'«Ecce Homo»: nuovi intrecci intorno a problemi di devozione nella Parma rinascimentale*, in *Emilia e Marche nel Rinascimento: l'identità visiva della periferia*, a cura di G. Periti, Azzano San Paolo 2005, p. 199, n. 61), C. Quagliotti (in *Correggio*, catalogo della mostra [Parma, Galleria Nazionale, Camera di San Paolo, Cattedrale, chiesa di San

Giovanni Evangelista, 20 settembre 2008 - 25 gennaio 2009], a cura di L. Fornari Schianchi, Milano 2008, p. 197, catt. 31-32).

[32] G.P. Bernini, *Profilo storico di Bernardo Rossi Vescovo di Treviso e Conte di Berceto e Broccardo Malchiostro bercetano-canonico di Treviso*, Parma 1969, pp. 17-22.

Humfrey, *Cima da Conegliano and Alberto Pio*, cit., pp. 87, 94, n. 3, ricorda che Bernardo inoltre fu uno dei sottoscrittori originari della ben nota edizione aldina dell'*Hypnerotomachia Poliphili* del 1499. Nel saggio del 1982 (*Cima da Conegliano a Parma*, in «Saggi e Memorie di Storia dell'Arte», XIII, p. 44, n. 47) lo studioso ritorna sulla funzione di intermediario svolta dal vescovo fra i committenti parmensi e Cima e sugli interessi del Rossi per i soggetti poetici e per la pittura di Lotto.

[33] G. Chittolini, *Il particolarismo signorile e feudale in Emilia fra Quattro e Cinquecento*, in *Il Rinascimento nelle corti padane. Società e cultura*, Atti del convegno *Società e cultura al tempo di Ludovico Ariosto* (Reggio Emilia-Ferrara, 22-26 ottobre 1975), Bari 1977, pp. 36, 39-40.

[34] L. Arcangeli, *Tra Milano e Roma: esperienze politiche nella Parma del primo Cinquecento*, in *Emilia e Marche nel Rinascimento*, cit., p. 89.

[35] D. Ekserdjian, *Correggio*, Cinisello Balsamo 1997, pp. 6-9: tra i parmensi giunti a Venezia si distinse Cristoforo Caselli, detto il Temperello. Documentato a Venezia tra il 1488 e il 1495 e al lavoro nella Sala del Maggior Consiglio accanto a Giovanni Bellini e ad Alvise Vivarini, viene indicato come l'autore della figura di *Dio Padre* e del disegno per la decorazione a mosaico nell'abside della cappella Montini nel Duomo parmense. Gli si attribuiscono inoltre le parti affrescate della tomba del canonico come pure il *Trionfo della Morte* (A. Talignani, *Il trionfo della morte nella cappella Montini della Cattedrale di Parma*, in «Aurea Parma», LXXIX, III, settembre-dicembre 1995, pp. 288-294; P.P. Mendogni, *La vita e il sepolcro di Bartolomeo Montini canonico parmense del secolo XV*, in «Quaderni Utinensi», VIII, 15-16, 1990 [1996], pp. 216-217; A.Talignani, *La Cappella Montini nella Cattedrale di Parma: un unicum di forme, colori ed epigrafi nella «periferia»*, in *Emilia e Marche nel Rinascimento*, cit., pp. 126-127). Sensibili alla cultura pittorica veneziana si manifestano anche l'anonimo autore della *Visitazione* della cattedrale di Parma, molto vicino a Cima, Filippo Mazzola, padre di Parmigianino, e Josaphat Araldi. Come sono numerosi gli artisti parmensi che si recano a Venezia per il loro tirocinio «così sono diversi gli artigiani e gli artisti veneti che trovano lavoro a Parma, nell'intaglio in legno, nella decorazione architettonica e scultorea» (Id., *«Quis evadet». Una traccia della* Hypnerotomachia Poliphili *a Parma nel sepolcro di Vincenzo Carissimi*, in «Artes», 5, 1997, p. 132, n. 44). Si veda infine per l'influenza dei veneti sulla pittura parmense: D. Gasparotto, *Parma tra Quattro e Cinquecento: le presenze «forestere» e la risposta locale*, in *Parma: Grazia e affetti, natura e artificio. Protagonisti dell'arte da Correggio a Lanfranco*, catalogo della mostra (Tokyo, The National Museum of Western Art, 29 maggio - 26 agosto 2007), a cura di M. Takanashi, Tokyo 2007, pp. 46-47.

[36] F. Barocelli, *Cultura umanistica e religiosità a Parma al tempo del Correggio*, in *Correggio*, catalogo della mostra, cit., p. 59.

[37] Talignani, *«Quis evadet»*, cit., p. 125.

[38] P. Medioli Masotti, *Letteratura e società a Parma nel Quattrocento. I. Il «Philogyne» di Andrea Baiardi. II Ms. Parm. 1424 della Palatina di Parma*, in *Parma e l'Umanesimo italiano*, Atti del convegno internazionale di studi umanistici (Parma, 20 ottobre 1984), a cura di P. Medioli Masotti, Padova 1986, pp. 231, 233.

[39] L. Smagliati, *Cronaca parmense (1494-1518)*, edizione, introduzione e note a cura di S. Di Noto, Parma 1970, pp. 161-162.

[40] G. Bertini, *Il collezionismo d'arte a Parma dal XVI al XVIII secolo: rassegna di studi e conclusioni preliminari*, in *Geografia del collezionismo. Italia e Francia tra il XVI e il XVIII secolo*, Atti delle giornate di studio dedicate a Giuliano Briganti (Roma, École Française, 19-21 settembre 1996), a cura di O. Bonfait, M. Hochmann, L. Spezzaferro, B. Toscano, Roma, 2001, p. 120.

[41] Periti, *Correggio, Prati e l'«Ecce Homo»*, cit., p. 198, nn. 58-59.

[42] Le notizie riguardanti Bartolomeo Prati, sua moglie Margherita Brugnoli e la loro prole sono tratte da un dattiloscritto (1976) conservato nell'archivio privato della famiglia Dalla Rosa Prati e che ho potuto consultare grazie alla cortesia della marchesa Zaira. In esso l'ingegner Sisto, Marchese Dalla Rosa Prati, espose i risultati emersi dalle indagini condotte negli anni settanta tra le carte dei suoi antenati. Nato a Torino nel 1901, morì a Sala Baganza il 10 luglio 1977; ricoprì numerose cariche pubbliche a Parma, tra cui la presidenza dell'Istituto d'arte, della Fabbriceria della cattedrale di Parma, della Giunta dell'ordine Costantiniano di San Giorgio.

[43] Parma, Archivio Notarile Distrettuale, *Notaio Paolo Berardi*, *Ultime Volontà (1658-1675)*, v. 7023, 24 dicembre 1672. Questo documento, come il successivo, sono stati segnalati da Bertini, *Il collezionismo d'arte a Parma*, cit., p. 120 e da Periti, *Correggio, Prati e l'«Ecce Homo»*, cit., pp. 189, 199, nn. 57-59, che indica in L. Pungileoni, *Memorie istoriche di Antonio Allegri detto il Correggio*, Parma 1817-1821 (vol. II, 1818, pp. 229-230) il primo a menzionare i riferimenti archivistici riguardanti i documenti Prati.

[44] Parma, *ibid.*, *Ultime Volontà (1658-1675)*, v. 7024, n. 197, 2 settembre 1675: «Inventario delli quadri dell'illustrissimo marchese Federico Prati, che sono nelli appartamenti d'abbasso del Palazzo di detto Signor marchese con la stima di detti quadri fatta dal Signor Lodovico Pesci et dal reverendo Padre Galetti Religioso teatino ambi pittori elletti per tal stima dal domino Signor Marchese con li nomi e cognomi deli pittori autori di ciaschedun pezzo et il prezzo di ciascheduni d'essi».

[45] Bertini, *Il collezionismo d'arte a Parma*, cit., p. 127.

[46] Bartolomeo Montini nel 1484 si trovava a Roma alla corte di Innocenzo VIII, annoverato tra i sette protonotari apostolici, cubiculario segreto e quindi addetto al servizio personale del papa. Di nuovo a Parma dal 1488, «si accapparrò un po' di tutto, dai canonicati di città a quelli rurali, racimolò rettorie, arcipreture, prepositure, si aggiudicò commende, cappellanie e altri benefici minori»: Talignani, *La Cappella Montini*, cit., p. 119. Ulteriori notizie sul canonico sono in Mendogni, *La vita e il sepolcro di Bartolomeo Montini*, cit., pp. 213-227).

[47] Talignani, *La Cappella Montini*, cit., p. 120.

[48] R. Lasagni, *Dizionario Biografico dei Parmigiani*, Parma 1999, II, p. 321.

[49] L. Arcangeli, *Tra Milano e Roma: esperienze politiche nella Parma del primo Cinquecento*, in *Emilia e Marche nel Rinascimento*, cit., p. 98.

[50] Lasagni, *Dizionario Biografico dei Parmigiani*, cit. Coinvolto dalla cognata nell'amministrazione dei beni del monastero di San Paolo in qualità di «iconomum bonorum» (C. Prestianni, *Un documento inedito sulla committenza di Giovanna da Piacenza nel monastero di San Paolo*, in «Aurea Parma», XCIII, I, gennaio-agosto 2009, p. 106) e per questo in lotta con i rivali Garimberti, casata a cui appartenevano le due precedenti badesse, Cecilia e Orsina Bergonzi, Scipione fu protagonista nel 1510, insieme a Cesare Da Piacenza – fratello di Giovanna e Caterina – dell'assassinio di Gianfrancesco Garimberti (Prestianni, *Un documento inedito*, cit., p. 107). Le protezioni altolocate salvarono entrambi i facinorosi cognati: il Dalla Rosa, dopo un breve periodo di allontanamento, ritornò in primo piano già nel 1513 quando venne inviato in qualità di ambasciatore a Massimiliano Sforza. Dal 1518 fece di nuovo stabilmente parte della classe politica parmense (Arcangeli, *Tra Milano e Roma*, cit., p. 99).

[51] Prestianni, *Un documento inedito*, cit., pp. 106-107. Si veda per la figura di Giovanna, E. Panofsky, *L'iconografia della Camera di San Paolo del Correggio*, in *Il Correggio e la Camera di San Paolo*, a cura di F. Barocelli, Milano 1988, pp. 147-214 (trad. di *The Iconography of Correggio's Camera di San Paolo*, London 1961).

[52] Arcangeli, *Tra Milano e Roma*, cit., p. 108.

[53] Nei capitoli matrimoniali il canonico Montini promette al Prati, come dote della sposa, una proprietà di Margherita situata fra Olmo e Praticello (Gattatico). Una seconda moglie, Orsina Stremeri, viene citata come vedova di Bartolomeo nel dattiloscritto di Sisto Dalla Rosa Prati alla data 1564. Il forte legame dei Prati con il casato Montini-Dalla Rosa-Da Piacenza, sancito dal matrimonio di Bartolomeo con Margherita, è confermato dalla presenza, tra i padrini e i testimoni negli atti di battesimo dei loro rampolli, del canonico Montini fra il 1502 e il 1509 (per Maria Antonia, Federico Maria, Giovanni Galeazzo Maria), della badessa Giovanna da Piacenza nel 1508 e nel 1510 (rispettivamente per Violante Maria e Giovanni Francesco), di Caterina da Piacenza, moglie di Scipione Dalla Rosa, nel 1511 e nel 1513 (per Antonio Maria e Giulio Bernardo).

[54] Periti, *Correggio, Prati e l'«Ecce Homo»* cit., pp. 190 e 198, n. 50.

[55] *Ibid.*, p. 194.

[56] La tipologia di cassone decorato da pannelli circolari appartiene prevalentemente alla tradizione veneziana: due esemplari, richiamati da Humfrey (*Cima da Conegliano a Parma*, in «Saggi e Memorie di Storia dell'Arte», XIII, 1982, p. 42) per la loro probabile vicinanza al perduto cassone Prati, sono conservati a Milano, presso il Museo Poldi Pezzoli. Il primo con due tondi di Bartolomeo Montagna, illustranti l'episodio di *Duilio e Bilia* e la *Vestale Tuccia che prova la propria innocenza* (M. Natale, in *Museo Poldi Pezzoli. Dipinti*, Milano 1982, p. 122, cat. 115; A. Zanni, *I mobili del Museo Poldi Pezzoli*, in *Museo Poldi Pezzoli. Ceramiche-Vetri-Mobili e arredi*, Milano 1983, p. 312, cat. 1). Il secondo, di provenienza vicentina, come prova lo stemma nobiliare dei Da Porto, con due tondi a tempera con *Scena di battaglia* e un *Sacrificio* (Natale, in *Museo Poldi Pezzoli*, cit., p. 123, cat. 116; Zanni, *I mobili*, cit., p. 312, cat. 2).

[57] Hanno sostenuto che i due tondi decorassero il coperchio di uno strumento musicale a tastiera come una spinetta P. Schubring (*Cassoni: Truhen und*

Truhenbilder der italienischen Frührenaissance: ein Beitrag zur Profanmalerei im Quattrocento, Leipzig 1915, pp. 393-394 e nella edizione del 1923, pp. 393-394), G.J. Van der Smann (*Uno studio iconologico sull'Endimione dormiente e sul Giudizio di Mida di Cima da Conegliano: pittura, poesia e musica nel primo Cinquecento*, in «Storia dell'Arte», 58, settembre-dicembre 1986, p. 202), U. Groos (*Musik und bildende Kunst. Die Bedeutung von Apoll, Marsyas und Pan für das Musikverständnis des 16. Jahrhunderts*, in «Musica», 48 (6), novembre-dicembre 1994, pp. 317-318) e, di recente, S. Toffolo (*Liuto, lira da braccio e altri strumenti musicali nelle opere di Cima da Conegliano*, in «Il Fronimo: Rivista di chitarra», XXXIII, 129, gennaio-marzo 2005, pp. 42-43).

[58] L. Viola, in *Galleria Nazionale di Parma. Catalogo delle opere dall'Antico al Cinquecento*, a cura di L. Fornari Schianchi, Milano 1997, p. 141.

[59] Giovanni Bonsignori da Città di Castello, *Ovidio Metamorphoseos Vulgare*, ed. critica a cura di E. Ardissino, Bologna 2001, p. 529.

[60] A. Pontremoli, *I balli di Venere e Amore: natura e mito nella danza del Rinascimento*, in *Il Mito d'Arcadia. Pastori e amori nelle arti del Rinascimento*, Atti del convegno internazionale di studi (Torino, 14-15 marzo 2005), a cura di D. Boillet, A. Pontremoli, Firenze 2007, p. 152.

[61] La ristampa del *Canzoniere* del Gareth a Venezia presso Manfrin Bon con il titolo *Opere di Chariteo stampate nouamente* appare senza data. Se ne conserva una copia presso la Biblioteca Nazionale Marciana. Lo stampatore è forse da riconoscere in quel Manfredo Bonelli, che nacque a Strevi (Alessandria) e fu attivo Venezia nei primi tre decenni del XVI secolo. L'incertezza della data veneziana, 1506 per Battisti (*Il Cima e il significato storico delle sue immagini*, in *Omaggio a Giovanni Battista Cima da Conegliano*, in «La Provincia di Treviso», V, 4-5, luglio-ottobre 1962, p. 29) e Humfrey (*Cima da Conegliano*, cit., p. 139), 1507 per Agapiou (*L'Endymion cuirassé de Cima da Conegliano*, in «Studi umanistici piceni», 28, 2008, p. 212) e 1509 per Anderson (*Allegorie e scene mitologiche*, in *Bellini, Giorgione, Titian and the Renaissance of Venetian Painting*, catalogo della mostra [Washington, National Gallery of Art, 18 giugno - 17 settembre 2006; Vienna, Kunsthistorisches Museum, 17 ottobre 2006 - 7 gennaio 2007], a cura di D.A. Brown, S. Ferino-Padgen, Washington 2006, p. 148) è dovuta al fatto che Ersamo Percopo, autore nel 1892 di una delle edizione delle liriche del catalano, collocava approssimativamente la ristampa veneziana del Bon fra il 1506-07. La notizie di una edizione che circolava già prima del 1492-93, tramandata dal codice De Marinis, come informa Contini, è fornita da B. Barbiellini Amidei, *Il sogno nell'Endimione del Cariteo*, in «La Parola del Testo», VII, 2, 2003, p. 343.

[62] Pontremoli, *I balli di Venere e Amore*, cit., p. 156.

[63] E. Wind, *Misteri pagani nel Rinascimento*, Milano 1985 (nuova ed. riveduta), p. 189.

[64] A. Coliva, *Le sculture tombali*, in *Santa Maria della Steccata*, a cura di B. Adorni, Parma 1982, pp. 222-225; B. Adorni, *La scultura*, in *Santa Maria della Steccata a Parma. Da chiesa «civica» a basilica magistrale dell'Ordine costantiniano*, a cura di B. Adorni, Milano 2008, pp. 280-281.

[65] Coliva, *Le sculture tombali*, cit., p. 224.

[66] R. Burckhardt, *Cima da Conegliano: ein venezianischer Maler des Übergangs vom Quattrocento zum Cinquecento*, Leipzig 1905, p. 86; J. Pope Hennessy, *Renaissance bronzes from the Samuel H. Kress collection*, London 1965, pp. 52-53, cat. 172; D. Lewis, *The Plaquettes of «Moderno» and His Followers*, in *Italian plaquettes*, a cura di A. Luchs, Washington 1989, p. 140.

[67] L. Viola, in *Parma: grazia e affetti, natura e artificio: protagonisti dell'arte da Correggio a Lanfranco*, catalogo della mostra (Tokyo, The National Museum of Western Art, 29 maggio - 26 agosto 2007), a cura di M. Takanashi, Tokyo 2007, p. 51, cat. 1.08.

[68] Periti, *Correggio, Prati e l'«Ecce Homo»*, cit., pp. 189, 199, n. 55-56.

[69] E. Winternitz, *Gli strumenti musicali e il loro simbolismo nell'arte occidentale*, Torino 1982, p. 138, n. 5 (trad. it. di *Musical instruments and their symbolism in western art: studies in musical iconology*, New Haven 1979).

[70] Fossaluzza, in *Il Camerino di alabastro*, cit., p. 232.

[71] A. Scapin, *Pietro, Tullio e Antonio Lombardo*, in *Svizzeri a Venezia: nella storia, nell'arte, nella cultura, nell'economia; dalla metà del Quattrocento ad oggi*, Lugano 2008, pp. 91-93.

[72] *Tullio Lombardo and Venetian High Renaissance Sculpture*, catalogo della mostra (Washington, National Gallery of Art, 4 luglio - 31 ottobre 2009), a cura di A. Luchs, New Haven, 2009 p. 74.

[73] Humfrey, *Cima da Conegliano*, cit. p. 42. La datazione della *Pala di Castelfranco* si colloca prima del 1501 (Id., *The Altarpiece in Renaissance Venice*, New Haven-London 1993, pp. 236), come già aveva argomentato Ballarin (si veda nota successiva).

[74] A. Ballarin, *Una nuova prospettiva su Giorgione: la ritrattistica degli anni 1500-1503*, in *Giorgione*, Atti del convegno internazionale di studi per il quinto centenario della nascita (Castelfranco Veneto, 29-31 maggio 1978), Castelfranco Veneto 1979, pp. 227-252; Id., *Tiziano prima del Fondaco dei Tedeschi*, in *Tiziano e Venezia*, convegno internazionale di studi (Venezia, Università degli Studi di Venezia, 27 settembre - 1 ottobre 1976), Vicenza 1980, pp. 493-499; Id., in *Le siècle de Titien. L'âge d'or de la peinture à Venise*, catalogo della mostra (Parigi, Grand Palais, 9 marzo - 14 giugno 1993), Paris 1993, pp. 700-702, cat. 20.

[75] M. Lucco, *Giorgione*, Milano 1995, pp. 18-21.

[76] Id., *Venezia fra Quattro e Cinquecento*, in *Storia dell'Arte Italiana*, I.II, Torino 1983, p. 459.

[77] Humfrey, *Cima da Conegliano*, cit., p. 124.

[78] C. Cieri Via, *Prefazione*, in A. Uguccioni, *Salomone a la regina di Saba. La pittura di cassone a Ferrara. Presenze nei musei americani*, Ferrara 1988, p. 8.

[79] F. Trinchieri Camiz, *La musica nel mito e il mito nella musica: Orfeo e Bacco nell'arte, nelle feste e nei primi melodrammi*, in *Immagini degli Dei*, cit., p. 91.

[80] Humfrey, *Cima da Conegliano*, cit., p. 143, cat. 128, fig. 173.

Rogier Van Der Weiden, *Trittico di San Giovanni Battista*, Berlino, Gemäldegalerie, Staatliche Museen zu Berlin

Hans Memling, *Trittico di Adrian Reins*: a sinistra *Il donatore Adrian Reins con Sant'Adriano*; al centro *Compianto di Cristo*; a destra *Santa Barbara*, Bruges, Memlingmuseum, Sint-Janshospitaal

Hans Memling,
Le sette gioie di Maria, Monaco, Alte Pinakothek, Bayerische Staatsgemäldesammlungen

Hans Memling,
Trittico Moreel: dettaglio dello scomparto centrale con *San Cristoforo tra i santi Mauro di Glanfeuil ed Egidio*, Bruges, Groeninge Museum

nell'altro, la loro linfa vitale, nel nostro artista *ager* e *saltus,* coltivi e natura vergine, improduttiva, non domata dall'uomo, si mescolano attorno ai borghi murati con la stessa casuale imprevedibilità che ha, nella nostra esperienza umana, la vita stessa. Così, se nel primo si avverte di più la struttura «costruita» di quel paesaggio, in cui addirittura *mirabilia* urbane di città ben note si associano a formarne una nuova e per così dire ideale, accentuandone il carattere simbolico, nel secondo, sebbene la rappresentazione sia parimenti costruita, ne risulta maggiormente l'aspetto di «verità», quasi di fotografico (ma, nella maggior parte dei casi, inesistente) «ritratto di luogo», che, nel ripetersi della cittadella e dei colli attorno a Conegliano, lo fa parere appunto un riemergente e insostituibile luogo dell'anima, venato di acuta nostalgia. Inoltre, se il più delle volte, in Giovanni Bellini, il paesaggio collabora con le figure nella costruzione di un significato globale delle immagini, questa non pare essere stata la preoccupazione dominante di Cima, i cui ambienti sembrano, in massima parte, dei piacevoli *parerga* aggiunti: infine, non è del tutto fuori contesto una giovanissima e seducente sant'Elena, con la croce di Cristo appena scoperta a Gerusalemme, di fronte a una precisa veduta di Conegliano? Si è detto inoltre che, se la linea di tendenza in Bellini è di integrare sempre più profondamente le figure con l'ambiente, arretrandole dal primo piano e facendole più piccole, e perciò stesso parte, anch'esse, di uno spazio unitario che le coinvolge, Cima continua a mantenere separati il primo piano, riservato alle figure, spesso torreggianti, e lo sfondo più o meno lontano, non deflettendo nemmeno nei suoi anni più tardi, già lambiti dall'onda di Giorgione, da questo suo costume intellettuale. Forse per tale utilizzo di un sistema rappresentativo più all'antica, e per una lettura dei dettagli del paesaggio come divagazioni narrative, più che per «una emotività di fronte ai più semplici e umili spettacoli naturali», che sarebbe motivazione decisamente fuori bersaglio, a partire da Coletti[10] si è vista su Cima un'influenza di Carpaccio, che ci pare del tutto inesistente[11].

Tuttavia, per tornare al tema, un aspetto ben noto va a ogni modo enfatizzato, ed è che, come aveva già indicato il Lanzi, «il Conegliano è diligente, grazioso, vivace nelle mosse e nel colorito; ancorché men morbido [di Giovanni Bellini]»[12]. Parlando poi del *Battesimo di Cristo* di San Giovanni in Bragora (cat. 10), Crowe e Cavalcaselle entrano ancor più nello specifico:

> nonostante le abrasioni, una bella luminosità bruna ancor si diffonde sulla tavola [...]. Pur senza la semplicità e il gusto coloristico di Bellini paesaggista, Cima in questo caso supera i suoi contemporanei nella varietà dei contorni e nel contrasto d'acqua e colline. Sa magistralmente produrre forti effetti di luce e ombra. Dà alle sue forme una tale metallica precisione e una levigata durezza, che ricorda Antonello da Messina; e ha un suo metodo formale peculiare di attorcere i capelli in riccioli [...] ha un risonante smalto chiaro di superfici che ha la sua attrattiva[13].

Si tratta di una linea critica su cui concordano tutti gli studiosi, ciò che ci esonera dal seguirla minutamente; Cima, insomma, utilizza più forti contrasti d'ombra e di luce, conferendo alle sue figure un rilievo statuino, come se ci trovassimo di fronte a una fonte luminosa di forza intensificata. Staccando con precisione le cose sotto il lume fermo, ponendole in corrette relazioni spaziali, il paesaggio acquisisce «un certo lucido nitore, un'alta pace rurale, un meriggio fermo e concorde con questa sua umanità, rusticamente spiccata come in tronchi politi, non già rusticamente espressa»[14]. A paragone della meravigliosa fusione atmosferica e di tono dei dipinti di Giovanni Bellini, l'aria di Cima usualmente scintilla, si accende, vibra nei lontani, e mostra in più punti (ad esempio nella pedana di roccia della *Madonna dell'arancio* di Venezia, cat. 19) l'uso della convenzione che Gombrich ha chiamato dell'«orlo lucente»[15]; dunque, per utilizzare ancora i termini dello studioso, se il primo compone in termini di *lumen*, il nostro artista vedeva il mondo piuttosto in termini di *lustro.* Certo sarebbe un poco semplicistico, posto che quest'ultimo è quel che caratterizza la pittura di Jan van Eyck, inserire per ciò soltanto il Cima tra coloro che subirono l'influsso fiammingo; ma «il luccichio delle acque al sole»[16] nel *Battesimo di Cristo* di San Giovanni in Bragora (cat. 10), il brillare delle cime degli alberi nell'aria tremolante di quel cielo che occupa più della metà dell'intera composizione, almeno per quest'opera sembra indicare una conoscenza di opere nordiche. Si ricordi, del resto, che alcuni famosi dipinti fiamminghi in cui si dovevano vedere piani lucenti di specchiature d'acqua, il gioco sapiente delle immagini riflesse, la stessa mistura di *lumen* e di *lustro*, di luce diffusa e brillii, erano certamente presenti a Venezia nel secondo Quattrocento: si tratta, ad esempio, del perduto *Passaggio del mar Rosso*, di «Janes da Brugia» (cioè probabilmente Jan van Eyck), posseduto da Michele Vianello, che, dopo la sua morte nel 1506, fu acquisito da Isabella d'Este a Mantova; o la ancor più famosa *Caccia alla lontra*, sempre riferita a van Eyck, e parimenti perduta, nella collezione di Nicolò Leonico Tomeo a Padova, che tanto impressionò Marcantonio Michiel[17]. Del resto, per un pittore veneto che dovesse accingersi a dipingere un *Battesimo di Cristo*, non erano certo numerosi (ed è un ovvio eufemismo) gli esempi a cui rivolgersi[18]; nel corso del secolo, praticamente non ve n'è un singolo esemplare pubblico, e, come sappiamo, la pala di Cima precede di circa sei-otto anni la formulazione di Giovanni Bellini in Santa Corona a Vicenza.

Uno dei pochissimi modelli possibili, anche per le dimensioni non eccessive, che ne permettevano una facile carreggiabilità, è il *Trittico del Battista* di Rogier van der Weyden, oggi alla Gemäldegalerie di Berlino; benché non si abbiano precise notizie sulla sua provenienza antica, è possibile che, come aveva suggerito Winkler[19], esso debba identificarsi con quello donato nel 1476 alla chiesa di San Giacomo a Bruges dal mercante di Pisa Battista de Agnelli. Ecco già, dunque, una prima connessione con l'Italia. Ma a Bruges, com'è noto[20], vi era una fiorente colonia di mercanti veneziani, per il cui tramite non doveva essere difficile far pervenire alla madrepatria, in forma di schizzi o addirittura di una copia, notizia della composizione rogeriana; della circolazione di copie abbiamo indizi indiretti ma non per questo meno importanti, se, ad esempio, Garofalo poteva copiare esattamente, a Ferrara, una figura dal *Trittico Miraflores* di Rogier oggi a Berlino, ma all'epoca nella Certosa omonima nei pressi di Burgos in Spagna[21]. Poiché l'unica altra versione oggi nota di quel dipinto fu donata nei primi anni del Cinquecento alla Capilla Real di Granada, e in Spagna Garofalo non fu mai, egli dovette dunque rifarsi o a uno schizzo, o a una ulteriore copia perduta, in Ferrara. Peraltro, Marcantonio Michiel registrava nel 1530, in casa di Gabriele Vendramin a Venezia, una «nostra Donna sola, con el puttino in brazzo, in piedi, in un tempio Ponentino, con la corona in testa», a suo avviso opera di Rogier van der Weyden[22]; la descrizione sembrerebbe attagliarsi perfettamente alla *Madonna nella chiesa* di Jan van Eyck oggi a Berlino (Gemäldegalerie, Staatliche Museen), ma quel dipinto è ancor oggi verificabile, essendo finito alla Galleria Doria Pamphilj a Roma, e il suo autore, come propose Friedländer[23], è probabilmente, nel 1508, Jan Gossaert, che copiò dunque l'originale eyckiano. Anche del trittico del Battista, che qui ci interessa, esiste peraltro una copia, nello Städelsches Kunstinstitut di Francoforte[24]; ciò che potrebbe autorizzare l'idea che ne esistessero delle altre. Se insisto tuttavia sul trittico rogeriano, è perché la sua iconografia, *mutatis mutandis* (in primo luogo, l'inversione speculare destra-sinistra), ha molti punti di contatto con quella di Cima, che sarà ripetuta qualche anno dopo anche da Bellini: il Battista salito su un sasso sopra la riva del Giordano, il braccio steso sopra la testa di Cristo (con il controluce cimesco che tanto avrebbe impressionato il Longhi[25]), quest'ultimo con i piedi nell'acqua, e di lato un angelo (moltiplicato poi per tre a Venezia) a reggere le sue vesti. È vero che anche il *Battesimo* di Piero della Francesca per la Badia di Borgo Sansepolcro, oggi alla National Gallery di Londra, si avvale di un'iconografia simile, ma con alcune significative differenze: il Cristo e il Battista sono sullo stesso piano, il braccio di quest'ultimo campisce contro il cielo, non sul paesaggio, e tutta la scena si svolge non in uno spazio aperto, ma all'ombra fresca di un grande albero, che sembra diffondere su tutta la composizione la sua soffusa luminosità, priva di brillii.

Dunque, se anche non fosse possibile battezzare compiutamente la pala della Bragora come influenzata dall'arte fiamminga, non v'è dubbio che essa fosse più avviata in questa direzione, che in quella che potremmo semplicisticamente definire «italiana»; e non si tratta ovviamente dell'unico caso. Ambientata ugualmente in un paesaggio inondato di luce, ove persino l'ombra del grande costone roccioso è sfavillante[26], con prode dagli «orli lucenti» e alberi su cui brillano roride le foglie, in modi che sembrano vagamente risentire di esempi nordici, altdorferiani, è pure la vicenda del *San Girolamo in penitenza* della National Gallery of Art di Washington (cat. 40), una raffigurazione relativamente precoce del santo in penitenza nell'eremitaggio, e non più intellettuale nel suo studio[27]. La fonte dell'immagine, indicata da Echols in una xilografia milanese del 1495[28], coglie indubbiamente nel segno; ma si può forse allargare ulteriormente il discorso, rilevando che si tratta dell'iconografia anche del *San Girolamo* di Memling all'Öffentliche Kunstsammlung di Basilea, risalente alla metà circa degli anni ottanta. Come nelle altre circostanze, anche in questo caso nulla si sa della collocazione dell'opera prima del 1899, ma l'affinità di soluzioni formali con la xilografia del 1495, persino nell'idea del cappello cardinalizio a terra in primo piano, assente nella tavola di Cima, fa pensare che qualche forma di conoscenza del dipinto fiammingo fosse presente nell'incisore milanese, di lì passando poi al nostro artista.

D'altra parte, il rispetto e l'ammirazione di cui era circonfuso il nome di Memling molti anni dopo la sua morte, sfociante magari nella più erronea confusione, come avviene a tratti in Marcantonio Michiel[29], poteva far sì che delle sue creazioni si avesse a Venezia una conoscenza più ampia, rispetto a quella basata soltanto sulle opere presenti sul posto; potrà magari trattarsi di un caso, ma è un dato di fatto che la figura di san Cristoforo in una tavola cimesca di collezione privata[30], oltre a riflettere probabilmente il prototipo di Antonello nel trittico già in San Giuliano a Venezia, finisce per somigliare da vicino alla figura omonima del *Trittico Moreel* del maestro fiammingo al Groeningemuseum di Bruges, documentato al 1484; e c'è da chiedersi ancora se non abbia alcuna ragione il fatto che in quella che impropriamente si definisce la *Crocifissione* del Barber Institute di Birmingham alcune «tappe» della Passione di Cristo siano disposte nel paesaggio, così come aveva fatto Memling per le cosiddette *Sette gioie di Maria* di Monaco di Baviera, o, appunto, per le *Storie della Passione* della Sabauda di Torino.

Ma vi è ancora in Cima un autentico *hapax legomenon* iconografico che rende il ricorso a un prototipo fiammingo inevitabile: si tratta della *Madonna con il Bambino* del Rijksmuseum di Amsterdam (n. 1219). Trascurando le acute osservazioni di Humfrey[31] sul fatto che possa trattarsi di uno stendardo processionale, e sulla possibile fonte dell'incisione düreriana, quel che è qui avvenuto, seguendo un suggerimento che Aikema aveva applicato alla *Madonna dell'arancio*[32] (cat. 19), è l'estrapolazione da una raffigurazione della fuga in Egitto del gruppo della Madonna con il Bambino, divenuto un motivo autonomo. Per un'opera iconica sarebbe in effetti assurda l'ambientazione all'aperto, con la Vergine allattante seduta su un rialzo di pietra. Ma questo è esattamente il processo messo in atto da Gerard David e la sua bottega in una serie di dipinti, il più antico dei quali è probabilmente quello della National Gallery of Art di Washington: qui la Madonna siede su un blocco roccioso e nutre il Bambino con un grappolo d'uva, mentre san Giuseppe sembra voler bacchiare delle noci da un albero vicino. In una seconda versione del Metropolitan Museum di New York, che più si avvicina a quella cimesca, la Vergine è allattante, mentre nel fondo si vede la Sacra Famiglia in fuga; da questa derivano altre due tavole quasi identiche, forse eseguite in parte dalla bottega, al Museo del Prado a Madrid e nel Koninklijk Museum voor Schone Kunsten di Anversa[33]. La somiglianza di formulazioni fra le immagini è talmente evidente, da rendere inevitabile pensare che Cima ne abbia conosciuta almeno una, nonostante il fatto che di nessuna di queste si possa con certezza stabilire un'originaria destinazione veneziana.

Questi interessi «fiamminghi» sono avvertibili nel nostro artista sin dall'inizio della sua carriera. Della sua prima opera firmata e datata, la pala già in San Bartolomeo e oggi nel Museo Civico di Vicenza, è sempre stata ammirata l'idea dell'«indimenticabile pergolato di vite»[34]; che, in effetti, ha assai pochi precedenti nella pittura italiana. Coletti, anzi, ne segnalava l'eccezionalità quasi scherzando sul fatto che «l'uva nera è già matura sebbene siamo appena al primo di maggio» (la data segnata sul cartellino, assieme alla firma e all'annuale 1489) e sottolineando che, per questa creazione, non vi sono modelli, ma solo «suggerimenti frammentari e lontani»[35]. Tra le fonti di ispirazione, lo studioso dimenticava quella forse più vicina, sia in termini figurativi che cronologici: vale a dire il *Matrimonio mistico di santa Caterina* di Hans Memling al Metropolitan Museum di New York[36], che nell'opera del grande pittore fiammingo dovrebbe collocarsi immediatamente dopo il 1480. La lucente tavoletta, che costituisce una variante dello scomparto centrale del *Trittico dei due san Giovanni* nel Sint-Janshospitaal di Bruges, firmato e datato 1479[37], inscena l'episodio nel paesaggio, sotto un *berceau* di vite, alla presenza di santa Barbara, due angeli musicanti e un donatore non identificato; ed è proprio la pergola, forse aggiunta in un ripensamento dell'ultima ora, a costituire l'elemento caratterizzante del dipinto newyorkese. Delle vicende antiche dell'opera non si sa nulla sino alla seconda metà del Settecento, quando entrò nella collezione di Sir Joshua Reynolds a Londra; ma il fatto che ne esista una copia antica, entrata nel 1816 con il legato Molin alle Gallerie dell'Accademia di Venezia (inv. 149), sembrerebbe suggerire che la sua primitiva destinazione fosse stata lagunare. Nel qual caso, Cima poteva più facilmente osservare quella straordinaria invenzione, e impadronirsene.

Anche l'eccezionalità, nel panorama veneziano, dei due *Compianti su Cristo morto*, quello della Galleria Estense di Modena e l'altro, ahimé, assai più rovinato, del Museo Pushkin di Mosca (cat. 53), è stata sottolineata dalla considerazione, legata alla provenienza del primo, che fosse dovuta alla conoscenza dei compianti emiliani in terracotta[38]; uno dei quali, quello di Guido Mazzoni oggi, frammentario, al Museo di Padova, si trovava allora nella chiesa di Sant'Antonio di Castello. Ma la diversità dagli altri pittori conterranei non sta tanto nella monumentalità di presentazione[39], quanto nella peculiare iconografia, con la spoglia di Cristo collocata in diagonale sia rispetto al piano della figurazione, sia rispetto alla profondità; ora, basta una rapida scorsa a tutti i compianti in terracotta noti, per vedere che Cristo è sempre posto, isolato, in primo piano, parallelo al piano di posa, e che le altre figure si abbandonano a un dolore straziato, scomposto, urlante. La calma di quelle cimesche è invece tale, da essere stata interpretata come il segnale di opere poco sentite e poco riuscite[40]; per quello di Modena in particolare (la riserva per quello di Mosca è data solo dalle condizioni di conservazione), con l'idea della Madonna svenuta, certo non si può dire così. Humfrey[41], nel rintracciare il substrato teologico dell'immagine, voluto dal committente, ha giustamente indicato la connessione con un prototipo rogeriano, così come qualche pagina prima aveva sottolineato «la precisione di dettaglio quasi fiamminga [...] associata a una sensibilità per la luce che consente una esatta descrizione della superficie del broccato della veste di Giuseppe, o del corpetto prezioso di gioielli della Maddalena»[42]; e naturalmente, oltre a sottoscrivere in pieno le opinioni dello studioso, si potrebbero aggiungere esempi quasi infiniti di prototipi fiamminghi con la spoglia di Cristo atteggiata in modo similare, da Petrus Christus a Memling, da Simon Marmion a Gerard David. Ma lasciamo questa ricerca al lettore più avvertito.

Il più chiaro punto di tangenza con la pittura fiamminga, come aveva già ben indicato Humfrey[43], è costituito dall'*Annunciazione,* dipinta nel 1495 per l'Arte dei Setaioli nella cappella absidale di sinistra della chiesa dei Crociferi (poi Gesuiti) a Venezia, oggi all'Ermitage di San Pietroburgo (cat. 15). Nella carriera di Cima, essa costituisce un *unicum* assoluto, trattandosi dell'unico dipinto ambientato in un interno domestico: non paragonabile dunque in alcun modo con le dignificate architetture ecclesiastiche di molte delle sue pale d'altare, e qualcosa verso cui i suoi talenti di pittore della luce non sembrerebbero minimamente inclinati. Eppure, nonostante la penombra, non ne deriva un senso di opacità, quanto piuttosto una mobilità di riflessi data dalla finzione di una porta spalancata, sulla sinistra, che costituisce la principale fonte luminosa, antagonista a quella della finestra. Sebbene il pensiero corra immediatamente alla stessa scena dipinta da Giovanni Bellini sulle ante d'organo di Santa Maria dei Miracoli, l'ambiente non è di palazzo, come nel maestro maggiore, e, pur senza essere precisamente povero (il bel letto a baldacchino intarsiato certo non si potrebbe definire tale), conserva quella certa sobria umiltà che ben si conviene al ruolo della Vergine, ad esempio nella bassa sedia impagliata accostata al muro spoglio; lo scuro aperto lascia penetrare lo sguardo al di là della bifora, verso le chiese della cerchia urbana appena allusa, e la collina retrostante. Naturalmente, non è tanto l'ambientazione in interno, più tipica della pittura fiamminga, a richiamare quel mondo culturale, quanto piuttosto, da un lato, l'attenzione al dettaglio (la vespa sul cartellino è indicativa), e dall'altro la peculiare iconografia, a Venezia poco seguita: quella con la Vergine vista frontalmente, e l'angelo che proviene, spesso, dalla profondità del dipinto. Nonostante i cambiamenti apportati da Cima, siamo certi che un simile prototipo esisteva in laguna: si tratta dell'*Annunciazione* oggi al Getty Museum di Malibu, parte di una serie di tele dipinte da Dirck Bouts attorno al 1450, e raggruppate insieme per la prima volta da Robert Koch[44]. Esse appartenevano a un polittico, che probabilmente, come ha suggerito Peter Humfrey, si trovava sin dall'origine in una sconosciuta chiesa di Venezia, dove era ancora documentato alla fine del Settecento, in casa Foscari[45]. Del resto, la vicinanza tra il *Cristo risorto* di Bouts oggi al Norton Simon Museum a Pasadena, e quello di Giovanni Bellini al museo di Fort Worth[46], e il fatto che l'*Annunciazione* sia ripresa anche dal Savoldo nella sua pala per San Domenico di Castello, oggi al Museo Civico di Pordenone, sono piuttosto indicativi per legare quel gruppo di tele alla repubblica di San Marco. Nell'assetto generale della scena, la disposizione delle cose e dei personaggi nello spazio, sembra piuttosto chiaro che Cima abbia tratto ispirazione dalla tela boutsiana, anche se poi ha mutato dei dettagli, e arricchito l'insieme di molte altre notazioni d'ambiente; si veda, ad esempio, come l'atteggiamento della Vergine, e il suo gesto di benevola accoglienza dell'annuncio dell'angelo, finiscano per essere molto simili ad altre caratterizzazioni fiamminghe, come il frammento memlinghiano della John G. Johnson Collection a Philadelphia (inventario 324) o all'*Annunciata* in «*grisaille* viva» nel retro degli sportelli del *Trittico di Jan Crabbe,* sempre di Memling, nel Groeningemuseum di Bruges.

Queste sparse osservazioni certo non intendono esaurire tutta la problematica relativa alle possibili conoscenze fiamminghe di Cima: è un compito, del resto, che potrà avere qualche successo solo nel momento in cui si usufruisca di un quadro completo, ancora di là da venire, delle opere nordiche esistenti a Venezia. Esse tuttavia vogliono almeno indicare un piccolo sentiero minoritario per inoltrarsi nella sua arte, che non ne elimina, o ne sostituisce degli altri, non vuole essere il *passepartout* per aprire ogni porta, e può essere allargato da altre indicazioni; offrendo solo una nuova sfaccettatura alla conoscenza del meraviglioso artista, che «par che con la Natura e'l se afradela»[47].

[1] P.G. Molmenti, *La storia di Venezia nella vita privata,* II. *Lo splendore*, Bergamo 1927-1929[7], *passim* nelle pp. 475-489. Cfr. inoltre I. Palumbo Fossati, *La casa veneziana, da Bellini a Veronese. Temi di arte veneta,* a cura di G. Toscano, F. Valcanover, Venezia 2004, pp. 443-484.

[2] M.A. Michiel, *Notizia d'opere di disegno pubblicata e illustrata da D. Jacopo Morelli,* ed. a cura di G. Frizzoni, Bologna 1884, *passim*; chiara affermazione in tal senso è quella di Palumbo Fossati, *La casa veneziana*, cit., pp. 479-480, 482.

[3] Sulla diffusione delle *Madonne con il Bambino* nelle case veneziane, cfr. *ibid.*, pp. 478-482, ed Ead., *L'interno della casa dell'artigiano e dell'artista nella Venezia del Cinquecento,* in «Studi Veneziani», 1984, pp. 109-154, in part. p. 131; a riprova, per restare al campione degli inventari sopra citati, pubblicati dal Molmenti (*La storia di Venezia*, cit.), cfr. p. 477: «Item uno quadro de nostra dona»; p. 479: «uno quadro de nostra Donna»; p. 480: «tre figure picole antige de nostra dona» e «Uno quadro grando de nostra dona dorado»; p. 484: «Un quadro in una anchona de nostra Donna indorado a l'antiga».

[4] L. Coletti, *Pittura veneta del Quattrocento,* Novara 1953, p. LXXV; Id., *Cima da Conegliano,* Venezia 1959, in part. pp. 16-18.

[5] P. Humfrey, *Cima da Conegliano,* Cambridge (Mass.) 1983, pp. 29-34. Cfr., inoltre, Id., *Cima da Conegliano and Alberto Pio,* in «Paragone», XXIX, 341, luglio 1978, p. 88. Quasi incredibilmente, nemmeno al convegno cimesco tenutosi a Conegliano nel 1993, i cui atti sono pubblicati nei numeri 7 e 8 di «Venezia Cinquecento. Studi di storia dell'arte e della cultura» (1994), alcuna comunicazione ha esaminato per esteso questo aspetto, a parte qualche fugace accenno da parte di Bernard Aikema e di chi scrive. Fa eccezione,

naturalmente, l'esame di S. Ringbom, *Icon to Narrative*, Doornspijk 1984, pp. 184-187, dedicato ai rapporti fra Cima e Dürer per il *Cristo fra i dottori* del primo al Museo Nazionale di Varsavia.

[6] Per entrambe le citazioni, cfr. Coletti, *Cima da Conegliano*, cit., p. 17.

[7] *Ibid.*, p. 18.

[8] Humfrey, *Cima da Conegliano,* cit., in part. pp. 5,6, 16-18, 26, 39-41, 43.

[9] N. Pozza, *Tornare a casa, 1511,* in *Le storie veneziane,* Milano 1977, 1978^2, pp. 131- 147.

[10] Coletti, *Pittura veneta*, cit., p. LXXIV.

[11] Cfr. su questo aspetto L. Menegazzi, *Cima da Conegliano,* Treviso 1981, pp. 34-36.

[12] L. Lanzi, *Storia pittorica della Italia, dal Risorgimento delle Belle Arti fin presso al fine del XVIII secolo,* Bassano del Grappa 1795-1796 (cito per mia comodità dall'ediz. Firenze 1834, III, p. 43).

[13] J.A. Crowe - G.B. Cavalcaselle, *A History of Painting in North Italy,* London 1871, I, pp. 234-235. «In spite of abrasion, a beautiful brownish glow still overspreads the panel [...]. Without the simplicity or taste for colour of Bellini as a lanscapist, Cima surpasses his contemporary in this instance in variety of outline and contrast of water and hills. He is very masterly in producing strong effect by light and shade. He gives to his forms such metallic precision and hardness of polish, that he recalls Antonello da Messina, and he has his own peculiarity in a formal method of twisting hair into curly locks [...] he has a clear ringing enamel of surface which has its attraction».

[14] R. Longhi, *Viatico per cinque secoli di pittura veneziana,* Firenze 1946, p. 14.

[15] E. Gombrich, *Luce, forma e resa delle superfici nella pittura del Quattrocento a nord e a sud delle Alpi,* in *L'eredità di Apelle. Studi sull'arte del Rinascimento*, Torino 1986, pp. 27-48; *ibid.*, in part. p. 15. Come ha ben chiarito lo studioso, l'alternativa «fiammingo-italiano» si basa sui modi della visualizzazione, non sulle tecniche: cosicché utilizzare il fatto che Cima dipingeva a tempera anziché a olio, com'era uso consueto del Nord Europa, per negargli ogni patente di «fiamminghismo» sarebbe una totale assurdità. Effetti di lucentezza, di riflessi e di brillio si potevano ottenere anche con la tempera, pur senza negare che questi erano facilitati dall'uso dell'olio. Parimenti, come notava già Coletti (*Cima da Conegliano*, cit., p. 26), non è proponibile l'ipotesi di G. Gronau, nella sua recensione al volume di Botteon e Aliprandi, in «Repertorium für Kunstwissenschaft», 1894, p. 464, per cui l'uso della tempera a Vicenza significa che Cima non si era ancora trasferito nella capitale, perché colà già si dipingeva a olio, ed è impossibile che un giovane intelligente non si lasciasse tentare e irretire dalla nuova tecnica; in effetti, quell'idea sembra basata solo su un verosimile scambio di persona di V. Botteon e A. Aliprandi (*Ricerche intorno alla vita e alle opere di Giambattista Cima*, Conegliano 1893, pp. 32-33) che è già stato sconfessato dal documento, ritrovato da A. Sartori, *Giovanni Battista Cima e i suoi Sant'Antonio di Padova,* in «Il Santo», 1962, II, pp. 277-278, attestante la residenza di Cima a Venezia già dal 1486.

[16] Coletti, *Cima da Conegliano*, cit., p. 53. Correggendo Borenius, egli ricordava che «uno stupendo "tremolar della marina", sotto i raggi del sole in un dilagante Giordano, v'è assai prima [del *San Marco in trono, santi, la Giustizia e la Temperanza* della Ca' d'Oro a Venezia]: nel *Battesimo* della Bragora».

[17] Michiel, *Notizia d'opere di disegno*, cit., p. 32. Per le opere appartenute a Michele Vianello, cfr. A. Luzio, *La Galleria dei Gonzaga venduta all'Inghilterra nel 1627-28*, Milano 1913, pp. 105-106; C.M. Brown, *An Art auction in Venice in 1506*, in «L'Arte», XVIII-XX, 1973, pp. 121-128.

[18] P. Humfrey, *Cima da Conegliano, Sebastiano Mariani, and Alvise Vivarini at the East End of S. Giovanni in Bragora in Venice*, in «The Art Bulletin», 1980, pp. 350-363, in part. p. 355, enumera i rarissimi precedenti veneziani dell'iconografia del *Battesimo*.

[19] F. Winkler, *Der Meister von Flémalle und Rogier van der Weyden*, Strasbourg 1913, p. 183.

[20] F.C. Lane, *I mercanti di Venezia,* Torino 1982, *passim*.

[21] W. Friedländer, *Die Altniederländische Malerei. 2. Rogier van der Weyden und der Meister von Flémalle,* Berlin 1924, p. 87; cfr. inoltre M. Danieli, in *Garofalo. Pittore della Ferrara estense*, Milano 2008, pp. 162-163, con bibliografia precedente.

[22] Michiel, *Notizia d'opere di disegno*, cit., p. 219.

[23] M. Friedländer, *Early Netherlandish Painting. Joos van Cleve, Jan Provost, J. Patinier*, a cura di H. Pauwels, IX, I, Leyden-Brussels, 1972, pp. 18-19, 90-91.

[24] M. Davies, *Rogier van der Weyden,* Milano s.d. [ma 1972], p. 202.

[25] Longhi, *Viatico*, cit., p. 14: «il braccio ombrato del Battista sul paesaggio scintillante del "Battesimo" di San Giovanni in Bragora, dipinto prima di quello del Bellini a Vicenza e che, messogli accanto, avrebbe retto alla prova».

[26] Questa qualità scintillante della luce è sottolineata anche da R. Echols, *Italian Paintings of the Fifteenth Century, National Gallery of Art, Washington,* Washington 2003, p. 210.

[27] Sul tema di san Girolamo, cfr. l'importante saggio di R. Echols, *Cima and the Theme of Saint Jerome in the Wilderness,* in *Cima da Conegliano*, Atti del convegno internazionale di studi su Giovan Battista Cima (Conegliano, Palazzo Sarcinelli, 1-2 ottobre 1993), a cura di P. Humfrey, A. Gentili, «Venezia Cinquecento. Studi di storia dell'arte e della cultura», IV, 8, 1994, pp. 47-69.

[28] Echols, *Italian Paintings*, cit., pp. 210-212.

[29] Il nome di Memling appare nella *Notizia* otto volte, solo tre quello di Jan van Eyck: due volte soltanto possiamo esser certi dell'attribuzione (molte opere citate sono perdute o non identificate). Tra i casi più eclatanti di confusione è quello riguardante il *San Girolamo nello studio* della National Gallery di Londra, che non è ovviamente di Memling, ma di Antonello da Messina.

[30] Humfrey, *Cima da Conegliano,* cit., p. 101, fig. 124.

[31] *Ibid.*, p. 77.

[32] B. Aikema, *Avampiano e sfondo nell'opera di Cima da Conegliano. La pala d'altare e lo spettatore tra la fine de Quattrocento e l'inizio del Cinquecento,* in *Cima da conegliano*, cit., pp. 93-112, in part. p. 105.

[33] M.W. Ainsworth, *Gerard David. Purity of Vision in An Age of Transition,* New York 1998, pp. 245-252. A queste si devono aggiungere almeno altre due versioni o copie nella collezione Stoop di Londra, e già presso Böhler a Monaco di Baviera.

[34] Longhi, *Viatico*, cit., p. 14.

[35] Coletti, *Cima da Conegliano*, cit., p. 34. Molto sensata appare invece la sua ipotesi che a monte di quell'alto muro, oltre cui svettano gli alberi, vi fosse un modello toscano; anche se non si saprebbe indicare quale (nessuna pala d'altare toscana moderna era presente a Venezia), né Cima sembra mai essersi recato in riva all'Arno. Ma questo non può che rafforzare l'idea sopra esposta della circolazione di schizzi, o di copie, dei dipinti che si consideravano più eminenti, nei territori della Serenissima.

[36] D. De Vos, *Memling,* Milano 1994, pp. 166-167.

[37] *Ibid.*, pp. 151-157.

[38] A. Venturi, *Storia dell'arte italiana,* VII, parte IV, Milano 1915, p. 508. Questo giudizio trova ancora un aperto seguace in Menegazzi, in *Cima*, cit., pp. 22, 96.

[39] Come vorrebbe Menegazzi, *ibid.*, p. 22.

[40] *Ibid.*, p. 22.

[41] Humfrey, *Cima da Conegliano and Alberto Pio*, cit., p. 96.

[42] *Ibid.*, p. 88: «the almost Flemish precision of detail [...] matched by a sensitivity to light that enables an exact textural description of the brocade of Joseph's garment, or of the jewelled bodice of the Magdalen».

[43] Id., *Cima da Comegliano*, cit., pp. 32, 107.

[44] R. Koch, *The Getty «Annunciation» by Dieric Bouts*, in «The Burlington Magazine», 1988, pp. 509-516, in part. pp. 513-514. La quinta tela, allora non identificata, è stata nel frattempo scoperta da Lorne Campbell, che me ne ha dato cortese comunicazione, in collezione privata.

[45] P. Humfrey, *The Altarpiece in Renaissance Venice,* New Haven-London 1993, pp. 159-160.

[46] M. Lucco, *Un'eco fiamminga in Giovanni Bellini,* in *Scritti per l'Istituto Germanico di Storia dell'Arte di Firenze*, Firenze 1997, pp. 199-204.

[47] M. Boschini, *Carta del Navegar Pitoresco,* Venezia 1660, p. 227.

Particolare della foto
a raggi infrarossi
della *Santa Caterina d'Alessandria*,
Londra, The Wallace
Collection (cat. 29)

La tecnica pittorica di Cima

JILL DUNKERTON

Nonostante la carriera di pittore non sia stata lunga quanto quella di Giovanni Bellini, la tecnica di Cima è notevolmente in contrasto con quella del suo grande rivale per la straordinaria costanza che caratterizza le opere conosciute. Si tratta per la maggior parte di dipinti su tavola ed egli fu uno degli artisti italiani della prima generazione che dipinse principalmente, se non completamente, a olio durante tutto l'arco della vita lavorativa. Per descriverne al meglio l'approccio meticoloso e ordinato al mestiere di pittore è necessario impostare un discorso altrettanto strutturato.

I dipinti su tavola di Cima hanno dimensioni molto variabili: dalle opere religiose in scala ridotta (come la *Madonna con il Bambino e santi* a mezzo busto a New York), ai dipinti profani di piccole dimensioni (molti, quasi certamente, d'arredo), alle grandi pale, molte delle quali destinate agli altari principali delle rispettive chiese. Una pala d'altare, la *Madonna con il Bambino tra i santi Giacomo e Girolamo*, firmata e datata 1489, realizzata per la chiesa di San Bartolomeo a Vicenza (Vicenza, Pinacoteca Civica di Palazzo Chiericati, cat. 4), è dipinta su una tela di lino tessuta finemente. Per quanto riguarda gli altri pochi dipinti su tela della bottega di Cima, la scelta di un supporto in tessuto sembra essere normalmente collegata alla funzione dell'opera: per esempio la grande tela dell'*Incoronazione della Vergine* (Venezia, chiesa di San Giovanni e Paolo, cat. 46), le tele di epoca più tarda alla Ca' d'Oro, o le ante d'organo raffiguranti l'*Annunciazione* a Conegliano (Museo Civico, cat. 58). Anche in rare occasioni come, ad esempio, *La guarigione di Aniano* (Berlino, Staatliche Museen, cat. 25) e *La presentazione al tempio* (Dresda, Gemäldegalerie), in cui Cima realizzava dipinti narrativi che seguivano la tipologia associata alle scuole veneziane, per le quali ci si potrebbe aspettare l'uso di supporti in tela, tendenzialmente decideva di dipingere su tavola. L'uso della tela per la pala d'altare di Vicenza può quindi essere dovuto a una richiesta del committente e forse legato alla tradizione locale, come dimostrano le pale d'altare su tela di Bartolomeo Montagna, e anche quelle di Mantova e Verona. Sicuramente Cima non scelse la tela per comodità di trasporto, dal momento che successivamente nella sua bottega a Venezia produsse pale d'altare di dimensioni simili o maggiori che furono poi inviate via mare ai luoghi di destinazione sulla terraferma italiana.

Non spettava a lui la costruzione delle tavole per queste pale d'altare. Sfortunatamente, la penuria di documentazione dettagliata sulla committenza dei dipinti a Venezia sta a indicare che si sa ben poco sui falegnami veneziani e che molte delle tavole di Cima sono state così modificate dagli interventi dei restauratori che è rimasto assai poco per stabilire se lui e i suoi contemporanei, Giovanni Bellini e Alvise Vivarini ad esempio, lavorassero con gli stessi falegnami e seguissero modelli costruttivi simili. Come altre grandi tavole prodotte a Venezia e nel Veneto, le pale d'altare venivano normalmente assemblate con assi di legno poste orizzontalmente, solitamente in pioppo, ma a volte anche in tiglio o salice. Tra le eccezioni, le tavole per la *Pala Montini* (Parma, Galleria Nazionale), di medie dimensioni, e la *Pietà*, ora a Modena (Galleria Estense). I motivi di questa disposizione delle assi, in contrapposizione all'allineamento verticale delle grandi tavole di Toscana, Umbria e Roma, possono essere in parte dovuti alle necessità concorrenziali a Venezia di assi di legno di buona lunghezza e di alta qualità. La disposizione orizzontale consentiva l'uso di tavole più corte, ma con il tempo gli effetti della gravità e del peso delle tavole impilate creava un'eccessiva pressione sulle giunture, portandole a cedere e ad aprirsi. Molte opere di Cima sono state soggette a questi problemi, alcune tanto da dover essere poi trasferite su nuovi supporti[1].

Le tavole per le pale d'altare più grandi venivano solitamente rinforzate con il tradizionale sistema veneziano di listelli in legno attorno ai bordi esterni e un montante centrale, il tutto fissato da ganci in legno. Poche pale di questo tipo hanno mantenuto la loro struttura originale[2], anche se a volte l'impostazione è ripresa dalle strutture di sostegno sostitutive applicate nel corso di restauri più recenti[3]. I pannelli più piccoli, parte di diversi polittici prodotti nella bottega di Cima, potevano essere realizzati con tavole posizionate verticalmente. L'unico pannello del *Polittico di Olera* (chiesa parrocchiale, cat. 1) che non è stato modificato da interventi recenti risulta essere rinforzato da semplici listelli orizzontali fissati ai bordi superiori e inferiori[4]. Anche quando l'area pittorica doveva terminare ad arco le tavole erano rettangolari, con le strutture di raccordo non dipinte coperte da elementi di cornice. È chiaro che Cima lavorò a stretto contatto con i disegnatori delle cornici delle sue pale e dei polittici. Esistono ancora esempi superbi di cornici originali di entrambi i tipi, che confermano come egli si preoccupasse di riflettere la loro struttura nelle sue composizioni, e in particolar modo nell'architettura dipinta. Anche quando tutti gli elementi di una cornice sono andati perduti, alcune tracce, come le incisioni sulla base in gesso, possono dare informazioni sul rapporto originario tra il dipinto e la cornice[5].

Nel caso dei dipinti più piccoli, come le Madonne o le immagini di san Girolamo in un paesaggio, i pannelli sono di semplice fattura, spesso ricavati da una singola tavola di legno, o al massimo con una sola giuntura. In un centro come Venezia, con così tanti pittori, è probabile che i falegnami fornissero tavole prefabbricate alle varie botteghe, quasi certamente in grandi quantità. Probabilmente ciò avveniva anche per l'applicazione delle basi di gesso sulle tavole, operazione eseguita non dal pittore ma da un esperto doratore, che lavorava anche su cornici, sculture, mobilia e altri oggetti[6]. Quando sono stati esaminati gli strati di gesso sulle tavole di Cima si è scoperto che normalmente sono composti da solfato di calcio idrato. Come sempre la base è strutturata da diversi strati, ma solitamente in sezione appare bianca e omogenea. Non c'è alcuna prova effettiva a mostrare che ciò può essere dovuto ai problemi di stato conservativo, in particolare la formazione di bolle e il conseguente sfaldamento, che hanno colpito molti dipinti di Cima. Si è pensato possa essere stata applicata troppa colla animale sulla superficie del legno di alcune tavole prima di essere ingessate, causando così una scarsa adesione. Le perdite più ingenti nella *Santa Caterina d'Alessandria* nella Wallace Collection (cat. 29), ad esempio, hanno interessato solamente una delle tre tavole che formano l'opera[7]. Quest'asse dev'essere stato tagliato da una parte dell'albero che lo ha reso particolarmente sensibile alle conseguenze causate dal trasferimento del dipinto dal clima umido della sua chiesa d'origine a un ambiente più secco, quando iniziò il suo viaggio da una collezione all'altra alla fine del XVIII secolo. Le poche tavole rimaste *in situ*, ad esempio il *Polittico di Olera*, il *Battesimo di Cristo* a San Giovanni in Bragora (cat. 10) e la pala della Madonna dell'Orto (cat. 11), presentano generalmente un migliore stato conservativo.

In molti campioni di pittura delle opere di Cima tra la base e gli strati di pittura c'è traccia dell'applicazione di un rivestimento di colla o di olio essiccativo non pigmentato per sigillare il gesso, per evitare quest'ultimo assorbisse l'olio dagli strati di pittura sovrapposti. Lo scolorimento nel tempo della colla e dell'olio fa sì che nelle zone dell'opera con poche velature o danneggiate la base possa apparire di una tinta calda, dorata o rosata. La sua tecnica pittorica esigeva le proprietà riflettenti di uno sfondo bianco e questo effetto era aumentato dall'applicazione locale di imprimiture di bianco di piombo a olio sotto determinati colori. Le impronte digitali osservate su molti dipinti di Cima possono talvolta derivare dall'applicazione di queste imprimiture. La stesura a macchie delle imprimiture con le dita e i palmi fu descritta successivamente da Vasari, ma la si può notare su molte tavole veneziane di fine XV - inizio XVI secolo, soprattutto in quelle della bottega di Giovanni Bellini[8]. Questo tuttavia non preclude la possibilità che i pittori usassero le dita per stendere la pittura a fine processo, come infatti Cima faceva, soprattutto quando applicava le velature finali.

La sopravvivenza di una quantità esigua di disegni su carta attribuibili a Cima ci porta a sapere ben poco dei suoi procedimenti grafici. Tuttavia, basandosi sui dipinti, si può supporre fossero studiati in anticipo in ogni singolo dettaglio. Gli elementi architettonici di dimensioni più grandi venivano sempre incisi sulla base in gesso usando un righello come guida e un compasso o dei divisori se necessario. Gli scenari d'interni mostrano una completa padronanza delle regole della prospettiva frontale, con le divisioni dei piani piastrellati o dei soffitti a cassettoni accuratamente segnati[9]. In un secondo momento, seguendo l'applicazione degli strati pittorici, incideva leggermente con il compasso gli archi delle aureole della Madonna e dei santi, fornendo una guida per dipingere i sottili cerchi di doratura, la forma tipica usata da Cima per l'aureola. Le righe tracciate da Cima per le iscrizioni, caratterizzate da lettere chiare e ben spaziate, erano anch'esse incise nella pittura e nella base.

Non ci sono dubbi sul fatto che Cima eseguisse estesi disegni preparatori prima di dipingere, ma non sempre le sue opere possono essere esaminate attraverso una riflettografia a infrarossi, poiché sembra che utilizzasse spesso un inchiostro ferrogallico per disegnare[10]. Dal momento che questi inchiostri non contengono carbone, o al massimo solo una piccola quantità, le linee tracciate con questa sostanza non emergono con la maggior parte dei sistemi riflettografici a infrarossi, anche quando sono chiaramente visibili a occhio nudo o appaiono nei campioni di pittura, come spesso accade. Anzi, ogni disegno preparatorio eseguito con un inchiostro ferrogallico si scopre più facilmente con una fotografia a infrarossi, ma con lo svantaggio che solo pochi colori possono essere penetrati dai raggi per rivelare il disegno preparatorio.

A ogni modo, se si considera l'insieme delle tracce dei disegni preparatori parzialmente visibili di diversi dipinti ci si può fare un'idea generale di come Cima ne facesse uso. La ripetizione delle pose, dei tipi di figure e di altri temi in numerosi dipinti della bottega di Cima indica che egli possedeva una gran quantità di disegni, che usava come modelli da adattare e riutilizzare in nuove composizioni. Spesso le stesse figure, o molto simili, appaiono in diverse dimensioni. A oggi non sono stati pubblicati esempi di disegni preparatori che indichino che egli trasferisse i cartoni con la tecnica dello spolvero a volte utilizzata nella bottega di Bellini, ma si è ipotizzato che il disegno preparatorio schematico e lineare delle tavole del *Polittico di Olera* sia stato trasferito da cartoni a grandezza naturale con il ricalco e un foglio di carta carbone[11].

La difficoltà sta nel fatto che quasi tutti i disegni preparatori di Cima, sia che siano visibili a occhio nudo o rilevati con indagini a infrarossi, hanno una struttura schematica, anche nei dettagli di piccole dimensioni difficilmente trasferiti da cartone. Le linee, apparentemente tracciate con un pennello, sia che si tratti di inchiostro ferrogallico o carbonioso, sono spesso straordinariamente uniformi in grandezza e spessore, con una scrittura simile a quella delle linee tracciate con un moderno pennarello. Non mostrano il tratto esitante e discontinuo delle linee tracciate nel tentativo di trovare e fissare dei segni attraverso processi di trasferimento quali lo spolvero e il ricalco. È difficile spiegare la fluidità e la precisione grafica del disegno del piedistallo della *Santa Caterina* del polittico di Mestre (cat. 29). E Cima disegnava così anche le piccole figure, come quelle di *Davide e Gionata* nella National Gallery di Londra, dove il disegno preparatorio è ricco di dettagli, con poche zone d'ombra tratteggiate velocemente, senza mostrare alcun segno di ricalco. Allo stesso modo, linee regolari e ordinate riappaiono nell'accurato disegno della cittadina sulla sommità della collina, con le mura e le torri sullo sfondo della *Santa Caterina*, anche se qui sembra che Cima abbia usato una penna invece del pennello per tracciare le linee architettoniche. Nella versione conservata a Harewood House del *San Girolamo nel deserto* (cat. 12), ancor più straordinaria è la particolarità del disegno nell'affascinante paesaggio in lontananza, del quale, nonostante la distanza, Cima ha disegnato ogni dettaglio. Talvolta sembra che ci sia una linea a rafforzare o correggere un'altra più incerta, quasi a indicare un ricalco, eppure c'è anche un senso di spontaneità, seppure molto controllata, che suggerisce come Cima fosse abile nel costruire e reinventare i paesaggi dalla sua immaginazione e dai ricordi, forse aiutato da una serie di disegni realizzati durante le visite a Conegliano, sua città natale.

L'impressione che si ha da questo campione decisamente piccolo di una costanza assoluta nella realizzazione dei disegni preparatori rende ancor più straordinario l'unico esempio anomalo riscontrato a oggi. Si tratta del disegno fine e minuziosamente

Particolare della foto a raggi infrarossi del *Davide e Gionata*, Londra, The National Gallery

Particolare della riflettografia a raggi infrarossi del *San Girolamo nel deserto*, Harewood, The Earl and Countess of Harewood and the Trustees of the Harewood House Trust (cat. 12)

Particolare della foto a raggi infrarossi della *Santa Caterina d'Alessandria*, Londra, The Wallace Collection (cat. 29)

Particolare della riflettografia a raggi infrarossi della *Testa di Cristo coronato di spine*, Londra, The National Gallery (cat. 60)

Particolare della radiografia a raggi x della *Madonna con il Bambino*, Londra, The National Gallery (cat. 36)

Particolare dell'*Incredulità di san Tommaso*, Londra, The National Gallery (cat. 38)

tratteggiato del *Cristo coronato di spine* nella National Gallery di Londra, un'opera che forse può essere ritenuta più precoce della datazione generalmente accettata (cat. 60). A quel tempo Giovanni Bellini aveva smesso di realizzare disegni preparatori così accuratamente ombreggiati e persino i suoi disegni più dettagliati non sono così complicati come quello scoperto su questa tavoletta. La spiegazione sta forse nella visita di Albrecht Dürer a Venezia nel 1505-06. L'equivalente più simile al disegno preparatorio di Cima sono i tratteggi minuziosamente raffinati rivelati dalla riflettografia a infrarossi dell'*Autoritratto* di Dürer del 1500[12], o il disegno visibile a occhio nudo sull'incompleto *Salvator Mundi* (New York, Metropolitan Museum), un'opera di datazione incerta ma forse uno dei progetti veneziani di Dürer[13]. La possibilità che Cima potesse studiare da vicino la tecnica del pittore tedesco è anche supportata dell'eleganza pittorica dei capelli e dalla qualità straordinariamente sottile e traslucida dell'incarnato del *Cristo coronato di spine*[14].

Solitamente la resa dell'incarnato nelle opere di Cima è più opaca, caratterizzata da una quantità notevole di bianco di piombo nelle miscele di pittura, chiaramente visibile nelle radiografie a raggi x). Il tocco di pennello mostra come egli modellasse le teste da una prima applicazione di pittura, seguendo attentamente il disegno preparatorio. Su questo primo solido substrato pittorico aggiungeva i dettagli e modellava ulteriormente le figure con velature traslucide. A volte questi tocchi finali sono stati inevitabilmente danneggiati da metodi di pulizia aggressivi utilizzati in passato. Oltre a mostrare una particolare tecnica di resa dell'incarnato, le radiografie a raggi x dei dipinti di Cima confermano anche la misura in cui egli seguiva un disegno predefinito. Solitamente dipingeva con accuratezza fino ai contorni delle forme, rispettando precise aree stabilite nel disegno preparatorio, con rari pentimenti, al massimo una lieve correzione del contorno.

La questione della formazione di Cima come pittore non è ancora chiara, ma sembra che dagli inizi della sua carriera egli dipinse a olio e che gli fosse effettivamente stato insegnato a lavorare nello specifico con questa tecnica. L'analisi dei campioni presi dai suoi dipinti ha rilevato quasi esclusivamente l'uso di olii essiccanti[15], generalmente identificati come olio di semi di lino[16]. Anche all'inizio della sua carriera, quando stava lavorando al *Polittico di Olera* con i suoi sfondi dorati e le aureole mirabilmente decorate, decise di dipingere a olio piuttosto che a tempera, come invece facevano i pittori di polittici di epoca precedente. L'unica concessione alla tradizione era l'uso di una tavolozza dai toni più chiari e sublimi rispetto alle pale d'altare dipinte pochi anni dopo. Anche se non realizzò più opere dallo sfondo dorato, continuò a usare la foglia d'oro allo scopo preciso di raffigurare le tessere dorate dei mosaici nelle absidi e nei pennacchi delle architetture di alcune pale d'altare, come si vede chiaramente nella Pala Montini (Parma, Galleria Nazionale)[17].

A volte Cima usava l'oro in conchiglia, e forse anche la doratura a mordente, per decorare i contorni e gli orli delle vesti; ma più spesso i ricami e i drappi d'oro venivano rappresentati con la pittura, lo scintillio dei fili d'oro resi con colpi di luce di pigmento giallo opaco, il giallo di piombo-stagno. I ricami, i damaschi e i velluti delle cappe indossate dai santi vescovi offrivano a Cima l'opportunità di dimostrare la sua tecnica precisa e le abilità altamente descrittive, sottolineando anche l'importanza per la sua arte della pittura dei Paesi Bassi.

Di tutti i pittori veneziani egli fu colui che si avvicinò di più ai contemporanei del nord per il modo sistematico con cui creava gli effetti cromatici. Le sezioni preparate dai campioni di pittura dei suoi dipinti comprendono quasi sempre due o più strati pittorici. Nel caso più semplice, si tratta del substrato pittorico del costoso lapislazzuli, che ha uno scarso potere coprente, insieme al più economico pigmento blu, l'azzurrite, una pratica probabilmente nata nella pittura fiamminga. Partendo dal *Polittico di Olera* fino ad arrivare alle sue ultime pale e Madonne Cima usò tale tecnica per realizzare i mantelli blu scuro della Vergine. Anche per i cieli creò dei substrati pittorici con azzurrite e bianco di piombo, che serviva come base per nuvole appena smorzate e velature azzurro oltremare elegantemente sfumate. Quando queste velature si sono conservate in buono stato, come per esempio nel *Battesimo di Cristo* di San Giovanni in Bragora (cat. 10), si può notare come egli ottenesse cieli di una luminosità raggiante.

La tecnica utilizzata da Cima per i drappeggi rossi è un chiaro esempio di come egli sapesse usare velature rosse traslucide di diverso spessore per dare risalto alle pieghe. I substrati pittorici erano realizzati con delle miscele rosse opache, che potevano variare da un rosso brillante contenente vermiglio, a un tono più freddo, più violaceo, come nell'esempio illustrato in cui il substrato pittorico è a base di ematite. Il calco di questi substrati opachi era solo leggermente modulato; invece il volume era ottenuto applicando la velatura in uno strato molto sottile nei punti più illuminati, raggiungendo una particolare intensità di colore nelle ombre più scure. Cima aveva la fortuna di lavorare a Venezia, che non solo era il centro del commercio europeo di pigmenti, con mercanti specializzati nella vendita di materiali specifici per pittori[18], ma anche una città importante per la tinteggiatura dei tessuti. I pigmenti di lacca rossa usati dai pittori derivavano dai ritagli di tessuti tinti con coloranti rossi – in Italia ottenuti principalmente da omotteri come le cocciniglie (*Kermes vermilio* Planchon), più che dalla robbia (*Rubia tinctorum* L.) usata più comunemente nell'Europa del nord – e in questo modo Cima era in grado di ottenere lacche rosse di altissima qualità.

I drappeggi verdi venivano realizzati con un procedimento simile di velature traslucide di pigmenti come il verderame, modellato su substrati pittorici opachi contenenti miscele di pigmenti verdi e gialli, solitamente verderame e giallo di piombo-stagno, con del bianco di piombo. Le velature con pigmenti di base color verderame possono scolorire e diventare marroni, ma quelle dei dipinti di Cima hanno generalmente mantenuto gran parte della loro brillantezza cromatica originale, anche se sensibili ai solventi forti e per questo in alcuni casi risultano danneggiate. La mancanza di spessore della casula verde di san Nicola nell'altrimenti ben conservata pala di *San Pietro martire tra i santi Nicola e Benedetto* (Milano, Pinacoteca di Brera, cat. 45) è quasi sicuramente il risultato di un danneggiamento delle velature. Cima sembra aver ottenuto la massima ricchezza e varietà cromatica nelle pale d'altare dipinte nel primo decennio del XVI secolo. L'ambiziosa e costosa pala d'altare di Portogruaro (*Incredulità di san Tommaso*, Londra, The National Gallery, cat. 38), con il suo inconsueto numero di figure, richiedeva una tavolozza ampia e varia[19]. Cima non usava solamente un'eccezionale gamma di pigmenti, ma sovrapponeva anche velature di colori diversi per ottenere effetti particolari. L'apostolo alla destra di Cristo si trova dietro al gruppo: Cima applicò una velatura finale di lacca rossa sulle velature verdi così da incupire il verde della veste e farlo opportunamente retrocedere. Le velature verdi si susseguono sui consueti substrati verde opaco. Altrove nella pala alcuni drappeggi di un verde più acceso rivelano una struttura a strati di una complessità inesplicabile, con numerose velature inframmezzate da miscele opache di pigmenti[20].

L'uso che Cima faceva dei solfuri d'arsenico, come l'orpimento e il realgar, sul mantello color arancio di san Pietro nella pala di Portogruaro è un primo esempio di una combinazione che sarebbe diventata caratteristica della pittura veneziana del XVI secolo, soprattutto nei dipinti di Tiziano. Cima aveva già usato questi pigmenti insieme in un'area molto più piccola, per la fodera del mantello della Vergine nella *Madonna dell'Arancio*[21] (cat. 19), ma il fatto che delle aree color arancio in un'opera precedente come il *Polittico di Olera* siano basate invece su miscele di minio (rosso di piombo) e lacca rossa[22] indica che un simile uso dei minerali d'arsenico possa essere stata un'introduzione recente[23]. Un'altra novità nell'*Incredulità di san Tommaso* è l'uso di velature traslucide color arancio-marrone identificate come catrami di legno dolce. Cima li usava per creare velature sulle pieghe più profonde dei drappeggi color arancio e giallo più o meno allo stesso modo in cui utilizzava le lacche rosse traslucide e le velature verderame. Data l'importanza per la sua tecnica dell'uso di pigmenti di velatura non sorprende il fatto che sembra che egli sia stato tra i primi a utilizzare questi catrami di legno. Sebbene a rischio di essere confusi con vernici a olio vecchie e scolorite, sono invece intensi come gli altri pigmenti di velatura e sono stati ritrovati in altri dipinti cinquecenteschi veneziani e ferraresi, tra cui alcune opere di Tiziano. Ci sono infatti vari aspetti della tecnica del giovane Tiziano che suggeriscono che egli conoscesse in parte la pratica pittorica e i materiali di Cima[24].

Per i suoi committenti più importanti Cima realizzò opere che univano lo splendore materiale a un'abilità tecnica eccellente. Negli ultimi anni della sua carriera, o per quelle opere destinate a luoghi meno importanti, ci fu chiaramente una maggiore partecipazione di bottega nelle commissioni e una semplificazione della tecnica, ma il suo approccio alla realizzazione di un dipinto cambiò ben poco. I notevoli miglioramenti tecnici di Giovanni Bellini, Tiziano e Tintoretto ci hanno forse portato a sottovalutare l'importanza di un pittore come Cima. A tal proposito forse è più appropriato paragonarlo ai maestri fiamminghi con cui aveva molto in comune.

Traduzione di Laura Conte

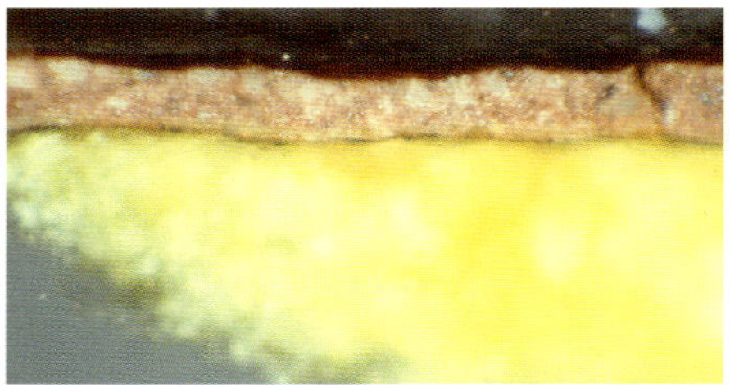

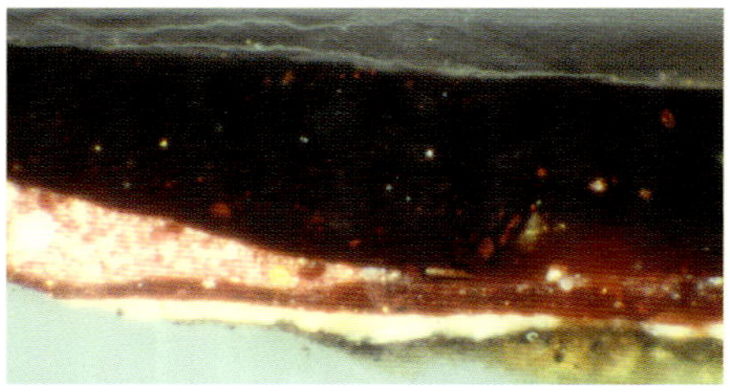

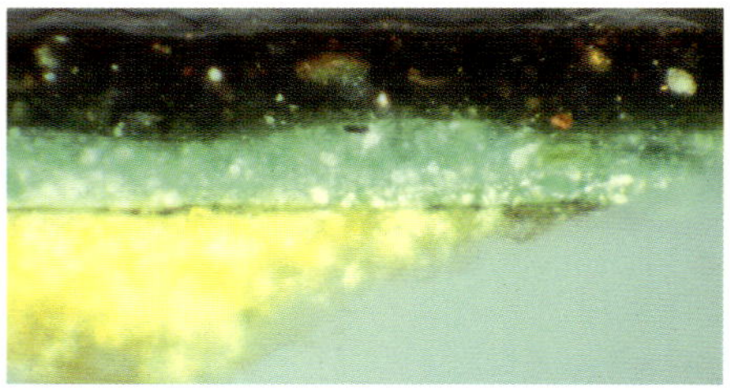

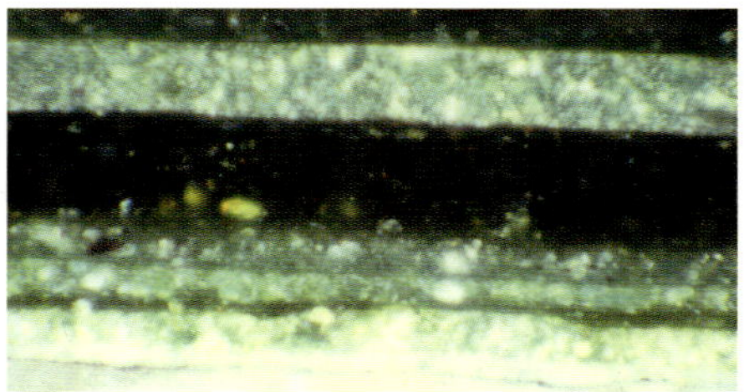

Si tratta di una velatura di lacca rossa sopra uno strato di ematite e bianco di piombo. Sopra lo strato di gesso sono evidenti alcune particelle nere del disegno preparatorio. Sezione di un drappeggio rosso porpora nell'*Incredulità di San Tommaso*, Londra, The National Gallery (cat. 38)

Sopra gli strati chiari di lacca rossa e bianco di piombo c'è una velatura consistente di lacca rossa. Sopra il gesso è stata applicata localmente un'imprimitura di bianco di piombo. Sezione di un drappeggio rosso scuro nell'*Incredulità di San Tommaso,* Londra, The National Gallery (cat. 38)

Si vede una velatura di lacca rossa sopra la velatura trasparente di verderame che completa la serie di strati verdi, composti da verderame, bianco di piombo e giallo di piombo-stagno. Sezione di un drappeggio verde scuro nell'*Incredulità di San Tommaso,* Londra, The National Gallery (cat. 38)

Si tratta di più strati di velature verdi (e uno strato sottile di lacca rossa) inframezzate da miscele opache di verderame, bianco di piombo e giallo di piombo-stagno. Sezione di un drappeggio verde chiaro nell'*Incredulità di San Tommaso* Londra, The National Gallery (cat. 38)

[1] Tra queste la pala di Oderzo (Milano, Brera, cat. 2), *San Pietro in cattedra tra i santi Giovanni Battista e Paolo e un angelo musicante* (Milano, Brera, cat. 56) e la grande pala d'altare per Portogruaro, *L'incredulità di san Tommaso*, ora alla National Gallery di Londra (cat. 38), quest'ultima danneggiata ulteriormente da un'immersione nel Canal Grande a Venezia agli inizi del XIX secolo. Vedi M. Wyld - J. Dunkerton, *The Transfer of Cima's «The Incredulity of S. Thomas»*, in «National Gallery Technical Bulletin», 9, 1985, pp. 38-59.

[2] Forse l'esempio più straordinario è l'enorme pala d'altare di Savoldo *Madonna con il Bambino e santi* ora a Milano, Pinacoteca di Brera.

[3] Per esempio la struttura sul *verso* della pala di Giovanni Bellini per l'altare di Santa Corona a Vicenza. Vedi *Bellini a Vicenza: il «Battesimo di Cristo» in Santa Corona*, a cura di M.E. Avagnina, G.C.F. Villa, Vicenza 2007, p. 67. Prima di essere trasferita, anche l'*Incredulità di san Tommaso* di Cima presentava una simile struttura sostitutiva. Vedi Wyld-Dunkerton, *The Transfer*, cit., p. 48.

[4] Vedi *Inauratam et ornatam. Il polittico di Cima da Conegliano a Olera*, a cura di E. Daffra, Azzano San Paolo 2005, p. 90. Alcune delle tavole di questo polittico sono in abete, altre in pioppo.

[5] Per esempio gli intagli dei contorni dei capitelli e delle modanature della cornice del polittico di Mestre di cui la *Santa Caterina d'Alessandria* nella Wallace Collection di Londra (cat. 29) costituiva il pannello centrale. Vedi J. Dunkerton, *The Restoration of Two Panels by Cima da Conegliano from the Wallace Collection*, in «National Gallery Technical Bulletin», XXI, 2000, pp. 58-69, in part. p. 65.

[6] Le scritture contabili per la pala d'altare dipinta principalmente da Fra Marco Pensabene nel 1520-21, e tuttora sull'altare maggiore della chiesa di San Niccolò a Treviso, includono un pagamento al «Mistro Zan indorador per parte per aver inzesà la Pala dell'altar grande». D.M. Federici, *Memorie trevigiane sulle opere di disegno dal mille e cento al mille ottocento per servire alla storia delle Belle Arti d'Italia*, Venezia 1803, I, pp. 130-131.

[7] Per la distribuzione delle perdite vedi Dunkerton, *The Restoration*, cit., p. 61.

[8] Vedi J. Fletcher - D. Skipsey, *Death in Venice: Giovanni Bellini and the Assassination of St. Peter Martyr*, in «Apollo», 133, 347, 1991, pp. 4-9 e, per un'imprimitura testurizzata col pennello, vedi E. Oberthaler - E. Walmesley, *Technical Study of Painting Methods*, in *Bellini, Giorgione, Titian and the Renaissance of Venetian Painting*, catalogo della mostra (Washington, National Gallery of Art, 18 giugno - 17 settembre 2006; Vienna, Kunsthistorisches Museum, 17 ottobre 2006 - 7 gennaio 2007), a cura di D.A. Brown, S. Ferino-Pagden, Washington 2006, pp. 285-300, in part. p. 288.

[9] Per l'ampio uso di linee incise per il soffitto a cassettoni nell'*Incredulità di san Tommaso* vedi J. Dunkerton - A. Roy, *The Technique and Restoration of Cima's «The Incredulity of S. Thomas»*, in «National Gallery Technical Bulletin», 10, 1986, pp. 4-27, in part. pp. 5-6.

[10] Per l'identificazione degli inchiostri ferrogallici nei campioni del disegno preparatorio dell'*Incredulità di san Tommaso* e dell'incompleta *Madonna con il Bambino e i santi Andrea e Pietro* (Edimburgo, National Galleries of Scotland, cat. 42) vedi *ibid.*, p. 8.

[11] Si pensa che i frammenti di carta grigia sul retro della tavola siano del cartone steso attorno all'opera per evitarne lo scivolamento durante lo spostamento. Vedi *Inauratam et ornatam*, cit., pp. 82-83.

[12] Per il disegno preparatorio di Dürer vedi G. Goldberg, B. Heimberg, M. Schawe, *Albrecht Dürer: Die Gemälde der Alten Pinakothek*, catalogo della mostra (Monaco, Bayerische Staatsgemäldesammlungen, 1998), Heidelberg 1998, pp. 315-323.

[13] Il forte influsso della visita di Dürer a Venezia sulla tecnica pittorica veneziana è discussa in J. Dunkerton, *Nord e Sud: tecniche pittoriche nella Venezia rinascimentale*, in *Il Rinascimento a Venezia e la pittura del Nord ai tempi di Bellini, Dürer, Tiziano*, catalogo della mostra (Venezia, Palazzo Grassi, 5 settembre 1999 - 9 gennaio 2000), a cura di B. Aikema, B.L. Brown, Milano 1999, pp. 92-104, in part. pp. 100-101. È interessante notare come anche il Salvator Mundi di Benedetto Diana alla National Gallery di Londra mostri un disegno preparatorio particolarmente ombreggiato; vedi J. Dunkerton, S. Foister, N. Penny, *Dürer to Veronese. Sixteenth-Century Painting in the National Gallery*, New Haven-London 1999, pp. 227-228.

[14] Sebbene nella corrispondenza di Dürer ci potrebbe essere qualche riferimento, si pensa che per eseguire la *Festa del Rosario* (Praga, Národní Galerie) egli prese in comodato lo spazio della bottega di Cima, che sicuramente era grande a sufficienza. Vedi I. Lübbeke, *Dürer's Visualization of an Imagined Community*, in *Albrecht Dürer. The Feast of the Rose Garlands*, catalogo della mostra (Praga, Národní Galerie, 21 giugno - 1 ottobre 2006), a cura di O. Kotkova, Prague 2006, pp. 15-30, in part. p. 28.

[15] Dall'analisi dei campioni della *Madonna con il Bambino e cardellino* nella National Gallery di Londra è stata trovata sia tempera a uovo che a olio (J. S. Mills - R. White, *Analyses of Paint Media*, in «National Gallery Technical Bulletin», III, 1979, pp. 66-67). Tuttavia questi furono i risultati ottenuti da un'applicazione relativamente recente delle tecniche gas-cromatografiche sui campioni di pittura. La scoperta successiva che la presenza di certi pigmenti può influire sui rapporti tra acidi grassi indica che in alcuni casi le opere che si pensava contenessero uovo siano invece completamente a olio. Dall'aspetto di questo dipinto si può supporre che questo ne sia un esempio.

[16] Dunkerton-Roy, *The Technique and Restoration*, cit., pp. 10, 25, nota 19.

[17] Sembra che la tecnica sia stata inizialmente sviluppata da Giovanni Bellini per i suoi straordinari finti mosaici, come la *Pala di San Giobbe*. Vedi J. Dunkerton, *Bellini's Technique*, in *The Cambridge Companion to Giovanni Bellini*, a cura di P. Humfrey, Cambridge 2004, pp. 195-225, in part. p. 211.

[18] Vedi L.C. Matthew, *«Vendecolori a Venezia»: the Reconstruction of a Profession*, in «The Burlington Magazine», CXLIV, 2002, pp. 680-686.

[19] Dunkerton-Roy, *The Technique and Restoration*, cit.; vedi anche J. Dunkerton, *Il colore nell'Incredulità di San Tommaso di Cima da Conegliano*, in *Cima da Conegliano*, Atti del convegno internazionale di studi su Giovan Battista Cima (Conegliano, Palazzo Sarcinelli, 1-2 ottobre 1993), a cura di P. Humfrey, A. Gentili, «Venezia Cinquecento. Studi di storia dell'arte e della cultura», IV, 8, 1994, pp. 145-152.

[20] Lo spessore delle velature e la complessità della struttura a strati nella pittura di Cima possono essere paragonati alla tavolozza più raffinata degli ultimi dipinti di Giovanni Bellini, pieni di sottili variazioni cromatiche, più spesso ottenute con diverse combinazioni di pigmenti, a volte a strati ma non con velature così abbondanti. Vedi S. Caglio, F. Frezzato, G. Poldi, *Pigmenti, leganti, strati: osservazioni analitiche sulla tecnica pittorica del «Battesimo di Cristo»*, in *Bellini a Vicenza*, cit., pp. 75-85 e Dunkerton, *Bellini's Technique*, cit., pp. 220-225. La molteplicità di strati pittorici tipica di Cima si nota spesso nei campioni di pittura di opere di artisti della generazione successiva, per esempio Lorenzo Lotto. Per un chiaro esempio (paragonato a quelli presi dalla pala di Cima) vedi B.H. Berrie - L.C. Matthew, *Venetian «Colore»: Artists at the Intersection of Technology and History*, in *Bellini, Giorgione, Titian*, cit., pp. 301-309, in part. p. 304.

[21] L. Lazzarini, *Il colore nei pittori veneziani tra il 1480 e il 1580*, in «Bollettino d'Arte», suppl. 5, 1983, pp 138-141, in part. p. 139.

[22] *Inauratam et ornatam*, cit., p. 106.

[23] Per l'apparire del colore arancione alla fine del XV secolo e il ruolo probabilmente svolto da Cima nel cambiamento delle preferenze cromatiche dei veneziani vedi P. Hills, *Venetian Colour: Marble, Mosaic, Painting and Glass 1250-1550*, New Haven-London 1999, pp. 146-150.

[24] Vedi J. Dunkerton - M. Spring, *The Technique and Materials of Titian's Early Paintings in The National Gallery, London*, in *Titian. Jacopo Pesaro Being Presented by Pope Alexander VI to Saint Peter*, «Restoration» (numero speciale), Koninklijk Museum voor Schone Kunsten Antwerp, 3, 1, 2003, pp. 9-21, in part. pp. 17-18.

Cima da Conegliano, *Madonna con il Bambino e i santi Michele arcangelo e Andrea apostolo*, Parma, Galleria Nazionale (cat. 21), particolare con san Michele arcangelo

Il metodo della luce. Cima tra pigmenti e colore

GIANLUCA POLDI

Una fresca e tersa e virginea luce mattinale avvolge il suo mondo e fa emergere nella cristallina purezza i più esili profili, le più sottili increspature delle superfici, con una minuzia [...] di disegno, di chiaroscuro, di colore che è l'esatta corrispondenza, sul piano linguistico, di quel delicato e pudico languore che muove le attitudini dei personaggi...[1].

La luce tersa e fresca del maestro di Conegliano, è forse il dato tra i più straordinari della sua pittura, mantenuto per tutto l'arco del suo operare. Non che Giovanni Bellini, per dire del protagonista maggiore sulla scena veneziana dell'epoca, non fosse pittore di luce, anzi, ma la questione della luce non sempre emerge con l'evidenza che ha nell'*opus* cimesco, dove il pittore tiene con costanza una tavolozza dai toni eccezionalmente brillanti, scelta, all'evidenza, come cifra stilistica.
In Bellini il colore va a innestarsi in una mai paga ricerca iconica, di effetti e di rese di profondità e chiaroscurali, accompagnata o sostenuta da una ricerca tecnica che lo porterà per gradi dall'impiego come legante della tempera a quello dell'olio siccativo, con un ruolo dominante svolto dalla visione e dall'impostazione volumetrica sancito dal disegno sottostante a tratteggio, incredibilmente dettagliato, per quasi tre decenni, dagli anni sessanta agli ottanta del Quattrocento[2]. Cima certo fin dagli esordi si sarà avvalso delle conquiste prospettiche e stereometriche mantegnesche e di quelle belliniane sul piano dell'iconografia e del colore, e delle acquisizioni della tecnica a olio e del procedere per velature, nonché dei confronti con le tavolozze vivarinesche, ad esempio, tornando lui pure a osservare i dipinti fiamminghi presenti a Venezia, in un dialogo imprescindibile per l'epoca. Con tali abbrivi, per dir così, Cima forma il proprio stile personale optando per una costruzione cromatica che favorisce stesure smaltate e campiture fuse in se stesse, a imitazione del vero, sviluppando un metodo di velature che permette di aver quasi una luminosità interna, vitrea, con colori intensi e nelle luci e nelle ombre, queste ultime magistralmente studiate nei loro molteplici effetti sui corpi (riflessioni, diffusioni, diffrazioni), in specie sugli incarnati, con un'attenzione assoluta che emerge dai pezzi meglio conservati. Sotto il profilo tecnico la pittura di Cima non è dissimile da quella di Giovanni Bellini, e tende ove possibile alla semplificazione degli strati pittorici a due-tre sopra preparazione e imprimitura, ma vi si differenzia per essersi imposto alcune costanti – che vedremo – e per la devozione paradigmatica alla luminosità delle tinte, a partire dai cieli, che quasi sempre tersi imbevono di luce tutta la scena. Rispetto a Bartolomeo Montagna, sotto il quale parte della storiografia ipotizzò avesse svolto il proprio alunnato Cima, la prassi esecutiva di quest'ultimo mantiene la lucentezza di toni che sa esprimere Montagna negli anni ottanta-novanta, ma da questo si differenzia per i modi delle velature e del tramato grafico, e per una tavolozza che pare più ampia[3]. Più che a Montagna il metodo di Cima pare prossimo, per capacità di smaltare le superfici e per la stereometria che ne viene, alle acquisizioni di Alvise Vivarini verso gli anni ottanta, come nella pala dipinta da quest'ultimo per San Francesco a Treviso, ora all'Accademia di Venezia (inv. 607).
Alla domanda se siano i pigmenti impiegati a produrre la magnificenza della cromia cimesca possiamo rispondere sì solo in parte, perché si tratta di fatto dei pigmenti impiegati anche dai contemporanei, con poche varianti e qualche preferenza sua propria che tenderemo a evidenziare. La differenza, scelti pigmenti di altissima qualità (purezza) e macinati alla bisogna per non svilire il colore, è quasi tutta nella capacità di lavoro per velature o, quando a corpo, tenendo la materia abbastanza grassa da risultar lucida, smaltata, specie se verniciata con resine (vernici) protettive, quindi nella corretta scelta del rapporto pigmento-legante – legante a olio, in genere, giusto a ottenere tale trasparenza di velature, ma talora anche uovo, per alcune opere o per alcune campiture[4]. E nel mantenere con determinazione molto luminose le tinte più chiare, mescolando anche abbondantemente bianco di piombo (biacca), in modo da garantire ampie superfici riflettenti tali da bilanciare le aree più scure.
Difficile dire se le stesure pittoriche di Cima siano semplici o complesse: in genere non si limitano a uno strato di colore, ma raramente superano i tre, ove voglia precisare meglio la tinta e gli effetti di superficie, e questo sembra avvenga con maggiore frequenza nelle opere più cromaticamente elaborate, non necessariamente le opere tarde. Stesure anche complesse, fino a cinque strati e oltre sopra preparazione e imprimitura, si registrano nei primi del Cinquecento nell'*Incredulità di san Tommaso* di Londra (cat. 38)[5], mentre pochi anni dopo, in composizioni meno articolate – come il polittico di san Fior (cat. 49) e il trittico di Navolè (cat. 48) – gli strati cromatici non superano i due-tre[6].
Campiture smaltate, *glossy*, con una maggiore riflessione della luce sono favorite dalla preferenza che Cima accorda ai supporti lignei anziché alle tele, anche oltre il 1500.
Quando gli strati sono sottili, un ruolo importante lo riveste l'imprimitura bianca a biacca, sistematicamente adoperata dall'artista in quasi tutta la carriera[7], che tende a garantire nel corso dei decenni fondi ben riflettenti, mentre il gesso imbevuto dei leganti penetrati dagli strati superiori tende a ingiallire o imbrunire.

ABBRIVI

Cosa abbia avuto negli occhi prima non sappiamo: il mondo ordinato di luminose campagne, il fascino delle pitture che poteva vedere nelle chiese del contado, viaggi in giovane età nella vicina Treviso, o piuttosto l'incanto di un viaggio nella capitale, Vene-

zia, la luce delle vetrate istoriate, l'ammirazione per vetri e smalti? Certo un ruolo dovette giocarlo la luminosità delle tinte di alcuni tessuti, quando i filati emergono dal bagno di tintura e di nuovo vi vengono immersi per rafforzare il colore, quando vengono stesi ad asciugare in matasse; quel che vide, insomma, anche dell'arte paterna, delle botteghe dove si tingevano i panni.
Ecco che già ci appare un'opera matura, anche sotto il profilo del colore, la prima opera datata di Cima, la pala per la chiesa di San Bartolomeo a Vicenza (cat. 4), conservata alla Pinacoteca Civica di Palazzo Chiericati, una delle rare opere del pittore su tela – fatto che in parte ne compromette la brillantezza dei colori[8].
Già qui, come nella quasi totalità delle opere successive studiate, il cielo è una stesura di lapislazzuli – schiarito ovviamente con bianco di piombo (biacca) – su una base contenente carbonato di rame azzurro (azzurrite). L'azzurrite emerge a vista dove lo strato di velatura si sia assottigliato o perduto; nei lembi di cielo tra le foglie degli alberi, invece, è probabile che tale fondo azzurro non sia stato ripassato con oltremare. Alla stessa stregua, sempre di lapislazzuli su un sottomodellato di azzurrite è fatto il manto della Vergine[9]. Mentre solo azzurrite troviamo a rendere le venature del marmo grigio-azzurre del piedistallo del trono, nel gradino del quale Cima impiega con consumata abilità ocre rosso-brune, cinabro e pigmenti di rame, a imitare un marmo mischio. Cilindri e semicilindri di marmo resi veri dai riflessi della lucidatura, simulata con velature di biacca. Pezzi di bravura a dare verità alle ombre e alla precisa prospettiva con unico punto di fuga, quasi senza correzioni.
Del tutto eccezionale è il colore del manto di san Giacomo, dal tono rosa antico, con caldi riflessi giallo-arancio attutiti dal tempo: una inedita e per così dire sperimentale mescolanza tra solfuri di arsenico (orpimento o realgar, forse usati insieme) e giallorino, caricati solo nelle ombre di ocre e, in parte, di lacca rossa.
Giallorino (giallo di stagno e piombo) compare anche in miscela con i verdi rameici (acetati di rame)[10] nelle foglie sopra il pergolato e nella veste verde di Giacomo, mentre il giallo-bruno chiaro dell'uva è dato solo da ocra gialla.
Salvo il manto di Giacomo, le altre campiture seguono di fatto la tradizione, con fine capacità d'intonare le tinte: una lacca di tipo carminio (probabilmente kermes)[11] è adoperata, da sola, per il rosa della veste della Vergine e, richiamandola, per la fodera del cappuccio di Girolamo, il cui manto di brillante vermiglio (cinabro) è accuratamente ombreggiato con lacca rossa.
Ritenuta in genere precedente al dipinto vicentino è la pala di Oderzo (cat. 2), conservata a Brera, che porta i segni di vicende conservative sfavorevoli, incluso il trasporto da tavola a tela. Qui, se adopera lapislazzuli nel cielo e nel manto della Madonna[12], opta per l'azzurrite per il manto della prima orante da destra, e anche – ma con sapienti modulazioni di giallo – per ottenere la notevole rara *nuance* azzurro-verde acqua della veste della Maddalena, purtroppo interessata da diffusi ritocchi. Cinabro i rossi accesi del manto della Maddalena e degli oranti, e, come sarà nel seguito, lacca rossa carminio a velare la biacca nella veste della Vergine e in quella della donna orante centrale, dalle tonalità rosate. Verderame schiarito con giallo il manto del Battista, secondo una prassi che sarà consolidata.
Nelle abituali condizioni di luce quasi annullata la differenza cromatica tra i bruni della mantella di san Rocco, rimborsata in parte sopra la spalla sinistra, e la sua veste (saio?), pure bruna: se il manto, dal tono morello, è svolto essenzialmente con ossidi di ferro rosso-bruni (tipo ematite), la veste è realizzata con lacche, forse una mescolanza di lacca rossa di garanza e di una lacca bruna. E infatti la veste è più trasparente all'infrarosso e più degradata, come sancisce l'esame riflettografico. Riflettografie eseguite su questa e altre opere dimostrano anche come il disegno sottostante a tratteggio, dove sia presente, non abbia forse mai[13] – diversamente da Giovanni Bellini e pure da Bartolomeo Montagna – la finalità di costituire la base delle ombre, poi modellate per successive stesure cromatiche a velatura, ma serva solo a indicarne la collocazione, tanto è schematico.
Proprio l'*underdrawing*, non solo di contorno ma qui anche in più parti, come nei volti degli oranti, svolto con un tratteggio parallelo rado e talora un poco scomposto, rende compatibile una datazione precoce della pala, a ridosso del *Polittico di Olera*.
Ritenuta la prima opera superstite dell'artista, il *Polittico di Olera* (cat. 1), recentemente esaminato in occasione del restauro, presenta strati pittorici estremamente semplificati, in genere doppi (scuro su chiaro), sottili, con un'imprimitura bianca assente in altri scomparti e invece ben riconoscibile sotto il manto della Vergine, il cui blu è dato da lapislazzuli macinato grosso steso sopra uno strato di azzurrite finemente tritata[14].
Tale duplice strato di azzurri, in quest'ordine già sperimentato da altri pittori prima, tra i quali Mantegna nella *Pala di San Zeno* sebbene con esiti più scuri[15], rimarrà caratteristica pressoché costante nei cieli e in vari abiti del Cima successivo.

PIGMENTI

Dopo queste tre opere, possiamo considerare la tavolozza di Cima sostanzialmente fissata, trovata la misura della luce mantenendo, nei dipinti di sua mano, un altissimo livello tecnico. Varrà quindi una disamina colore per colore, anziché opera per opera, delle maggiori emergenze in termini cromatici e materiali.

Azzurri

La stesura di lapislazzuli su azzurrite in cieli e abiti è una costante del fare di Cima, come indicano vecchie e recenti stratigrafie – ad esempio sulla pala di *San Giovanni Battista tra i santi Pietro, Marco, Girolamo e Paolo* alla Madonna dell'Orto (1493-95 circa, cat. 11)[16], sulla pala con la *Madonna con il Bambino e i santi Michele arcangelo e Andrea* di Parma (1496-98 circa, cat. 21), sull'*Incredulità di san Tommaso* di Londra (1502-04, cat. 38)[17] – e confermano le analisi non invasive su una ventina di pezzi studiati lungo tutto l'arco della sua carriera. I fondi di azzurrite paiono, dalle differenze d'intensità per il rame lette in XRF, cromaticamente digradanti, a suggerire già l'effetto finale prima di procedere alla finitura.
Di sola azzurrite invece, in quasi tutti i dipinti esaminati, sono le nubi, lavorate con biacca e forse con parti di nero, e sfruttando in parte lo strato sottostante del cielo: questo curioso e originale espediente permette di ottenere delle variazioni di tono nel celeste, mostrando l'alterità delle nuvole rispetto all'aria. Il colore verdastro che alcune nubi oggi esibiscono, può essere in parte effetto di viraggi del carbonato di rame verso il verde, aumentando il contrasto voluto dal pittore.
Rivestite di ultramarino mescolato a biacca e pigmento nero invece le nubi della *Madonna con il Bambino* della Galleria degli Uffizi (cat. 7) così come quelle dei *San Girolamo nel deserto* di Brera (cat. 13) e degli Uffizi (cat. 52), a suggerire che per le opere

Cima da Conegliano, *Madonna con il Bambino*, Firenze, Galleria degli Uffizi (cat. 7), particolare

Cima da Conegliano, *Madonna con il Bambino tra i santi Giovanni Battista, Damiano, Cosma, Apollonia, Caterina e Paolo*, Parma, Galleria Nazionale, particolare

Cima da Conegliano, *Madonna in trono con il Bambino tra i santi Girolamo e Giacomo apostolo*, Vicenza, Musei Civici, Pinacoteca di Palazzo Chiericati (cat. 4), particolare di san Giacomo durante il restauro

Cima da Conegliano, *Madonna in trono con il Bambino tra i santi Sebastiano, Giovanni Battista, Maria Maddalena, Rocco e i membri della confraternita della Scuola di San Giovanni Evangelista di Oderzo*, Milano, Pinacoteca di Brera (cat. 2), particolare

Cima da Conegliano, *Madonna in trono con il Bambino e i santi Caterina (?), Giorgio, Nicola, Antonio abate, Sebastiano e Lucia (?) (Sacra conversazione Dragan)*, Venezia, Gallerie dell'Accademia (cat. 27), particolare

Cima da Conegliano, *Madonna con il Bambino tra san Michele arcangelo e Andrea apostolo*, Parma, Galleria Nazionale, particolare del cielo

Cima da Conegliano, *Madonna con il Bambino tra san Michele arcangelo e Andrea apostolo*, Parma, Galleria Nazionale, particolare del paesaggio alle spalle di san Michele arcangelo

Cima da Conegliano, *San Girolamo nel deserto*, Firenze, Galleria degli Uffizi (cat. 52), particolare

Cima da Conegliano, *San Pietro martire tra i santi Nicola e Benedetto con un angelo musicante*, Milano, Pinacoteca di Brera (cat. 45), particolare del paesaggio a destra

destinate alla devozione privata Cima è disposto a variare la sua prassi.

Qualche eccezione alla stesura di lapislazzuli sopra azzurrite pure esiste, come nella *Madonna dell'arancio* delle Gallerie dell'Accademia (1496 circa, cat. 19), in cui il manto della Vergine e la veste di Girolamo sono direttamente di oltremare, e il piviale di Ludovico mostra solo in alcune zone un fondo di azzurrite; mentre azzurrite è nelle nubi e, al solito coperta da ultramarino, nel cielo.

L'assenza del prezioso pigmento nel cielo è, curiosamente, più rara. Nelle opere esaminate, si sono registrati cieli di sola azzurrite unicamente in tre pezzi tardi: a Vittorio Veneto nel trittico di Navolè (cat. 48) – sopra un'imprimitura a biacca[18] – a Venezia nel *Leone di san Marco tra quattro santi* (cat. 50) e nel *San Marco in trono tra i santi Andrea e Luigi* (cat. 58), in entrambi i quali, peraltro, ultramarino (su azzurrite) è destinato a ricoprire alcune delle montagne, creando variati effetti di profondità. Tuttavia, nei cieli dei pannelli laterali dell'ultimo dipinto, con la *Giustizia* e la *Temperanza*, il lapislazzuli sopra l'azzurrite è ben presente, tanto da far ipotizzare che nello scomparto centrale sia stato abraso in passati restauri. La scelta di evitare la finitura a ultramarino dipenderà in generale da un risparmio sui costi, o in qualche caso da una motivazione estetica, come ci piace pensare nel caso di Navolè; qui il pigmento meno nobile offre al pittore la possibilità di intonare l'armatura di san Martino al cielo, quasi a coglierne il riflesso, dal momento che la corazza e la cotta di maglia mutuano il loro tono di grigio dalla presenza non esigua di azzurrite, insieme a pigmento nero, come le analisi non invasive dimostrano. In quest'opera residui di oltremare (probabilmente originali) rimangono nelle luci della veste di Pietro, su azzurrite, pigmento questo che troviamo in superficie nelle ombre, parzialmente virato a verde, e non sappiamo se anche qui in origine rivestito da velature di lapislazzuli.

Ad esempio, nel polittico di san Fior (cat. 49), ritenuto di poco precedente e pure destinato a un borgo piccolo e lontano da Venezia (e con evidenti interventi di bottega in varie parti), il pittore sceglie comunque per il cielo la consueta stesura bistrato, anche se il tono più spento della coltre superficiale di lapislazzuli lascia ipotizzare una stesura più sottile (o solo più abrasa?), tanto da far emergere il tono verdastro del carbonato di rame sottostante[19]. E lo stesso vale per le montagne. Oltremare compare anche nelle acque e di nuovo azzurrite nelle nubi.

Da sola, infine, l'azzurrite è preferita per colorare le volte o vele delle architetture rappresentate nei bordi decorati dei piviali.

Mai, nelle opere esaminate, si sono rilevati gli altri due pigmenti azzurri dell'epoca usati in pittura, sebbene ancora raramente, ossia indaco e smalto, evitati a favore dei due blu più nobili (e, come oggi sappiamo, più stabili). Un dato che soprattutto ci mostra come la tavolozza di Cima sia più standardizzata e in questo senso poco più limitata di quella di Giovanni Bellini, la quale forse rimane la più ampia di cui possa disporre la pittura quattrocentesca veneta, e italiana in genere, come vediamo già nelle opere del veneziano degli anni settanta, e soprattutto nella pala di Pesaro[20].

Lontano quindi dalla sperimentazione di blu complessi da adoperare come l'indaco e lo smalto, l'abilità di Cima si gioca in tal caso anche nello sfruttare la comunque ampia gamma di tinte che i blu minerali offrono. In un dipinto dalla straordinaria scelta cromatica come è *Un miracolo di san Marco* conservato a Berlino (cat. 25) Cima si permette di complicare la già ricca cromia degli edifici e dei non pochi personaggi inserendo degli abiti (piuttosto rari in pittura, oltretutto) a strisce verticali di più colori – tuttavia mantenendo un equilibrio cromatico saldissimo, come in una rutilante fiera per gli sguardi. All'ultramarino della veste a strisce, del manto di Marco e dell'uomo alle sue spalle, fa riscontro l'azzurrite impiegata nei tetti degli edifici, a rendere l'azzurrato del piombo di certi tetti veneziani, quasi riflettendo il cielo, che appare un insieme di azzurrite e oltremare[21], come anche la sopravveste di Anania[22].

Verdi, e con i verdi

Se la preferenza va, in tutti i verdi, all'acetato di rame, almeno nello strato più esterno – verderame per il sottomodellato e resinato di rame per le velature – è testimoniato in Cima anche un complesso impiego della malachite, da sola o in mescolanze, sempre velata da resinato[23]. Tradizionali appaiono le mescolanze con bianco di piombo e giallo di piombo stagno per rendere maggiormente brillanti i verdi rameici.

Pochi verdi appaiono pesantemente virati a bruno o nero, forse a seguito di manutenzioni errate, come ad esempio si vede nel piviale quasi nero di san Vendemiano nel polittico di San Fior (cat. 49).

Opera problematica per quanto concerne le cromie (e lo stile) degli alberi, il pannello centrale di questo polittico presenta per le chiome delle piante più arretrate un tono verde marcio che può essere dovuto a fenomeni di alterazione dell'acetato di rame, ma anche alla deliberata intenzione di presentarle in colore lievemente diverso così da distinguerle dagli alberi più avanzati, modulando i piani e i volumi: mutano infatti tra un piano e l'altro le quantità di stagno (giallorino) e ferro (ocra o terra) impiegate in mescolanza con rame (verde rameico)[24]. Che in questo pannello si cerchino effetti particolari lo suggerisce anche l'insolita presenza di abbondante pigmento rameico nella veste bruna del Battista, dominata dalla presenza di ocra o terra; non così nella veste del medesimo santo nel trittico di Navolè (cat. 48), fatto di terra con biacca e parti di cinabro.

Alla ricerca della rispondenza del vero, i paesaggi sono gestiti sui toni del verde, del bruno e del verde tinto grigio e di azzurro, sovente le pietre brune velate di luci grigie, di blu le fronde.

Nell'accorto e quasi sempre meditato *studium lucis* dedicato agli effetti dei paesaggi, al loro digradare, Cima di norma impiega lapislazzuli per i monti in lontananza, a saturarsi dell'aria del cielo, e talora usa lo stesso pigmento per velare o a mescolarsi ai verdi di alberi e cespugli, o più spesso mischia e vela con azzurrite, come nella *Madonna con il Bambino e santi Michele arcangelo e Andrea*, di Parma (cat. 21) o nel *San Pietro martire tra i santi Nicola e Benedetto con un angelo musicante* di Brera (cat. 45) – mentre i prati mantengono verdi accesi o spenti o marci determinati da soli verdi rameici, giallorino, ossidi di ferro. Nel *San Girolamo nel deserto* degli Uffizi (cat. 52), in particolare, i verdi delle colline lontane, che precedono le montagne oltremare dello sfondo, sono frutto di mescolanze tra lapislazzuli e pigmento giallo).

Nelle ombre di alcuni incarnati, come nella *Madonna con il Bambino* degli Uffizi (cat. 7), i non esigui conteggi di rame, superiori nelle ombre scure, sono associabili all'impiego di verdi rameici allo scopo di caricare il chiaroscuro, con una soluzione nient'affatto comune. Lo stesso pigmento rameico è individuato in campiture rosse, per intensificare le ombre.

Cima da Conegliano, *San Martino e il povero* (pannello centrale del trittico di Navolé), Vittorio Veneto, Museo Diocesano di Arte Sacra «Albino Luciani» (cat. 49), particolare

Cima da Conegliano, *San Pietro martire tra i santi Nicola e Benedetto con un angelo musicante*, Milano, Pinacoteca di Brera (cat. 45), particolare del piviale di san Nicola

Cima da Conegliano, *San Pietro in cattedra tra i santi Giovanni Battista e Paolo e un angelo musicante*, Milano, Pinacoteca di Brera (cat. 56), particolare

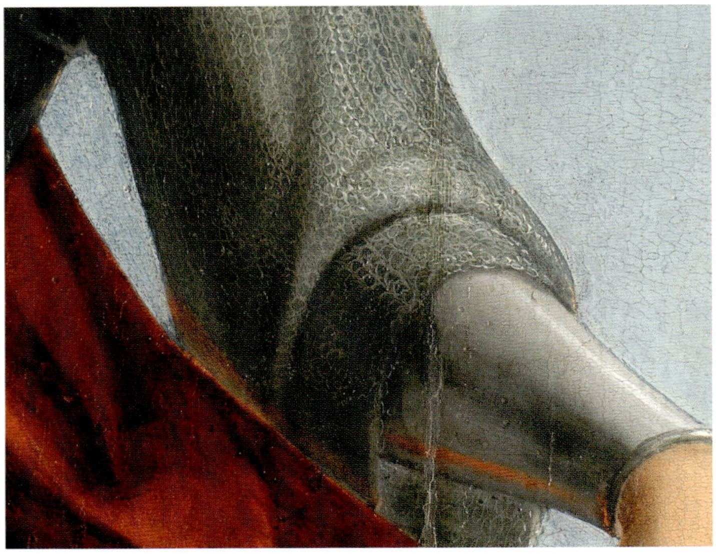

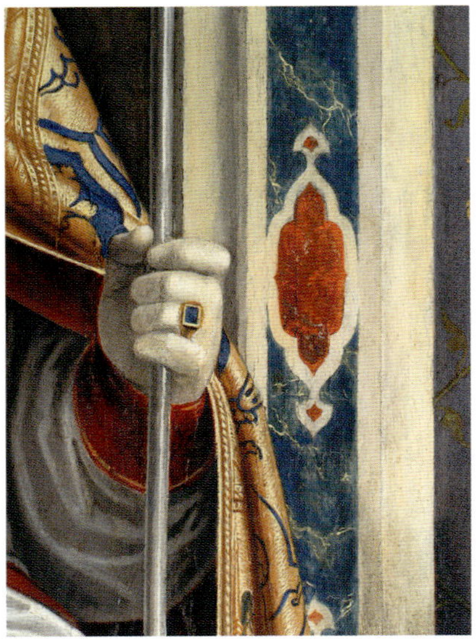

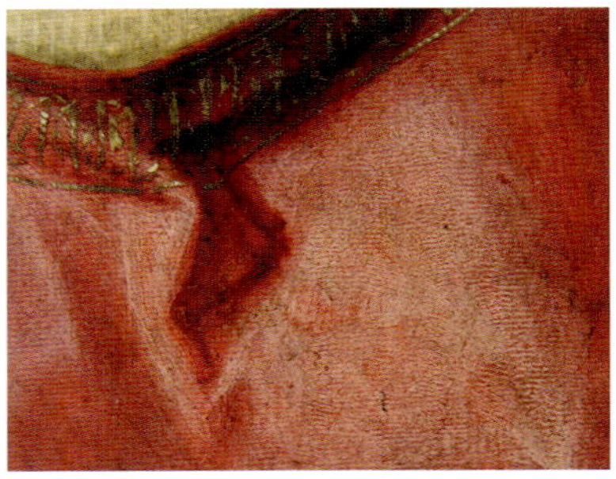

Cima da Conegliano, *Daniele nella fossa dei leoni*, Milano, Veneranda Biblioteca Ambrosiana, Pinacoteca (cat. 32), particolare

Cima da Conegliano, *Madonna con il Bambino tra i santi Giovanni Battista, Damiano, Cosma, Apollonia, Caterina e Paolo*, Parma, Galleria Nazionale, particolare della Vergine dipinta sul catino absidale

Cima da Conegliano, *Madonna con il Bambino tra i santi Giovanni Battista, Damiano, Cosma, Apollonia, Caterina e Paolo*, Parma, Galleria Nazionale, particolare della veste della Madonna

Cima da Conegliano, *Incredulità di san Tommaso e san Magno vescovo*, Venezia, Gallerie dell'Accademia (cat. 37), particolare

Rossi

Un ruolo di grande rilievo hanno in Cima le lacche rosse, e si tratta quasi sempre, nelle campiture indagate, in finitura, di lacca carminio, probabilmente kermes[25]. Non sappiamo in quale forma il pittore acquistasse queste lacche, se come pallottoline bruno-rossastre (l'insetto coccide) ricoperte da una patina biancastra e cerosa, da macinare opportunamente, oppure come derivato della cimatura, ossia della rasatura del vello dei panni di lana, scaricando il colorante con lisciva e facendolo precipitare con allume di rocca.

Solo in una delle ultime opere, *L'arcangelo Raffaele e Tobiolo tra i santi Giacomo maggiore e Nicola di Bari* dell'Accademia di Venezia (cat. 54)[26] si sono registrati in più punti del piviale di Nicola spettri di riflettanza del tutto compatibili con la lacca di robbia. Si tenga presente che anche in Bellini le lacche carminio sono di gran lunga per molto tempo le preferite, e che solo dal 1500 introduce nella sua pittura la lacca di robbia, ottenendone tinte cariche come nel *Battesimo* di Vicenza (chiesa di Santa Corona), nella *Madonna con il Bambino* del 1510, a Milano (Pinacoteca di Brera), e nella *Nuda allo specchio* di Vienna (Kunsthistorisches Museum)[27].

Nell'*Incredulità di san Tommaso* di Londra (cat. 38) sembra essere stata individuata per le velature dell'apostolo più a sinistra il colorante gommalacca (lacca indiana, *Kerria Lacca Kerr*), precipitato su un substrato di allume[28].

La lacca rossa è, nelle campiture più intense, adoperata a velare una base contenente cinabro, ad attenuarne il rosso brillante, soprattutto nelle ombre, come era uso. E questo dà modo di imitare i velluti, come quelli controtagliati indossati da san Nicola nella pala con *San Pietro martire* a Brera (cat. 45). Anche in tessuti il cui colore rosso appare tipico della sola lacca, Cima preferisce in genere la base a cinabro, come rilevato nel manto del Battista a San Fior[29]. Piccole quantità di lacca carminio possono essere aggiunte al lapislazzuli per mutare di poco il tono dell'azzurro, come nella veste dell'angelo musico nella pala coneglianese.

Violetti e bruni-violacei

Come era consuetudine, le tinte violacee sono ottenute in genere per l'impiego di lacca carminio, all'evenienza mescolata con un azzurro che è azzurrite o lapislazzuli. Carminio e oltremare insieme, a seconda delle proporzioni, danno ad esempio una tinta viola come quella della veste della Madonna nel *Compianto su Cristo morto* delle Gallerie dell'Accademia (cat. 8), o quella, assai differente, dal timbro azzurro per scarsità di lacca, della veste del sant'Andrea di Parma (cat. 21).

È tuttavia in Cima una attenzione particolare per ossidi di ferro dal tono rosso-violetto.

Un miracolo di san Marco conservato a Berlino (cat. 25) presenta due diversi violetti: un ossido di ferro (tipo ematite o morellone) nel bruno-porpora scuro delle strisce della veste dell'uomo in secondo piano, l'altro una lacca violetta (forse una lacca di robbia[30]) per il violetto-porpora veste Marco, nell'ombra. Materiali simili in simili tinte che abbiamo riscontrato, come detto, anche nella pala di Oderzo (cat. 2).

Ematite è stata individuata – mescolata a biacca e talora con cinabro – nel sottomodellato nei campioni dei rossi-purpurei di due vesti dell'*Incredulità di san Tommaso* di Londra (cat. 38), di pochi anni successiva, tra cui l'apostolo all'estrema sinistra, con lacca rossa in finitura[31].

Non sappiamo se sia una occasionale indisponibilità di un ossido di ferro violeceo sufficientemente intenso o la ricerca di un effetto particolare ad aver spinto nel più tardo trittico di Navolè (cat. 48) all'aggiunta di cinabro alla terra per le cinghie violetto-brune dei paramenti del cavallo di san Martino (cinabro assente nel lato a cuoio). Certo da altri pittori ci si sarebbe attesi l'impiego, invece, di una lacca.

Gialli, arancio e bruni

Le tinte gialle e arancio, nelle più varie tonalità dal giallo al rosso, sono senza dubbio la maggior novità cromatica di Cima in seno alla pittura veneta del XV secolo, a cui forse guardarono generazioni seguenti, e tra queste Paolo Veronese[32]. Tali cromie sono costituite da sapienti calibrazioni di solfuri d'arsenico gialli (orpimento) e arancio (realgar), usati per lo più insieme, giallo o gialli di piombo e stagno (in svariate intensità) nelle parti più chiare, ocre giallo-arancio-brune per alcune ombre, dove introduce anche velature di pigmenti organici bituminosi[33] e lacche, parti di cinabro per caricare gli arancio.

Questa vasta gamma di cromie non nasce però dal nulla: se cercassimo soprattutto un prodromo plausibile all'impiego dei solfuri d'arsenico, lo troveremmo forse nella *Pala di Pesaro* di Giovanni Bellini (Pesaro, Musei Civici), nel manto di san Pietro nell'*Incoronazione della Vergine* come pure nella sua tunica nella predella. Ma se difficilmente Cima avrà visto questa pala, consegnata intorno al 1475, potrà essersi ispirato a cromie di opere belliniane come la *Madonna con il Bambino e i santi Pietro e Sebastiano* del Louvre, gli angeli musicanti della *Pala di San Giobbe*, all'Accademia di Venezia, e dipinti a mezze figure quale la *Circoncisione di Cristo* di Londra.

L'impiego dei diversi pigmenti nelle vesti gialle e arancio appare più elaborato che in Bellini, e molteplici sono infatti le espressioni della sensibilità di Cima verso queste tinte, in varie opere. Si consideri, a titolo esemplificativo, il *Compianto su Cristo morto* delle Gallerie dell'Accademia di Venezia (cat. 8), con le diverse *nuances* del manto di Giuseppe d'Arimatea, dove il giallorino che da solo costruisce le luci gradualmente cede il posto ai solfuri d'arsenico nelle tonalità arancio, per scomparire del tutto nelle ombre, in cui viene introdotta anche l'ocra. Soprattutto di ocra gialla, con poco giallo di piombo stagno, è il copricapo giallo carico della dolente all'estrema sinistra, dalla veste rosso-bruna per gli ossidi di ferro.

Nella *Madonna dell'arancio* (cat. 19) il giallo risvolto del manto della Vergine è soprattutto eseguito con giallorino[34], rivestito da pennellate di ocra giallo-arancio per le ombre arancio rosate. Se i frutti gialli sono solo con giallorino, quelli color arancio contengono invece solfuri di arsenico[35], e punte di cinabro.

D'un giallo squillante (giallorino, con parti di cinabro nelle ombre) del tutto simile a quello del risvolto appena citato, è la fodera piegata ad angolo retto del manto blu di Apollonia, che punta verso la Vergine e il Bambino, nella *Madonna con il Bambino e sei santi* della Galleria Nazionale di Parma, prova da virtuoso nello sfruttare la luce proveniente da sinistra e nella resa dei preziosi tessuti di Cosma e Damiano. Al fianco di Apollonia, Cima tinge di realgar la veste di santa Caterina, ora più bruna che arancio – e vi impiega pure pigmenti rameici, terre e giallorino, con velature brune organiche (bitume?) nelle ombre – che appare cromaticamente affine alla gran parte dei manti con cui ama rappresentare san Pietro. In essi, sempre troviamo arsenico, e ciò giustifica il fatto che siano sovente rovinati da vecchie puliture troppo aggressive. In uno stato conservativo eccezionalmente buono è invece il manto dell'angelo con la viola nella *Pala Dragan* (cat. 27), dove oltre al realgar compare una terra ricca di zinco, più abbondante nelle ombre.

E così via, con piccole varianti, entro la casistica tratteggiata.

Nei bruni realizzati con ossidi di ferro[36] Cima aggiunge di rosso cinabro come solevano fare molti pittori dell'epoca, per ottenere un bruno fondo, castano scuro, come nella tavola con *Daniele nella fossa dei leoni* della Pinacoteca Ambrosiana (cat. 32).

Se nella pala di Vicenza, alcune velature brune – nelle ombre del volto di san Giacomo, in qualche venatura dei marmi – sono tanto liquide e trasparenti da far pensare a materiali bituminosi, nei *San Girolamo* di Milano e Firenze (catt. 13, 52) l'impressione visiva è confortata dalle analisi integrate: si individuano bruni organici insieme a terre nei bruni delle rocce, con aggiunta di parti di oltremare per produrre i toni grigi, con consonanze tali di materiali, da sembrare le due versioni dipinte contestualmente.

Oro, e sopra l'oro

In quel capolavoro monocromo, a probabile imitazione di una formella bronzea, che è il *Daniele nella fossa dei leoni* dell'Ambrosiana (cat. 32), Cima offre un fine saggio di abilità tecnica, mantenendo gli ingredienti dell'impasto cromatico (ocre brune, cinabro, biacca e parti di giallo di piombo-stagno, con sporadiche tracce di pigmento rameico) in proporzioni fisse pressoché in ogni dettaglio, ma presumibilmente aggiungendo pigmento nero o bruno organico per scurire alcuni particolari[37]. Le luci restano di fatto determinate dal preciso tratteggio con pennello intinto nell'oro dato a conchiglia, con inclinazione variabile a seconda dei dettagli rappresentati e con maggior concentrazione di oro nelle figure di Daniele e nei leoni, per farle emergere dal paesaggio roccioso e dal suolo.

Fatta eccezione per i fondi oro (in foglia, su una base di bolo rosso secondo tradizione) del *Polittico di Olera* (cat. 1), adeguamento alla committenza e omaggio a un gusto arcaico di fatto estraneo a quello professato nel resto della produzione, l'oro steso in foglia (in genere a missione, senza preparazione a bolo rosso) compare in qualche architettura a simulare i mosaici.

Sull'oro Cima dipinge decorazioni e figure, ma non necessariamente a sfruttare in velatura il riflesso dorato del fondo. Nel catino della pala di Parma impiega infatti con spessori coprenti azzurrite, senza evidenze di velature di lapislazzuli, nel manto blu del Cristo e nella veste azzurra della Vergine, il cui mantello grigio-violetto è miscela di azzurrite e lacca carminio. Qui il pittore lavora vari dettagli a sgraffito, levando colore a far emergere l'oro, e interviene invece a pennello, incrociando i tratti, a simulare le tessere musive. Mentre per il cuscino rende l'impressione del velluto velando con lacca il cinabro, è nelle vesti di Cristo e del santo di destra che tiene a vista nelle luci il fondo oro, usando nelle ombre rispettivamente lacca rossa e verde rameico.

Nella pala per Conegliano (cat. 9) oro in foglia è adoperato nelle vele sotto il tamburo, le cui decorazioni nere a racemi contengono abbondante rame, a indicare il degrado e viraggio cromatico di un pigmento a base di rame, con ogni probabilità verde (acetato o resinato di rame?). Nel *San Pietro in cattedra* di Brera (cat. 56), sono le velature di bruni organici a donare l'effetto di volume del catino dorato della cattedra.

ALTERNANZE

Proprio la pala braidense di *San Pietro in cattedra tra i santi Giovanni Battista e Paolo e un angelo musicante* (cat. 56) ben si presta a illustrare l'ultima stagione del pittore, in cui affina sapienti alternanze cromatiche, in specie tra i due azzurri minerali, a creare un ritmo giustapponendo toni più e meno freddi: se di ultramarino sono i colori del cielo, i monti dello sfondo e il verde-azzurro della collina di destra (con parti di giallo), proprio nel borgo murato che la corona Cima opta per l'azzurrite. Così pure nel ricco piviale di Pietro usa oltremare per il velluto, ma nelle decorazioni azzurre delle architetture delle bordure raffredda il tono con l'azzurrite. Analogamente l'angelo con liuto, di luminoso lapislazzuli schiarito con biacca, siede sullo sfondo di marmo bianco della base del trono, dove le venature di biavo azzurro-grigio sono fatte con azzurrite. E pure negli inserti di pietra blu delle paraste del seggio, che si direbbero rappresentare la preziosa pietra del lapislazzuli, con le venature bianco-gialle a imitare lo spato calcareo misto a impurezze di pirite, Cima – come già fece Mantegna a San Zeno nel rosone sotto il trono – non sfrutta tanto il tono intenso dell'oltremare, pure adoperatovi in alcune velature, bensì quello del carbonato di rame. In tal modo inserisce una discontinuità tra gli ultramarini del cielo e del velluto, contrastando, come nel colle.

Del resto ancora azzurrite è mescolata a lacca carminio per il violetto del drappo d'onore, e la stessa miscela rende il grigio (violaceo) della coperta del libro di Paolo, il manto del quale ha una fodera rosa realizzata con la medesima lacca.

NON SOLO PIGMENTI

Le cromie accese e bilanciate del nostro non lasceranno indifferenti pittori come Giovanni Martini da Udine, che se guarda a Carpaccio per l'impaginazione, certo per l'uso del colore anche a Cima si riferisce, risolvendo in senso scultoreo; nella *Presentazione di Gesù al tempio* che Giovanni dipinge per Portogruaro (1512-13) non possiamo non pensare – in riferimento al colore – a un dialogo a distanza con l'*Incredulità di san Tommaso* di Cima ora a Londra (1502-04, cat. 38), eseguita per la fraterna di San Tommaso dei Battuti di quella città[38]. E vediamo che al modo di pennellare sempre fuso e unito di Cima, il pittore-scultore Martini propone un'alternanza di velature e pennellate più grasse e materiche, specie per il rilievo delle luci nei tessuti, nei cangianti, che al primo non interessa[39].

Perché molto, com'è ovvio, dell'effetto cromatico finale dei dipinti è dovuto alle abilità tecniche nella stesura del colore, alla cosiddetta *texture*, alla capacità che ha Cima di fondere le pennellate in tessuti lisci e compatti, nella scelta di lavorare con le lacche soprattutto in velatura – secondo la migliore novità quattrocentesca mutuata dall'impiego del legante oleoso alla fiamminga – e raramente a corpo (metodo in cui sarà maestro Tiziano), con esiti che andrebbero discussi caso per caso ma che mostrano la coerenza di un *modus operandi* che appare evidente nelle opere meglio conservate.

Così Cima arriva a quegli effetti quasi di ceramica, ma scevri della freddezza di questa, come si avvide Berenson scrivendo «il colorito trasparente, fresco, perlaceo non è quasi mai freddo e duro; il modellare solido, alle volte arieggia alla porcellana»[40].

E a togliere l'impressione di una fredda politezza marmorea, Cima sovente sfrutta nella velatura il metodo del tampone, non solo in opere di piccolo formato, non solo nelle carni ma anche in vesti e sfondi, come già fa Giambellino e anche il giovane Giorgione. Ossia la pressione esercitata ora con polpastrelli, col palmo delle mani, ora con tamponi di tessuti fini o pelli[41]. E questo pare fin dalle prime opere superstiti.

Vi sono poi altre tecniche che Cima in varie opere adotta: ad esempio un profilo luminoso tangente agli incarnati (ma anche ai paesaggi, talvolta) in ombra, a rilevarli rispetto allo sfondo, a farli emergere, avvalendosi di un fenomeno ottico di diffrazione in un contesto di luce diffusa più che di controluce. Il perimetro luminoso è talora ottenuto per riserva rispetto al fondo, come per la mano di Tommaso[42] nell'*Incredulità* delle Gallerie dell'Accademia di Venezia (cat. 37).

Dove in quest'opera emerge la struttura d'un disegno soggiacente elaborato con tratti paralleli più o meno irregolari, è per l'aumentata trasparenza degli strati cromatici dovuta a fenomeni di invecchiamento[43] o abrasioni, non per la scelta di sfruttare tale trama quale fondo su cui poggiare il colore. Sia sotto le ombre grigie del manto bianco del Cristo sia della veste di san Magno vescovo si vede un segno bruno a pennello, realizzato – non sappiamo se in parte o *in toto* – con gallo-tannati di ferro[44], funzionale a collocare le ombre, a studiarle. Ma altrove, come nelle architetture e in alcuni contorni delle figure, il segno appare a vista nero e resta meglio leggibile in riflettografia, a indicare l'uso di un *medium* carbonioso, comunque a pennello. Lo studio, la lavorazione delle pieghe del lenzuolo di Cristo, d'un bianco mirabilmente smaltato dai riflessi grigi, diventa qui di capitale importanza per il ricetto della luce e per spostare l'occhio dalla figura al petto illuminato del risorto. E non sempre le ombre disegnate vengono rispettate in fase finale, bensì mutate in penombre o in luci.

Nel saggio di magistrale regia, anche luminosa, che è il *Compianto sul Cristo morto* della Galleria Estense di Modena (1498-99) il profilo chiaro non lo troviamo solo sui fondi scuri o medi: in finitura è ripassato il profilo di san Bernardino, con un bordo verde più chiaro sopra il verde già luminoso delle colline prative. In quest'opera, le pennellate rosa del cielo smarginano appena sul bordo delle rocce, e gli stessi tronchi, i fili d'erba e altri dettagli sono dipinti sopra il cielo già realizzato. In alcune aree parzialmente abrase delle rocce brune presso il sepolcro traspare poi un fondo rosa-arancio (minio?), che ricorda quello visibile nelle rocce dipinte da Mantegna sulla sinistra della *Minerva espelle i Vizi dal giardino delle Virtù* del Louvre; non è chiaro se si tratti di un ripensamento esecutivo, o di una scelta voluta. Le penombre delle rocce di Cima si sporcano di azzurro a dar toni freddi ad alcune penombre, e la stessa Vergine è giocata sul contrapposto tra azzurro acceso del manto e azzurro-grigio, spento, della veste. Estremamente esigente, Cima fino alle ultime fasi della pittura corregge, lima, forse intervenendo sul lavoro dei suoi collaboratori per percepire il controllo pieno dell'opera, e per introdurre piccole variazioni dove i temi siano riproposti serialmente, sulla base dello stesso disegno preparatorio o cartone. Ecco: piccoli aggiustamenti rispetto al disegno soggiacente o alla prima redazione già dipinta, senza mai mutamenti iconografici significativi: precisa un dettaglio, arretra o avanza una mano, volge uno sguar-

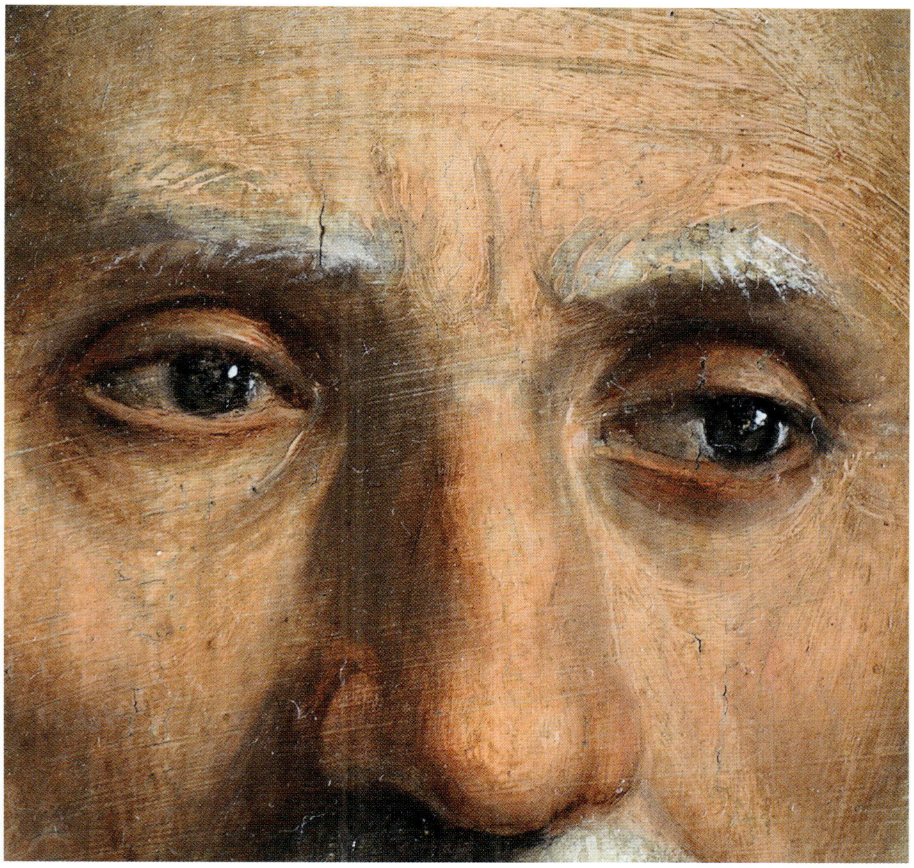

Cima da Conegliano, *San Pietro in cattedra tra i santi Giovanni Battista e Paolo e un angelo musicante*, Milano, Pinacoteca di Brera (cat. 56), particolare del volto di Pietro do, ruota un volto, rende più vera una prospettiva[45]. Allo stesso modo procede col colore: modifica una tinta, ammorbidisce un volume, affina un chiaroscuro, torna su una velatura, aggiunge un riflesso negli occhi, completa, chiude.

A mia madre

Questo saggio è basato sullo studio da me condotto con metodologie non invasive portatili su ventisei opere del maestro (conservate a Conegliano e territorio, Vittorio Veneto, Venezia, Vicenza, Milano, Firenze e Berlino), nella certezza che solo studi sistematici possono gettare piena luce sull'operato di un artista. Le analisi, volte al riconoscimento dei pigmenti e all'esame di peculiarità tecniche, sono state personalmente eseguite grazie alle strumentazioni appartenenti all'Università degli Studi di Bergamo e all'Università degli Studi di Verona (LANIAC). Sono grato *in primis* a Giovanni C.F. Villa, per i continui stimoli e per aver fermamente voluto e gestito con me anche quest'ampio progetto diagnostico, occupandosi della parte riflettografica e fotografica. Per la disponibilità dell'ateneo veronese sono debitore alla consueta cortesia di Loredana Olivato. Mi preme ringraziare le persone che, entro le varie istituzioni, hanno creduto e permesso le analisi sulle opere: Maria Elisa Avagnina, con cui anni fa s'iniziò a Vicenza, Caterina Bon Valsassina, Matteo Ceriana, Lucia Fornari Schianchi, Giulio Manieri Elia, Marta Mazza, Mariolina Olivari, Marco Navoni, Anna Maria Spiazzi, Angelo Tartuferi, Stefan Weppelmann. Le analisi svolte consistono in spettrometrie in riflettanza diffusa nel visibile (vis.-RS), adatte a riconoscere molti pigmenti inorganici e organici presenti nello strato superficiale, e in spettrometrie di fluorescenza X caratteristica in dispersione di energia (EDXRF, o XRF), che permettono di individuare, sempre senza effettuare prelievi, gli elementi chimici presenti negli strati pittorici fino alla preparazione. L'uso associato di tali tecniche consente la ricostruzione di semplici sequenze stratigrafiche, come ampiamente dimostrato (L. Bonizzoni, S. Caglio, A. Galli, G. Poldi, *A Non Invasive Method to Detect Stratigraphy, Thicknesses and Pigment Concentration of Pictorial Multilayers Based on* EDXRF *and Vis.- RS:* in situ *Applications*, in «Applied Physics A: Materials Science & Processing», 92, 1, 2008, pp. 203-210). Per la vis.-RS si è impiegato uno spettrofotometro Minolta 2600d dotato di sfera integratrice interna, geometria d/8, operativo tra 360 e 740 nm con risoluzione spettrale 10 nm, area di misura di 3 mm di diametro. Per l'EDXRF ci si è avvalsi di due spettrometri della Thermo scientific: un Niton XLt 797X (tensione max 40 kV) con anodo di oro, target di molibdeno e rivelatore Si-PIN, e più di recente di un Niton XL3t 900s GOLDD, dotato di anodo di argento (tensione max 50 kV) e rivelatore SDD; entrambi operano su aree di misura di 3 mm di diametro. Analisi riflettografiche in infrarosso (IRR) e analisi in infrarosso falso colore (IRC), entrambe eseguite con fotocamera digitale (rivelatore CCD di silicio) sensibile fino a circa 1 micron, hanno permesso di valutare nei casi dubbi se gli strati pittorici esaminati fossero originali, consentendo l'estensione dei risultati sui pigmenti ad aree più ampie. Per dettagli, anche bibliografici, in merito alle metodologie di analisi citate rimando a G. Poldi, G.C.F. Villa, *Dalla conservazione alla storia dell'arte. Riflettografia e analisi non invasive per lo studio dei dipinti*, Pisa 2006, pp. 37-138, 241-270.
I dati così raccolti aiutano, insieme ai pochi pubblicati relativi allo studio di microprelievi, a formarsi un quadro ormai piuttosto preciso dei materiali cromatici usati da Cima e dei loro modi d'impiego, a ideale integrazione del precedente saggio di Jill Dunkerton.

[1] L. Coletti, *Cima da Conegliano*, Venezia 1959, p. 14.

[2] Sul disegno sottostante di Bellini si veda G.C.F. Villa, *Indagando Bellini. Quattro ancone in un itinerario*, in G. Poldi - G.C.F. Villa, *Indagando Bellini*, Milano 2009, pp. 13-127. Per i materiali della sua pittura rimando a G. Poldi, *Note quasi sparse sul colore e la tecnica di Giambellino. Nuovi studi analitici*, *ibid.*, pp. 161-223.

[3] «Pare», perché le analisi sui pigmenti di Montagna appaiono ancora ridotte: si vedano soprattutto G. Poldi - G.C.F. Villa, *Schede scientifiche*, in *Catalogo scientifico delle collezioni. 1. Pinacoteca Civica di Vicenza. Dipinti dal* XIV *al* XVI *secolo*, a cura di M.E. Avagnina, M. Binotto, G.C.F. Villa, Cinisello Balsamo 2003, pp. 518-549; e L. Lodi, *Recenti restauri ad alcuni dipinti del Museo: Ambrogio Bergognone, Bartolomeo Montagna, Bernardino Luini*, in *La Certosa di Pavia e il suo Museo. Ultimi restauri e nuovi studi*, Atti del convegno (Pavia, Centro Congressi della Certosa, 22-23 giugno 2005), a cura di B. Bentivoglio-Ravasio, con L. Lodi, M. Mapelli, Assago 2008, pp. 469-471.

[4] Ciò si riscontra anche su opere di Giovanni Bellini successive all'introduzione dell'olio nella sua pittura. Poche, purtroppo, sono ancora le analisi eseguite e rese note sui leganti delle opere di Cima per potersi formare un quadro preciso. Gli stessi dati non sono facilmente confrontabili a motivo dei diversi metodi analitici impiegati. È riduttivo, tuttavia, indicare in tutto l'arco della carriera l'impiego esclusivo dell'olio, alla luce dei dati disponibili, dal momento che alcune opere, specie di piccolo formato, risultano dipinte a tempera (uovo). Per una sintesi pre-1986, e riferimenti bibliografici, si veda J. Dunkerton - A. Roy, *The Technique and Restoration of Cima's The Incredulity of S. Thomas*, in «National Gallery Technical Bulletin», 10, 1986, p. 10, note 19, 21, pp. 25-26.

[5] *Ibid.*, pp. 10-21.

[6] Molto contano, naturalmente, i luoghi scelti per i prelievi: un confronto andrebbe svolto su tinte simili. Sui due ultimi dipinti citati: P. Rosanò - P. Cornale, *Alcuni aspetti della tecnica esecutiva di Cima da Conegliano*, in *Cima da Conegliano: mostra del restauro di tre polittici* (Conegliano, Sala dei Battuti, 30 settembre - 7 novembre 1993), s.l. e s.d. [1993], pp. 30-38, e le relazioni depositate nella relativa soprintendenza.

[7] L'imprimitura a biacca non sembra essere presente nei cieli, dove le mescole di pigmento azzurro in abbondante biacca tendono a renderla superflua.

[8] Due tele sottili, probabilmente lino, di 17 × 15 fili/cm in media (trama × ordito) unite con una cucitura orizzontale lungo le cimose (accuratamente accostate, non sovrapposte) che corre appena sotto la metà dell'opera, tanto che l'altezza del bordo del muretto dietro il pergolato potrebbe essere stata scelta proprio in funzione della cucitura, ponendola al margine tra muretto e cielo, quindi minimizzandone la visibilità. Le altre cimose sono ben visibili presso la chiodatura del margine inferiore e superiore al telaio. Le due fasce laterali della tela originale – coperte dalla cornice – sono grossolanamente dipinte con un colore bruno costituito da massicce quantità di terre ma privo delle consuete aggiunte di cinabro, che suggeriscono estraneità alla tecnica cimesca: si tratta probabilmente di un intervento pre- o primo-ottocentesco (è infatti privo di zinco o altri elementi guida di pigmenti otto-novecenteschi) volto ad adattare l'opera alla cornice. L'opera è stata esaminata prima e durante l'ultimo restauro eseguito da Renza Clochiatti Garla, che ringrazio per alcune preziose osservazioni.

[9] Una prima campagna di analisi (sempre non invasive) su quest'opera è pubblicata in Poldi-Villa, *Schede scientifiche*, cit., pp. 514-517. Alla luce delle nuove analisi XRF – eseguite con strumentazioni particolarmente sensibili – confermiamo la lettura di potassio nel manto della Vergine, ma l'assenza di cobalto e arsenico non ci consente di riferirla a una presenza di smaltino nel sottomodellato, come avevamo invece ipotizzato. I nuovi spettrometri XRF hanno inoltre permesso di leggere la presenza di stagno sia nei verdi esaminati che nei rosa del manto di Giacomo, e di circoscrivere la presenza di minime quantità di ferro in varie tinte (rosse e azzurre) a impurezze di ocre o terre nella preparazione.

[10] Qui come in quasi tutti i verdi rameici studiati è evidente in vis.-RS la banda tra 690 e 720 nm, tipica degli acetati di rame quali verderame e resinato di rame, non distinguibili tra loro. Si veda G. Poldi, *Le analisi scientifiche non invasive sulle opere di Giovanni Bellini. Note tecniche e interpretative*, in *Bellini a Venezia. Sette opere indagate nel loro contesto*, a cura di G. Poldi, G.C.F. Villa, Milano 2008, p. 265.

[11] Vedi oltre, nota 25.

[12] Essendosi potute svolgere, sulle opere della Pinacoteca di Brera, solo analisi vis.-RS, non sappiamo se anche qui sotto l'oltremare esista uno strato di azzurrite.

[13] Un'eccezione potrebbe essere quella delle due versioni della *Testa di Cristo coronato di spine*, di Londra (cat. 60) e di collezione privata (cat. 61), che presentano un *underdrawing* dal tratteggio fitto e più o meno accurato discusso da Villa e Dunkerton in questo volume.

[14] Sulla tecnica di questo polittico si vedano i seguenti contributi contenuti in *Inauratam et ornatam. Il polittico di Cima da Conegliano a Olera*, a cura di E. Daffra, Azzano San Paolo 2005: E. Daffra - M. Ceriana, *Cima da Conegliano e la bottega di Alvise Bianco per San Bartolomeo a Olera*, pp. 72-73; L. Dori - A. Dori, *Note sul restauro*, pp. 81-84; R. Buda, *I supporti lignei*, pp. 90-97; P. Rosanò, *La tecnica esecutiva*, pp. 102-106. Di quest'ultimo saggio, dedicato agli esiti delle analisi svolte su sei microprelievi di pellicola pittorica, va segnalato, ad esempio, che con le analisi effettuate (microscopia ottica e SEM+EDS, test istochimici su sezioni lucide e analisi FT-IR) non è dimostrabile l'impiego di «lacca di garanza» (nel senso di lacca di robbia) – più probabile l'uso di lacca di tipo carminio (kermes, in genere) come le analisi vis.-RS certificano per la maggioranza delle opere esaminate (si veda oltre). Nient'affatto ovvia, inoltre, la presenza di olio indicata nella preparazione, insieme ai consueti gesso e colla animale, né quella di minio insieme al cinabro nei rossi accesi modulati da lacca (manto di Caterina), o, da solo, nel manto arancio di san Rocco, che presenta l'evidenza cromatica dei solfuri di arsenico. Questioni che restano da approfondire.

[15] G. Poldi - L. Bonizzoni, *Di mescole e di strati. Precisazioni sui pigmenti della pala di San Zeno di Mantegna secondo le analisi integrate* ED-XRF *e vis-*RS, in *La*

Pala di San Zeno, la Pala Trivulzio. Conoscenza, conservazione, monitoraggio, Atti della giornata di studi (Verona, Palazzo della Gran Guardia, 5 dicembre 2006), a cura di F. Pesci, L. Toniolo, Venezia 2008, pp. 104-119. La stratigrafia oltremare su azzurrite è indicata anche nel capitolo LXXXIII di C. Cennini, *Il libro dell'arte*, a cura di F. Frezzato, Vicenza 2004, pp. 125-126.

[16] L'opera è stata studiata da Stefano Volpin. Alcuni dati sono pubblicati in F. Ilchman, *The Conservation of Cima's Altarpiece in the Church of the Madonna dell'Orto*, in «Studies in Venetian Art and Conservation», 2001, pp. 28-31, in cui si indica l'opera come dipinta sostanzialmente a tempera, con olio siccativo impiegato per le velature a lacca rossa e resinati.

[17] Dunkerton-Roy, *The Technique and Restoration,* cit., pp. 10-14, p. 26, nota 22.

[18] Verificata su molti punti del cielo dei tre scomparti, l'azzurrite non reca tracce di perdute finiture con lapislazzuli. Si veda anche la stratigrafia pubblicata in Rosanò-Cornale, *Alcuni aspetti*, cit., p. 37.

[19] La diminuzione della risalita – oltre il minimo a 600 nm – dello spettro vis-RS del lapislazzuli rispetto al consueto, è spiegabile per la presenza di azzurrite sottostante, certificata dal rame letto mediante XRF.

[20] Poldi, *Note quasi sparse sul colore*, cit., pp. 161-223. Per la *Pala di Pesaro* si veda anche M. Laurenzi Tabasso (coord.), *Le indagini scientifiche*, in *La pala ricostituita. L'Incoronazione della Vergine e la cimasa vaticana di Giovanni Bellini. Indagini e restauri*, a cura di M.R. Valazzi, Venezia 1988, pp. 127-143.

[21] Si tratta nel cielo probabilmente di azzurrite dello strato sottostante l'oltremare, che emerge a seguito di abrasioni e svelature.

[22] Che il punto di misura scelto sia originale, in questo come in molti altri casi, lo garantiscono oltre alle analisi in infrarosso la presenza di digitazioni.

[23] Purtroppo con le analisi non invasive eseguite non è possibile individuare la presenza di malachite, testimoniata ad esempio sull'*Incredulità di san Tommaso* di Londra, se essa appartiene agli strati sottostanti la superficie.

[24] Negli alberi dietro il santo è stata segnalata nel 1993 la sola presenza di terra verde (Rosanò-Cornale, *Alcuni aspetti*, cit., p. 35), tuttavia le analisi XRF hanno individuato un cospicuo segnale sia per il rame – quindi di pigmenti rameici – sia per il ferro. Quest'ultimo, unitamente alla presenza di una spalletta a 450 nm in vis.-RS nelle sole cromie verde marcio e alla forma dello spettro, si riferisce più facilmente alla presenza di un'ocra, insieme a resinato di rame, che non alla terra verde, pigmento che in olio avrà un particolare successo soprattutto nel XVIII secolo, in area veneta.

[25] Sono infatti quasi sempre leggibili in RS le bande caratteristiche a 520-530 e 560-570 nm circa. Per lacca carminio si intende una lacca rossa d'origine animale, estratta da insetti del genere *Kermes* o *Porphyrophora* (del vecchio mondo) o *Dactylopius* (dall'America). Come dimostrato (G. Poldi, *Analisi scientifiche su tappeti e altri tessili: note introduttive e prospettive di ricerca*, in *Crivelli e l'arte tessile*, a cura di M. Tabibnia, T. Marchesi, E. Piccoli, Milano 2010, pp. 161-162), la spettrometria vis.-RS permette in genere di distinguere tale colorante organico da altre lacche rosse – come la lacca indiana (da insetti *Kerria lacca* ossia *Laccifer lacca*) e la lacca di robbia, o garanza (dalla radice della *Rubia tinctorum*, e simili) – non però di chiarire se si tratti di cocciniglia di origine americana, anziché europea o armena. La presenza di «lacca di garanza» in opere di Cima segnalata nel 1993 (Rosanò-Cornale, *Alcuni aspetti*, cit., pp. 34-35, 38) è sicuramente da rivedere alla luce degli esiti delle attuali analisi vis.-RS (si veda anche nota 14).

[26] Sull'opera si vedano anche le sezioni pubblicate in L. Lazzarini, *Lo studio stratigrafico della Pala di Castelfranco e di altre opere contemporanee*, in *Giorgione. La pala di Castelfranco Veneto*, catalogo della mostra (Castelfranco Veneto, 29 maggio - 30 settembre 1978), a cura di L. Lazzarini, F. Pedrocco, T. Pignatti, P. Spezzani, F. Valcanover, Milano 1978, pp. 53-56.

[27] Si veda Poldi, *Note quasi sparse sul colore*, cit., p. 185.

[28] Individuazione mediante HPLC, in Dunkerton-Roy, *The Technique and Restoration*, cit., p. 14.

[29] Diversamente da quanto indicato in Rosanò-Cornale, *Alcuni aspetti*, cit., pp. 34-35, in cui per il substrato si parla di minio, il cui colore (arancio) è peraltro incompatibile con quello delle sezioni illustrate (rosso).

[30] Non pare in RS si tratti di una mescola tra lacca rossa e un azzurro, essendovi assente il massimo nelle regioni del blu.

[31] Studiata in occasione del suo restauro, si tratta tuttora dell'opera di Cima più accuratamente esaminata: Dunkerton-Roy, *The Technique and Restoration*, cit., p. 14.

[32] La tavolozza di Paolo Caliari, brillante e varia, è debitrice a quella cimesca più di quanto non accada per Tiziano e Tintoretto.

[33] Sul bitume, o meglio sulla sostanza catramosa estratta per distillazione da legno di conifera, individuato nell'*Incredulità* londinese: *ibid.*, p. 17, e R. White, *Brown and Black Organic Glazes, Pigments and Paints*, in «National Gallery Technical Bulletin», 10, 1986, p. 66.

[34] Poiché non si sono rilevati nei punti del manto esaminati mediante XRF i picchi dell'arsenico quest'ultimo, se presente, lo è a livello di tracce.

[35] L'esistenza di realgar e orpimento, pur senza indicarne l'ubicazione, è citata per questa pala da L. Lazzarini, *Il colore nei pittori veneziani tra il 1480 e il 1580*, in «Bollettino d'Arte», Suppl. 5, «Studi veneziani, ricerche di archivio e di laboratorio», 1983, pp. 138-139.

[36] Ossidi di ferro bruni il cui contenuto di manganese è tanto basso da essere raramente leggibile in XRF.

[37] I neri e i pigmenti organici in genere non sono rilevati in XRF, e i primi neppure mediante vis.-RS, salvo in mescolanza con bianco nei grigi. Si è esaminata una dozzina di punti, misurando spettri XRF quasi identici.

[38] E in particolare sotto il governo di un tintore, gastaldo della fraterna, citato nel cartellino: F. Borgo, *Un sarto per Giovanni e un tintore per Cima. La Presentazione del Martini tra San Francesco e Sant'Andrea*, in *Tra Livenza e Tagliamento. Arte e cultura a Portogruaro e nel territorio concordiese tra XV e XVI secolo*, Atti della giornata di studio (Portogruaro, 28 novembre 2008), a cura di A.M. Spiazzi, L. Majoli, Vicenza 2009, pp. 223-243.

[39] E. Francescutti, *La tecnica pittorica di Giovanni Martini: analogie, tangenze e diversità con le realizzazioni scultoree del maestro friulano*, *ibid.*, pp. 185-201; G. Poldi, *I pigmenti di Giovanni Martini da Udine in pittura e scultura, alla luce delle analisi non invasive*, *ibid.*, pp. 203-221.

[40] B. Berenson, *Dipinti veneziani in America*, Milano 1919, p. 178.

[41] Una testimonianza tardo cinquecentesca sull'uso di tamponi può leggersi G.B. Armenini, *De' veri precetti della pittura*, Ravenna 1586, l. II, capp. VII-IX, pp. 122-130, che in particolare per far velature con verderame o lacca consiglia vi si mescoli «vernice comune», quindi si vada «velando tutto egualmente con un pennello grosso di vaio, e compito si batte o con la pianta della mano, o con un piumazziolo di bambase coperto di tela lina, finché il colore dato si vegga esser per tutto eguale, senza che vi apparisca segno alcuno di pennellate; e se non venisse a suo modo coperto alla prima, dopo che sarà asciutto, se li ritorna a dare quello di novo e batterlo pure nel modo di sopra predetto». Le impronte potevano anche usarsi sulle imprimiture, come ricorda Vasari nell'introduzione all'edizione del 1568 delle *Vite*.

[42] Si noti nell'immagine anche la presenza d'impronte nel paesaggio, messe in evidenza dall'assottigliamento della pellicola pittorica, indici dell'impiego di un tampone.

[43] Come la modifica dell'indice di rifrazione degli strati superiori, il fotodegrado di pigmenti e leganti ecc.

[44] Come testimoniano la scarsa opacità nel vicino infrarosso (in riflettografia) e la presenza di ferro letta in XRF.

[45] Correzioni rese note dalle riflettografie, e in qualche caso intuibili dalle svelature della pellicola pittorica.

le opere

in mostra e originariamente nel territorio veneto

1.
Polittico di Olera
(Polittico di San Bartolomeo)
nove tavole dipinte disposte su tre ordini
San Sebastiano; *San Pietro*; *San Giovanni Battista; San Rocco* (registro inferiore)
tempera e olio su tavola in abete,
136 × 46,5 cm ciascuna (registro inferiore)
San Girolamo; *Santa Caterina*; *Santa Lucia*; *San Francesco* (registro superiore)
tempera e olio su tavola in pioppo,
56,5 × 46 cm ciascuna
Madonna con il Bambino (cimasa)
tempera e olio su tavola in pioppo,
86 × 68,5 cm
San Bartolomeo
al centro, statua lignea
Olera (BG), chiesa di San Bartolomeo Ap.

Restauri: 1879 (Antonio Zanchi); 1920 (Mauro Pelliccioli); 1959 (Angelo Gritti); 1962 (Angelo Gritti e Franco Steffanoni); 1970 (Angelo Gritti, intervento sulla scultura); 1978 (Eugenio Gritti); 2001-2002 (Andrea e Lucia Dori, Roberto Buda per i supporti; direzione scientifica: Emanuela Daffra; consulenza dell'Opificio delle Pietre Dure di Firenze per le problematiche relative ai supporti: Marco Ciatti, Ciro Castelli, Mauro Parri, Andrea Santacesaria)
Analisi scientifiche: 2001-2002, radiografia eseguita da Roberto Giuranna; riflettografia infrarossa eseguita da Duilio Bertani; studio chimico-stratigrafico in microscopia ottica, Ditta TSA (Padova)

Una «Singola icona pulcra» citata nella visita pastorale del 1547 di Vittore Soranzo diviene «iconam magnam inauratam et ornatam» per san Carlo Borromeo (in Daffra-Ceriana 2004, p. 30), con Botteon e Aliprandi (1893, p. 133) che narrano il polittico «collocato dietro l'altare in isplendida cornice di legno dorato, con colonnine, capitelli ed intagli bellissimi». Ed è proprio il complesso scenico che ancora oggi meraviglia chi entra nella chiesa parrocchiale di Olera, dedicata a quel san Bartolomeo ritratto nella statua lignea al centro, e può ammirare nell'abside un'eccezionale carpenteria lignea originaria messa in opera da marangoni giunti appositamente da Venezia e guidati da maestro Alvise di Matteo Bianco, come rileva Matteo Ceriana in due fondamentali studi monografici dedicati al polittico, editi insieme a Emanuela Daffra, protagonista dell'ultimo grande atto di tutela dell'opera (Daffra-Ceriana 2004, p. 57; *Inauratam et ornatam* 2005, pp. 50-63). Il formidabile rapporto con la cornice definisce una macchina devozionale tutt'altro che arcaica nella forza espressa da otto santi e una *Madonna con il Bambino* singolarmente stagliati, e non ritagliati, sul fondo oro. Strepitoso atto d'esordio nella decorazione d'altare di un giovane Cima che riesce a comporre quanto aveva assimilato nello studioso corso veneziano lavorando sulla semplificazione delle anatomie e a una nuova luminosità e profondità cromatiche, in un disegno ancora molto marcato e scheggiato di panneggi che allontanano l'opera dall'ipotetica lezione montagnesca. Guardando invece a maestri che presto diverranno colleghi alla pari: così le figure, sbalzate e scolpite dalla luce, sono memori di quanto in quegli anni componeva Alvise Vivarini, cui si rifà anche la raffinata tecnica per velature sottili a rendere la plastica, senza mai però scadere nelle lignee durezze del muranese. Mentre la *Madonna con il Bambino* è antonelliana di forme e belliniana di sentire in una comunione, già proposta da Daffra (*ibid.*, p. 33), che appare inequivocabile con la *Madonna Contarini* (*Madonna con il Bambino in piedi benedicente*, tempera e olio su tavola di pioppo, 78 × 60 cm, firmata «IOANNES BELLINUS», Venezia, Gallerie dell'Accademia, inv. 594) e la *Madonna degli alberetti* (*Madonna con il Bambino*, tempera e olio su tavola di pioppo, 71 × 58 cm, firmata «.IOANNES.BELLINVS.P. / 1487», Venezia, Gallerie dell'Accademia, inv. 596). Ma poi emoziona il volto di san Rocco, il ritratto più intenso del polittico, chiaramente mediato in controparte dalla tipologia del *Cristo alla colonna* (olio su tavola, 29,8 × 21 cm, Parigi, Musée du Louvre, inv. R.F. 1992-10) e del *Cristo sorretto da un angelo* (olio su tavola di pioppo nero, 74 × 51 cm, Madrid, Museo Nacional del Prado, inv. 3092), i capolavori finali della stagione pittorica di Antonello da Messina. Un santo che chiama in causa anche l'altro necessario compagno artistico di una vita, Tullio Lombardo, che qui principia un dialogo con Cima mai più interrotto: in tal senso efficacissimo il confronto proposto da Daffra e Ceriana (*ibid.*, pp. 37-38) tra la postura di Rocco e quella del san Giovanni Battista del tabernacolo del Santo Sangue eseguito dalla bottega di Tullio e collocato nella sagrestia della basilica di Santa Maria Gloriosa dei Frari.
Un polittico sempre restato a Olera, pur cambiando chiesa, a eccezione di spostamenti straordinari: tra il 1875 e il 1880 in occasione di lavori nell'edificio sacro e poi al principio del 1918, ricoverato in palazzo Venezia a Roma ove rimase fino al 1920 (*ibid.*, p. 49) e infine spostato a Treviso per la mostra del 1962. Occasione nella quale fu restaurato da Steffanoni – pulizia e integrazione delle lacune – in un intervento aspramente criticato, non solo per mera concorrenza professionale, da Mauro Pelliccioli (1962), vittima le tavole di una pulitura condotta troppo in profondità, provocando uno sbilanciamento dei valori chiaroscurali della composizione tale da mutare in parte i rapporti tridimensionali tra figure e fondo oro.
Singolarmente taciuta nelle visite pastorali per oltre due secoli, nel 1820 Giovanni Maironi da Ponte segnala in Olera «pregevole l'ancona dell'Altar Maggiore composta di otto pezzi dipinti su legno, dicesi del Vivarini antico pittore» (Maironi da Ponte 1820, p. 198) aprendo una breve disputa attributiva, con Crowe e Cavalcaselle (1912) che la assegnavano a Francesco da Santacroce anche se già Locatelli (1868) l'aveva restituita a Cima. Concorde buona parte della critica a datarlo come una delle opere iniziali, intorno al 1489 e comunque a precedere la pala di Vicenza (cat. 4) – su questa linea Burckhardt (1905), Berenson (1916), Menegazzi (1962) e Marini (1963) – vi sono studiosi come Ballarin (1962) e Pallucchini (1962) che, seguendo Coletti che la giudicava «alquanto posteriore, proprio per la dolcezza e morbidezza del modellato» (1959, p. 72), tendono a porla al principio degli anni novanta del Quattrocento, con Heinemann (1962) che arrivava addirittura a proporne una datazione ai primi del Cinquecento. Una critica unanime a individuare influenze belliniane, con Tarchiani (1920) che osservava nella *Santa Caterina* una derivazione alvisiana, da Coletti (1959) adattata invece al *San Francesco* «derivante da quello della pala di Alvise del 1480 ora alle Gallerie di Venezia».
Le fitte corrispondenze con opere del medesimo periodo, si pensi al *San Sebastiano* che ritroviamo nella pala di Oderzo (cat. 2), o al Bambino che ricompare in lieve torsione nella pala di Vicenza, inducono a porre il complesso intorno al 1487 circa.

Bibliografia: Maironi da Ponte 1820, II, p. 198; Locatelli 1868, p. 120; Morelli 1892, p. 277; Botteon-Aliprandi 1893, pp. 133-134; Morelli 1897, p. 282; Burckhardt 1905, pp. 17, 125-131; Venturi 1905, p. 308; Venturi 1907, p. 258; Crowe-Cavalcaselle 1912, I, p. 238, III, p. 443; von Hadeln 1912, VI, p. 593; Venturi 1915, VII, parte IV, p. 546; Berenson 1916, pp. 196-197; Berenson 1919, pp. 184 ss.; Borenius 1916a, p. 164; Tarchiani 1920, pp. 282-284; Pelandi 1920, pp. 8, 14; Fogolari 1931, X, p. 244; Pinetti 1931, p. 338; Van Marle 1935, XVII, pp. 395-396; Berenson 1936, p. 127; Coletti 1953, p. LXXIV; Berenson 1957b, p. 66; Berenson 1958, p. 69; De Logu 1958, p 237; Coletti 1959, pp. 30, 72; Pallucchini 1961b, p. 63; Puppi 1961b, p. 39; Ballarin 1962a, pp. 483-484; Del Massa 1962, pp. 1 ss.; Gori 1962, 42-43; Heinemann 1962a, pp. 316-317; Heynold von Graefe 1962, p. 9; L. Menegazzi, in *Cima da Conegliano* 1962, pp. 3-4; Pallucchini 1962, p. 221; Pelliccioli 1962; Polo 1962, pp. 6-7; Puppi 1962b, p. 17; (Roli) 1962, p. VIII; Vertova 1962, p. 716; Fiocco 1963, p. 58; Marini 1963, pp. 153, 158; Polo 1963, pp. 15-16; Rutteri 1963a, pp. 40 ss.; Redig de Campos 1964, p. 246; Zava Boccazzi 1965, pp. 3, 6; Humfrey 1977b, pp. 176-181; Menegazzi 1981a, pp. 85-86; Humfrey 1983, pp. 133-134; Natale 1987, p. 94; Rossi 1994, p. 126; Humfrey 1996a, pp. 320, 323; Daffra-Ceriana 2004, pp. 28-69; *Inauratam et ornatam* 2005.

GIOVANNI C.F. VILLA

[I.]

2. ▶
Madonna in trono con il Bambino tra i santi Sebastiano, Giovanni Battista, Maria Maddalena, Rocco e i membri della confraternita della Scuola di San Giovanni Evangelista di Oderzo
tempera su tavola trasportata su tela, 301 × 211 cm
Milano, Pinacoteca di Brera, inv. napoleonico 375; inv. generale 528; reg. cronologico 5975
Iscrizioni: firmata sul cartellino alla base del trono «Joanes baptista [...]»
Provenienza: Oderzo, chiesa collegiata (Duomo); Oderzo, Scuola di San Giovanni Battista; dal 1811 a Milano, Pinacoteca di Brera; 1859-1899, in deposito a Casiglio (Como), chiesa parrocchiale; 1899, Milano, Pinacoteca di Brera

Restauri: 1811; 1851 (Martin Knöller); 1857 (Alessandro Brison); 1905 (fratelli Annoni e Luigi Cavenaghi); fine anni ottanta (Ottorino Nonfarmale)
Analisi scientifiche: 2009, riflettografia IR, VIS.-RS

Assisi su di un alto trono, una Madre e il Figlio coordinano santi e fedeli su di un proscenio architettonico che unisce elementi bizantini e linguaggio rinascimentale, avvertito di ogni novità ma, soprattutto, nuovo esso stesso. È la prima pala d'altare riconosciuta a Cima e in essa abbiamo *in nuce* buona parte di quelle che saranno le caratteristiche della sua arte futura, la capacità di porre in dialogo universi culturali apparentemente distanti tra loro, arcaismi e novità combinando motivi iconografici diversi, in questo caso il modello della sacra conversazione con la Madonna della Misericordia.
Ecco allora una sintassi compositiva quasi medievale nell'adozione, alle soglie dell'ultimo decennio del Quattrocento, della prospettiva d'importanza: ai piedi del trono, nelle caratteristiche vesti bianche con il cappuccio, sono raffigurati in scala ridotta i flagellanti e i membri della Scuola di San Giovanni Evangelista dei Battuti, sotto la cui giurisdizione era il primo altare a sinistra del Duomo di Oderzo, dedicato al santo eponimo e per cui la pala fu eseguita. Un gruppo di fedeli in cui ognuno è dal pittore ritratto con grande attenzione alla singola identità fisiognomica e che si presenta asimmetrico, nell'ampio semicerchio degli uomini a sinistra a contrasto con la più sparuta fila di donne a destra. Una scelta in deroga a quella legge della simmetria che governa il resto della pala, sottolineata centralmente dal bronzo, lapislazzuli e vetro ottomani a pendere dalla volta e indirizzare verso l'asta che regge il verde drappo d'onore, strumentale a ritagliare sull'inquartamento del cielo trono, Madonna e Bambino. Ritratti in una sorta di contrapposto rivolgono la loro benedizione ai membri della confraternita, tanto con il gesto della mano quanto con la postura. Un primo movimento non seguito dalla logica degli sguardi, strutturati in un dialogo utile solo a rinforzare il triangolo visivo di una composizione dettata oltre che dalla simmetria dei santi anche da quella dei colori, con le vele marmoree curiosamente non invertite rispetto ai drappeggi verdi e rossi di un Battista, e una Maddalena – di proporzioni gigantesche rispetto anche all'architettura – dagli accesi cangiantismi della veste che, coprotettrice della confraternita, ha qui il ruolo di tramite tra i devoti e la Vergine. In una scena disposta in una struttura architettonica a cupola che diviene edicola aperta sui quattro lati, così da lasciar entrare libero il respiro dell'aria mattutina. Dal formato a polittico utilizzato per l'esordio nelle valli bergamasche, Cima qui passa a quello di pala a unico comparto, la cui struttura riprende i modelli in voga a Venezia in quegli anni, creando un modello che tante conseguenze e fortuna avrà nei successivi tre lustri per le ancone licenziate in laguna e che aveva come punto di partenza l'apparato della perduta *Pala di Santa Caterina da Siena* che Giovanni Bellini eseguì per la basilica di Santi Giovanni e Paolo, andata distrutta nel 1867 ma eseguita intorno al 1470. Humfrey (1990) osservava come Cima non si fosse limitato a copiare il modello di Bellini ma a variarlo potentemente, *in primis* «trasformando la volta a costoloni usata da Bellini in uno spazio a cupola, di un tipo adottato in tempi recenti nei cori delle chiese veneziane di S. Michele in Isola, S. Giobbe e S. Maria dei Miracoli». Un modello architettonico probabilmente già impiegato da Antonello da Messina nella *Pala di San Cassiano* (Vienna, Kunsthistorische Museum) del 1476 e un cui tramite, riguardo la lettura datane dal giovane Cima, per Humfrey (*ibid.*) sarebbe la *Madonna con il Bambino in trono fra un santo guerriero (san Fortunato?), san Pietro, santa Caterina d'Alessandria, santa Lucia, un santo evangelista (san Matteo?) e san Sebastiano, con due angeli musicanti* da Alvise Vivarini eseguita per Santa Maria dei Battuti a Belluno (1486 circa, tavola, 385 × 231 cm, già Berlino, Kaiser Friedrich-Museum, inv. 38), anch'essa destinata a una confraternita di flagellanti, ove la struttura rimane chiusa sul fondo da un'abside marmorea. E anche Girolamo da Treviso, firmando e datando nel 1487, aveva dato esiti prossimi con la cosiddetta pala della *Madonna del Fior* per il Duomo di Treviso, ove snella e aerea appare la loggia che ospita i santi. Un Cima che non ne sarà stato immemore neppure nella successiva pala del 1493 per il Duomo di Conegliano (cat. 9), tanto che Wilde (1929, pp. 70-72) si basava per ricostruirne l'architettura della *Pala di San Cassiano*. Berenson (1916) intanto, sempre riferendosi alla produzione di Alvise Vivarini, aveva indicato come il cenno della mano sinistra della Vergine richiamasse l'analogo della *Sacra Conversazione* di Alvise oggi alle Gallerie dell'Accademia (inv. 388), originariamente nella chiesa di San Francesco a Treviso. Vi è da aggiungere anche come il geniale mutamento di poetica operato da Cima, non cadendo nella tentazione di operare una parafrasi dei modelli ma destrutturando il sistema, ha probabilmente avuto come ulteriore riferimento la *Madonna in trono con il Bambino tra i santi Giovanni Battista, Bartolomeo, Agostino e Sebastiano e tre angeli musici* con, nella predella, *Cinque fatti dalla vita di san Bartolomeo* (tavola trasportata su tela, 460 × 240 cm, Vicenza, Pinacoteca Civica di Palazzo Chiericati, inv. A 1) che Bartolomeo Montagna esegue intorno al 1485 per l'altar maggiore della chiesa di San Bartolomeo a Vicenza, pochi anni prima che Cima licenzi per il medesimo luogo la sua celebre pala con pergolato (cat. 4). Un'architettura dipinta che doveva poi, come arguibile sulla base dei molti esempi coevi, raccordarsi con quella vera tramite una cornice che ne accentuasse la struttura spaziale e creasse un armonico sistema tra parti lapidee, lignee e illusionistiche.
Un incunabolo della prima attività di Cima pesantemente svalutato da Burckhardt (1905) assegnandolo alla bottega, causa, credibilmente, le drammatiche vicende conservative di cui l'opera è stata vittima e che rendono oggi pressoché impossibile valutarne appieno la qualità da un punto di vista stilistico e tecnico, con l'indagine riflettografica che evidenzia amplissime mancanze nella preparazione e le estese ridipinture. Principalmente per essere stata vittima di ben due interventi sul supporto, con il primo trasporto da tavola su tela appena giunta in Pinacoteca a Brera nel 1811 poiché, a causa di un imballaggio non idoneo, aveva subito ampiamente i danni dall'esposizione all'acqua piovana durante il viaggio con altre opere giunte da Treviso in seguito alle soppressioni napoleoniche (Ricci 1907, pp. 89-82). Un'operazione che non diede i risultati sperati se nel 1851 Martin Knöller dovette nuovamente intervenire, ridipingendo architetture e cielo, con «nel 1857 la commissione Speciale di Pittura dell'Accademia di Brera, preposta a seguire i restauri» che osservava come il dipinto «presentemente su tela assicurata a tavola» era «in stato di sollevazione tale che il colore minaccia ad ogni lievi impatto di cadere» (in Bedini-Maderna 1990), inducendo la scelta di un trasferimento su nuova tela, affidato stavolta ad Alessandro Brison coadiuvato da Secco Suardo. Trasportata dunque su garza e una tela di canapa, nel 1859 il dipinto fu dato in deposito alla chiesa parrocchiale di Casiglio (CO) dove Frizzoni (1907) lo ricorda «ricoperto e rifatto in molte parti, mutilato in tutta la sua larghezza nella parte inferiore» asportando circa quindici centimetri di pittura così da adattarlo alla nuova cornice. Ritirato nel 1899

[2.]

[3.]

Cima da Conegliano, *Madonna con il Bambino tra i santi Giovanni Battista e Francesco*, Avignone, Musée du Petit Palais

causa «la tela e telaio fradici» e per le «sconce velature di vernici che ne deturpavano le parti migliori», venne chiamato da Corrado Ricci a intervenire pittoricamente sull'opera Luigi Cavenaghi, che ridipinse la parte inferiore, «circa 35 cm di altezza per 2 metri di larghezza» (Bedini-Maderna 1990), in un intervento oggi ben discernibile anche a occhio nudo, comprendendo i piedi dei santi Sebastiano e Rocco. Una decisione operativa così celebre all'epoca da essere discussa da De Jasienski in appendice all'edizione del 1927 del *Manuale* di Secco Suardo.
Seguendo le indicazioni di Botteon e Aliprandi (1893) che lessero sul lacunoso cartellino, oltre alla firma, le prime tre cifre della data «pinxit 149[...]» – oggi non più decifrabili neppure con l'analisi riflettografica cui si è sottoposta la tela in occasione della mostra – buona parte degli studiosi ha teso a datare la pala di Oderzo al 1490-91, come immaginato tra gli altri da Coletti (1959), Menegazzi (1962) e Pallucchini (1962). Contrari a questa ipotesi di lettura, tra gli altri, von Hadeln (1912) e Berenson (1916) e, in tempi recenti, Humfrey (1983) e Lucco (1987), che tendono piuttosto a porla nei pressi del *Polittico di Olera* (cat. 1), alla luce dei cartacei panneggi e di una definizione quasi lignea di cose e incarnati, oltre che dell'identità formale dei santi, su tutti un Sebastiano gemello di quello che occupa il primo scomparto di sinistra nel polittico all'evidenza trasferito utilizzando il medesimo cartone. Una pala, quella di Oderzo, che nelle aperture atmosferiche e nella resa cromatica si pone come fisiologico passo verso la pala di Vicenza del 1489 (cat. 4) e avrà, architettonicamente, sviluppo preciso nella pala del Duomo di Conegliano (cat. 9) giungendo al suo limite con l'ancona della Madonna dell'Orto (cat. 11), ove il punto di vista dello spettatore, entrando in chiesa e trovandola su un altare alla destra, diverrà per Cima quello privilegiato operando il geniale disassamento in fuga delle colonne e principiando compiutamente il dialogo tra uomo, architettura e natura per il tramite della luce.

Bibliografia: Botteon - Aliprandi 1893, pp. 61-62, 104-105; Ricci 1901, p. 108; Burckhardt 1905, p. 118; Frizzoni 1907a, pp. 17-18; Malaguzzi Valeri 1908, p. 94; von Hadeln 1912, p. 594; Berenson 1916, pp. 195-196; Berenson 1919, pp. 185-186; Fogolari 1931, p. 244; Berenson 1932a, p. 147; Van Marle 1935, p. 400; Modigliani 1935, pp. 35, 49; Berenson 1936, p. 126; Jewett Mather 1936, p. 158; Coletti 1953, p. LXXV; Berenson 1957b, p. 66; Lazareff 1957, p. 41; Berenson 1958, p. 68; De Logu 1958, p. 237; Coletti 1959, pp. 30, 71-72; Menegazzi 1962, p. 11; Pallucchini 1962, p. 222; Puppi 1962a, p. 17; Rutteri 1963, p. 48; Zava Boccazzi 1965, p. 3; Matalon 1977, p. 50; Menegazzi 1981, pp. 88-89; Humfrey 1983, pp. 22-23, 120-121; Lucco 1987, p. 157; Bedini-Maderna 1990; Fossaluzza 1990, p. 554; Humfrey 1990, pp. 52-54; P. Humfrey, in *Pinacoteca di Brera* 1990, pp. 111-113; Schmidt 1990, pp. 718-719; Tempestini 1994, p. 37.

GIOVANNI C.F. VILLA

3.
Madonna con il Bambino tra il Battista e san Francesco e sei cherubini in cielo
tavola, 64 × 91 cm
Düsseldorf, Stiftung museum kunst palast, Sammlung Kunstakademie (NWR), inv. 2331
Iscrizioni: firmata su un cartiglio, in basso a destra «Ioannis baptiste Coneglan[en]sis / opus»
Provenienza: 1820 circa, acquistato per la Kunstakademie di Düsseldorf

In una calma solenne e profonda umanità, nell'immediatezza monumentale del proscenio conquistato senza alcun parapetto o frammezzo a separarci dall'evento sacro, spicca una Madonna con il Bambino assisa su di un invisibile scranno, utile solo a farla spiccare sul Battista e Francesco che fan da ala al Figlio e a una Madre dallo sguardo assorto e quant'altre mai vera, concreta nelle ciocche di capelli che scendon lungo il collo a incorniciare un perfetto ovale del viso.
Pur depauperata da vicissitudini conservative che hanno pesantemente mutato la levigata stesura originale, tormentata anche dal viraggio di vecchi interventi di restauro, la tavola mostra immediata la ricezione del modello di sacra conversazione a mezza figura inventata e resa canonica da Giovanni Bellini nel corso degli anni ottanta del Quattrocento, nel pieno della sua grandezza, dando vita a una tipologia di quadro oblungo devozionale destinato a privati, basato sulla posizione centralizzata del gruppo divino e sulla simmetria dei santi. Capostipite ne è una tavola forse non sufficientemente lodata e ammirata: la *Madonna con il Bambino fra due sante (Caterina d'Alessandria e Maddalena?; Sacra Conversazione Renier*, tempera e olio su tavola di pioppo, 107 × 58 cm, Venezia, Gallerie dell'Accademia, inv. 613), una delle realizzazioni di più alto livello qualitativo, con tre eccezionali variazioni iconiche sul volto femminile: la giovinezza, la maternità e la piena maturità, che emergono dal fondo oscuro del dipinto per pura forza di luce, con una resa che sta certamente alla pari di Leonardo, mentre ogni singola perla dell'acconciatura di colei che molti hanno pensato come una santa Caterina senza attributi, in realtà appunto una donna nel pieno della maturità, brilla di una sua individuale porzione di luce, e così i gioielli della giovane, e la luce sembra penetrare nelle carni infantili rendendole seriche e tangibili.
È il punto di partenza di Cima nell'esecuzione di quella che è certamente un'opera giovanile, legata al *Polittico di Olera*, cui rinvia il modello per la figura di Francesco, derivata anche dall'omonimo santo raffigurato nella *Madonna con il Bambino e i santi Ludovico di Tolosa, Antonio da Padova, Anna, Gioacchino, Francesco e Bernardino* firmata e datata «ALVIXE VIVAR / IN. P. MCCCCLXXX» e originariamente nella chiesa di San Francesco a Treviso (tavola, 173 × 196 cm, ora Venezia, Gallerie dell'Accademia, inv. 607) ove rintracciamo anche la medesima espressione e portamento della nostra Vergine.
Alvise Vivarini e Giovanni Bellini: due dei poli tra cui si muove lo studioso corso del giovane di Conegliano, attento recettore di ogni novità poi tradotta in dipinti dal piglio assolutamente originale. Così, ad esempio, elabora il tema belliniano dei cherubini riprendendoli, sottolineava Menegazzi (1962), da opere quali la *Madonna dei cherubini rossi* (tavola di pioppo, 77 × 60 cm, Venezia, Gallerie dell'Accademia, inv. 612) o il *Palione Barbarigo* (*Madonna in trono con il Bambino, due angeli musicanti, i santi Agostino e Marco che presenta il doge Agostino Barbarigo*, olio su tela, 205 × 334 cm, firmata e datata: «IOANNES BELLINUS / 1488»; Murano, chiesa di San Pietro Martire). Desunzioni però non così testuali da segnare dei termini *post quem*, anche considerando come l'assonnata espressività dei putti, una tornitura scultorea della Madonna e la strutturazione luministica mostrano un comune sentire con un altro dipinto da collocare alla metà degli anni ottanta del Quattrocento: la *Madonna con il Bambino e un coro di cherubini* (tempera grassa su tavola, 88 × 70 cm, Milano, Pinacoteca di Brera, reg. cronologico 297) di Andrea Mantegna, artista sulla cui opera e poetica Cima dovette riflettere non poco in questi anni d'attività. Che, alla luce dei riferimenti citati, si immaginano essere intorno al 1487-88 circa, anticipando di poco la pala di Vicenza (cat. 4). D'altronde nulla conferma l'indicazione di Burckhardt (1905), poi seguito da Berenson (1936), che datava con certezza il dipinto al 1493.
Botteon e Aliprandi (1893) per primi citavano la replica proveniente dalla collezione Campana di Roma e che dal Musée Napoléon III di Parigi fu inizialmente depositata al museo di Troyes (dal 1863) e poi ad Avignone dal 1976 (per i passaggi cfr. Humfrey 1983, pp. 77-78). Una tavola di 65 × 91 cm con variazioni infinitesimali, firmata anch'essa «Ioannis baptiste Coneglan[en]sis / opus», che, seppur faticosamente giudicabile causa uno stato di consunzione generalizzato della superficie, è chiaramente da doversi assegnare alla bottega di Cima per la banalizzazione con cui rende volti e incarnati dei santi, in un'esecuzione stanca e puramente meccanica. Replica parziale, limitata al solo gruppo della *Madonna con il Bambino* dalle medesime proporzioni di quello di Düsseldorf, e all'evidenza riportata

da un cartone, è conservata alla Walters Art Gallery di Baltimora e da Zeri ascritta a Girolamo da Udine (53,3 × 44 cm, inv. 37.470; Zeri 1976, pp. 258-259).
Un tema, la sacra conversazione in campo aperto, che dopo questo esordio diverrà centrale nella produzione di Cima, il quale potrà sperimentare e innovare l'elaborazione del rapporto tra figure e paesaggio, nel tempo innalzando l'orizzonte così da dare movimento alla composizione e contrappunto ai santi.

Bibliografia: Levin 1883, p. 63; Burckhardt 1905, p. 115; Crowe-Cavalcaselle 1912, p. 252; von Hadeln 1912, VI, p. 594; Venturi 1915, VII, parte IV, p. 546; Klapheck 1928, pp. 16-17; Van Marle 1935, p. 402; Berenson 1936, p. 126; Peters 1955, p. 32; Berenson 1957b, p. 65; Berenson 1958, p. 67; Coletti 1959, pp. 49, 72; Puppi 1961b, p. 39; Heinemann 1962a, p. 317; *Kunstmuseum* 1962, p. 17; Menegazzi 1962, pp. 9-10; Pallucchini 1962, p. 223; Puppi 1962b, p. 17; Rutteri 1963, pp. 40-41; Menegazzi 1981, p. 90; Humfrey 1983, pp. 78, 99-100.

GIOVANNI C.F. VILLA

4.
Madonna in trono con il Bambino tra i santi Girolamo e Giacomo apostolo
tela, 214 × 179 cm
Vicenza, Musei Civici, Pinacoteca di Palazzo Chiericati, inv. A 146
Iscrizioni: firmata in un piccolo cartiglio al centro del gradino più basso del trono «Joanes baptista de Coneglano fecit / 1489. adì. primo Mazo»
Provenienza: Vicenza, chiesa di San Bartolomeo; 1820, in deposito presso il Comune di Vicenza a seguito della soppressione della chiesa; 1833, acquistato dal Comune di Vicenza per 300 zecchini; dal 1855, Musei Civici di Vicenza, Palazzo Chiericati

Restauri: 1962 (Giuseppe Giovanni Pedrocco); 1986-1989 (Corest; direzione scientifica: Maria Elisa Avagnina); 2009 (Renza Clochiatti Garla; direzione scientifica: Maria Elisa Avagnina)
Analisi scientifiche: 2002, riflettografia IR, VIS.-RS, XRF

Orgogliosamente siglata in un cartiglio alla base del trono «Joanes baptista de Coneglano fecit / 1489. adì. primo Mazo» – da leggersi come maggio e non marzo, come per primo correggeva Venturi (1907) – «rivela, caso rarissimo nei primi lavori di ogni altro maestro, il talento, il carattere e la qualità di tutto il suo sviluppo posteriore» (Berenson 1919, p. 179), reggendosi l'invenzione sull'«indimenticabile pergolato di vite» (Longhi 1946, p. 14), l'archivolto a graticciato naturalistico di improvviso, rustico sapore con i suoi pampini e grappoli cadenti e cuore di quella serliana compositiva che segue con personale maturità la linea belliniana espressa nel *Trittico dei Frari* (*Madonna con il Bambino e due angeli musicanti*, tavola, 184 × 79 cm; *I santi Nicola da Bari e Pietro*; *I santi Marco e Benedetto*, tavola, 115 × 46 cm ciascuna, firmato e datato «.IOANNES. BELLINUS. / .F. / .1488.»,Venezia, chiesa di Santa Maria Gloriosa dei Frari) come suggeriva von Hadeln (1912) e riprendevano Berenson (1919) e Coletti (1959). Il semplice porticato che così si costituisce, definendo una soluzione di spiccata volumetria, accoglie poche figure, in quel dato di sintesi che caratterizzerà in futuro le opere chiave del percorso di Cima e che non rinuncia mai al dettaglio minuto e vivo, qui gli ubertosi alberi del giardino celato – per Humfrey (1983) l'*hortus conclusus* del *Cantico dei Cantici*, per Gentili (1994) quello della castità di Maria – e poi la lucertola sul muro. La cui lettura simbolica offre sempre Gentili (*ibid.*, p. 74) estrapolandola dal *Physiologus*: «Quando invecchia, le si velano gli occhi e diventa cieca, così che non vede la luce del sole. Cosa fa allora in virtù della sua bella natura? Cerca un muro rivolto a oriente, e penetra in una crepa del muro: e quando scorge il sole le si aprono gli occhi e ridiventano sani. Allo stesso modo anche tu, o uomo, se porti l'abito dell'uomo vecchio e gli occhi del tuo cuore sono offuscati, cerca il sole nascente della giustizia, Cristo Dio nostro, il cui nome è detto Oriente nel libro del profeta [Zacc. 6, 12], ed Egli aprirà gli occhi del tuo cuore».
Emerge potente, fin da questa prima opera datata, uno dei capitoli essenziali della composizione per Cima: la luce. Con il taglio luminoso che vela i santi laterali e pone in risalto la Madonna con il Bambino. Ogni cosa esaltata da una tecnica sopraffina, con le indagini svolte sulla pala che hanno mostrato come fin dagli esordi Cima abbia utilizzato una straordinaria gamma di pigmenti orientata sempre a saturare e render lustre le tinte o modellare i chiaroscuri. Eseguita a tempera su di un supporto costituito da due tele a maglia quadrata molto sottili, in prossimità della loro sutura la pala presentava un'estesa lacuna a compromettere le gambe del Bambino, il braccio destro e il ventre di Maria, risarciti nel corso del restauro effettuato in occasione della mostra. Lacune che, come visionabile nelle fotografie di restauro, mostrano la trama della tela, indice di una congenita debolezza della preparazione tipica delle opere di Cima da Conegliano, riscontrandosi sovente un problema di scarsa adesione tra il gesso e il supporto, con un primo strato di gesso quasi senza colla, seguito da una più consistente presenza di colla nella seconda porzione della preparazione più a contatto con il film di biacca. Il motivo per cui si vedranno molte delle sue pale trasferite da tavola su tela. Di un certo interesse si è rivelata l'analisi riflettografica, utile a comprendere la notevole elaborazione formale sottesa alle opere di Cima. Il dettaglio della zona inferiore del manto e della veste della Vergine mostrano un segno di puro contorno, dal tratto netto presumibilmente a carboncino, a definirne le pieghe. Disegno a carboncino individuabile anche in zone ove siano pentimenti o sottolineature di dettagli: eccolo allora nel volto di san Girolamo, a collocare ombre e modellato, e poi a strutturare la parte superiore del manto, fin sotto la ricaduta del cappuccio e nel pentimento sull'esatta posizione della mano sinistra, ruotata verso il basso nella versione finale così da rendere plausibile la tensione imposta alla veste dalla stretta della mano destra. I medesimi dati riscontrabili nel volto e nelle mani di san Giacomo inducono a concludere che Cima dovette eseguire numerosi studi preparatori per le singole figure, limitandosi a livello di disegno sottostante a eseguirne i tratti principali e intervenendo a livello pittorico per le definizioni finali dell'immagine. Una lunga fase elaborativa dell'opera avvalorata anche dall'esistenza di due disegni ricollegabili alla pala di Vicenza. Il primo, edito da von Hadeln (1925), uno splendido foglio preparatorio per la figura di *San Girolamo* (Firenze, Uffizi, Gabinetto dei Disegni e delle Stampe, penna e inchiostro con lumeggiature a biacca su carta preparata in rosso cupo, 229 × 95 mm). Il secondo a mostrare una prima idea della figura della *Madonna con il Bambino* (inv. I 335, penna con tocchi in grigio, bruno e bianco su carta azzurra, 254 × 157 mm), ritratta sul verso di un foglio del Boymans-van Beuningen Museum di Rotterdam: priva di ogni spontaneità e connotata da plasticità scultorea e impressionante monumentalità, presenta una quadrettatura con il chiaro scopo di permettere l'ingrandimento proporzionale delle parti del disegno su di un cartone avente le dimensioni del dipinto finale e sarà poi in parte utilizzata anche nella definizione del gruppo sacro della pala di San Michele in Isola (cat. 17; Tietze-Tietze Conrat 1944, p. 160).
Come scoperto in occasione della mostra da Manuela Barausse (*Appendice documentaria*, n. 10), committenti dell'opera non furono i fratelli Giacomo e Girolamo Sangiovanni, citati in un'iscrizione trascritta da Barbarano (1761) e Faccioli (1776) e collocata nei pressi della pala nella seconda cappella a sinistra della chiesa dei canonici agostiniani di San Bartolomeo a Vicenza, *sancta sanctorum* dell'arte cittadina e tempio appaltato *in toto*, per quanto riguarda la decorazione pittorica, a Bartolomeo Montagna e alla sua stretta cerchia. Infatti la cappella era stata fatta edificare nel 1487 da Leonardo Sangiovanni – dal 1467 frate Deodato dell'ordine dei canonici lateranensi nel monastero di San Giorgio Maggiore

[4.]

Cima da Conegliano, *San Girolamo*, Firenze, Gabinetto Disegni e Stampe degli Uffizi, inventario 281

a Venezia – con i proventi ottenuti dalle prediche a Gerusalemme e in Italia. I due fratelli avrebbero potuto mettere le proprie insegne sull'altare e, al contempo, occuparsi della manutenzione. E di certo interesse è la scelta fatta da Leonardo di affidare l'opera a Cima: probabilmente sia alla luce della sua residenza veneziana, sia per sottolineare un'indipendenza da scelte locali da parte di una famiglia di recente nobiltà come i Sangiovanni.
Un acquerello ottocentesco di Bartolomeo Bongiovanni, anch'esso custodito presso i Musei Civici di Vicenza, mostra l'interno della chiesa e gli altari lapidei che accoglievano la serie di pale – oggi a decoro della chiesa dei Carmini di Vicenza, dopo la trasformazione di San Bartolomeo in ospedale civile – raccordati non come d'uopo nella Venezia del tempo con le architetture dipinte ma piuttosto con le incorniciature lignee delle ancone stesse.
La critica di Cima ha avuto in questo dipinto un elemento fondamentale per discutere il rapporto con Bartolomeo Montagna che, decisamente negato da Lucco (1987), era stato per primo avanzato nella forma di un alunnato da Burckhardt (1905), seguito da Lionello Venturi (1905, 1907) e Adolfo Venturi (1915), Pallucchini (1962) e Puppi (1962), cui però si erano già in parte mostrati avversi von Hadeln (1912), Berenson (1919) e Coletti (1959) propendendo per un'esecuzione dell'opera a Venezia. cui indirizzerebbe l'opzione del leggerissimo supporto, adatto alla spedizione via acqua tra le colline beriche. Che Cima non si sia formato presso Montagna pare essere un dato ormai acquisito dalla critica, ma che egli abbia visto quanto avveniva nel cantiere di San Bartolomeo pare altrettanto credibile, alla luce di quello che è il linguaggio d'esordio. Così sia Humfrey (1977b, 1983) che Tempestini (1986) proponevano un incontro, almeno in termini visivi, tra i due artisti quando Cima si reca a Vicenza a firmare il contratto. Dove poteva aver meditato anche la *Madonna con il Bambino in trono tra i santi Antonio da Padova e Giovanni evangelista* già nella chiesa di San Lorenzo (firmata «Bartholomeus Montagna pinxit», tavola trasportata su tela, 200 × 170 cm, San Giovanni Ilarione, chiesa del Castello) che Burckhardt (1905) indicava come prototipo per il dipinto di Cima, così ribadito da Puppi (1962), con Berenson (1916) prima e Gilbert (1967) poi che giustamente invertivano il rapporto di dipendenza. Tra le possibili suggestioni elaborate da Cima entravano così in gioco altre opere, dal già citato *Trittico dei Frari*, alla pala compiuta nel 1476 per la basilica di San Nicola a Bari da Bartolomeo Vivarini (Menegazzi 1962) alla pala di Treviso del 1480 di Alvise Vivarini, già in San Francesco di Treviso e oggi alle Gallerie dell'Accademia, al divisorio di Pietro Lombardo nella corte di San Giovanni Evangelista a Venezia (Humfrey 1983). Con infine Puppi (1962) e Andreina Ballarin (1982) che chiamavano in causa gli orti e i giardini del mondo di fine Quattrocento evocato in diverse xilografie dell'*Hypteronomachia Poliphili*, quello che sarà uno dei testi di riferimento dello studioso corso di Cima.

Bibliografia: Castellini 1628a circa, ms., c. 218; Boschini 1676, p. 87; ed. 2000, pp. 178, 230, n. 285; Barbarano 1761, V, pp. 434-435; Bertotti-Scamozzi 1761, p. 108; Faccioli 1776, p. 92; Buffetti 1779, I, p. 7; Bertotti-Scamozzi 1780, p. 91; Bertotti-Scamozzi 1804, p. 90; Berti 1822, p. 26; Berti 1830, p. 25; Mündler 1850, p. 49; Selvatico 1852-1856, II, p. 493; Magrini 1855, p. 56, n. 10; Mündler 1855-1858, ed. 1985, p. 79; Cabianca-Lampertico 1861, p. 247; Formenton 1867, pp. 357, 940; Zanotto 1867, p. 152; Ciscato 1870, p. 87; *Elenco dei principali monumenti* 1881, p. 7; Lafenestre 1885, p. 322; Lermolieff 1890, p. 364; Morelli 1892, p. 277; Botteon-Aliprandi 1893, pp. 30, 60-61, 120-121; Berenson 1894, p. 98; Gronau 1894, pp. 463-464; Berenson 1895, pp. 70-71; Berenson 1897, p. 106; Morelli 1897, p. 282; Paoletti 1899, p. 147; Kraus 1900, II, pp. 11, 200; Burckhardt 1900-1901, II, parte III, p. 717; Vital 1902, p. 26; Burckhardt 1905, pp. 11, 15-17, 120, 131-139; Pettinà 1905, p. 72; Venturi 1905, pp. 308-310; Layard 1907, I, p. 324; Venturi 1907, pp. 257-258; Borenius 1909, pp. 11-12, 18, n. 1, 24, n. 1; Michel 1909, p. 428; Peraté 1909, IV, pp. 1, 428; Venturi 1909, p. 214; Borenius 1912, pp. 11-12, 18, n. 2, 25, n. 1; Cavalcaselle-Crowe 1912, I, p. 238; von Hadeln 1912, VI, p. 593; Ongaro 1912, pp. 63, 65; Phillips 1912, pp. 105, 116; von Hadeln 1912b, pp. 593-594; Frizzoni 1913, pp. 188-189; Rumor 1915, p. 303; Venturi 1915, VII, parte IV, pp. 501-502; Berenson 1916, pp. 190-194; Berenson 1919, pp. 179, 181, 184, 186-187; Bortolan-Rumor 1919, pp. 93, 152; Tarchiani 1920, pp. 283, 286; von Hadeln 1925, pp. 62-63, tav. 73; von Hadeln 1926, p. 3; Lorenzetti 1926, pp. 96-97; Vital 1926, p. 18; De Mori 1928, p. 75; Corna 1930, I, p. 252; Fogolari 1931, X, p. 244; Berenson 1932a, p. 148; Calì 1932a, p. 20; Lauts 1933, p. 84; Peronato 1933, pp. 90-91; Arslan 1934, pp. 10, 19; Van Marle 1935, XVII, pp. 393-394, 457; Berenson 1936, p. 128; Jewett Mather 1936, p. 156; Fasolo 1940, p. 124; Gengaro 1940, p. 375; Tietze-Conrat 1944, p. 160, n. 656, tav. XLII, fig. 1, n. 657, tav. XLII, fig. 2; Longhi 1946, p. 14; Pallucchini 1946[1], p. 91, cat. 148, 1946[2], p. 84, cat. 148; Podestà 1946, p. 156; Pallucchini 1947, p. 30, n. 33; Fogolari 1949, p. 244; Golzio 1949, III, p. 1613; Magagnato 1949a, p. 102; Barbieri 1952, p. 9; Burckhardt 1952, p. 907; Coletti 1953b, pp. LXXIV-LXXV; Magagnato 1953, p. 174; Barbieri 1954a, p. 201; Valsecchi 1954a, p. 78; Brizio 1955, p. 558; Arslan 1956, pp. 5-6, n. 29, p. 12, n. 56; Barbieri-Magagnato 1956, pp. 174, 310; Berenson 1957b, p. 68; Havercamp Begemann 1957 p. 34; Lazareff 1957, p. 41; Berenson 1958, I, p. 70; De Logu 1958, pp. 55, 237; Coletti 1959, pp. 16, 26-29, 30, 34, 37, 42, 50, 63, 71, n. 6, pp. 76-77; Pignatti 1959, p. 76; *Cima* 1960, V, p. 706; Rutteri 1960-1961, p. 83; Pallucchini 1961, pp. 187-188; Robertson 1961, p. 284; Ballarin 1962a, p. 483; Barbieri 1962, I, pp. 111-116; Del Massa 1962, p. 1; Heinemann 1962b, p. 35; Magagnato 1962b, pp. 84-86; Mazzotti 1962, p. 35; Menegazzi 1962, pp. 5-6; Pallucchini 1962, p. 221; Puppi 1962a, p. 125; Puppi 1962b, pp. 12-17; Ragghianti 1962, p. 13; Sartori 1962, p. 275; Valsecchi 1962, p. 16; Vertova 1962, p. 716; Fiocco 1963, p. 52; Francastel 1963, p. 225; Kühnel-Kunze 1963, pp. 30-32; Marini 1963, p. 147; Rutteri 1963, pp. 44-45; Magagnato 1964, pp. 235-237; Puppi 1964-1965, p. 308; Zava Boccazzi 1965, pp. 3, 7; Chastel 1966, 254; Gilbert 1967, p. 188; Puppi 1976, p. 57; Humfrey 1977, pp. 176-181; Humfrey 1978, p. 92; Sinding Larsen 1978, 287; Sgarbi 1980a, p. 32; Barbieri 1981, pp. 2, 4; Menegazzi 1981a, pp. 10, 87; Menegazzi 1981b, pp. 524-525; Ballarin 1982, p. 78; Humfrey 1982, p. 276; Humfrey 1983, pp. 4-5, 24-26, 163-164, n. 160; Lucco 1983, p. 459; Tempestini 1986, pp. 48-49; Lucco 1987, pp. 155, 166; Fossaluzza 1990, p. 554; M. Lucco, in *Pinacoteca di Brera* 1990, p. 311; Martini 1990, p. 80; Schmidt 1990, p. 719; Tanzi 1990, II, p. 613; Gentili 1994, pp. 71-74; Barbieri 1995, pp. 63-64; Humfrey 1996a, pp. 320, 323; Dal Pozzolo 1997, p. 56; Dal Pozzolo 1998, p. 27; Humfrey 1998, p. 218; Humfrey 1999, p. 1281; Pitteri 2002, pp. 123; M.L. Avagnina, in *Catalogo* 2003, pp. 152-155; G. Poldi - G.C. F. Villa, in *Catalogo* 2003, pp. 514-517; R. Echols, in *Italian Paintings* 2003, p. 201; Toffolo 2005, p. 34.

GIOVANNI C.F. VILLA

5.
Madonna con il Bambino
olio su tavola, 64,5 × 47,5 cm
Detroit, The Detroit Institute of Arts,
gift of James E. Scripps, inv. 89.11
Iscrizioni: firmata sul parapetto,
in basso a destra, in lettere romane
«JOANNES·BTA·CONEGLANENSIS·»
Provenienza: 1842 circa, Edimburgo, James Dennistoun; Londra, Christie's, vendita Dennistoun, 14 giugno 1855, lotto n. 33; Londra, Christie's, vendita reverendo Walter Davenport Bromley, 12 giugno 1863, lotto n. 83; Londra, Mrs. Sloane Stanley; Londra, Christie's, 21 aprile 1888, lotto n. 38, acquistata da James E. Scripps, Detroit, tramite Dearn; 1889, dono di James E. Scripps al Detroit Institute of Arts

Stretta tra una tenda di cupo granata e la glaciale balaustra marmorea è una Madre in dolente preghiera, una rammaricata accettazione del destino del Figlio, osteso sulla pietra che testimonia il futuro sepolcro cui è separato solo dal verde panno arricciato sotto i piedi. Un Bambino consapevole, la mano destra a indicare la pietra, la sinistra ad accompagnare lo sguardo con una comprensiva carezza alle mani giunte della Madonna. Una narrazione essenziale, accompagnata da una tavolozza freddissima, ove mancano tutti i toni dei gialli, eccezion fatta per i folti ricci del Bambino, rialzati dai colpi di luce irradiata dalla doppia fonte luminosa, quella del paesaggio e quella del marmo scoperto. Splendido il tema dell'acqua ad accarezzare la schiena del Fanciullo, quasi una prefigurazione del futuro battesimo e specchio da cui allegoricamente emerge la solida pietra su cui porre le basi per la nascita della Chiesa, rappresentata sul costone di roccia. È quella ricerca di armoniosa simbiosi tra uomo e natura che contraddistinguerà tutta la carriera di Cima.
Giustamente ritenuta da Coletti (1959) «senza dubbio giovanile», in questa immagine devozionale è sottesa tutta la cultura belliniana e antonelliana filtrata per il tramite di Bartolomeo Montagna. Se infatti Antonello è chiaramente riconoscibile nella strutturazione piramidale e nella pasta scultorea delle figure, tornite da solidi geometrici, di Bellini è l'afflato sentimentale da lui espresso nella serie di Madonne del principio degli anni ottanta del Quattrocento, così come notava Humfrey (1983), apparentando il Bambino a quello ritratto nella *Madonna dei cherubini rossi* delle Gallerie dell'Accademia di Venezia (tavola, 77 × 60 cm, inv. 612). Se Ballarin (1962) ne osserva le tangenze con una pittura di Pietro da Messina in Santa Maria Formosa a Venezia, è poi l'afflato montagnesco a emergere chiaro, tanto da sembrare a Berenson, datandola 1488, «un primitivo Montagna» (1919, p. 181). E molte sono le tangenze con il caposcuola vicentino, conosciuto da Cima negli anni di lavoro alla pala di Vicenza del 1489 (cat. 4). Eliminati infatti dettagli incongrui e assai singolari – l'aureola «formata di bacchette o vimini» (Berenson 1919), chiara aggiunta posteriore eliminata da un restauro precedente la mostra del 1962 – regia cromatica e composizione si rifanno al Montagna attivo nel gran cantiere di San Bartolomeo a Vicenza: dal paesaggio di rocce stratiformi a strutturare l'altura di quinta alla Madonna dalle mani giunte, un *unicum* tra le immagini devozionali di Cima e tema iconografico poi ripreso, notava Menegazzi (1962), nel 1513 nello scomparto centrale del polittico già nella chiesa di Sant'Anna a Capodistria con la Madonna adorante il Bambino addormentatosi nel suo grembo, prefigurazione della futura Pietà. Montagna tratta infatti il tema nella giovanile *Madonna adorante il Bambino* (tavola, 61 × 47 cm, Vicenza, Pinacoteca Civica di Palazzo Chiericati, inv. A 6) da attestarsi intorno al 1477-1478, anno del ritorno tra i colli Berici dopo il lustro veneziano, dove mostra chiaramente i suoi debiti con Giovanni Bellini, rielaborando tipologie care al maestro veneziano. Ma l'opera cui plausibilmente guardò Cima è la *Madonna adorante il Bambino tra le sante Monica e Maria Maddalena* (tela, 184 × 169 cm, Vicenza, Pinacoteca Civica di Palazzo Chiericati, inv. A 3), compiuta intorno al 1485 circa e in origine sull'altare della prima cappella di destra della chiesa di San Bartolomeo a Vicenza, eretta dalla famiglia Pagello, appartenente alla più antica e qualificata nobiltà vicentina. Qui la Vergine è inginocchiata di fronte al Figlio, debitrice iconograficamente al tema dell'Adorazione dei Magi o dei pastori, ma anche alle Madonne dell'Umiltà. Ed è in controparte un modello esemplificativo per la trattazione del tema offerto dal giovane di Conegliano che, nell'animato sguardo del Bambino, i colpi di biacca a vivificarne iride e pupilla, mostra uno dei temi che saranno a lui più cari. Oltre a evidenziare la grande maestria tecnica espressa da una stesura che, senza ancora essere la raffinata tecnica per velature a olio che ne contraddistinguerà la carriera dal principio degli anni novanta del Quattrocento, basa la ricerca della forma per il tramite della luce. Una luce meridiana che scolpisce le forme dando loro tridimensionalità e concretezza scultorea, basti osservare il trattamento dell'incarnato nell'ovale del viso della Madonna, sottolineata dal candido soggolo.

Bibliografia: Scripps 1889, pp. 18-19; Scripps 1895, p. 12; Story 1908, I, p. 4; Berenson 1916, pp. 189 ss.; Berenson 1919, pp. 180-182; Tarchiani 1920, p. 284; Heil 1930, p. 34; Van Marle 1935, XVII, pp. 396-397; Berenson 1936, p. 125; Richardson 1944, p. 26; Richardson 1949, p. 64; Coletti 1953, p. LXXV; Grigant 1954, pp. 38 ss.; Berenson 1957b, p. 65; Lazareff 1957, p. 46; Berenson 1958, p. 67; Coletti 1959, pp. 86-87; Ballarin 1962a, p. 483; Heynold von Graefe 1962, p. 9; Menegazzi 1962, pp. 7-8; Pallucchini 1962, p. 223; Marini 1963, p. 153; Rutteri 1963, pp. 40-41; *Paintings* 1965, p. 25; Zava Boccazzi 1965, p. 5; *Treasures* 1966, p. 82; Fredericksen-Zeri 1972, p. 53; Menegazzi 1981a, pp. 89-90; Humfrey 1983, pp. 96-97; G. Fossaluzza, in *Due collezionisti* 2002, p. 87.

GIOVANNI C.F. VILLA

6.
Madonna con il Bambino
tavola, 43 × 33 cm
Parigi, Musée Jacquemart-André,
Institut de France, inv. MJAP-P 1865
Provenienza: 1887, acquistata a Milano tramite Giuseppe Bertini

Restauri: 1887 (Luigi Cavenaghi); 1957; 1975 (Régine Moreira); 1983 (Laboratori di Restauro del Musée du Louvre)

Con un taglio scenico dal basso verso l'alto, motivo che diverrà distintivo in Cima e tale da poter ammirare il paesaggio quasi a volo d'uccello, mantenendo sempre ampia la campitura di cielo, una Madonna dal volto chiuso in un ovale perfetto è proiettata sul primo piano, assisa su di un basamento marmoreo appena intuibile in basso a sinistra, contraltare luminoso al borgo murato a difesa della torreggiante collina. Il Bambino nudo, la perfezione geometrica della sfera del viso rotta solo dal pentimento dell'orecchio, che voleva più basso, l'espressione imbronciata di colui che rivendica attenzione, con mano paffuta e gentile sfiora appena il manto della Madre, in un dolce gesto che Béguin interpreta come premonitore della futura passione, il velo a simboleggiare il sudario. E l'aranciato viluppo della fodera di seta dorata, dipanandosi sul blu profondo del manto, si lega idealmente alla strada che scivola sul verde colle. In un paesaggio che fa da anta al gruppo sacro reso simmetrico dal drappo d'onore steso al centro – secondo l'iconografia cimesca sviluppata nelle pale d'altare – e non in parte, come consueto nelle tavole devozionali di Cima. Strumentale anche alla definizione della decisa diagonale paesistica, che da destra scende a sinistra, bilanciata dalle linee forza della massa di Madre e Figlio in un dipinto in cui lo stacco tra primo e secondo piano appare netto, privo dei tonalismi atmosferici che consentiranno di legare in futuro l'immagine, così che qui la percezione dei lontani appare quasi nordica, distinguendosi nettamente le merlature del castello e il fogliame degli alberi.
Di recente Di Lorenzo (2002) ha pubblicato il carteggio intercorso tra Nélie Jacquemart e Giuseppe Bertini che, direttore dei musei milanesi Poldi Pezzoli prima (dal 1879) e della

[5.]

[6.]

[7.]

Pinacoteca di Brera poi (dal 1882), fu protagonista nel 1887 dell'acquisto da parte della collezionista dell'opera di Cima, intermediario per un ignoto proprietario. Suadentemente annotando, il 19 novembre: «Quant à moi, je veux maintenant vous faire mes compliments pour l'acquis que vous venez de faire: vous avez eu bonne chance quel le Muséum Poldi n'eut que très peu d'argent dans ce moment, autrement, je vous assure *je vous aurais envolé le tableau*» (lettera di Giuseppe Bertini a Nélie Jacquemart, 19 novembre 1887, Parigi, Archivio del Musée Jacquemart-André, *ibid.*, p. 42). L'opera, restaurata da Luigi Cavenaghi con un intervento di modesta entità, alla luce di un pagamento di sole 100 lire, sarà pagata complessivamente 7000 lire in due rate: la prima di 4000 lire saldata il 30 dicembre all'arrivo dell'opera a Parigi, il saldo il 31 gennaio 1888 (*ibid.*, p. 40).
Per Berenson (1932, 1957) solo parzialmente autografa, Van Marle (1935) apriva a una possibile autografia sancita poi da Coletti (1959), che la considera giovanile e poneva in rapporto con una *Madonna con il Bambino* alla Galleria dell'Accademia di Ravenna (36 × 40 cm), brutta copia del prototipo di Este (cat. 35). Seguito sulla linea di un'accettazione della qualità da Puppi (1962), che la data *ante* 1489 e dalla Béguin (1979), con Humfrey (1983) che tende piuttosto a porla tra le pale di Vicenza (cat. 4) e Conegliano (cat. 9). E nei pressi di quest'ultima, quindi in date prossime al 1493, pare credibile collocare la tavola Jacquemart-André, nel piccolo formato esprimendo una complessiva monumentalità accompagnata dalla semplicità del panneggio e ancora certe ingenuità strutturali, irrisolta la scorciatura delle gambe del Bambino, eccessivamente goffe e gonfie.
Come per la Madonna oggi fiorentina (cat. 7), anche in questo caso vi è una mediocre copia di bottega (43 × 34 cm, Budrio, Pinacoteca) che evidenzia come il prototipo di Parigi sia stato resecato sui quattro lati eliminando anche il parapetto sul primo piano, in basso, allusivo al sacrificio eucaristico.

Bibliografia: Foville 1914, p. 107; Hautecoeur 1929, pp. 86-87; Berenson 1932a, p. 147; Van Marle 1935, XVII, p. 455; Galetti Camesasca 1951, p. 667; Berenson 1957b, p. 67; Berenson 1958, p. 69; Coletti 1959, pp. 73-74; L. Menegazzi, in *Cima da Conegliano* 1962, p. XXI; Puppi 1962, p. 17; Blondel 1975, p. 85; S. Béguin, in *L'art religieux à Venise* 1979, p. 23; Menegazzi 1981a, pp. 16, 145; Humfrey 1982a, p. 277; Humfrey 1983, pp. 50, 51, 89, 136-137; Di Lorenzo 2002, pp. 40-43; G. Fossaluzza, in *Due collezionisti* 2002, pp. 86-87; Pitacco 2002, p. 50.

GIOVANNI C.F. VILLA

7.
Madonna con il Bambino
tempera all'uovo su tavola, 66 × 57 cm
Firenze, Galleria degli Uffizi, inv. 1890 n. 902
Provenienza: 1818, Firenze, Accademia di Belle Arti; 1882, Firenze, Galleria degli Uffizi

Restauri: 1962, in occasione della mostra di Treviso; 2009-2010 (Rita Alzeni; direzione scientifica: Angelo Tartuferi)
Analisi scientifiche: 2009, riflettografia IR, VIS.-RS, XRF

Sulla felicissima idea del contrasto d'incarnati tra Madre e Figlio, il cui tenero gesto di stringere il pollice crea il solo legame tra i due sacri attori, si imposta una tavola devozionale dagli esiti complessivamente poco felici nei diversi registri della composizione e delle proporzioni interne. Strutturalmente, là dove il rapporto tra primo piano e sfondo è compromesso dall'interruzione del basamento marmoreo su cui poggia sgraziatamente una Madonna che lascia spazio a sinistra all'invasione di un'improbabile strada malamente scorciata. Al contempo il Bambino non trova uno spazio adatto a contenerlo, il corpo risultando sospeso e separato da quello di una Madre dalle mani sproporzionate e con il dialogo degli sguardi che si spegne in un composto riserbo. Il legnoso panneggio è poi solo in parte mitigato dal trascoloramento chiaroscurale imperniato su di una regia in controluce indirizzata ad ammorbidire il segno grafico che colloca il dipinto nei pressi della pala del Duomo di Conegliano (cat. 9).
Acquistata dall'Accademia di Belle Arti nel 1818, giunse alla Galleria degli Uffizi nel 1882 e, in occasione della mostra trevigiana del 1962, furono asportate alcune ridipinture ottocentesche (Menegazzi 1962) che ne ottenebravano la lettura. Tanto che l'attribuzione a Cima è stata tutt'altro che pacifica, se Morelli (1897) la riteneva opera di Pietro da Messina, Burckhardt (1905) forse di Pasqualino Veneto, cui la darà anche Puppi (1961), declassata a prodotto di bottega da Frizzoni (1869) con Heinemann (1962) che toglierà a Cima solo il paesaggio e Banzato (1988) parlerà «di una diretta derivazione da un prototipo di Cima». Ma prima Berenson (1919) – nel corso degli anni passandolo da copia da originale perduto a in parte autografo e giovanile al tempo della pala del Duomo di Conegliano, dunque il 1493 – e poi Coletti (1959) lo riassegneranno al coneglianese, così come Van Marle (1935) e Menegazzi (1962), Pallucchini (1962) ammirandone la «grande qualità» e ponendolo «un anno o due al massimo» prima della *Madonna con il Bambino* di Este (cat. 35). Giustamente giovanile per Humfrey (1983) – che non la giudica interamente autografa – alla luce dell'incisività del segno e della sostanziale staticità del Bambino, non ancora in proiezione e movimento come sarà poi d'abitudine.
Assai preziosa è una copia dell'opera al Museo Civico Eremitani di Padova, proveniente dalla donazione del conte Leonardo Emo Capodilista, eseguita da Antonio Maria da Carpi (57 × 42 cm, inv. 32), come si evince dal trattamento della pellicola pittorica, meno smaltata. Desunzione assai interessante in quanto mostra nel bordo inferiore un parapetto, che manca alla *Madonna* di Firenze e può essere utile a dare un riferimento *ante quem* alla nostra opera, avendo come riferimento anche la *Madonna con il Bambino* firmata e datata da Antonio Maria nel 1497 e ora al Museo di Belle Arti di Budapest.
Tra le varie desunzioni è poi da segnalare, a rimarcare la lunga fortuna di Cima, una copia di primissimo Ottocento conservata in Pinacoteca Nazionale a Bologna (tavola, 74 × 56,2 cm, inv. 322; si veda G. Fossaluzza, in *Catalogo* 2004, pp. 338-339).

Bibliografia: Lermolieff 1890, pp. 363-364; Morelli 1892, p. 277; Botteon-Aliprandi 1893, p. 145; Frizzoni 1896, p. 438; Morelli 1897, p. 282; Burckhardt 1905, p. 118; Berenson 1916, p. 198; Berenson 1919, p. 188; Poggi 1926, p. 90; Van Marle 1935, XVII, pp. 428, 466; Berenson 1936, p. 126; Pacchioni 1954, p. 33; Salvini 1956, p. 51; Berenson 1957b, p. 65; Berenson 1958, p. 67; De Logu 1958, p. 237; Coletti 1959, p. 86; Puppi 1961b, pp. 40-41; Heinemann 1962a, pp. 317, 319; Heynold von Graefe 1962, p. 9; L. Menegazzi, in *Cima da Conegliano* 1962, p. 41; Pallucchini 1962, p. 226; Marini 1963, p. 153; Rutteri 1963a, p. 50; Rutteri 1963b, pp. 146-147; Zava Boccazzi 1965, p. 5; A. Paolucci, in *Gli Uffizi* 1979, p. 220; Menegazzi 1981a, p. 114; Humfrey 1983, p. 103; D. Banzato, in *La Quadreria* 1988, p. 60; G. Fossaluzza, in *Due collezionisti* 2002, p. 87; G. Fossaluzza, in *Pinacoteca* 2004, p. 338.

GIOVANNI C.F. VILLA

8. ▶
Cristo in pietà sostenuto dalla Madonna, Nicodemo e san Giovanni Evangelista con le Marie
tavola, 70 × 113 cm
Venezia, Gallerie dell'Accademia, cat. 604, inv. 257
Iscrizioni: firmato «Ioannis baptiste coneglanensis./ opus»
Provenienza: Legato Felicita Renier (1850)

Restauri: 1950 (Mauro Pellicioli; direzione scientifica: Vittorio Moschini e Francesco Valcanover); 1990 (Ottorino Nonfarmale; direzione scientifica: Giovanna Nepi Scirè); 2005 (Rosella Bagarotto; direzione scientifica: Sandra Rossi).
Analisi scientifiche: 2005 fluorescenza UV

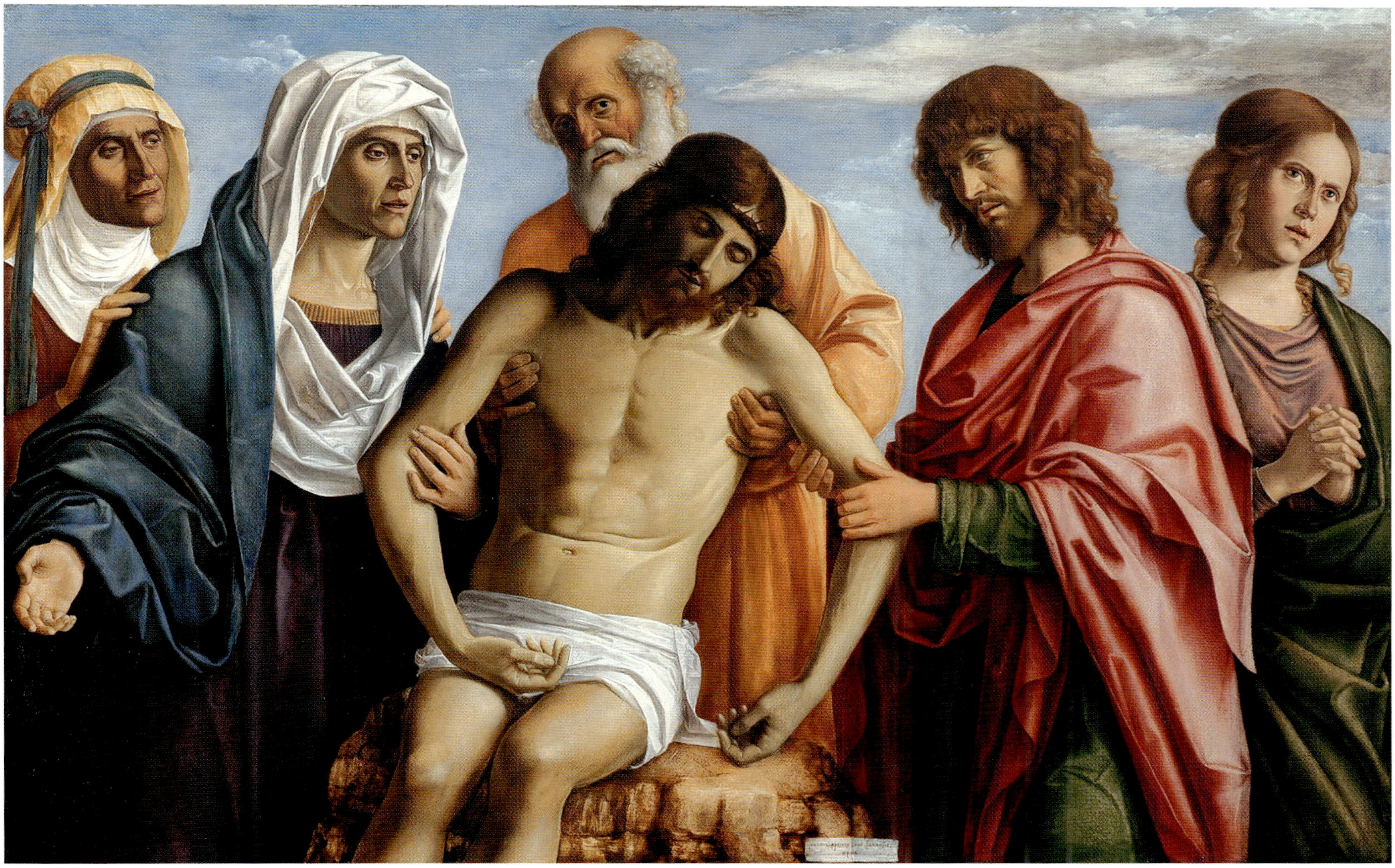

[8.]

(Dino Zanella); riflettografia IR con scanner InGaAs (Claudia Daffara e Sandra Rossi); XRF e analisi microstratigrafiche (Enrico Fiorin); 2009, riflettografia IR, vis.-RS, XRF

Il dipinto è parte del legato Renier, giunto alle Gallerie dell'Accademia dopo la morte di Maria Felicita Bertrand, avvenuta il 19 luglio 1850. La contessa, vedova di Bernardino Renier, con testamento del 29 luglio 1833 destinò i quadri all'Accademia di Belle Arti e il 14 ottobre 1850 questi vennero consegnati alla pinacoteca veneziana dal secondo marito della nobildonna, il maggiore austriaco Giovanni Hellmann.
I ventinove dipinti del lascito, «i più di raro pregio», erano custoditi nella «camera dei quadri» della casa di Padova (Archivio della Soprintendenza Speciale PSAE e per il Polo Museale Veneziano, 1850, Gallerie dell'Accademia, Doni e lasciti, Legato Bertrand-Hellmann, fasc. 117/6, Note prot. 23043 del 23.9.1850 e prot. 16248 del 3.9.1850); dell'insieme facevano parte anche la *Madonna con il Bambino tra i santi Paolo e Giorgio* e la *Madonna con il Bambino tra le sante Maddalena e Caterina* di Giovanni Bellini e il *San Girolamo e un devoto* di Piero della Francesca (Venezia, Gallerie dell'Accademia, cat. 610, 613, 47).
Il verbale di consegna delle opere, sottoscritto da Pietro Selvatico, allora segretario dell'istituzione, indicava l'autore, il titolo e la stima di ciascun dipinto, in lire austriache. Questa variava da un minimo di 150, come nel caso dell'opera di Piero, sino alle 1200 del nostro «Cristo deposto, Nicodemo e le tre Marie», tra tutti il valore più alto, a conferma del riconoscimento del suo pregio, tanto più se messo a confronto con i due dipinti di Bellini che venivano valutati rispettivamente 1100 e 700 lire austriache. L'elenco degli autori comprendeva poi i nomi di Morone, Bissolo, Tiziano, Francesco Vecellio, Jacopo Tintoretto, Carpaccio, Schiavone, Catena, Bordone, Francesco da Ponte, Palma il Vecchio, Jacopo Palma, Jacopo Bassano, Parrasio, Santacroce, Ferramola, Perugino, Cavalier Ribera, Rosso Fiorentino e due artisti fiamminghi; con opere, per la maggior parte, di soggetto religioso (Archivio della Soprintendenza Speciale PSAE e per il Polo Museale Veneziano, 1850, Gallerie dell'Accademia, Doni e lasciti, Legato Bertrand-Hellmann, fascicolo 117/6, Verbale del 14.10.1850. Si veda inoltre *La Pinacoteca Renier* 2009, pp. 3-6).
L'originaria destinazione del *Cristo in pietà* non è nota. Il quadro potrebbe essere stato realizzato direttamente per la vendita, dato che Cima, con i suoi collaboratori, esaudiva le richieste di un'ampia clientela, anche in terraferma: del gruppo centrale con Cristo e Nicodemo, ad esempio, esiste una replica di bottega attestata nella collezione Orloff-Davidoff di San Pietroburgo nel 1896, venduta a Londra nel 1934 (Humfrey 1983, p. 172, n. 188, che ritiene di poter riconoscere nel personaggio Giuseppe d'Arimatea), a riprova dell'esistenza di una produzione derivata dagli autografi dell'artista per far fronte alla domanda del mercato. Tuttavia l'altissima qualità del nostro quadro fa ipotizzare la presenza di una committenza particolarmente raffinata, che forse lo richiese per la devozione privata. In particolare, Van Marle (1935) crede che l'opera possa essere identificata con il «Cristo morto in seno alla Madre con le Marie, ed altri Santi» descritta da Zanetti (1771) nel capitolo del convento dei Carmini, un'ipotesi non accolta dalla critica successiva.
Neppure la sua datazione è conosciuta: gli studi più recenti, per l'assenza di ogni dettaglio paesistico e sulla base di valutazioni stilistiche, la considerano opera giovanile, da collocarsi negli anni intorno al 1490, proposta che si fonda su una lunga tradizione storiografica, pressoché concorde in questa definizione cronologica. Crowe e Cavalcaselle (1871), infatti, la ritengono eseguita prima del 1492; opera giovanile anche per Berenson (1936), Moschini Marconi (1955) e Coletti (1959); Menegazzi (1981a) pensa a una realizzazione verso il 1495, Humfrey (1983) e S.C. Martin (in *Il Rinascimento a Venezia*, 1999) tra il 1489 e il 1492-93; Markova (1994) suggerisce una data intorno al 1492 e Nepi Scirè (2009) intorno al 1490.
Certamente è un dipinto autografo, non solo per la presenza della firma dell'artista, «Ioannis baptiste coneglanensis./ opus», ma anche per le caratteristiche, in particolare la potenza della linea e l'intensità del colore, tra i migliori esiti della produzione pittorica veneziana di fine Quattrocento: i corpi sembrano cesellati, i volti incisi nella materia, la cromia luminosa e brillante aderisce strettamente alle forme. Le citazioni da Alvise Vivarini, Antonello da Messina e Giovanni Bellini si compongono qui in una sintesi di perfetto equilibrio.
Pur collocandosi nella tradizione locale dei quadri devozionali, rara è in Cima la raffigurazione di personaggi posti frontalmente in primo piano, a mezza figura. Il «dramatic close-up» si diffuse particolarmente nell'ambito di Giovanni Bellini, probabilmente a seguito di un disegno di Jacopo, conservato nel taccuino del Louvre, f. 7*v*, raffigurante un quadro del *Compianto*. Recentemente Nova (2008), ripercorrendo la tesi di Ringbom (1965), si è soffermato sull'ipotesi di un dipinto perduto di Giovanni, che sarebbe stato realizzato prima del 1490, prototipo di molti *Compianti* di questo tipo, tra cui le opere di bottega belliniana ora alla Galleria Nazionale di Varsavia e alla Staatsgalerie di Stoccarda; forse, si potrebbe aggiungere, un possibile riferimento per il nostro *Cristo in pietà* (al proposito anche Humfrey 1983). Qui, la posizione delle gambe di Cristo mette in relazione il gruppo con lo spettatore, come nel *Cristo morto con angeli* di Giovanni Bellini, ora al Museo Civico di Rimini (si veda Goffen 1990, p. 83); un'opera cui già la rapportava Burckhardt (1905), con anche Venturi (1915) che pensava a una derivazione belliniana, mentre la fattura del nudo gli sembrava studiata su Antonello. Ma un'affascinante staticità prevale sul senso narrativo, portando i personaggi a non comunicare tra di loro; nonostante siano numerosi intorno al nucleo principale di Cristo, tutto rimane fuori dallo spazio e dal tempo, quasi fossero attori eleganti e composti che si mostrano nelle loro posture piene di dolore e di mestizia, con gli occhi rossi segnati dal pianto, straordinariamente ben caratterizzati nella loro individualità.
L'opera fu soggetta a più interventi di restauro nel passato; l'analisi XRF con spettrometro portatile Lithos 3000 Assing, ad esempio, effettuata in venti punti della superficie pittorica, rivela nel corpo di Cristo la presenza di ritocchi a base di bianco di zinco, pigmento impiegato dalla fine del Settecento. Il supporto è costituito da un'unica tavola di legno con venature orizzontali rispetto all'immagine dipinta. Nel febbraio del 2005 al centro, in corrispondenza del punto di massima curvatura, si sono create due lunghe lesioni passanti nella stessa direzione delle venature, dall'andamento irregolare e accompagnate da altre più sottili divaricazioni, dovute a un'improvvisa variazione del microclima. In occasione dell'intervento di risanamento del supporto – il danno si manifesta ora sulla superficie pittorica solo come una sottile rigatura, a malapena percepibile a occhio nudo – il dipinto è stato sottoposto a una serie di indagini diagnostiche e a un completo restauro della superficie pittorica. Al termine di questo sono ritornati leggibili alcuni affascinanti dettagli, quali le lacrime sui volti dei personaggi, e l'insieme ha riacquistato l'originaria forza cromatica.
La superficie pittorica così liscia e uniforme fa supporre che Cima levigasse la preparazione, ipotesi peraltro avvalorata dalla scarsa adesione tra questa e gli strati pittorici. Ciò si riscontra non solo nel *Cristo in pietà*, ma anche nell'*Incredulità di san Tommaso e san Magno vescovo* (cat. 37; Bagarotto 2001).
Le indagini XRF e stratigrafiche hanno offerto interessanti informazioni sui pigmenti utilizzati, tra cui il blu oltremare e l'azzurrite nel manto della Madonna e il solo blu oltremare nel cielo, e sulla tecnica, indicando una probabile stesura di incarnato sotto il bordo superiore della veste della Madonna, per la presenza di tracce di vermiglione e ocra rossa.
Le analisi stratigrafiche condotte su tre prelievi hanno confermato la prassi, comune in quegli anni ai pittori veneziani e fiamminghi, di impiegare contemporaneamente come legante, a seconda del tipo di pigmento, sia uovo sia olii (Fassina-Matteini-Moles 1990, p. 388; Bagarotto *et al.* 2000, p. 191). Se infatti i due campioni provenienti dalla veste viola della Madonna e dal velo giallo della pia donna

all'estrema sinistra hanno rivelato la presenza esclusiva di un *medium* lipidico, con ogni probabilità un olio siccativo, quello dal manto blu della Madonna ha confermato la presenza, oltre che dell'olio siccativo, anche di proteine d'uovo, seppure in bassa quantità.
In questo stesso campione e in quello del velo giallo della pia donna a sinistra sono state rilevate particelle di nero carbone, tra la preparazione e gli strati pittorici, riconducibili sicuramente al disegno preparatorio.
La presenza di un elaborato disegno sottostante, dal tratto intenso e fluido, è emersa dalla riflettografia all'infrarosso realizzata con lo scanner sperimentale a alta risoluzione del CNR-INOA, una strumentazione che ha permesso la rilevazione di dettagli non individuabili con le apparecchiature tradizionali (lo scanner CNR-INOA acquisisce riflettogrammi con una risoluzione spaziale di quattro punti per millimetro e un'ampia gamma tonale, di oltre quattromila livelli di grigio; Marras, Materazzi, Pezzati, Poggi 2003). I dati assunti da questa indagine, oltre che mostrare chiaramente dei pentimenti nella definizione delle mani, sembrerebbero confermare alcune tracce di spolvero in dettagli dei volti e, ancora, nelle mani delle figure femminili.
Gli artisti maggiormente coinvolti nelle novità importate dai Paesi Bassi, negli anni di passaggio alla pittura a olio, spesso realizzarono disegni preparatori dettagliati e complessi (Dunkerton 1999, p. 96). Cima, in particolare, come Bellini, fu in grado di sfruttare la trasparenza del colore per ottenere dal disegno effetti plastici e chiaroscurali, una precisa volontà tecnica che va al di là del naturale assottigliamento della pellicola pittorica e dell'invecchiamento del legante. Adottando una pratica diffusa tra i pittori alle prese con i tempi e i modi diversi della tecnica a olio, inoltre, Cima utilizzò anche le mani per raggiungere particolari risultati pittorici e le sue impronte digitali sono chiaramente visibili in più parti della superficie del *Cristo in pietà* (così pure Bellini; Bagarotto *et al.* 2000, p. 192). Proprio dal consapevole e, come notava Cavalcaselle (1871), vigoroso trattamento del colore a olio deriva gran parte del fascino di questo dipinto, capolavoro di raffinatezza lineare e cromatica, oltre che compositiva.

Bibliografia: *Catalogo* 1852, p. 16; Selvatico-Lazzari 1852, p. 253; Selvatico 1852-1856, pp. 491-492; *Catalogo* 1854, p. 38; *Catalogo* 1855, p. 38; *Catalogo* 1856, p. 38; *Catalogo* 1857, p. 39; *Catalogo* 1859, p. 32; *Catalogo* 1862, p. 34; Blanc 1868, p. 8; Crowe-Cavalcaselle 1871, I, p. 234; *Catalogo* 1878, p. 32; Vasari 1878-1885, pp. 663-664; *Catalogo* 1885, p. 42; Della Rovere 1888, p. 58; *Catalogue* 1890, p. 77; Botti 1891, p. 77; Morelli 1892, p. 277; Botteon-Aliprandi 1893, pp. 61, 122-123; Berenson 1894, p. 98; Keary 1894, p. 40; Berenson 1895, p. 71; Berenson 1897, p. 105; Lafenestre-Richtenberger 1897, pp. 42-43; Burckhardt 1901, p. 717; Paoletti 1903, p. 176; Burckhardt 1905, p. 119; Crowe-Cavalcaselle 1912, p. 239; Fiocco 1912, pp. 293 ss.; von Hadeln 1912b, VI, p. 594; Phillips 1912, p. 116; Venturi 1915, VII, IV, p. 508; Fiocco 1924, pp. 116-117; Berenson 1932b, p. 148; Van Marle 1935, XVII, pp. 402 ss.; Berenson 1936, p. 127; Burckhardt 1952, p. 307; Moschini Marconi 1955, pp. III-112; Berenson 1957b, p. 67; Berenson 1958, p. 69; Coletti 1959, p. 16; Menegazzi 1981a, pp. 95-96; Humfrey 1983, p. 151, n. 142; Markova 1994, p. 158; S.C. Martin, in *Il Rinascimento a Venezia* 1999, p. 294, n. 52; Nepi Scirè 2009, p. 60.

SANDRA ROSSI

9. ▶
Madonna in trono con il Bambino tra i santi Giovanni Battista, Nicola, Caterina, Apollonia, Francesco e Pietro
tempera e olio su tavola di pioppo trasportata su tela, 345 × 205,6 cm
Conegliano (TV), Duomo (Arcipretale dell'Annunciazione del Signore)
Iscrizioni: in un piccolo cartiglio al centro del gradino più basso del trono (non completamente leggibile oggi ma trascritta nel 1772): «Carissimi ac equestris ordinis viri francisci / quadrivii ducto auspicioque hec conspicis simulacra / joanne de la Pasqualina [...] ambobus pie... fraternitatis prefectis MCCCCLXXXXIII / Joanne Bapte Coneglanensis opus»

Restauri: 1527-1537 (Fra' Nicolò, figlio secondogenito di Cima, battezzato Riccardo); 1834-1836 (Michelangelo Barbini); 1857 (Antonio Zambler); 1902 (Giovanni Spoldi; direzione scientifica: Giulio Cantalamessa); 1912 (Bonomi?); 1921-1922, 1930, 1934 (Moro; direzione scientifica: Gino Fogolari); 1954 (Antonio Lazzarin; direzione scientifica Vittorio Moschini); 1958-1959 (Pellicioli); 1962 (Antonio Lazzarin); 1963 trasporto su tela (Antonio Lazzarin); 1993 (Antonio Lazzarin; direzione scientifica: Gabriella Delfini Filippi); 2009 (Renza Clochiatti Garla; direzione scientifica: Marta Mazza)
Analisi scientifiche: 2009, piano diagnostico progettato e diretto da Vasco Fassina, analisi chimico-stratigrafiche mediante microscopia ottica in luce riflessa e ultravioletta, microscopia elettronica a scansione ambientale con microanalisi EDS (Energy Dispersive X-Ray Spectroscopy), microspettrofotometria FTIR (Fourier Transform Infra Red Spectroscopy), CSG Palladio; riflettografia IR, vis.-RS, XRF

Le circostanze dell'esecuzione della pala sono precisamente documentate e rese note già dal Botteon (Botteon-Aliprandi 1893). Si dispone infatti della delibera del 5 gennaio 1492 (Archivio municipale vecchio di Conegliano, G.B. Graziani, *Copia dal registro delle Parti dei Battuti dal 1454*, b. 561, n. 6, c. 82, s.d.) con cui la Scuola dei Battuti di Conegliano ingaggiò il Cima, già *pictore eximio Venetiis permanente*, commissionandogli la realizzazione di una pala lignea per la nuova cappella maggiore della chiesa di Santa Maria, consacrata dal vescovo di Ceneda Nicolò Trevisan nel giugno precedente. Il contratto prevedeva, a opera conclusa, la valutazione da parte di due periti esperti e l'immediato pagamento, fatto salvo lo sconto che il maestro accettava di accordare alla scuola nel rispetto del proprio paese natio. La consegna era prevista entro un anno e i dettami esecutivi si limitavano a prescrivere la presenza della Vergine Maria – dedicataria della chiesa e dell'altar maggiore –, di san Giovanni Evangelista, di sant'Andrea e di san Francesco (non di san Pietro, indicato erroneamente da Botteon, seguito poi da altri, per una probabile prevalenza del dato visivo su quello documentario), nonché di altri santi a discrezione dell'artista; tecnicamente, si raccomandava l'uso di colori finissimi e, secondo il Botteon ma non secondo la trascrizione settecentesca del documento operata da Graziani, l'uso di oro di ottima qualità. Il completamento dell'opera richiese in realtà un anno e quattro mesi: il 5 maggio 1493, il gastaldo Giovanni della Pasqualina – committente ricordato, insieme a Francesco Quadrivio, nel cartiglio dipinto ai piedi dell'altare – e i due deputati eletti Gregorio Fabris e Antonio Montalban, si recarono a Venezia per la stima; stanti le trascrizioni ottocentesche del libro dei conti della Scuola dei Battuti del 1467 (il documento visto da Botteon, già in copia nell'Archivio della congregazione di Carità di Conegliano, risulta perduto; nell'Archivio arcipretale del Duomo di Conegliano si conserva un manoscritto anonimo del 1823 con trascrizione esattamente corrispondente), la pala risulterà pagata 416,12 lire venete, pari a 65 ducati: un prezzo piuttosto basso rispetto all'andamento del mercato. Rimasto da allora nella sede di originaria pertinenza, il dipinto vi è stato spostato in alcune circostanze: negli ultimi anni del XVII secolo in occasione della realizzazione di un nuovo altare barocco; nel 1795 a seguito dello spostamento dell'altare, opportunamente modificato, nel nuovo presbiterio; nel 1902, trasferito nella cappella *a cornu evangeli* per ragioni conservative, essendo la parete di fondo del presbiterio particolarmente umida e malsana; nel 1963, dopo i lavori di ampliamento dell'edificio, tornando nel presbiterio ma senza cornice o altare di sorta, appeso direttamente al muro con l'interposizione di uno scenografico drappo verde, come tuttora. Fu anche trasportato altrove per alcuni periodi, tra i quali certamente documentati sono almeno i seguenti: a Venezia per il restauro

Barbini; a Firenze durante la prima guerra mondiale; alle Gallerie dell'Accademia di Venezia tra il 1958 e il 1962, in occasione dei lavori di ristrutturazione del Duomo e per il restauro Pelliccioli; a Treviso nel 1962, per la grande mostra monografica dedicata a Cima.
Lo stato conservativo dell'opera, accuratamente indagato in occasione del restauro condotto da Renza Clochiatti Garla tra l'ottobre 2008 e il giugno 2009, è dunque il portato di una vicenda particolarmente articolata, connotata da frequenti movimentazioni e scandita da una serie davvero impressionante di interventi, che sembrano trovare ragione nelle sfavorevoli condizioni ambientali più volte rammentate dalle cronache: se infatti le porzioni più integre del dipinto restituiscono ancora in stratigrafia l'impeccabile tecnica cimesca – fatto salvo quanto irreversibilmente perduto nel trasporto su tela del 1963 – la causa di tanto precoce sollecitudine manutentiva andrà imputata a fattori estrinseci, segnatamente microclimatici; il Malvolti (1774) ricorda anche un grave danno («restò una volta sfasciata») in occasione di un trasporto, circostanza non più oggi materialmente dimostrabile. Il restauro appena concluso ha consentito una mappatura esatta delle lacune, degli impoverimenti della materia pittorica e dei viraggi cromatici: ne è emersa una condizione mediamente molto compromessa, con perdite estreme in relazione alle dorature del paramento musivo del catino architettonico, alle velature del cielo, al blu del manto della Vergine, ai verdi del Battista e di sant'Apollonia, alla figura di san Pietro, sul manto arancio ma anche in corrispondenza del libro, della mano destra, delle chiavi. Proprio su queste ultime porzioni, tuttavia, si sono recuperati dettagli oramai celati dalle molte ridipinture: i decori metallici della legatura in cuoio, l'orientamento spaziale delle dita, l'assicurazione intorno al mignolo del cordoncino nero cui sono appese le chiavi; anche le dita della mano destra di sant'Apollonia hanno ritrovato la loro forma corretta, e così la tenaglia che afferrano. Seppur necessario e straordinariamente scrupoloso – per la pulitura da una spessa patina di sporco nonché per la rimozione delle stuccature e dei ritocchi alterati, tali da modificare talora l'espressività dei personaggi – il restauro non si è configurato come un eclatante disvelamento: i colori infatti risultano irreversibilmente «macchiati» da sostanze proteiche utilizzate in antichi interventi estetici, tali da impedire un completo riscatto dell'opera da quell'aspetto un po' offuscato e spento che la contraddistingue da moltissimo tempo.
È questa, molto probabilmente, una delle ragioni della controversa fortuna critica del dipinto, che – eccezion fatta per l'analisi dettagliata di Humfrey (1983), che ne rivendica quanto meno la valenza paradigmatica nell'ambito della produzione del Cima – rileva appunto precocemente la pesantezza dei colori (Burckhardt 1905) e sente la composizione come «slegata e costipata» (Coletti 1959; ma anche Burckhardt 1900-1901, Venturi 1915, Van Marle 1935, Menegazzi 1981). Se è vero infatti che le annotazioni sulla cromia saranno meno severe dopo l'importante restauro Pelliccioli (1958-59), il primo a liberare il dipinto dalle molte ridipinture ottocentesche, non v'è dubbio tuttavia che anche i giudizi successivi abbiano continuato a rapportarsi con un testo alterato, incapace di argomentare compiutamente i valori spaziali, volumetrici, proporzionali e atmosferici coloristicamente perseguiti dall'artista, che qui utilizza alternativamente con disinvoltura – come rivelato dalle indagini stratigrafiche eseguite per la prima volta – leganti proteici, lipoproteici e oleosi, in relazione ai diversi pigmenti e ai diversi effetti perseguiti. Il presunto affollamento compositivo, che troverebbe ragione nella volontà di Cima di omaggiare il paese d'origine con ben dieci santi invece dei quattro previsti (non c'è Andrea ma oltre alla Vergine, a san Giovanni Evangelista e a san Francesco compaiono il Battista, san Nicola, santa Caterina d'Alessandria, sant'Apollonia, san Pietro, san Marco e un san Leonardo ricamato sullo stolone di san Nicola), non sarebbe meno accettabile di quello della *Pala di Santa Caterina* di Giovanni Bellini o della pala di Belluno di Alvise Vivarini (entrambe distrutte, già rispettivamente nella chiesa dei Santi Giovanni e Paolo a Venezia e nella chiesa dei Battuti a Belluno), se solo risultassero integri il volume dorato dello spazio architettato, le conseguenze chiaroscurali del fascio di luce direzionale che lo penetra da destra, i valori atmosferici del cielo, le volumetrie dei corpi panneggiati. Si considera in particolar modo penalizzante, in relazione alla profondità complessiva, l'aspetto maculato e appiattito dello sfondato celeste, dato di assoluta peculiarità rispetto alla serie di sacre conversazioni da cui plausibilmente, come da tempo indicato in sede critica, Cima trasse ispirazione: oltre alle due citate, la *Pala di San Giobbe*, ancora di Bellini, e la *Pala di San Cassiano* di Antonello da Messina. Le considerazioni già sviluppate da Humfrey in ordine alla perdita dei valori spaziali verosimilmente impliciti nella continuità tra il dipinto e l'originario contenitore architettonico, relativizzano ulteriormente l'attuale lettura del testo pittorico, cui andrà più convintamente restituito un ruolo capitale entro il catalogo del maestro coneglianese.

Bibliografia: Vasari 1568, p. 664; Ridolfi 1648, I, 60; Malvolti 1774, pp. 1-2; Federici 1803, I, p. 223; Zanotto 1830, c. 104*r*; Beltrame 1832, pp. 61-62; Rio 1841, p. 417; Bernardi 1847; Mündler 1850, p. 59; Selvatico 1852-1856, II, pp. 487, 494; Bernardi 1866, p. 29; Botteon-Aliprandi 1893, pp. 62-63, 89-91; Gardin 1894, p. 8; Gronau 1894, pp. 461-462; Berenson 1897, p. 104; Morelli 1897, p. 282; Burckhardt 1900-1901, p. 717; Vital 1902, pp. 26, 35; Botteon-Barbieri 1904, p. 11; Burckhardt 1905, pp. 18 ss.; Vital 1906, p. 59; Venturi 1907, pp. 259-260; A. Peraté, in Michiel 1909, IV, pp. 1, 429; Vital 1910, p. 29; Crowe-Cavalcaselle 1912, p. 239; von Hadeln 1912, VI, pp. 593-594; Vital 1913, p. 3; Venturi 1915, VII, parte IV, pp. 500, 508; Berenson 1916, p. 198; Berenson 1919, p. 188; von Hadeln 1926, p. 3; Vital 1926, pp. 18, 26-27; Fogolari 1931, X, p. 244; Van Marle 1935, XVII, pp. 393 ss.; Berenson 1936, p. 125; Gengaro 1940, p. 375; Sant 1941, pp. 37-38; Coletti 1953, p. LXXV; Brizio 1955, III, p. 558; Berenson 1957b, p. 64; Lazareff 1957, p. 41; Berenson 1958, p. 67; De Logu 1958, p. 237; Coletti 1959, p. 77; Pignatti 1959, p. 76; *Encyclopaedia Britannica* 1960, V, p. 706; Pallucchini 1961, p. 187; Ballarin 1962, p. 484; Heinemann 1962a, p. 317; Mariotto 1962; Mazzotti 1962, p. 34; Meller 1962, p. 21; Menegazzi 1962, pp. 10-11; Pallucchini 1962, p. 222; Polo 1962, p. 5; Puppi 1962a, p. 17; (Roli) 1962, p. VIII; Vertova 1962, p. 717; Francastel 1963, p. 225; *La nostra cara Madonna* 1963, pp. 1-4; Luciani 1963; Rutteri 1963, 40 e segg; Fiocco-Menegazzi 1965, pp. 105-106; Zava Boccazzi 1965, p. 4; De Mas 1966; Sweeny 1966, p. 22; Tocchio-Chiesura 1966, pp. 32-33; Faldon 1968, pp. 56, 58; Shapley 1968, p. 59; De Mas 1972, p. 108; Shapley 1979, pp. 130, 132; Humfrey 1980, p. 355; Menegazzi 1981a, pp. 12, 14, 91-92; Humfrey 1983, pp. 16-21, 94-96; Caniato-Baldissin Molli 1987, pp. 25, 100; Lucco 1987, pp. 160, 162; Fossaluzza 1990, p. 554; Schmidt 1990, p. 719; Faldon 1993, pp. 32-33; *Giambattista Cima* 1993; Humfrey 1993, p. 7; Manin 1993, p. 19; Maset 1993, p. XVI; Humfrey 1994, pp. 5-6; Tempestini 1994, pp. 35, 37, 38; *Le chiese di Conegliano* 2000, pp. 27-28; *Cima da Conegliano* 2000, pp. 52-56; Meroi 2001 (con tutte le fonti manoscritte); *Chiese di Conegliano* 2006, pp. 20, 29; Soligon 2006, p. 126.

MARTA MAZZA

10. ▶
Battesimo di Cristo
tavola, 350 × 210 cm
Venezia, chiesa di San Giovanni in Bragora

La tavola, come documenta il libro dei conti della parrocchia conservato nel ricco archivio della chiesa, fu commissionata dal parroco, Cristoforo Rizzo, un personaggio illustre nella Venezia del tempo come si deduce dagli alti ruoli che gli vennero assegnati: fu infatti funzionario pubblico per cause civili e cancelliere apostolico della voluta, ma non realizzata, Università di Venezia. Mantenne la guida della parrocchia dal 1479 al 1495. A un con-

[9.]

tratto dell'8 dicembre 1492, non rintracciato o probabilmente perduto, si fa riferimento nel luglio del 1495, per gli ultimi pagamenti al pittore. La cifra per l'artista è di 80 ducati; è probabile che i lavori siano conclusi già nel 1494 con alcune correzioni l'anno successivo: alcune fonti ottocentesche sembrano confermare questa data nel cartiglio oggi non più leggibile (Humfrey 1983). Un incarico a Venezia, per una chiesa antica e illustre quale San Giovanni in Bragora, da una ricca e colta committenza e per una posizione privilegiata – l'altare maggiore – mostra la considerazione di cui Cima godeva in città: è la prima prova dell'importanza raggiunta dall'artista, che si confermerà in seguito con altre importanti commissioni nella capitale lagunare.

Il dipinto originariamente era destinato a essere la pala dell'altare maggiore: per i dettami della Riforma cattolica si impose di spostare il coro, già nell'area tra i fedeli e il clero, sul retro dell'abside. Sempre in osservanza delle richieste tridentine, il Santissimo Sacramento fu trasferito nell'altare maggiore e non più in un tabernacolo laterale. In seguito a questa decisione la pala venne appesa sul muro di fondo e posta a una notevole altezza per potere essere comunque ammirata.

La composizione iconografica segue i moduli di origine bizantina: l'artista sceglie infatti di narrare l'episodio del Battesimo invece di rappresentare immobili figure di santi. La scelta di descrivere l'atto di una storia sacra è una novità a Venezia: dovrà passare ancora qualche anno perché questa novità si affermi, realizzando così composizioni più dinamiche. La tela del *Battesimo* introduce la narrazione dell'episodio, mantenendo la ieraticità delle composizioni originali: come sottolinea Peter Humfrey (1983, p. 29), Cima non è un rivoluzionario e conserva, accanto alla novità della scena in movimento, la simmetria più tradizionale evidente nella posizione della colomba e del Cristo.

Le parole di Roberto Longhi confermano ancora oggi i motivi del fascino dell'opera: «L'ombra che occupa la testa della Santa nella pala di Parma, l'indimenticabile pergolato di vite nella pala di Vicenza, il braccio ombrato del Battista sul paesaggio scintillante di San Giovanni in Bragora, dipinto prima di quello di Bellini a Vicenza e che messogli accanto, fanno meglio intendere dove stia la nota propria dell'artista. Non che sia facile chiarire come dalla integrità formale di Antonello, che sa di Grecia arcaica, potesse uscire dal Cima una così cordiale poetica che sa di classico *rus* virgiliano, di georgica antica; ma è sempre, in lui, un certo lucido nitore, un'alta pace rurale, un meriggio fermo e concorde con questa sua umanità, rusticamente spiccata come in tronchi politi, non già rusticamente espressa» (Longhi 1946, ed. 1978, p. 12). Nell'opera, al centro è il Cristo, in piedi e in parte immerso nel fiume Giordano, a fianco Giovanni lo battezza. A sinistra sono tre angeli che reggono le vesti del Salvatore. Le figure e il paesaggio occupano la metà della composizione. Sullo sfondo a destra è rappresentata una città con architetture che sembrano fondere suggestioni di edifici nordici, rinascimentali e orientali, mentre a sinistra viene rappresentato un castello, posto su uno sperone di roccia, con forme che spesso si ritrovano nelle opere di Cima, immagini non sicuramente collegabili a edifici realmente esistenti ma piuttosto elaborazioni fantastiche di elementi reali e a cui non sembra estranea la conoscenza di motivi nordici e fiamminghi.

La luce fredda definisce, quasi ritaglia, i particolari dell'intero insieme: in esso si muovono figure a cavallo, personaggi in costume orientale che navigano lungo il fiume e viandanti in cammino, con un effetto ottico preciso e puntuale che ha pochi precedenti nell'arte veneta. Vengono descritti con accuratezza gli animali lungo il fiume, nella campagna e gli alberi che costellano il paesaggio.

La conferma della fortuna della composizione sono la richiesta a Lattanzio da Rimini, nel 1499, di eseguire «zoe de beleza de quele che sono sopra la pala grande de San Zuan Bragola» (Paoletti 1893, p. 114) e soprattutto la pala di Giovanni Bellini nella chiesa di Santa Corona a Vicenza, eseguita tra il 1500 e il 1501. La critica ha spesso confrontato l'opera di Cima con quella vicentina del maestro veneziano – si ricordano nuovamente le parole di Roberto Longhi – sottolineando il carattere «moderno» della pala belliniana, in cui la luce e il paesaggio avvolgono le figure dei protagonisti, senza isolarle dalla composizione generale. Il pittore coneglianese non mostra la morbidezza di forme di Giovanni, così come non sembra interessarlo la fusione tra i vari piani della composizione: nell'intrecciarsi delle reciproche influenze tra i due artisti, Cima fa riferimento a una fase precedente, per ovvie ragioni di datazione, agli sviluppi della più tarda produzione del Bellini, dimostrata dalla pala vicentina.

La ricca cornice dell'altare fu eseguita da Sebastiano Mariani e venne rimaneggiata quando la zona dell'abside fu sistemata in osservanza con i dettami conciliari. È un altro segno del contatto tra Giovanni e Cima, o i loro committenti: si può infatti confrontare la ricchezza scultorea dei due altari (quello vicentino eseguito da Rocco da Vicenza e bottega), memore dell'arte lombardesca.

La particolare posizione del dipinto non permette del tutto un controllo dello stato di conservazione, che comunque sembra essere più che buono. Ci sono notizie di vari interventi di restauro: Moschini (1815, p. 83) parla di un intervento alla fine del Settecento e ne condanna i risultati ottenuti. Il danno sembra essere in parte risolto da un ulteriore lavoro di intervento del 1832. L'ultimo restauro è stato eseguito negli anni 1988-89, eseguito da Antonio Bigolin e sotto la direzione di Sandro Sponza, funzionario della Soprintendenza per i Beni Artistici e Storici di Venezia: la pala liberata dai densi strati di vernici sovrapposte ha ritrovato la forza del colore originale e mostra pienamente la forza del colore e del contrasto tra luci e ombre, già sottolineato nel magistrale commento di Roberto Longhi, più volte citato nelle righe precedenti.

Bibliografia: Sansovino 1581, pp. 9-10; Sansovino 1587 (ed. Stringa 1604), p. 107; Sansovino 1604, p. 107; Ridolfi 1648, I, p. 59; Ridolfi 1648, p. 36; Sansovino 1663, p. 36; Boschini 1664, p. 172; Boschini 1674, Castello, pp. 21, 215; Martinelli 1684, p. 108; Martinelli 1705, pp. 122-123; Zanetti 1733, p. 215; *Cronica* 1736, p. 151; *Forestiere* 1740, p. 107; *Forestiere* 1765, p. 132; Zanetti 1771, p. 62; *Forestiere* 1772, pp. 126-127; Zucchini 1784, pp. 198-199; *Forestiere* 1792, pp. 149-150; *Pittura* 1792, p. 84; *Forestiere* 1796, pp. 110-111; Zanetti 1797, p. 136; Federici 1803, I, p. 223; Moschini 1815, I, p. 83; Moschini 1819, p. 13; Andreis 1848, 9; Quadri 1853, p. 133; Zanotto 1856, p. 221; (Fulin-Molmenti) 1881, pp. 189-190; Andreis 1885, p. 15; Lafenestre 1885, p. 324; Muntz 1891-1895, p. 587; Morelli 1892, p. 277; Botteon-Aliprandi 1893, pp. 63 ss.; Berenson 1894, p. 98; Gronau 1894, p. 465; Morelli 1897, p. 282; Fry 1900, p. 45; Burckhardt 1901, p. 717; Vital 1902, p. 26; Burckhardt 1905, pp. 26 ss.; Venturi 1907, pp. 260-261; Peraté 1909, IV, I, p. 249; Crowe-Cavalcaselle 1912, I, pp. 239 ss.; Vital 1913, p. 88; Longhi 1914, p. 252; Ridolfi 1914-1924, p. 76; Venturi 1915, VII, IV, pp. 365 e 508 ss.; Gronau 1930, p. 213; Van Marle 1935, XVII, pp. 310 ss.; Gamba 1937, p. 150; Moschini 1943, p. 29; Pallucchini 1945, p. 40; *Cinque secoli* 1945, p. 40; Longhi 1946, p. 14; Longhi 1946, ed. 1978, p. 12; Golzio 1949, III, p. 1613; Brizio 1955, III, p. 558; Arslan 1956, p. 66; Berenson 1957b, p. 68; De Logu 1958, pp. 48 ss.; Coletti 1959, pp. 53 ss.; Pallucchini 1959, p. 98; Semenzato 1959-1960, p. 247; Rutteri 1960, p. 83; Robertson 1961, p. 284; Ballarin 1962, p. 484; *Cima da Conegliano* 1962, pp. 21-22; Del Massa 1962, p. 6; Heinemann 1962a, p. 317; Heinemann 1962b, pp. 44, 114; Heynold-Graefe 1962, p. 9; Mazzotti 1962, p. 36; Menegazzi 1962, pp. 21 ss.; Pallucchini 1962, pp. 222-223; Pignatti 1962, p. 11; Polo 1962, p. 9; Ragghianti 1962a, p. 13; Roli 1962, VIII; Valsecchi 1962, pp. 16, 18; Vertova 1962, p. 718; Cecchi 1963, p. 7; Francastel 1963, p. 225; Marini 1963, p. 154; Polo 1963, pp. 23-25; Rutteri 1963a, p. 48; Rutteri 1963b, p. 152; Menegazzi 1964a, p. 170; Zava Boccazzi 1965, p. 4; Ballarin 1968, p. 240; Rusk Shapley 1968, pp. 59-60; Humfrey 1977b, p. 179; Nepi Scirè 1977, p. 327; L. Fantelli, in *Giorgione* 1978, p. 62; Humfrey 1978, pp. 92-93; Shapley 1979, pp. 131-132,

[10.]

Humfrey 1980, pp. 350 ss., Pallucchini 1980, p. 216; Menegazzi 1981a, pp. 99-100; Greco 1982-1983, s. 31, pp. 158-162; Humfrey 1983, pp. 28-30, 157-158; Lucco 1990b, p. 463.

MARIA CRISTINA DOSSI

11. ▶
San Giovanni Battista tra i santi Pietro, Marco, Girolamo e Paolo
tavola, 302 × 206,5 cm
Venezia, Chiesa della Madonna dell'Orto

Restauri: 1999 (Valentina Piovan; direzione scientifica Fiorella Spadavecchia); finanziato da Save Venice inc.
Analisi scientifiche: indagini stratigrafiche eseguite da Stefano Volpin; riflettografie di Paolo Spezzani

Per l'altare della famiglia Saraceno dal Zio, il primo a destra entrando, nella chiesa della Madonna dell'Orto, Giovanni Battista Cima da Conegliano dipinge una tavola con *San Giovanni Battista tra i santi Pietro, Marco, Girolamo e Paolo*, descritta dalle fonti a partire dal Sansovino (Humfrey 1979b e 1983).
Sotto le arcate di un imponente edificio in rovina, la cui ricchezza è sottolineata da pennacchi dorati e marmi preziosi, sta il Battista; i santi che lo circondano, assorti, sono salde colonne architettoniche; sullo sfondo un paesaggio di fantasia con una connotazione topografica certa: la chiesa di Sant'Antonio a Padova, forse un'allusione alla provenienza padovana del committente, i Saraceno (Humfrey 1979b).
Le architetture proseguono e si concludono nella cornice lombardesca scolpita che divide lo spazio reale da quello dipinto. Puntuale appare il rapporto con l'architettura della chiesa, di cui il pittore sembra ripetere le colonne di marmo variegato della navata centrale; lo spazio interno e la disposizione delle figure è organizzato secondo una prospettiva diagonale in funzione della posizione di questo altare d'angolo che ospita la pala, quasi a ridosso della parete di ingresso, illuminato dalla finestra che si apre sulla controfacciata.
La complessa iconografia del dipinto è trattata con sicura padronanza da Cima ed è certo frutto di un diretto intervento dei canonici secolari di San Giorgio in Alga.
I canonici dovettero sorvegliare e indirizzare le iniziative della committenza privata che intorno alla fine del Quattrocento si adoperava per l'abbellimento della chiesa di San Cristoforo, *vulgo* Madonna dell'Orto, da loro retta a partire dal 1473 (Orlando 2004).
La lettura iconografica non può prescindere dall'ideale di santità rappresentato dal beato Lorenzo Giustiniani, canonico di San Giorgio in Alga, illustrato dal nipote Bernardo nella *Vita beati Laurentii Justiniani Patriarchae Venetiarum,* pubblicata nel 1475, e dai temi fondamentali della sua dottrina, espressi dallo stesso Giustiniani nel suo trattato, il *Lignum Vitae*, del 1419 (per l'iconografia della pala ci si riferisce ai testi iconografici e devozionali di Luisa Riccato contenuta in Riccato-Spadavecchia 1994).
Il Battista, *immobilis columna* – l'espressione è del Giustiniani (*Lignum Vitae*) che lo aveva assunto come suo modello – volge il capo verso la luce naturale che entra nel dipinto e si trasforma in soprannaturale. Il gesto mette in comunicazione il mondo sacro e quello terreno, il mondo dei santi e quello degli uomini e traduce il passo del Vangelo di Giovanni (1,7-9): «Egli venne per dare testimonianza alla luce, perché tutti credessero per mezzo di lui [...] Non era lui la luce, ma egli doveva dare testimonianza alla luce. La luce vera che illumina ogni uomo, veniva nel mondo».
Il portico in rovina rappresenta il mondo antico sgretolato dalla venuta di Cristo; alcuni suoi vizi sono raffigurati nei quattro tondi classicheggianti che insistono sui pennacchi dalle «tessere» d'oro: Violenza, Idolatria, Lussuria e forse Superbia (Meller 1962). Ad essi corrispondono quattro santi che rappresentano la Chiesa, che attraverso il suo insegnamento guida gli uomini alla salvezza.
I rami secchi della quercia che si stagliano sullo sfondo richiamano le parole del Battista «ogni albero che non fa buon frutto sarà tagliato e gettato nel fuoco» (Matteo 3,10). L'edera e il fico che con la forza delle radici insidiano le arcate dipinte sono simboli dell'albero della croce. La civetta, l'uccello che vede nelle tenebre, appollaiata sulle rovine è, in questo contesto, in relazione al ruolo profetico del precursore.
Secondo Humfrey (1983) la pala, realizzata negli anni 1493-95, per considerazioni stilistiche e tecniche viene subito dopo il *Battesimo di Cristo* della chiesa di San Giovanni in Bragora (cat. 10).
L'asimmetria della composizione e l'introduzione di un edificio in rovina sono novità nel genere della sacra rappresentazione. Se la prospettiva diagonale dell'architettura, secondo il Burckhardt (1905), sarebbe ispirata all'*Andata di san Giacomo al supplizio* di Andrea Mantegna agli Eremitani, l'invenzione dell'architettura in rovina, come osservava il Coletti (1953), non trova precedenti e sarà, di lì a pochi anni di distanza, il modello a cui si rifarà Pellegrino da San Daniele nella *Pala di San Giuseppe* per il Duomo di Udine del 1501.
Proprio questa osservazione aveva indotto il Coletti a spostare la datazione del *Battista* della Madonna dell'Orto sul finire degli anni novanta del Quattrocento, termine cronologico al quale ci si potrebbe forse cautamente avvicinare, considerando pure lo stretto rapporto con un'altra opera di Cima degli stessi anni: la pala con la *Madonna con il Bambino e i santi Michele arcangelo e Andrea* (cat. 21) dipinta per la chiesa della Santissima Annunziata di Parma che, come il *San Giovanni Battista,* ripropone architetture classiche in rovina, un gusto per l'antico caro al pittore (Humfrey 1983), una natura aspra e simbolica in primissimo piano, oltre alla coincidenza delle architetture del paesaggio sullo sfondo, motivo questo, comunque, tipico del maestro di Conegliano.
Anche il rapporto del pittore con i canonici di San Giorgio in Alga documentato nel 1497, data della commissione per un'*Adorazione dei pastori* per la loro chiesa madre, ora perduta (Humfrey 1979b), potrebbe suggerire una più stretta vicinanza cronologica delle due commissioni.
Il restauro del 1999, dettato principalmente dalla presenza di fori di sfarfallamento, è stata l'occasione per condurre un'indagine stratigrafica e un esame riflettografico.
Il primo intervento noto è quello dell'Edwards del 1793, segnalato da Botteon-Aliprandi (1893, ristampa anastatica, 1977); non ne sono documentati altri prima di quello del 1999 (Botteon-Aliprandi 1977, ristampa anastatica, p. 139).
La tavola è costituita da nove assi di legno di pioppo disposte orizzontalmente, di larghezza variante tra i 30 e i 37 cm, tenute insieme da incastri a farfalla in legno di ciliegio o pero.
Una traversatura di supporto, probabilmente originale, è composta da tre aste verticali e tre orizzontali incollate al supporto da ventotto ponticelli di legno.
Il dipinto ha probabilmente subito una riduzione delle dimensioni e del formato, come pure la centina creata al momento dell'adattamento all'altare, come mostra l'intervento sul telaio che pare effettuato quando questo era già in opera sulla tavola.
Quest'ultima è caratterizzata dalla presenza di un dettagliato «disegno preparatorio» che la riflettografia restituisce e l'analisi stratigrafica individua essere stato realizzato a pennello. «A differenza di quanto emerge comunemente dalle stratigrafie» – scrive Stefano Volpin – «la traccia nera non si presenta come una fila di particelle carboniose, tipiche di un segno a carboncino, ma piuttosto come una pennellata di nero mescolato con un legante organico, probabilmente lo stesso olio dei film di colore sovrastanti». Per costruire le architetture il pittore utilizza righe e compassi e, a luce radente, sono visibili le incisioni sulla preparazione. Secondo quanto si può desumere dalla lettura dei sei campioni prelevati, la tavola presenta una preparazione a gesso e colla animale che consiste di tre mani di gesso fine date a pennello, distinguibili tra loro per il contenuto di colla, finita con un sottile film di sola colla per rendere il gesso meno permeabile. In alcune zone è documentata una sottilissima imprimitura bianca, costituita da una pennellata di biacca in olio siccativo,

[11.]

consueta preparazione per la stesura di colori a olio, che, se ben eseguita, contribuisce a rendere la preparazione più stabile alle variazioni di umidità. Seguono: una prima stesura pittorica, «disegno», utile al pittore pure per il chiaroscuro, lo strato pittorico costruito a velature a olio e una patina grigia superficiale molto sottile non rimossa.
I pentimenti, documentati dalla riflettografia, e spesso visibili anche a occhio nudo, riguardano la testa di san Pietro, il braccio destro di san Giovanni Battista, il libro e la mano di san Marco, la testa di san Girolamo, rami e foglie della pianta di fico in alto; un pentimento nell'esecuzione del manto di san Pietro si è evidenziato solo dopo la rimozione di una ridipintura che copriva totalmente il manto.
Anche in quest'opera, il pittore, come già notato per il *Battesimo di Cristo* della chiesa di San Giovanni in Bragora (cat. 10), si conferma «l'esponente più fedele della tradizione neerlandese» (Dunkerton 1999), e non solo per l'accuratezza della realizzazione di ogni dettaglio botanico e paesaggistico, ma anche sul piano tecnico per il modo di procedere per velature di colore con un sapiente uso di pigmenti preziosi e leganti oleosi.

Bibliografia: Sansovino 1581, p. 59; Sansovino 1604, 146a; Ridolfi 1648, pp. I, 59; Sansovino 1663, p. 164; Boschini 1664, p. 448; Boschini 1674, Cannaregio, p. 33; Martinelli 1684, p. 246; Martinelli 1705, pp. 282-283; Zanetti 1733, p. 398; *Cronica* 1736, p. 398; *Forestiere* 1740, p. 169; Zanetti 1771, p. 62; *Forestiere* 1772, p. 206; Arnaldi, Baldarini, Buffetti, Vecchia 1779, p. 61; *Forestiere* 1784, p. 206; *Forestiere* 1792, pp. 236-237; *Pittura* 1792, pp. 84-85; Lanzi 1795-1796, pp. II, 36; *Forestiere* 1796, p. 170; Zanetti 1797, p. 92; Federici 1803, pp. I, 223; *Forestiere* 1806, p. 169; Moschini 1815, I, pp. 10-11; Moschini 1819, p. 207; *Forestiero* 1824, p. 309; Moschini 1828, p. 131; Zanotto 1830, c. 104 r.; Beltrame 1832, p. 53; Moschini 1834, p. 131; Moschini 1840, p. 76; Rio 1841, pp. 420-421; Moschini 1847, p. 89; Zanotto 1851, p. 172; Selvatico-Lazzari 1852, pp. 156 e 260; Selvatico 1852-1856, II, p. 492; Quadri 1853, p. 288; *Catalogo* 1854, p. 12; *Catalogo* 1855, p. 12; *Catalogo* 1856, p. 12; Zanotto 1856, p. 326; Zanotto 1858-1860, p. 39; *Catalogo* 1859, p. 11; *Catalogo* 1862, p. 14; *Catalogo* 1863, p. 14; Zanetti 1870, pp. 54-55; (Fulin-Molmenti) 1881, p. 259; Lafenestre 1885, p. 324; Morelli 1892, p. 277; Botteon-Aliprandi 1893, pp. 62 e 138-139; Zimmermann 1893, pp. 57 ss.; Berenson 1894, p. 98; Gronau 1894, pp. 464-465; Berenson 1895, p. 71; Berenson 1897, p. 105; Morelli 1897, p. 282; Lafenestre-Richtenberger 1897, pp. 169-170; Burckhardt 1905, pp. 22 ss.; Venturi 1905, p. 310; Venturi 1907, pp. 260 e 400; Peraté 1909, IV, pp. I, 428; Crowe-Cavalcaselle 1912, pp. 238-239; Fiocco 1912, p. 293; von Hadeln 1912b, VI, p. 595; Venturi 1915, VII, IV, pp. 504 ss.; Berenson 1916, p. 200; Berenson 1919, p. 189; Lorenzetti 1926, pp. 97 e 395; Vital 1926, p. 18; Fogolari 1931, X, p. 244; Van Marle 1935, XVII, pp. 376 e 415; Berenson 1936, p. 128; Golzio 1949, III, 1613; Coletti 1953, LXXV; Brizio 1955, III, p. 558; Arslan 1956, p. 65; Lorenzetti 1956, pp. 94 e 401; Berenson 1957b, p. 67; Berenson 1958, p. 70; De Logu 1958, p. 237; Coletti 1959, p. 78; Robertson 1961, p. 284; Ballarin 1962, p. 484; Heinemann 1962a, p. 317; Heinemann 1962c, p. 19; Mazzotti 1962, p. 36; Meller 1962, p. 20; Menegazzi 1962, pp. 19-20; Pallucchini 1962, p. 222; Polo 1962, p. 9; Ragghianti 1962a, p. 15; Vertova 1962, p. 718; Kühnel-Kunze 1963, p. 30; Marini 1963, p. 154; Rutteri 1963, p. 48; Puppi 1964d, p. 207; Zava Boccazzi 1965, pp. 4 e 7; Mariacher 1971, p. 31; Humfrey 1977b, p. 180; L. Fantelli, in *Giorgione* 1978, p. 62; Humfrey 1979a, pp. 122 ss.; Menegazzi 1981a, pp. 98-99; Humfrey 1983, pp. 55, 160; Riccato-Spadavecchia 1994, pp. 30-34; Humfrey 1996a, p. 320; Dunkerton 1999, p. 100.

FIORELLA SPADAVECCHIA

12.
San Girolamo nel deserto
olio su tavola, 63,5 × 100,5 cm
Harewood (Yorkshire), The Earl
and Countess of Harewood
and the Trustees of the Harewood House
Trust, inv. HHTP: 2001.1.2
Provenienza: Londra e Firenze, Charles Fairfax Murray; *ante* 1883 - *post* 1912, Londra, maggiore Edward Kennard; acquistato dal sesto Earl of Harewood

«Il paese sminuzzato, costruito di tanti piccoli particolari accostati e non fusi in un insieme, con le rocce fiorite di viole, le quaglie, il coniglio, un cervo, un cane lupo» rende il dipinto «piacevolissimo anche per il festevole movimento della luce solare sulle rocce, sugli alberi, sulle tremule acque d'una fonte, e per la disposizione di tutti gli elementi secondo un ordine diretto a trasformare il deserto ove il Santo vive in un ridente giardino. Non brutale ascetismo nel mite vecchio San Girolamo, non aspetto lugubre nel Crocefisso che sembra confondersi con la diffusa luce del sole nel mezzo del gaio paese» (Venturi 1915, VII, parte IV, pp. 512-513). Splendida è la narrazione di fiori e fogliami a digradare verso il mare in una composizione che, se non ancora legata atmosfericamente, esibisce un perfetto bilanciamento spaziale. Insieme a una freschezza e piacevolezza narrativa tipiche di Cima, qui memore di certa sintassi tardogotica nell'*horror vacui* che contraddistingue il primo piano chiuso tra i due speroni rocciosi, quello di destra ad accogliere il leone e l'artigianale leggio fatto di tronchi e paglia, con il mondo ferino del romitaggio, allietato dalle acque che sgorgano dalla roccia e da un immoto martin pescatore cui mira una serpe, la compagna impegnata nella lotta per la vita con un lucertolone a un passo da Girolamo. Il busto emaciato dell'asceta in penitenza presso Antiochia è tutto teso nello stringere il sasso del penitente, lo sguardo fiammeggiante del suo carattere focoso sottolineato anche dalla posa delle gambe. E poi, la sinistra a reggere un tronco, innestato nel terreno, cui è legata con un vinco di salice la croce di un Cristo di carne e sangue, perfettamente immerso nella luminescenza dell'aria di una tarda mattina di primavera, con qualche nube stratiforme imprigionata tra i monti che si perdono nelle acque, lezione naturale da cui partirà Lorenzo Lotto.
Se il tipo del Girolamo in contemplazione e in procinto di battersi il petto è il medesimo che ritroveremo nelle diverse versioni del tema lasciateci da Cima (catt. 13, 40, 41, 42), fitta è la serie di rimandi ad altre opere, come la roccia sovrastata dagli alberi con un falcone poi testualmente ripresa nel piccolo *San Girolamo* di Londra (cat. 38) o la coppia di pernici dalle zampe rosse che ritroveremo nella *Madonna dell'arancio* (cat. 19), qui da interpretarsi come simbolo di tentazione.
Restituito a Cima da Conegliano da Tancred Borenius nel 1911 – che lo datava intorno al 1500, concorde Menegazzi (1981) – quando era proprietà del maggiore L. Edward Kennard di Market Harborough, il dipinto era stato esposto nel 1883 e nel 1912 alla Winter Exhibition della Burlington House e lì pubblicato come opera di Marco Basaiti. Essendo firmata «MARCUS · BAXAITI F» una copia fedele del prototipo Harewood – differente solo per le dimensioni, 70,4 × 99,3 cm – che fu acquistata presso la collezione Piccinelli di Bergamo dal museo di Budapest e che Mauro Lucco (2009) assegna anonimamente alla bottega di Cima da Conegliano. Minime le differenze insite precipuamente, ad esempio, nella definizione delle montagne, più corsive nella fiacca versione ungherese. Utile a mostrare come il prototipo di Harewood sia stato resecato nella parte superiore e sul bordo destro di qualche centimetro.
Alla luce della stesura pittorica e del rapporto tra figura e paesaggio appare da anticipare di almeno un paio d'anni la datazione proposta da Venturi (1915) al tempo dell'*Annunciazione* di San Pietroburgo (cat. 15), quindi al 1495 circa. Primo esempio devozionale di quello che diverrà uno dei soggetti portanti della carriera di Cima, efficacissimo segnale di sviluppo del suo percorso artistico e indice di precise scelte di indirizzo indagando una figura, come quella di Girolamo, assai amata negli ambiti umanistici cui era prossimo il pittore di Conegliano. Rappresentando il santo l'uomo colto, l'asceta per eccellenza, autore di un capolavoro della letteratura latina come l'*Epistolario* ed esempio di *vis* polemica nei celebri scambi con sant'Agostino.

[12.]

Bottega di Cima
da Conegliano,
San Girolamo,
Budapest,
Szépmüvészeti
Múzeum

[13.]

Bibliografia: *Old Masters* 1883, n. 173; Burckhardt 1905, p. 116; Borenius 1911, pp. 318-323; *Exhibition* 1911, pp. 26-27; *Catalogue* 1912, p. 40; Crowe-Cavalcaselle 1912, p. 252; Venturi 1915, VII, parte IV, pp. 512-513; Van Marle 1935, XVII, p. 455; Borenius 1936, p. 11; Berenson 1957b, p. 65; Berenson 1958, p. 67; Coletti 1959, p. 84; Zava-Boccazzi 1965, p. 5; Menegazzi 1981a, p. 109; Humfrey 1982a, pp. 276-277; Humfrey 1983, p. 104; G. Fossaluzza, in *Due collezionisti* 2002, p. 87; M. Lucco, in *Botticelli* 2009, pp. 164-165.

GIOVANNI C.F. VILLA

13.
San Girolamo nel deserto
tavola, 37 × 30 cm
Milano, Pinacoteca di Brera,
inv. napoleonico 156; inv. generale 206;
reg. cronologico 324
Iscrizioni: sul *verso* della tavola
«LAMBERTI OPUS»
Provenienza: *ante* 1664 Venezia, sagrestia della chiesa del monastero di San Giorgio Maggiore; 1808, inviata a Milano tra i beni della Corona; 1809 Milano, Pinacoteca di Brera

Analisi scientifiche: 2009, riflettografia IR, vis.-RS

«Due alte rocce arborate racchiudono il santo, seminudo, modellato con forza, contornato da lampeggianti fili di luce; nell'ombra delle rocce, guizza, abbagliante di sole, una strada» (Venturi 1915). Cima prosegue qui in un modello compositivo consueto in questi primi anni d'attività, sviluppando la scena su due piani nettamente distinti con i protagonisti – Girolamo e il crocifisso – isolati da un'aura luminosa figlia del controluce che li modella e unisce. Il santo semi inginocchiato, a fianco un libro aperto, nella sinistra la pietra con cui battersi il petto, lo sguardo rivolto alla croce infissa nel tronco morto di un albero che così toccato germoglierà nuovamente. Fulcro devozionale del quadro, notava Echols, alludendo alla salvezza tramite il sacrificio di Cristo. Seguendo la funzione originaria di un modello iconografico – Girolamo penitente e nel romitaggio – di grande fortuna in laguna, avendo la precisa finalità di memento per la contemplazione monastica o per il pio fedele. Con Cima che solitamente, a differenza di Bellini che del tema coglie la sapienza del santo attento allo studio o il momento in cui toglie la spina al leone, sceglie di raffigurare l'atto penitenziale, il percuotersi in segno di mortificazione.
Un tema amato dal coneglianese anche per le possibilità concesse alla narrazione paesistica che, se come di consueto Coletti (1959) segnalava aver «spunti carpacceschi», in realtà si svolge ad altro livello, lavorando sulla modulazione e l'ampiezza dell'ambiente tramite un sapiente impiego delle velature brune. Svolgendo qui un racconto minuto, in stretta adesione con quanto avviato nel dipinto Harewood (cat. 12). Frati e viandanti percorrono il sentiero montano che lascia l'eremo del santo; alto sulla collina, un borgo rurale: a introdurlo la chiesa con il campanile a vela innestato sulla semplice facciata, a destra il porticato retto da una coppia di pali, due case in muratura e il casone dal consueto tetto spiovente. A definire la balza abitata, visivamente posta in contrasto con la rupe rocciosa abbandonata, feconde entrambi di quegli effetti di luce sul fogliame che indirizzano a una radice culturale fiamminga, come notava Martin (1999).
Nella stanza del reliquiario, nella sagrestia di San Giorgio Maggiore, Boschini (1664) segnalava «un quadretto, con San Girolamo nell'Eremo bellissimo, di mano del Lamberti», seguendo l'indicazione segnata sul retro dell'opera. Il cognome di Pasqualino Lamberto, meglio conosciuto dal soprannome Pasqualino Veneto, un allievo di Cima cui attribuiva *in toto* l'opera Lionello Puppi (1961). Se inequivocabilmente si tratta di un autografo di Cima, come d'altronde già indicava Edwards negli anni delle soppressioni, la tavola fu schedata, nell'inventario napoleonico all'ingresso a Brera nel 1809, come Marco Basaiti. Un'indicazione che aveva probabilmente origine dalle fonti, Botteon e Aliprandi (1893) erroneamente proponendone una provenienza da San Daniele – forse suggestionati da un'indicazione di Stringa (in Sansovino 1604, p. 128a) che avvertiva della presenza a San Daniele di un *San Girolamo* di Basaiti – seguiti su questa strada da Puppi (1961). Con poi Burckhardt (1905) che ne ipotizzava una primigenia collocazione in Santa Maria Maggiore, datando la tavola anteriormente al 1496 e assimilandola stilisticamente alla pala della Madonna dell'Orto (cat. 11). Ma era Ballarin (1962) che, oltre a discernere curiosamente l'influenza di Foppa, avvicinava la costruzione del paesaggio a quello del *Battesimo di Cristo* in San Giovanni in Bragora (cat. 10), in un'osservazione condivisibile anche riguardo il trattamento del panneggio a indirizzare la datazione in date intorno al 1493-94. In un assestamento tra le opere giovanili che vede concorde la maggior parte della critica, sole voci contrarie quelle di Adolfo Venturi, inserendolo nell'ambito di quelle che ritiene essere le opere di derivazione giorgionesca, datandolo così intorno al 1510, e Pallucchini (1962), che lo pone agli ultimi anni del Quattrocento.

Bibliografia: Boschini 1664, p. 567; Boschini 1674, pp. 56-57 (*Croce*); Zanetti 1733, p. 472; Lermolieff 1890, p. 369; Botteon-Aliprandi 1893, pp. 150-151; Berenson 1894, p. 97; Berenson 1897, p. 105; Morelli 1897, pp. 282, 287; Burckhardt 1901, p. 717; Burckhardt 1905, p. 118; Reinach 1905-1932, III, p. 618; Ricci 1907, pp. 62, 293; Malaguzzi Valeri 1908, p. 127; Crowe-Cavalcaselle 1912, p. 245; Venturi 1915, VII, parte IV, p. 536; *Royal Academy* 1930, p. 172; Balniel, Kennet, Modigliani 1931, p. 99; Van Marle 1935, XVII, p. 457; Modigliani 1935, p. 46; Berenson 1936, p. 127; Morassi 1942, p. 33; Berenson 1957b, p. 66; Berenson 1958, p. 68; Coletti 1959, p. 84; Puppi 1961b, pp. 41-42; Ballarin 1962a, p. 484; Heinemann 1962b, p. 279; Mazzotti 1962, pp. 36, 38; L. Menegazzi, in *Cima da Conegliano* 1962, pp. 13 ss.; Pallucchini 1962, pp. 223, 227; Puppi 1962, p. 110; (Roli) 1962, p. IX; Rutteri 1963a, p. 48; Rutteri 1963b, p. 147; Bonicatti 1964, p. 80; Rusk Shapley 1968, p. 60; Matalon 1977, p. 51; Rusk Shapley 1979, p. 131; Menegazzi 1981a, p. 94; Humfrey 1983, pp. 29, 42, 123; Humfrey 1990b, pp. 56-58; Humfrey 1990c, pp. 113-114; Echols 1994; S.C. Martin, in *Il Rinascimento* 1999, p. 268; Pitteri 2002, p. 142.

GIOVANNI C.F. VILLA

14.
Madonna con il Bambino
tavola, 60,5 × 47,2 cm
(con cornice 107 × 5 × 95,8 cm)
Bologna, Pinacoteca Nazionale, inv. 972
Iscrizioni: firmata in un cartiglio in basso a destra, sul parapetto «Joannis Baptistae Coneglianensis opus
Provenienza: *ante* 1650, Bologna, sagrestia di San Giovanni in Monte; già dal 1808 Bologna, Gallerie dell'Accademia di Belle Arti (Humfrey 1983, p. 88)

Restauri: 1934; 1961 (Dominguez); 1980 (Ottorino Nonfarmale)
Analisi scientifiche: 2002, riflettografia IR

«Lo smalto gemmeo delle figure, l'amore dei particolari della superfice, la spiccata definizione dei contorni [...] Grave, cilindrico, è ancora il volto di Maria, con le socchiuse labbra, le palpebre, le narici, il limite della guancia sinistra segnati da un filo di luce»: così Venturi (1915, pp. 502-503) descriveva una tavola devozionale in cui si respira un'aria antonelliana filtrata da Alvise Vivarini, da cui Cima deriva la strutturazione plastica delle figure e panneggi che sembran intagliati nel legno e scolpiti dalla luce, meditando inevitabilmente la scultura lombardesca. A definire ogni dettaglio con la nitidezza assoluta della pittura a olio per velature, netti i contorni degli occhi e le labbra dischiuse della Madre a disegnare la candida dentatura, così come i finissimi ricami della veste o le trasparenze dello zendado sotto al velo di giallo orpimento, motivo firma di Cima. Una Madonna che ha perduto la gravità regale che contraddistingue i testi di Bellini, da cui è tratta l'idea di contrapposizione delle due masse dei sacri attori, il Bambino dallo sguardo intenso e vivacissimo sotto la coltre di riccioli biondi, l'incarnato a spiccare sul manto lapislazzuli della Madre e le mani incrociate sul petto a prefigurare la futura passione. Un Figlio nudo, e dunque umano, ritto sul parapetto rosso dalle venature bianche da cui lo separa un lembo azzurro: presagio di quel sepolcro macchiato del sangue di Cristo e lavato dalle lacrime della Madonna. Scomparso il drappo d'onore, il taglio dal basso verso l'alto consente un clamoroso paesaggio d'inattesa luminosità è utile a far comprendere appieno la poesia poesia di Cima in una regia compositiva di Cima che modula sempre dal basso all'alto una regia compositiva che, accompagnandosi a quella cromatica, conduce placidamente lo sguardo sul fondo. Qui principiando dalla via terra che diviene acqua nelle anse del fiume, colle, rocca e montagne a destra e baluardo di roccia ed erbe, sotto roboanti cumulonembi, a sinistra a far da contrappeso al Bambino.
La tavola è ricordata da Masini, nel 1650 (ed. 1666), nella sagrestia dei canonici regolari di San Giovanni in Monte a Bologna, ove la riscontrava anche Malvasia (1686): una collocazione di assoluto prestigio, la chiesa rappresentando uno dei principali luoghi del rinascimento emiliano e della cultura centroitaliana, avendo ospitato opere di Costa, Francia, Perugino e Raffaello. Anche se, non riscontrandosi informazioni precedenti il 1650, non possiamo sapere se fosse una commissione locale o giunta tramite la donazione di qualche privato.
Datata da Burckhardt (1905) *ante* il 1496 e per Venturi (1915) prossima alla pala di Vicenza del 1489 (cat. 4), a quest'ultima era anteposta da Coletti (1959). Considerandola dunque uno dei testi iniziali di Cima e derivazione dalla *Madonna con il Bambino* già presso l'Art Institute di Akron (Ohio; tavola, 41 × 33 cm, in asta da Sotheby's Parke Bernet, New York, il 12 gennaio 1979, cat. 61; in Humfrey 1983, p. 170) attribuitagli da Fiocco e Gronau (1933), cui Coletti collegava anche un terzo esemplare presso la Pinacoteca dell'Accademia Carrara di Bergamo (*Madonna con il Bambino*, tavola, 52 × 35 cm, inv. 151). Due opere che, ponendosi esse come desunzione dal modello bolognese, nulla ne hanno della qualità, definendosi chiaramente come *pastiche* di bottega. La tavola di Akron giustapponendo due sacri attori dal disegno secco e definito, totalmente privi della ricerca luministica di Cima e più prossimi a Jacopo da Valenza, a un paesaggio che risulta essere una parodia degli sfondi abitati del coneglianese; quella di Bergamo, malandata e ampiamente ridipinta ma con la prestigiosa provenienza dalla collezione del conte Guglielmo Lochis (1859), presentando la minima variante del velo a far da soggolo, tipico esempio di replica della bottega di Cima, come già osservato da Burckhadt (1905, p. 117) e Rossi (1979, p. 45).
A queste opere Humfrey, che propone una datazione dell'opera di Bologna al 1495 circa – e da anticipare di un paio d'anni per staccarla dal rinnovamento operato con le pale della metà dell'ultimo decennio – aggiunge almeno un altro paio di pezzi, esemplari anch'essi di bottega: uno all'Holburne of Menstrie Museum di Bath (59,8 × 47 cm, Humfrey 1983, pp. 78-79) e l'altro in collocazione non rintracciata (41 × 31 cm, in asta da Sotheby's, Londra, il 26 maggio 1971, cat. 57; Humfrey 1983, p. 170)
Dal un punto di vista museologico e di gusto è di grande interesse la fotografia Alinari edita da Venturi (1915, fig. 305), che presentava un assemblaggio settecentesco ove la splendida cornice a tabernacolo con la Madonna con il Bambino era sovrastata, a mo' di cimasa, da un da un coronamento ad arco ribassato ospitante un *Padre eterno e due cherubini* anch'esso conservato in Pinacoteca a Bologna (olio su tavola, 29 × 87 cm, parte dipinta 24 × 74,5 cm) e con la medesima provenienza da San Giovanni in Monte. Una tavoletta di fiacca qualità e stesura, basata su moduli belliniani, da assegnarsi genericamente alla bottega di Cima e separata dal gruppo principale in un restauro del 1934. Interessante sottolineare come la *Guida* del 1782 citasse già questa unione, avvenuta dunque in chiesa, segnalando anche l'autore della cornice: «una bella cornice del Formigine, con un Dio Padre nel reminato sopra il tutto sull'asse», un riferimento diretto all'intagliatore Andrea Marchesi da Formigine.

Bibliografia: Vasari 1568a, ed. 1846-1857, VI, p. 119; ed. 1878-1885, III, p. 665; Masini 1650, p. 290; Masini 1666, p. 625; Malvasia 1686, p. 292; Giordani 1827, p. 12; Zanotto 1830, c. 104*v*; Giordani 1835, p. 53; Botteon-Aliprandi 1893, p. 111; Berenson 1894, p. 97; Berenson 1895, p. 72; Berenson 1897, p. 104; Morelli 1897, p. 282; Burckhardt 1901, p. 717; Burckhardt 1905, p. 118; Reinach 1905-1923, pp. III, 407; Guadagnini 1906, p. 46; Venturi 1907, p. 262; Crowe-Cavalcaselle 1912, I, p. 242; von Hadeln 1912a, VI, p. 594; Venturi 1915, VII, parte IV, pp. 502-505; Tarchiani 1920, p. 285; Malaguzzi Valeri 1931, p. 134; Mauceri 1931, p. 14; Pallucchini 1931, p. 238; Berenson 1932a, p. 145; Mauceri 1935, p. 126; Van Marle 1935, XVII, p. 413; Berenson 1936, p. 125; Gengaro 1940, p. 375; *La peinture vénitienne* 1953, pp. 27-28; *De Venetiaanse Meesters* 1953, n. 33; M. Florisoone, in *Chefs d'œuvre vénitiens* 1954, p. 18; Lazareff 1957, p. 41; Berenson 1958, p. 66; De Logu 1958, p. 237; Coletti 1959, pp. 57, 70; *Cima* 1960, V, p. 706, *ad vocem*; Heinemann 1962a, p. 317; Heynold von Graefe 1962, p. 9; Mazzotti 1962, p. 36; L. Menegazzi, in *Cima da Conegliano* 1962, p. 17; (Roli) 1962, p. IX; Fiocco 1963, p. 57; Rutteri 1963a, pp. 44 ss.; Rutteri 1963b, p. 152; Emiliani 1967, pp. 54, 194; Emiliani 1969, pp. 38, 141; Menegazzi 1981a, pp. 95; Humfrey 1983, pp. 49, 87-88; Humfrey 1987, p. 203; Humfrey 1996a, p. 321; Humfrey 1996b, p. 231; Humfrey 1998, p. 219; Pitteri 2002, p. 142; G. Fossaluzza, in *Pinacoteca* 2004, pp. 331-335.

GIOVANNI C.F. VILLA

4.]

15. ▶

Annunciazione

tempera e olio su tavola trasportata su tela, 137 × 107 cm

San Pietroburgo, Museo Statale Ermitage, inv. GE 256

Iscrizioni: firmata in un cartiglio fissato allo sgabello a lato della Madonna: «1495/ Laure [...] de S. luc [...] da uicco es jac. de S [...] / e S. jeronimo de [...] / e S. piero de [...] zudici / [...] / joan. baptista da / Conegliano fecit»

Provenienza: Venezia, chiesa di Santa Maria dei Crociferi, cappella dell'Arte dei Setaioli; spostata tra il 1664 e il 1674 a Venezia, locali della corporazione presso l'abbazia della Misericordia; dal 1786, Scuola del Rosario in Santi Giovanni e Paolo; dopo il 1815, Mosca, principe Golitsin; dal 1886, San Pietroburgo, Hermitage

Restauri: 1864 (trasferita da tavola su tavola); 1886 (A. Sidoroff); 2009 (Ljubov Kovaljova; direzione scientifica: Irina Artemieva)

Un moscone sulla carta arricciata, appuntata con poca ceralacca sul basamento del giaciglio della Madonna; una mosca su di un lato del leggio. Per Fahy (1979) testimonianze del male da cui l'uomo deve essere salvato, per Cima quasi un *trompe-l'œil*, forse una sfida, certo una dichiarazione d'intenti. Una poesia compositiva sottolineata dalle calde cromie della tavolozza utilizzata a creare una sinfonia emozionale. Nello specchiato classicismo delle figure «scolpite in legno fine» (Venturi 1926), modellate da un lume tonale come moderne statue greche inchiodate a terra dalla saldezza fisica della loro corporeità, vi è anche lo spazio per la narrazione, per il didascalico, per il dettaglio alla fiamminga visto attraverso il filtro di Antonello da Messina, con le mani della Vergine citazione testuale dai molti gesti del messinese e la squisita raffinatezza dell'ovale del viso incorniciato dallo zendado bianco, e il velo giallo ripreso nel nastro a cingere i fianchi della candida veste, dagli ambrati riflessi azzurri, dell'angelo a far da contrappunto. E alle Fiandre rinvia anche la collocazione della scena nella stanza da letto della Vergine, in una strutturazione distante dalla tradizione veneziana e fiorentina cui dà significato l'iscrizione ebraica incisa nella trabeazione del letto, tratta dalla profezia di Isaia 7.14 – ma si veda anche Luca 1, 26-38 – ove si preconizzava la nascita della Vergine: *Hinneh ha'almah harah w'yoledeth ben*. Gli scuri aperti sulla bifora che inquadra strutture codussiane a far da base all'ascesa al versante occidentale del Castelvecchio di Conegliano, cui come d'uopo visivamente conduce la bruna carrareccia tagliata nella collina, in una definizione topografica precisa del «castello visto da ovest con la Porta di Ser Belle, la torre d'angolo e la torre Bemba nel giardino Zacchi; dietro le torri della rocca» (Potocnik 1993, p. 42).

Datata e firmata, nell'ampio cartiglio oggi assai frammentario trovano posto anche i nomi dei cinque componenti della confraternita committente incaricati di sovrintendere l'esecuzione dell'opera. Ricordata per la prima volta nel 1604 da Stringa (in Sansovino 1604, p. 147) «Nella capella dell'altar dell'Annunciata, che giace a man dritta della cappella maggiore, la cui pala è nobilissima per essere stata da Gio. Battista da Conegliano, eccellentissimo Pittore dipinta», un ambiente della chiesa dei Crociferi a Venezia patronato della corporazione dell'Arte dei Setaioli, per cui Cima eseguirà poi il *Miracolo di san Marco* di Berlino (cat. 25) e i due santi *Marco* e *Sebastiano* ora a Londra (cat. 28). Scelte iconografiche, appunta Humfrey (1983), strettamente connesse alle origini della confraternita, per larga parte costituita da artigiani giunti da Lucca che, scegliendo per l'altar maggiore l'Annunciata e richiedendo un san Marco, marcavano la fedeltà ai patroni della nuova patria. Con la soppressione dell'ordine dei crociferi nel 1657, e il relativo passaggio della chiesa all'ordine gesuita, la cappella organizzata al chiudersi del Quattrocento mutava destinazione e funzioni liturgiche, tanto che l'*Annunciazione* sarà plausibilmente sostituita tra il 1664 e il 1674, gli estremi cronologici delle due edizioni di Boschini che narra come esistesse in chiesa «una annunziata nella prima cappella uscendo di sagrestia» che «è stata levata, né si vede più; ed era cosa preziosa; in suo luogo è stata posta altra pittura moderna di mano di Giacomo Moratto» (Boschini 1674), principiando una peregrinazione che la condurrà in altre strutture religiose prima di essere acquistata dal principe Galitzin, tramite per l'ingresso all'Ermitage. Ove arrivò già trasportata dalla tavola su di un nuovo supporto ligneo, subendo poi un nuovo intervento nel 1886, durante il quale Sidoroff effettuò il trasferimento su tela; danneggiando inevitabilmente una superficie pittorica già ampiamente problematica, se Mengardi segnalava che: «Esse tavole sono inconsolate, solevato il colore, annerite, redipinte in parte» (Archivio di Stato di Venezia, Inquisitori di Stato, b. 909, «Riferte dell'Ispettore G.B. Mengardi, 21 agosto 1786; in Humfrey 1983, p. 82).

E sempre Humfrey (*ibid.*) chiarisce l'equivoco, diverse volte ripetuto sulla scorta di Martinioni (1663), di una provenienza dell'*Annunciazione* dalla cappella Zen, in realtà posta a destra dell'altar maggiore e che custodiva probabilmente un'altra opera di Cima, citata da Stringa (in Sansovino 1604, p. 147) come «molto notabile», senza però offrire ulteriori indicazioni iconografiche utili a una sua identificazione.

Crowe e Cavalcaselle (1871), poi seguiti da Botteon e Aliprandi (1893), Burckhardt (1905) e Coletti (1959), tentavano un improbabile assemblaggio dell'*Annunciazione* con il *San Marco* e il *San Sebastiano* della collezione Mond (cat. 28) a definire una sorta di trittico, anche in questo seguendo la testimonianza dalle fonti seicentesche. Ma era già Richter (1910) a svincolare dall'*Annunciazione* di San Pietroburgo le ipotetiche ante con i due santi, da un lato su base cronologica – incoerente la data 1495 del dipinto oggi russo con lo stile dei santi di Londra –, dall'altro per la significativa differenza di formato e definizione compositiva, l'inserimento dei due santi in un'architettura a nicchia incongruente con l'interno in cui è ambientato il momento dell'annuncio. Se dunque non appare credibile una nascita unitaria del complesso, dando retta alle fonti si può ipotizzare un assemblaggio in forma di trittico in una fase successiva, plausibilmente a seguito di lavori intervenuti in chiesa.

In un sostanziale quadro d'accordo critico riguardo la sua eccellenza, l'*Annunciazione* fu molto mal giudicata dai Venturi, con il padre Adolfo (1915) che definiva «Cima incapace di costruire un interno. La ricchezza dell'inginocchiatoio e del letto di Maria contrasta con una rozza sedia impagliata messa contro la parete; la stretta imposta non può chiudere l'ampia finestra; il paese con architetture montagnesche, non sfonda», andando a inasprire il giudizio precedentemente espresso dal figlio Lionello (1912): «Forse per le cognizioni insufficienti di Cima nel disegnare prospetticamente un interno, la scena perde molto valore». Ma semplicemente qui Cima, come osservava Lazareff (1957), costruisce la composizione «sul principio di un medesimo piano-sistema pittorico preferito dagli artisti veneziani del quindicesimo secolo». Quindi struttura l'immagine sul proscenio così da dare un rilievo plastico alle figure, una solida concretezza, gestendo il resto dello spazio in funzione della didascalica lettura operata dal fedele.

Un *modus operandi* che avrà grande fortuna, così come l'invenzione iconografica presto ripresa, a livello di pura suggestione formale, da Andrea Previtali nel suo capolavoro assoluto in Santa Maria Annunciata del Meschio a Ceneda, presso Vittorio Veneto (firmata «ANDREAS. BERGOMENSIS.IOANIS. / BELLINI. DISCIPULUS.PINXIT», olio su tavola, 261 × 165 cm); ma soprattutto da Francesco di Simone da Santacroce nella tavola proveniente dal primo altare di destra della parrocchiale di Sant'Alessandro a Spino al Brembo, borgata prossima a Santacroce, terra natale di un pittore che trascorse l'esistenza a noi conosciuta sempre a Venezia (firmata e datata «FRANCISCUS. DE. SANTA/CRUCIS. FECIT. 1504», olio su tavola, 186 × 162 cm, ora Bergamo, Pinacoteca dell'Accademia Carrara, inv. 102), tavola che Coletti (1959) giudicava una pedissequa imitazione da Cima. Ma questa di Santacroce

[15.]

è un'opera di grande interesse, sia per capire la fortuna e l'immediata ricezione di Cima, sia per ragionare sui comuni referenti visivi. Se infatti Francesco di Simone è sempre stato registrato come un «pedestre imitatore o copiatore del Giambellino» (Fogolari 1908), nell'*Annunciazione* della Carrara mostra di ampliare l'ambito dei suoi referenti utilizzando per la figura dell'angelo annunciante e l'impostazione spaziale e architettonica della scena il Cima di Santa Maria dei Crociferi a Venezia. Al contempo, entrambe le opere guardano a tipologie strutturali espletate in opere quali la controversa *Annunciazione* delle Gallerie dell'Accademia di Venezia, da alcuni ascritta decisamente a Giovanni Bellini nei tardi anni ottanta, originariamente a ornare gli sportelli esterni dell'organo della chiesa veneziana di Santa Maria dei Miracoli: un'opera in cui si immagina e concretizza un ambiente illuminato da limpidissime specchiature marmoree e di cui Santacroce copia l'idea del manto della Vergine ad ammantare parzialmente l'inginocchiatoio, semplificando poi la composizione, trasposta in un tipico interno delle valli bergamasche – talamo ligneo, soffitto a travi, rustica decorazione ornamentale della finestra – associato a tematiche veneziane, la bifora aperta sulla veduta lagunare di San Francesco della Vigna. Mostrando così chiaramente l'altezza assoluta della limpida composizione di Cima che, nelle mani di un buon artigiano, diviene un prodotto seriale per un mercato provinciale.

Bibliografia: Sansovino 1604, p. 147; Ridolfi 1648, ed. 1914-1924, I, pp. 59, 76; Martinioni 1663, p. 169; Sansovino 1663, p. 169; Boschini 1664, p. 421; Boschini 1674, p. 11 (*Canaregio*); Zanetti 1797, I, p. 177; Federici 1803, p. 223; Moschini 1815, I, p. 181; *Description* 1866, n. 4; Waagen 1870, p. 408; *Ucasatel Golizinscogo museija* 1882, p. 1; Botteon-Aliprandi 1893, pp. 116-118; Harck 1896, p. 423; Somof 1899, pp. 46-47; Burckhardt 1905, pp. 30 ss.; Venturi 1907, pp. 261-262; Somof 1909, I, pp. 46-47; Richter 1910, pp. 103-111; Frizzoni 1911, p. 28; Crowe-Cavalcaselle 1912, pp. I, 241 ss.; von Hadeln 1912a, VI, p. 594; Liphart 1912, pp. 203-204; Venturi 1912, p. 132; Venturi 1915, VII, parte IV, pp. 500, 510-512; Berenson 1916, p. 198; Berenson 1919, p. 188; Schubring 1923, p. 167; Venturi 1926, pp. 182-183; Fogolari 1931, X, p. 244; Van Marle 1935, XVII, pp. 413 ss.; Berenson 1936, p. 126; Davies 1951, p. 114; Robertson 1954, p. 24; Moschini Marconi 1955, p. 113; Berenson 1957b, p. 65; Lazareff 1957, pp. 41-46; Bazin 1958, p. 54; Berenson 1958, p. 67; De Logu 1958, p. 237; *Musée de l'Ermitage* 1958, p. 210; *Gosudarstvennij Ermitag Catalog* 1958, p. 209; Coletti 1959, pp. 53, 75-76; Levinson Lessing 1959, p. IV; Davies 1961, p. 147; Heinemann 1962b, pp. 139, 151, 166; Heinemann 1962c, p. 19; Heynold von Graefe 1962, p. 9; L. Menegazzi, in *Cima da Conegliano* 1962, pp. 23-24; Nikouline 1962, figg. 10-12; Pallucchini 1962, p. 223; (Roli) 1962, p. VIII; Francastel 1963, p. 225; Rutteri 1963a, p. 48; Bonicatti 1964, p. 38; Sevolojscaia-Grigorieva 1964, pp. 55-56; Baldini 1966, p. 16; Levinson Lessing 1967, tav. 26; Fomichova 1974, p. 469; *Gosudarstvennij Ermitag Catalog* 1976, p. 149; *Peinture* 1976, p. 149; Fahy 1979, p. 25; Rusk Shapley 1979, p. 130; Menegazzi 1981a, pp. 97-98; Vsevoloshskaya 1981, p. 272; Humfrey 1982a, p. 276; Humfrey 1983, pp. 106-108; Fomichova 1992, pp. 141-142; Potocnik 1993, pp. 38, 42; M. Lucco, in *Bergamo* 2001, p. 111.

GIOVANNI C.F. VILLA

16.
Sant'Elena
olio su tavola trasferito su tavola,
42 × 33,5 cm, superficie dipinta
40,2 × 32,2 cm
Washington, National Gallery of Art,
coll. Samuel H. Kress, inv. 1961.9.12
Provenienza: 1856-58 vista a Bologna, casa Boschi, da Otto Mündler; Ellen Sydney (morta nel 1852), figlia del sesto Visconte Strangford; sposatasi nel 1847 con George John Browne, terza marchesa di Sligo, Co. Mayo, Irlanda; Guildford, Surrey, per eredità a Lady Isabel Mary Peyronnet Browne (morta nel 1947); Londra, Christie, Manson & Woods, 12 marzo 1948, lotto 81; Londra, dottor James Hasson (Londra, Thomas Agnew & Sons, Ltd.); 1953, New York e Londra, M. Knoedler & Co. e New York, Rudolf Heinemann, Pinakos, Inc.; gennaio 1954, acquistato dalla Samuel H. Kress Foundation, New York

Restauri: 1953 (William Suhr)

In eccezionale stato di conservazione, pur avendo subito un trasferimento dalla tavola originaria su altro supporto ligneo da parte di William Suhr nel 1953 (Echols 2003, p. 206), sant'Elena appare lievemente arretrata sul primo piano, così da immergersi nello spazio abituale e familiare della campagna coneglianese, con il suo contorno di animate colline e profilati castelli in quella che è la veduta di maggior ampiezza delle terre natie, ripresa da est, dalle propaggini occidentali della Monticella. Una campagna urbanizzata e scrupolosamente descritta da Potocnik (1993), con il borgo di pianura introdotto dalle quattro torrette del ponte merlato sul fiume Monticano e due casoni da campagna veneta, le facciate in muratura senza intonaco, i tetti in paglia a poche centinaia di metri dalle mura del Refosso a proteggere la città, la porta del Monticano con dietro, alta e squadrata, la torre carrarese e, sullo sfondo, il campanile del Duomo. E poi si sale la collina incontrando prima la torre angolare tra mura esterne meridionali e settentrionali, poi quella di vedetta della Rocca dei Coderta con accanto un casone il cui focolare a sacca è ben sottolineato dall'alta canna fumaria esterna; quindi la torre che chiude la Rocca dei Coderta. Ecco poi il raccordo tra le mura del castello e quelle interne di Castelvecchio, poco prima della cappella laterale di San Leonardo addossata alla pieve di San Lorenzo con il suo campanile. Alta svetta all'interno la torre della Guardia o della Campana con accanto quella del palazzo o delle carceri cui si accompagna il palazzo comunale o del podestà. A far da contrappunto sulle mura la torre Saracena poi Mozza, seguita dalla porta e torre del Soccorso per spegnersi la veduta sulla torre dei «Belle».
Su questa Gerusalemme terrena in forma di Conegliano domina la santa con la croce di Cristo, cui fa da contrappunto naturale l'alto fusto di un rovere, chiaro riferimento al legno della croce così come narrato da Jacopo da Varagine nella *Legenda Aurea* affrontando il racconto della Vera Croce.
Se Coletti (1959) osservava «accenti carpacceschi specialmente nel paesaggio», in realtà questo minuto capolavoro si inserisce fisiologicamente nello sviluppo dell'arte autonoma di Cima. Da un lato sviluppando la ricerca sull'antico, la santa chiaramente ispirata a una posa classica, dall'altro ampliando il tema della veduta e, conseguentemente, l'indagine atmosferica che associa figura e paesaggio. Il tutto trattato ancora calligraficamente e con un senso del lustro tutto fiammingo: il brano del decoro di perle, rubini e smeraldi, i colpi di luce in orpimento che screziano e danno profondità al cuoio della corazzetta il cui riflesso avvertiamo nelle ombre sulle mani di Elena, è indice di una tenuta tecnico-stilistica che ha pochi eguali nella pittura del tempo. Collocandosi la tavola, come suggeriva Shapley (1979), al 1495 circa poiché bisogna avere un minimo stacco da suo obbligato precedente figurativo, per decoro e drappeggi: la santa Caterina della pala del Duomo di Conegliano (cat. 9), da cui Cima partirà per la definizione di un tipo femminile che evolverà, come notava Echols (2003), nella Maddalena del *Compianto su Cristo morto con i santi Francesco e Bernardino* (136 × 107 cm, Modena, Galleria Estense, inv. 367), nella santa Lucia del *Riposo nella fuga in Egitto* Gulbenkian (*cat. 20*) e nella *Santa Caterina d'Alessandria* del trittico di Mestre (cat. 29). In una logica di presentazione decisamente precedente l'immagine della santa che Cima delineerà poi, al principio del Cinquecento, nel *Costantino ed Elena* di San Giovanni in Bragora (cat. 31).

Bibliografia: Mündler 1855-1858, ed. 1985, p. 218; Suida-Shapley 1956, p. 48; Berenson 1957b, p. 66; Berenson 1958, p. 68; Coletti

[16.]

1959, p. 74; Pallucchini 1961, p. 187; Seymour 1961, pp. 56-58, 209; L. Menegazzi, in *Cima da Conegliano* 1962, p. 25; Pignatti 1962, p. 11; (Roli) 1962, p. VIII; Menegazzi 1964a, p. 170; *National Gallery* 1965, p. 28; Zava-Boccazzi 1965, pp. 4 6; Rusk Shapley 1968, p. 59; De Mas 1972, pp. 9, 16, 33; Frederiksen-Zeri 1972, pp. 53, 402; Lucco 1974, p. 47; *European Paintings* 1975, p. 70; Rusk Shapley 1979b, p. 132; Menegazzi 1981a, pp. 10, 30, 88, 104-105; Humfrey 1983, pp. 3, 29-30, 49, 94, 109, 140-141, 154, 167; Faldon-Valcanover 1986, p. 107; Potocnik 1993, pp. 38-42, 58, 68; Echols 1994, p. 52; Puppi 1994, p. 6; Tempestini 1994, p. 37; Bettagno-Fossaluzza 1995, p. 143; Pitteri 2002, pp. 127, 134, 139, 146; R. Echols, in *Italian Paintings* 2003, pp. 206-209; Ortis Alessandrini 2009, pp. 170-171.

GIOVANNI C.F. VILLA

17. ▶
Madonna con il Bambino tra i santi Pietro, Romualdo, Benedetto e Paolo
tavola, 206 × 135 cm
Berlino, Gemäldegalerie,
Staatliche Museen zu Berlin, inv. 2
Iscrizioni: firmata sul cartellino «Joannis baptiste Conogli / anensis opus»
Provenienza: Murano, chiesa di San Michele in Isola, sagrestia; acquisita dal museo di Berlino con la collezione di Edward Solly nel 1821

Restauri: 1981
Analisi scientifiche: 2004, riflettografia IR, vis.-RS

In un formato di pala dimensionalmente contenuto – quei circa due metri per uno e trenta che diverranno suoi proporzione e spazio di lavoro canonici – e in un inquartamento architettonico e compositivo che riecheggia la pala del Duomo di Conegliano (cat. 9), Cima orchestra un'ancona in cui ogni cosa vive per qualità cromatica e luminosità giocata sul controluce del cielo. La sinfonia di marmi preziosi che definisce il trono su cui è assisa una Madonna molto terrena è saldamente sottolineata, nella centralità compositiva, dalla quinta verde drappeggiata a dar forza e sostanza anche tramite invenzioni quali l'ombra del Bambino benedicente profilata sulla tenda. E il basamento del trono, un'ogiva coricata verso il fedele, è spartiacque tra luce e ombra e vertice di un doppio triangolo compositivo: il primo che unisce i capitelli alla base dell'ogiva, poggiando sulle linee-forza che passano per volti e mani dei santi Pietro e Paolo; il secondo che ha il vertice nel capo della Madonna e si appoggia al taglio delle vesti di Pietro e alla spada di Paolo.
Che la raffinatezza sia una delle linee guida del dipinto è mostrato dal bellissimo atrio a cupola, con il catino absidale ornato da una decorazione musiva con scene della vita di san Giuseppe tratte dai mosaici duecenteschi della cupola tra i bracci nord e ovest del nartece della basilica veneziana di San Marco. Aderendo al *revival* neobizantino che si stava vivendo in quegli anni in laguna Cima raffigura, al di sopra alle vele con due profeti, Giuseppe condotto in Egitto, Ruben che cerca Giuseppe nel pozzo e Giacobbe che piange la morte di Giuseppe. Considerando la posizione del pozzo, esattamente in asse con la Madonna con il Bambino, Humfrey (1983, p. 81) ha offerto un'appropriata lettura simbologica: «since Joseph was traditionally interpreted as a type for the empty Sepulchre, it may be that the placing of the well on the main axis of the painting (which in turn would have been aligned with Boldù's tomb slab in front of the altar) was meant to allude to the donor's hope for resurrection». Considerazioni ulteriormente validate osservando come, ai piedi della Madonna, appaia una base di colonna adornata da una testa di cherubino: che sia un'urna cineraria è chiaro nella prima versione elaborata da Cima, oggi visibile in infrarosso, che prevedeva un vaso al posto del volto alato.
Quattro santi, tre volumi: chiuso per Pietro, letto da Benedetto e proposto a noi da Paolo a marcare l'intensa spiritualità del dipinto. Poiché nel libro ostentatamente aperto è ben leggibile una delle tradizionali letture della domenica delle Palme, il passo sull'importanza dell'unità e umiltà narrato nella lettera ai Filippesi (2: 5-10). È quanto richiedeva un ambiente d'integerrima religiosità come quello dei frati camaldolesi, che accoglieranno l'opera intorno al 1497 nell'altare della sacrestia della chiesa di San Michele in Isola a Murano e, ricordano Botteon e Aliprandi (1893), «Dovrebbe esserne stata data la commissione al pittore dall'abate di S. Maria delle Carceri, Pietro Boldù, il quale circa il 1469 fece a tutte sue spese costruire la sagrestia, nella quale venne sepolto». Abate del monastero camaldolese di Santa Maria delle Carceri, nei pressi di Este, e per due volte patriarca di Venezia, Boldù morì nel 1495 e fu sepolto di fronte all'altare che ospiterà il dipinto di Cima. Con Humfrey (1983) che ipotizza la commissione sia avvenuta precedentemente la morte o portata a compimento da Domenico Boldù, nipote di Pietro e suo erede. Un'ipotesi alternativa, che riscosse una certa attenzione al principio del secolo, fu poi quella di Bode e Ludwig (1903), ripresa da Burckhardt (1905), per cui la pala sarebbe da collegare al testamento di Pietro Priuli del 1511, imponendosi dunque una datazione assai tarda e in totale contrasto con la sintassi cimesca di quegli anni. Criticamente risolta in modo piuttosto curioso: Burckhardt (1905) giustificandone l'arcaismo sulla base di una precisa indicazione degli ipotetici committenti, che avrebbero richiesto qualcosa di prossimo al *Trittico Priuli* (*Madonna in trono con il Bambino*, olio su tavola, 129 × 64 cm; *I santi Pietro e Romualdo* e *San Marco e un monaco con il donatore Pietro di Lorenzo Priuli*, olio su tavola, 129,5 × 53,5 cm ciascuna; firmato «IOANNES / BELLINUS / F.»; Düsseldorf, Kunstsammlungen der Stadt, inv. 1110) affidato a Giovanni Bellini da parenti prossimi. Così che anche Adolfo Venturi (1915) accetta questa data dando, come d'uopo, una lettura non certo positiva della pala, utile comunque a comprendere appieno uno dei motivi principali della mancata comprensione di Cima, vissuto come ritardatario anche per un'errata scansione dei suoi tempi d'attività: «il Cima cercò l'effetto con un rapido guizzar di luci metalliche sulle vesti delle figure raccolte in un tempio. All'inizio del secondo decennio del secolo nuovo, egli rimane quattrocentista nelle forme e nello spirito primitivo. Lo spazio di cielo gli sembra troppo ampio intorno alle figure, e quindi appoggia al trono belliniano della Vergine una verghetta di metallo, terminata da piccole sfere invece che dai tradizionali cherubini, per sostenere un'ampia tenda che faccia da paravento al gruppo divino. Cima si affatica in quest'opera a lustrar tutto, figure e marmi». Ma generalmente accettata è stata la proposta al 1495 circa fatta da von Hadeln (1912), che certo può essere presa a principio del lavoro, con un termine dei lavori indicato nel 1497 da Hans-Joachim Eberhardt (in Humfrey 1983) individuando una ripresa abbastanza fedele della figura di san Pietro nella *Madonna con il Bambino in trono tra i santi Pietro e Sebastiano* di «Petri Pauli / Sa / xiferati / opu / s / M / CCCC / LXXXXVII», la prima opera firmata e datata dal marchigiano Pietro Paolo Agabiti e *in toto* parafrasi da idee di Cima, il san Sebastiano desunto dal *Polittico di Olera* (cat. 1).
Apprezzata e citata dai maggiori cronisti e storici veneziani, il primo a farne menzione sarà Ridolfi (1648: «nella Sacrestia de' Padri di S. Michele di Murano ritrasse ancora la Vergine col Bambino in seno sedente sotto ad una volta, da lati havvi li SS. Apostoli Pietro e Paolo e due Santi Monachi, ed è quell'opera lavorata con somma pacienza»), con Zanetti (1771) che acutamente osserverà come «Si sarebbero forse anche ingannati facilmente nella bella tavola che sta in S. Michele a Murano nella sagristia se non portasse scritto il nome del Pittore (Joannes Baptista Coneglianensis fecit). Non può essere meglio espressa in essa lo stile, e il vero carattere del Bellino; spezialmente per la diligenza nel dipingere, per l'amore, e per la finitezza: conoscendosi solamente il discepolo dal maestro in qualche maggiore durezza».

Bibliografia: Ridolfi 1648, p. 59; ed. 1914-1924, I, p. 77; Martinioni 1663, p. 236; Boschini 1664,

[17.]

[18.

p. 525; Boschini 1674, pp. 21-22 (*Croce*); Zanetti 1733, p. 446; *Cronica* 1736, p. 400; Baldinucci 1768-1814, III, p. 206; Zanetti 1771, p. 61; Zanetti 1792, 83; *Cronica* 1793, p. 245; Zanetti 1797, p. 139; *Verzeichnis* 1830, pp. 26-27; *Verzeichnis* 1832, pp. 26-27; *Verzeichnis* 1833, pp. 26-27; *Verzeichnis* 1834, pp. 26-27; *Verzeichnis* 1837, pp. 26-27; *Verzeichnis* 1841, p. 30; *Verzeichnis* 1845, p. 4; *Verzeichnis* 1847, p. 4; *Verzeichnis* 1851, p. 4; *Verzeichnis* 1854, p. 4; *Verzeichnis* 1860, p. 4; *Verzeichnis* 1878, p. 68; *Verzeichnis* 1885, p. 86; Lermolieff [Morelli] 1886, p. 377; *Verzeichnis* 1891, p. 50; Botteon-Aliprandi 1893, pp. 108-109; Berenson 1894, p. 97; Berenson 1897, p. 104; *Verzeichnis* 1898, p. 54; Ludwig-Bode 1903, pp. 135-137; *Verzeichnis* 1904, 66; Burckhardt 1905, pp. 69 ss.; Venturi 1907, p. 259; Posse 1909, p. 120; Crowe-Cavalcaselle 1912, p. 249; von Hadeln 1912b, VI, p. 594; Phillips 1912, p. 115; *Verzeichnis* 1912, p. 76; Venturi 1915, VII, parte IV, pp. 534-537; *Verzeichnis* 1921, p. 80; von Hadeln 1926, p. 3; *Beschreibendes Verzeichnis* 1931, p. 94; Berenson 1931, p. 145; Van Marle 1935, XVII, pp. 410 ss.; Berenson 1936, p. 125; *Verzeichnis* 1956, p. 14; Berenson 1957b, p. 64; Lazareff 1957, pp. 41 ss.; Berenson 1958, p. 66; De Logu 1958, p. 237; Suida 1958, p. 36; *Verzeichnis* 1958, p. 20; Coletti 1959, p. 78; *Verzeichnis* 1959, p. 20; *Verzeichnis* 1960, p. 20; *Verzeichnis* 1961, p. 20; Pallucchini 1962, p. 223; *Verzeichnis* 1962, p. 20; *Verzeichnis* 1963, p. 29; *Verzeichnis* 1964, p. 31; *Verzeichnis* 1966, p. 31; *Verzeichnis* 1968, p. 31; *Verzeichnis* 1975, pp. 102-103; *Verzeichnis* 1978, p. 106; Menegazzi 1981a, p. 92; Humfrey 1983, pp. 80-82; Lucco 1990b, p. 466; Schmidt 1990, p. 719; *Gemäldegalerie Berlin* 1996, pp. 30, 427.

GIOVANNI C.F. VILLA

18.
Madonna con il Bambino
tavola, 72,5 × 55,5 cm
Parigi, Petit Palais, Musée des Beaux-Arts
de la Ville de Paris, inv. PTUCK 00005
Iscrizioni: firmata sul parapetto «IOANNES B.»
Provenienza: Bellagio (CO), coll. Gustavo
Frizzoni; Londra, coll. sir William Neville
Abdy; Londra, Christie's, 5 maggio 1911,
lotto 93; Parigi, Edward Tuck; 1930,
dono al museo di Edward Tuck

Restauri: 2009 (Patrick Mandron)

Troneggiante su di uno splendido paesaggio intenerito dalle delicatezze di un mattino primaverile, una Madonna sgargiantemente agghindata regge tra mani contratte, plasmate di sola luce, un Bambino dagli occhi scintillanti come pietre dure, grazioso nei riccioli biondi a intenerire insieme al gesto della piccola mano pronta ad accarezzare una Madre già presaga della futura passione.
Pur con la falsa iscrizione che la riferisce a Giovanni Bellini, l'opera ha sempre avuto grande fortuna e mai ne è stata discussa l'attribuzione, legata al nome di Cima fin da quando fu donata al museo francese dall'americano Edward Tuck; in precedenza nella collezione Abdy, con Berenson che la definiva «deliziosa ed interessante» domandandosi «Non so se un'altra opera del Maestro sia fresca, sorridente, giocondamente materna al pari di questa; l'atto del Bambino è giocoso [...]. L'ampiezza della composizione, il paesaggio semplice e calmo, le tinte gaie, il disegno incisivo e il modellato solido la segnano come una fra le prime sue mature imprese» (Berenson 1919, p. 188). Proseguendo poi a segnalare come «la raccolta Piccinelli a Bergamo conteneva un dipinto firmato da Antonio Maria di Carpi e seguito dalle cifre 1495. Esso, ora a Budapest, è una copia abbastanza fedele del nostro e l'autore deve averlo eseguito appena finito l'originale che, per ragioni di stile, non può risalire a data anteriore» (*ibid.*, p. 189). Se la lettura del cartiglio della piccola tavola di Budapest è in realtà da correggersi al «1497. / Antonius Maria de Charpi / pinxit» (tavola, 35,8 × 28,4 cm, Budapest, Szépmüvészeti Múzeum), un paio d'anni prima Cima licenziava la versione di Gemona in provincia di Udine (chiesa di Santa Maria delle Grazie, tavola, 87 × 69 cm, firmata «Joannis Baptiste Coneglanensis Opus / 1496 adì primo / avosto»), che Coletti considera prototipo della serie di cui fa parte il dipinto ora al Petit Palais segnalando, tra gli altri, almeno un quarto esemplare degno d'attenzione, oggi al Museo Civico di Treviso (tavola, 39 × 31 cm), anch'esso da assegnarsi all'allievo Antonio Maria da Carpi. Prendendo a riferimento la lettura «1495», Berenson – trovando poi concordi von Hadeln (1926), Lazareff (1957) e Menegazzi (1981) – poneva la tavola francese nel medesimo anno dell'*Annunciazione* di San Pietroburgo (cat. 15), con Van Marle (1935) che la giudicava invece posteriore ma comunque entro il secolo. Pallucchini (1962), apparentandola alla *Madonna con il Bambino* di Firenze (cat. 7), la data «un anno o due al massimo» prima della *Madonna con il Bambino* di Este (cat. 35), dunque intorno al 1502-03, cronologia ampliata lievemente da Humfrey (1983) che, ragionando sul disegno dei panneggi, le marcate pieghe, l'ingentilimento dell'ovale del volto della Madonna tende a porla nel lustro 1500-04.
Utile appare la citazione testuale del caratteristico borgo rurale posto sulla bianca balza a destra, che già avevamo visto nel *San Girolamo nel deserto* di Milano (cat. 13): identiche le proporzioni, ne muta la definizione, apparendo qui tutto meno grafico e maggiormente legato atmosfericamente, in un'ottica di lavoro che appartiene alla pratica di Cima proprio al principio del nuovo secolo, connotandosi così la versione del Petit Palais successiva alla prima versione del tema, impostata in quel 1496 segnato sull'esemplare di Gemona giunto a noi devastato dalla numerosa serie di restauri subiti dopo quello operato nel 1590 da Secante Secanti.

Bibliografia: Berenson 1916, pp. 198-199; Berenson 1919, pp. 188-189; von Hadeln 1926, p. 3; *Palais des Beaux-Arts* 1931, p. 2; Van Marle 1935, XVII, pp. 428, 466; Berenson 1936, p. 127; Berenson 1957b, p. 67; Lazareff 1957, p. 46; Berenson 1958, p. 69; Coletti 1959, pp. 66, 73; Ballarin 1962a, p. 484; Heinemann 1962a, p. 317; Heynold von Graefe 1962, p. 9; Mazzotti 1962, p. 36; L. Menegazzi, in *Cima da Conegliano* 1962, p. 14; (Roli) 1962, p. IX; Polo 1963, pp. 16-17; Rutteri 1963a, p. 44; Menegazzi 1981a, p. 95; Humfrey 1983, p. 137.

GIOVANNI C.F. VILLA

19. ▶
Madonna con il Bambino tra i santi Girolamo e Ludovico di Tolosa (Madonna dell'arancio)
olio su tavola centinata, 212 × 139 cm
Venezia, Gallerie dell'Accademia, inv. 815
Iscrizioni: firmata in un cartiglio ai piedi della Madonna «IOA.BAPT.CONEGL.»
Provenienza: Murano, chiesa di Santa Chiara, altare maggiore; 1810, Venezia, Palazzo Reale; 1816, Vienna, Hof Museum; dal 1919, Venezia, Gallerie dell'Accademia

Restauri: 1979; 1995 (Rosella Bagarotto; direzione scientifica: Giovanna Nepi Scirè)
Analisi scientifiche: 2009, riflettografia IR, vis.-RS, XRF

Su di un blocco di roccia sono assisi in contrapposto la Madonna e il Bambino, la luce serotina che inebria la scena a integrarli con i due santi in quello che è il vero protagonista della scena, a invadere anche il primissimo piano: un paesaggio popoloso, segnato da strade e borghi, da una terra gremita di piante officinali, sassi e animali a cui Cima assegna precise funzioni aneddotiche e simboliche analizzate da Augusto Gentili (1994, p. 78). Dall'edera che arrampica il trono, «simbolo della croce e della vita eterna», al cervo «simbolo diffusissimo dell'anima fedele che anela a Cristo», dal candido coniglio «simbolo di vigilanza e di solitudine contemplativa» alle pernici che covano «le uova di altre pernici (o in generale di altri uccelli) ma, quando le uova si schiudono, i nuovi nati riconoscono subito il richiamo della vera madre e corrono da lei. La leggenda della pernice si afferma come elogio della verità che sempre, prima o poi, viene riconosciuta». Uno spettacolo che riporta all'*hortus conclusus*, alla Madonna dell'Umiltà, ove «il senso di abbandono derivato dalla radura incolta dove crescono erbe selvatiche tra sassi e rocce, non fa che riprendere la poetica del «rus» virgiliano, dell'*umiltà solenne*, della *nobile umanità*, della *semplicità sapiente*» (Appiano Caprettini 1999, p. 32), in un sentimento francescano delle cose del mondo in cui la sintesi si ha sommando dettagli uno più preciso e bello dell'altro. Così tra Madre e Figlio nasce l'albero d'arancio i cui fiori bianchi saranno metafora di quella purezza investita nel ruolo della Madonna e qui per Humfrey (1983) a indicare il ruolo della Vergine novella Eva, accomunando le arance alle mele. E tra il Bambino e Ludovico di Tolosa – il saio francescano sotto il piviale indagato da Grönwoldt (1965), ricamato coi gigli di Francia, trapuntato di seta rossa e bordato da santi e apostoli – un olivo secco da cui nasce eloquentemente un nuovo virgulto nel bosco delle solide querce che, in alto a sinistra, sbocca in un borgo singolare poiché, in deroga alla consueta precisione topografica, se Federici (1803) identificava il borgo sulla sinistra in Conegliano e Zimmermann (1893) nel castello di San Salvatore sopra Susegana, non vi è infatti quell'accuratezza di punto di vista che consenta un riscontro certo, se non la suggestione dei luoghi natii.
Nell'eversiva scelta di unire il tema della sacra conversazione con quello del riposo dalla fuga in Egitto – qui Giuseppe è in disparte, appoggiato sullo sfondo a un albero con a fianco l'asino a brucare – un fitto dialogo di gesti e sguardi si svolge tra i protagonisti, palesando l'intento di Cima di destrutturare la solennità del sacro sinedrio a favore di un incontro che abbia la quotidianità dell'approccio e la sostanza del colore, i santi arricchiti da strepitose scelte cromatiche che si spingono a livelli di assoluta innovazione: commovente, per le date, la rifinitura della fodera del manto della Madonna, l'orpimento sfumato dal realgar a ottenere le *nuances* aranciate che l'avvicinino al frutto.
Un'opera, la *Madonna dell'arancio*, che può avere come precedenti solo i testi licenziati dieci anni prima da Bartolomeo Montagna a Vicenza: la *Madonna adorante il Bambino tra le sante Monica e Maria Maddalena* e *La Madonna con il Bambino sotto un pergolato tra i santi Giovanni Battista e Onofrio* (la prima su tela, 184 × 169 cm, inv. A 3, la seconda su tavola trasportata su tela, 195,7 × 160 cm, inv. A 2; entrambe conservate a Vicenza, Pinacoteca Civica di Palazzo Chiericati a Vicenza) e, a far meditare entrambi, la pala quadrotta firmata «Marco Zoppo da Bologna pinsit 1471 in Vinexia», destinata alla chiesa di San Giovanni a Pesaro e ora a Berlino. Un dipinto in cui i sacri attori sono collocati dentro un paesaggio, fanno parte di esso, pur rimanendo slegati tra di loro, privi di quel dialogo in cui saprà coglierli Cima capace anche di superare la rigida simmetria che ancora regola l'intelaiatura compositiva montagnesca.
Destinato alle suore francescane osservanti della chiesa di Santa Chiara a Murano, dove era collocato sull'altare laterale di destra dell'altar maggiore, è qui ricordata da Ridolfi (1648), prima: «In Santa Chiara dell'Isola detta [Murano] dipinse la medesima [Vergine] in un Paese, ove imitò con molta diligenza ogni minuta herbetta, & i Santi Girolamo e Luigi» e da Boschini (1664), poi: «la Tavola contiene Maria, col Bambino, San Girolamo, e San Bonaventura, in bellissimo paese; opera delle rare di Battista Cima da Conegliano». Vista ancora in chiesa da un rammaricato Moschini (1808) poiché «il tempo la tolse sua bellezza in parte, coprendola d'un fosco ombreggiamento», con le soppressioni del 1810 entrò nel patrimonio demaniale con destinazione il Palazzo Reale di Venezia. Dove rimase assai poco, inviata nel 1816 al Hof Museum di Vienna (in Bagarotto 2001b, p. 234) da cui rientrò fortunosamente a Venezia alla fine della prima guerra mondiale per essere collocata alle Gallerie dell'Accademia. L'operazione è narrata nella relazione stesa dal generale Roberto Segre, il 22 febbraio 1919: «Come si era convenuto, i nostri rappresentanti artistici non entrarono nelle sale delle Gallerie. Il distacco dei quadri, che furono tolti dalle cornici, venne fatto da personale della Galleria Imperiale sotto gli ordini del loro direttore. I nostri rappresentanti li presero in consegna dentro il cortile del HofMuseum, ai piedi della scala facendo quivi il riscontro dei singoli pezzi. [...] I centosessanta dipinti raccolti furono concentrati in un locale a terreno appartato della nostra ambasciata in Palazzo Metternich, e messi sotto vigilanza dei nostri carabinieri. Giunti ieri il personale specializzato in trasporti della Galleria di Venezia, se ne curerà ora diligentemente l'imballaggio e la spedizione in Italia» (*ibid.*, p. 235). Un soggiorno viennese all'origine dei principali e ricorrenti problemi della pellicola pittorica, il supporto assottigliato e parchettato in modo tale da non permettere il fisiologico movimento delle tavole originali, così che nel corso degli anni si sono ripetute le cadute di colore e i sollevamenti sulle giunture dei legni.
Nessuna notizia si ha della commissione che, alla luce della destinazione e per la presenza di san Ludovico di Tolosa – indiziario di una scelta di modestia e raccoglimento per la sua rinuncia al trono – e della coppia di frati che si fa strada nel bosco, è necessariamente da collegarsi all'ambito francescano. Con la critica che, concorde nel giudicarlo un capolavoro assoluto, eccezion fatta per Venturi (1915), si è concentrata precipuamente sulla datazione dell'opera: al 1496 circa la poneva Burckhardt (1905) utilizzando come termine *ante quem* la *Madonna con il Bambino e Maria Maddalena* firmata e datata «Pasqualinus / venetus / 1496» (75 × 60 cm, Venezia, Museo Civico Correr), in cui il gruppo sacro è una libera desunzione da quello di Cima. Ma, notava Humfrey (1983), lavorando Pasqualino nell'ambito della bottega di Cima in ogni momento poteva accedere al materiale grafico preparatorio. In ogni caso la datazione di Burckhardt è stata accettata in un primo momento da von Hadeln (1912), poi orientato ad anticiparla a ridosso della pala di Vicenza (cat. 4; von Hadeln 1926), da Moschini Marconi (1955), Coletti (1959), con Pallucchini (1962) a porla al 1495 circa e Humfrey (1983) al 1496-98 circa. Un Humfrey che osserva la fitta serie di rapporti tra questa pala e le altre opere di Cima: dal gruppo della Madonna con il Bambino prossimo a quello del *Riposo nella fuga in Egitto* Gulbenkian (cat. 20) e modello per opere della bottega (*Madonna con il Bambino tra san Giovanni Battista e santa Lucia*, 80 × 120 cm, Berlino, Staatliche Kunstsammlungen, Gemäldegalerie, inv. 1302; *Madonna con il Bambino tra san Giovanni Battista e san Nicola da Tolentino*, 73 × 112 cm, New

[19.]

York, Brooklyn Museum, inv. 34.501), al borgo banalizzato nella *Madonna con il Bambino* di Kassel (cat. 22), al cervo che vivacizzava la debole *Madonna con il Bambino* di Oxford (54,1 × 43 cm, Magdalen College; replica di bottega dell'autografa e giovanile *Madonna con il Bambino* firmata «IOANNES BAPTISTA DE CONEGLIANO P.», 60,4 × 47,7 cm, Philadelphia, Museum of Art, Johnson Collection, inv. 176) nel cui sfondo si trova anche l'omonimo del *San Girolamo nel deserto* di Harewood (cat. 12), dipinto in cui per la prima volta troviamo l'idea delle pernici.
Anche in quest'opera rarissimi sono i ripensamenti – fatto salvo lo sfondo arboreo che, in una prima idea ben visibile in infrarosso, appariva un bosco ben fitto, dai tronchi alti e frondosi – indice di un'attenta elaborazione grafica a precedere l'esecuzione di cui abbiamo sola testimonianza nella *Testa di san Girolamo* (Londra, The British Museum, pennello e inchiostro bruno con lumeggiatura di biacca su carta azzurra, 254 × 100 mm) preparatoria per l'omonima figura.

Bibliografia: Ridolfi 1648, p. 59; Boschini 1664, p. 546; Boschini 1674, p. 39 (*Croce*); Zanetti 1733, p. 458; Baldinucci 1768-1814, III, p. 206; Zanetti 1771, p. 63; Zanetti 1792, p. 85; Federici 1803, I, p. 224; Moschini 1808, p. 35; Blanc 1868, p. 8; Botteon-Aliprandi 1893, pp. 119 ss.; Wickhoff 1893, p. 18; Zimmermann 1893, pp. 57-58, 62; Berenson 1894, p. 98; *Kunsthistorische Sammlungen* 1896, p. 10; Berenson 1901, p. 109; Ludwig 1901, p. 11; Burckhardt 1905, p. 32; Venturi 1907, p. 262; Borenius 1911, p. 318; Crowe-Cavalcaselle 1912, p. 249; von Hadeln 1912a, IV, p. 594; Venturi 1915, VII, parte IV, pp. 512, 515; Borenius 1916a, p. 164; Fiocco 1919, p. 23; Venturi 1923, p. 268; Fiocco 1924, p. 150; von Hadeln 1925, p. 63; Venturi 1926, p. 182; Vital 1926, p. 18; (Fiocco) 1928, p. 145; *Royal Academy of Arts* 1930, p. 321; Fogolari 1931, pp. 244-245; Popham 1931, n. 173; Berenson 1932a, p. 148; Semi 1933, p. 90; *Exposition* 1935, p. 48; Van Marle 1935, XVII, p. 425; Berenson 1936, p. 127; Popham 1936-1937, p. 128; *Pictures* 1937, p. 18; Tietze-Tietze Conrat 1944, p. 161; H.A. 1946, pp. 96-98; Golzio 1949, p. 1614; (Marconi) 1949, pp. 43 ss.; Coletti 1953b, p. LXXIV; Brizio 1955, p. 212; Moschini Marconi 1955, pp. 113-114; Valcanover 1955, pp. 50-53; Berenson 1957b, p. 67; Berenson 1958, p. 69; De Logu 1958, p. 237; Coletti 1959, pp. 20 ss.; Hüttinger 1959, p. 22; Pignatti 1959, p. 76; Semenzato 1959-1960, p. 247; Rutteri 1960, p. 83; Ballarin 1962a, pp. 484-485; Battisti 1962, p. 29; Coletti 1962, p. 6; Gori 1962, p. 43; Heinemann 1962b, p. 162; Mazzotti 1962, pp 34, 38; L. Menegazzi, in *Cima da Conegliano* 1962, p. 26; Pallucchini 1962, pp. 222, 223; Polo 1962, p. 7; Ragghianti 1962a, p. 13; Vertova 1962, p. 716; Fiocco 1963, p. 52; Marini 1963, p. 153; Rutteri 1963a, p. 50; Grönwoldt 1965, p. 232; Zava-Boccazzi 1965, pp. 3, 6; Nepi Scirè 1977, p. 327; Fantelli 1978, p. 192; Humfrey 1978, p. 92; Pallucchini 1980, p. 216; Sgarbi 1980b, p. 32; Menegazzi 1981a, pp. 100-101; Humfrey 1982a, p. 275; Humfrey 1983, pp. 153-154; Nepi Scirè-Valcanover 1985, pp. 41, 112; Watson 1987, p. 142; Lucco 1990b, pp. 466, 472; Schmidt 1990, pp. 719-720; Gentili 1994b, pp. 74-83; Bettagno-Fossaluzza 1995, p. 143; Humfrey 1996a, p. 323; Aikema 1999, p. 100; Appiano Caprettini 1999, pp. 31-32; Tempestini 1999, pp. 973, 992-993; Bagarotto 2001b, pp. 234-235; *Restauri* 2001, p. 222; Pitteri 2002, pp. 134, 138, 146; Tazartes 2005, pp. 82-83.

GIOVANNI C.F. VILLA

Cima da Conegliano,
Testa di san Girolamo,
Londra, The British
Museum

[20.]

20.
Riposo nella fuga in Egitto con i santi Giovanni Battista e Lucia
tempera e olio su tavola, 53,9 × 71,6 cm
(54 × 72,1 cm)
Lisbona, Calouste Gulbenkian Museum, inv. 77
Provenienza: Parigi, chevalier Fereol Bonnemaison; 1819, acquistata da sir Abraham Hume (morto nel 1838); in eredità al nipote di Hume, Viscount Alford, poi primo Earl Brownlow (morto nel 1851); in eredità al terzo Earl Brownlow (morto nel 1921), Ashridge, Berkhamsted; Londra, Christie's, 4 maggio 1923, vendita Brownlow, lotto 22, acquistato da Calouste Gulbenkian

«Malgrado la sua piccolezza, è una delle opere più perfette e importanti che il Cima abbia creato» scrisse Lionello Venturi (1923) ammirando il dipinto alla vendita Brownlow di Christie's a Londra.
Nei medesimi anni della *Madonna dell'arancio* (cat. 19), Cima lavora a un altro dipinto. Il formato è diverso, oblungo, la destinazione pure: non una pala d'altare ma un'opera d'impianto narrativo per una collocazione privata. Impressionante per monumentalità, pur nel piccolo formato, espressa attraverso lo smalto di un colore di matura intensità timbrica e saturazione esaltata dall'atmosfera.
Evidente la parafrasi, lo sviluppo del modello veneziano, conservando un'analoga impostazione formale e cromatica con un indirizzo pienamente narrativo: a principiare dall'ampliarsi del basamento geometrico, mimetizzato in rocciose forme naturali che si innestano gradualmente nel terreno ma che nulla perdono, pur nella loro obliquità, dello statuto architettonico. Una composizione che tutta scivola verso sinistra, bloccata dalla quinta verde a chiudere un paesaggio insolitamente marino, azzurrato, cui fa da contrappasso il bosco in cui pastura l'asino ancora con il basto. Mentre Giuseppe ha qui ripreso il posto che gli compete, paterno accanto al Bambino che si protende fuori dal grembo della Madre in un atteggiamento che tanta fortuna avrà in Lorenzo Lotto. Vi è poi sempre la schietta simbologia della quercia che indica in Maria l'albero da cui nasce il virgulto Cristo (Gentili 1994). Tenue massa della chioma dell'albero che ha anche una funzione strumentale, marcando un centro cui fanno simmetricamente ala gli angeli adoranti, le spalle ricoperte di iridescenti piumaggi, e la presenza incongrua dei due santi laterali a bilanciamento, secondo la logica compositiva abituale in Cima in questi anni.
Un capolavoro d'equilibrio tra figure e paesaggio in cui «Cima lega più confidenzialmente che non il Bellini la campagna e le figure; il masso, il ceppo e l'albero eran già pronti per la rappresentazione sacra al punto che i due angeli bianchi fan pensare allo stupore dei villici che guardino dai cascinali; non abbiano a crederli due manzi fuggiti dalla stalla» (Longhi 1946, p. 60).
Probabilmente ricordato nella collezione Brownlow da Botteon e Aliprandi, pur descrivendolo in modo incerto, il dipinto è stato variamente datato. Venturi (1923) collocandolo nel primo decennio del Cinquecento in rapporto con quella che riteneva essere la datazione dei dipinti di Parma mentre Longhi (1940), poi ripreso da Ballarin (1962), la giudica «al confine tra i due secoli». Saranno Coletti (1959) e Pallucchini (1962) a giudicarla, per attenzione botanico-geologica, una tavola della metà dell'ultimo decennio del Quattrocento e Humfrey (1983) a precisarne una cronologia al 1496-1498 ragionandola in stretta relazione con la *Madonna dell'arancio*.

Bibliografia: Waagen 1854, II, p. 314; Botteon-Aliprandi 1893, p. 165; Zimmermann 1893, p. 58; *Venetian Art* 1895, n. 53; Gronau 1896, p. 139; Berenson 1897, p. 104; Berenson 1901, pp. 108-110; Burckhardt 1905, p. 116; Reinach 1905-1923, I, p. 333; *Catalogue* 1912, p. 51; Crowe-Cavalcaselle 1912, I, p. 252; von Hadeln 1912a, VI, p. 594; Venturi 1923, pp. 268-270; *Exposition de l'art italien* 1935, p. 49; Van Marle 1935, XVII, p. 457; *Pictures* 1937, p. 18; Longhi 1940, p. 60; Longhi 1946, pp. 59-60; Rusk Shapley 1950, p. 18; Moschini Marconi 1955, p. 113; Berenson 1957b, p. 65; Berenson 1958, p. 67; De Logu 1958, p. 237; Coletti 1959, pp. 53, 77-78; Manning 1960, tav. 7; *Tableaux* 1960, n. 33; *Pinturas* 1961, n. 44; Ballarin 1962a, p. 484; Heinemann 1962a, p. 317; Mazzotti 1962, p. 36; L. Menegazzi, in *Cima da Conegliano* 1962, p. 26; Pallucchini 1962, p. 223; Polo 1962, p. 9; Puppi 1962b, p. 17; (Roli) 1962, p. IX; Valsecchi 1962, p. 9; Cecchi 1963, 7; Fiocco 1963, p. 56; Marini 1963, p. 153; Rutteri 1963a, p. 48; Zava Boccazzi 1965, p. 5; *In the Light* 1966, n. 6; Steingräber 1975, p. 36; Menegazzi 1981a, p. 101; Humfrey 1983, pp. 108-109; Schmidt 1990, p. 720; Dal Pozzolo 1994, p. 78; Gentili 1994b, pp. 74-75; Bettagno-Fossaluzza 1995, p. 143; Pitteri 2002, pp. 127, 134, 135.

GIOVANNI C.F. VILLA

21.
Madonna con il Bambino e i santi Michele arcangelo e Andrea apostolo
tavola, 194 × 134 cm
Parma, Galleria Nazionale, inv. 361
Provenienza: Parma, chiesa della Santissima Annunziata (demolita nel 1546); chiesa di Capodimonte; 1706, Parma, conte Paolo Sanvitale; 1834 acquistato dalla Galleria Ducale di Parma

Restauri: 1879 (S. Centenari); 1938 (E. Podio); 1952-53; 1975-76 (Ottorino Nonfarmale); 2005 (Avio Melloni)
Analisi scientifiche: 2009, riflettografia IR, vis.-RS, XRF

«First steps on the road to Titian's Pesaro altar», così Robertson (1961), recensendo la monografia di Coletti (1959), stimava la tavola di Parma. E Pallucchini (1962), lamentando le vernici ingiallite che ne offuscavano una corretta lettura, pur trovando Michele «un poco accademico» la indicava come «opera davvero singolare [...] per la struttura architettonica, che ritma, con i ruderi dell'edificio classico, non solo le pause di luce e di ombra, ma che, sulla doppia diagonale prospettica, allontana lo sguardo dello spettatore fino al dolce colle su cui si erge il Castello di Conegliano». Identificazione corretta da Potočnik (1993) indirizzando al «castello di Collalto [...] ritratto parzialmente in tre dipinti» mentre nell'opera di Parma «la veduta è completa e quasi totalmente aderente alla realtà (una sola torre con beccatelli viene aggiunta), nonostante che per molti studiosi coneglianesi, in primis il Vital, il borgo fortificato alle spalle dell'Arcangelo sarebbe Conegliano con una improbabile veduta dalla frazione di Costa».
Con questa sacra conversazione all'aperto Cima compie un ulteriore passo sulla via del rinnovamento della pala d'altare poiché, se l'asse architettonico segna la metà del dipinto, tutto il resto concorre a infrangere la simmetria compositiva, volgendosi la composizione sempre più alla narrazione. A principiare dal gruppo sacro disassato che già aveva impressionato Berenson, pronto ad annotare come non mancasse «nei suoi raggiungimenti artistici di coltura e di intellettualità, sebbene comunemente se ne dubiti. Infatti non ignorava né trascurava l'antichità e, primo tra i veneziani, applicò la teoria del contrapposto: vedasi, a mo' d'esempio, la tavola d'altare di Parma con SS. Andrea e Michele» (Berenson 1919, p. 179). Un accentuato contrapposto di Madre e Figlio, sul sedile di sasso, illuminati diagonalmente a stagliare sulla parete in ombra, accompagna due santi umili ed essenziali: Andrea che regge la croce, Michele che pesa le anime in una posa squisitamente graziosa e classica, accennando al contrapposto, in questo certo non immemore del passaggio da Venezia, nel 1494, di Perugino, oltre a essere «un s. Giorgio meno fiero di quello di acciaio che dipinse il Mantegna» (De Logu 1958, p. 53). Così come l'architettura è ridotta alla scabra definizione di un pittoresco rudere di colonne e marmi classici a definire un peristilio senza alcun intento archeologico alla mantegnesca. Vestigia su cui molto è stato scritto essendo l'immanente «presenza architettonica, teatrale e retorica insieme, che orchestra l'opera sia a livello compositivo sia a livello evocativo» accentuata dall'abituale, per Cima, punto di vista ribassato che pone immediatamente sul primo piano i frammenti dei marmi antichi, «frammenti di una classicità caduta a pezzi, preziosi rottami del passato su cui affiora il volto nuovo, meditabondo, dell'Umanesimo» (Appiano Caprettini 1999, p. 25). Una scelta poetica assai meditata se, in una prima redazione apprezzabile all'analisi infrarossa,

Cima aveva strutturato un prezioso paramento marmoreo che, nell'alternanza di motivi a rombo e concentrici, replicava fedelmente la lastra posta a quinta, sull'estrema destra, nel *Miracolo di san Marco* (cat. 25) e da ricondursi ai modelli lombardeschi.

Ogni cosa è avvolta dalla luce dorata che integra l'ambiente visivo: una luce ottenuta per il tramite di una modulazione tonale che interessa tutta la superficie della pittura. L'analisi ravvicinata evidenzia infatti come volti, erbe, pietre, architettura siano costellati di impronte digitali e del palmo della mano di Cima a sfumare contorni e ammorbidire i passaggi espressivi tra i diversi pigmenti. In tal senso, emblematico appare il volto di Michele in mezzombra.

Nulla si sa con certezza della committenza così che, per l'accentuato carattere umanistico della composizione, inevitabilmente Humfrey (1983) ha pensato a un ambito colto e devoto orientando l'attenzione verso il nobiluomo parmense Bernardo de' Rossi, vescovo di Treviso dal 1499, e la cerchia del principe umanista Alberto Pio da Carpi, in contatto con Parma e forte sostenitore degli osservanti francescani per la cui chiesa venne plausibilmente eseguita, la Santissima Annunziata fuori le mura di Parma. A seguito della distruzione dell'edificio sacro, avvenuta nel 1546, passò nella nuova chiesa francescana di Capodimonte ove la descrisse Malezappi (1580, c. 170*v*; in Humfrey 1983), offrendo dunque la prima attestazione documentaria nel 1580: «All'altar privilegiato è anco un'altra tavola di mano del Francia molto commendato da pittura, ove è la figura della Beata Vergine col fanciullo in braccio con S. Michele con Sant'Andrea uno dal lato destro et l'altro dal sinistro». Un'ascrizione a Francesco Francia presto superata a favore di nomi ben più altisonanti, esposta nella quadreria del conte Carlo Sanvitale, che l'acquistò l'11 novembre 1706 per 4.200 lire venete, con la falsa firma «LIONARDO VINCI FECE. 1492» e assegnata invece, dai frati dell'Annunciata, ad Albrecht Dürer (Ricci 1896). Successivamente «Con rescritto 19 novembre 1834 il Governo ducale parmense acquistò la copiosa galleria di quadri del Sanvitale per L. 80.000. Questa tavola venne stimata L. 12.469,41, ma nell'inventario odierno della Pinacoteca è giudicata del valore di It. L. 80.000» (Botteon-Aliprandi 1893, p. 152). Un'altissima stima in linea con giudizi critici entusiasti: a principiare da Crowe e Cavalcaselle (1912) che, restituendola a Cima, la consideravano il suo massimo capolavoro. Se l'attribuzione sarà d'allora in poi pacifica, qualche discussione solleverà la questione cronologica, con un orientamento precipuo al principio del Cinquecento: Berenson (1919) datandola al 1505 circa, seguito da Coletti (1959) e Menegazzi (1962), Pallucchini (1962) e Heinemann (1962) ponendola al 1507 e Burckhardt (1905) orientandola agli anni dal 1504 al 1510, con von Hadeln (1912) e poi Ballarin (1962) che la riterranno addirittura posteriore alla pala del 1510-11 di Sebastiano del Piombo per San Giovanni Crisostomo. Humfrey (1994), seguito da Tempestini (1994), proporrà un'anticipazione intorno al 1497 circa, sottolineando una sensibilità mediata da Perugino che, nel passaggio a Venezia del 1494, lasciò un ancona per la Scuola di San Giovanni Evangelista. Sarebbe dunque la prima opera a giungere a Parma, poi seguita dalla pala per il protonotario apostolico Bartolomeo Montini, originariamente nella cappella absidale destra del transetto nel Duomo di Parma (*Madonna con il Bambino tra i santi Giovanni Battista, Cosma, Damiano, Apollonia, Caterina e Giovanni Evangelista*, 1506-07 circa, olio su tavola, 209 × 125 cm, inv. 360) e infine quella per il convento delle domenicane di San Domenico (*Madonna con il Bambino tra il Battista e la* Maddalena, 1511-13 circa, 170 × 110 cm, Parigi, Musée du Louvre).

Orientare l'opera agli anni tra il 1496 e il 1498 consente di leggere l'opera di Parma in un'ottica evolutiva costante, portando all'acme le sperimentazioni avviate con la *Madonna dell'arancio* (cat. 19) e nel *Riposo nella fuga in Egitto* (cat. 20): principalmente asimmetria compositiva, rotazione delle figure e una saturazione cromatica modulata atmosfericamente, sempre a raccontare con acribia miniaturistica il mondo botanico e minerale. E rimanendo in dialogo stretto con quanto teorizzato in ambienti prossimi: così la figura di sant'Andrea rielabora in controparte l'omonimo santo raffigurato da Mantegna nell'incisione del *Cristo risorto tra sant'Andrea e Longino* (Humfrey 1983) e sarà poi ripresa da un epigono cimesco nella paletta di Edimburgo (cat. 42) e nel *San Marco in trono tra i santi Luigi vescovo e Andrea la Temperanza e la Giustizia* (cat. 58). Mentre Martini (1990) associava l'eroismo strutturale del san Michele con le classiche figure di guerriero impostate da Tullio Lombardo e bottega in opere come il monumento del doge Andrea Vendramin nella basilica dei Santi Giovanni e Paolo a Venezia. Se il capolavoro di Parma, per pregnanza e dinamismo compositivi sarà importante lezione per la generazione successiva – e tanto Sebastiano del Piombo nella pala di San Giovanni Crisostomo quanto il Tiziano dei Frari dovranno tenerne conto – non sembra francamente convincente il rapporto di dipendenza iconografica, istituito dalla Béguin, tra la pala di Cima e la *Madonna dal collo lungo* di Parmigianino. Pezzi legati solo dalla cronaca artistica poiché, narra Loda (2005), a fine Ottocento Corrado Ricci, allora direttore della Galleria Nazionale di Parma, tentò senza successo di proporre alla Galleria degli Uffizi di Firenze uno scambio tra le due opere.

Bibliografia: Vasari 1568a, ed. 1878-1885, pp. III, 665; Malezappi 1580, c. 170*v*; Orlandi 1710, n. 34; Affò 1796, pp. 43, 102; Amoretti 1804, p. 41; Martini 1875, p. 32; Pigorini 1887, p. 38; Morelli 1892, p. 277; Botteon-Aliprandi 1893, pp. 64, 152; Berenson 1894, p. 98; Frizzoni 1896, p. 438; Ricci 1896, pp. 46-47; Berenson 1897, p. 105; Morelli 1897, p. 282; Scarabelli Zunti, fine sec. XIX, p. 65*r*; Burckhardt 1901, p. 717; Vital 1902, p. 26; Burckhardt 1905, pp. 55-57; Borenius 1909, p. 47; A. Peraté, in Michiel 1909, IV, pp. 1, 429; Borenius 1912, p. 47; Crowe-Cavalcaselle 1912, I, p. 243; von Hadeln 1912a, VI, p. 595; Venturi 1915, VII, parte IV, pp. 530-532; Berenson 1916, pp. 187, 201; Berenson 1919, pp. 179, 190; Testi 1924, p. 12; Ricci 1926, tav. 31; Fogolari 1931, X, p. 245; Sorrentino 1931, p. 5; Sphan 1932, p. 57; Van Marle 1935, XVII, p. 428; Berenson 1936, p. 127; Quintavalle 1939, pp. 148-149; Gengaro 1940, p. 375; Quintavalle 1948, p. 34; Quintavalle 1951-1952, p. 6; Brizio 1955, III, p. 558; Ghidiglia Quintavalle 1956, p. 16; Berenson 1957b, p. 67; Lazareff 1957, p. 46; Berenson 1958, I, p. 69; De Logu 1958, pp. 55, 238; Coletti 1959, pp. 16-17, 89; Copertini 1960a, pp. 7-8; Ghidiglia Quintavalle 1960, p. 17; Quintavalle 1960, pp. 27-30; *Cima*, 1960, V, p. 706, *ad vocem*; Robertson 1961, p. 284; Ballarin 1962a, p. 485; Battisti 1962, p. 29; Del Massa 1962, pp. 4-7; Heinemann 1962a, p. 318; Magagnato 1962b, pp. 86-88; L. Menegazzi, in *Cima da Conegliano* 1962, p. 48; Pallucchini 1962, p. 226; (Roli) 1962, p. IX; Valsecchi 1962, p. 17; Vertova 1962, p. 718; Marini 1963, pp. 154, 158; Zava Boccazzi 1965, pp. 6-7; Keller 1969, pp. 248-249; Ghidiglia Quintavalle 1971, p. 15; Zeri 1976b, I, pp. 277-278; Fornari Schianchi 1979, p. 5; Menegazzi 1981a, pp. 45-46, 120; Menegazzi 1981b, p. 525; Humfrey 1982b, pp. 35-38; Fornari Schianchi s.d. [1983], p. 56; Humfrey 1983, pp. 36, 138-139; Lucco 1983b, p. 459; Lucco 1984b, p. 228; Benati 1987, p. 270; Humfrey 1987, pp. 204, 209, 600; Watson 1987, p. 140; Humfrey 1990a, p. 742; Lucco 1990b, pp. 466, 469; Martini 1990, pp. 76-77; Schmidt 1990, p. 720; Tempestini 1992a, p. 11; Humfrey 1993b, pp. 216, 350; M. Laclotte, in *Le siècle* 1993, p. 273; Martin 1993, pp. 40-57; Potocnik 1993, p. 38; Gilbert 1994, p. 120; Humfrey 1994b, pp. 7, 13; Puppi 1994, p. 6; Tempestini 1994b, pp. 37-39; Bacchi-De Marchi 1995, p. 258; Bettagno-Fossaluzza 1995, p. 143; Humfrey 1996a, p. 321; Mendogni 1996 [1990], p. 218; Schmidt Arcangeli 1996, pp. 100, 103; Ekserdjian 1997, pp. 6-7; L. Fornari Schianchi, in *Galleria Nazionale di Parma* 1997, p. XLIX; L. Viola, in *Galleria Nazionale di Parma* 1997, p. 140; Fornari Schianchi 1998, p. XVI; Humfrey 1998, p. 219; Appiano Caprettini 1999, pp. 23-27; Humfrey 1999, p. 1282; Tempestini 1999, p. 973; Tempestini 2000, p. 18; L. Fornari Schianchi, in *Il Rinascimento in Italia* 2001, p. 152; Pitteri 2002, p. 138; Schneider 2002, pp. 143-145; R. Echols, in *Italian Paintings* 2003, p. 201; Finocchi Ghersi 2003, p. 36; G. Fossaluzza, in *Gli Este a Ferrara* 2004, p. 232; P. Humfrey, in *The Age of Titian* 2004, p. 72; A. Loda, in *Marco Palmezzano* 2005, pp. 220-223.

GIOVANNI C.F. VILLA

[21.]

22.
Madonna con il Bambino
olio su tavola, 69,2 × 57,2 cm
Londra, The National Gallery, inv. NG 300
Iscrizioni: firmata «.IOANNES BAPTISTA. P.»
Provenienza: 1858, acquistato a Parigi
da M. Roussel

Restauri: 1974

Una tenera fanciulla, quasi una compresa contadina della campagna veneta, l'ovale del viso pieno e purissimo, di porcellana come l'incarnato del Figlio che lesto si torce volgendosi a lei. Una Madonna ammantata dei tre colori primari, la veste rossa, il manto blu con risvolto giallo, il velo di garanza ricamato finemente e dalle cristalline trasparenze. Dietro un parapetto, appoggiati a un piano di marmo che li ritaglia dal paesaggio, complice una luce tersissima orientata solo a impregnare i colori, la Madonna e il Bambino sono colti nella pausa del movimento. Nello sfondo, Potocnik (1993, p. 39) indirizza la lettura delle terre coneglianesi, separate in due brani dalla presenza del gruppo sacro: in basso il borgo di Conegliano con «una versione più realistica della Porta del Monticano rispetto alla S. Elena» e sullo sfondo il castello di San Salvatore, in alto a destra il castello di San Leonardo.
La datazione della tavola, compiuta sulla base di un disegno di puro contorno ora visibile a occhio nudo causa le svelature della pellicola pittorica, ha storicamente oscillato in un arco di quasi vent'anni poiché, se Berenson (1897), seguito da von Hadeln (1912), la datava a dopo il 1513 in virtù del movimento di torsione del Bambino che considerava suggestionato dalla *Madonna con il Bambino tra i santi Giovanni Battista, Paolo, Caterina e Girolamo* di Tiziano oggi a Dresda (olio su tavola, 138 × 191 cm, Gemäxldegalerie, inv. 168), Coletti (1959) rifletteva su di una data intorno al 1500 circa, Menegazzi (1981) la poneva a precedere la *Madonna* di Este (1504, cat. 35) e Humfrey (1983), sempre memore della vivacità e dell'inclinazione della posa, la considera giustamente eseguita poco dopo la *Madonna con il Bambino* di Gemona, firmata e datata «Joannis baptiste Coneglianensis opus / 1496 adi primo / auosto» (olio su tavola, 87 × 69 cm, Udine, Museo Diocesano di Arte Sacra).
Tra il 1496 e il 1499 circa Cima tornerà diverse volte a utilizzare il medesimo cartone dando complessivamente vita ad almeno tre varianti autografe e compiendo quella che è una delle versioni del tema devozionale privato da lui più amata ed eseguita. Così, oltre a quella di Londra, vi è la *Madonna con il Bambino* recentemente acquisita dalla Ahmanson Foundation (olio su tavola, 73,03 × 59,37 cm, Los Angeles County Museum, acquisto in memoria di Robert H. Ahmanson, inv. M.2008.9) che utilizza testualmente il modello per quanto riguarda il gruppo sacro, variandone però significativamente il rapporto con il paesaggio – Madre e Figlio appaiono meno immanenti sul primo piano e maggiormente integrati con lo sfondo – e la stesura, non a sottilissime velature ma figlia di pennellate quasi a corpo e vibrate tonalmente. Cima ottiene dunque un effetto completamente nuovo utilizzando semplici *escamotages* visivi: l'albero sulla sinistra ad arcuarsi seguendo il movimento del Bambino, il borgo di Conegliano eliminato a favore di una maggiore presenza di acque riflettenti e di una montagna bagnata dalla luce del tramonto che conduce su, verso il castello, cui accompagna dalla parte opposta un'erta strada ai piedi dello strapiombo. Anticipata dalla casara, dai suoi orti coltivati e dalle acque vivacizzate da due cigni in battibecco. Dunque una maggior circolarità e ampiezza naturalistica che si lega poi in modo fisiologico alle figure, la gradazione delle vesti meno satura e gli incarnati sfibrati da una luce tonale che va anche a semplificare i pur sempre complessi decori ponendo l'opera verso il 1497-98 ed essere la seconda compiuta. Terzo esemplare autografo è la versione del North Carolina Museum of Art di Raleigh (tavola trasferita su tela e applicata su tavola, 71,1 × 62,8 cm, inv. 52.9.152), cronologicamente da porsi a capostipite della serie e scelta come immagine del Natale 1993 sui francobolli della posta degli Stati Uniti d'America. In questo caso le variazioni rispetto ai pezzi di Londra e Los Angeles sono decisamente maggiori e interessano non solo un paesaggio di grande raffinatezza ed energico chiaroscuro, in cui è la luce del cielo al tramonto a definire ogni dettaglio, ma anche la figura della Madonna, con significativi mutamenti nel panneggio e nel velo e dettagli quali la ciocca di capelli che ricade alla sinistra del volto che sarà poi mutata in fase di esecuzione nel tipo di Londra. Certe scabrosità e durezze da panneggio bagnato e scolpito indirizzano la Madonna di Raleigh in date prossime al *Riposo nella fuga in Egitto* (cat. 20) di cui riprende testualmente la tavolozza e la resa pittorica, così come il dipinto di Los Angeles, collocandosi dunque verso il 1496.
Sono poi da citare alcune altre versioni, oltre alle tre principali, in cui appare significativo il contributo della bottega. Decisamente inferiore per tocco, ma interessante in quanto riprende quasi testualmente il paesaggio del modello di Londra, è la replica in deposito al Museo Civico «Luigi Bailo» di Treviso (72 × 53 cm, Venezia, Gallerie dell'Accademia, inv. 597), da Heinemann (1962) incongruentemente assegnata a Pasqualino Veneto. Di ottima qualità e maggiormente semplificata nel paesaggio che si intravvede dalla tenda verde aperta sulla sinistra e che, probabilmente, non è da giudicarsi completamente autografo, è la versione dell'Ermitage, di qualche tempo successiva ai prototipi principali in quanto si osserva una minor severità nell'impostazione del rapporto Madre e Figlio (olio su tavola trasportata su tela, 65 × 53 cm, San Pietroburgo, inv. 5513. In ultimo si veda I. Artemieva, in *Cinquecento veneto* 2001, pp. 48-49). Una copia con tenda a svelare solo in parte il paesaggio che darà esito ad almeno altre due interpretazioni di qualità complessivamente mediocre, entrambe in Francia (69 × 57 cm, Parigi, Musée du Louvre, inv. 1259A e 76,6 × 62,2 cm, già Rouen, Galerie Huisse). A queste vanno poi aggiunte, in quanto esemplari plausibilmente usciti dalla bottega di Cima, il dipinto già nella collezione Liechtenstein a Vienna, poi Schuster ad Amsterdam e oggi a Brera (olio su tavola, 70 × 62 cm, Milano, Pinacoteca di Brera, reg. cronologico 2349) e quello di Kassel (tempera su tavola, 66 × 62 cm, Staatliche Kunstsammlungen, Gemäldegalerie Alte Meister, inv. 487) che replica fedelmente il borgo della *Madonna dell'arancio* (cat. 19).
Una straordinaria fortuna del modello che è fortuna delle composizioni di Cima, certamente assai richieste dai committenti veneziani.

Bibliografia: *Descriptive and Historical Catalogue* 1878, p. 88; Richter 1883, pp. 81-82; Botteon-Aliprandi 1893, pp. 114-115; Berenson 1897, p. 104; *Descriptive and Historical Catalogue* 1898, p. 115; Burckhardt 1905, p. 116; Reinach 1905-1923, III, p. 425; Phillips 1910, p. 16; Crowe-Cavalcaselle 1912, p. 246; von Hadeln 1912a, VI, p. 596; Venturi 1915, VII, parte IV, p. 528; Berenson 1916, pp. 207-208; *National Gallery* 1920, p. 52; *National Gallery* 1921, p. 54; Holmes 1923, p. 172; *National Gallery* 1929, pp. 63-64; Berenson 1932a, p. 146; Berenson 1936, p. 126; Davies 1951, pp. 110-111; Berenson 1957b, p. 65; Lazareff 1957, p. 48; Berenson 1958, p. 67; Coletti 1959, pp. 88, 100; Rutteri 1960, p. 83; Davies 1961, pp. 142-143; L. Menegazzi, in *Cima da Conegliano* 1962, pp. 42-43; Marini 1963, p. 153; Rutteri 1963a, p. 50; Valsecchi 1971, pp. 12, 74-75; *Illustrated General Catalogue* 1973, p. 200; Wright 1976, p. 38; Wilson 1977, p. 42; Menegazzi 1981a, p. 114; Humfrey 1983, p. 109; Potocnik 1993, pp. 38-39; Matthew 1998, p. 661; Pitteri 2002, pp. 123-124, 143.

GIOVANNI C.F. VILLA

23.
Teseo si presenta alla corte di Minosse con la delegazione ateniese
tavola, 36,8 (lato sinistro)/37 (lato destro) × 88 (lato inferiore)/88,2 (lato superiore) cm
Zurigo, collezione privata

Analisi scientifiche: riflettografia IR

Acquistato nel 1900 circa da Julius Böhler (Monaco), fu venduto a un collezionista svizzero prima del novembre 1946. La tavola, in buono stato di conservazione, ha uno spessore di 1,6 cm e risulta resecata sul lato destro. Sul retro sono state applicate, presumibilmente nel XIX secolo, tre traverse. In corrispondenza

2.]

Cima da Conegliano, *Madonna con il Bambino*, Raleigh, North Carolina Museum of Art. Acquistato con i fondi dello Stato del Nord Carolina

Cima da Conegliano, *Madonna con il Bambino*, Los Angeles, County Museum of Arts. Dono The Ahmanson Foundation in memoria di Robert H. Ahmanson

Cima da Conegliano, *Madonna con il Bambino*, Venezia, Gallerie dell'Accademia. In deposito presso i Musei Civici di Treviso

Cima da Conegliano, *Madonna con il Bambino*, San Pietroburgo, Museo Statale Ermitage

Cima da Conegliano, *Madonna con il Bambino*, Kassel, Museumslandschaft Hessen, Gemäldegalerie Alte Meister

Cima da Conegliano, *Madonna con il Bambino*, Parigi, Musée du Louvre

del profilo sinistro si notano dodici inserti a coda di rondine collocati a distanza di 2,5 cm uno dall'altro. Per ovviare alla fessurazione che attraversa orizzontalmente la tavola sono stati applicati quattro inserti a coda di rondine. È ancora presente la stampigliatura della «Julius Böhler Sammlung».

Spetta a Humfrey (1981) il merito di aver individuato l'esatta iconografia del dipinto, interpretata dalla precedente storiografia come un generico *Ricevimento degli ambasciatori presso un Sultano* (*Exhibition of Italian Art*, 1930); la proposta del catalogo della mostra londinese del 1930-31 e del Van Marle (1935) di leggervi *Giasone che chiede a Eeta il vello d'oro* venne respinta da Natale (1982), che giustamente rilevava nel dipinto in esame l'assenza della scena del banchetto, durante il quale avvenne l'incontro del re della Colchide con il protagonista delle *Argonautiche*.

In questo pannello, quasi sicuramente la fronte di un cassone nuziale, di cui si conserva un altro frammento a Milano nel Museo Poldi Pezzoli (ma in deposito dalla Pinacoteca di Brera), *Teseo e il Minotauro* (cat. 24), Cima narra uno degli episodi del mito di Teseo, traducendolo con una certa libertà inventiva rispetto alle fonti letterarie (Ovidio, *Metamorfosi,* VIII, vv. 170 ss.; *Vita di Teseo*, in Plutarco, *Vite parallele*, I, 19; Igino, *Fabula XLII* e Diodoro Siculo, *Biblioteca Storica*, V, 51, 4).

Minosse, a seguito della morte del figlio Androgeo, caduto vittima del toro di Maratona, pretendeva ogni anno l'invio da Atene di sette giovani e sette giovanette, da sacrificare al Minotauro, il mostro per metà uomo e per metà toro rinchiuso nel Labirinto progettato da Dedalo. Teseo, figlio di Egeo, re di Atene, nel terzo anno della macabra consuetudine, venne sorteggiato tra i giovani che avrebbero dovuto essere sacrificati e partì con la propria nave alla volta di Creta, deciso a porre fine alla carneficina. Giunto nell'isola, l'eroe fu accolto dalla figlia di Minosse, Arianna, che si innamorò di lui e lo aiutò a sconfiggere il Minotauro fornendogli la spada e un gomitolo di filo di lana, srotolando il quale poté orientarsi e guadagnare l'uscita dalla prigione-labirinto, dopo aver ucciso il mostro (Grimal 1987 [1979], p. 69; Ferrari 1999, p. 687).

La vicenda è ambientata nel cortile del palazzo cretese, dove la delegazione ateniese, in abiti «pseudo-romani» (Humfrey 1983) «da Colonna Traiana rivisitata attraverso le illustrazioni dei poemi franco-veneti» (Menegazzi 1981a), attende la conclusione dell'incontro fra il sovrano cretese e Teseo, il cui elmo, una borgognotta, ornata da un aureo dragone, svetta sulla lancia sostenuta da un armigero biondo, dalla fisionomia classicheggiante ispirata ai modelli scultorei «neoantichi» dei fratelli Lombardo. A sinistra, sotto la loggia, Minosse e i suoi dignitari, barbuti e agghindati con colorate palandrane, sfoggiano turbanti *alla turchesca*, come il cosiddetto *tāj* indossato da Maometto nel ritratto del Topkapy Sarayi Museum di Istanbul (Raby 1982, pp. 21), o i cappelli neri «a tesa circolare rigida, con cupola di media altezza piatta [...], portati su *zucchetto rosso*, appena visibile sulla nuca», tipici degli ebrei (Davanzo Poli 2001, p. 56). La pittoresca corte del sovrano cretese riceve l'omaggio del giovane principe, pronto a sfidare il Minotauro, come denunciano i bracciali di metallo con cubitiere dorate applicati a un corpetto rosso, forse di cuoio, e gli schinieri con ginocchietti pure dorati. Sotto il balcone del palazzo reale, al centro della composizione, ma in secondo piano, Teseo riceve da Arianna e dalla sorella Fedra il gomitolo di filo che lo salverà.

Nel ritrarre le due donne che si affacciano alla finestra, come pure nell'impaginazione dell'episodio dell'incontro di Teseo con i cretesi, Cima si ispira a due passi dell'*Ovidio Metamorphoseos Vulgare* di Giovanni Bonsignori, stampato da Giovanni Rosso Vercellese a Venezia nel 1497 *ad istantia* di Lucantonio Giunta, entrambi desunti dal libro VIII: «E molti de l'isula de Crete li sse fero incontra, perché egli era figliuolo de re, e molti li aveano granne cordoglio e rencresceali della sua morte. E passando per la città, le donne feronse alle finestre e tra gli altre ci fo Adriana, figliuola de re Minoi» (cap. IX, 2-3, ed. critica Ardissino 2001, p. 387). «Sì come Adriana vidde Teseo fu subito de lui innamorata, e sì chiamò una sua sorella Fedra, e sì li disse: "Io volentieri operaria che quel giovane campasse, perciò che io ho udito ch'elli ha un bel figliuolo, e se lui volesse togliare noi doi, una per lui l'altra per lu figliuolo, io li 'nsegnaria modo ch'elli camparia"» (cap. X, 1-3, *ibid.*, p. 388).

La somiglianza fra gli indumenti di foggia militaresca di Teseo e dell'armigero di schiena nel gruppo di destra con figure maschili abbigliate in ugual maniera nelle vignette dell'incunabulo ovidiano (vedi Biblioteca Museo Correr, Inc. E 65, f. LXIV*v*) è spia delle curiosità antiquarie del pittore, che si manifestano con ancor maggiore chiarezza nel seguito della vicenda, *Teseo e il Minotauro*, raffigurato nella tavoletta di Brera (cat. 24).

Se la compiaciuta descrizione dei particolari decorativi dei costumi vivacemente colorati, le pose languide e cadenzate dei delegati ateniesi e il tono fiabesco della narrazione appartengono ancora all'immaginario cortese, l'atmosfera sospesa e immobile e il «lucido nitore» (Longhi 1946, ed. 1978, p. 12) traspongono la favola mitologica in una dimensione di classica dignità. Quest'atmosfera «serena e sognante» (Pozzi-Ciapponi 1963, p. 336) troverà significativo corrispondente nelle incisioni dell'*Hypnerotomachia Poliphili*, straordinario «romanzo archeologico-mitologico» (Villa 2008, p. 165) di cui Cima anticipa la disinvolta, ma dotta manipolazione di elementi anticheggianti.

Merita attenzione la struttura della composizione: nella cornice unificante della luminosa piazza «cretese» i vari passaggi del racconto vengono esposti in sequenza e Teseo compare due volte in situazioni differenti. Huber-Rebenich (1992, p. 124), riscontrando la presenza di un analogo procedimento in alcune delle xilografie del citato *Ovidio* giuntino, ne imputa l'impiego alla necessità dell'incisore di trasporre delle strutture dinamiche (spazio-temporali e di causa-effetto) nel mezzo statico dell'illustrazione. Credo tuttavia che questa sorta di tecnica «scompositiva» della narrazione, basata sulla reiterazione della figura del protagonista, vada legata sia per lo xilografo dell'incunabulo, sia per Cima, soprattutto agli schemi narrativi utilizzati per la messinscena delle vite dei santi nelle predelle delle pale d'altare e al metodo illustrativo dei codici miniati.

Una simile e altrettanto suggestiva modalità espositiva anima la più antica *Crocefissione* del Barber Institute of Fine Arts di Birmingham (Humfrey 1983, p. 87, cat. 20: circa 1489-93): intorno al martirio di Cristo il pittore dispone quattro scene della Passione, ciascuna delle quali dominata dalla figura di Gesù.

Nonostante il palazzo di Minosse si configuri come un «capriccio architettonico», ottenuto con «l'assemblaggio di pezzi disparati» (Menegazzi 1981a, p. 36), dalle mura merlate e dalla torre medievale che delimitano su due lati il cortile, al palazzo lombardesco «sgargiante di marmi policromi» (Coletti 1959) sullo sfondo, all'elegante loggiato, dove si svolge il rituale dell'udienza, «tutto è reso plausibile [...] dall'atmosfera ovattata di profonda quiete che coordina e unifica i disparati momenti descrittivi e narrativi del dipinto» (Menegazzi 1981a, p. 36).

Unanimemente sottolineate dalla critica, le spiccate assonanze carpaccesche evidenti nel tipo di narrazione frontale (Chastel 1979, p. 12; Rosand 1982, pp. 92-93), nelle scelte architettoniche «vagheggianti un aggraziato rinascimento quattrocentesco» (Zava Boccazzi 1965, p. 4), ricco di molteplici citazioni lombardesche, caratterizzano un gruppo stilisticamente omogeneo di composizioni cimesche: da questa in esame alla *Presentazione* di Dresda (Gemäldegalerie Alte Meister) e al *Miracolo di san Marco* di Berlino (cat. 25). Loro modello furono i teleri di Carpaccio per la Scuola di Sant'Orsola a Venezia e, in particolare, la scena con l'*Arrivo degli ambasciatori inglesi* (circa 1495; Venezia, Gallerie dell'Accademia). Coletti (1959) osservava però nelle figure cimesche una maggiore tornitura e rilievo, rispetto a quelle «quasi scheggiate dalla luce a rapidi tocchi di Vittore». Pignatti (1962), portando in primo piano il problema del dare e avere fra i due artisti e riscontrando tutt'al più solo «una comunanza di soggetti, peraltro spiegabile assai meglio con prestiti dalle correnti belliniane», concludeva affermando la preminenza e l'originalità di Cima sul piano figurativo per il «sostanziale classicismo, risolto in forme geometricamente lucenti, su impaginazioni spaziate e solenni, aliene da ogni "realismo", espresse in colore di trasparente, vitrea chiarezza".

[23.]

Mina Gregori (2003), più di recente, accogliendo la datazione del pannello svizzero al 1495-97, proposta da Humfrey (1981, 1983), sottolineava come la precocità degli interessi di Cima per opere di piccolo formato a soggetto mitologico siano testimoni della posizione di «avanguardia» da lui raggiunta nell'avvio di un genere che avrebbe goduto di grande fortuna nell'ambito della pittura veneziana.
Per quanto attiene l'individuazione della provenienza delle opere mitologiche cimesche, tematicamente accomunate dal mito di Teseo e Arianna, quali appunto sono i due dipinti con *Storie di Teseo* (Svizzera e Milano), *Bacco incorona Arianna abbandonata sull'isola di Nasso e la fa sua sposa* del Poldi Pezzoli (cat. 43), i frammenti Johnson (cat. 44a-b) e il *Fauno* di Parigi (collezione privata), è stata ipotizzata da Natale (1982) e Bliznukov (2003) la loro appartenenza a un medesimo ciclo decorativo, databile fra il 1505 e il 1510. Menegazzi (1981a), pur senza vederne la relazione con il *Teseo e il Minotauro* di Brera (cat. 24), datava il *Teseo* svizzero al 1499. Humfrey, sin dal 1981 e nei suoi successivi interventi (1983, 1990), tenne ferma la distinzione fra la coppia Svizzera-Brera, eseguita fra il 1495 e il 1497, cioè tra la *Presentazione della Vergine* di Dresda (Gemäldegalerie Alte Meister) e il *Miracolo di san Marco* di Berlino (1497-99, cat. 25), dal gruppo costituito dal *Trionfo* Poldi Pezzoli (cat. 43), il *Sileno ubriaco sul dorso di un asino, accompagnato da tre fauni* Johnson (cat. 44a) e il frammento di collezione parigina, databile alla fine del primo decennio successivo.
Soragni e Francioni (2001-2002) e di nuovo Soragni (2009) datano il dipinto al 1497 sulla base della vicinanza del gruppo di armati alla destra con l'incisione contenuta nell'*Ovidio Metamorphoseos Vulgare* (libro VIII, f. LXII*v*) del 1497 e tolgono la paternità dell'esecuzione dell'opera a Cima per attribuirla invece alla coppia Ombrone e Girolamo Vicentino, consigliando il confronto fra le basi delle colonne del loggiato del palazzo di Minosse della tavola svizzera e le basi delle colonne che delimitano le scene delle *Storie di Maria* di Giulio Campagnola della Scuola del Carmine di Padova, pure assegnate ai suddetti due pittori.
Lo stretto legame con le xilografie dell'*Ovidio* del Bonsignori suggerisce di collocare l'esecuzione della tavola in un momento molto vicino all'anno di stampa della traduzione delle *Metamorfosi*.
L'adesione di Cima al sofisticato clima culturale dell'Umanesimo veneziano nei due decenni a cavaliere di Quattro e Cinquecento si manifesta, oltre che nella rievocazione fantasiosa di motivi *all'antica* che anticipano le decorazioni presenti nelle xilografie dell'*Hypnerotomachia Poliphili*, nella libertà con cui rielabora e assembla particolari ornamentali del repertorio archeologizzante, come ad esempio la sfinge sul bracciolo del tronetto di Minosse, desunta da modelli dei Lombardo, ispiratisi a loro volta «all'archetipo donatelliano della Madonna bronzea del Santo» a Padova (M. Ceriana, in *Este a Ferrara* 2004, p. 68) o il delfino, su cui appoggia la mano il dignitario con la bombetta ebraica, derivato pure da consimili figure realizzate dalla bottega scultorea veneziana.
A ulteriore conferma della sorprendente abilità esibita dall'artista nell'accogliere e rielaborare con originalità tipi iconografici, schemi compositivi, ambientazioni architettoniche suggeritigli da dipinti e sculture che poteva vedere a Venezia, è infine la vicinanza al bassorilievo marmoreo con *Il doge Pietro Mocenigo consegna le chiavi di Famagosta alla regina di Cipro Caterina Cornaro* inserito nel sarcofago del doge nel monumento funerario della chiesa dei Santi Giovanni e Paolo a Venezia. Commissionato dai fratelli di Pietro, Nicolò e Giovanni Mocenigo, fu realizzato da Pietro Lombardo e aiuti (*post* 1476 - *ante* 1481) (Scapin 2008, pp. 91-92). Le architetture prospicienti la piazza cretese riecheggiano visibilmente quelle del rilievo, così come le figure dei soldati, mollemente ancheggianti, sono riprese dai delegati ateniesi che attendono Teseo.

Bibliografia: *Exhibition of Italian Art*, London 1930, p. 166, cat. 274; Balniel-Clark-Modigliani 1931, p. 99, cat. 286; van Marle 1935, XVII, p. 457, n.1; Berenson 1957b, I, p. 68; Berenson 1958, I, p. 70; Coletti 1959, pp. 49, 80, cat. XII; Rutteri 1960, p. 83; Pallucchini 1961a, pp. 189-190; Battisti 1962, p. 29; Coletti, 1962, p. 7; F. Heinemann, in *Cima da Conegliano* 1962, p. 317; L. Menegazzi, in *Cima da Conegliano* 1962, pp. 29-30, cat. 44; Pallucchini 1962, p. 223; Pignatti 1962, p. 9; (Roli) 1962, p. IX; Russoli 1962, p. LXXVII; Fiocco 1963, p. 58; Rutteri 1963a, p. 50; Chastel 1965, pp. 17, 371; Ferrari 1964, ed. 1979, p. 119; Humfrey 1981, p. 477; Natale 1982, p. 123, cat. 117; Menegazzi 1981a, pp. 24, 36, 78, 106, 107, 108; Menegazzi 1981b, p. 525; Humfrey 1983, pp. 56-57, 167-168, cat. 167; Tempestini 1994b, pp. 34-35; Guidoni 1996, p. 9; Humfrey 1996a, p. 322; Humfrey 1998, p. 220; Soragni-Francioni 2001-2002, pp. 14-15, n. 24; Bliznukov 2003, p. 432, cat. x.8; Gregori 2003, pp. 430-1, catt. x.4-5; Soragni 2009, pp. 111-112, n. 25.

MARGARET BINOTTO

24.
Teseo e il Minotauro
tavola, 38,5 × 31 cm; spessore 1 cm,
inv. 1013 d.t. 55
Milano, Pinacoteca di Brera (in deposito presso il Museo Poldi Pezzoli)

Analisi scientifiche: riflettografia IR

Acquistato dalla Soprintendenza per i Beni Artistici e Storici di Milano sul mercato antiquario (asta Finarte, 30 maggio 1972) per la Pinacoteca di Brera (Reg. Cron. 5032), venne depositato nel 1976 al Museo Poldi Pezzoli (Matalon 1977).
Restaurata nell'ottobre 2003 da N. Comolli Chirici, la tavola, parchettata alla fiorentina, presenta dei bordi scuri nei lati superiore e inferiore; la pellicola pittorica risulta impoverita a causa di vecchie puliture tanto da lasciare a vista il disegno sottostante molto ben eseguito a tratteggio; la finestra al centro è probabilmente un pentimento visto che le pietre del muro passano sopra la finestra; si notano al centro numerosi vecchi graffi; l'indagine riflettografica ha evidenziato una correzione del braccio sinistro di Teseo e un suo spostamento verso sinistra. Sul retro, al centro, corre in orizzontale una fessurazione, contenuta da un inserto a coda di rondine.
Humfrey (1983, 1990) ritiene che questo dipinto e il *Teseo si presenta alla corte di Minosse con la delegazione ateniese* (cat. 23) appartengano a un medesimo cassone nuziale. Se l'iconografia, le affinità di stile e anche la fessurazione sul lato posteriore del supporto, che sembra la prosecuzione di quella esistente nella tavola svizzera, rendono legittima tale ipotesi, non sarei altrettanto sicura che il pannello fosse posizionato nel lato breve del mobile, come suggerisce lo studioso, perché esso era generalmente riservato alle maniglie o ai blasoni familiari.
Come si è già avuto occasione di dire, Cima si accosta con notevole libertà inventiva alle fonti letterarie rappresentate dalle *Metamorfosi* (Ovidio, VII, vv. 170 ss.), dalla *Vita di Teseo* (Plutarco, *Vite parallele*, I, 19) e dalle *Fabulae* di Igino (XLII). L'intrepido eroe ateniese, somigliante per il piglio e l'abbigliamento, già osservato nella scena precedente (cat. 23), «più a un Orlando o a un Lancillotto che a un eroe greco» (Zeri 1976, p. 82) sfida e finisce con la spada, avuta da Arianna o da suo padre Egeo, il mostro che, assimilato piuttosto a un centauro, non ha testa di toro e corpo umano, come avrebbe imposto il mito (Natale 1982), ma, con uno scambio ardito, la parte ferina viene portata dal capo alla metà inferiore del corpo. Tale inversione, documentata da Zeri (1976, pp. 82-83) anche in una tavola, che fa parte di una serie di quattro, attribuita al cosiddetto Maestro dei Cassoni Campana del Musée du Petit Palais di Avignone (citato in Natale 1982), è giustificata dallo studioso come una possibile licenza «in chiave *cortese* e cavalleresca, cui furono sottoposti molti dei più celebri miti classici nel tardo Medioevo» (Zeri 1976, p. 83).
Un importante confronto è quello istituibile con il *Teseo che duella con il Minotauro* miniato da Francesco di Antonio del Chierico nella lettera iniziale «Q» dell'incipit della *Vita di Teseo* nel manoscritto latino delle *Vite parallele* di Plutarco, conservato presso la Biblioteca Medicea Laurenziana di Firenze (Plut. 25.26, c. 1) e datato *post* 1462. Evidenti sono le analogie tra la posa divaricata delle gambe di Teseo nel codice fiorentino e nel pannello in esame, come pure

tra le anatomie del Minotauro e il particolare della clava adagiata sul terreno, sotto l'addome del mostro. La ragione di questo particolare viene chiarita in un passaggio dell'*Ovidio Metamorphoseos Vulgare* di Giovanni dei Bonsignori, edito a Venezia nel 1497 (Libro VIII, cap. XI, ed. critica Ardissino 2001, p. 388): «Dedalo ordinò una mazza con tre nodi e con tre ballotte e sì le diede a Teseo e disse: "Quando sarai nel laberinto, come tu giongi al Minotauro, fa che tu li gette queste ballotte in bocca, fatto questo, sì li darrai con questa mazza. E tieni teco questo filo d'oro ch'io te do, ed appicalo all'uscio del laberinto, e con teco porta l'altro capo, acciò che tu sappi unde uscire"».

Dalla xilografia dell'incunabolo giuntino deriva la particolare tipologia del Labirinto, davanti al quale si svolge la lotta. La lieve curvatura dell'edificio con copertura a gradoni, quasi fosse una torre di Babele mozzata, riecheggia l'analoga struttura incisa al f. LXIV*v* del Libro VIII, Cap. X (Venezia, Biblioteca Museo Correr, Inc. E 65).

Nella miniatura del codice fiorentino la scena avviene in una sorta di arena circolare delimitata da una sequenza di mura, che suggerisce in modo sintetico l'andamento di una struttura labirintica. Nel dipinto milanese la sbrecciatura del muro, che in primo piano a sinistra circoscrive il cortile prospiciente la prigione progettata da Dedalo, si configura come un curioso artificio scenico con il quale Cima suggerisce la presenza del labirinto. Nel contempo, si serve del cavo d'ombra della nicchia per far risaltare nella luce dorata dello sfondo le figure, delineate da una pennellata sottile e scattante. Spiccano sulla raffinata gamma dei gialli il corpetto vermiglio e gli elementi metallici dell'armatura di Teseo. Degna di attenzione è la resa della cintura di pelame ricciuto da cui stacca, per contrasto, l'epidermide dorata del busto «umano» del Minotauro: è certamente vero che la materia pittorica si presenta smagrita e depauperata da energiche puliture, ma la stesura sottilissima del manto marrone che fa risaltare, uno per uno, i riccioli accuratamente disegnati del vello taurino è il risultato di una precisa scelta tecnica di Cima, peraltro in linea con simili soluzioni adottate anche da Giovanni Bellini.

Sull'attribuzione a Cima, già presente nel catalogo d'asta (*Asta di dipinti* 1972) e accolta da Matalon (1977) e Russoli (1978), c'è stato sempre un sostanziale accordo da parte della critica. Altrettanto non si può dire della datazione: Menegazzi (1981a) ne colloca il momento dell'esecuzione al 1499, anche se non coglie la relazione con il *Teseo si presenta alla corte di Minosse* (cat. 23); Natale (1982), seguito da Bliznukov (2003), ritiene che il dipinto in esame e il *Bacco che incorona Arianna* (cat. 43), i due pezzi del *Tiaso* Johnson (cat. 44a-b) e il *Fauno* parigino (collezione privata) decorassero uno stesso mobile e fossero stati realizzati nel quinquennio 1505-10; Humfrey (1981, 1983, 1990) collega invece questo pannello alla tavola

[24.]

svizzera, datando entrambi al 1495-97, mentre sposta di un decennio più avanti le altre opere sopra elencate.
La contiguità rilevata con le xilografie dell'*Ovidio Metamorphoseos* avvalorano a mio parere l'ipotesi cronologica avanzata dallo studioso inglese, tenendosi però più verso l'anno di stampa dell'incunabolo (1497).
La convinzione che Cima avesse intrattenuto assidui rapporti con i ricchi bibliofili veneziani, committenti di edizioni lussuose di autori classici, decorate con miniature (Humfrey 1983, pp. 54-55), viene confermata da Mina Gregori che richiama, proprio a proposito dell'anomalia iconografica – un Minotauro androcefalo – della tavola in esame, un'analoga raffigurazione attribuita al «Maestro delle Sette Virtù» nella *Vita di Teseo* (2003, cat. III.29 a-d, p. 267), contenuta nella versione latina delle *Vite Parallele* di Plutarco edite a Venezia da Nicola Jenson nel 1478 (Firenze, Biblioteca Medicea Laurenziana: Dillon Bussi 1989, pp. 37 ss.).
Pur non entrando nel merito della discussione attributiva delle miniature del *Plutarco*, assegnate o al suddetto «Maestro delle Sette Virtù», che Dillon Bussi (1995, p. 37) propone in via ipotetica di identificare in Giacometto Veneziano, o a Benedetto Bordon (Bauer-Eberhardt 1994, pp. 118, 122), è senza dubbio evidente il legame con l'insieme illustrativo del *Plutarco* che rappresentò per i pittori del tempo una sorta di campionario di disegni all'antica in cui «un numero fisso di modelli si offre al disegno dell'artista in posizioni sempre diverse e più complesse» (Dillon Bussi 1989, pp. 39, 41).
Si osservi la contiguità di risultato grafico tra il Minotauro milanese e il centauro delle *Vite parallele* (A. Dillon Bussi, in *In the Light* 2003, II, p. 190, cat. III.29a-b).
La figura di Teseo viene inoltre avvicinata da Humfrey (1983, p. 54) al *Mercurio* del foglio 87 delle *Opere* di Luciano, incunabolo pergamenaceo stampato a Venezia da Simone Bevilacqua (1494) e illustrato da miniature a tempera di Benedetto Bordon per la famiglia Mocenigo (Mariani Canova 2003, pp. 265-266, cat. III.26).

Bibliografia: *Asta di dipinti* 1972, n. 35, p. II, tav. XVII; Matalon 1977, p. 51; Russoli 1978, p. 54; Humfrey 1981, pp.477-478; Menegazzi 1981a, p. 127; Natale 1982, pp. 123-124; Humfrey 1983, pp. 56, 125; Humfrey 1990, pp. 114-115, cat. 56; Bauer-Eberhardt 1994, pp. 118-122; Tempestini 1994b, pp. 35-37; *Il Museo Poldi Pezzoli* 1999, pp. 101, 104; Balboni Brizza 2003, pp. 14-15, 30, cat. 7; Bliznukov 2003, pp. 432, catt. X.8-9; Gregori 2003, pp. 430-431, cat. X.5.

MARGARET BINOTTO

25. ▶
Un miracolo di san Marco:
il risanamento di Aniano
tavola, 172 × 135 cm
Berlino, Gemäldegalerie,
Staatliche Museen zu Berlin, inv. 15
Iscrizioni: firmata: «[...] BAP.TA»
Provenienza: Venezia, Santa Maria dei Crociferi, cappella dell'Arte dei Setaioli; tra il 1674 e il 1684 spostata nei locali della corporazione, presso l'abbazia della Misericordia; dal 1786, Scuola del Rosario in Santi Giovanni e Paolo; 1821, acquisita dal museo di Berlino con la collezione di Edward Solly

Analisi scientifiche: 2004, riflettografia IR, vis.-RS

Sono gli apocrifi Atti di san Marco, nonché l'opera storiografica di Eusebio di Cesarea – poi ripresi nella *Legenda aurea* da Jacopo da Varazze – a narrare la vicenda qui messa in scena da Cima, fatto saliente del patrono della Serenissima tanto da trovare numerosissimi esegeti in laguna, basti pensare alle coeve raffigurazioni di Tullio (o Antonio?) Lombardo nell'altorilievo sulla facciata della Scuola Grande di San Marco o, all'interno della scuola, la rappresentazione che ne offre Giovanni Mansueti in un encomiabile tentativo di narrazione e raffigurazione di reali ambienti islamici. Al termine del viaggio in Cirenaica San Marco, giunto alle porte di Rakotis, quartiere di Alessandria, cercò ove far riparare un sandalo rottosi nel viaggio. Lì trovò la bottega di Aniano, un calzolaio pagano che, messosi all'opera, si ferì la mano con il puntale da lavoro cominciando così a imprecare in preda al dolore. Facendo il segno della croce sulla ferita e guarendola miracolosamente, Marco invitò il ciabattino a credere in Cristo ottenendone una pronta conversione tanto che si narra di come, nell'ottavo anno dell'imperatore Nerone, Aniano fosse stato nominato successore dell'evangelista Marco sulla cattedra episcopale di Alessandria d'Egitto.
Magistralmente Cima porta a compimento un decennio di ricerche, impostando l'ambiente in cui si svolge la guarigione d'Aniano con un'organizzazione dello spazio geometricamente controllatissima, con la gabbia prospettica messa a nudo dall'indagine riflettografica che mostra chiaramente linee strutturali della pavimentazione e dell'elaborato edificio di fondo. Il canone greco per eccellenza della perfezione definisce lo spazio: la fuga architettonica sulla sinistra segnando verticalmente la sezione aurea del lato orizzontale cui fa da contrappunto la linea dei turbanti che segna la metà del lato. Così, inquartata e impreziosita dalle facciate di iridescenti marmi, la scena si orchestra su tre masse: la fuga laterale, il gruppo di persone e la struttura architettonica di fondo. Tre gruppi saldi, compatti, da cui escono solo due interpreti, con funzione di bilanciamento ai lati opposti della composizione a sottolineare le due quinte teatrali laterali: il calzolaio affacciato a sinistra, intento alla finestra a tagliare il cuoio per le scarpe, l'elegante personaggio stante a destra.
Ogni elemento concorre dunque a delineare un'equilibrata compostezza formale ottenuta tramite una strategia visiva estremamente creativa. Sottolineata dalla regia di sguardi – il compagno di Marco osservando gli effetti dell'azione divina sugli astanti – e dalle cromie dei colori caldi, sempre netti e puliti, orientati costantemente alla regia scenica, come nel caso della figura chiara dietro san Marco a sottolinearne il ruolo. Con infine il centro delle linee di fuga che individua il circolo di mani come fulcro compositivo, in un dialogo muto che lascia quasi uno spazio vuoto, quello dell'avvicinamento e separazione tra l'emissario divino – Marco – e il graziato Aniano in un dipinto che è poi quasi didascalico nella descrizione minuta di vesti e oggetti, su tutto la cassetta con gli strumenti di lavoro ai piedi del ciabattino.
Commissionata dalla confraternita dei setaioli per la cappella absidale a sinistra dell'altare maggiore in Santa Maria dei Crociferi a Venezia, la tavola era parte di un ampio ciclo raffigurante le storie di san Marco e costituito da almeno altre tre altre opere ricordate da tutte le principali fonti secentesche – Stringa (in Sansovino 1604), Ridolfi (1648) e Martinoni (1663) – con Boschini (1664, pp. 421-422) che descrive compiutamente l'ambiente: «Nella prima Capella, uscendo di Sacrestia, chiamata dell'Annonciata, di Giovanni Battista Cima da Conegliano: opera gentilissima. Vi sono poi da un lato quattro quadri, di quattro Autori, nell'uno si vede S. Marco, che sana S. Aniano della ferita della mano; & è pure del Conegliano, cosa veramente rara. / Nell'altro, che segue, evvi S. Marco, che predica, & è di mano di Latanzio da Rimini, fatto l'anno 1499. Nell'uno degli altri due questi v'è la presa di San Marco: & è di Giovanni Mansueti: l'altro è di Autore più antico, & incerto». Se l'*Arresto di san Marco* di Mansueti è ora a Vaduz, nella collezione del principe del Liechtenstein, al momento non rintracciabile è la tavola di Lattanzio da Rimini. Per una sorte presto avversa, il complesso fu in parte smembrato prima della pubblicazione della seconda edizione di Boschini (1674), quando rimanevano in opera solo i dipinti di Cima e Mansueti. Che saranno rimossi entro il 1684 (Martinelli 1684, p. 223) e nel 1786 trasferiti nella Scuola del Rosario in Santi Giovanni e Paolo (Humfrey 1983, p. 83).
Del complesso originario possiamo intuire, oltre all'aspetto, anche alcuni dati relativi alla committenza e cronologia: le tavole di Lattanzio e Mansueti riportavano infatti la data 1499 e l'opera di quest'ultimo recava anche i nomi dei dieci membri che dovevano supervisionarne l'esecuzione. Esattamente come sarà per la pala d'altare della cappella, l'*Annunciazione* che Cima data 1495 e in cui segnala le dedicatorie

[25.]

(cat. 15). Riguardo la scansione delle scene, Humfrey (*ibid.*) indicava come il pezzo di Cima fosse il primo della narrazione, quindi esser posto a sinistra dell'ingresso, seguendo la direzione della luce interna all'opera. In un insieme di quattro dipinti che dovevano trovarsi al di sopra di scranni su di un unico registro decorativo, così come vediamo ancora oggi nelle tele di Carpaccio ancora in collocazione originale.
Clamorosamente svalutata da Morelli (1886) e Burckhardt (1905), che l'assegnavano alla bottega su disegno del maestro, l'opera si trovava in cattive condizioni già nel 1786 quando venne valutata, e poi fatta restaurare, da G.B. Mengardi che, riguardo al *Miracolo di san Marco* e all'*Annunciazione* scriveva: «Esse tavole sono inconsolate, solevato il colore, annerite, redipinte in parte» (Archivio di Stato di Venezia, Inquisitori di Stato, b. 909, *Riferte dell'Ispettore G.B. Mengardi*, 21 agosto 1786; in Humfrey 1983, p. 82).
Se la critica è sostanzialmente concorde riguardo una cronologia che anticipi di poco quel 1499 segnato sugli altri dipinti del ciclo, l'attenzione si è spostata su di una serie di disegni preparatori per la scena o in qualche modo ad essa legati. Burckhardt (1905, p. 123) per primo editava un foglio con *Giochi di tritoni* (Berlino, Kupferstichkabinett, inv. 5616) legandolo al bassorilievo con la naiade o sirena e tritoni posto nel timpano del tempietto sullo sfondo – un chiaro elemento scultoreo di matrice lombardesca – in un'ipotesi attributiva sostanzialmente seguita dal solo Coletti (1959), con i Tietze (Tietze-Tietze-Conrat 1944, p. 160), Menegazzi (1981a, p. 149) e Humfrey (1983, p. 182) che giustamente non lo assegnavano a Cima, qualificandosi il foglio piuttosto come una derivazione da un comune rilievo. E di altri due disegni si deve tener conto ragionando sull'opera: il primo, segnalato da Humfrey (*ibid.*), è uno schizzo preparatorio per il dipinto di Lattanzio da Rimini, tale da evidenziare come fosse creato in *pendant* con la tavola di Cima, essendo speculare a quest'ultima nella disposizione degli edifici architettonici (Chatsworth, fig. in Tietze-Tietze-Conrat 1944, I, p. 181, n. 749). Il secondo è un foglio erroneamente attribuito a Giovanni Bellini, al Kupferstichkabinett di Berlino (n. 1357; *ibid.*, p. 83, n. 209), in cui si rintracciano molti elementi della messinscena di Cima.
Uno degli aspetti di maggior interesse del *Miracolo di san Marco* è dato dalle scelte operate da Cima su di un tema a lui quasi desueto, ancora a queste date, cioè lo svolgimento di una scena narrativa. Con esiti ben differenti da quelli tanto di Bellini, per quanto ne possiamo conoscere oggi avendo perduto la maggior parte della sua produzione, quanto di Carpaccio. Cima imposta infatti il racconto in un'ottica di cannocchiale prospettico rovesciato, il campo stretto così che gli astanti campeggino in esso, quasi sovradimensionati e spiccati tramite l'utilizzo dell'abituale luce intensa e meridiana.

Bibliografia: *Bibliografia*: Sansovino 1604, p. 147; Ridolfi 1648, p. 59; ed. 1914-1924, p. 76; Martinoni 1663, p. 169; Boschini 1664, p. 421; Boschini 1647, p. 11 *(Canaregio)*; Zanetti 1797, p. 139; Moschini 1815, I, pp. 182-183; *Verzeichnis* 1830, pp. 20-21; *Verzeichnis* 1832, pp. 20-21; *Verzeichnis* 1833, pp. 20-21; *Verzeichnis* 1834, pp. 20-21; *Verzeichnis* 1837, pp. 20-21; *Verzeichnis* 1841, p. 23; *Verzeichnis* 1845, p. 7; *Verzeichnis* 1847, p. 7; *Verzeichnis* 1851, p. 7; *Verzeichnis* 1855, p. 7; *Verzeichnis* 1857, p. 7; *Verzeichnis* 1860, p. 7; *Verzeichnis* 1878, p. 68; *Verzeichnis* 1883, p. 87; Lermolieff [Morelli] 1886, p. 377; *Verzeichnis* 1891, p. 50; Botteon-Aliprandi 1893, pp. 109-110; Berenson 1894, p. 97; Berenson 1897, p. 104; *Verzeichnis* 1898, p. 56; Ludwig-Bode 1903, pp. 131 ss.; *Verzeichnis* 1904, p. 68; Ludwig 1905, p. 30; Burckhardt 1905, pp. 38, 115; *Verzeichnis* 1906, p. 65; Posse 1909, p. 119; Crowe-Cavalcaselle 1912, p. 250; von Hadeln 1912a, p. VI; *Verzeichnis* 1912, p. 77; Venturi 1915, VII, parte IV, p. 518; *Verzeichnis* 1921, p. 81; *Beschreibendes Verzeichnis* 1931, p. 95; Berenson 1932a, p. 145; Van Marle 1935, XVIII, p. 419; Berenson 1936, p. 125; Tietze-Tietze Conrat 1944, p. 160; *Verzeichnis* 1956, p. 14; Berenson 1957b, p. 64; *Verzeichnis* 1957, p. 17; Berenson 1958, p. 66; *Verzeichnis* 1958, p. 20; Coletti 1959, pp. 49, 80; *Verzeichnis* 1959, p. 20; Rutteri 1960, p. 83; *Verzeichnis* 1960, p. 21; Pallucchini 1961a, p. 189; Pallucchini 1961b, pp. 37 ss.; Battisti 1962, p. 29; Coletti 1962, p. 7; Meller 1962, pp. 20-21; Pallucchini 1962, p. 223; Pignatti 1962, p. 9; Polo 1962, p. 7; *Verzeichnis* 1962, p. 20; Heinemann 1962b, p. 113; Rutteri 1963a, p. 50; Marini 1963, p. 158; *Verzeichnis* 1963, p. 29; Puppi 1964d, p. 207; *Verzeichnis* 1964, p. 31; Zava-Boccazzi 1965, p. 5; *Verzeichnis* 1966, p. 31; *Verzeichnis* 1968, pp. 31-32; *Verzeichnis* 1975, p. 103; *Verzeichnis* 1978, p. 107; Humfrey 1981, p. 477; Menegazzi 1981a, p. 107; Humfrey 1983, pp. 82-84; Lucco 1990b, p. 468; Tempestini 1994b, p. 39; *Gemäldegalerie* 1996, pp. 30, 427; G. Fossaluzza, in *Gli Este a Ferrara* 2004, p. 230; Ishii 2007, pp. 106-107.

GIOVANNI C.F. VILLA

26.
Madonna con il Bambino
olio su tavola, 60,3 × 47,5 cm, inv. 1717
Cardiff, Amgueddfa Cymru
National Museum Wales
Iscrizioni: firmata in basso a destra «Joannis baptiste Coneglanensis»
Provenienza: Bologna, coll. Minghetti; Bologna, palazzo Zambeccari; Parigi, Palais Royal, coll. principe Girolamo Bonaparte; Albert Levy; Londra, vendita Christie's, 6 aprile 1876, lotto 323, acquistato da Agnew's, Londra; Lockinge presso Wantage, S.J. Loyd (lord Overstone); 1977, acquistato dal National Museum of Wales a Londra, presso Agnew's, tramite della collezione Loyd (notizie da Humfrey 1983)

Come spesso accade in Cima, l'occhio del fedele entra nel quadro in alto a sinistra, introdotto dalla macchia naturale di cumulonembi e dall'albero ed è subito accompagnato nella discesa dalla luce del corpo del Bambino, trattenuto e accolto nella mano della Vergine che ne ferma il piede per risalirne lungo il braccio e soffermarsi infine sul volto che chiude l'ideale cerchio rimandando con gli occhi il nostro sguardo all'incontro con il Figlio. La possanza plastica del corpo della Madonna che si fa trono è palesata dalla visibile seduta, atta ad accentuare la spazialità del dipinto, rilevata anche dal movimento delle gambe della Madre e dalla posizione del Bambino nudo, quasi prefigurazione del futuro Cristo morto osteso sulla pietra del sepolcro.
Un'opera tutta giocata su di una tavolozza in cui la mancanza dei gialli – assenti nei bruni del paesaggio e dalle vesti, il rosso è lievemente virato verso l'arancio –, che appaiono solo nelle lastre marmoree sul primo piano, mantiene la composizione fredda ed essenziale. Presentando poi, in un paesaggio non completamente autografo, alcune bellissime invenzioni sotto un cielo in parte compromesso da grossolani restauri: in particolare il borgo mimetizzato nelle rocce a sinistra e il campanile bruno e semisommerso dalla vegetazione a destra, ad armonizzare sapientemente l'elemento architettonico in un contesto ove solo si staglia il cavaliere.
Probabilmente da identificarsi con l'opera ricordata da Otto Mündler (1985), nel 1856-57, in palazzo Zambeccari a Bologna, la datazione alla fase matura della carriera di Cima ha trovato sostanzialmente concordi tutti gli studiosi. Da Berenson (1916) che la poneva verso il 1505 sottolineando però come vi fossero ancora retaggi antonelliani nella strutturazione compatta del gruppo sacro, ad Adolfo Venturi (1926), più propenso a leggervi un'influenza di Giovanni Bellini nella posa del Bambino e di Alvise Vivarini nella puntuta e secca definizione del volto della Vergine. Humfrey (1983), osservando come non vi sia ancora la forza plastica della *Madonna con il* Bambino di Este (cat. 35), la pone nei pressi del *Costantino e sant'Elena* (cat. 31).
Un modello devozionale di cui Humfrey (1983) individua poi due copie di formato ridotto, chiaramente di bottega e in uno stato di conservazione assai precario: una a Boston (Isabella Stewart Gardner Museum, 53,7 × 45,5 cm) e l'altra segnalata già a Montreal (coll. William Van Horne, tavola trasferita su tela, 45 × 35,5 cm). Circa la datazione va notato come il medesimo cartone, con minime varianti, sia quello utilizzato in controparte per un'altra serie, il cui capostipite autografo è la *Madonna con il Bambino* n. 2506 della National Gallery di Londra (65 × 52 cm, firmata «IOANNES BAPTISTA P.») da datarsi qualche anno prima, sul finire del Quattrocento, copiata da Andrea Previtali in un'opera ora a

[26.]

terali lasciate a risparmio perché coperte dalla struttura architettonica e si è così potuto documentare che non vi è stata la decurtazione di supporto, già ipotizzata (Humfrey 1983). Sotto i molti strati di vernice, ritocchi e altri materiali sovrammessi, si è constatata la presenza di vaste aree di superficie abrasa, causate da puliture aggressive del passato. E ciò in particolar modo nelle partiture marmoree del trono e nelle vesti degli angeli, in basso, e sul corpo del san Sebastiano a destra. Molto più integra è risultata la parte sinistra e, in particolar modo, i santi Giorgio e Nicola.

Bibliografia: Michiel 1521-1543, (1884), p. 86; Sansovino 1581, IV, pp. 95-96; Ridolfi 1648, p. 59; Ridolfi 1648, ed. 1914-1924, I, p. 76; Boschini 1664, p. 359; Boschini 1674, Dorsoduro, p. 35; Martinelli 1684, pp. 400, 402; Martinelli 1705, p. 454; Sabellico 1718; Zanetti 1733, p. 342; Zanetti 1771, pp. 60-61; Arnaldi, Baldarini, Buffetti, Vecchia 1779, p. 89; Zanetti 1792, p. 82; Zanetti 1797, p. 35; Moschini 1815, II, pp. 502, 528-529; *Elenco* 1817, p. 6; Moschini 1819, p. 335; *Guida* 1821, p. 14; *Guida* 1823, pp. 9-10; *Guida* 1824, p. 9; *Guida* 1826, p. 14; *Guida* 1828, p. 12; Moschini 1828, p. 173; *Guida* 1830, p. 12; *Guida* 1831, p. 12; *Guida* 1832, p. 10; *Guida* 1833, p. 22; Zanotto 1833-1834, I, fase. 31; II, fase. 13; *Guida* 1834, p. 12; Moschini 1834, p. 173; *Guida* 1835, p. 12; *Guida* 1837, p. 3; *Guida* 1838, p. 3; *Guida* 1839, p. 3; Moschini 1840, p. 118; (Zanotto) 1840, p. 3; Rio 1841, p. 419; (Zanotto) 1842, p. 3; (Zanotto) 1844, p. 3; (Zanotto) 1845, p. 3; *Guida* 1846, p. 3; Moschini 1847, p. 137; Zanotto 1847, I, p. 102; *Guida* 1849, p. 3; Zanotto 1851, I, p. 102; *Catalogo* 1852, 7; Selvatico-Lazzari 1852, p. 241; Selvatico 1852-1856, pp. 489-490; Quadri 1853, p. 157; *Catalogo* 1854, p. 29; *Catalogo* 1855, p. 29; *Catalogo* 1856, p. 29; Zanotto 1856, p. 526; *Catalogo* 1857, p. 30; *Catalogo* 1859, p. 44; *Catalogo* 1862, p. 47; Blanc 1868, p. 8; Crowe-Cavalcaselle 1871, I, p. 242; Sanudo 1876, coll. 312, 829; Tassini 1876, pp. 374-375; *Catalogo* 1878, p. 45; Michiel 1884, p. 234; *Catalogo* 1885, p. 22; Della Rovere 1888, p. 98; Frimmel 1888, p. 114; Tassini [1888], cc. 164-166; *Catalogue* 1890, p. 135; Botti 1891, p. 135; Botteon-Aliprandi 1893, p. 155-156; Paoletti 1893-1897, II, p. 184n; Michiel ed. 1896, p. 114, ed. 2000, p. 59; Keary 1894, p. 41; Conti 1895, p. 14; Paoletti 1903, p. 19; Berenson 1905, p. 129; Burckhardt 1905, pp. 35 ss., 36n; Venturi 1907, p. 263; Wackernagel 1907, p. 373; Macfall 1911, p. 84; Crowe-Cavalcaselle 1912, p. 247; von Hadeln 1912b, VI, p. 595; Phillips 1912, p. 116; Ridolfi 1914-1924, p. 76; Serra 1914, p. 20; Venturi 1915, VII, IV, p. 516; Berenson 1916, p. 200; Berenson 1919, p. 190; Fiocco 1924, p. 19; Fogolari 1924, pp. 89 ss.; (Fiocco) 1928, p. 19; Fogolari 1931, p. 244; Berenson 1932a, p. 148; Van Marle 1935, XVII, pp. 415 ss.; Berenson 1936, p. 127; Brizio 1955, p. 212; Moschini Marconi 1955, pp. 113-114, 172, 295-296, 788; Berenson 1957b, p. 67; Berenson 1958, p. 69; Coletti 1959, pp. 63 ss.; Pallucchini 1961, p. 189; Coletti 1962, p. 3; Heinemann 1962c, p. 19; Mazzotti 1962, p. 38; Menegazzi 1962, pp. 28 e 34; Pallucchini 1962, p. 223; Marini 1963, p. 154; Rutteri 1963a, p. 50; Meneghin 1970, 8, nn. 1-2, p. 260; Menegazzi 1981a, pp. 102-103; Humfrey 1983, pp. 39, 72, 149; Markham Schultz 1988, pp. 309-315; Tempestini 1994a, p. 39; Lauber 1999-2000, pp. 145-146 e 146n, 148n; Zanuso 2000, pp. 17-33; *Il polittico di Cima* 2002.

GIULIO MANIERI ELIA

28. ▶
a. *San Marco*
b. *San Sebastiano*
olio di lino su tavola, 103 × 41 cm ciascuno
Londra, The National Gallery, inv. NG 4945, NG 4946
Provenienza: Venezia, chiesa di Santa Maria dei Crociferi, cappella dell'Arte dei Setaioli; Venezia, palazzo Foscari, collezione Schiavone; 1854, acquistati da sir Charles Eastlake; Londra, Christie's, 2 giugno 1894, lotto n. 68, vendita Eastlake, acquistate da Richter per Ludwig Mond; 1924, donazione Mond alla National Gallery di Londra

Restauri: 1972-1973

Inscritti in claustrofobiche nicchie speculari e sormontate da conchiglie – che, indirizza Davies (1961), riecheggiano le figure laterali del monumento al doge Pietro Mocenigo di Pietro Lombardo nella basilica veneziana dei Santi Giovanni e Paolo – i due santi tentano di uscirne tramite la plasticità modellante della luce, in entrambe proveniente da sinistra, a proiettarli vaporosamente sullo sfondo del vano e ritmarne una sorta di aureola giocando con la scabrosità dei tagli del marmo. Riconoscibili in san Marco l'uno – rispetto agli anche ipotizzati Luca e Giacomo, per la penna da evangelista e le affinità con l'omonimo santo raffigurato nella pala della Madonna dell'Orto a Venezia (cat. 11) – e in san Sebastiano l'altro, le due tavole hanno sofferto di una indubbia sfortuna critica, anche a causa di un certo spulimento della superficie pittorica. Eppure sono sempre tecnicamente controllatissime come solo gli autografi di Cima al livello maggiore riescono a essere, con brani di qualità assoluta: in Marco il dettaglio dell'incannulato della penna tagliata di fresco e lo sguardo assorto, intenso nella meditazione su di un volto segnato da anni e fatiche; in Sebastiano il trascoloramento rosato del perizoma che termina in una graziosa sfrangiatura, le ferite delle frecce con qualche goccia di sangue a raggrumarsi sull'incarnato e lo sguardo fanciullo, rivolto al cielo.
La testimonianza prima di Ridolfi (1648) le collega alla cappella dell'Arte dei Setaioli, nella chiesa dei Crociferi a Venezia, dove già si trovavano di Cima il *Miracolo di san Marco: il risanamento di Aniano* (cat. 25) e l'*Annunciazione* (cat. 15), a fianco della quale sono ricordati i due santi: «A Padri Crociferi nella Cappella destra a' canto l'Altar maggiore ritrasse la Vergine Annunciata, San Marco e San Sebastiano dalle parti». La medesima posizione in cui li narra anche Martinioni nelle aggiunte a Sansovino (1663), ingenerando però un equivoco: «nella cappella della Casa Zena in chiesa dei Padri Crocichieri vi era la palla dell'Annunziata dipinta da Gio. Batta da Conegliano con i ss. Marco e Sebastiano dalle parti». Attestazioni riprese da Crowe e Cavalcaselle (1871) immaginando l'*Annunciazione* come pannello centrale di un trittico, in una suggestione poi ripresa da Burckhardt (1905), che pubblicava un fotomontaggio dell'ipotetico insieme. Congettura non particolarmente fortunata, Richter (1910), von Hadeln (1912), Davies (1951), Lazareff (1957), Heinemann (1962c) e Menegazzi (1962) negando questa ricostruzione, con Humfrey (1983) che già indicava come probabilmente non si trattasse di un trittico in origine ma di un assemblaggio probabilmente più tardo.
Assai controversa appare la datazione, andando da Richter (1910), che le pone in anni giovanili, a Lazareff (1957), Berenson (1957) e Menegazzi (1962), che le collocano dal 1509 in poi, a Berenson che le pensa giovanili negli *Indici* del 1932 per poi spostarli alla fase matura nel 1936 e 1957 e infine Humfrey (1983) che, sulla base delle affinità tra il *San Sebastiano* e l'omonimo santo della *Pala Dragan* (cat. 27) costruito con il medesimo cartone, li pone al 1500 circa.
Ed è effettivamente Sebastiano che aiuta non solo a comprendere e apprezzare appieno la qualità dell'invenzione cimesca ma anche a definirne la datazione, grazie alla seriazione che è possibile fare con almeno altre tre versioni del tema eseguite dall'artista in un breve lasso di tempo: primo tra tutti, in quanto modellato sulla base dello stesso cartone, il ben più debole *San Sebastiano* della collezione Berenson (1501 circa, tavola, 100,8 × 48,2 cm, Settignano, villa I Tatti), posto in campo aperto e addossato a un tronco d'albero. Poi il citato san Sebastiano ritratto nella pala commissionata da Giorgio Dragan per la chiesa di Santa Maria della Carità di Venezia, ove il santo è inquadrato frontalmente, le gambe lievemente divaricate in una posa modellata sull'iconografia tradizionale e che sarà poi ripresa singolarmente nelle versioni già Berenson e Mond. E, infine, a concludere la serie, il *San Sebastiano* di Strasburgo (cat. 30), che appare come «la sostanza del Cima, rusticità che si converte in classicità pretta, fa pensare a un "canone" misterioso da rammentarsi anche dopo quello di Policleto. Una figura che è come una torre d'avorio sull'alto cielo; lo sboccio lento delle spalle, l'interspazio tra torso e braccio, il panno fasciato liscio sui fianchi; quella freccia sola» (Longhi 1946, p. 60). È questa una delle interpretazioni più

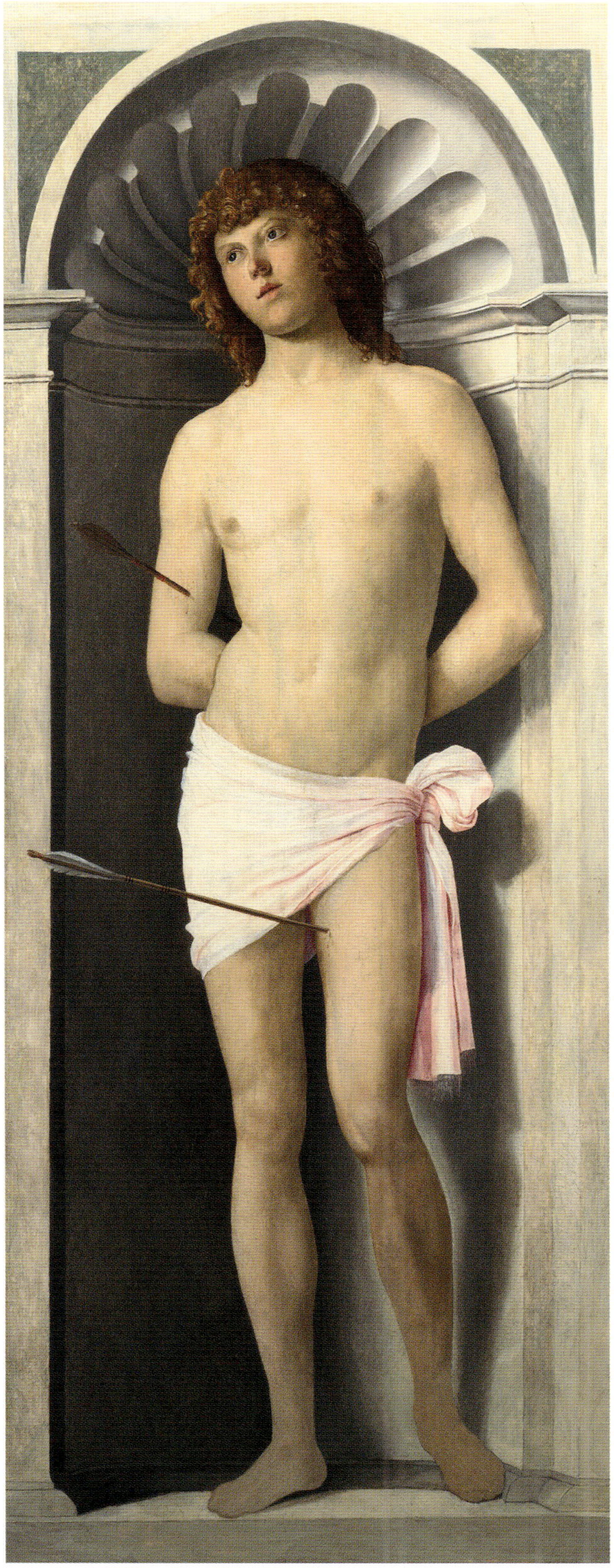

[28A.]
[28B.] Cima da Conegliano, *San Sebastiano*, Firenze, collezione Berenson

alte della lezione veneziana di Antonello, qui non meramente imitato – come indurrebbe a pensare un primo, frettoloso sguardo per la sostanziale fedeltà al *San Sebastiano* di Dresda (Staatliche Kunstsammlungen) del messinese nella definizione del busto del santo – ma tradotto in chiave di solenne classicismo, con l'efficacissima *inventio* della parziale rotazione data alla figura a campire lo spazio avvicinandosi d'un passo allo spettatore. La solenne impaginazione è espressa con un colore di vitrea chiarezza: Sebastiano, posto sul proscenio, è forma geometricamente lucente, plasticamente legata dalla luce al paesaggio in una regia chiaroscurale astrattamente oggettiva, che tramite l'aderenza delle ombre primarie evidenzia il rilievo graduando il modellato con fermezza e continuità. Il dardo che colpisce l'incorruttibile corpo divisa un cielo solcato da nubi benigne dalla schietta raffigurazione degli amati colli e delle Prealpi venete, ricchi di acque e vivificati da una coppia di viandanti, un cavaliere e un'inconsueta, per l'arte di Cima, veduta di Castel Sant'Angelo a chiudere lo sguardo sulla sinistra: per Burckhardt (1905) realizzato sulla base iconografica di una medaglia papale, secondo Humfrey (1983) inserito in quanto memoria della martirio romano del santo. Ma da sottolineare poi come il toponimo del castello derivi dall'apparizione a Gregorio Magno di un angelo annunciante la peste di Roma del 590: tanto san Sebastiano quanto san Rocco, che lo accompagna in un altro scomparto dell'opera, sono infatti associati contro la peste (si veda anche Puppi 1994).

Una serie, quella di san Sebastiano, che si dovrà così scalare tra il 1499-1500 circa della *Pala Dragan* per poi giungere, attraverso i due santi di Londra, alla versione Berenson e convergere infine, intorno al 1502, nel formalmente compiuto dipinto di Strasburgo – immagine devota a sé stante, dagli attributi identificativi ridotti al minimo tanto da vedere l'eliminazione della colonna, o del tronco d'albero, addossato al quale Sebastiano avrebbe subito il martirio. Che porta a compimento quella stagione di felici innovazioni aperta dal *Battesimo di Cristo* di San Giovanni in Bragora (cat. 10), il cui plasticismo e intensità cromatica delle figure, unitamente alla liricità del racconto paesistico, sono l'esito più alto della lezione di Antonello, tanto da costringere l'anziano Giovanni Bellini a una profonda riflessione prima di dare alla luce la sua versione del tema (*Battesimo di Cristo*, firmato «IOANNES BELLINUS», 1500-02 circa, tavola, 400 × 263 cm, Vicenza, chiesa di Santa Corona).

Bibliografia: G. Stringa, in Sansovino 1604; Ridolfi 1648, ed. 1914-1924, I, p. 76; Martinioni 1663, p. 169; Boschini 1664, p. 421; Boschini 1674, pp. 10-11; Waagen 1857, pp. 114-115; *Exhibition* 1871, nn. 3, 7; Botteon-Aliprandi 1893, pp. 117, 165; Berenson 1894, p. 97; Burckhardt 1905, pp. 30 ss.; Venturi 1907, p. 261; Richter 1910, I, pp. 103-111; Crowe-Cavalcaselle 1912, I, pp. 241, 248; von Hadeln 1912a, VI, p. 594; Berenson 1932a; Van Marle 1935, XVII, pp. 455-456; Davies 1951, p. 113; Berenson 1957b, p. 65; Lazareff 1957, p. 42; Berenson 1958, p. 68; Davies 1961, pp. 147-148; Heinemann 1962c, p. 19; L. Menegazzi, in *Cima da Conegliano* 1962, p. 23; Francastel 1963, p. 225; Valsecchi 1971, p. 12; *Illustrated General Catalogue* 1973, p. 123; Wright 1976, p. 38; Mills-White 1977, p. 58; Menegazzi 1981a, p. 138; Humfrey 1983, pp. 113-114; Lucco 1990b, pp. 467-468.

GIOVANNI C.F. VILLA

29. ▶
a. *Santa Caterina d'Alessandria*
b. *Madonna con il Bambino tra i santi Francesco e Antonio da Padova* (lunetta)
olio su tavola, 153 × 77 cm;
lunetta 40 × 81 cm
Londra, The Wallace Collection, cat. 1
Provenienza: Mestre, chiesa di San Rocco
Iscrizione: sul piedestallo: «IOA(N)NIS BABTISTE / CONEGLANE(N)SIS / OPUS»

Restauri: 1933; 1962

La tavola raffigurante *Santa Caterina d'Alessandria*, sormontata da una lunetta che rappresenta la *Madonna con il Bambino tra i santi Francesco e Antonio da Padova*, era posta in origine al centro di un trittico, tra due pannelli recanti le raffigurazioni di *San Sebastiano* e *San Rocco*, conservati ora nel Musée des Beaux-Arts di Strasburgo (cat. 30). Il grande complesso era collocato sull'altare maggiore della chiesa conventuale francescana di San Rocco a Mestre. Un'incisione di Antonio Baratti (1724-1787) documenta l'aspetto originario del polittico, contornato da una ricca cornice lignea dorata, che presentava la parte centrale più lunga di 15 cm circa rispetto a oggi.

Nella chiesetta mestrina l'opera viene registrata per la prima volta nei documenti in occasione della visita pastorale del 20 giugno 1584 (la visita apostolica riporta: «altare maius [...] habet pallam in qua est depicta imago Sancto Rocho») e poi ricordata nel 1590 (descritta da un frate di San Rocco come «La Palla de S. Catterina posta all'altar maggiore nella nostra chiesa»: Sartori 1962); lì è menzionata ancora fino al 1726 (Sartori 1986), anno in cui la confraternita di San Rocco, una scuola di devozione fondata nel 1487 che officia l'altar maggiore e invoca per i confratelli la protezione dalla peste (cfr. Gramigna-Perissa 2008[2]), ottiene dai francescani della chiesa dei Frari a Venezia il permesso di sostituire l'altare in legno con uno in pietra delle stesse dimensioni.

Il priore del convento veneziano, come suppone Humfrey, deve aver avuto un ruolo determinante nella commissione del trittico, data la presenza di ben due santi francescani nella lunetta, san Francesco e sant'Antonio da Padova; potrebbe trattarsi (come ipotizza Sartori 1962 e viene riportato da Humfrey 1983) dello stesso priore di San Rocco a Mestre dal 1497, fra Germano da Casale, che aveva commissionato a Tiziano l'*Assunta* della basilica veneziana di Santa Maria dei Frari, quando ne era priore. Il nuovo altare in pietra nella chiesa mestrina, probabilmente per motivi di ordine economico, non fu in realtà mai realizzato. Nel 1760, infatti, la pala risulta ancora «sopra il laterale interno in vicinanza dell'altare del Carmine» (Sartori 1962. È in questo momento, come suppone Ingamells 1985, che venne aggiunta una nuova cornice con decorazioni lignee). Tuttavia, già nel 1768, il vescovo di Treviso esprime la volontà che fosse «rimessa dietro l'altar maggiore l'antica pala di celebre pittore». Nel 1769, in effetti, viene presa la decisione di riportare nella posizione iniziale «la palla che rappresenta S. Caterina, S. Sebastiano e S. Rocco, opera del celebre Giovanni Battista Cima da Conegliano» (Sartori 1962). Ripristino che non avvenne mai, dato che probabilmente poco dopo l'opera fu acquistata dal mercante inglese John Strange, residente a Venezia dal 1773 al 1786, per poi passare alla vendita Christie's di Londra del 27 maggio 1799 (cat. 172) e di nuovo ricomparire in una vendita londinese anonima, il 12 giugno 1832 (cat. 101). Nel 1846 fu poi acquistata dal barone Northwick (1769-1859), come risulta da *Hours in the Picture Gallery* 1846. La pala fu smembrata prima del 1857, quando la sola tavola centrale con la *Santa Caterina* fu vista presso Thirlestane House in Cheltenham (nel 1859 il 3 agosto, la tavola fu acquistata alla vendita Thirlestane House, Cheltenham, Phillips, cat. 555, dal marchese di Hartford; appare registrata nell'inventario di Hartford House nel 1870). Della lunetta non si hanno notizie fino al 1912, quando comparve alla vendita Taylor di Londra; passata successivamente nella collezione Blumenthal di New York, fu poi donata alla Wallace nel 1933.

È ipotizzabile, allora, che in sostituzione dell'originale sul finire del Settecento sia stata eseguita una copia del polittico, probabilmente rimasta nella chiesa di San Rocco fino a quando l'edificio sacro venne chiuso nel 1806 in seguito ai decreti napoleonici di soppressione, per passare poi nella sacrestia del Duomo di San Lorenzo, sempre a Mestre; ne risulta tuttavia documentazione soltanto a partire dal 1827 (Sartori 1986: «n. 4 quadri in tavole che esistevano una volta uniti in una sola cornice nella chiesa succursale di San Rocco». La copia, già attribuita da alcuni studiosi allo stesso Cima, in sacrestia fu dislocata su pareti diverse (è attualmente collocata, dopo la ricomposizione delle sue parti, nel transetto destro della chiesa. Botteon-Aliprandi 1893, Sartori 1962, Brunello 1989). In ogni caso la copia, di dimensioni leggermente diverse dall'originale, come mostra l'incisione di Antonio Baratti (probabilmente

IOĀNIS BABTISTE
CONEGLANĒSIS
OPVS
1. ST. CATHERINE OF ALEXANDRIA CIMA (C.1460-1517) VENETIAN SCHOOL FROM THE CHURCH OF ST. ROCCO MESTRE

[29.]

commissionata da John Strange) fu eseguita dopo la prima metà del Settecento, secondo quanto risulta dall'analisi del colore condotta in occasione del restauro, eseguito nel 1993 (Perissa Torrini 1994).

Humpfrey osserva, anche in considerazione del legame che intercorre tra la chiesa mestrina di San Rocco e quella veneziana dei Frari, che Giambattista ha voluto emulare il trittico di Giovanni Bellini dipinto nel 1488 e ancor oggi nell'altare della basilica; anche le dimensioni delle due opere, prima del decurtamento della tavola centrale di Cima, erano simili. Lo studioso aggiunge che non è condivisibile l'ipotesi avanzata da Watson (1968), rifiutata anche da Ingamells (1985), che il pannello raffigurante i *Santi Pietro e Cristoforo* appartenesse in origine allo stesso insieme.

L'elegante figura della santa, che, in piedi su un alto piedistallo marmoreo decorato con animali e racemi, avanza in primo piano quasi uscendo dalla cornice architettonica, svetta sull'orizzonte ribassato, ottenendo lo stesso effetto di maestosità e importanza che caratterizza anche le due figure di Cristo e Tommaso nell'*Incredulità di san Tommaso e san Magno vescovo*, ora alle Gallerie dell'Accademia di Venezia (cat. 37), spinte in primo piano oltre l'architettura e dominanti sopra la linea del basso orizzonte. Il borgo turrito del paesaggio collinare si perde in lontananza, lambendo appena le gambe della santa, la cui figura si staglia sullo sfondo del cielo poco nuvoloso. La stessa linea del profilo delle vette si ricongiunge in tutte le parti del trittico; anche i due santi laterali si allineano sullo stesso piano, in modo da acquistare pari importanza e identico risalto figurativo e cromatico sullo sfondo azzurro chiaro.

La lunetta raffigura la Madonna con il Bambino tra i santi Francesco e Antonio, così descritta da Berenson (1916): «la Beata Vergine, dal viso dolce e grazioso, tiene il figlio benedicente, mentre Francesco e Antonio guardano e ascoltano con attenzione fervore, un fervore insolito nel Cima»; lo studioso è anche il primo ha avanzato l'ipotesi che solo la Madonna e il Bambino siano stati dipinti da Cima, mentre i due santi, per «qualcosa di strano nel tipo e nella espressione, di particolarmente grave nella modellatura delle mani e di trascurato nei panni che tradisce il pennello dell'assistente» siano opera di un altro artista. La presenza di un altro pittore è condivisa anche da Humfrey (1983), il quale propone di identificarlo con lo stesso aiutante di Cima nella realizzazione del polittico di Miglionico, probabilmente Andrea Busati.

Crowe e Cavalcaselle nel 1871 propongono una datazione tra il 1500 e il 1502, basandosi da un lato sull'analogia con le figure di *Costantino ed Elena* della chiesa di San Giovanni in Bragora a Venezia del 1501-03 (cat. 31), dall'altra sull'assunzione quale termine *ante quem* del 1503, anno di commissione della pala raffigurante *Sant'Orsola*, ora a Milano nella Pinacoteca di Brera, opera di Giovanni Martini, la quale riflette la composizione di Cima in molti particolari. Venturi (1915) condivide il parallelo tra queste immagini – «il gigantismo della figura statuaria» dei santi della Bragora – aggiungendo il paragone della Madonna con il Bambino con il polittico di Miglionico del 1499. Ingamells (1985) aggiunge che la santa Caterina potrebbe derivare in parte dalla *Santa Giustina* di Giovanni Bellini nella collezione Bagatti Valsecchi di Milano, del 1471 circa, come ipotizzato per primo da Cook (1902). Phillips (1915) concentra l'attenzione sull'influenza della scultura contemporanea veneziana, in particolare di Alessandro Leopardi e Tullio Lombardo. Humfrey (1983) osserva come il paesaggio sulla destra ricorra nella *Vergine con il Bambino e donatore* di Berlino del 1492-94.

Bibliografia: Waagen 1857, p. 201; Crowe-Cavalcaselle 1871, p. 245; Richter 1883, p. 82; Botteon-Aliprandi 1893, pp. 124-125; Berenson 1897, p. 104; Cook 1902, pp. 442-444; Burckhardt 1905, pp. 39 ss.; Lunetta 1905, n. 6; Richter 1905, p. 222; Reinach 1905-1923, III, p. 668; Girodie 1907, p. 483; Venturi 1907, p. 263; Crowe-Cavalcaselle 1912, p. 245; von Hadeln 1912b, VI, p. 595; Venturi 1915, VII, IV, p. 514; Berenson 1916, p. 48, p. 200; Berenson 1919, pp. 189-190; Fogolari 1931, p. 244; Pallucchini 1931, p. 236; Berenson 1932a, p. 146; Van Marle 1935, XVII, p. 431; Berenson 1936, p. 126; Berenson 1957b, p. 66; Berenson 1958, p. 68; De Logu 1958, p. 237; Suida 1958, p. 36; Coletti 1959, pp. 82-83, n. 64; Pallucchini 1961, p. 189; Menegazzi 1962, pp. 33-34; Pallucchini 1962, p. 224; Sartori 1962, pp. 281 ss.; Zava-Boccazzi 1965, p. 5; Watson 1968, pp. 63-64; *The Wallace Collection* 1968, p. 63, 1979, p. 258; Wright 1976, p. 38; L. Fantelli, in *Giorgione* 1978, p. 59; Menegazzi 1981a, p. 18, pp. 109-110; Humfrey 1983, pp. 115-116.

ANNALISA PERISSA TORRINI

30. ▶
a. *San Sebastiano*
b. *San Rocco*
1500-1502
olio su tavola, 114 × 46 cm ciascuno
Strasburgo, Musée des Beaux-Arts,
inv. 206 e 207
Provenienza: Mestre, chiesa di San Rocco

Restauri: 1895, 1947

Le due tavole entrarono nella collezione del museo nel 1890, dalla collezione di Sir Anthony Stirling di Londra, dove si trovavano dal 1871.

In origine erano ai lati della tavola raffigurante *Santa Caterina d'Alessandria* sormontata dalla lunetta con la *Madonna con il Bambino tra i santi Francesco e Antonio da Padova*, ora nella Wallace Collection di Londra (cat. 29) e componevano insieme il grande trittico dipinto da Cima per la chiesa di San Rocco di Mestre. Un'incisione di Antonio Baratti (1724-1787) documenta l'aspetto originario del trittico, impreziosito da una ricca cornice lignea dorata. Per la datazione, compresa tra il 1500-02, e per le vicende relative alla provenienza e alle copie del complesso si rimanda alla scheda precedente.

Cavalcaselle (in Crowe-Cavalcaselle 1871) non considera affatto i due pannelli laterali, ritenendo il *San Rocco* una volgare maschera e il *San Sebastiano* appena un buon nudo.

L'attenzione della critica, in effetti, più che sul *San Rocco*, si è soffermata sul pannello raffigurante *San Sebastiano*, definito da Venturi (1915) «uno dei più bei nudi che siano usciti dalle mani di Cima», espressione di una personalità artistica matura, che si stacca dai modellini di Bartolomeo Montagna.

È il momento della fase evolutiva di Giambattista in cui egli più è affascinato dal mondo di Antonello, che però non imita, ma interpreta, trasformando la propria «rusticità che si converte in classicità pretta», come afferma Longhi (1946), il quale si chiede anche come «l'integrità formale di Antonello che sa di Grecia arcadica» dia in Cima un esito che ricade nell'ambito del «classico *rus* virgiliano» delle *Georgiche* antiche e la descrive: «Una figura che è come una torre d'avorio sull'alto cielo; lo sboccio lento delle spalle, l'interspazio tra torso e braccio, il panno fasciato liscio sui fianchi; quella freccia sola».

L'opera, in effetti, realizza una delle più penetranti raffigurazioni del santo, trafitto da una sola freccia, nobilissima e incorruttibile nella luce riflessa della torre Adriana trasportata sui colli veneti. Come osserva Longhi, non è accettabile il giudizio espresso da Van Marle (1935), il quale dichiara superiore a questo di Strasburgo il *San Sebastiano* della collezione Berenson, che «se confrontato con lo stesso santo della galleria di Strasburgo, sembra un capolavoro». Il dipinto della collezione Berenson è a sua volta ripetizione di quello raffigurato nella *Pala Dragan* delle Gallerie dell'Accademia di Venezia (cat. 27).

Franca Zava Boccazzi (1965) riconosce nel «nudo radioso» il «più chiaro corrispondente, in pittura, della migliore statuaria di Tullio».

Lo stupendo *San Sebastiano* raggiunge uno dei momenti più alti dell'arte pittorica di Cima, nell'equilibrio della composizione dominata da quel «canone misterioso» di longhiana memoria, che gli permette di interpretare in modo del tutto personale un soggetto derivato da Antonello e che aveva altri esempi altissimi in Mantegna e Bellini.

In lontananza passa un cavaliere solitario, come nello sfondo dell'*Incredulità di san Tommaso e san Magno vescovo* delle Gallerie dell'Accademia di Venezia (cat. 37), e come in quella, l'orizzonte ribassato, quasi una firma dell'artista, ottiene l'effetto di avanzare la fi-

[30A.]

[30B.]

gura in primo piano, ingigantendola e infondendogli in tal modo il massimo risalto.
La raffigurazione di Castel Sant'Angelo sullo sfondo è probabilmente un'allusione al fatto che il santo era stato martirizzato a Roma. Burckhardt (1905) suggerisce che la veduta sia stata copiata da una medaglia papale, mentre Battisti (1962) ritiene che possa essere stata dipinta dal vero, fatto che implicherebbe un'ipotetica visita a Roma dell'artista.
Entrambe le tavole sono state restaurate nel 1895 e una seconda nel 1947, quando furono lievemente danneggiate da un incendio.

Bibliografia: Crowe-Cavalcaselle 1871, p. 245; Botteon-Aliprandi 1893, pp. 106, 186; Loeser 1896, II, p. 278; Dehio 1899, p. 52; Cook 1902, pp. 442-443; Dehio 1903, pp. 61-62; Burckhardt 1905, pp. 39-42, 86; Venturi 1905, p. 310; Girodie 1907, II, pp. 183-184; Venturi 1907, p. 263; Dehio-Polaczek 1909, pp. 51-52; Reinach 1910, III, p. 668; Crowe-Cavalcaselle 1912, I, p. 245; Dehio-Polaczek 1912, pp. 57-58; von Hadeln 1912b, VI, p. 595; Venturi 1915, p. 514; Berenson 1916, p. 200; Berenson 1919, p. 189; Fogolari 1931, p. 244; *Exposition...* 1935, pp. 39-50; Van Marle 1935 (1923-1938), XVII, pp. 431-433; Baumgart 1936, p. 115; Berenson 1936, p. 127; Haug 1938, pp. 133-134; Longhi 1946, pp. 59-60; Bénézit 1949, II, p. 601; Longhi 1952, p. 59; Haug 1954, p. 4; Laclotte 1956, pp. 44-45; Berenson 1957b, p. 67; Lazareff 1957, p. 41; Berenson 1958, p. 69; De Logu 1958, p. 237; Coletti 1959, p. 83, p. 82, n. 64; Battisti 1962, p. 29; Heinemann 1962a, p. 317; Heynold-Graefe 1962, p. 9; Mazzotti 1962, p. 37; Menegazzi 1962, pp. 33-34; Pallucchini 1962, p. 189; Pignatti 1962, pp. 9, 37; Polo 1962, p. 9; Roli 1962, pp. VIII-IX; Sartori 1962, p. 281; Valsecchi 1962, p. 17; Cecchi 1963, p. 8; Marini 1963; Zava Boccazzi 1965, pp. 5, 7; Mandel in *L'opera* 1967, p. 106; Watson 1968, pp. 63-64; Ludmann 1977, p. 122; Nepi Scirè 1977, p. 327; L. Fantelli, in *Giorgione* 1978, p. 59; Ingamells 1979, p. 49; Menegazzi 1981a, pp. 38, 62, 84, 104, 109-110; Moench 1981, pp. 14-15; Humfrey 1983, p. 145, n. 133; Ingamells 1985, p. 258; Longhi 1985, p. 347; Humfrey 1988, p. 411; Moench 1993, pp. 18-21; Puppi 1994, pp. 6-10; Humfrey 1998, p. 219; G.C.F. Villa, in *Antonello* 2006, pp. 326-329.

ANNALISA PERISSA TORRINI

31.
a. *Costantino e sant'Elena*
b. *Tre storie della Vera Croce* (predella)
tavola, 140 × 73 cm (riquadro centrale);
25 × 20 cm (per ogni comparto
della predella)
Venezia, chiesa di San Giovanni in Bragora
Iscrizioni: firma parziale nel cartiglio ai piedi di sant'Elena
Restauri: 1989 (Antonio Bigolin, direzione scientifica: Sandro Sponza)

Come testimonia il sempre prezioso di notizie libro cassa 1500-1503, redatto da Bernardo Navagero e ancora conservato nell'archivio della parrocchia, la tavola di legno per il dipinto venne preparata da «Maistro Alesandro da Charavaso» con un incarico registrato il 2 maggio 1501. Il contratto con Cima è datato 17 febbraio 1501 e l'opera risulta completata nell'aprile del 1503 per un totale di 28 ducati (la documentazione è pubblicata da Botteon-Aliprandi nel 1893). Il dipinto era posto sull'altare della Croce, che conservava la reliquia del Sacro Legno, in *pendant* con l'altare del Sacramento posto sul lato sinistro: su quest'ultimo era visibile la pala raffigurante *Cristo risorto con santi* di Alvise Vivarini, eseguita nel 1498.
Gli altari vengono distrutti nel Settecento e ne vengono eliminate le ricche cornici; il dipinto rimane comunque alla destra del presbiterio fino agli anni sessanta del secolo scorso, quando viene spostato alla destra della porta della sacrestia. In tale occasione torna nella posizione originale anche la predella, che era stata asportata dalla tavola principale attorno al 1800 e posta sotto il *Cristo risorto* del Vivarini, situazione che, come si vedrà più avanti, creerà qualche confusione nell'attribuzione.
Nel riquadro principale una grande croce divide in due la composizione, la regge a sinistra l'imperatore Costantino che, secondo la tradizione raccontata poi nella *Legenda Aurea* sul ritrovamento della Vera Croce, vinse su Massenzio dopo un sogno che gli diceva di adottare il segno del martirio di Cristo. Costantino veste una ricca armatura e la clamide imperiale; con la mano destra regge il mantello e lo scettro, sul capo la corona d'oro. A destra in preghiera è la madre dell'imperatore, sant'Elena. Di origine plebea, venne ripudiata dal marito e quando il figlio arrivò al potere le venne restituito il suo onore. Fu lei, forse, a contribuire alla sua conversione al cristianesimo, che venne così riconosciuta come religione consentita in tutto l'impero, unito grazie proprio alla battaglia con Massenzio del 326. Elena con le mani giunte guarda assorta il Sacro Legno; indossa una preziosa veste porpora coperta da un grande manto drappeggiato e il diadema d'oro ferma uno scialle bianco. Sullo sfondo ritroviamo un bel paesaggio, una delle caratteristiche più riconoscibili del pittore: sulle dolci colline ispirate alla campagna veneta, si trova un castello molto simile a quello raffigurato nel *Battesimo di Cristo* dell'abside della chiesa (cat. 10). Come già accennato nella scheda relativa al dipinto ora nominato, si è voluto identificarlo nel castello un tempo esistente a Conegliano: si suppone invece che il pittore componga l'insieme utilizzando suggestioni della sua terra piuttosto che riprodurre fedelmente la realtà delle architetture e del paesaggio veneto. Secondo Venturi (1915) la rocca simboleggia il colle di Gerusalemme.
La predella racconta alcune storie legate al ritrovamento della Vera Croce. Al centro Elena, seduta su un trono e attorniata dai suoi consiglieri, annuncia di volere cercare il Sacro Legno. Nella tavoletta di sinistra la santa, riconoscibile dall'abbigliamento, assiste al dissotteramento: con lei ci sono ancora i suoi consiglieri, tra cui si riconoscono le donne che comparivano al suo fianco anche nella scena precedente; nella parte inferiore tre uomini stanno scavando. A destra viene narrato uno dei miracoli della Croce: questa viene avvicinata a un defunto, già fasciato dalle bende per la sepoltura, che grazie al miracolo riprende vita e si alza dirigendosi verso la reliquia miracolosa. Tra gli astanti si riconosce ancora la santa con le sue ancelle.
La scelta di un tema di questo genere è dovuto alla presenza in San Giovanni in Bragora di un frammento della Vera Croce, reliquia molto nota e venerata, proveniente secondo le fonti del tempo da Costantinopoli. Questo forse è uno dei motivi per cui la chiesa era, e lo è tuttora, meta dei fedeli di culto greco ortodosso, possedendo anche la reliquia del corpo di san Giovanni Elemosinario, particolarmente venerato dalla chiesa orientale.
Il legame tra gli altari di Alvise Vivarini e del Cima, posti in luoghi prossimi e con storie conservative abbastanza simili hanno creato qualche confusione nell'attribuzione: Francesco Sansovino (1581) scrive di una cappella in cui lavorarono Bartolomeo (invece che Alvise) e Cima; Boschini (1664) riconosce pala e predella al Vivarini e Zanetti, nelle sue varie edizioni sui tesori di Venezia (1733, 1771), sembra dare la paternità dell'opera prima al Vivarini e poi definitivamente suggerisce il nome di Cima. La critica, a partire dal Botteon (forte anche delle fonti archivistiche) in poi, è concorde sul nome del pittore coneglianese (in Botteon-Aliprandi 1893). Il restauro del 1989, eseguito da Antonio Bigolin con la direzione di Sandro Sponza, funzionario della Soprintendenza per i Beni Artistici e Storici di Venezia, ha reso visibile la firma, parziale, di Cima nel cartiglio posto ai piedi di sant'Elena.
Le storie della predella, grazie a quest'ultimo intervento, hanno ripreso una discreta leggibilità: in particolare gli scomparti laterali erano molto rovinati e caratterizzati da una pellicola pittorica fortemente compromessa.

Bibliografia: Sansovino 1581, p. 10; Sansovino 1587, ed. 1604, p. 107; Sansovino 1604, p. 107; Ridolfi 1648, I, p. 59; Sansovino 1663, p. 36; Boschini 1664, p. 172; Boschini 1674, Castello, p. 20; Martinelli 1684, p. 108; Martinelli 1705, p. 122; Zanetti 1733, p. 215; *Cronica* 1736, p. 151; Zanetti 1771, p. 27; Zucchini (1784), p. 198; Zanetti 1797, p. 136; Federici 1803, I, p. 223; Moschini 1815, I, p. 83; Moschini 1819, p.

[31.]

12; Andreis 1848, p. 9; Selvatico-Lazzari 1852, p. 102; Quadri 1853, p. 132; Zanotto 1856, p. 221; Zanotto 1858-1860, pp. 85-86; (Fulin-Molmenti) 1881, p. 189; Andreis 1885, p. 15; Lafenestre 1885, p. 324; Botteon-Aliprandi 1893, pp. 17 ss., p. 132; Berenson 1894, p. 98; Berenson 1897, p. 105; Lafenestre-Richtenberger 1897, p. 134; Burckhardt 1901, p. 717; Burckhardt 1905, pp. 42 ss.; Ricci 1907, p. 27; Venturi 1907, p. 263; Malaguzzi Valeri 1908, p. 97; Crowe-Cavalcaselle 1912, I, p. 242; von Hadeln 1912a, VI, p. 595; Ridolfi 1914, p. 76; Venturi 1915, VII, IV, pp. 501 e 516; Berenson 1916, p. 200; Berenson 1919, p. 189; Lorenzetti 1926, p. 288; Fogolari 1931, X, pp. 244-245; Pallucchini 1931, p. 236; Van Marle 1935, XVII, pp. 421 ss.; Burckhardt 1952, p. 907; Brizio 1955, III, p. 558; Lorenzetti 1956, p. 297; Berenson 1957b, p. 68; Berenson 1958, p. 70; De Logu 1958, p. 237; Coletti 1959, pp. 49 ss.; Heinemann 1962a, p. 317; Heinemann 1962b, p. 166; Mazzotti 1962, p. 37; Menegazzi 1962, pp. 31-32; Pallucchini 1962, p. 224; Francastel 1963, p. 225; Humfrey 1980, p. 350 ss; Menegazzi 1981a, pp. 108-109; Greco 1982-1983, ss. 15-16, pp. 158-166; Humfrey 1983, pp. 28-30.

MARIA CRISTINA DOSSI

32.
Daniele nella fossa dei leoni
tavola, 57,7 × 43,5 cm
(47 × 33 cm senza cornice)
Milano, Veneranda Biblioteca Ambrosiana, Pinacoteca, inv. 90
Provenienza: *ante* 1849, Pinacoteca Ambrosiana

Analisi scientifiche: 2009, riflettografia IR, vis.-RS, XRF

Con un'abilità e un controllo stupefacenti – con questa tecnica nessun errore è consentito – su di un fondo ocra Cima orchestra la storia lavorando con sottilissime lumeggiature in oro a conchiglia a simulare una dorata fusione bronzea. Giungendo alla definizione dell'immagine con il semplice infittirsi o diradarsi del tratto, così che Dell'Acqua (1969) la descriveva, riprendendo temi e aggettivazioni longhiane, «l'argomento si configura staticamente, in modi di rustica classicità, di "georgica antica", più che di archeologia biblica, conformi all'inclinazione più vera dell'artista».
Il tema raffigurato è narrato da Daniele 6, 17-23 e dalle Aggiunte apocrife 14, 23-42. Due sono le ingiuste condanne da scontare, per il profeta Daniele: lesa maestà e sacrilegio nei confronti del re Dario dei Medi. Un soggetto squisitamente devozionale, Daniele nelle vesti di salvatore dell'anima nella sua ultima ora, «la fossa è intesa come immagine dell'inferno, o meglio del sepolcro, e il profeta appare come prefigurazione proprio del Cristo risorto. I due leoni, "come angeli probatori", sono simbolo della natura selvaggia, sono testimoni del giusto» (G. Fossaluzza, in *Giorgione* 2009, p. 461).
Nulla si sa al momento delle vicende di committenza e collezionistiche, le prime notizie risalenti al 1849 quando Pietro Selvatico ricorda per la tavola un'attribuzione ad Andrea Mantegna, proponendo sia uno dei dipinti «finti di brongio» menzionati tra le proprietà di Isabella d'Este a Mantova. Saranno Crowe e Cavalcaselle (1912) a togliere l'opera a Mantegna, dandola a un allievo il cui nome von Hadeln (1912) identificherà in Cima da Conegliano, seguito su questa linea dalla critica successiva eccezion fatta Van Marle (1935), per cui era da ascriversi a un anonimo seguace, e Schubring (1915, 1923). Che, relazionando l'opera alle scene a *grisaille* di Mantegna tratte dall'Antico Testamento, la qualificava come «maniera di Cima» ipotizzando fosse originariamente inserita a mo' di specchiatura in un'anta di mobile. E un'analisi dell'opera in parallelo con le invenzioni di Mantegna per la corte dei Gonzaga ha avuto molta fortuna, anche se è da rilevare, come già Momesso (in *Rinascimento e passione* 2008), che vi è una sostanziale e fondamentale differenza tra la lettura data da Cima al tema antiquario, rispetto al padovano, legata alla diversa strutturazione del fondale. Se in Mantegna le scene si stagliano su piani marmorei antichi, attentamente descritti nelle loro venature ed essenze, Cima organizza invece uno spazio naturale, concreto, in incessante tessitura con l'ambiente.
Quanto realmente interessa a Cima è l'abituale dialogo con la scultura classicista di Tullio e Antonio Lombardo, non solo riecheggiati nel dichiarato omaggio all'antico, ma anche nella strutturazione di forme e posture. Secondo l'approccio tenuto nelle varie opere di soggetto mitologico – cui andrà ormai tolto decisamente il *Giuramento di Mida* (43 × 73 cm, Copenaghen, Statens Museum for Kunst, inv. 116a) privo non solo della qualità pittorica ma anche iconograficamente inconsistente – in questo catalogo trattate da Margaret Binotto e anche da rapportarsi alla produzione grafica, logica nella quale lo esamina Menegazzi (1981). Se il problema del disegno, in Cima, attende ancora una nuova sistemazione, certo vi è una precisa relazione tra il segno che gioca su di uno spiccato parallelismo di linee a definire la volumetria e l'approccio grafico espresso in carte autografe riferibili a opere certe. Vi è poi un foglio raffigurante *Orfeo che incanta gli animali* (penna e acquerellature in grigio su carta ocra, 250 × 200 mm, Firenze, Galleria degli Uffizi, Gabinetto dei disegni e delle stampe, inv. 1680) che, se non è stilisticamente confrontabile in quanto piccolo cartone da spolvero, quindi con una precisa e meccanica funzionalità, presenta però il medesimo rapporto tra figura e paesaggio. Ed è molto interessante il legame con la medaglia di medesimo soggetto, già attribuita al Moderno e ora assegnata al cosiddetto Maestro di Orfeo (placchetta fusa in lega di rame, diam. 10,4 cm, Vicenza, Pinacoteca Civica di Palazzo Chiericati, Gabinetto di Numismatica, inv. AP I 50), in cui si rinnova il rapporto tra Cima e la medaglistica.
Appare certo controversa, anche per la particolare tecnica, la datazione, con in ultimo Momesso (2008) che propone di porla in date intorno al 1490-95, staccandola dagli altri dipinti mitologici e rapportandola al *Battesimo di Cristo* di San Giovanni in Bragora (cat. 10), ponendo l'accento sulla «carica disegnativa, quasi miniaturistica [...] e una costruzione del panneggio, così come la morfologia del paesaggio, tendente a moduli ancora geometrizzanti», recuperando così l'impressione espressa da Galbiati (1951) che legava l'opera alla lezione formale di Bartolomeo Montagna. Fattori nel *Daniele* legati al *ductus* tecnico e a una scelta stilistica precisa, cioè l'imitazione della scabrosità del bronzo. Per Humfrey (1983) dopo il 1500, Fossaluzza (in *Gli Este a Ferrara* 2004) la pone intorno al 1505 «e comunque in anticipo rispetto alle altre opere di soggetto mitologico», relazionandola con le formelle bronzee per l'altare del doge Agostino Barbarigo alla Scuola della Carità di Venezia (*post* 1501, ora Venezia, Ca' d'Oro, Galleria Giorgio Franchetti). In questa sede, alla luce dell'anticipazione dei due tondi di Parma (catt. 33, 34) e considerando la composizione in rapporto a opere del medesimo formato – si pensi all'assetto dato alla serie dei *San Girolamo nel deserto* (catt. 12, 13, 40, 41, 53) e a logiche strutturali come quelle espresse nelle storie di Teseo (catt. 23, 24) – si ritiene la tavola databile al 1500-01 circa.
Fossaluzza (2004), associando il dipinto dell'Ambrosiana all'altarolo della Royal Collection di Londra ove appaiono un *San Benedetto* e un *Santo Stefano* (25,3 × 5,6 cm) eseguiti a monocromo verde con lumeggiature in oro, di mediocrissima qualità, certo non paragonabile agli autografi di Cima e da considerarsi esemplari di bottega, inseriva poi nella discussione del pezzo, oltre a Mantegna, anche le elaborazioni dei temi a *grisaille* fatte da Giovanni Bellini alla morte del cognato, considerando la *Continenza di Scipione* (olio su tela, 74,8 × 356,2 cm, Washington, National Gallery of Art, Samuel H. Kress Collection, inv. 1628; G.C.F. Villa, in *Giovanni Bellini* 2008) e il *Compianto su Cristo morto* (tavola, 74 × 118 cm, Firenze, Galleria degli Uffizi, inv. 943) che giudica un'opera finita concretizzata intorno al 1500 (per una lettura differente in ultimo Villa 2009, pp. 61-65). Una chiamata in causa principalmente per sottolineare la singolarità del tema della *grisaille* in ambito lagunare.

[32.]

Cima da Conegliano, *Orfeo*, Firenze, Gabinetto Disegni e Stampe degli Uffizi, inventario 1680

Bibliografia: Selvatico 1849, pp. 188-189; *Guida* 1860, p. 40; Selvatico 1878, pp. 418-419; (Ratti) 1907, p. 73; Crowe-Cavalcaselle 1912, II, p. 117; von Hadeln 1912a, VI, pp. 595-596; Schubring 1923, p. 395; Berenson 1932a, p. 147; Tea 1932, pp. 11, 16; Van Marle 1935, XVII, p. 461; Berenson 1936, p. 127; Galbiati 1951, pp. 186, Berenson 1957b, I, p. 68; Berenson 1958, p. 68; Coletti 1959, p. 77; Falchetti 1969, pp. 31, 158; Menegazzi 1981a, pp. 56, 148; Humfrey 1983, pp. 124, 141; Christiansen 1992, p. 397; Humfrey 1998, p. 219; G. Fossaluzza, in *Gli Este a Ferrara* 2004, pp. 230-233; G. Fossaluzza, in *Pinacoteca Ambrosiana* 2005, pp. 95-99; S. Momesso, in *Rinascimento e passione* 2008, pp. 476-477; G. Fossaluzza, in *Giorgione* 2009, pp. 460-461.

GIOVANNI C.F. VILLA

33.
Il sonno di Endimione
tavola, 24,8 × 25,4 cm
Parma, Galleria Nazionale, inv. 370

34.
Mida assiste alla contesa musicale tra Apollo e Pan (Giudizio di Mida)
tavola, 24,6 × 25,5 cm
Parma, Galleria Nazionale, inv. 373

Analisi scientifiche: riflettografia IR, vis.-RS, XRF

Il 31 gennaio 1851 il Ministro di Stato per il Dipartimento delle Finanze autorizza l'acquisto della quadreria dei marchesi Ludovico (1794-1866) e Pier Maria (1796-1848) Dalla Rosa Prati, prevedendone la consegna all'Accademia di Belle Arti (Parma, Soprintendenza ai Beni Artistici Storici e Demoetnoantropologici, Biblioteca, *Acquisto della Galleria Rosa-Prati, 1851*). Il 3 giugno successivo la collezione risulta venduta e il 3 gennaio 1852 i dipinti vengono depositati nella sala del Ridotto, la «Guardamobili del Ducale Palazzo». Le complesse trattative si erano protratte per due decenni, a partire da una prima stima effettuata il 31 marzo 1832 dai professori dell'Accademia di Belle Arti, Giovanni Battista Borghesi e Filippo Marini (Parma, Archivio di Stato, Accademia di Belle Arti, *Inventari*, I, 1758-1852, fasc. 2b 3, I, b. 245: *1832. Elenco e stima de' quadri appartenenti ai signori fratelli marchesi Dalla Rosa Prati*; documento segnalato da Bertini 2002, p. 39, n. 12) fino alla redazione di una seconda stima, avvenuta il 28 aprile 1843, nella quale si recuperano, perché ritenute ancora valide, l'attribuzione a Cima da Conegliano e la valutazione in lire mille in precedenza espresse per i due dipinti «Orfeo e un Satiro» (n. 47) ed «Endimione che dorme» (n. 48). La qualità delle opere è così evidenziata: «Questi due quadretti sono due veri gioielli originali di Cima da Conegliano, rarissimi tanto per la bellezza, quanto per la dimensione nella quale assai pochi ne eseguì quel valente pittore. Vi si aggiunge anche il pregio del soggetto non sacro, cosa rarissima in quell'epoca» (Parma, Soprintendenza ai Beni Artistici Storici e Demoetnoantropologici, *Acquisto*, cit.).
I due tondi provengono dalla collezione della famiglia Prati (Bertini 2001, Periti 2005), confluita nella raccolta Dalla Rosa nel 1694 a seguito del matrimonio di Maria Anna Prati con Pier Maria Dalla Rosa. La prova dell'originaria appartenenza al ramo Prati è offerta dall'inventario dei beni di Federico Prati, datato al 1661, allegato al codicillo testamentario del 1675 (cfr. qui M. Binotto, *La pittura mitologica di Cima da Conegliano*, nota 42). Nel documento i due tondi sono attribuiti a «divoto della scola d'Andrea del Sarti» (*ibid.*, nota 43).
Prima dei risultati fondamentali conseguiti dalle indagini archivistiche di Bertini (2001) e Periti (2005), Humfrey, a più riprese (1982, 1983, 1990, 1996), seguito da Gilbert (1994), Guarino (1995), Viola (1997), e da Talignani (2005) aveva dedotto dall'intitolazione «Rosa Prati» del legato di provenienza, che il committente andasse cercato fra gli antenati dei nobili che nel 1851 avevano ceduto al governo ducale la loro collezione: dal canonico della cattedrale Bartolomeo Montini a suo nipote *ex sorore* Scipione Montino Dalla Rosa, marito di Caterina da Piacenza, sorella a sua volta della badessa del monastero di San Paolo, Giovanna da Piacenza. La statura culturale dei personaggi convocati, promotori del rinnovamento artistico di Parma fra Quattro e Cinquecento, la loro presenza e la partecipazione alla vita amministrativa, politica e religiosa della città e i loro complicati legami parentali giustificavano i tentativi della critica di individuare fra essi il probabile committente dei due tondi, ora quasi sicuramente identificabile in Bartolomeo Prati (1471-1542), giurista di fama, a cui si deve inoltre la commissione a Correggio dell'*Ecce Homo* (Londra, The National Gallery: Bertini 2002, pp. 36-39; Periti 2005, pp. 181-201).
Figlio del notaio Gaspare, svolse per anni ruoli di primo piano nell'amministrazione del potere civile. Sposatosi il 7 agosto 1501 con Margherita Brugnoli, figlia di Federico e di Margherita Montini, sorella del canonico, da essa ebbe, fra il 1501 e il 1527, ben diciotto figli (i documenti relativi sono nel dattiloscritto compilato dal marchese Sisto Dalla Rosa Prati nel 1976, conservato nell'archivio privato della famiglia). Ad alcuni dei battesimi presenziarono come padrini Bartolomeo Montini, le sorelle Da Piacenza, Caterina e Giovanna, e il canonico Giovanni Francesco Dalla Rosa, fratello di Scipione.
Girolamo Mazzola Bedoli ritrasse Bartolomeo pochi anni prima della morte in una tela, già nella collezione Dalla Rosa Prati e pervenuta alla Galleria Nazionale di Parma con le stesse modalità dei tondi (Bertini 2002, pp. 36-39). Indossa abito e copricapo neri degli uomini di legge, come pure richiamano la professione forense l'anello e i guanti. Severo, come si conviene alla tipologia dello *state-portrait*, il giureconsulto, effigiato sullo sfondo di un sontuoso drappo di damasco, esibisce attraverso gli oggetti raffigurati – la clessidra, i *pince-nez*, il vaso all'antica istoriato da una medaglia e da figure femminili in rilievo, i garofani, il labirinto leggibile sulla rilegatura del libro, le iscrizioni latine – la raffinata cultura, la passione antiquaria del collezionista, la pietà e lo spirito devoto, di cui rimane peraltro testimonianza sia nell'*Ecce Homo* londinese, sia nell'orazione funebre redatta dall'umanista parmense Cristoforo Farasio nel 1542 (Periti 2005, pp. 188, 198-198, n. 50).
Se, come sembrano provare i dati archivistici emersi, Bartolomeo Prati commissionò a Cima da Conegliano il *Sonno di Endimione* e il cosiddetto *Giudizio di Mida*, occorre interrogarsi sulla originaria collocazione dei tondi, individuare le fonti letterarie di riferimento dei soggetti mitologici, cogliere il significato che pittore e committente concordarono di attribuire alle due allegorie in relazione all'occasione per cui furono realizzate, esplicitare la complessità dei rimandi sia alla cultura figurativa veneta – dalle illustrazioni a stampa, alla scultura e al rapporto da isitituirsi con i primi esempi dei «paesaggi» in piccolo di Giorgione –, sia alle sollecitazioni provenienti alla pittura dalla poesia arcadico-pastorale.
Premesso che i tondi ornassero un mobile della casa, per la loro dimensione e i soggetti ritratti, potevano adattarsi sia a un cassone – nella versione generica di «guardaroba», o in quella più specifica di contenitore della dote nuziale –, sia alla spalliera di un letto, sia a una spinetta o altro strumento musicale a tastiera. Nel 1661, all'epoca dell'inventario, risultano già svincolati da una struttura di supporto, sono «incorniciati et arabescati d'oro» e il loro valore viene stimato insieme a quello di un tondo raffigurante una *Madonna col Bambino* attribuito ad Agostino Carracci (cfr. qui Binotto, *La pittura mitologica di Cima*, nota 43).
La maggior parte dei critici ha ritenuto che i due pannelli decorassero un cassone perduto (Quintavalle 1960, Copertini 1960, Battisti 1962, Menegazzi 1981a, Gregori 2003). Humfrey (1982, 1983), seguito da Anderson (2006), reputando che i cassoni potessero essere due, come del resto era consuetudine per le doti nuziali, individuava nel foglio con *Orfeo che ammansice gli animali* (Firenze, Galleria degli Uffizi, Gabinetto dei disegni, n. 1680) il probabile «cartone preparatorio» di un dipinto, il cui legame con le allegorie di Parma sarebbe

[33.]

[34.]

dimostrato dalle quasi analoghe misure del disegno fiorentino (mm 250 × 200) e dalla chiara implicazione di una cornice circolare (Humfrey 1983, p. 174, cat. 192).

Schubring (1915), nel pionieristico repertorio sui cassoni, si chiedeva se i dipinti in esame non potessero invece ornare uno strumento musicale; suggerimento ripreso e sistematicamente documentato da Van der Sman (1986). A suo parere i due tondi e forse anche un terzo, con il tema di *Orfeo* – e di nuovo il riferimento è al disegno richiamato da Humfrey – erano applicati al coperchio di una spinetta. Mendogni (1996 [1990]), Groos (1994) e Toffolo (2005) recuperano recentemente tale proposta, sulla quale riflette anche Humfrey nel 1996 (Humfrey 1996b). Ammettono la plausibilità di entrambe le interpretazioni Viola (1997, 2007), L. Fornari Schianchi (in *Il Rinascimento in Italia* 2001) e Quagliotti (2008).

Riguardo alle fonti letterarie, la principale per il *Sonno di Endimione* è rappresentata dai *Dialoghi degli dei* di Luciano (XI), di cui è nota la pubblicazione a Venezia di un'edizione latina nel 1494 per i tipi di Simone Bevilacqua (Meller 1962). Battisti (1962) vedeva la fonte di ispirazione nell'*Endimione,* canzoniere in volgare toscano, composto dal catalano Benedetto Gareth, detto «Cariteo» (Barcellona, circa 1450 - Napoli, 1514), che giunse a Napoli nel 1467-68 alla corte aragonese, dove in un'atmosfera raffinata e colta i letterati dell'Accademia pontaniana studiavano i classici greci e latini, gareggiando con essi (Barbiellini Amidei 1999, pp. 3-4). Una prima edizione venne pubblicata a Napoli nel 1506, e una seconda nel 1509; tuttavia ne esisteva una versione più antica, tramandata dal codice De Marinis e datata da Contini *ante* 1493-94, intitolata *Endimion a la Luna* (Id. 2003, p. 343). A Venezia, sulla scia del successo che il tema degli amori tra la Luna ed Endimione godette e di cui rimane testimonianza nell'*Arcadia* (cap. III, v. 21) di Jacopo Sannazzaro, pubblicata a Venezia nel 1502, ma di cui già dal 1485 circolava un manoscritto (Lucco 1995, p. 18), il canzoniere fu ristampato nei primi anni del Cinquecento da Manfrin Bon con il titolo *Opere di Chariteo stampate nouamente* (una copia è conservata presso la Biblioteca Marciana di Venezia) in una data purtroppo non ben precisabile.

Ritengo che, già come nei pannelli con *Storie di Teseo*, il pittore si sia a più riprese servito dell'incunabolo giuntino del 1497. Sulla traccia del suggerimento di Agapiou (2008, p. 215), che rintraccia nella descrizione del regno del Sonno del Libro XI delle *Metamorfosi* (586, 597-607) la fonte di ispirazione di Cima per quel ruscello frusciante del Lete che «somnos invitat», alla sinistra del pastorello, ho identificato nel corrispondente passo ovidiano, tradotto dal Bonsignori, la deliziosa immagine dei mazzi di papaveri disseminati fra le verzure: «E dentro d'uno sasso esce una onda d'acqua chiamata Lete, che fa deventare li capelli crespi e fa altrui indure a dormire. Anche ce sono abondanza de papaveri, di che si fa ottimo inguento da dormire, ed anche ci sono molte erbe, delle quali la notte piglia sapore» (Libro XI, cap. XXIV, ed. critica Ardissino 2001, p. 529).

Ma la citazione diventa ancora più sorprendente quando la posizione di Endimione richiama, in controparte, quella di Teti addormentata con il braccio sinistro sotto la testa, nella xilografia a corredo del capitolo XIII, Libro XI (f. LXXXXIV*v*) dell'*Ovidio Metamorphoseos Vulgare* (Agapiou 2008, p. 218). Dalla vignetta che illustra il mito di Orfeo (Libro X, cap. X, f. LXXXV*r*) Cima riprende la figura del cervo sdraiato alla destra del giovane.

Nel clima di magica sospensione, in cui si sta per celebrare l'unione della divina Selene con l'umano Endimione, gli animali, assopiti per l'effetto soporifero dei papaveri, assistono inconsapevoli all'evento prodigioso. Al potere del sonno non riescono a sottrarsi neppure coloro che per la loro natura sensibile e reattiva sono sempre all'erta, come il cervo, *animal simplex et omnium rerum miraculo stupens* (Plinio, *Naturalis Historia,* XI, 54, 147), il coniglio, *pavidus lepus* (Levi d'Ancona 2001, p. 109). Sconfitti dal sonno sono anche il cane, fedele e attento per antonomasia alle necessità del proprio padrone (*ibid.*, p. 73) e le cicogne, simbolo per eccellenza della vigilanza: in genere sono raffigurate mentre trattengono con la zampa un sasso per evitare di addormentarsi (*ibid.*, pp. 95-96), ma in questo caso le appoggiano entrambe. Le piante svolgono anch'esse il ruolo di commento simbolico dell'azione: dal tronco di quercia che si erge dietro al masso su cui posa il capo Endimione, simbolo della purezza della vita interiore e della contemplazione (Levi D'Ancona 1977, pp. 250-255), all'edera che ad esso si avviluppa e che dall'epoca di Virgilio «fu per consolidata convenzione poetica, l'attributo dei poeti impegnati nei generi pastorale e lirico» (Gryza-Gersch 2007, p. 73), ai papaveri che simboleggiano il sonno e insieme la morte (Levi D'Ancona 1977, pp. 321-323).

Nel tondo *in pendant*, con *Mida che assiste alla contesa musicale di Apollo e Pan* (cat. 34), ancora una volta Cima introduce alcune sensibili «varianti» al mito (*Metamorfosi*, XI, 147-180), ma tiene comunque presente la vignetta di commento all'episodio (*Ovidio Metamorphoseos Vulgare,* Libro XI, cap. VIII, f. LXXXXII-I*r*). Rispetto alla favola ovidiana nella quale è Tmolo, dio dei monti, il giudice della gara di abilità musicale fra Apollo e Pan, mentre Mida è solo casualmente spettatore dell'esibizione, il pittore elimina la figura di Tmolo e attribuisce la funzione giudicante a Mida, che viene punito con le orecchie «asenine», «pelose, aguzze ed alte» (*Ovidio Metamorphoseos,* ed. critica Ardissino 2001, Libro XI, cap. VIII, p. 515) per essersi schierato dalla parte del dio dei boschi. L'esclusione di Tmolo (che compare invece nel pannello del Museo di Copenaghen) fu probabilmente dettata dalla volontà di adeguarsi al tipo iconografico proposto dalla placchetta, assegnata alla bottega del Moderno, o al cosiddetto «Maestro di Orfeo e Orione» (Lewis 1989, p. 140) raffigurante *Orfeo che libera Euridice dagli Inferi*, identificata come modello del dipinto già da Burckhardt (1905, p. 86). Lo studioso si riferiva a una placchetta del Museo Correr: di essa esistono altri esemplari, tra cui quello della Kress Collection, che Pope-Hennessy (1965) collegava con molti dubbi al tondo parmense, anche se la stretta contiguità fra la tavola di Cima e il bronzo non paiono lasciar dubbi su una effettiva dipendenza dell'una dall'altro, tanto più che la passione di Bartolomeo Prati per la medaglistica e la numismatica è documentata dalla collezione di monete che egli conservava nel suo palazzo e che lì Hubert Goltzius vide fra il 1558 e il 1560 (Periti 2005, pp. 189, 199, n. 55-56). La consuetudine del pittore con medaglie e placchette è attestata peraltro dalla citazione di un altro rilievo con la *Continenza di Scipione* sull'elsa della spada di san Paolo nella *Sacra conversazione* delle Gallerie dell'Accademia (Venezia, n. 603) (Lewis 1989, p. 128). Le placchette, nell'ambito del classicismo «archelogico» quattrocentesco, godettero di enorme fortuna presso i collezionisti perché ad esse si «attribuiva un elevato significato culturale, come testimonianze autentiche dell'arte antica» (Rossi 1989, p. 63)

La tradizione iconografica relativa a questo episodio del mito prevede che Apollo suoni la cetra, che nei dipinti del Rinascimento viene sostituita dalla lira da braccio, mentre Pan, di solito, partecipa alla contesa con un flauto, una siringa oppure una zampogna: la vittoria viene assegnata allo strumento a corda, perché deputato a produrre una musica di tipo elegiaco, al contrario dello strumento a fiato, che invece dà voce agli eccessi di un mondo rustico, sfrenato e in preda alle passioni (Winternitz, 1982 [1979], p. 126). Nel tondo qui esposto Pan tiene in mano, invece, una *ribeca*, strumento medievale a due o quattro corde, introdotto in Europa attraverso la Spagna tra il X e l'XI secolo (Toffolo 2005, p. 38) e utilizzato per accompagnare le danze, ma caduto in disuso nel Cinquecento (Groos 1994, pp. 317-318). Winternitz si sofferma su questa particolare intepretazione della favola, non essendogli noti altri casi in cui Pan suoni uno strumento a corda. È probabile che il committente abbia voluto rappresentare nel dipinto uno degli strumenti musicali posseduti dai Prati e che sono elencati tra gli oggetti di valore vincolati al fedecommesso nell'inventario del 1661. La supremazia della lira di Apollo sul *ribechino* di Pan viene comunque ribadita perché il secondo, ritenuto incapace di produrre le sonorità di una lira dotata generalmente di sette corde, era considerato ormai superato.

Venendo ora a elencare le posizioni assunte dalla critica riguardo alla decifrazione dell'iconografia dei due soggetti, sia nella loro valenza individuale, sia, soprattutto, nelle loro interne e mutue correlazioni, il primo ad affrontare l'argomento, contestualizzandolo negli anni in cui tra Venezia e Padova si affaccia «una arcadia sofisticata e lettararia» è Eugenio Battisti (1962). Egli vede nelle allegorie la «contrapposizione fra due tipi di poesia: quella di tono elevato di cui è rappresentante Apollo, e quella pastorale allegorizzata da Pan e premiata da Mida» e nel contempo la «trascrizione, in termini elegiaco-pastorali, della polarità astrologica Luna-Sole». Indica inoltre la possibile suggestione delle liriche amorose del Cariteo sul committente, «che da un lato legge attentamente le *Metamorfosi*, dall'altro è affascinato dalla poesia pastorale dell'umanesimo napoletano cui peraltro il mondo padano e veneto appare strettamente legato». Tale intervento traccia le coordinate entro le quali si muoverà la maggior parte delle successive letture, tra cui quella più argomentata è condotta da Gandolfo (1978). Egli invita a esaminare le opere mitologiche di Cima non come «una sorta di parentesi laica nel percorso pittorico» dell'artista, da situare ai primi anni del Cinquecento o alla fine del decennio, «a seconda della prospettiva critica dell'inserimento o meno nel contesto del giorgionismo», ma inserendole nel rinnovamento in atto nella pittura veneziana dei primi due lustri del nuovo secolo e scalandole, su base stilistica e tematica, in una sequenza più articolata. Il *Bacco che incorona Arianna* milanese (cat. 43) e le tavole Johnson (cat. 44a-b), legati al mondo fantastico dell'*Hypnerotomachia* aldina, inziano la serie, seguiti dai tondi parmensi a suo dire databili fra il 1505-07 della pala belliniana di San Zaccaria e dell'ancona Montini (1506-07), e il 1509-10 della pala dei Carmini; a conclusione della serie si porrebbe il *Giudizio di Mida* di Copenaghen.

Fra le numerose versioni che nel mito si danno del sonno di Endimione, Cima ritrae quella narrata da Luciano: Diana (Artemide), sedotta dalla bellezza del giovane pastore addormentato, ottiene da Giove che egli dorma di un sonno eterno in modo da potersi congiungere con lui ogni notte. Il mito di Endimione, riscoperto nei suoi valori simbolici dalla cultura umanistica del tardo Quattrocento, si caricherà via via di complessi significati, al punto che Vasari ricorda come Alfonso di Tommaso Cambi si facesse ritrarre come «Endimione cacciatore amato dalla luna» (in Gandolfo 1978, p. 63).

Lo studioso, evidenziando che Endimione, grazie all'abbigliamento militare, viene trasformato in re (simbolo alchemico che indica la materia prima), ipotizza che nel tondo sia adombrato un processo di rigenerazione ermetica, secondo il quale l'anima umana (Endimione) passa da uno stato iniziale di caos a uno finale di luminosità, reintegrandosi nella divinità (Luna).

Come spiegare tuttavia il legame con la gara musicale tra Apollo e Pan raffigurata nel dipinto in *pendant*? Gandolfo sostiene che i due dipinti rappresentino «da un lato un mito connesso con la figura di Diana-Luna, dall'altro uno connesso con Apollo-Sole, dunque la luna e il sole, che costituiscono le due figure emblematiche nel processo alchemico degli opposti principi insiti nella materia» (*ibid.*, p. 70). Mida, in quanto seguace di Dioniso, non riesce ad apprezzare la musica apollinea e preferisce quella di Pan. In questo modo egli diviene il simbolo di una ricerca alchemica sviata dalla sua giusta finalità di rigenerazione spirituale e appare, in definitiva, come l'antitesi del re Endimione (*ibid.*, p. 69). Fornari Schianchi coglie nel 1987 la suggestione del riferimento al neoplatonismo ficiniano nel congiungimento dell'umano al divino, mentre nel 2007 ravvisa nei due tondi l'espressione di un «complementare o fulgido contrasto fra Diana-Luna (silenzio) e Apollo-Sole (rumore)» (p. 144).

Humfrey (1982, 1983) recupera l'intepretazione di Battisti sia riguardo alla complementarietà dei tondi nel rapporto Luna-Sole, sia al richiamo nel *Giudizio di Mida* alla poesia elevata e a quella rusticale. Mendogni (1996 [1990]) evidenzia nei due dipinti il rapporto tra la Poesia (Endimione) e la Musica (Apollo); secondo Gilbert (1994) il dio del Sole vince gli umani, mentre la dea della Luna viene vinta da uno di essi. Guidoni (1998) slega l'interpretazione dei soggetti dagli intenti della committenza e relaziona il simbolismo degli animali a particolari intendimenti narrativi del pittore.

Meritano un'attenta considerazione i due studi dedicati da Natalia Agapiou (2005, 2008) alla fortuna letteraria e artistica del tema di Endimione. Nel primo la studiosa, nell'ambito di un ampio saggio in cui il valore emblematico del tema del «sogno» e della «scelta» viene indagato nelle traduzioni figurative dei miti di Paride, Ercole, Scipione ed Endimione, collega l'esecuzione del nostro tondo al secondo lustro del primo decennio del Cinquecento quando si stampa il *Canzoniere* del Cariteo a Venezia e Raffaello esegue il *Sogno del cavaliere* (Londra, The National Gallery) (De Vecchi 2002, pp. 59-60, 351, n. 40). Riconosce inoltre come veicoli di diffusione di questa particolare iconografia alcune incisioni tedesche e fiamminghe dell'ultimo decennio del Quattrocento che ritraggono *Ercole* e *Paride addormentati*, posti *au carrefour*, cioè di fronte alla necessità di scegliere fra il bene e il male, virtù e vizio (De Vecchi 2005, p. 72).

La presenza del *Giudizio di Mida* accanto a *Endimione*, che per giunta non indossa abiti né da pastore, né da cacciatore, bensì da soldato romano, complica enormemente la lettura della coppia.

Seguendo l'ipotesi di Humfrey (1982, pp. 43-44 e 1983, pp. 11, 58), Agapiou proponeva di riconoscere in Endimione Scipione Dalla Rosa – cavaliere e quindi vestito come un soldato –, circondato da alcuni animali caricati di singificati simbolici allusivi alla possibilità di optare tra la via del vizio e della lussuria (il coniglio), la vita attiva (il bue, ma la studiosa legge male, perché invece trattasi di un cervo), la via della contemplazione (le cicogne). Nel successivo articolo (2008) la Agapiou corregge alcune sviste e si concentra sui particolari inattesi introdotti nel tondo con l'Endimione, quali gli animali «non seulement inhabituels, mais aussi disposés d'une façon peu naturelle», la luna raffigurata nella forma «d'un croissant montant» e «la clamide e la corazza del guerriero» indossati dal «pastorello amato da Diana» (Venturi 1915, p. 540).

Meller, già nel 1962, aveva notato che non solo Endimione, ma pure Bacco (nel *Bacco incorona Arianna* del Poldi Pezzoli, cat. 43) e Orfeo (nel disegno fiorentino) indossano la lorica, come del resto anche altri personaggi nel *Luciano* di Vienna e nell'*Ovidio Metamorphoseos* del 1497, concludendo che «tale indifferenza caratterizza il genere più modesto dell'illustrazione»; pure Humfrey (1983, p. 59) si soffermava sulle figure di Endimione e Orfeo, rilevando che erano «dressed with charming absurdity as Roman soldiers». Agapiou suggerisce che gli eroi mitologici in uniforme simboleggino l'innamorato che sta facendo la sua *militia amoris*, richiamando a giustificazione dell'ipotesi le metafore militari impiegate da Ovidio nell'*Ars amatoria* e negli *Amores* o da Petrarca nel *Trionfo d'amore* (Agapiou 2008, p. 220). Se anche, come sembra di dedurre dagli argomenti della studiosa e alla luce dei nuovi documenti archivistici, Bartolomeo Prati è l'Endimione *miles amans*, rimane tuttavia oscuro il rapporto con l'altro soggetto ovidiano.

Per quanto riguarda la datazione dei tondi, l'anno del matrimonio – 1501 – indurrebbe ad anticipare di circa un lustro la cronologia proposta da gran parte della critica, che, con le eccezioni di Burckhardt (1905), Baroni-Dell'Acqua (in *Kunstschätze der Lombardei*, 1948) e Coletti (1959), vede nei due tondi realizzarsi l'adesione di Cima al mondo giorgionesco, sia per la scelta tematica, sia per una maggiore fusione delle figure nel paesaggio grazie al colore caldo e ambrato, sul quale ultimo incide però considerevolmente il viraggio dorato assunto dalla vernice delle tavole.

A sostegno di una retrodatazione vorrei richiamare per confronto l'assestamento cronologico dato da Alessandro Ballarin ai primi numeri del catalogo giorgionesco, ai quali la coppia parmense è stata avvicinata. Si tratta delle tre tavolette, forse in origine incastonate in un

cofanetto, *Leda con il cigno* e *Idillio campestre*, (Padova, Musei Civici, coll. Emo Capodilista) (Banzato 1988, p. 62, catt. 36-37) e il *Vecchio con clessidra e suonatrice di viola,* detto *L'Astrologo* (Washington, Phillips Memorial Gallery), confermate a Giorgione e datate al 1498-99 dallo studioso (Ballarin 1979, p. 229; 1980, p. 494), in prossimità della *Natività Allendale* (1499) (Washington, National Gallery of Art) e del cosiddetto *Tramonto* (1500-01) (Londra, The National Gallery) (Ballarin 1993, pp. 700-702, cat. 22). La sottile grafia con cui è delineato il fogliame dei cespugli che incorniciano Endimione e dell'alloro che incorona Apollo, la minuziosa raffinatezza esecutiva del praticello dei primi piani, il lento degradare del paesaggio in profondità partecipano della medesima finezza esecutiva e della stessa strutturazione dello spazio ravvisabili nella *Natività* di Washington e nel *Tramonto* londinese, rendendo plausibile ciò che Pallucchini già nel 1962 (p. 226) aveva intuito, quando supponeva che «Cima già prima dell'inizio del nuovo secolo avesse abbozzato alcuni elementi di quella poetica svolta poi in modo tanto geniale da Giorgione».

Bibliografia: Martini 1875, pp. 33-34; Pigorini 1887, pp. 38-39; Botteon-Aliprandi 1893, pp. 152-153; Frizzoni 1896, p. 439; Ricci 1896, pp. 47-48; Berenson 1897, p. 67; Morelli 1897, p. 282; Burckhardt 1901, p. 717; Burckhardt 1905, pp. 86, 104-105, 119; Frizzoni 1907, p. 464; Frizzoni 1908, p. 42; Krohn 1910, pp. 121-122; Phillips 1910, p. 16; Crowe-Cavalcaselle 1912, I, pp. 243-244, 252, n. 12; Frizzoni 1912, p. 119; von Hadeln 1912a, VI, p. 595; Berenson 1913, p. 108; Schubring 1915, pp. 26, 393-394, Tafel CLXIII, figg. 768-769; Venturi 1915, VII, parte IV, pp. 536-540, 542; Berenson 1916, p. 203; Berenson 1919, p. 192; Schubring 1923, pp. 26, 64, 393-394; Tafel CLXIII, figg. 768-769; Testi 1924, p. 12; Ricci 1926, p. 33; *Exhibition of Italian Art* 1930, p. 172, catt. 287, 288; Balniel-Clark-Modigliani 1931, p. 97, catt. 281, 282; Fogolari 1931, X, p. 245; Sorrentini 1931, p. 5; Berenson 1932a, p. 147; Buscaroli 1935, p. 148; Berenson 1936, p. 127; Wittgens 1937, tav. 34; Quintavalle 1939, pp. 149 (n. 370) e 150 (n. 373); Gengaro 1940, p. 375; Tietze-Tietze Conrat 1944, p. 160; Quintavalle 1948, p. 34; *Kunstschätze der Lombardei* 1948, p. 252, n. 699; Galetti-Camesasca 1950, I, p. 667; Quintavalle 1951-1952, p. 6; Coletti 1953, p. LXXVI; Brizio, 1955, III, p. 558; Russoli 1955, p. 138; P. Zampetti, in *Giorgione* 1955, p. 142 (n. 63) e p. 144 (n. 64); Ghidiglia Quintavalle 1956, p. 16; Gilbert 1956, I, p. 306; Berenson 1957a, I, p. 67; Berenson 1958, I, p. 69; De Logu 1958, pp. 55, 237; Coletti 1959, pp. 55, 82; Salvini 1959, II, p. 198; Coletti 1960, p. 82, nn. 60-61; Ghidiglia Quintavalle 1960, p. 17; Quintavalle 1960, p. 29; Pallucchini 1961a, p. 187; Battisti 1962, pp. 26-29; *Cima da Conegliano* 1962, p. 58, cat. 77; F. Heinemann, in *Cima da Conegliano* 1962, p. 318; Mazzotti 1962, p. 37; Meller 1962, p. 20; Pallucchini 1962, p. 226; Puppi 1962, p. 18; (Roli) 1962, p. IX; Vertova 1962, pp. 717-718; Fiocco 1963, p. 58; Olsen 1963, p. 100; Rutteri 1963a, p. 50; Rutteri 1963b, p. 152; Bonicatti 1964, pp. 39-41, 74-76, 190-191; Puppi 1964, p. 206; Ghidiglia Quintavalle 1965, tav. VIII, f. 10; Zava Boccazzi 1965, s.p. [5], tav. XVI; Ghidiglia Quintavalle 1971, p. 15; *Dizionario Enciclopedico Bolaffi* 1972, III, p. 344; Fantelli 1978, p. 191; Gandolfo 1978, pp. 43-74; Fornari Schianchi 1979, p. 7; Gentili 1980, pp. 75-76; Menegazzi 1981a, pp. 48, 49-50, 64, 124, 125-126; Coliva 1982, pp. 223-224; Humfrey 1982b, pp. 42-44; Natale 1982, p. 124, cat. 117; Winternitz 1982 (1979), pp. 129, 138, n. 5; Fornari Schianchi, s.d. [1983], p. 60; Humfrey 1983, pp. 11, 13, 57-59, 64, 139-140, cat. 120; Lucco 1983b, p. 459 e n. 21; Valcanover 1986, p. 24; Van der Sman 1986, pp. 197-203; Fornari Schianchi 1987, p. 74; Cionini Visani 1989, pp. 663; Humfrey 1990, p. 743; Mendogni 1996 [1990], p. 218; Martin 1993, pp. 57, 67; Gilbert 1994, pp. 116-118; Groos 1994, pp. 317-318; Humfrey 1994b, pp. 14-15; Tempestini 1994b, p. 37 (databili al 1505-10); Gentili 1995, p. 88; Guarino 1995, p. 243, catt. 4-5; Talignani 1995, p. 292; Humfrey 1996a, p. 322; Humfrey 1996b, p. 147; Viola 1997, p. 143, cat. 128; Guidoni 1998, p. 240; Humfrey 1998, p. 219; Bertini 2001, p. 120; Levi D'Ancona 2001, pp. 73, 95, 109; L. Fornari Schianchi, in *Il Rinascimento in Italia* 2001, pp. 144-145; Bertini 2002, p. 276; Gardner 2002, p. 5; M. Gregori, in *In the Light* 2003, p. 97; E. Viola, in *Il Rinascimento a Parma* 2003, p. 15; E. Barisoni, in *Il Bello e le bestie* 2004, p. 285; G. Fossaluzza, in *Gli Este a Ferrara* 2004, pp. 230, 232; Agapiou 2005, pp. 72-81; Periti 2005, pp. 189, 199, n. 61; Talignani 2005, p. 161 n. 53; Anderson 2006, pp. 148-153; D. Cauzzi, in *Parma* 2007, p. 110; L. Viola, in *Parma* 2007, p. 51; Adorni 2008, p. 281; Agapiou 2008, pp. 211-225; S. Momesso, in *Rinascimento e passione* 2008, p. 476, cat. 105; C. Quagliotti, in *Correggio* 2008, p. 97, cat. I.31-32.

MARGARET BINOTTO

35.
Madonna con il Bambino
olio di lino su tavola, 86 × 71,4 cm
Comune di Este. In deposito presso
il Museo Nazionale Atestino
Iscrizioni: firmata e datata in un cartellino in basso a destra «Joannes baptista coneglan / nensis opus 1504». L'iscrizione «opus 1504» è redatta con grafia settecentesca
Provenienza: Este, chiesa dei francescani osservanti di Santa Maria delle Consolazioni; 1971, Museo Nazionale Atestino di Este

Restauri: inizio XIX secolo (Urbani); 1892 (Giovanni Zennaro); 1942 (Silvio Urban); 1976 (Antonio Lazzarin); 1984 (Gabriella De Monte); 1993 (Antonio Bigolin)

Da sempre giudicata un'impressionata riflessione sul tema della Madonna con il Bambino, per Longhi (1946) «interpretazione rusticamente polita del nobile avorio di Antonello», la monumentale tavola vede giganteggiare, dietro la balaustra marmorea su cui è affisso il cartellino, la Madre assisa su uno squadrato blocco mamoreo, ruotata di tre quarti, la gamba sinistra semidistesa, la destra a reggere un Figlio che le si getta al collo tirandole lo scollo dell'abito a scoprir la camiciola bordata d'oro con le piccole dita quant'altre mai concrete, salde nelle presa e avvinte al tessuto dal trascoloramento delle ombre. In un plasticismo e un intenso cromatismo che sancisce la stagione del colore veneto, con il digradare visivo dall'intenso verde della tenda scostata, al manto di satura azzurrite trapuntato di seta gialla, il velo bianco, la lacca di garanza dell'abito su cui si innesta l'incarnato del Fanciullo, la candida veste e le fasciature screziate dall'azzurro riflesso atmosferico, i cangiantismi dei colori della Madre a dargli corpo. Alle spalle, un formidabile paesaggio, schietto per una nuova immediatezza che nel «massiccio montuoso con rocce protuberanti, coperto di alberi e cespugli presso corsi d'acqua o laghi», le case dai tetti spioventi della campagna veneta celate da fronde vibranti della rugiada mattutina, la Martin (1999) lega a «una dipendenza da Dürer, che il pittore aveva probabilmente assimilato tramite la grafica incisoria del norimberghese». Al di là delle dimensioni, è opera iconica del sentire di Cima: non la distaccata ieraticità di Bellini, Madre e Figlio in dialogo solipstico, ma una maggiore apertura emotiva, una dilatazione del sentimento che lega il dettato compositivo. Un'opera che segna il compimento di una stagione il cui principio possiamo ricordare nella *Madonna Benson* di Antonello da Messina (1474, tempera e olio su tavola trasportata su compensato, 58,9 × 43,7 cm, Washington, National Gallery of Art, inv. 1937.1.30), ove il Bambino ha il medesimo, affettuoso gesto nei confronti della Madre, e nella parimenti monumentale e intensissima *Madonna Morelli* firmata «IOANNES BELLINUS / .P.» alla fine degli anni ottanta del Quattrocento (olio su tavola, 84,3 × 65,5 cm, Bergamo, Pinacoteca dell'Accademia Carrara, inv. 958), un testo capitale per una generazione di pittori e modello strutturale anche per Cima. Che qui mantiene ancora salda la scelta di una stesura per velature a ricreare incarnati di porcellana in figure scolpite dalla luce. La delicatezza dei passaggi tonali sulla pelle del viso del Bambino è un miracolo tecnico in cui tutto concorre alla lettura luminosa. Impressionante il controluce a chiasmo per dar forza allo sguardo: non luminosa la sclerotica sul lato del viso colpito dal chiarore, di puro lustro l'occhio sinistro posto in ombra.
Un miracolo nelle rare cromie anche per la conservazione, considerando come già alla fine del Settecento si lamentasse la sofferenza dell'opera, collocata nella cappella absidale sinistra del presbiterio della chiesa dei francescani osservanti di Santa Maria delle Consolazioni a Este: un luogo particolarmente umido, essendo l'altare a muro ed esposto a settentrione, come testimoniato in una lettera del 23 maggio 1797 di Giambattista Gonzati a Giovanni de Lazara (portata all'attenzione degli studi da Puppi 1976a) e da cui, a seguito di un tentativo di furto, fu trasferita per motivi di sicurezza il 25 maggio 1971 al Museo Nazionale Atestino.
Giacomo Pietrogrande (1885) portò per primo all'attenzione degli studi un passo da un manoscritto del 1771 del frate Domenico Maria da Camposampiero e di Agostino Maria da Este (*Registro delle cose più antiche e moderne della chiesa e del convento di S. Maria delle Consolazioni d'Este, raccolte nell'anno 1771 nel mese di dicembre, scritte da me P.F. Domenico Maria di Campo S. Pietro mediante l'assistenza del Padre Agostino Maria d'Este*, Este, Biblioteca dell'Ospedale, ms. 1771. La parte riguardante il dipinto di Cima è in Botteon-Aliprandi 1893, p. 225) in cui si segnala, a carta 9, come nell'anno 1504 «L'imagine della Beata Vergine Maria fu fatta nel mese di Giugno opera di Gio Batta da Conegliano e le fu dato per sua mercede L. 78,8», dunque circa dodici ducati e mezzo, proseguendo poi a indicarne la committenza nel medico Giovanni Pietro Gazzo di Este insieme ai nobili veneziani Girolamo e Daniele Renier e autore della cornice originale – oggi ancora presente in chiesa, chiusa in un tabernacolo marmoreo – Francesco Mantovano, saldato per tredici lire. Utile a liberare il campo da equivoci spesso ripetuti è il prosieguo del documento: «Come e con quale ragione il Magnifico Signor Girolamo Pavon possi dire che la Capella della B. Vergine Maria sia della sua famiglia non vedesi cosa alcuna, salvo quanto al presente si vede alle balaustrate della finestra di detta Vergine gloriosa, che v'è l'arma Pavona ed anche in mezzo della Cappella sopra l'arca costrutta l'anno 1512 li 8 ottobre otto anni dopo che fu fatto il Quadro, nel qual tempo non fu ne si parla, che questi Pavoni esborsassero denari per fare detta Gloriosa Vergine Maria».
La composizione ha avuto una certa fortuna, con Humfrey (1983) che scheda alcune varianti, dai formati molto vari e tutte da assegnare decisamente ad allievi o alla bottega: la più significativa tra esse certo quella attribuibile ad Antonio Maria da Carpi (31,5 × 25 cm, Ginevra, Musée d'Art et d'Histoire, inv. 1938-12/8. Si veda Natale 1979, pp. 10-11), le altre di difficile valutazione causa uno stato di conservazione non certo ottimale. L'una, seppur restaurata negli anni novanta del Novecento (*Restauri* 2001, p. 64), al Seminario Patriarcale di Venezia (51 × 41 cm, inv. 72), l'altra – già considerata autografa da Coletti (1959, p. 74) e da Berenson (1957, p. 9) data ad Antonio Maria da Carpi – alle Gallerie dell'Accademia di Ravenna (40 × 36 cm, inv. 204). Dal Pozzolo (1990) indica poi come Bonconsiglio avesse guardato a questa Madonna «per il viso della Vergine nella pala del 1507», la *Madonna con il Bambino in trono tra i santi Giovanni Battista, Fidenzio (?), Pietro, Paolo, Zeno (?) e Sebastiano* sulla parete destra del Duomo di Montagnana (firmata «IOANNES BONICONSILIJ. P.», 367 × 233 cm).

Bibliografia: Brandolese-De Lazara s.d., ms., c. 159; Pietrogrande 1885, pp. 9, 17; Botteon-Aliprandi 1893, pp. 92-93, 224-225; Prosdocimi 1893, pp. 145-147; Gronau 1894, p. 462; Prosdocimi 1899, p. 12; Burckhardt 1901, p. 717; Burckhardt 1905, p. 50; Reinach 1905-1923, I, p. 120; Crowe-Cavalcaselle 1912, I, p. 146; von Hadeln 1912a, VI, p. 595; Venturi 1915, VII, parte IV, pp. 501, 519-520; Fogolari 1931, X, p. 245; Pallucchini 1931, p. 233; Franceschetti 1932, II, p. 94; Van Marle 1935, XVII, p. 425; Berenson 1936, p. 126; Gengaro 1940, p. 375; *Cronaca* 1943, pp. 159-160; R. Pallucchini, in *Cinque secoli* 1945, p. 53; Longhi 1946, p. 14; Nuvolato [1851-1853] 1956, pp. 588-590; Lazareff 1957, p. 46; Berenson 1958, p. 67; De Logu 1958, p. 237; Coletti 1959, pp. 58, 87; Coletti 1962, p. 8; Heinemann 1962a, p. 317; L. Menegazzi, in *Cima da Conegliano* 1962, p. 38; Pallucchini 1962, pp. 224, 226; Fiocco 1963, p. 57; Francastel 1963, p. 225; Marini 1963, p. 153; Polo 1963, p. 19; Bonicatti 1964, p. 76; Zava Boccazzi 1965, pp. 5, 7; Parris 1967, p. 5; Puppi 1976a, p. 57; Nepi Scirè 1977, p. 327; Menegazzi 1981a, p. 113; Humfrey 1982a, p. 276; Humfrey 1983, pp. 49, 53, 101-102; Ericani 1994, pp. 175-181; Dal Pozzolo 1996c, p. 164; Dal Pozzolo 1998, p. 106; S.C. Martin, in *Il Rinascimento a Venezia* 1999, p. 280.

GIOVANNI C.F. VILLA

35.]

36.
Madonna con il Bambino
tempera all'uovo e olio su tavola di pioppo, 53,5 × 43,5 cm
Londra, The National Gallery, inv. NG 634
Iscrizioni: firmata sul parapetto, in basso a destra: «.IOANES. BAPTISTA. CONEGLA^s. P.»
Provenienza: Londra, Christie's, 19 aprile 1845, lotto 60, vendita lord Powerscourt, acquistata da W. Coningham; Londra, Christie's, 9 giugno 1849, lotto 41, vendita Coningham, acquistata da Niewenhuys; Parigi, coll. Edward Beaucousin; 1860, acquistato dalla National Gallery

Restauri: 1978-1979

Scelta come sovraccoperta della monografia di Humfrey del 1983, un vivacissimo Bambino per «la padronanza di sé, la forza, il fuoco dello sguardo» (Venturi 1915, p. 532) sta in piedi sulle ginocchia della Madre stringendo in mano un fanello (Friedmann 1946), tradizionale allusione alla futura passione di Cristo cui indirizza anche il modanato sepolcro marmoreo che fa da seggio al gruppo sacro. Che vede protagonista una giovanissima Madonna, contadina dagli occhi piccoli, ravvicinati e presaghi, le ciocche bionde a uscir di sotto il velo fattosi diadema, il candido zendado squisitamente ricamato a motivi floreali. Una raffinatezza e precisione calligrafica a contrasto con la sintesi atmosferica di un paesaggio che, nello scenario delle usuali colline venete, vede emergere un tempio romano diruto e il riminese ponte di Tiberio riflesso sull'acqua dal cielo il cui accenno di tramonto lascia sbuffi luminosi sui pinnacoli delle nuvole.
A distanza di qualche anno Cima riprende, in controparte, lo schema della *Madonna con il Bambino* n. 300 sempre alla National Gallery di Londra (cat. 22). E di questa nuova invenzione esisteva anche una replica – considerata autografa da Burckhardt (1905, p. 77) e Berenson (1957), che potettero ammirarla in originale – al Kaiser-Friedrich-Museum di Berlino, dispersa nel 1945 (62 × 51 cm, singolarmente firmata sul parapetto «IOVANNES BAPTISTA. CONEIS. P.»). Una coppia di tavole devozionali, quelle londinesi, appaiate da Coletti (1959, pp. 45-46) al punto tale «da sembrar quasi due vedute di un medesimo modello», distinguendosi dal resto della produzione di Cima «per la sagoma accentuatamente piramidale, per la massiccia presentazione della figura dominante ed anche per un ritmo più dinamico, per una maggior vigore energetico, dovuto specialmente ad un accenno di torsione nel Bambino. Tutti atteggiamenti che convergono in un richiamo all'Italia Centrale, e più precisamente a Fra Bartolomeo».
Per Van Marle (1935) da porre ai primi del Cinquecento, Venturi (1915) la data poco dopo il 1505. Anno in cui la vedono giustamente Coletti (1959) e Pallucchini (1962), ragionandola in rapporto alla *Madonna con il Bambino* di Este (cat. 35), mentre von Hadeln (1912) e Berenson (1897) la ascrivono agli ultimi anni di attività.
Berenson fece acquistare a Johnson nel 1910, dal conte Malaguzzi Valeri a Milano, una *Madonna con il Bambino* (55,8 × 43,2 cm, Philadelphia, Museum of Art, John G. Johnson Coll., inv. 192) compiuta sul medesimo modello e da lui inizialmente ascritta a Sebastiano del Piombo: un dipinto dal taglio più alto, ove il Bambino poggia direttamente sul parapetto marmoreo a dividerci dalla scena, e la cui mediocre qualità generale è solo utile a mostrare la fortuna dei temi di Cima a distanza di molti anni dovendosi collocare, per registro stilistico e tecnico, intorno al 1520 circa.

Bibliografia: Vasari 1568, ed. 1878-1885, p. 665; *Descriptive and Historical Catalogue* 1878, pp. 88-89; Richter 1883, p. 81-82; Botteon-Aliprandi 1893, p. 114; Berenson 1894, p. 97; Berenson 1897, p. 104; *Descriptive and Historical Catalogue* 1898, p. 115; Burckhardt 1905, p. 119; Phillips 1910, p. 16; Crowe-Cavalcaselle 1912, p. 246; von Hadeln 1912, VI, p. 596; Venturi 1915, VII, parte IV, pp. 532, 773; *National Gallery* 1920, p. 52; *National Gallery* 1921, p. 54; Holmes 1923, p. 172; *National Gallery* 1929, p. 64; Van Marle 1935, XVII, p. 437; Berenson 1936, p. 126; Gengaro 1940, p. 375; Friedmann 1946, p. 157; Davies 1951, p. 111; Berenson 1957b, p. 65; Berenson 1958, p. 67; Coletti 1959, pp. 45-46, 88; Rutteri 1960, p. 83; Davies 1961, pp. 143-144; Ballarin 1962a, p. 485; Del Massa 1962, p. 5; Heinemann 1962a, p. 317; Mazzotti 1962, p. 37; L. Menegazzi, in *Cima da Conegliano* 1962, p. 42; Pallucchini 1962, p. 226; Marini 1963, p. 153; Rutteri 1963a, p. 50; Bonicatti 1964, pp. 76-77; Valsecchi 1971, p. 12; *Illustrated General Catalogue* 1973, p. 121; Wright 1976, p. 38; Mills-White 1979, pp. 666-667; Menegazzi 1981a, pp. 115-116; Humfrey 1983, pp. 109-110.

GIOVANNI C.F. VILLA

37.
Incredulità di san Tommaso e san Magno vescovo
tavola, 215 × 151 cm
Venezia, Gallerie dell'Accademia, inv. 611
Provenienza: Venezia, Scuola dei Mureri a San Samuele

Restauri: 1895 (G. Zennaro); 1997-1998 (Rossella Bagarotto, direzione scientifica: Giovanna Nepi Scirè)
Analisi scientifiche: riflettografia IR, VIS.-RS, XRF

La tavola, a giudizio del Cavalcaselle (in Crowe-Cavalcaselle 1871) uno dei massimi capolavori di Cima eseguiti a Venezia all'inizio del XVI secolo, fu realizzata per la Scuola dei Mureri presso San Samuele, dove ornava l'altare della cappella al primo piano dell'edificio. Segnalata per la prima volta da Boschini (1664) e ancora ricordata *in loco* dalle guide settecentesche e da Zanetti (1733, 1771), l'opera fu rimossa dalla sede originaria nel corso del primo decennio dell'Ottocento, a seguito della soppressione della scuola. Incamerata dal demanio con destinazione alle Gallerie dell'Accademia, fu dapprima trasportata nel depositorio della Commenda di Malta (Moschini Marconi 1955) per essere infine consegnata alle Gallerie nel 1929.
Il più recente restauro attuato nel biennio 1997-98 (dopo un documentato intervento del 1895 volto principalmente alla disinfestazione del supporto ligneo) ne ha riportato in luce le brillanti e levigate qualità cromatiche tipiche della tecnica pittorica dell'artista (cfr. Bagarotto 2001).
Straordinariamente innovativa l'idea di ambientare *en plein air* – complice l'inquadratura monumentale di un'arcata di impeccabile rigore costruttivo – l'episodio evangelico dell'incredulità di san Tommaso che, ambientato in realtà in un interno (Giovanni, 20, 26-29), si svolge qui al di sotto di un'ampia loggia aperta, al cospetto di un attentissimo san Magno vescovo, testimone d'eccellenza nel contesto devozionale della tavola in quanto compatrono assieme a san Tommaso dell'Arte dei muratori. Ne scaturisce – come già osservato dalla critica (Schmidt 1990; Lucco 1996) – un'inedita impaginazione, dove la soluzione narrativa di focalizzare l'attenzione sul dialogo intimo ed esclusivo tra i due personaggi principali del racconto sacro si coniuga con l'adozione di un impianto spaziale tipico della più meditativa e solenne sacra conversazione. Protagonista principale del dipinto è in realtà la luce, che assurge a corrispettivo simbolico della fede stessa, unico dono interiore capace di generare certezza al di fuori di ogni tangibile verifica. Significativa in tal senso, al di là dei debiti del pittore nei confronti di un *topos* della pittura fiamminga, è forse anche la scelta di inserire proprio al di sotto del gesto di Tommaso, in posizione arretrata e in una zona d'ombra, la figura inturbantata di un cavaliere orientale, a ribadire in negativo e per contrasto la tematica della grazia e della fede postulata dal passo evangelico.
Sbalzate fortemente in primo piano, a similitudine di un bassorilievo, le masse delle tre figure si stagliano, in una luce limpida e tersa che ne amplifica il risalto plastico e la politezza di segno, sullo sfondo di un paesaggio montuoso sovrastato da un ampio, luminosissimo cielo screziato da nuvole bianche. Al centro, in uno spazio studiato con calibrata euritmia, la figura del Cristo – di una purezza

[36.]

neoattica che riesce a sciogliere in più fluida morbidezza carnale il classicismo intellettuale delle coeve sculture di Pietro, Tullio e Antonio Lombardo – fa da perno all'intera composizione, riecheggiando nei toni chiari dell'alabastro che definiscono il torso nudo e la veste, la «chiarità lattea del cielo che vibra e riverbera dovunque» (Coletti 1959). L'asta verticale del pastorale di san Magno offre il pretesto spaziale per chiudere e isolare visivamente il fulcro narrativo della raffigurazione, senza che il suo decentramento a sinistra venga percepito come una disarmonia nel simmetrico equilibrio della composizione. Serrata in una concentrazione drammatica di inusuale potenza espressiva ed enfatizzata dai vigorosi contrasti di luce e ombra che scandiscono le figure, la scena principale con Cristo e l'apostolo Tommaso appare quasi bloccata in un'attimalità del gesto che trova forse corrispondenze emotive così intense, per la resa magistrale del gioco degli sguardi e delle mani, solo nell'*Imbalsamazione di Cristo* di Bellini dei Musei Vaticani.

Rimarchevole, come è stato più volte notato, il brano pittorico della testa dell'apostolo in controluce, «che sembra arieggiare ancora, pur nell'inversione luministica, quella del più giovane dei *Tre Filosofi* di Giorgione» (Lucco 1996) e che appare descritta con vivido realismo e minuzia di dettagli fin nelle vene sottili che affiorano sulla tempia.

Alla pausata e ferma armonia classica di partiture architettoniche memori di modelli lombardeschi, fanno riscontro nel dipinto una precisione di segno e una «stereometrica esattezza dei giochi di luce ed ombra riportata» (Magagnato 1962) che testimoniano di quel profondo interesse per le problematiche luministiche, intese in senso costruttivo, che coinvolge la produzione di Cima agli inizi del Cinquecento. Un risalto particolare nella scena, investita dall'ampio fascio di luce che entrando da sinistra rafforza il chiarore diurno del cielo, assumono infatti dettagli apparentemente minori come la lama scura che taglia tangenzialmente l'arco alla sommità della loggia e l'incisivo cuneo d'ombra proiettato sulla scacchiera del pavimento dalla figura di san Tommaso.

Il dipinto intero, nella sua misurata e superba architettura spaziale, pare evocare, per via pittorica, la perizia tecnica del costruire propria della corporazione cui la pala era destinata.

La vicenda critica dell'opera si è svolta all'insegna di un costante confronto con la pala di uguale soggetto realizzata dal pittore per la Scuola dei Battuti di Portogruaro e ora conservata alla National Gallery di Londra (cat. 38). Datata 1504 (epoca in cui sappiamo essere avvenuto il trasporto da Venezia alla cittadina friulana), ma realizzata probabilmente, stando ai pagamenti registrati nel libro dei conti, tra il 1502 e il 1504, la tavola offre una versione più affollata e convenzionale del tema iconografico dell'incredulità di san Tommaso, ambientata in un interno e alla più canonica presenza degli altri dieci apostoli.

L'intera storiografia si è orientata su una scansione cronologica delle due pale che, agganciandosi a dati documentari in realtà parziali e di non incontrovertibile interpretazione, inerenti la sola commissione di una delle due opere – quella di Portogruaro, già voluta nel 1497 e per la quale sono in realtà registrati pagamenti fino al 1509 (Humfrey 1983, cat. 64) – sancisce una priorità presunta della versione londinese ipotizzando che la stessa trattazione iconografica del tema da parte di Cima abbia necessariamente proceduto per graduale messa a punto di un'idea precisatasi per via di sfoltimento, dove soltanto in un secondo momento «l'incontro tra Cristo e Tommaso verrà dato nei suoi termini essenziali» (P.L. Fantelli, in *Giorgione* 1978). A prescindere dai tempi effettivi di realizzazione delle due tavole, che risultano comunque molto prossimi, non è detto che il processo ideativo di Cima non abbia invece implicato un percorso inverso, per via di porre anziché di levare. Non è da escludere infatti che l'invenzione del maestro, elaborata per una più prestigiosa e impegnativa commissione veneziana, sia stata contestualmente riadattata in termini più tradizionali (secondo Burckhardt con l'aiuto della bottega) per una destinazione periferica dove «l'esigenza tematica di far comparire in scena tutti gli Apostoli certamente smorzava lo slancio creativo dell'artista» (Pallucchini 1972-1973).

Burckhardt stesso del resto (1905), pur nel proporre per la nostra pala una datazione stilistica collocabile attorno al 1504 – ripresa dalla storiografia successiva (con una dilatazione dei termini che si spinge fino al 1505) e ancora ribadita da Humfrey nella sua monografia del 1983 (p. 152) osservava come alcuni documenti potrebbero far oscillare la data del quadro veneziano fino ad anticiparla eventualmente al 1502 (*more veneto*, dunque 1503), epoca in cui è già registrato un non meglio precisato altare di San Tommaso «posto in ditta schuola di mureri», presso il quale fu per la prima volta celebrata una messa. Il documento non consente di stabilire se il dipinto fosse già in opera, ma aiuta tuttavia a chiarire come nel gennaio del 1503 la tavola destinata al nuovo vano dovesse quantomeno essere già stata commissionata. L'ideazione delle due pale, soprattutto in relazione all'uso diversificato di un medesimo nucleo inventivo per la scena principale, parrebbe dunque essere grosso modo concomitante.

A un'ultimazione del dipinto in esame in un momento di poco successivo rispetto alla variante londinese potrebbero forse alludere i rapporti che l'opera intrattiene idealmente con la pala di *San Pietro martire tra i santi Nicola e Benedetto* (cat. 45) già nella chiesa del Corpus Domini a Venezia (1505-06), dove il santo martire disposto in controluce staglia similmente la sua massa plastica su una dilatata porzione di cielo, e dove pure strette parentele fisionomiche legano il san Nicola al santo vescovo della nostra pala. Meno vincolanti ai fini della datazione appaiono invece i confronti istituiti da Lucco (1987, p. 167; 1996, p. 36) tra il profilo di tre quarti del san Tommaso nel quadro delle Gallerie e la testa di san Marco della pala di Birmingham di Bellini datata 1505, che risultano comunque leggibili all'interno di un non meglio circostanziabile rapporto di dare e avere tra il pittore di Conegliano e il più celebre maestro veneziano, ormai più che verosimile a queste date. Non soccorre d'altro canto, a precisare ulteriormente la cronologia della nostra tavola e a fornirne un significativo termine *ante quem*, l'ulteriore e parziale derivazione offerta dalla pala di San Niccolò a Treviso che, già riferita al 1505-06 (Humfrey 1983, p. 152), è stata riportata ora invece da Tempestini (1993) a una più avanzata sistemazione cronologica «intorno alla fine del primo decennio del Cinquecento», oltre che alla paternità del pittore Luca Antonio Busati.

Una collocazione del dipinto in esame tra il 1503 e (massimo) il 1505, capace di dar conto anche dei legami che la pala intrattiene con opere precedenti, come il polittico con *Santa Caterina d'Alessandria* di Mestre (cat. 29; si veda in particolare lo scomparto con l'antonellesco *San Sebastiano* ora a Strasburgo, da cui discende in controparte il brano mirabile del torso nudo di Cristo, cat. 30), sembrerebbe dunque – alla luce congiunta dei dati stilistici e dei documenti finora noti – la più prudente.

Bibliografia: Boschini 1664, p. 114: Boschini 1674, S. Marco, p. 89, Martinelli 1684, p. 38; Zanetti 1733, p. 172; Baldinucci 1768-1814, III, 1813, p. 205; Zanetti 1771, p. 64; Zucchini 1784, p. 432; *Forestiere* 1792, p. 235; *Pittura* 1792, p. 86; Federici 1803, I, p. 224; Baldinucci 1813, III, p. 205; Zanotto 1830, pp. 103-104; *Guida* 1831, p. 28; Beltrame 1832, p. 53; *Guida* 1832, p. 20; *Guida* 1833, p. 21; *Guida* 1834, p. 21; *Guida* 1835, p. 21; *Guida* 1837, p. 10; *Guida* 1838, p. 10; *Guida* 1839, p. 10; Moschini 1840, p. 125; (Zanotto) 1840, p. 12; Rio 1841, p. 420; (Zanotto) 1845, p. 19; *Guida* 1846, p. 19; Zanotto 1847, p. 109; *Catalogo* 1852, p. 15; Selvatico 1852-1856, II, p. 490; *Catalogo* 1854, p. 36; *Catalogo* 1855, p. 36; *Catalogo* 1856, p. 36; Zanotto 1856, p. 535; *Catalogo* 1857, p. 38; *Catalogo* 1859, p. 33; *Catalogo* 1862, p. 35; Crowe-Cavalcaselle 1871, I, p. 242; *Catalogo* 1873, p. 13; *Catalogo* 1878, p. 33; Vasari 1878-1885, III, p. 664; *Catalogo* 1882, p. 40; *Catalogo* 1885, p. 40; *Catalogo* 1887, p. 150; Eastlake 1888, pp. 95-96; *Catalogue* 1890, p. 83; Botti 1891, p. 155; Muntz 1891-1895, p. 588; (Fulini-Molmenti) 1891, p. 389; Burckhardt 1892, p. 617; Botteon-Aliprandi 1893, p. 156; Zimmerman 1893,

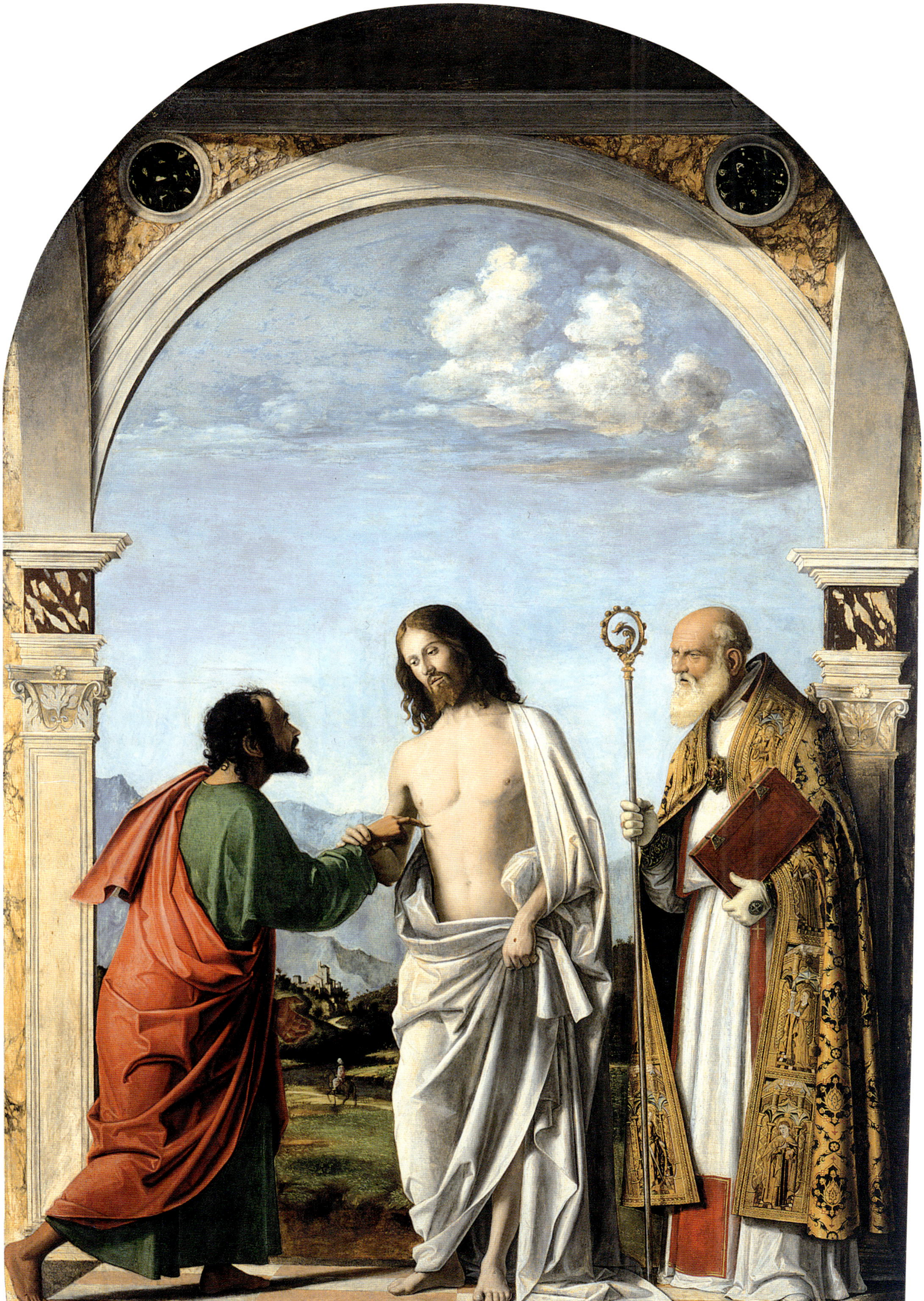

[37.]

p. 59; Berenson 1894, p. 98; Conti 1895, p. 182; Berenson 1897, p. 105; Busiri Vici 1897, pp. 20 ss.; Lafenestre-Richtenberger 1897, p. 43; Conti 1900, pp. 191-192; Burckhardt 1901, p. 717; Cantalamessa 1902, v, p. 28; Gusman 1902, pp. 111 ss.; Vital 1902, p. 26; Burckhardt 1905, pp. 44-46; Reinach 1905-1923, II, p. 496; Potter 1906, pp. 69 ss.; Venturi 1907, p. 263; Peraté 1909, IV, pp. 1, 428; Crowe-Cavalcaselle 1912, I, p. 247; Fiocco 1912, pp. 293 e 298; von Hadeln 1912b, VI, p. 595; Serra 1914, p. 184; Venturi 1915, VII, IV, pp. 520 ss.; Fiocco 1924, p. 118; Lorenzetti 1926, pp. 97 e 641; Vital 1926, p. 18; (Fiocco) 1928, p. 114; Fogolari 1931, X, pp. 244-245; Pallucchini 1931, p. 236; Semi 1933, p. 90; Van Marle 1935, XVII, p. 433; Berenson 1936, p. 127; (Marconi) 1949, p. 43; Davies 1951, p. 112; Burckhardt 1952, p. 907; Coletti 1953, LXXV; Moschini Marconi 1955, pp. 114-115, cat. 115 (con bibl. prec.); Valcanover 1955, p. 49; Lorenzetti 1956, pp. 94 e 652; Berenson 1957b, p. 67; Lazareff 1957, p. 46; Berenson 1958, p. 69; De Logu 1958, p. 237; Coletti 1959, pp. 22, 53, 85, n. 81; Ballarin 1962, p. 485; Del Massa 1962, p. 6; Heinemann 1962a, p. 318; Heynold-Graefe 1962, p. 9; Mazzotti 1962, p. 37; Menegazzi 1962, pp. 44-45; Pallucchini 1962, pp. 222 e 226; Pignatti 1962, pp. 9 e 11; Polo 1962, p. 9; Roli 1962, IX; Vertova 1962, p. 718; Cecchi 1963, p. 7; Fiocco 1963, p. 58; Marini 1963, p. 154; Polo 1963, p. 27; Rutteri 1963a, p. 50; Bonicatti 1964, pp. 77-78; Zava Boccazzi 1965, pp. 6-7, tav. XI; Valcanover 1969, pp. 23 e 48; Valcanover 1970, p. 62, fig. 48; Nepi Scirè 1977, p. 327; P.L. Fantelli, in *Giorgione* 1978, pp. 59-63, figg. 48-49; Humfrey 1978, p. 92; Lazzarini 1978, p. 49; Menegazzi 1981a, pp. 44, 118-119, fig. 110 (con bibl. prec.); Humfrey 1983, pp. 41, 69, 151-152, cat. n. 143, fig. 121; Hetzer 1985, p. 558; Nepi Scirè-Valcanover 1985, p. 112; Lucco 1987a, p. 167, nota 4; Mahnken Meilman 1989, pp. 178-189, fig. 38; Schmidt 1990, p. 720; Tempestini 1993, p. 30; Lucco 1996, pp. 34, 36, fig. 44; Rosand 1997, pp. 23, 30, 197; Nepi Scirè 1998, p. 44, fig. 7; Bagarotto 2001a, pp. 236-237, figg. 1-4; Gentili 2002, p. 152, fig. 142.

CLAUDIA CREMONINI

38. ▶

Incredulità di san Tommaso
olio su tavola, 294 × 199,5 cm
Londra, The National Gallery, inv. 816
Iscrizioni: firmata e datata ai piedi di san Pietro «Joanes Baptiste Conegliane[n]sis / opus 1504»; al centro, sotto il Cristo «15[0]4 ... [norio?] [i]n tepo d[...] m° Boneto tentor f[u?] [a?]gnolo [d?] radjo [...] Cop[ag?]n[o?] e / ...panjgaja e p[er] pant[i?]nian [bauiero?] p[er] an / dres [...] ... nusa Consi[...] fo fata qusta opera»

Provenienza: 1504, Portogruaro (VE), chiesa di San Francesco, altare di San Tommaso; 1770, Portogruaro (VE), chiesa di Sant'Andrea; trasferita al Comune di Portogruaro; 1870, acquistata da sir Charles Eastlake della National Gallery di Londra

Biacca; due pigmenti neri, nero di osso e un nero vegetale; blu, azzurrite e oltremare, di più di una tinta; verdi, malachite, verderame e resinato di rame; tre pigmenti rossi, vermiglione o cinabro, una lacca rossa e ematite; pigmenti giallo e arancio, giallo di piombo e stagno, orpimento, realgar, una lacca gialla e un colore bruno-arancio trasparente identificabile come un catrame vegetale. Infine ocre e terre d'ombra, presenti in componenti minori nelle miscele brune. Lascia stupefatti la vasta gamma cromatica della tavolozza dell'*Incredulità di san Tommaso* così come emerso dalle analisi svolte nei laboratori della National Gallery di Londra dall'équipe coordinata da Jill Dunkerton nel decennio di restauro in cui la pala fu trasportata da tavola su tela e che hanno mostrato una complessità senza pari in quegli anni. Decine di pigmenti orientati a ottenere una ricchezza cromatica straordinaria, che ha ribadito come nelle opere di Cima si trovi la gamma più estesa di pigmenti mai identificato in dipinti coevi, stesi con una maestria tecnica di rara efficacia. Così i panneggi rossi e verdi sono composti di strati alterni di colori opachi e trasparenti sopra una leggera imprimitura di biacca per aumentare la luminosità del fondo. Nel rosso è stato identificato prima uno strato opaco di vermiglione con un po' di lacca rossa e biacca, poi uno strato trasparente di lacca rossa, seguito da un altro strato basato su vermiglione e finalmente dalle velatura ricchissime di lacca rossa. Nel verde ancora più strati: da quelli opachi con miscele di verderame, malachite, biacca e giallo di piombo e stagno fino a stesure più o meno trasparenti basate su resinato di rame. Gli azzurri vedono protagonista un preziosissimo oltremare, come si intuisce dalla grande qualità, steso sopra uno strato di azzurrite, il blu di minor valore. L'arancio è esempio precocissimo dell'uso in concomitanza di orpimento e realgar, quei pigmenti derivati dall'arsenico che sono la quintessenza della pittura veneziana del Cinquecento, con le pieghe profonde arricchite di velature trasparenti dal tono bruno-arancio, forse giallo di piombo e stagno.
Dunque una straordinaria complessità tecnica per conseguire e mantenere quella caratteristica luminosità, fatta di chiarezza e intensità della tridimensionalità del suo disegno, che è uno degli indici peculiari dell'autografia cimesca. Qui maestro assoluto anche nel comporre il sacro sinedrio, con le proporzioni che si attengono a una prospettiva di importanza, l'arcaico canone bizantino: Cristo, al centro della scena, spicca quale gigante di spirito tra gli apostoli. Ospitati in una sala di sobria architettura accompagnata dal silenzio e dalla solitudine dati dallo sfondo grigio e piatto alle spalle del Cristo bianchissimo, quasi cinereo a contrasto con le cromie verdi e rosse, i complementari degli apostoli che scivolano visivamente da destra a sinistra. E Giovanni che riluce del riflesso del corpo di Cristo lo indica come terza finestra, il corpo della Chiesa. A sinistra un'apertura mostra la strada, l'ascesa, il cammino della fede e a sinistra la roccia e la rocca, memoria del Dio Padre.
Cima è così: preciso, dettagliato, quasi didascalico nel delineare ogni sguardo, ogni iride, ogni pupilla accesa dall'evento e poi austero, ampio e liscio, completo eppure sobrio in panni e architetture. In un capolavoro gestito su di un registro assolutamente antitetico alla sublime sintesi precedentemente compiuta per la Scuola dei Mureri in San Samuele (cat. 37): in quella che si propone essere la prima versione è infatti la pura atmosfera a governare la scena, creare il controluce su cui stagliano la testa di Tommaso ed, efficacissima, la mano sinistra vista quasi in filigrana, la destra a verificare lo statuario Cristo con la sola aggiunta di un Alberto Magno pressoché gemello del Pietro raffigurato a lato del Cristo londinese. Sintesi formale, compiutezza paesistica, acme di un'arte. Uno dei raggiungimenti più alti non solo della pittura di Cima ma del tema della pala d'altare nel primo decennio del Cinquecento, lavorando in parallelo con gli esiti giorgioneschi e non subendone l'afflato. In una saturazione del colore, palpito atmosferico, respiro di spazi che lavorano in comunione con il Bellini della *Pala di San Zaccaria* e che segnano gli anni che condurranno al *San Pietro in cattedra* di Brera (cat. 56). Ma tutto è fisiologico in quest'ascesa, tutto logico nel prosieguo di un discorso cominciato quindici anni prima a Vicenza. Che con il dipinto di Londra segna anche un nuovo punto di incontro con la scultura, avendo tra i modelli di riferimento, come individuato da Humfrey (1983), l'*Incoronazione della Vergine* di Tullio Lombardo sull'altare di sinistra della chiesa di San Giovanni Crisostomo a Venezia, databile al 1499-1502 circa, e giocando poi con una fitta serie di rimandi a opere precedenti: dalla testa di sant'Andrea ripresa dall'omonimo santo nella pala di Parma (cat. 21), al san Tommaso ricalcato sul prototipo veneziano (cat. 37).
Due cartellini sottolineano i ruoli di artista e committenti per la pala oggi a Londra. Il primo, ai piedi di san Pietro, reca la firma e la data; il secondo al centro, sotto il Cristo, ricorda il gastaldo della confraternita – «maestro Boneto tentor fu Agnolo» – e alcuni dei funzionari della Scuola di San Tommaso committente dell'opera, potente congregazione impegnata allora nell'amministrazione di quattro ospedali a Portogruaro.
Sulle vicende fisiche e storiche dell'ancona è

[38.]

intervenuta di recente, e con notevole acribia, Emanuela Ortis Alessandrini (2009), compiendo un'attenta revisione dei dati documentari a costruire uno dei più completi dossier di un'opera di Cima. Il 28 maggio 1497, il capitolo della Confraternita di San Tommaso dei Battuti di Portogruaro delibera di commissionare «una pala per ornamento de lo altar fondato in la giesia del m. San Francesco, intitulado de m.San Thomaso, in cui nome e stà instituida questa benedetta scuola» (Botteon-Aliprandi 1893, p. 98). L'altare di San Tommaso *in cornu epistolae* della chiesa di San Francesco a Portogruaro nel 1504 riceverà la tavola ormai terminata, venendo pagato il trasporto dal fontego alla chiesa, con i pagamenti a Cima che, tra il 1502 e il 1509, supereranno complessivamente i cento ducati (820,8 lire venete), arrivando alla cifra di 132 ducati, il più alto compenso da lui mai recepito. Sul suo altare sarebbe probabilmente rimasto fino alla demolizione della chiesa, avvenuta tra il 1830 e il 1831, se non fossero intervenuti problemi conservativi, con un primo restauro testimoniato già nel 1745 e fatto eseguire da Angelo Zotti, gastaldo della confraternita. Non risolutivo, se l'imperial regio governo austriaco nel 1818 pose nuovamente il problema di un intervento e il 22 luglio 1820 fece consegnare il dipinto all'Accademia delle Belle Arti di Venezia, ove fu posto in restauro da Giuseppe Baldissini che ne rilevò lo stato fisico nel verbale di consegna, sottolineando come fosse «eseguito sopra un tavolato composto di sei assi di pioppo perfettamente connesse» (Ortis Alessandrini 2009, p. 173). L'intervento, in questo caso, fu assai rapido, tanto che il 13 ottobre dello stesso anno la commissione giudicatrice poteva esprimere la sua lode per l'azione del restauratore aprendo però una vertenza economica: le 800 lire anticipate dal governo austriaco saranno impedimento a un ritorno a Portogruaro fino al 2 novembre 1830, quando sarà spedito alla direzione del civico ospedale, la chiesa ormai soppressa. Depositato il 2 aprile 1831 in San Giovanni, il 28 luglio 1833 sarà collocato nel nuovo Duomo di Sant'Andrea (Bertolini 1894, p. 138), fabbricato con i materiali di riuso dalla demolizione di San Francesco. Ma i problemi legati all'adesione della pellicola pittorica al supporto sono tutt'altro che risolti e si ripresentano perentoriamente, probabilmente anche a causa di un incidente riportato da Bertolini sulla base di dicerie e riferito ai mesi di permanenza in Accademia, quando «stava collocato a piano terra sopra un cavalletto. Una notte lo sciroccale alzò l'acqua del gran canale per modo che entrò anche in quella stanza con impeto, atterrò il cavalletto ed il quadro passò delle ore parecchie nell'acqua salsa» (1894, p. 138). Comunque sia, i restauri eseguiti avevano solo limitato le conseguenze legate alla problematica adesione tra preparazione a gesso e supporto ligneo. Così che prima Eugenio Bettoni, il 29 ottobre 1845, e poi Pietro Selvatico, il 5 marzo 1852, segnalavano l'assoluta criticità in cui versava il dipinto, portando a una serie di interventi: d'urgenza di Andrea Tagliapietra, custode delle Gallerie, e poi di Paolo Fabris (Ortis Alessandrini 2009, pp. 174-176). Divenuta economicamente insostenibile, la vicenda sfocerà nella vendita, il 19 maggio 1870, alla National Gallery di Londra da parte dell'ospedale e del Comune di Portogruaro, motivando così la decisione alla Prefettura di Venezia: «in forza dei restauri si arriverà al punto di avere un quadro quasi rifatto da mani diverse per cui dachè l'occasione si presenta di poterlo vendere convenientemente liberandosi dai dispendi della conservazione e dai pericoli della perdita, non conviene lasciarla sfuggire» (Ortis Alessandrini 2009, p. 176). Un acquisto fortemente voluto prima da sir Charles Eastakle che, vistolo nel 1861 in una stanza del palazzo municipale, offrì 40 mila lire, perfezionato poi dal successore Boxal che lo pagò 1800 sterline, circa 45 mila lire (Botteon-Aliprandi 1893, pp. 99-100), e donò così «un'immagine impressionante e indimenticabile» (Dunkerton 1994) al museo londinese, scelta non a caso come focale di una delle gallerie principali.
Da segnalare, nella chiesa di San Niccolò a Treviso, un'*Incredulità di san Tommaso*, databile al 1505-06, con diversi elementi ripresi dal dipinto di Cima.

Bibliografia: Beltrame 1832, pp. 44-45; Rio 1841, p. 419; *Descriptive and Historical Catalogue* 1878, p. 89; Richter 1883, p. 81; Bertolini 1892, 107; Botteon-Aliprandi 1893, pp. 63, 96-100, 216-224; Berenson 1894, p. 97; Bertolini 1894, pp. 137-140; Gronau 1894, p. 460; Berenson 1897, p. 104; *Descriptive and Historical Catalogue* 1898, p. 116; Paoletti 1899, p. 147; Burckhardt 1905, pp. 46 ss.; Venturi 1905, p. 310; Crowe-Cavalcaselle 1912, I, p. 242; Fiocco 1912, pp. 293, 297-298; von Hadeln 1912a, VI, p. 495; Phillips 1912, p. 115; Venturi 1915, VII, parte IV, pp. 501, 508; *National Gallery* 1920, p. 52; *National Gallery* 1921, p. 54; Holmes 1923, p. 172; Zambaldi-Belli 1923, p. 67; *National Gallery* 1929, p. 64; Fogolari 1931, p. 244; Pallucchini 1931, p. 236; Berenson 1932a, p. 146; Coletti 1935, pp. 403-404; Van Marle 1935, XVII, p. 421; Berenson 1936, p. 126; Pallucchini 1944, p. 24; Davies 1951, pp. 111-112; Berenson 1957b, p. 65; Berenson 1958, p. 67; De Logu 1958, p. 237; Coletti 1959, pp. 50, 85; Davies 1961, pp. 144-145; L. Menegazzi, in *Cima da Conegliano* 1962, p. 44; Pallucchini 1962, pp. 225-226; Pignatti 1962, p. 10; Vertova 1962, p. 718; Francastel 1963, p. 225; Valsecchi 1971, p. 12; *Illustrated General Catalogue* 1973, p. 121; Wright 1976, p. 38; Fantelli 1978, p. 59; Menegazzi 1981a, pp. 117-118; Humfrey 1983, pp. 110-111; Wyld-Dunkerton 1985, pp. 38-59; Dunkerton-Roy 1986, pp. 4-27; Humfrey 1986b, p. 81; Watson 1987, p. 142; Humfrey 1988, p. 414; Claut 1994, p. 84; Dunkerton 1994, pp. 145-151; Humfrey 1994b, p. 11; Ortis-Alessandrini 1995, pp. 11-12; Humfrey 1996a, p. 323; Borgo 2009, pp. 229-231, 236; Ortis Alessandrini 2009, pp. 171-177.

GIOVANNI C.F. VILLA

39. ▸
Madonna con il Bambino
tra san Giovanni Battista e san Paolo
olio su tavola, 82 × 114 cm
Venezia, Gallerie dell'Accademia, inv. 603

Restauri: 1979; 2004 (Maria Chiara Maida; direzione scientifica: Giovanna Nepi Scirè)
Analisi scientifiche: 2005, XRF (Enrico Fiorin); 2009, riflettografia IR, vis.-RS, XRF

La sacra conversazione faceva parte della cospicua collezione del conte Girolamo Contarini, consistente in ben centotrentotto dipinti, da lui donata alle Gallerie dell'Accademia nel 1838.
Van Marle (1935) avanza l'ipotesi, accettata da Moschini Marconi (1955) e Coletti (1959), di identificare il dipinto con quello che il Ridolfi (1648, p. 202) ricorda in «Casa del Signor Bortolo Dafino (Dolfin)» a San Maurizio a Venezia, così descritta: «vedesi do più un'immagine della Vergine co' Santi Gio. Battista e Paolo di mezze figure, opera eccellente di Gio.Battista da Conegliano»; l'ipotesi è avvalorata, secondo Menegazzi (1962), dalla precisazione di Sandra Moschini Marconi (1955), la quale aggiunge come «altri quadri della Galleria Dolfin sembrano siano passati ai Contarini».
Da Cavalcaselle (in Cavalcaselle-Crowe 1871) l'opera è attribuita a Giovanni da Udine o a un suo allievo, e da Van Marle (1935) alla bottega di Cima. L'attribuzione a Giambattista viene avanzata per la prima volta da Burckhardt (1905), che pur ne riconosce l'ispirazione belliniana, seguito da Berenson (1936), Moschini Marconi (1955), Coletti (1959), studiosi che concordano tutti pure nella collocazione cronologica dell'opera all'ultimo periodo dell'attività del pittore, cioè dopo il 1510. L'esecuzione tarda è condivisa pure da Adolfo Venturi (1915), secondo il quale «il Cima materialmente copia Giambellino», in questa che egli reputa un'opera stanca e greve. Anche Menegazzi, in occasione della mostra monografica del 1962 a Treviso, conferma che si tratta di uno degli ultimi dipinti dell'artista, per l'esecuzione diligentissima e la mancanza di qualsiasi novità nello schema compositivo, e il «voluto ritorno a un rigore quasi neoclassico, quattrocentesco».
Humfrey (1983), invece, propone di anticipare la datazione di circa cinque anni: lo studio-

[39.]

so nota, infatti, come soprattutto la tipologia delle figure, specie quella della Vergine, non corrisponda a quella della fase tarda; e inoltre, aggiunge, l'effetto di apparente tonalismo giorgionesco potrebbe essere dovuto all'inscurimento della vernice. Dopo l'ultimo restauro, nell'opera si riconoscono infatti il terso nitore del disegno e la cristallina purezza del colore; riemerge anche il fascino del paesaggio, dominato da un castello con una possente torre quadrata, come in molti sfondi di paesaggio collinare che ambientano le scene sacre nella campagna veneta. L'equilibrio compositivo e la dignità classica che caratterizzano la scena sacra sono completamente immuni dalla riforma tonale che in quegli anni Giorgione andava attuando. Risalta, invece, la suggestione ancora dominante di Giovanni Bellini, specie nella delicata dolcezza del volto della Vergine, mentre le citazioni mutuate da Alvise Vivarini, Antonello da Messina e Giovanni Bellini si compongono in una sintesi di grande equilibrio e dignità. Anche dal punto di vista iconografico la sacra conversazione segue lo schema compositivo quattrocentesco, mentre l'attenzione ai dettagli, quali i particolari curati degli orli delle vesti e del velo di Maria, sono debitori dell'influenza fiamminga. È condivisibile, pertanto, la datazione intorno al 1504-05 proposta da Humfrey, che ne avvicina l'esecuzione a quella della *Madonna con il Bambino* della chiesa di Santa Maria della Consolazione di Este (cat. 35).
Il Bambino sta in piedi sulle ginocchia della Madre, come nelle *Madonne* di Londra (cat. 22) e di Treviso, ma rivolto verso san Giovanni Battista; quest'ultimo rispecchia l'aspetto tipico del precursore come lo raffigura l'artista in molti suoi quadri.
Pope-Hennessy (1970) ha ipotizzato che la figura di san Paolo possa essere ispirata a una *plaquette* di Maderno rappresentante la *Continenza di Scipione*.
Il dipinto, restaurato nel 1979, è stato sottoposto a un ulteriore intervento conservativo nel 2004 da Maria Chiara Maida con la direzione di Giovanna Nepi Scirè. L'opera è stata sottoposta anche a indagine chimica non invasiva mediante spettrometria di fluorescenza ai raggi x (XRF), allo scopo di identificare i pigmenti di natura inorganica, utilizzando un'apparecchiatura portatile – spettrometro di fluorescenza a raggi x Lithos-3000, Assing – che permette di ottenere informazioni sui materiali inorganici costitutivi, identificando gli elementi chimici presenti negli strati pittorici, fino a una profondità di circa 80-100 nm, senza alcun contatto fisico con il dipinto.
L'indagine XRF è stata effettuata in 45 punti della superficie pittorica e ha consentito un'estesa mappatura delle tonalità di colore e di alcune loro sfumature; ha permesso inoltre di identificare gran parte dei pigmenti analizzati: blu, azzurri, verdi, gialli, rossi e bruni.
Nel manto e nel velo blu della Vergine è stato riscontrato l'uso di biacca.
Le tonalità azzurre chiare del cielo e delle montagne sono state rese con azzurrite mescolata con molta biacca. I riflessi verdi chiari del cielo sono stati realizzati con malachite e biacca.
La tonalità verde della veste di san Giovanni è stata ottenuta con pigmenti a base di rame e biacca, probabilmente verderame mescolato con biacca nei mezzitondi, e del resinato di rame a sbalzo nelle ombreggiature; la composizione del colore è molto simile anche per il verde dell'elsa della spada del san Paolo. La veste di quest'ultimo risulta realizzata con pigmenti a base di rame, oltre alla biacca e terre o ocre; tuttavia, a differenza della veste del san Giovanni, sembra molto probabile l'accoppiamento di verderame con azzurrite per rendere la tonalità verde bluastra.
Per quanto riguarda i gialli, le lumeggiature dell'elsa della spada del san Paolo contengono biacca, ocra gialla, e quantità variabili di pigmento a base di rame, probabilmente verderame; in particolare, nella lumeggiatura superiore sinistra è stata diagnosticata anche la presenza di giallo di antimonio e bianco di zinco usati per le ridipinture, e di giallo di antimonio mescolato con ocra gialla nella ridipintura.
Le stesure delle vesti rosse contengono biacca, vermiglione e verderame.
Il bruno del drappo dietro la Vergine è stato ottenuto principalmente con biacca e orpimento, poche ocre e pochissimo vermiglione; è stato individuato anche bianco di zinco, impiegato nei ritocchi in quantità molto basse o tracce.
Sono state individuate altre zone di ritocco per la presenza di cromato di piombo in un punto di luce, e di bianco di titanio nei due punti delle decorazioni laterali.
La riflettografia all'infrarosso computerizzata (conservata nell'archivio fotografico della Soprintendenza Speciale per il Patrimonio Storico, Artistico ed Etnoantropologico e per il Polo Museale della Città di Venezia e dei Comuni della Gronda lagunare) ha evidenziato alcuni pentimenti, nelle figure della Vergine, del Bambino e soprattutto nel san Giovanni Battista.
La mano sinistra della Vergine mostra le dita più chiuse e ravvicinate.
L'orecchio del Bambino risulta più grande e la mano sinistra ha la posizione del pollice diversa; tutte le dita del piede destro del Bambino sono disegnate due volte e arrivano più in basso che nel dipinto.
Per quanto riguarda la figura del Battista, si osservano molti pentimenti; in particolare il naso parte direttamente dalla glabella, mentre il bastone a forma di croce appare molto più lungo, fino a raggiungere quasi il margine superiore fermandosi ad appena dieci centimetri dal bordo.
Le mani del san Paolo presentano entrambe un pentimento: nella destra mostra l'anulare e il mignolo molto più lunghi e piegati in modo da aderire al palmo, e anche l'indice appare più lungo; la mano sinistra, invece, che tiene il libro, ha l'indice più angolato, secondo una piega maggiore.

Bibliografia: Ridolfi 1648, II, pp. 201-202; *Pinacoteca Contarini* 1841, p. 8; (Zanotto) 1842, p. 8; (Zanotto) 1845, p. 10; *Guida* 1846, p. 10; *Catalogo* 1855, p. 15; *Catalogo* 1856, p. 15; *Catalogo* 1863, p. 17; Blanc 1868, p. 8; Crowe-Cavalcaselle 1871, I, p. 243; *Catalogo* 1873, p. 13; *Catalogo* 1878, p. 15; *Catalogo* 1882, p. 8; *Catalogo* 1885, p. 8; *Catalogo* 1887, p. 44; Eastlake 1888, pp. 92-93; Botti 1891, p. 49; Botteon-Aliprandi 1893, pp. 157-158; Berenson 1894, p. 98; Conti 1895, p. 180; Lafenestre-Richtenberger 1897, p. 42; Conti 1900, p. 189; Paoletti 1903, p. 176; Berenson 1905, pp. 56 ss.; Burckhardt 1905, pp. 76 ss.; Crowe-Cavalcaselle 1912, pp. 1, 248; von Hadeln 1912b, VI, p. 596; Serra 1914, p. 181; Venturi 1915, VII, IV, p. 542; Fiocco 1924, p. 116; (Fiocco) 1928, p. 112; Van Marle 1935, XVII, p. 430; Berenson 1936, p. 127; (Marconi) 1949, p. 43; Moschini Marconi 1955, p. 115; Berenson 1957b, p. 67; Berenson 1958, p. 69; Coletti 1959, p. 94, n. 136; Heinemann 1962a, p. 318; Menegazzi 1962, p. 68; Pallucchini 1962, p. 227; Savini Branca 1965, pp. 71, 211; Menegazzi 1981a, pp. 133-134; Humfrey 1983, p. 83, n. 141.

ANNALISA PERISSA TORRINI

40.
San Girolamo nel deserto
olio su tavola trasferita su tela, 48 × 40 cm
Washington, National Gallery of Art, coll. Samuel H. Kress, inv. 1939.1.168
Iscrizioni: firmato in un cartiglio in basso a destra «Joannis b[a]pt[ista] C[o] n[eglianensis]»
Provenienza: plausibilmente Bath, W.N. Hill; Londra, Christie, Manson & Woods, 1 dicembre 1827, lotto 59; *ante* 1896, San Pietroburgo, conte Orloff-Davidoff; 1930, Old Quarries, Gloucestershire, Arthur Hamilton, primo visconte Lee of Fareham (morto nel 1947); Firenze, Alessandro Contini-Bonacossi; 1935, acquistato dalla Samuel H. Kress Foundation, New York; dal 1941 alla National Gallery

Restauri: 1936 (Stephen Pichetto)

Nella solitudine del deserto di Calcide, a sud di Aleppo, ai confini della Siria, Girolamo apre la veste pronto a battersi. Lo sguardo del vecchio sdentato è rivolto a un Cristo realmente in croce, potente sul fondo azzurro del cielo e bilanciato dallo sperone di roccia

[40.]

da cui un virgulto si protende verso il Figlio di Dio. Una prima versione della quinta che andrà a chiudere l'*Adorazione dei pastori* dei Carmini (cat. 51). Registrato su di un'intensità cromatica che sarà guida per il giovane Lorenzo Lotto, e perfettamente leggibile pur avendo subito un trasferimento dalla tavola originaria a un nuovo supporto nel 1936, l'ambiente naturale mostra ancora le caratteristiche di dettaglio e pittura minuta che contraddistinguono le opere di Cima al passaggio del secolo, con finezze di squisita fattura come l'aggressivo scorpione ritratto sul primo piano. Interpretato da Friedman (1980) in quanto allusione alla celebre lettera di Girolamo a Eustachio, citata nella *Legenda Aurea*, CXLIV, in cui il santo narra di come suoi compagni, nel deserto, fossero «scorpioni e animali feroci». Utilissima datazione *post quem* è data dalla segnalazione di Echols (2003), che pubblica il frontespizio della *Vita, transito e miracoli del glorioso sancto Hieronymo doctore excellentissimo* (Milano 1495) la cui xilografia al frontespizio venne indubbiamente vista da Cima, alla luce delle stringenti analogie compositive.
E d'altronde la datazione del dipinto si è sempre fisiologicamente posta tra gli estremi del 1494 circa, ove lo collocava Rusk Shapley (1968), e del 1505 in cui lo pensava Burckhardt (1905). Per Coletti «di qualche anno posteriore» al 1500, seguito poi da Menegazzi (1981) e Humfrey (1983), alla luce della grafia disegnativa con cui tutto è segnato e precisamente narrato, esaltando i contorni con una cristallina luminosità diffusa. Che va poi a creare una regia di ombre di magistrale sapienza nella sua intimità tonale, indirizzando proprio agli anni dell'*Incredulità di san Tommaso* di Venezia (cat. 37), dunque al 1503 circa.
Prossima a questa versione una recente acquisizione al catalogo di Cima: il piccolo *San Girolamo* dell'Ermitage (olio su tavola, 17,5 × 12,5 cm, inv. 6297. In Fomichova 1992, p. 146), acquistato dal museo nel 1921 come opera di Marco Basaiti, ove il coneglianese accentua al massimo il *close-up* sulla figura del santo, il sasso al petto, giganteggiante nella natura immanente di una tavoletta da porsi intorno al 1505, fisiologico *trait-d'union* con la versione londinese (cat. 38).

Bibliografia: Harck 1896, p. 434; Van Marle 1935, XVII, p. 455; *Venetian Paintings* 1938, n. 22; Tietze 1940, n. 19; *National Gallery of Art* 1941, p. 40; Coletti 1953, p. 179; Berenson 1954, p. 18; Berenson 1957b, p. 70; Berenson 1958, p. 70; De Logu 1958, p. 237; Coletti 1959, p. 84; De Wald, 1961, p. 521; Puppi 1961b, p. 42; (Roli) 1962, p. IX; *National Gallery of Art* 1965, p. 27; Zava Boccazzi 1965, p. 5; Rusk Shapley 1968, pp. 59-60; Frederiksen-Zeri 1972, pp. 53, 409; Rusk Shapley 1979, pp. 131-132; Menegazzi 1981a, pp. 10, 40, 42, 112-113; Humfrey 1983, pp. 42, 166; Russell 1984, p. 410; Faldon-Valcanover 1986, p. 107; Lucco 1990b, p. 36; Fomichova 1992, p. 146; Echols 1994, pp. 52-58; R. Echols, in *Italian Paintings* 2003, pp. 210-213.

GIOVANNI C.F. VILLA

41.
San Girolamo nel deserto
tavola, 32,1 × 25,5 cm
Londra, The National Gallery, inv. NG 1120
Provenienza: 1770, probabilmente acquistata a Venezia, dalla collezione del Nuncio di Verona, da John Strange, inglese residente in laguna; 17 maggio 1799, Londra, European Museum, vendita Strange, lotto 146; *ante* 1822, Fonthill, coll. William Beckford; Bath, Landsdown Tower, coll. Beckford; 1844, in eredità alla figlia Susan, moglie del decimo duca di Hamilton; Londra, Christie's, 17 giugno 1822, vendita Hamilton, lotto 26, acquistato dalla National Gallery di Londra come Herri met de Bles

Nello scivolare del paesaggio campestre in acque che tagliano irrealisticamente un orizzonte obliquo, un leone compitamente accigliato osserva severo Girolamo penitente plasticamente proteso – e da qui partirà nelle sue declinazioni del medesimo tema Lorenzo Lotto – verso la minuta e semplice croce che si avventura nel cielo terso. Tre toni per una poesia di luce: lo strabiliante strappo d'azzurro delle vesti del santo a rammentarne la natura celeste dell'animo, l'asimmetrico paesaggio moralizzato ingegnato tra le fredde inflessioni del cielo bagnato d'alba a bilanciarsi con la terrea chiusura di rocce, mitigata dal tenero e soffice verde di un microcosmo di flora e fauna emblematiche di un sentire. Ecco allora, ripreso da modelli belliniani – prototipo nella *Resurrezione di Cristo* già in San Michele a Murano (olio su tavola di pioppo trasportato su tela, 147,5 × 128,8 cm, Berlino, Gemäldegalerie, Staatliche Museen zu Berlin, inv. 1177 A) – il rapace appollaiato sul ramo secco sopra al santo simbolo di quell'orgoglio da cui egli deve guardarsi, la diabolica serpe a sbucare di sotto le rocce, gli uomini dalle lunghe tuniche e turbanti interpreti degli infedeli da moralizzare.
Davies (1951) segnala come nei cataloghi di vendita del 1799 e del 1822 l'opera fosse ascritta a Herri met de Bles, il Civetta, e ben se ne possono comprenderne i motivi alla luce del lustro generale della composizione, che Waagen (1838) riportava in ambito veneto suggerendo un'attribuzione a Marco Basaiti prima che la critica, da Richter (1883) in poi, concordemente proponesse il nome di Cima. Restando solo il problema di un assestamento cronologico, Berenson (1957) considerandola eseguita prima del 1497 e Coletti (1959) datandola al 1500 circa; per Burckhardt (1905) andrebbe invece posta tra il 1504-10, prossima al *San Girolamo* degli Uffizi (cat. 52), un lasso cronologico con cui sostanzialmente concorda Humfrey (1983).
Già Frizzoni (1891) osservava le intenzionalità del paesaggio, distante dalla vena narrativa di Carpaccio e più incline a certi trascoloramenti chiaroscurali, con la calibrata commistione di acribia miniaturistica – il fogliame descritto in punta di pennello, i contorni screziati di luce – e rapidità di tocco – le macchiette del cavaliere e della coppia inturbantata, i borghi sullo sfondo – che inducono a collocare la tavola in date di poco successive alla pala con *San Pietro martire tra i santi Nicola e Benedetto con un angelo musicante* di Brera (cat. 45), verso il 1507-08, anticipando di qualche anno la tavola fiorentina.

Bibliografia: Waagen 1838, III, p. 118; Richter 1883, p. 82; Lermolieff 1890, p. 369; Frizzoni 1891, p. 327; Botteon-Aliprandi 1893, p. 146; Zimmermann 1893, p. 58; Berenson 1897, p. 104; Morelli 1897, p. 287; *Descriptive and Historical Catalogue* 1898, p. 116; Burckhardt 1905, p. 116; Borenius 1911, pp. 318-323; Crowe-Cavalcaselle 1912, p. 252; Phillips 1912, p. 115; Venturi 1915, VII, parte IV, p. 536; *National Gallery* 1920, p. 53; *National Gallery* 1921, p. 55; Holmes 1923, p. 172; *National Gallery* 1929, p. 64; Berenson 1932a, p. 146; Van Marle 1935, XVII, p. 405; Berenson 1936, p. 126; Davies 1951, p. 112; Berenson 1957b, p. 65; Berenson 1958, p. 67; Hendy 1958, p. 59; Coletti 1959, pp. 84, 110; Davies 1961, p. 145; Pallucchini 1961a, p. 187; Zava Boccazzi 1965, p. 7; Hendy 1971, p. 124; Valsecchi 1971, p. 12; *Illustrated General Catalogue* 1973, p. 121; Wright 1976, p. 38; Menegazzi 1981a, p. 123; Humfrey 1983, p. 111; Gentili 1994, p. 80; Pitteri 2002, p. 142; Humfrey 2004, pp. 74-75.

GIOVANNI C.F. VILLA

[41.]

[42

42.
Giovanni Battista Cima da Conegliano e bottega
Madonna in trono con il Bambino tra i santi Andrea e Pietro
olio su tavola di pioppo, 55,6 × 47,2 cm
(parte dipinta 47,7 × 39,7 cm)
Edimburgo, The National Gallery of Scotland, inv. 1190
Provenienza: Susegana (TV), castello di San Salvatore, principi di Collalto; 1830 circa, venduta dal principe Abate a Ottavio Ellero di Perugia; 1887, venduta da Alessandro Ellero, figlio di Ottavio, a Margaret Peter Dove; 1915, donata da Margaret Peter Dove alla National Gallery of Scotland (informazioni da Brigstocke 1978)

Analisi scientifiche: 2004, riflettografia IR

Tancred Borenius, recensendo nel 1911 sul «Burlington Magazine» i tomi della *Storia dell'arte italiana* di Adolfo Venturi dedicati al Quattrocento, fu il primo a portare all'attenzione: «a hitherto unpublished work by Cima da Conegliano, lately presented to the National Gallery of Scotland by Miss Dove. The picture represents the Virgin and Child enthroned between SS. Andrew and Peter in the foreground of a landscape, into which the artist has introduced, in the middle distance, a view of a castle on a hill, strongly suggestive of the Castle of Collalto, near Cima's native city of Conegliano – a motive which also occurs, in a varied form, in Cima's *Madonna under the Orange Tree* in the Gallery at Vienna. The spacing of the whole affords one more piece of evidence of Cima's remarkable talent as a designer; but what gives the picture its exceptional interest is the fact that it is unfinished, and therefore a document of the greatest importance for the study of the technical processes of the period». E l'opera fu ritenuta autografa, oltre che da Borenius, anche da Berenson (1957), Coletti (1959) e Brigstoke (1978), mentre Humfrey (1983, 2004) ipotizzava la mano di un «follower of Cima da Conegliano» e Dal Pozzolo (1994, p. 69) proponeva «che dalla zona più leggibile – cioè il gruppo di Maria e Gesù – si evinca un nesso con la cultura veronese, specificatamente nel segno di Michele da Verona, cui alludono talune volumetrie post-antonellesche e certe insistenze chiaroscurali».
Se è indubbia la consonanza con opere di Cima della metà dell'ultimo decennio del Quattrocento sviluppando, come osservato da Coletti (1959), una struttura analoga a quanto espresso nel dipinto Gulbenkian (cat. 20) e nella *Madonna dell'arancio* (cat. 19) e con Humfrey (1983) che la giudicava un tardo riflesso proprio di quest'ultima, di cui è una sorta di rielaborazione in scala ridotta, alcuni elementi la staccano nettamente dagli autografi del maestro legandola alla bottega. Su tutti la rigida posa frontale e l'immota fissità della Madonna, distante dalle posture in movimento di Cima, così come il sant'Andrea che riprende l'omonimo santo nella pala di Parma (cat. 21) sembra solo ripeterne banalmente l'iconografia in una generale stanchezza e meccanicità che fa pensare a un *assemblage* di diversi disegni memorativi e non a una composizione armonica in cui vibri una comunicazione di gesti e sguardi.
Così che il grande interesse del dipinto è legato al suo non essere finito, mostrando compiutamente una tavola veneziana in corso di esecuzione: sul supporto in pioppo vediamo quindi una stesura di preparazione a gesso e colla sopra cui è sviluppato un disegno preparatorio eseguito con un *medium* ferrogallico, tanto da scomparire quasi completamente in infrarosso. Solo in alcune zone, coperte dal colore, è rintracciabile un rafforzamento del segno di puro contorno con un tratto parallelo a segnare le zone d'ombra, come ben discernibile nelle pieghe del braccio sinistro della Madonna. In cui la riflettografia infrarossa mostra anche il riporto tramite cartone dell'abbozzo generale della composizione. Vi è infine da notare come, al di là del non finito, vi siano parti, come le campiture azzurre del cielo sulla sinistra, che sono frutto di aggiunte posteriori all'esecuzione dell'opera.

Bibliografia: Borenius 1911, p. 164; Borenius 1916a, p. 164; *Catalogue* 1929, p. 68; Berenson 1932a, p. 146; Richter 1933, pp. 276-277; Van Marle 1935, XVII, 455; Berenson 1936, p. 126; *Catalogue* 1946, p. 104; Berenson 1957b, p. 65; *Catalogue* 1957, pp. 47-48; Berenson 1958, p. 67; De Logu 1958, p. 237; Coletti 1959, p. 77; Pallucchini 1961, p. 187; L. Menegazzi, in *Cima da Conegliano* 1962, pp. 26, 48; Wright 1976, p. 38; Brigstocke 1978, pp. 34-35; Menegazzi 1981a, p. 89; Humfrey 1982a, p. 276; Humfrey 1983, pp. 62-63, 100; Dal Pozzolo 1994, p. 69; Humfrey 1996a, p. 323; P. Humfrey, in *The Age of Titian* 2004, pp. 72-73.

GIOVANNI C.F. VILLA

43.
Bacco incorona Arianna abbandonata sull'isola di Nasso e la fa sua sposa
tavola, 28 × 69,5 cm; spessore: lato destro 0,9 cm, lato sinistro 0,8 cm, base 1 cm, lato superiore 0,95 cm
Milano, Museo Poldi Pezzoli, inv. 1596/686

Camillo Boito acquistò la tavola da Pietro Chiozza nel 1907 (Natale 1982). Frizzoni (1908), all'indomani del suo ingresso nella galleria milanese, la collegò immediatamente al *Sileno ubriaco sul dorso di un asino, accompagnato da tre fauni* (cat. 44a) allora a Sanremo in collezione Thiem, supponendo che fra una tavoletta e l'altra ci fosse qualche altra parte dipinta «poiché quella acquistata dal Museo si presentava mutilata alle due estremità oltre che nella parte superiore, e dovette quindi essere rimessa nella sua forma regolare, per quanto non si possa sapere precisamente di quanto fosse stata mutilata, massime dal lato sinistro. All'arte dell'ottimo, ben noto restauratore [L. Menegazzi, in *Cima* 1962, dice sia stato Luigi Cavenaghi] poi si deve se i due cimeli, dalla sorte disgiunti, si ripresentano ora come cose compite in se stesse e figurano come opere in buone condizioni di conservazione». È probabile che la situazione descritta nel 1908 corrisponda a quella documentata fotograficamente da Crowe-Cavalcaselle (1912, I, pp. 252-253): è ben leggibile il profilo delle parti spurie rispetto all'originale, malamente ritagliato. Non è da escludere che la tavola, incastonata nel cassone, fosse in origine incorniciata da elementi architettonici (colonnine o lesene) o da elementi di separazione ora non meglio definibili. All'atto dello smembramento della preziosa suppellettile, per ridare unitarietà all'immagine furono aggiunte le porzioni ancora leggibili.
La tavola, parchettata alla fiorentina (da Cavenaghi?), è stata restaurata nel 2003 da N. Comolli Chirici, che rilevava uno stato di conservazione molto discontinuo. L'appartenenza dell'opera a un contesto più grande è effettivamente segnalata dall'aggiunta degli inserti laterali, coperti da restauri mimetici. L'indagine riflettografica evidenzia un disegno soggiacente il *Bacco che incorona Arianna* molto preciso nel chiaroscuro eseguito a tratteggio.
Già Berenson (1913), seguito da Balniel, Clark, Modigliani (1931) e Wittgens (1937), aveva pensato che la tavola costituisse la parte frontale della decorazione di un cassone; infatti dello stesso arredo fanno parte tre pannelli, di cui due rispettivamente raffiguranti *Sileno ubriaco sul dorso di un asino e tre satiri* e *Satiro con botticella,* attualmente nella Johnson Collection (Philadelphia, Museum of Art, cat. 44a-b), e un terzo con *Fauno che suona il flauto di Pan* in collezione privata parigina (20,8 × 11,2 cm) (Russoli 1972, p. 252; Humfrey 1983, pp. 57, 117, cat. 137; Bliznukov 2003, p. 432, catt. X.8-9).
Frizzoni (1908), Wittgens (1937), come pure Menegazzi (*Cima* 1962), collegavano il *Bacco che incorona Arianna* al *Sileno* americano. Gandolfo (1978) vedeva nei tre dipinti il «sottofondo belliniano» e il legame con le allegorie del *Restelo di Vincenzo Catena* (Venezia, Gallerie dell'Accademia), con le quali le tavole cimesche condividono il medesimo rapporto tra le figure e il paesaggio allungato «quasi perso sulla linea dell'orizzonte» (p. 46) e per questo databili all'inizio del Cinquecento. Un altro argomento a favore di questa proposta è la relazione con le xilografie dell'*Hypne-*

rotomachia Poliphili del 1499, che gli indicava il Meller (1962).

Humfrey (1981, 1983, 1990), approfondendo l'indagine di Gandolfo, che aveva proposto di distinguere nella produzione mitologica cimesca fasi diverse non solo per ragioni stilistiche ma anche culturali, individuava due gruppi ben differenziati, corrispondenti a due cicli narrativi indipendenti: il *Teseo si presenta alla corte di Minosse con la delegazione ateniese* svizzero (cat. 23) e il *Teseo e il Minotauro* di Brera (ma in deposito al Poldi Pezzoli, cat. 24) da situarsi fra il 1495-97, mentre il *Bacco e Arianna* in esame, insieme ai frammenti Johnson, sarebbero databili al 1505-07. Il secondo gruppo inoltre sarebbe stato applicato a una coppia di cassoni, nei quali all'episodio centrale del *Bacco e Arianna,* i frammenti di Philadelphia e di Parigi, illustranti il corteo di Sileno, dovevano fungere da *pendant* (1983).

Natale (1982) considera la tavola oggetto di studio un «frammento accuratamente ritagliato da una superficie più vasta», completata a sinistra dal *Sileno ubriaco,* a destra dal *Satiro con botticella.* Sulla superficie dipinta delle tavole del museo statunitense è infatti leggibile «la traccia dei margini del supporto antico, i cui profili combaciano perfettamente con il frammento del Poldi Pezzoli. I tre dipinti formavano in origine un unico elemento che si sviluppava per 138,8 cm di lunghezza e 32,5 cm di altezza circa, e costituivano verosimilmente il fronte di un cassone (Schubring 1915) o la testata di un letto». In un successivo passaggio della scheda dichiara la possibilità che i due frammenti Johnson, quelli del Poldi Pezzoli-Brera, e la tavola della collezione svizzera facessero parte di un unico ciclo narrativo dedicato alla storia di Teseo e Arianna, databile agli anni 1505-10.

Gregori (2003), di recente, ha riassunto nel catalogo della mostra ateniese le diverse posizioni della critica con le relative proposte cronologiche, senza manifestare un proprio preciso pensiero; mentre Bliznukov (2003), autore delle schede delle opere di Philadelphia nello stesso volume, ha di nuovo accorpato tutti i dipinti di soggetto mitologico come se si trattasse di un insieme omogeneo, assegnandone l'esecuzione al 1500 circa.

Nel pannello in esame si celebra l'incoronazione di Arianna da parte di Bacco: la giovane fanciulla, figlia di Minosse, re di Creta, dopo aver aiutato Teseo a uccidere il Minotauro, era partita con l'amato eroe alla volta di Atene, ma viene abbandonata nell'isola di Nasso, dove Bacco vittorioso, al ritorno dalle Indie, la vede tremante, in preda all'angoscia, «ut levis in madida canna palude tremit» (Ovidio, *Ars Amatoria*, I, 554) e, rincuorandola, le promette «Sarò per te più fido amore, non temere, di Bacco, Cnossia, sarai la moglie. / Come dono abbi il cielo, dal cielo ti vedranno quale stella, / la Corona Cretese guiderà navi in dubbio» (*ibid.*, 556-558; Ovidio, *Metamorfosi,* VIII, 177-179). Il carro su cui avviene il rito dell'incoronazione della bionda principessa cretese (spiritosamente avvicinata da Berenson, 1913, a una faustiana Gretchen), trainato da pantere (trasformazione improbabile delle «tigribus adiunctis» dell'*Ars Amatoria* ovidiana) è preceduto da una menade e da un satiro che agitano rami di tirso (Catullo, *Carmina*, LXIV, 255); chiude il corteo un satiro che trasporta una gerla carica di grappoli d'uva. Nei pannelli Johnson, Humfrey individua il *pendant* del trionfo dionisiaco, descritto da Ovidio (*Ars Amatoria,* I, 541-544) e rileva che le due fonti, i *Carmina* e l'*Ars Amatoria* erano state stampate a Venezia da Aldo Manuzio nel 1502, a conferma dell'attenzione che Cima continua a dedicare alle novità editoriali.

Spie di come «the mood of Cima's representation typically conforms to the somewhat bookish spirit of late fifteenth-century Venetian antiquarianism» sono i puntuali riferimenti al Quarto Trionfo del capitolo XIV dell'*Hypnerotomachia Poliphili* (ed. critica Ariani-Gabriele 1998, p. 177), segnalati da Meller (1962): si osservino le bizzarre pantere che trascinano il carro, le cui ruote – decorate da viti che hanno la forma di «Lombardesque ornament *all'antica*» (Humfrey 1983) – ritornano identiche in quelle raffigurate a p. 346 dell'edizione aldina del 1499 (in Ariani-Gabriele 1998, I), oppure ci si soffermi sempre sulla tipologia dei satiri come appare in un'altra delle tavole del celebre incunabolo veneziano (Humfrey 1983, p. 191) che Cima interpreta con una vena di sottile, ma bonaria ironia, «with a touching combination of solemnity and innocence», come se i partecipanti al rito bacchico fossero «children acting out adult roles in play».

Nella celebrazione del «trionfo» di Bacco e Arianna, Cima rende omaggio a una delle iconografie, legate al *revival* classico, che godettero di maggior fortuna in epoca rinascimentale. Nella messa in scena dei vari momenti del cerimoniale dionisiaco il pittore viene scoprendo e recuperando un rapporto filologicamente più consapevole con le fonti letterarie classiche e con la cultura antiquaria veneziana più aggiornata nel campo della scultura e dell'incisione; tuttavia il ruolo eminentemente decorativo della favola mitologica, destinata all'ornamento di una casa aristocratica o altoborghese, assegna alla rappresentazione il compito di far rivivere in un'atmosfera di eleganze «cortesi» «un'antichità già ormai perduta e tanto più vagheggiata» (Cieri Via 1981, p. 246).

Convivono dunque nel nostro dipinto una «interpretazione compassata e "cavalleresca" del gruppo dei due sposi» (Natale 1982) e una sorprendente vicinanza iconografica e stilistica con i satiri bronzei di Andrea Riccio, con simili personaggi disegnati da Jacopo Bellini, in particolare i due fogli conservati al British Museum di Londra, segnalati da Humfrey (1983, p. 57, fig. IVa), nei quali compare un fauno raffigurato di schiena, fratello del personaggio che si volge a guardare Bacco nel dipinto milanese.

Ricorrono negli interventi della critica le osservazioni riguardanti «la misura e il candore» di quest'opera di «rara ingenuità quattrocentesca» che ben poco ha della rumorosità chiassosa di un baccanale; sullo sfondo «indefinito d'acque e montagne cerulee» (Wittgens 1937) i due giovani sposi sono «atteggiati come vuole un rito che si compie attraverso un dolce quasi impercettibile movimento fissato nell'attimo in cui la corona sfiora i capelli della donna» (Menegazzi 1962).

Agapiou (2008), sorpresa dall'atteggiamento sobrio e contenuto dell'eroe, lo assimila più a Teseo che a Bacco, in genere ritratto nelle scene di «trionfo» come un personaggio vitale e festoso.

In alcune parti della tavola la pellicola pittorica si è mantenuta intatta: si distinguono per peculiare finezza esecutiva le brillanti borchie dorate delle briglie rosse che aggiogano le pantere, il folto pelame delle zampe del fauno che si volge verso Bacco, gli acini luminosi dei grappoli d'uva che sporgono dalla cesta, le erbette, i sassi, la conchiglia sul terreno e, infine, le delicate fisionomie dei protagonisti, che contrastano con quelle «di una rusticità semibestiale» (Frizzoni 1908) della menade e del satiro con la gerla.

La vicinanza fra le preziose decorazioni a racemi stese sul carro di Bacco e quelle distribuite sul basamento a doppio trono dell'*Incoronazione della Vergine* dei Santi Giovanni e Paolo di Venezia già segnalata da Frizzoni (1908, p. 42) indusse la critica (Berenson 1916; Russoli 1955; Menegazzi 1962 e 1981) fino a Humfrey (1983) a datare quest'opera e il gruppo di Philadelphia-Parigi al 1505-10. Contrariamente a quanto sostenuto da Coletti (1959), che sulla base della convizione che la rappresentazione dei soggetti ovidiani in Giorgione dipendesse dall'esempio di Cima, anticipò tutta la serie mitologica del coneglianese all'inizio del 1500.

Il richiamo alla grande tela della chiesa veneziana, che, a conferma dello sguardo sempre attento che Cima aveva per la scultura, mostra nel motivo centrale dell'*Incoronazione* la vicinanza al bassorilievo bronzeo con il medesimo soggetto del cosiddetto Maestro dell'Altare Barbarigo (Venezia, Galleria Giorgio Franchetti alla Ca' d'Oro: Ruggeri Augusti 2008, p. 43), non vale solo per «l'ornato leggero e bene distribuito sulle sponde della singolare biga del placido dio» (Frizzoni 1908), ma, soprattutto, per le affinità rilevabili tra il disegno che delinea, rispettivamente, le coppie Cristo e la Vergine, e Bacco e Arianna. Tra le varie interpretazioni che Cima dette del soggetto quella della collezione Patrizi di Roma (Humfrey 1983, p. 143, cat. 128, fig. 173) è la più vicina alla tavola milanese, in specie nei sottili lineamenti dei volti e

[43.]

nella gracilità delle corporature. La datazione del dipinto romano al 1510-17 sembra essere la più convincente per il ciclo mitologico in esame, che pertanto si pone cronologicamente a conclusione della serie cimesca.

Bibliografia: Frizzoni 1907b, p. 464; Carotti 1908, p. 141; Frizzoni 1908, pp. 41-42; Malaguzzi Valeri 1909, p. 139; Phillips 1910, p. 16; *Museo artistico Poldi Pezzoli* 1911, p. 84; Crowe-Cavalcaselle 1912, I, p. 252, n. 4; Frizzoni 1912, pp. 119-120; von Hadeln 1912a, VI, p. 595; Berenson 1913, p. 108; Schubring 1915, p. 394; Tafel CLXIII, fig. 771; Berenson 1916, p. 203; Berenson 1919, p. 192; Costantini 1921, p. 109; Schubring 1923, p. 394; Tafel CLXIII, fig. 771; *Museo Artistico Poldi Pezzoli* 1924, p. 85; *Museo Artistico Poldi Pezzoli* 1928, p. 85; *Exhibition of Italian Art* 1930, p. 172, cat. 290; Balniel-Clark-Modigliani 1931, p. 98, cat. 283; Fogolari 1931, X, p. 245; Venturi 1931, tav. CCCX; Berenson 1932a, p. 147; Morassi 1932, pp.16, 22; Buscaroli 1935, p. 149; Van Marle 1935, XVII, p. 440, fig. 262; Berenson 1936, p. 127; Morassi 1936, pp. 16, 85; Wittgens 1937, tav. 34; Quintavalle 1939, p. 150; Pallucchini 1948, p. 169; *Kunstschätze der Lombardei* 1948, p. 252, cat. 699; L.S. 1951, p. 50; Russoli 1952, p. 41; Coletti 1953, p. LXXV; Brizio 1955, III, p. 558; Russoli 1955, pp. 138-139; Pigler 1956, II, ed. 1974 p. 46; Berenson 1957a, I, p. 66, fig. 465; Berenson 1958, p. 68; De Tervarent 1958, I, coll. 88, 379; Coletti 1959, pp. 55, 81, cat. 56, fig. 56; Ragghianti 1961, p. 9; F. Heinemann, in *Cima da Conegliano* 1962, pp. 317-318; Heinemann 1962b, I,p. 234, cat. V. III; Meller 1962, pp. 20, 21, n. 3; L. Menegazzi, in *Cima da Conegliano* 1962, p. 61, cat. 80, fig. 87; Pallucchini 1962, p. 226; Fiocco 1963, p. 58; Olsen 1963, p. 100; Bonicatti 1964, pp. 39-40, 74, 190, fig. 72; Puppi 1964, p. 206; Zava Boccazzi 1965, (p. 6); Sweeny 1966, p. 22; *Dizionario Enciclopedico Bolaffi* 1972, III, p. 344; Russoli 1972, pp. 242, 252, fig. 463; Gandolfo 1978, pp. 44-46; Fantelli 1978, p. 191; Russoli 1978, p. 54; Humfrey 1981, p. 477; Menegazzi 1981a, pp. 48, 49, 50, 51, 124, 125, 127; Natale 1982, p. 123, cat. 117; Humfrey 1983, pp. 56, 63 n. 6, 124-125, cat. 89; *Leonardo* 1983, p. 30, fig. 9; Dunkerton 1986, pp. 6-7; Valcanover 1986, p. 24; Cionini Visani 1989, pp. 663-664; Humfrey 1990, p. 115, cat. 56; Tempestini 1994b, p. 35; Talignani 1995, p. 292; Humfrey 1996a, p. 322; Humfrey 1998, p. 219; *Il Museo Poldi Pezzoli* 1999, p. 104; Gregori 2003, p. 430; G. Fossaluzza, in *Gli Este a Ferrara* 2004, pp. 230; Agapiou 2008, p. 222.

MARGARET BINOTTO

44.
a. *Sileno ubriaco sul dorso di un asino, accompagnato da tre fauni*
tavola, 31 × 41,3 cm
Philadelphia, Philadelphia Museum of Art, John G. Johnson Collection, 1917, inv. 177
Provenienza: Frizzoni (1908, p. 42) sostiene che un paio d'anni prima [1906?] il Cavalier Adolfo Thiem di Sanremo era entrato in possesso del «gustoso quadretto, il cui soggetto non è altro che il compimento di quello rappresentato nella tavola ora pervenuta al Museo Poldi [...]. Si tratta infatti di una scena bacchica, la quale non solo per le dimensioni in altezza, ma pel carattere delle figure e fin anco nello sfondo si collega strettamente» al *Bacco e Arianna* milanese (cat. 43). Von Hadeln, 1912 (VI, p. 595) lo registra ancora nella collezione sanremese, anche se probabilmente già nel 1911 era stato acquistato da Johnson a Londra, su consiglio di Berenson (Sweeny 1966, p. 22).

b. *Satiro con botticella*
tavola, 24 × 19,5 cm
Philadelphia, Philadelphia Museum of Art, John G. Johnson Collection, inv. 1917, 178
Provenienza: collezione ignota; Johnson lo acquistò da Julius Böhler a Monaco nel 1912 (Sweeny 1966, p. 23)

I due frammenti, insieme a un terzo raffigurante un *Fauno che suona il flauto di Pan* (Parigi, coll. privata, 20,8 × 11,2 cm), reso noto da Russoli (1972, p. 252) e analizzato da Humfrey (1983, p. 137, cat. 117) e da Bliznukov (2003, p. 432), facevano parte della decorazione del mobile, presumibilmente un cassone nuziale, descritto in cat. 43, cui si rimanda anche per la datazione e la storia critica. Il legame con il *Trionfo* Poldi Pezzoli è segnalato da Frizzoni (1908, 1912), Berenson (1913) e Schubring (1915); quest'ultimo, come rilevava giustamente Sweeny (1966), registra erroneamente due volte il medesimo dipinto (catt. 772-773, p. 394).
Nell'episodio centrale Cima si ispira a un passo dell'*Ars Amatoria* di Ovidio (I, 541-544): «Ecce, Mimallonides sparsis in terga capillis, / ecce, leves Satyri, praevia turba dei. / Ebrius, ecce, senex pando Silenus asello / vix sedet et pressas continet arte iubas» (Ecco le Mimallonidi [Menadi] con i capelli sparsi sulle spalle e i Satiri leggeri, la turba che precede il dio, e il vecchio ubriaco, Sileno che sul curvo asinello siede appena, stringendone ad arte la criniera). Humfrey (1983), confrontando la scena del dipinto inv. 177 con un disegno di Jacopo Bellini (Londra, British Museum), ipotizzava che il *Fauno con il flauto* di Parigi precedesse il personaggio che suona una «piva a vescica», anche se non è chiaro se il *Satiro con botticella* (inv. 178) fosse collocato in origine all'inizio o alla fine del corteo bacchico, o se, invece, non facesse parte del gruppo vicino al carro del *Bacco che incorona Arianna* (cat. 43). Nuovamente ci si imbatte nella serie mitologica cimesca in uno strumento musicale inconsueto: dotato di ancia doppia è costituito da una vescica d'animale, che si gonfia come un palloncino quando viene suonato (*Catalogo italiano* 1992, p. 126).
Pur essendo in origine di nature differenti, satiri, fauni e sileni vennero spesso confusi nell'iconografia rinascimentale (Ferrari 1999, p. 623); tuttavia i tre personaggi per metà umani e per metà caprini sono più verosimilmente assimilabili alla tipologia dei Fauni (*ibid.*, p. 322), mentre nel frammento n. 178, come pure nella figura al seguito del carro di Bacco e Arianna, è chiaro il riferimento al Satiro, con il corpo di uomo, le orecchie appuntite, capelli ricciuti e naso schiacciato e rivolto all'insù. Simboli di lussuria o di mancanza di autocontrollo, questi esseri dalla doppia natura, che tanta fortuna ebbero nell'iconografia umanistica, simboleggiarono nella visione arcadico-pastorale, «neoellenistica» (Bonicatti 1964, p. 74) un mondo naturale, istintivo e non civilizzato, una sorta di età dell'oro, che ebbe esempi illustri nell'ambito dell'illustrazione libraria; si vedano i fauni che animano le vignette dell'edizione aldina del 1499 dell'*Hypnerotomachia Poliphili* e, in particolare, per la vicinanza ai tre fauni in esame, quelli che trascinano il carro nel trionfo riprodotto a p. 191 (ed. Ariani-Gabriele 1998) e nei bronzetti *all'antica* di Andrea Briosco, detto il Riccio. Il pigro somarello di Sileno è descritto con il medesimo piglio bonario tra «parodistico e umoristico» (Panofsky 1971 [1960]) con cui viene delineato nel Quarto Trionfo (p. 176, ed. Ariani-Gabriele 1998) dell'*Hypnerotomachia*.
Il disegno definisce con sottile precisione i personaggi e le pennellate si soffermano minuziose sulla peluria delle zampe dei fauni e sui ciuffi d'erba al suolo: l'attenzione per la resa delle forme non impedisce al pittore di ottenere una morbida fusione tra le figure e il paesaggio.
La consuetudine di Cima di utilizzare per i fondali naturali dei suoi dipinti schizzi di bottega viene individuata da Humfrey nella raffigurazione del borgo con cinta muraria situato a sinistra della composizione sulla pendice del monte digradante verso lo specchio d'acqua: paesaggio che ritorna identico nella *Vergine e santi* (New York, Brooklyn Museum) attribuito ad Andrea Busati (Humfrey 1983, p. 184, cat. 218, fig. 190b). Sulla destra si scorge il veliero di Teseo che si allontana dopo aver abbandonato Arianna sull'isola di Nasso: il tipo di imbarcazione corrisponde alla cosiddetta «cocca» veneziana, nave tonda con alto castello prodiero e scafo «a goccia», utilizzata fra il XII e il XV secolo per il trasporto delle merci (Tosetti Grandi 1991, p. 77).

[44A.]

[44B.]

Bibliografia: Frizzoni 1907, p. 464; Carotti 1908, p. 141; Frizzoni 1908, pp. 41-42; Krohn 1910, p. 122; Crowe-Cavalcaselle 1912, I, p. 252, n. 13; von Hadeln 1912a, VI, p. 595; Berenson 1913, pp. 108-109; Schubring 1915, pp. 394-395, cat. 772-773; Venturi 1915, VII, parte IV, pp. 540-541; Berenson 1916, pp. 203-204; Berenson 1919, pp. 192-193; Schubring 1923, pp. 23, 394-395; *Exhibition of Italian Art* 1930, p. 173, catt. 289-290; Balniel-Clark-Modigliani 1931, p. 98, cat. 284; Venturi 1931, tav. CCCX; Berenson 1932a, p. 148; van Marle 1935, XVII, pp. 440-442; Tietze 1935, p. 328; Berenson 1936, p. 127; Wittgens 1937, tav. 34; Quintavalle 1939, p. 150; Tietze 1939, n. 75; Gengaro 1940, p. 375; *A Picture Book* 1941, s.p. (il solo Satiro, inv. 178); Marceau, 1941, p. 5; Quintavalle, 1948, p. 34; *Kunstschätze der Lombardei* 1948, p. 252, n. 699; L.S. 1951, p. 60; Marceau 1953, tavv. 67-68; Berenson 1957a, I, p. 67; Berenson 1958, p. 69; Coletti 1959, pp. 55, 81-82, cat. 57; Olsen 1961, p. 52; Heinemann 1962a, p. 318; Meller 1962, p. 20; L. Menegazzi, in *Cima da Conegliano* 1962, pp. 58, 61; Puppi 1962, p. 18; Olsen 1963, p. 100; Bonicatti 1964, pp. 39 ss., 74, 190; Puppi 1964, p. 206; Sweeny 1966, pp. 22-23; Panofsky 1971 (1960), p. 212, n. 54; *Dizionario Enciclopedico Bolaffi* 1972, III, p. 344; Frederiksen-Zeri 1972, p. 53; Humfrey 1981, p. 477; Menegazzi 1981a, pp. 48, 49, 50, 51, 80, 124, 125, 127; Natale 1982, p. 123, cat. 117; Humfrey 1983, pp. 56-57, 141-142, cat. 123, cat. 218 p. 184; Lucco 1983b, p. 459 n. 21; Humfrey 1998, p. 219; G. Fossaluzza, in *Gli Este a Ferrara* 2004, p. 230.

MARGARET BINOTTO

45. ▶
San Pietro martire tra i santi Nicola e Benedetto con un angelo musicante
olio su tavola, 330 × 216 cm
Milano, Pinacoteca di Brera,
reg. cronologico 177
Iscrizioni: firmato sul basamento, a destra, in un cartiglio «joanis baptiste cima / Coneglensis»
Provenienza: Venezia, chiesa del Corpus Domini; dal 1811 pervenuto alla Pinacoteca di Brera di Milano

Analisi scientifiche: 2009, riflettografia IR

«Costituisce forse il punto più alto dell'equilibrio fra figura-architettura-paesaggio raggiunto dal Cima»: così Pallucchini (1962, p. 225), recensendo la mostra di Treviso del 1962, omaggia una delle opere di svolta, nel nuovo secolo, dell'arte di colui che qui, solo caso, si firma Cima.

Strutturato ancora sulle tavole originarie, il punto di vista è ribassato, così come l'orizzonte, fedele allo schema visivo inaugurato con la pala della Madonna dell'Orto (cat. 11) strumentale a inondare la pittura di una prospettiva tutta di luce con il san Pietro centrale, vera e propria statua animata, immersa nell'azzurro del cielo a rielaborare il *San Pietro martire* firmato «IOANNES BELLINUS» intorno al 1490 (olio su tavola, 194 × 84 cm, Bari, Pinacoteca Provinciale «C. Giaquinto», inv. 1993 I/Dep). Un'atmosfera luminosa che si sostanzia nel paesaggio d'acque, pascoli, campagne e monti, tagliato in una diagonale visiva che diviene gradazione di un tramonto che bagna un piano di racconti minuti, una quotidianità spontanea concretizzata in chiave narrativa più che in punta di pennello: il giovane pastore dai calzoni sbracati suona la cornamusa ammaliando il cane e distraendo dall'erba le pecore scure; dietro agli steli d'alti fusti si increspano per la risacca le acque su cui è specchiato il borgo marinaro a correr dietro la collina e, in lontananza sui colli, intuiamo il profilo del castello di Conegliano preso da est. Tra Pietro e Benedetto un cavaliere agghindato a festa, il cappello dall'ampio piumaggio e la veste sopra l'armatura rilucente per i riflessi del pomeriggio, accanto lo scudiero aggravato dal fardello delle armi, discende il sentiero che, abituale *escamotage* visivo di Cima, conduce prima al borgo contadino dai tetti spioventi della campagna veneta e poi alla città fortificata che domina la piana. E qui, in una curva della strada, vi è il segnale dell'accoglimento di nuove istanze, tecniche e poetiche: due figurette, in bianco e bruno, intente in discussione son tracciate con una svirgolatura del pennello; poco sopra, i polpastrelli di Cima sfumano la pittura e ammorbidiscono con velature brune una chiesetta persa tra campi e boschi. Poiché è un paesaggio moderno quello che si presenta allo sguardo di fedeli, ove la luce di un tardo pomeriggio primaverile smussa forme ottenute per campiture e tocchi a corpo, non sottili e meticolose velature, in parallelo a quanto va proponendo Giorgione e segnando così uno stacco perentorio da stesure come quelle della *Madonna con il Bambino* di Este (cat. 35).

Il nuovo passo verso il rinnovamento del tema è poi offerto dai quattro protagonisti di una sacra conversazione tutta al maschile. Posti al riparo di archi dalla sobria eleganza, sotto una volta a crociera ove l'asse perpendicolare principia dal bronzo e dal vetro bizantino che a mo' di freccia indirizza al Pietro inquartato dalla volta a botte della cappella aperta sul paesaggio. L'essenzialità guida ogni scelta, il proscenio è fatto d'ordine simmetrico ed equilibrio nell'abituale sinfonia di cromie calde che assumono la consistenza dello smalto e si concentrano ai piedi del plinto ove un giovane e intento angelo, il solo a comunicare con il fedele, armonizza «una cetera, tenuta quasi fosse una viola da gamba» (Toffolo 2005).

Capolavoro assoluto, eseguito nei medesimi anni in cui Bellini data e firma – 1505 – la *Madonna in trono con il Bambino e un angelo musicante tra i santi Pietro, Caterina, Orsola e Girolamo*, la monumentale pala per San Zaccaria a Venezia, idealmente legata all'ancona di Cima per capacità d'adattamento al nuovo e atmosfera cromatico-luministica.

«Quell'"epigramma" dell'angioletto che accorda l'istrumento tendendo l'orecchio nel *San Pietro Martire* di Brera, che si potrebbe ritagliare come una originale e leggiadra scenetta di genere, e che colpiva già il Vasari» (Coletti 1959, p. 19), essendo la sola opera citata dall'aretino, che dedica poche righe a Cima nell'ambito della vita di Carpaccio: «Laonde Giovan Batista da Conigliano, discepolo di Giovan Bellino, spronato da tali esempi, non volendo parere da manco di questi, fece di molte opere di pittura in Vinegia, e diede nome di sé e per valente si fece conoscere. E particolarmente di suo si vede nelle monache del Corpus Domini di Vinegia, un San Benedetto et altri santi et un fanciullo che mette in corde un liuto» (Vasari 1550, p. 524). Riprendendo e ampliando poi il discorso nell'edizione giuntina: «Fece anco molte opere in Vinezia, quasi né medesimi tempi, Giovan Batista da Conigliano, discepolo di Giovan Bellino; di Mano del quale è nella detta chiese delle Monache del Corpus Domini una tavola all'altare di S. Pietro Martire, dove è detto Santo, S. Niccolò e S. Benedetto, con una prospettiva di paesi, un Angelo che accorde una cetera, e molte figure piccole più che ragionevoli. E se costui non fusso morte giovane, si può credere che avrebbe paragonato il suo maestro» (Vasari 1568, ed. 1878-1885, III, p. 645). E così come Vasari, la grande ancona colpì profondamente la storiografia veneziana, da Sansovino (1581) a Boschini (1664) e Zanetti (1771), che magnificava l'esser dipinta «con più tenerezza e con più forte colorito del solito».

La commissione era l'esecuzione del testamento di Benedetto Carlone, già guardian grande della Scuola della Carità di Venezia che, il 5 novembre 1504, imponeva «Et voglio che nel altar de s. piero martire dove e la sepultura nostra sia speso ducati ottanta vel circa [...] in far un altar con suo colonelle candelieri stagnadi con tre figure in su lo altar in mezzo la figura del s. piero martire s. nico e s. benedetto dalle bande e la figura de nostra dona de sora» in un documento scoperto da Paoletti ed edito da Burckhardt nel 1905 (ora in Archivio di Stato di Venezia, Fondo Notarile, *Testamenti P. Florian*, b. 408, n. 43; P. Humfrey, in *Pinacoteca di Brera* 1990, p. 116). Si spiega così la scelta dei santi laterali, che richiamano il nome del committente e del padre Niccolò, fondatore nel 1470 della chiesa della Carità come recita un'iscrizione riportata da Cicogna (1824-1861, II, p. 29, n. 14) e citata da Humfrey (1983). Alla luce dei

[45.]

pagamenti della cornice dell'altare, saldati tra il settembre del 1505 e l'agosto 1506 a due scalpellini, possiamo porre a queste date la conclusione di un dipinto che, salvo lo svolgimento della Madonna, segue fedelmente quanto chiesto da Carlone, con gli esecutori testamentari che faranno porre il *San Pietro martire* sul terzo altare di destra della chiesa delle suore domenicane del Corpus Domini a Venezia.
Sancendo immediata la fortuna dell'opera, soprattutto in quell'ambito culturale vicentino che aveva visto gli esordi di Cima, con Borenius (1909) a segnalare, tra gli artisti suggestionati da quest'opera, Giovanni Boncònsiglio che, nella sua terza opera per il Duomo di Montagnana, la *Santa Caterina tra l'angelo Raffaele, Tobia e san Nicola da Tolentino* del 1513-14, guardò tanto all'impostazione compositiva quanto all'impianto paesistico della pala di Cima e, nei medesimi anni, l'ormai anziano e vinto Bartolomeo Montagna ne banalizzava e travisava la poetica aderendo solo alla matrice strutturale nella *Santa Maria Maddalena tra i santi Girolamo, Paola, Monica e Agostino* per la chiesa di Santa Corona a Vicenza (firmata «Opus Bartholomei Montagna», tela centinata, 418 × 267 cm).

Bibliografia: Vasari 1550, ed. 1986, p. 524; Vasari 1568, ed. 1846-1857, vi, pp. 100, 119, ed. 1878-1885, iii, 1879, p. 645, 664; Sansovino 1581, p. 62a; Sansovino 1604, p. 148b; Martinioni 1663, p. 174; Boschini 1664, p. 497; Boschini 1674, p. 71 (*Canaregio*); Martinelli 1684, p. 287; Martinelli 1705, p. 326; Zanetti 1733, p. 424; *Cronica* 1736, p. 344; *Forestiere illuminato* 1740, p. 182; Zanetti 1771, p. 62; *Forestiere illuminato* 1772, p. 220; Arnaldi, Baldarini, Buffetti, Vecchia 1779, p. 66; *Forestiere illuminato* 1784, p. 220; *Pittura* 1792, p. 84; *Forestiere illuminato* 1792, p. 253; *Forestiere illuminato* 1796, p. 182; Zanetti 1797, p. 118; Federici 1803, i, pp. 223-224; *Forestiere illuminato* 1806, p. 184; *Guida* 1838, p. 32; *Guida* 1872, p. 37; *Pinacoteca* 1877, 40; Malamani 1888, p. 382; Botteon-Aliprandi 1893, pp. 68, 115-116; Berenson 1894, p. 97; Gronau 1894, p. 463; Berenson 1897, p. 105; Morelli 1897, p. 282; Burckhardt 1905, pp. 57-58; Reinach 1905-1923, pp. 111, 662; Ricci 1907, pp. 75, 290; Malaguzzi Valeri 1908, pp. 94-95; Borenius 1909, p. 178; Borenius 1912, p. 178; Crowe-Cavalcaselle 1912, i, p. 245; Fiocco 1912, p. 293; von Hadeln 1912a, vi, p. 595; Venturi 1915, vii, parte iv, p. 524; Foratti 1918, pp. 72-74; Fogolari 1931, x, p. 244; Modigliani 1935, p. 35; Van Marle 1935, xvii, pp. 421 ss.; Berenson 1936, p. 126; Morassi 1942, p. 33; Golzio 1949, pp. 111, 1613; Matalon 1952, tav. 14; Ottino della Chiesa 1953, pp. 22, 24; Brizio 1955, iii, p. 558; Arslan 1956, p. 65; Berenson 1957b, p. 60; Lazareff 1957, p. 46; Berenson 1958, p. 68; De Logu 1958, pp. 55, 237-238; Coletti 1959, pp. 19, 89; Pignatti 1959, p. 76; Dell'Acqua-Russoli 1960, p. 41; Ballarin 1962a, p. 485; Del Massa 1962, p. 6; Heinemann 1962a, p. 317; Mazzotti 1962, p. 37; L. Menegazzi, in *Cima da Conegliano* 1962, pp. 20, 49-50; Pallucchini 1962, pp. 222, 224-225; Polo 1962, p. 91; (Roli) 1962, p. ix; Vertova 1962, p. 718; Cecchi 1963, p. 8; Fiocco 1963, p. 65; Marini 1963, p. 154; Polo 1963, pp. 21-23; Rutteri 1963a, pp. 46, 50; Bonicatti 1964, pp. 77, 193; Grönwoldt 1965, pp. 232, 235; Zava Boccazzi 1965, pp. 6, 7; Mellini 1970, pp. 98-101; Matalon 1977, p. 50; Nepi Scirè 1977, p. 327; Humfrey 1978, p. 92; Menegazzi 1981a, pp. 120-121; Humfrey 1983, pp. 121-122; Watson 1987, p. 142; Humfrey 1990b, pp. 70-72; Humfrey 1990c, pp. 115-117; Dal Pozzolo 1996c, p. 188; Humfrey 1996a, pp. 321, 322; Lucco 1996, p. 35; Dal Pozzolo 1998, p. 181; Tempestini 1999, p. 973; Pitteri 2002, pp. 131, 142; Toffolo 2005, pp. 35, 41-42.

GIOVANNI C.F. VILLA

46. ▶
Incoronazione della Vergine
tempera su tela, 170 × 18 cm (misure originali presunte 230 × 380 cm circa)
Venezia, basilica dei Santi Giovanni e Paolo

Il dipinto, la cui provenienza originaria è incerta, nel 1773 risultava essere nella Scuola dei Tessitori di seta, cioè la Scuola Vecchia della Misericordia; nel 1786 venne rimosso per essere collocato nella cappella del Rosario ai Santi Giovanni e Paolo. L'assoluto silenzio delle fonti sul dipinto, fino allo Zanetti (1773), potrebbe indurre a pensare che questo nei passaggi di proprietà dell'edificio, dai confratelli della Scuola Grande all'Arte dei Tessitori di seta, fosse rimasto inutilizzato e forse depositato in qualche magazzino. Dopo il trasferimento ai Santi Giovanni e Paolo e una breve sosta nella cappella del Rosario, venne posta successivamente sotto il monumento Malipiero lungo la navata sinistra della chiesa, dove nel 1822 la registra il Soravia (1822), che la attribuisce, pur con qualche dubbio, al Carpaccio. In quel momento la tela aveva dovuto già subire delle manomissioni, con riduzioni sia in alto, dove venivano eliminate la figura dell'Eterno e dello Spirito Santo, sia in basso, dove i piedi di alcuni santi in primo piano risultano tagliati, mentre la stessa forma della tela, come il recente restauro ha rimesso in luce, era stata ridotta da centinata a rettangolare. Quanto all'attribuzione, anche questa per tutto l'Ottocento continuò a essere oggetto di discussione, attribuita ora a Gerolamo da Udine, allievo del Cima (*Catalogo* 1852), ora addirittura a scuola dei Vivarini (Zanotto 1830), attribuzione assolutamente non considerabile, e tale incertezza sottolinea anche gli studi più tardi, fino a Menegazzi (1981a) che ne rifiuta l'autografia, inserendola tra le opere della bottega, mentre ancora Humfrey (1983) la ritiene di collaborazione con la bottega. L'ultimo restauro, eliminati gli strati di vernice ossidati e le vecchie ridipinture, ha riportato in luce un testo che Sponza (1999) non ha dubitato di attribuire allo stesso Cima, realizzato negli anni tra il 1505-06. L'incoronazione della Vergine, tema molto diffuso nel corso del Trecento, nel Quattrocento a Venezia emerge soprattutto con la pala belliniana del Museo Civico di Pesaro, dove dietro il grande trono marmoreo si apre un ampio paesaggio, mentre se ne afferma una certa diffusione nelle opere scultoree, come nella lunetta della chiesa della Carità, opera di Bartolomeo Bon, oggi nel Seminario Patriarcale, o nei più tardi bronzetti del Maestro dell'Altare Barbarigo, ora alla Ca' d'Oro, provenienti dall'altare inglobato nel monumento funebre dei due dogi Marco e Agostino Barbarigo, come nella più anomala versione della *Pala Bernabò* di Tullio Lombardo, nella chiesa di San Giovanni Crisostomo. Nella parte centrale l'artista utilizza lo schema tradizionale con il Cristo e la Vergine seduti l'uno di fronte all'altra, l'uno nell'atto di posare la corona sulla testa della Madre, l'altra in atteggiamento di devozione e di rispetto, mentre china la testa a ricevere la corona. Le due figure siedono su due troni lignei, poggiati su un unico basamento, decorati con una serie di figure tratte da repertori classicizzanti, putti, racemi, mascheroni, affini per esempio a quello usato nelle decorazioni architettoniche nella bottega dei Lombardo e che l'artista utilizza con molta parsimonia in alcune tele. A sinistra e a destra della struttura lignea, che isola il momento più intimamente religioso dell'Incoronazione, sono gruppi di angeli e una serie di santi e sante riconoscibili dai loro attributi iconografici, e due figure abbigliate all'orientale a sinistra, identificabili con Adamo e Abele; tra i primi santi, si riconoscono facilmente, a sinistra, san Giovanni Battista, Davide re e san Girolamo; a destra i santi Pietro, Stefano, Maria Maddalena, Ursula, Caterina, Francesco, Benedetto, Agostino, Gregorio. Nonostante la perdita di un po' di colore, che rende in qualche punto come offuscate le forme, nelle vesti dei due angeli in primo piano, come nel mantello verde del Battista, la luce gioca con il colore, creando straordinari effetti di cangiantismo tipici dei modi di Cima. Nel volto di Cristo, dai lunghi capelli inanellati che scendono sulle spalle, si riconoscono echi di una larvata partecipazione al clima leonardesco che si diffonde a Venezia, in vari modi e forme, nei primi due decenni del Cinquecento e che tocca in ugual modo pittori come Giovanni Bellini e scultori come Tullio Lombardo.

Bibliografia: Boschini 1674, Dorsoduro, p. 31; Zanetti 1733, p. 63; Zanetti 1797, p. 176; Soravia 1822, p. 156; *Catalogo* 1852,; Bernardini

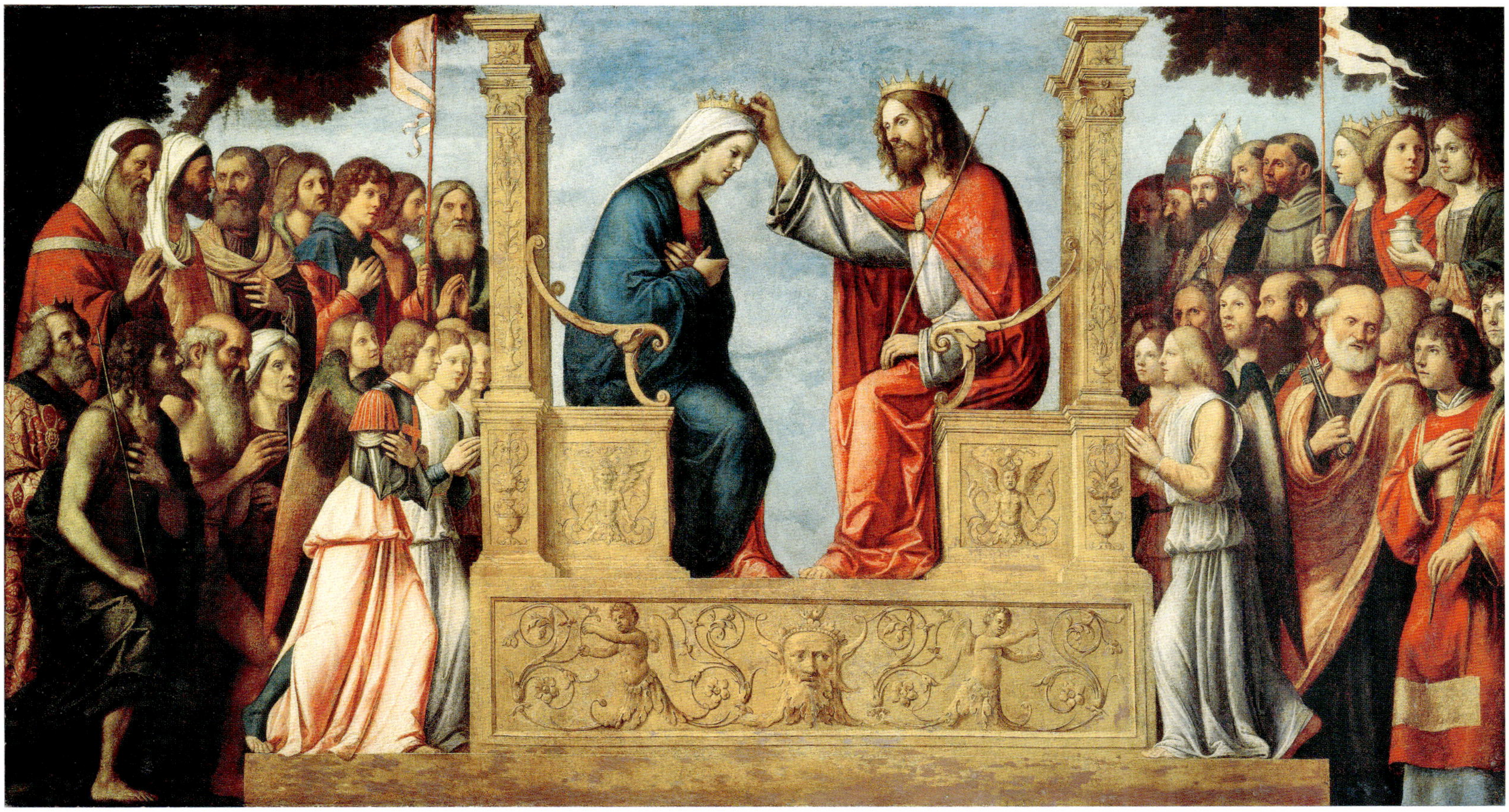

[46.]

1905, p. 628; Frizzoni 1908, p. 42; Lorenzetti 1926, p. 329; Van Marle 1935, XVII, p. 455; Berenson 1958, p. 70; Coletti 1959, p. 95; Kühnel Kunze 1963, p. 30; Zava Boccazzi 1965, pp. 162 ss.; Bergamini Ponta 1970, p. 48; Cavalcaselle 1974, p. 39; Menegazzi 1981a, pp. 145-146; Humfrey 1983, pp. 159-160; Sponza 1999, pp. 99-104.

ADRIANA AUGUSTI

47.
Giovanni Battista Cima da Conegliano e bottega
a. *Madonna in trono con il Bambino tra i santi Dionisio ed Eleuterio (o Vittore?)*
b. *Il Redentore benedicente tra i santi Pietro e Paolo* (cimasa)
1509-1510 circa
olio su tavola trasportata su tela, 147 × 138 cm; olio su tavola, 75 × 138 cm (lunetta)
Venezia, Gallerie dell'Accademia (in deposito presso il Museo Civico di Feltre)
Provenienza: Zermen di Feltre, chiesa parrocchiale di San Dionisio; acquistato nel 1898 dallo stato italiano per le Gallerie dell'Accademia di Venezia; dal 1927 in deposito presso il Museo Civico di Feltre

Restauri: 1898 (Spoldi); 1907 (Zennaro); 1954 (Mauro Pellicioli)

In anni d'intensa attività per la provincia pedemontana veneta, un Cima ampiamente aiutato dalla bottega licenzia un'opera per lui singolare, una sorta di *unicum* nel suo catalogo essendo il campo centrale sormontato da una lunetta, tipologia strutturale che ritroviamo solo nel polittico già a Mestre (catt. 29-30).

Su di un alto podio marmoreo sta un trono dai ricurvi braccioli e piedi leonini – per Humfrey (1983) allusione al seggio di Salomone o metafora della Madonna come trono della Saggezza – che ospita una Madonna con il Bambino abbagliati dal gioco di luce che si definisce dalle tonalità cineree di uno sfondo modulato a modello di muro di loggia, prossimo a quello dell'*Incredulità di san Tommaso* (cat. 38), cui l'accomunano le finestre centinate aperte sull'orizzonte basso del paesaggio, sulla sommità della collina a sinistra da riconoscersi forse il paese di Zermen. Una calma solenne, nell'aria tersa e malinconica, guida l'equilibrio compositivo generale tutto basato, come tipico di questa fase di carriera, sul bilanciamento chiaroscurale e temi sintomatici: qui il sensibile contrasto tra le carnagioni dei sacri attori. Se nella strepitosa fattura di un vescovo ammantato nel rosso porpora di un sontuosissimo piviale – di raro raccoglimento la testa adorante – riconosciamo san Dionisio, patrono della parrocchia di Zermen, l'identificazione del secondo santo è sempre stata piuttosto problematica: Biasuz (1977) proponendo san Vittore, santo patrono della diocesi di Feltre qui a porre la spada accanto al trono, Claut (1994, p. 99) indicandone in sant'Eleuterio l'identità, attenendosi alle cinquecentesche visite pastorali dei vescovi Campegio e Jacopo Rovellio «concordi sul nome di S. Eleuterio quale "socio" nel martirio di S. Dionisio: quest'ultimo dovrebbe essere l'areopagita e non il vescovo di Parigi col quale tuttavia fu sovente confuso».

Sostenuto e autografo per qualità complessiva e digressioni tonali il campo centrale, modesta e impacciata una lunetta da assegnarsi *in toto* agli allievi e ben analizzata da Claut (*ibid.*, p. 84) annotando san Paolo essere «il medesimo dipinto a figura intera nella pala della Madonna dell'Orto a Venezia», mentre il Cristo benedicente deriverebbe da «un modello utilizzato da Giovanni Bellini in opere vicentine antecedenti» pensando *in primis* alla *Trasfigurazione* eseguita per la cappella Fioccardo del Duomo di Vicenza (firmata «IOANNES BELLI», tempera e olio su tavola, 116 × 154 cm, Napoli, Museo e Gallerie Nazionali di Capodimonte, inv. Q 56).

Fino alle soglie del Novecento il complesso è rimasto nella collocazione originale, l'altar maggiore della chiesa di San Dionisio di Zermen, presso Feltre, ove era tradizionalmente ascritto a Giovanni o Gentile Bellini. Con questa certezza il pittore feltrino Mosè Tonelli scriveva nel 1875 a Giovanni Bizzarini, parroco di Zermen, stigmatizzando lo stato in cui l'opera giaceva e l'uso rituale che ne pregiudicava la conservazione, il rammarico acuito dall'alta qualità del testo: «Le teste, specialmente quella del santo Vescovo, sono stupende. Tutta la composizione è euritmica, come usavano que' buoni e credenti padri dell'arte cristiana [...]. Cercate frattanto Voi D. Giovanni, che i devoti di Zermen non continuino ad inchiodare le solite aureole d'argento intorno alle teste delle Madonna o del figlio divino: rinnoverebbero il supplizio della corona di spine. Tocca a Voi prestarvi onde ottenere che il comune, od il governo, o chi so io, pensino a salvare i resti di quel capolavoro». Un passo trascritto e chiosato – «Ma a questo finora nessuno ha pensato!» – da Botteon e Aliprandi (1893, p. 140). Nel medesimo anno Paoletti (1893), assegnando con certezza l'opera a Cima, ne sottolineava anch'egli il deperimento: «Tali lavori appartengono indubbiamente a Cima da Conegliano [...] Disgraziatamente essi vanno rapidamente deperendo, senza che vi sia chi nemmeno sogni di provvedervi». I prestigiosi giudizi non lasciarono insensibile l'appena nominato direttore delle Gallerie dell'Accademia di Venezia, Cantalamessa, che provvederà a far acquisire il complesso dallo stato «per il prezzo molto favorevole di lire ottomila» nel settembre 1898 e, portato all'Accademia di Belle Arti di Venezia «ebbe, per mano del valente Spoldi, ripulitura e restauro che riuscirono superiori a ogni aspettativa» (Romualdi 1899, pp. 196-197). In realtà andando nella direzione di una vasta opera di reintegro, interessando la base del trono, i manti della Vergine e di san Dionisio, i piedi di san Vittore e il volto di Cristo nella lunetta. Nel 1907 la pala sarà trasportata dalle sei tavole, disposte orizzontalmente, che ne costituivano il supporto su tela, in un'operazione replicata nel 1954 da Mauro Pelliccioli, rimanendo sul tavolato originario solo la lunetta.

Pur avendola riconosciuta a Cima sia Ridolfi (1648), chiamando il paese San Germano, che Federici (1803), nominando il paese Zerman (località nei pressi di Treviso), l'attribuzione della pala è stata tutt'altro che pacifica, al di là della locale assegnazione ai Bellini. Per Crowe e Cavalcaselle (1912) opere di scuola in cui resta solo eco dell'arte di Cima e da indirizzarsi piuttosto verso Vittore Belliniano (I, p. 246, nota 4, p. 284, nota 1); per Burckhardt (1905) «ganz eigenhändig»; mentre Coletti (1959) giudica autografa la pala e ipotizza la mano di Francesco Bissolo per la lunetta, in cui Heinemann (1962) vede invece l'intervento di Giovanni Bonconsiglio. Indicazioni giudicate «inadeguate» ma «indicative della percezione di una precisa incongruenza nella tavola» da Dal Pozzolo (1994), che osserva l'impaccio della figura di Cristo stretto tra i due santi, invece congruenti con la struttura della lunetta, concludendo «che tale figura sia stata aggiunta solo in un secondo momento, quando cioè la pala era già conclusa, per ragioni che ovviamente ci sfuggono. Ciò avvenne, comunque, sempre sotto la direzione del maestro e ad opera della bottega».

Anche la cronologia ha aperto ampi dibattiti, Paoletti (1899) datandola «poco dopo il 1510» e Coletti (1959), sulla scorta di Romualdi (1899), ipotizzando che un'indicazione cronologica *post quem* potesse essere data dalla distruzione del paese durante i fatti di Cambrai del 1509, con chiesa e borgo ricostruiti subito dopo il 1511. Un equivoco risolto da Biasuz (1977) rimarcando come l'originaria chiesa trecentesca avesse passato indenne la guerra. È una cronologia tarda è quella su cui si sono maggiormente concentrati gli studiosi: Burckhardt (1905) ponendola nei pressi del polittico di Sant'Anna a Capodistria del 1513 (oggi Mantova, Palazzo Ducale), Pallucchini (1946) poco prima del *San Pietro in cattedra tra i santi Giovanni Battista e Paolo e un angelo musicante* di Brera (cat. 56) e Humfrey (1983), non ritenendo vincolante il rapporto tra le figure della Madonna di Zermen e quelle di Capodistria e del trittico del 1511 (firmato e datato «MDXI / Dno leonardo

[47.]

de S.(?) flore [...] plebani B.E.M. Eq[...] / [...] Jac° de derelicta helene et Ant° de p[...] / Johan[n]es baptis[...] Coneglansis Opus») con la *Madonna con il Bambino* tra *San Giorgio* e *San Giacomo* (Caen, Musée des Beaux-Arts, 114 × 52 cm lo scomparto centrale, 110 × 39 cm gli scomparti laterali), suggerendo un posizionamento a ridosso della *Pala Montini* del 1506-08 (*Madonna con il Bambino tra i santi Giovanni Battista, Cosma, Damiano, Apollonia, Caterina e Giovanni Evangelista*, olio su tavola, 209 × 125 cm, inv. 360, Parma, Galleria Nazionale).

Decisive paiono ora le riflessioni di Claut che, con grande acribia, pone in rapporto la pala con il contesto originario, il decoro a fresco dell'abside della chiesa di San Dionisio a Zermen ove era circondata da un'accolita di apostoli, santi e profeti, in parte collocati in ambiti paesistici e dallo studioso attribuiti a Giovanni da Mel. Un contesto stilistico in forte contrasto con l'aggiornamento al gusto moderno della pala, così che Claut volge l'attenzione alla committenza, con il ciclo di affreschi commissionato da Marco Antonio Regini, decano del Capitolo di Feltre, che «nel 1502 fu creato Protonotario Apostolico da papa Alessandro VI e a tale onore fa riferimento l'insegna» posta su quello che era il lato a sinistra della pala, dando un termine cronologico cui ancorare il decoro a fresco (Claut 1994, pp. 88-89). Scomparso Regini nel 1508, suo sostituito e plausibile committente dell'opera a Cima sarà stato allora il nuovo decano del Capitolo, il canonico Bartolomeo Delaito. Considerando il «1510» (Rigamonti 1767, pp. 23-24) che si leggeva nel cartellino oggi abraso di un prodotto della bottega di Cima, la *Madonna con il Bambino in trono tra i santi Bartolomeo e Prosdocimo*, oggi trasformato in trittico e ospitato nella chiesa di San Leonardo a Treviso, con la Madonna con il Bambino modellata sul cartone di quella di Feltre, si possono tenere il 1508 e il 1510 come estremi cronologici per l'opera di Zermen. Che d'altronde ebbe una certa fortuna nella bottega cimesca, il trono replicato, osserva sempre Claut (1994), nel dipinto della Brooks Memorial Art Gallery di Memphis (firmato «Joan[n]is. Baptiste. Coneglian. / .opus», 59,7 × 43,8 cm, Kress Collection, inv. 2070), un *pastiche* della bottega che assembla qui parti tratte da vari autografi di Cima.

Bibliografia: Ridolfi 1648, ed. 1914-1924, I, p. 60; Federici 1803, I, p. 223; Botteon-Aliprandi 1893, p. 140; Paoletti 1893, p. 17; Calzini 1899, 46; Paoletti 1899, pp. 144-147; Romualdi 1899, pp. 194-201; *Uno studioso veneziano* 1899, pp. 106-107; Conti 1900, p. 60; Burckhardt 1901, p. 717; Cantalamessa 1902, pp. 22, 29; Paoletti 1903, p. 193; Burckhardt 1905, pp. 110, 119-120; Potter 1906, pp. 73 ss.; Paoletti 1908, p. 185; Crowe-Cavalcaselle 1912, p. 251; von Hadeln 1912a, VI, p. 596; Serra 1914, pp. 198-199; Fiocco 1924, p. 127; Lorenzetti 1926, p. 654; (Fiocco) 1928, p. 122; Fogolari 1929, p. 27; Van Marle 1935, XVII, p. 443; Pallucchini 1946, pp. 84-85; Valcanover 1954, pp. 32-33; Moschini Marconi 1955, pp. 116-117; Berenson 1957b, p. 65; Mariacher 1957, p. 73; Berenson 1958, p. 67; De Logu 1958, p. 237; Coletti 1959, pp. 67, 92; Heinemann 1962b, I, pp. 97, 319; L. Menegazzi, in *Cima da Conegliano* 1962, pp. 63-64; Pallucchini 1962, p. 227; Rutteri 1963a, p. 55; Grönwoldt 1965, p. 235; Biasuz 1977, pp. 131-138; Nepi Scirè 1977, p. 327; Fantelli 1978, p. 191; Menegazzi 1981a, pp. 131-132; Humfrey 1983, pp. 102-103; Claut 1994, pp. 81-90; Dal Pozzolo 1994, pp. 61-62; Claut 1996, p. 281; Tempestini 1999, p. 998.

GIOVANNI C.F. VILLA

48. ▶
San Giovanni Battista, Santi Pietro e Lorenzo, Santi Fiorenzo e Vendemiale, Santi Bartolomeo e Urbano, Santi Biagio e Giustina, La predica del Battista, Il festino di Erode, La decollazione del Battista (polittico)
tempera e olio su tavola di pioppo,
197 × 87 cm, 140 × 63 cm, 140 × 63 cm,
57 × 63 cm, 57 × 63 cm, 24 × 63 cm,
24 × 87 cm, 24 × 63 cm
San Fior di Sopra (TV),
chiesa di San Giovanni Battista

Restauri: 1912-1913 (Giovanni Zennaro); 1932 (Nardo); 1945; 1962 (Antonio Lazzarin); 1971 (manutenzione a seguito di furto; direzione scientifica: Francesco Valcanover); 1993 (Renza Clochiatti Garla; direzione scientifica: Gabriella Delfini Filippi); 2006 (manutenzione: Renza Clochiatti Garla; direzione scientifica: Marta Mazza)
Analisi scientifiche: 1993, studio chimico-stratigrafico in microscopia ottica, Ditta TSA; 2009, piano diagnostico progettato e diretto da Vasco Fassina, analisi chimico-stratigrafiche mediante microscopia ottica in luce riflessa e ultravioletta, microscopia elettronica a scansione ambientale con microanalisi EDS (Energy Dispersive X-Ray Spectroscopy), microspettrofotometria FTIR (Fourier Transform Infra Red Spectroscopy), CSG Palladio; riflettografia IR, vis.-RS, XRF

Pur non essendo stati rinvenuti documenti che ne attestino l'esplicita commessa a Giovanni Battista Cima da parte della parrocchiale di San Fior di Sopra, il polittico dichiara iconograficamente il proprio originario legame con tale chiesa matrice e con talune delle cappelle sussidiarie del territorio circostante, certamente noto all'artista anche per ragioni di proprietà fondiaria (Pitteri 2002). I santi raffigurati sono infatti rispettivamente gli eponimi della matrice (il Battista e il vescovo Fiorenzo, in omaggio quest'ultimo all'agio-toponimo comunale, verosimilmente posteriore all'intitolazione sacra), della chiesa di San Vendemiano (vescovo omonimo), di quella di Zoppè (Pietro), di quella Pianzano (Lorenzo); delle cappelle di Bibano di Sotto (Bartolomeo), di Prato di Campardo (Urbano), di Baver (Biagio), di San Fior di Sotto (Giustina). Lo segnala in dettaglio, rivendicando la primogenitura di tale intuizione, l'indigeno Antonio Gardin (1894); ma, come recentemente ricordato (Soligon 2006), ne è già consapevole nel 1847 padre Jacopo Bernardi che, alludendo ai «patroni delle chiese filiali», registra verosimilmente una mai sopita coscienza orale. Più tarda, e rimasta affidata a un'annotazione manoscritta (Archivio Diocesano di Vittorio Veneto, b. 125 A, Parrocchia di San Fior di Sopra; *post* 1913, essendovi citato il restauro Zennaro), è invece la distinzione fra santi a figura intera (Pietro, Lorenzo, Fiorenzo, Vendemiano), in quanto titolari di parrocchie, e santi a mezzo busto (Bartolomeo, Urbano, Biagio, Giustina), titolari di semplici rettorie. Non contraddirebbe tale gerarchizzazione il trattamento di santa Giustina, essendo la chiesa di San Fior di Sotto divenuta parrocchia soltanto nel 1513 o nel 1522; da tale elemento deriverebbe semmai una conferma alla condivisa datazione del polittico al secondo quinquennio del XVI secolo. Per esattezza iconografica, va anche rammentata la ricorrente sostituzione – in opuscoli e tradizioni locali – di san Fiorenzo con san Martino: lo storico Soligon, autore di un recente (2006), scrupoloso riordino dell'agiografia connessa al polittico, la riconduce argutamente a una *querelle* squisitamente liturgica, tale da non poter inficiare l'identificazione solidamente acquisita dalla storiografia più dotta e pittoricamente dichiarata dai fiori sulla mitria del santo.

Come le scelte iconografiche, anche la struttura del dipinto a polittico, ormai alquanto conservativa al momento dell'esecuzione, ribadisce la rispondenza della commessa a precise istanze della comunità. Non è peraltro certo che l'attuale configurazione corrisponda a quella originaria, essendo stata bruciata durante la prima guerra mondiale l'antica cornice lignea (Moschetti 1932) ed essendo stata realizzata l'odierna tra il 1924 e il 1925, su disegno genericamente neorinascimentale del soprintendente ai Monumenti Ferdinando Forlati. I motivi decorativi dell'ancona preesistente sono forse desumibili da quanto resta oggi nella cappella della Sacra Famiglia – già presbiterio della chiesa ai tempi del Cima e pertanto sito originario del dipinto – della decorazione pittorica a fresco che dovette contornare per qualche tempo il polittico, con elementi architettonici a *trompe-l'œil*

[48.]

verosimilmente ideati, a qualche decennio di distanza, in continuità con quelli lignei. Come già assodato, il polittico cimesco era in quel momento sovrastato da due tele raffiguranti un'*Ultima cena* e un *Padreterno benedicente* a timpano, sorta di coronamento controriformato rimasto in opera sino al primo conflitto mondiale e registrato in effetti dalla critica sette-ottocentesca. Le due tele, tuttora esposte nella parrocchiale, sono state di recente variamente attribuite (Arnosti, Cesare da Conegliano, Marco Vecellio, Frigimelica); in passato (Menegazzi 1981), la loro presenza indusse a ritenere posticcia anche la predella, ora concordemente ricondotta alla bottega di Cima. Sulla falsariga di Coletti (1959), anche Fossaluzza (1995) ipotizza che le due tele tardo cinquecentesche avessero sostituito una cimasa originale precocemente perduta.
Lo stato conservativo dell'opera è oggi buono, stante anche la recentissima manutenzione resa necessaria da deiezioni di uccelli penetrati nell'edificio e da qualche piccolo sollevamento. Fatte salve le perdite irreversibili – piuttosto estese e perfettamente riconoscibili sulle figure dei santi Bartolomeo, Urbano e Giustina – i valori pittorici originali sono riemersi nel 1993 al di sotto di estese e pesanti ridipinture, tali da aver talora modificato dettagli iconografici non secondari (Clochiatti Garla 1993). Si è sempre ipotizzato che fossero ancora più deturpanti quelle che indussero Cavalcaselle e poi altri (Morelli 1892 e 1897, Burckhardt 1905, Van Marle 1935, Heinemann 1962a) a espungere l'opera dal catalogo del Cima, la cui paternità non è più invece parsa discutibile dopo la pulitura eseguita nel 1945 in vista della mostra *Cinque secoli di pittura veneziana*. Ma il rapporto fra stato conservativo e giudizio critico resta tuttavia poco chiaro: il restauro del 1993 ha infatti datato al 1912-13 le ridipinture rinvenute, mantenute e forse rinforzate successivamente ma non ascrivibili agli interventi più recenti; cosicché non si capisce in che modo la pulitura del 1945 possa aver costituito un discrimine oggettivo.
In ogni caso, il polittico è oggi attribuito a Cima da Conegliano in modo non dubitativo; né paiono esservi incertezze sul suo inserimento nella produzione matura del maestro. Se infatti resta arcaizzante, come detto, la struttura a scomparti, svariati sono però gli elementi pittorici che la rinnovano e quasi contraddicono, rivelando prerogative coerenti con la svolta stilistica conosciuta da Cima nell'ultimo decennio di attività. Indubitabile, in particolare, il carattere inedito del paesaggio boschivo, «decisamente romantico» (Humfrey 1993) e quasi misterioso; poco assimilabile agli sfondi precedenti, solari e dettagliatissimi. Un paesaggio che, unificando l'ambientazione dei tre scomparti principali, induce a una «qualificazione della pacata luce meridiana» (Fossaluzza 1995) tale da attestare l'attenzione dell'ultimo Cima verso il tonalismo giorgionesco. Valori plastici più che atmosferici, ma ugualmente nuovi, sono poi quelli che connotano le due tavole più piccole, nelle quali i busti dei santi si stagliano potenti sul fondo nero: il Coletti (1959) vi individuò tali consonanze formali e cromatiche con le opere realizzate da Lorenzo Lotto tra il 1505 e il 1508, da tentare l'azzardo di una collaborazione tra i due maestri. Essendo tuttavia inverosimile che il già affermato Lotto collaborasse in San Fior alla stregua di un principiante, si risolse piuttosto ad anticipare il polittico a poco prima del 1505, interpretando le affinità rilevate come assimilazioni di Lotto da Cima, e non viceversa. Fatte salve le condivisibili considerazioni stilistiche, si ritiene più verosimile una datazione leggermente posteriore, entro una logica di prestiti e suggestioni tra grandi protagonisti del primo Cinquecento meno puntualmente vincolante.

Bibliografia: Ridolfi 1648, I, p. 60; Malvolti 1774, p. 30; Federici 1803, I, p. 223; Crico 1833, pp. 226-233; Bernardi 1847; Bernardi 1866, p. 29; Morelli 1892, p. 278; Botteon-Aliprandi 1893, pp. 128-130; Gardin 1894, pp. 3-12; Morelli 1897, p. 283; Gardin 1903, 3, pp. 24-25; Burckhardt 1905, p. 118; Crowe-Cavalcaselle 1912, I, pp. 251, 289; Vital 1926, p. 34; Moschetti 1932, pp. 327, 329; Van Marle 1935, XVII, p. 460; Berenson 1936, p. 125; *Cinque secoli* 1945, pp. 53-54; Longhi 1946, p. 14; Coletti 1953, p. LXXV; Berenson 1957b, p. 61; Pallucchini 1957, fig.18; Berenson 1958, p. 69; De Logu 1958, p. 237; Coletti 1959, pp. 42, 45, 89-90; Semenzato 1959-1960, p. 247; Rutteri 1960, p. 83; Robertson 1961, p. 284; Ballarin 1962, p. 485; Coletti 1962, p. 6; Gori 1962, p. 43; Heinemann 1962a, p. 319; Mazzotti 1962, p. 37; Menegazzi 1962, pp. 35-36; Pallucchini 1962, p. 226; Polo 1962, pp. 6, 9; Ragghianti 1962, p. 15; (Roli) 1962, pp. 6, 9; Valsecchi 1962, p. 17; Vertova 1962, p. 718; Cecchi 1963, p. 8; Rutteri 1963, p. 50; Menegazzi 1964, pp. 168-170; Zava Boccazzi 1965, p. 6; De Mas 1966, pp. 152-154; Bechevolo 1971; De Mas 1972, p. 193; Menegazzi 1981a, pp. 38, 39, 110-111; Humfrey 1983, pp. 45, 143-144; Faldon-Valcanover 1986, p. 25; Mies 1987, pp. 26, 28; Fossaluzza 1990, p. 554; Clochiatti Garla 1993, pp. 16-21; Humfrey 1993, p. 11-13; Delfini Filippi 1993, p. 15; *Polittico del Cima* 1993; Delfini Filippi 1994, pp. 21-25; *Polittico del Cima* 1994; Fossaluzza 1995, pp. 60-66; Del Puppo 1997, pp. 127-135; Pianca 1997, p. 307; Delfini Filippi 1999, pp. 567-569; Mies 1999, pp. 471-475; *Cima da Conegliano* 2000, pp. 126-128; Pitteri 2002, pp. 127-130; Baldissin-Soligon 2002, pp. 30-43; Soligon 2006, pp. 120-160; Soligon 2008, pp. 13-18; Ortis Alessandrini 2009, pp. 180-183.

MARTA MAZZA

49.
a. *San Martino e il povero*
b. *San Giovanni Battista*
c. *San Pietro*
trittico, tempera e olio su tavola di pioppo, 179 × 83 cm; 111 × 42 cm; 111 × 42 cm
Vittorio Veneto (TV), Museo Diocesano d'Arte Sacra «Albino Luciani» (proprietà della parrocchia di Navolè di Gorgo al Monticano, TV)

Restauri: 1736 (Fabris, *San Martino*); 1743 (Figoli, *San Martino*); 1761 (*San Giovanni Battista*); 1789 (*San Giovanni Battista*); 1840 (*San Martino*); 1888 (Bertolli); 1929; 1993 (Renza Clochiatti Garla; direzione scientifica: Gabriella Delfini Filippi); manutenzione 2009 (Renza Clochiatti Garla; direzione scientifica: Marta Mazza)
Analisi scientifiche: 1993, studio chimico-stratigrafico in microscopia ottica, Ditta TSA; 2009, piano diagnostico progettato e diretto da Vasco Fassina, analisi chimico-stratigrafiche mediante microscopia ottica in luce riflessa e ultravioletta, microscopia elettronica a scansione ambientale con microanalisi EDS (Energy Dispersive X-ray Spectroscopy), microspettrofotometria FTIR (Fourier Transform Infra Red Spectroscopy), CSG Palladio; riflettografia IR, vis.-RS, XRF

Ricoverato ed esposto dal 1995 presso il Museo diocesano «Albino Luciani» di Vittorio Veneto, il trittico proviene dalla chiesa di San Martino a Navolè di Gorgo al Monticano (TV), cui, secondo Botteon (Archivio Storico del Comune di Conegliano, redazione manoscritta del volume del 1893; l'intera porzione testuale dedicata all'opera è riprodotta in Delfini Filippi 1994b), sarebbe stato donato da una famiglia patrizia veneta al principio del Seicento. L'ipotesi (Bergamini Ponta 1970) di una commessa dell'ordine camaldolese per il monastero di Rivarotta a Pasiano di Pordenone – non lontano da Gorgo –, rimane legata all'attribuzione a Giovanni Martini, oggi definitivamente superata. Le tre tavole superstiti, qualunque ne sia stata la committenza, erano in ogni caso parte di un complesso più articolato di cui, in occasione del restauro del 1993, si è tentata una ricostruzione grafica ispirata agli esempi di San Fior (cat. 48) e di Ornica, con quattro santi a figura intera sormontati da quattro a mezzo busto e con la tavola più grande, *San Martino e il povero*, a far da asse di simmetria determinando l'altezza dell'insieme. Si tratta peraltro di un'ipotesi opinabile e, in effetti, non pacificamente condivisa: Fossaluzza (1995) non ne ritiene le premesse analogiche sufficientemente probatorie e, in ogni caso, prospetta l'esistenza di una predella; Villa (in *Martino* 2006) poi, considerando dirimenti gli sguardi del *Battista* e di *San Pietro* e non le posture dei loro piedi, li ritiene pensati per il medesimo lato e non pertanto

[49.]

posizionabili, come proposto – anche alla luce della storicizzata collocazione in Navolè –, rispettivamente a sinistra e a destra del *San Martino*.

A seguito del restauro eseguito da Renza Clochiatti Garla nel 1993, i dipinti hanno recuperato l'originaria policromia superstite e la corretta adesione della pellicola pittorica al supporto. La cospicua sequenza di interventi precedenti, ricordata in elenco sul *verso* di due delle tre tavole e trascritta da Botteon, aveva infatti sedimentato una deturpante serie di ridipinture, alcune delle quali – in blu di prussia e in giallo e verde di cromo – scientificamente datate al XVIII e XIX secolo grazie alle analisi stratigrafiche. Il manto del *Battista* in particolare, già alterato da una pesante sovrammissione bruna, rivela oggi nella corretta brillantezza verde una delle più inequivocabili cifre cimesche. Il *San Pietro* resta, in ogni caso, poco più che un ectoplasma, avendo palesemente subito i danni più gravi e irreversibili.

A far data dal suddetto restauro, l'autografia delle tavole, fatto salvo il contributo della bottega nelle figure laterali (G.C.F. Villa, in *Martino* 2006), non è più discutibile; ma vale la pena di dar conto di una storia attributiva alquanto tormentata, certo in parte condizionata dallo stato conservativo dei dipinti ma forse anche indotta dalla loro collocazione estremamente periferica. Sempre detto di Cima nel XIX secolo e inserito da Botteon (Botteon-Aliprandi 1893) nella classe dei «quadri giudicati del Cima», il trittico viene piuttosto accostato a opere di Giovanni Martini da Udine già nel 1928 dal soprintendente Fogolari (Vittorio Veneto, Curia Vescovile, Archivio Storico, *Visite pastorali*, relazione del parroco di Navolè del 1929, in riferimento a una lettera di Fogolari non più reperibile), seguito, molto più tardi, dalla Bergamini Ponta (1970); nel 1960, è Querini a inserirlo nel catalogo di Francesco da Milano, proponendo puntuali confronti con opere di Osigo (TV) e Valle di Cadore (BL) e rilevando la matrice lombardo-leonardesca del paesaggio della tavola centrale. Dal novero delle opere di questo autore – protagonista indiscusso della produzione artistica della prima metà del XVI secolo nell'ambito territoriale di specifico interesse, tra le province di Treviso e Pordenone, ma sempre ben lungi dai livelli qualitativi di un Cima – lo espunge Menegazzi (1971), citando matrici vivarinesche, belliniane e tolmezzine e rimanendo del tutto indifferente all'attribuzione ottocentesca, come implicitamente conferma il totale silenzio sull'opera nella monografia del 1981. Nel 1983, è Lucco a negare definitivamente la paternità del da Milano e a proporre una «bottega di Cima», rilevando affinità con il polittico di Ornica e con il *Riposo nella fuga in Egitto con i santi Giovanni Battista e Lucia* di Lisbona (cat. 20). Un riferimento, quest'ultimo, più specificamente ricondotto alla figura del *Battista* nella scheda compilata nel medesimo anno da Humfrey, tale da rivalutare definitivamente la consapevolezza ottocentesca. È sempre lo studioso inglese a proporre in questa circostanza una prima elencazione, poi precisata da Villa (in *Martino* 2006), di prototipi iconografici presupposti al *San Martino* di Cima: dal *Polittico* di Zara del Carpaccio, dei primi anni novanta del Quattrocento, alla tavola dell'Accademia Carrara di Bartolomeo Vivarini, datata 1491, al dipinto di Lattanzio da Rimini nella chiesa di San Martino a Lenna, eseguito ormai nel 1499. Paradigmi pittorici ai quali potrebbe essere anche affiancato, specie per la figura non priva di asprezze del povero – e segnatamente per il suo profilo aguzzo, per il mantello saldamente trattenuto e geometricamente panneggiato, per la postura delle gambe –, un modello scultoreo, tale da indurre nell'esemplare cimesco quell'aria friulano-tolmezzina già rilevata, seppur genericamente, da alcuni dei critici sopra menzionati. Si tratta di un gruppo ligneo policromato attribuito a Domenico da Tolmezzo e riscontrabile oggi nel solo esemplare della Pieve di Gorto a Ovaro (UD), essendo stato trafugato nel 1963 quello della chiesa di San Martino a Vigo di Cadore (BL); fortunata invenzione ascrivibile all'ultimo decennio del XV secolo e replicata ancora, ormai nel 1526, da Giovanni Martini nell'altare di Mortegliano (UD).

Condivisibilmente datato intorno al 1500 (Humfrey 1993, G.C.F. Villa, in *Martino* 2006), per prerogative formali oramai consone al ripensamento che caratterizzerà la breve attività cinquecentesca di Cima, il dipinto di Navolè sarebbe dunque l'opera più tarda della serie. La datazione, peraltro, sembra ben confermata dalla foggia dell'armatura di san Martino cavaliere che, nella complessiva semplificazione geometrica delle forme e nel disegno della panciera, dei fiancali, dei risalti d'arresto della ginocchiera, è del tutto coerente con esemplari di quel preciso momento storico. Alla corazza sono anche affidati alcuni brani di vero virtuosismo pittorico, tanto nelle lumeggiature che ne definiscono la consistenza metallica quanto nel raffinato gioco dei riflessi: del rosso dei finimenti e del manto sulla manica del giaco e dei riccioli dorati dell'elsa della spada e della sella sulla panciera specchiante. In merito all'esecuzione dell'altissima figura di san Martino, e in particolare della sua porzione di sinistra, le analisi non invasive svolte nel 2009 hanno rivelato l'utilizzo di un cartone, riposizionato in corso d'opera: risulta infatti evidente una prima delineazione dei profili leggermente ruotata rispetto alla definitiva, come fosse subentrato un successivo «raddrizzamento» della sagoma di riferimento.

Bibliografia: Botteon-Aliprandi 1893, pp. 131-132; Querini 1960, p. 33; Bergamini Ponta 1970, p. 40; Humfrey 1983, p. 131; Lucco 1983, p. 221; Cagnoni 1993, pp. 28-29; Clochiatti Garla 1993, pp. 17-19; Delfini Filippi 1993, p. 15; Humfrey 1993, pp. 9-12; Delfini Filippi 1994a, pp. 21-25; Delfini Filippi 1994b, pp. 167-174; Fossaluzza 1995, pp. 4-6; *Cima da Conegliano* 2000, pp. 144-152; *Museo diocesano* 2001, pp. 33, 136, 138; G.C.F. Villa, in *Martino* 2006, pp. 126-127; G.C.F. Villa, in *Il Potere* 2009, pp. 227-228.

MARTA MAZZA

50. ▶

Giovanni Battista Cima da Conegliano e bottega

Il leone di San Marco tra i santi Giovanni Battista, Giovanni Evangelista, Maddalena e Girolamo

tela, 205 × 540 cm

Venezia, Gallerie dell'Accademia, inv. 826

Restauri: 2004-2005 (Sandra Pesso; direzione scientifica: Luca Caburlotto)

Analisi scientifiche: riflettografia IR, vis.-RS, XRF

Il «portentoso leone terraqueo» proviene dall'ufficio della Messetaria in palazzo dei Camerlenghi a Rialto: la grande tela «esprime superbamente il carattere terraqueo di questa figurazione marciana. Coevo al ben più noto leone "lagunare" del Carpaccio (Venezia, Palazzo Ducale), questo del Cima accentua il peso specifico dello "Stato da terra", qui raffigurato nel dolce paesaggio collinare della Marca Trevigiana» (Rizzi 2001, p. 132), Oltre che a quello carpaccesco, di un decennio successivo a quello di Cima e parimenti proveniente dal palazzo dei Camerlenghi (*ibid.*, pp. 40, 130; Ferrara 1997, con un esame comparativo fra le due opere) il telero va confrontato, tra gli altri, anche a quelli precedenti, anch'essi in Palazzo Ducale, dipinti da Jacobello del Fiore e Donato Bragadin (Wolters 1987; Rizzi 2001, p. 40). L'iconografia è quella del leone marciano andante, nimbato, stante, rivolto a sinistra e reggente il libro con la scritta consueta *Pax Tibi Marce Evangelista Meus*, qui in caratteri gotici, parzialmente perduta nella parte inferiore dell'ultima riga: presenta fauci socchiuse, criniera a lunghe ciocche leggermente ondulate, nimbo trasparente, corpo di colore marrone totalmente glabro, ali iridate parallele, coda distesa tangente la zampa posteriore in primo piano (Rizzi 2001, p. 69). Le zampe posteriori poggiano entrambe sul mare, quelle anteriori sul libro e sull'arena, contraddistinta da alcune minute conchiglie. Sulla destra è una città murata posta a piombo dell'acqua di un golfo o di un vasto lago, città che due tratti di mura congiungono alla soprastante fortezza con torri (ma potrebbe trattarsi anche di un nucleo abitato), mentre sullo sperone roccioso a sinistra poggia un castello con mastio ottagonale e mura circolari; su altro colle, all'estremità sinistra, un edificio merlato ricorda il palazzo dei Trecento a Treviso. In basso, arretrato, tra il leone e lo sperone roccioso è un piccolo villaggio; più sotto un cavaliere su cavallo impennato. «Severo e giusto», il leone cimesco «si staglia, immoto e impassibile, su uno stupendo paesaggio che da una parte ricorda le azzurrine colline della Marca e dall'altra le articolate quanto pittoresche marine dalmate» (Rizzi 2001, p. 69), cui potrebbe fare allusione la figura di san Girolamo (*ibid*, p. 69; si ricordi che a questo santo è dedicato parte del ciclo carpaccesco della scuola dalmata); è stato tuttavia osservato che nonostante lo specchio d'acqua sembri ricollegare la raffigurazione allo schema iconografico tradizionale, la rappresentazione dell'ambiente marino è equivoca, trattandosi di un paesaggio di pura terraferma, ovvero della trasposizione sul mare di un paesaggio tipicamente cimesco (Ferrara 1997).

Menzionato per la prima volta da Marco Boschini (1664, 1674) nella sua originaria collocazione «sopra il Tribunale» del Magistrato della Messetaria, che trovava sede al piano terra del palazzo dei Camerlenghi, il dipinto gode nelle fonti di un'ottima fortuna critica, ancorché l'attribuzione che ne vien fatta non sia a Cima da Conegliano ma a Giovanni Buonconsiglio: già il critico seicentesco lo loda come sua «opera rara», ammirando in particolare il «grande, bellissimo» leone e il «paese molto naturale».

Allo stesso artista attribuisce l'opera Anton Maria Zanetti nella *Descrizione* delle pubbliche pitture veneziane del 1733, dandone poi un'ampia, importante lettura all'interno del profilo del Buonconsiglio nel fondamentale volume *Della pittura veneziana* (1771): nella sua valutazione Zanetti, nonostante registri lo stato conservativo precario del dipinto, elogia il superamento in quest'opera da parte del maestro vicentino della «secchezza» quattrocentesca, conseguentemente all'impostazione critica della letteratura artistica di quel momento: assai significativa in questo senso la lode alle tinte, non solo e non tanto «molto ben variate», ma soprattutto «unite», cioè sensibili a quello che è stato poi chiamato il tonalismo veneziano o, in termini vasariani, espressione di quella «unione dei colori» propria della terza e suprema età della pittura. Zanetti elogia parimenti la disinvoltura pittorica che vi si manifesta: «Poco è conservata questa pittura, quanto basta tuttavia a conoscere che chi la fece, quantunque educato nelle vecchie scuole seppe lasciare la soverchia semplicità, e pien di coraggio adoprare il pennello con mano più sicura e leggera. Bello è il colorito, e sono le tinte molto ben variate, e unite; e perciò gustose agli occhi di chi sa vederle; poiché smarrite sono per l'età in gran parte quelle vaghezze, che feriscono universalmente il senso d'ogni persona. Il carattere è grande d'ogni testa d'ogni figura; e la secchezza indivisa compagna delle opere di que' tempi appena si fa conoscere; e non disgusta forse se non gli osservatori più dilicati. La testa del lione è molto vera e dipinta con piena intelligenza, e sapore. È da desiderarsi, che sia questa rara opera ristorata nei modi più sani e discreti».

Alla caduta della Repubblica l'opera viene acquisita al Demanio e trasferita nel deposito della ex Commenda di Malta per essere quindi inviata a Vienna nel 1838, dove viene conservata nei depositi dell'Hof Museum, ed essere infine riportata a Venezia a seguito delle restituzioni ottenute dopo la prima guerra mondiale. Tuttavia il non ancora avvenuto trasporto del dipinto a Venezia al momento della redazione a stampa dell'elenco delle opere recuperate nella capitale austriaca induce Giuseppe Fiocco, che in quanto incaricato di quella restituzione ne è l'autore, a cadere in errore: il dipinto, sempre con attribuzione a Buonconsiglio, viene titolato *Il leone di San Marco e due santi* e, benché riconosciuto come quello già indicato dal Boschini nell'ufficio della Messetaria, esso viene confuso con il *San Marco in trono tra i santi Luigi vescovo e Andrea, la Temperanza e la Giustizia* (cfr. cat. 58), anch'esso peraltro requisito a suo tempo dagli austriaci: la breve segnalazione catalografica dice che «un tempo andava compagno a quattro santi, due dei quali rimasero a Venezia all'Accademia, ove ancora li vide il Cavalcaselle», che sono in realtà due tele di Girolamo da Santacroce, che si citano qui di seguito.

Sono in effetti gli spostamenti dell'opera a contribuire a sue varie errate identificazioni o a incongrue integrazioni, come quella ora accennata di Crowe e Cavalcaselle (1871), che ritengono parte del nostro dipinto due tele raffiguranti *San Marco* e *San Giovanni Evangelista*, parimenti appartenenti alle Gallerie dell'Accademia di Venezia, ma opera di Girolamo da Santacroce.

L'errore è ripreso, probabilmente in base alla svista dei due studiosi, da Della Rovere (1888) e Ludwig (1901) e corretto da Borenius (1909): lo studioso ne parla, pur senza aver visto il dipinto, sulla base di una precisa descrizione inviatagli per iscritto da Wilhelm Suida, e riconosce come l'integrità dimensionale del dipinto escluda queste o altre integrazioni. Lo stesso autore vi ritorna nelle sue note alla seconda edizione del testo di Crowe e Cavalcaselle (1912). Il dipinto, creduto anche un affresco perduto (Foratti 1907), mantiene nel frattempo l'attribuzione al Buonconsiglio (si aggiunga alle opere citate anche Ludwig 1902); così ancora, fra le due guerre, nella guida di Venezia del Lorenzetti (1926, ma con «chiare affinità con la pittura di Giovan Battista Cima») e nelle guide, rispettivamente di Fiocco (1924) e Moschini (1929), alle opere delle Gallerie dell'Accademia prima e successivamente del nuovo museo della Ca' d'Oro, dove la tela, aperta la Galleria Giorgio Franchetti nel 1927, viene trasferita ed esposta tra le due rampe di scale, «a saluto e simbolo di venezianità» (Fogolari 1936).

Pur non ripreso da Moschini, ma in qualche modo considerato dal Lorenzetti, Fiocco (1924) per primo ipotizza per il dipinto un ruolo di Cima, ancorché parziale (nella Maddalena e nel san Girolamo), idea che ribadisce nella voce dedicata al Buonconsiglio nell'*Enciclopedia italiana* (Fiocco 1930). Allo scadere degli anni trenta Borenius (1939) attribuisce al Cima l'intera responsabilità dell'opera, suggerendo una datazione inoltrata nel Cinquecento e sottolineandone l'alto livello qualitativo.

Nel dopoguerra ancora preferiscono il nome del Buonconsiglio Michelangelo Muraro (1953), Sandra Moschini Marconi (1955), che lo ritiene di una sua fase tarda, «in evidente relazione con opere del Cima al quale sono direttamente ispirate le figure dei santi», Dal Gian (1958), De Logu (1958), Heinemann (1962b) e Puppi (1962b), quest'ultimo però favorevole a vedere nel dipinto una collaborazione con il pittore di Conegliano.

L'integrale autografia cimesca è implicitamente prospettata da Berenson (1957), che semplicemente elenca l'opera fra quelle dell'artista. Per Coletti (1959) l'idea di una collaborazione del Buonconsiglio «non trova spiegazione» e semmai il collaboratore del Cima, la cui bottega rimane responsabile dell'opera, è Andrea Busati, per confronto tra il san Giovanni Evangelista del *Compianto sul Cristo morto* ora alla National Gallery di Londra con l'omologo del quadro veneziano, mentre al capobottega appartengono i santi Maddalena e Girolamo, a destra del quadro. Menegazzi, nel catalogo della mostra del 1962 e nella sua monografia sull'artista del 1981 conferma le proposte di Coletti e Fiocco, considerando la forza del modellato e la tipologia dei due santi di destra: in particolare egli avvicina la Maddalena a quella presente nella pala raffigurante *Santa Giustina su un piedistallo fra le sante Maddalena e Caterina* (Berlino, Staatliche Museen zu Berlin) e alla *Testa di santa* del Museo Poldi Pezzoli di Milano e il san Girolamo a quello della pala con la *Madonna con il Bambino fra i santi Giovanni Battista, Cosma, Damiano, Apollonia, Caterina e Giovanni Evangelista* (*Pala Montini*) della Galleria Nazionale di Parma, databile agli anni 1506-08. Da segnalare che il manto bianco del santo, come già in parte si può apprezzare a occhio nudo, si sovrappone a una precedente stesura in rosso cardinalizio ottenuta col cinabro, più sontuosa nella qualità del pigmento usato come nell'effetto figurale, derubricato nella scelta definitiva in una soluzione più sobria, di minor impatto nell'equilibrio non solo cromatico ma anche sentimentale del quadro, in cui il leone domina indisturbato entro un placido consesso di santi.

Humfrey (1983), che pure nota la vicinanza dei personaggi a quelli dell'altare Montini ricavandone un'analoga collocazione cronologi-

[50.]

ca, attribuisce l'opera al Cima con aiuti, fra i quali non vede necessariamente il Busati proposto da Coletti; ancora a Cima lo riferiscono Sgarbi (1994), Augusti (1994 e 1995), Ferrara (1997) e Fossaluzza (in *Venezia da stato a mito* 1997); Dal Pozzolo (1998) nella monografia del Buonconsiglio espunge il dipinto dal catalogo dell'artista e lo conferma al pittore di Conegliano parimenti con aiuti e una data intorno al 1506-08.
Grazie anche al recente intervento di restauro (Sandra Pesso, 2004-05), il dipinto dispiega tutta la sua solennità celebrativa, l'equilibrata capacità compositiva dell'artista – impegnato nel far convivere il maestoso simbolo araldico, le due coppie di santi e il paesaggio retrostante senza creare attriti e incongruenze troppo evidenti fra le diverse scale metriche utilizzate – e l'abilità del pittore nel contemperare la severità del soggetto alla quiete riflessiva, all'assorta contemplazione, al silenzioso dialogo fra i santi; il tutto nella pace di un paesaggio in cui lo sguardo dell'osservatore lentamente si perde verso le lontane vette alpine, o si distrae nei particolari della città murata lambita dalle acque e del misterioso cavaliere impennato, mentre taciturna vedetta ai territori della Serenissima s'impone sullo sperone roccioso il castello dal potente mastio e dall'unico insuperabile bastione circolare.

Bibliografia: Boschini 1664, p. 264; Boschini 1674, p. 16 (San Polo); Zanetti 1733, pp. 275-276; Zanetti 1771, pp. 68-69; Crowe-Cavalcaselle 1871, I, p. 439, n. 1; Della Rovere 1888, p. 98; Ludwig 1901, pp. II, V; Ludwig 1902, p. V; Foratti 1907, p. 18; Borenius 1909, pp. 185-186, nota 2; Crowe-Cavalcaselle 1912, II, p. 141, nota 3 (del Borenius); Fiocco 1919, p. 50; Fiocco 1924, p. 152; Lorenzetti 1926, p. 634; Moschini 1929, p. 55; Fiocco 1930, p. 117; Fogolari 1936; Borenius 1939, pp. 12-18; Muraro 1953, p. 159; Moschini Marconi 1955, pp. 142-143, cat. 152; Berenson 1957b, I, p. 67; Dal Gian 1958, p. 17, tav. X; De Logu 1958, p. 243; Coletti 1959, pp. 67, 96, n. 145; Menegazzi 1962, p. 70, cat. 89; Heinemann 1962b, p. 230, V.81; Puppi 1962b, pp. 356, 373, n. 111; Menegazzi 1981a, pp. 134-135; Humfrey 1983, p. 155; Wolters 1987, p. 227; Sgarbi 1994, p. 230; Augusti 1994, p. 45; Augusti 1995, p. 16; Ferrara 1997, pp. 208-210; *Venezia da stato a mito* 1997, p. 330; Dal Pozzolo 1998, p. 216, cat. R28; Rizzi 2001, I, pp. 40, 130-133, II, p. 69, n. 731.

LUCA CABURLOTTO

Cima da Conegliano, *Bambino dormiente*, Roma, Istituto Nazionale per la Grafica, inventario 130471

51. ▶
Adorazione dei pastori
tempera su tavola, 300 × 185 cm
Venezia, chiesa di Santa Maria del Carmelo detta dei Carmini
Iscrizioni: firmato su un cartiglio «Jannes Coneglianensis / opus»

L'opera, che è ricordata da tutte le fonti, venne commissionata al pittore nel 1504 da Giovanni e Caterina Calvo, per l'altare ai piedi del quale i due volevano essere sepolti. L'ipotesi che, poiché Caterina muore nel 1508, la pala sia stata ultimata dopo la sua morte per la presenza della santa omonima (Menegazzi 1981a), non è indicativa con certezza dell'esecuzione o piuttosto del tardo completamento dell'opera; molto spesso infatti i committenti, in vita, si facevano raffigurare idealmente sotto l'apparenza del santo omonimo e ne sono numerosi gli esempi, tra i quali si ricorda tra i più famosi il *Trittico Pesaro* di Giovanni Bellini ai Frari. Nella grande tavola, soltanto un terzo in basso è occupato dai personaggi che si avvicinano alla mangiatoia del Bambino; tutti gli elementi della sacra rappresentazione di un presepe vivente, tra profano e religioso, sono presenti: la Madonna inginocchiata dinanzi alla cesta su cui è appoggiato il Bambino, l'asino e il bue, san Giuseppe che invita i pastori in reverente e timorosa adorazione ad avvicinarsi, l'arcangelo Raffaele che accompagna Tobiolo vestito come un bambino del Quattrocento, forse in riferimento al figlio dei Calvo morto da bambino, spiegandogli quanto sta avvenendo, le due sante Caterina, con una ricca veste ed Elena, che sembrano due donne accorse a vedere il Bambino e che bonariamente commentano tra di loro l'evento. Alle loro spalle e per due terzi della tavola, si apre un ampio paesaggio dove a destra una grande roccia sporgente crea un elemento di architettura naturale dinanzi a cui si svolge la scena, e che digrada poi verso le montagne, lentamente, popolato da pastori e animali, dove su un colle si erge un alto castello dalla forma inconsueta, e che si perde poi seguendo il girare di un corso d'acqua, verso un paese lontano, un altro castello e nel fondo nel verde azzurrino delle montagne. I colori sono brillanti, smaltati quasi, con leggeri cangiantismi sulle vesti dei personaggi, mentre un drappo bianchissimo incornicia il volto della Madonna quasi come se la luce riflessa dal Bambino ne illuminasse la figura. Nel rapporto tra le figure e il paesaggio è evidente l'affinità della tavola con l'omonimo dipinto di Giorgione ora nella National Gallery di Washington. Ma al racconto più asciutto di Giorgione, limitato a pochissimi personaggi, muti dinanzi alla Madonna e a san Giuseppe chiusi nella preghiera, riuniti sulla destra sulla soglia di una grotta buia, dove solo un riflesso di luce lascia emergere la testina di un angioletto, al paesaggio silente dove mute figure appaiono quasi manichini in posa, dove il paesaggio sereno si allontana in una ben calcolata prospettiva, sotto un cielo grigio che solo all'orizzonte sembra schiarirsi, Cima contrappone una scena colloquiale, un paesaggio fatto di mille spunti curiosi, un cielo azzurrissimo solcato da piccole bianche nuvole piene di luce. Mentre quasi tutti gli storici ne confermano la derivazione dalla pala giorgionesca, Coletti (1953) ne rovescia la posizione considerandola antecedente a quella dell'artista di Castelfranco. Ma la dipendenza dell'una dall'altra ha poco senso e si ferma di fatto al soggetto; troppo diversa ne è la concezione distributiva, gli spazi, la raffigurazione del paesaggio, e la comunicazione tra di loro dei personaggi per potere far pensare a una effettiva derivazione di Cima da Giorgione o viceversa. La datazione della tavola è abbastanza uniformemente concordata tra il 1509 e il 1510; tuttavia l'affinità con altre opere degli anni intorno al 1505, come il *San Pietro in cattedra tra i santi Giovanni Battista e Paolo e un angelo musicante* di Brera (cat. 56), nella limpida luminosità degli spazi, induce a ritenere l'esecuzione dell'opera intorno a questa data o di poco posteriore.

Bibliografia: Sansovino 1604, 184 a; Ridolfi 1648, p. 60; Boschini 1664, p. 371; Boschini 1674, Dorsoduro, p. 45; Martinelli 1684, p. 418; Martinelli 1705, p. 471; Zanetti 1733, p. 352; *Cronica* 1736, p. 439; *Forestiere* 1740, p. 235; Zanetti 1771, p. 63; *Forestiere* 1772, p. 281; Arnaldi, Baldarini, Buffetti, Vecchia 1779, p. 84; *Forestiere* 1784, p. 281; *Forestiere* 1792, p. 223; *Pittura* 1792, p. 86; *Forestiere* 1796, p. 229; Federici 1803, I, p. 224; *Forestiere* 1806, p. 242; Moschini 1815, pp. 256-257; Moschini 1819, p. 297; *Forestiero* 1824, p. 421; Moschini 1828, p. 164; Moschini 1834, p. 164; Moschini 1840, p. 109; Rio 1841, p. 321; Moschini 1847, p. 127; Zanotto 1851, p. 121; Selvatico-Lazzari 1852, p. 223; Selvatico 1852-1856, II, p. 493; Quadri 1853, p. 235; Zanotto 1856, p. 434; Zanotto 1858-1860, t. 36; Vasari

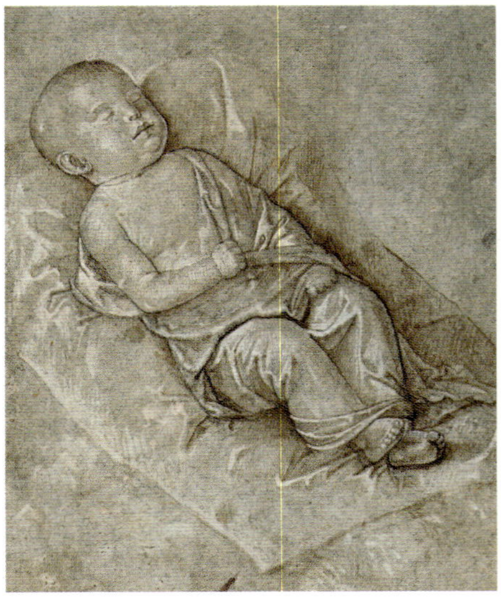

[51.]

1878-1885, III, p. 664; (Fulin-Molmenti) 1881, p. 356; Lafenestre 1885, p. 324; Morelli 1892, p. 277; Botteon-Aliprandi 1893, pp. 64 e 107-108; Zimmermann 1893, pp. 58 ss.; Berenson 1897, p. 105; Morelli 1897, p. 282; Lafenestre-Richtenberger 1897, pp. 239-240; Burckhardt 1905, pp. 66 ss.; Venturi 1905, p. 310; Reinach 1905-1923, II, p. 81; Peraté 1909, IV, pp. 1, 429; Crowe-Cavalcaselle 1912, pp. 1, 243; von Hadeln 1912b, VI, p. 595; Ridolfi 1914-1924, p. 77; Venturi 1915, VII, IV, pp. 501 e 536; Berenson 1916, p. 203; Berenson 1919, pp. 185 e 192; Venturi 1923, p. 270; Lorenzetti 1926, p. 528; Fogolari 1931, X, p. 245; Semi 1933, p. 90; Van Marle 1935, XVII, pp. 419 ss.; Berenson 1936, p. 128; Pallucchini 1945, p. 54; Longhi 1946, p. 14; Golzio 1949, III, p. 1613; Burckhardt 1952, p. 907; Coletti 1953, LXXV; Robertson 1954, pp. 32 e 60; Lorenzetti 1956, p. 551; Berenson 1957b, p. 68; Lazareff 1957, pp. 46 ss.; Berenson 1958, p. 70; De Logu 1958, p. 237; Coletti 1959, pp. 53 ss.; Rutteri 1960, p. 83; Robertson 1961, p. 284; Ballarin 1962, p. 485; Battisti 1962, p. 29; Del Massa 1962, pp. 3 ss.; Heinemann 1962a, p. 317; Heynold-Graefe 1962, p. 9; Mazzotti 1962, pp. 36 e 38; Menegazzi 1962, pp. 53-54; Pallucchini 1962, p. 226; Polo 1962, p. 9; Roli 1962, IX; Fiocco 1963, p. 58; Marini 1963, p. 154; Polo 1963, p. 21; Rutteri 1963, p. 55; Bonicatti 1964, pp. 78 ss.; Zava Boccazzi 1965, p. 6; Nepi Scirè 1977, p. 327; L. Fantelli, in *Giorgione* 1978, p. 63; Menegazzi 1981a, pp. 122-123; Humfrey 1983, pp. 161-162; Humfrey 1996a, p. 323.

ADRIANA AUGUSTI

52.
San Girolamo nel deserto
tavola, 33 × 27,5 cm
Firenze, Galleria degli Uffizi,
donazione Contini Bonacossi, inv. 19
Provenienza: Venezia, coll. Servio?;
Venezia, coll. Giovanelli; già nel 1946
Firenze, conte Alessandro Contini-
Bonacossi; 1969, acquisita dal governo
italiano; dal 1974 agli Uffizi

Analisi scientifiche: 2009, riflettografia IR, vis.-RS, XRF

Pur offuscato da vernici pesantemente ingiallite a ottundere una tavolozza in cui la regia degli azzurri doveva avere significativa parte, il dipinto ha sempre affascinato per l'alta qualità di un Cima pienamente conscio delle novità cinquecentesche, tendendo alla massima integrazione tra uomo e paesaggio. Ottenuta collocando «ancora il Santo in un arborato, ben culto, giardino che ha per sfondo bei prati corsi da acque, e, come grande muraglia di cinta, monti di roccia azzurra. La ricerca d'eleganza, che aveva condotto l'artista a dar femminee braccia e polsi sottili ad Apollo e a Endimione, è anche nel vecchio Girolamo, rilevato sull'ombra delle rocce con metodi belliniani. Stanco e triste, il mite Santo si appoggia al rozzo leggio; la luce sfiora il marmoreo volume e incendia un teschio, disegnato con arte mirabile, foco luminoso del quadro». Così Venturi (1915), con Roberto Longhi che apriva a una lettura ove «i toni più carichi che nel Bellini, bruniti come in Antonello, giungono quanto è possibile vicino ai paesisti olandesi del Seicento; ai quali il Cima però sovrasta di quanto è più alta la sua mira» (1946, p. 60).
Anche iconograficamente, rispetto alle precedenti versioni del tema, Cima muta prospettiva, combinando il motivo del santo erudito con quello penitente ed eremita. Intraprendendo dunque la via cara a Giovanni Bellini, dal maestro esemplata nelle versioni del tema ora a Firenze (olio su tavola, 151 × 113 cm, Galleria degli Uffizi, inv. Contini Bonacossi 25), Londra (tavola di pioppo, 47 × 34 cm, The National Gallery, inv. 281) e Washington (olio su tavola, 48,9 × 39,5 cm, firmato: (BELLINU) S MCCCCCV, National Gallery of Art, Samuel H. Kress Coll.). Una scelta d'erudizione che si volgeva a una precisa committenza, interessata alla figura di Girolamo quale Padre della Chiesa che, nel romitaggio nel deserto di Calcide, perfezionò la conoscenza del greco e lo studio dell'ebraico per giungere, trasferitosi nel 382 a Roma come consigliere del papa Damaso I, ad attuare la revisione dei quattro Vangeli in lingua latina, poi del Salterio e di gran parte dell'Antico Testamento. Arrivando così a definire la cosiddetta «Vulgata» della Bibbia, riconosciuta dal concilio di Trento come testo ufficiale della Chiesa in lingua latina. Meditazione e solitudine, il contatto con la parola di Dio sono manifesti nell'atteggiamento dell'anziano eremita curvo sui testi, calamaio e penna momentaneamente riposti per lasciar spazio allo studio.
Per primo Frizzoni (1884) – in un'ipotesi di cui giustamente Humfrey (1983) segnala non esservi prove a sostegno – collegava l'opera a un'indicazione segnata in un'aggiunta del 1575 al manoscritto di Marcantonio Michiel, ove era segnalato «in casa di m. Piero Servio de m. Tiziano», annotando come «quest'ultimo [quadro] forse si avrebbe a riscontrare in una tavoletta aggiudicata al detto pittore nella galleria del Principe Giovanelli. Rappresenta il Santo meditabondo seduto in aperta campagna, ed è opera assai pregevole, benché giudicata al lume della critica spassionata, apparisca opera non più di Tiziano, cui viene attribuita, ma di Cima da Conegliano». Dalla malauguratamente smembrata collezione Giovanelli la tavola giunse ad Alessandro Contini-Bonacossi e, a seguito della convenzione del 1969 con i suoi eredi, nel 1974 la tavola entrerà ufficialmente a far parte del patrimonio statale venendo esposta nei locali della Meridiana di Palazzo Pitti (A. Paolucci, in *Gli Uffizi* 1979).
La maggior parte degli studiosi è orientata a indicarla come l'ultima, magistrale elaborazione del tema da parte di Cima, variando solo la sua collocazione cronologica. Coletti (1959), sulla scorta di Longhi (1946), datandola intorno al 1500, Pallucchini (1962) spingendosi fin verso il 1505 per le «fronde picchiettate di luci, tali da far pensare a un contatto con la paesistica lottesca» e Paolucci (1979) giudicandola prossima alla versione di Londra. Venturi (1915) sottolineava poi un certo afflato belliniano nella posa del santo e Menegazzi (1962) insisteva sulla componente giorgionesca del paesaggio, ripresa da Bonicatti (1964) per cui è l'ultimo degli autografi cimeschi nella sua accettazione di Giorgione.
Leggere il *San Girolamo* degli Uffizi con la seconda interpretazione da lui datane, quella di Brera, evidenzia chiaramente l'evoluzione poetica e compositiva di Cima. Se tecnicamente non vi è infatti alcuno stacco tra i due dipinti, tanto che potrebbero esser stati eseguiti in rapida successione, da un punto di vista stilistico il dipinto di Firenze segna il passaggio tra il mondo quattrocentesco e la stagione di primo Cinquecento grazie alla sapiente regia dei bruni che contraddistingue e modella una natura rugiadosa, pregna di un cosciente tonalismo che va a sfibrare ogni anfratto di roccia, rocca, acque, il memento mori e lo stesso Girolamo. Un capolavoro del piccolo formato da attestarsi in date di poco successive all'*Adorazione dei pastori* dei Carmini a Venezia (cat. 51), dunque intorno al 1512.

Bibliografia: G. Frizzoni, in Michiel 1884, p. 243; Botteon-Aliprandi 1893, p. 173; Venturi 1915, VII, parte IV, pp. 541-542; Van Marle 1935, XVII, p. 442 ss.; Longhi 1946, pp. 59-60; Berenson 1957b, p. 65; Berenson 1958, p. 67; Coletti 1959, p. 84; Ballarin 1962a, p. 486; Del Massa 1962, p. 6; Heinemann 1962a, pp. 317-318; L. Menegazzi, in *Cima da Conegliano* 1962, pp. 13, 56; Pallucchini 1962, p. 227; (Roli) 1962, p. 5; Polo 1963, p. 27; Rutteri 1963a, p. 48; Bonicatti 1964, pp. 80, 19; Zava Boccazzi 1965, p. 5; Fantelli 1978, p. 191; A. Paolucci, in *Gli Uffizi* 1979, p. 220; Menegazzi 1981a, pp. 123-124; Humfrey 1982a, p. 277; Humfrey 1983, pp. 47-48, 103.

GIOVANNI C.F. VILLA

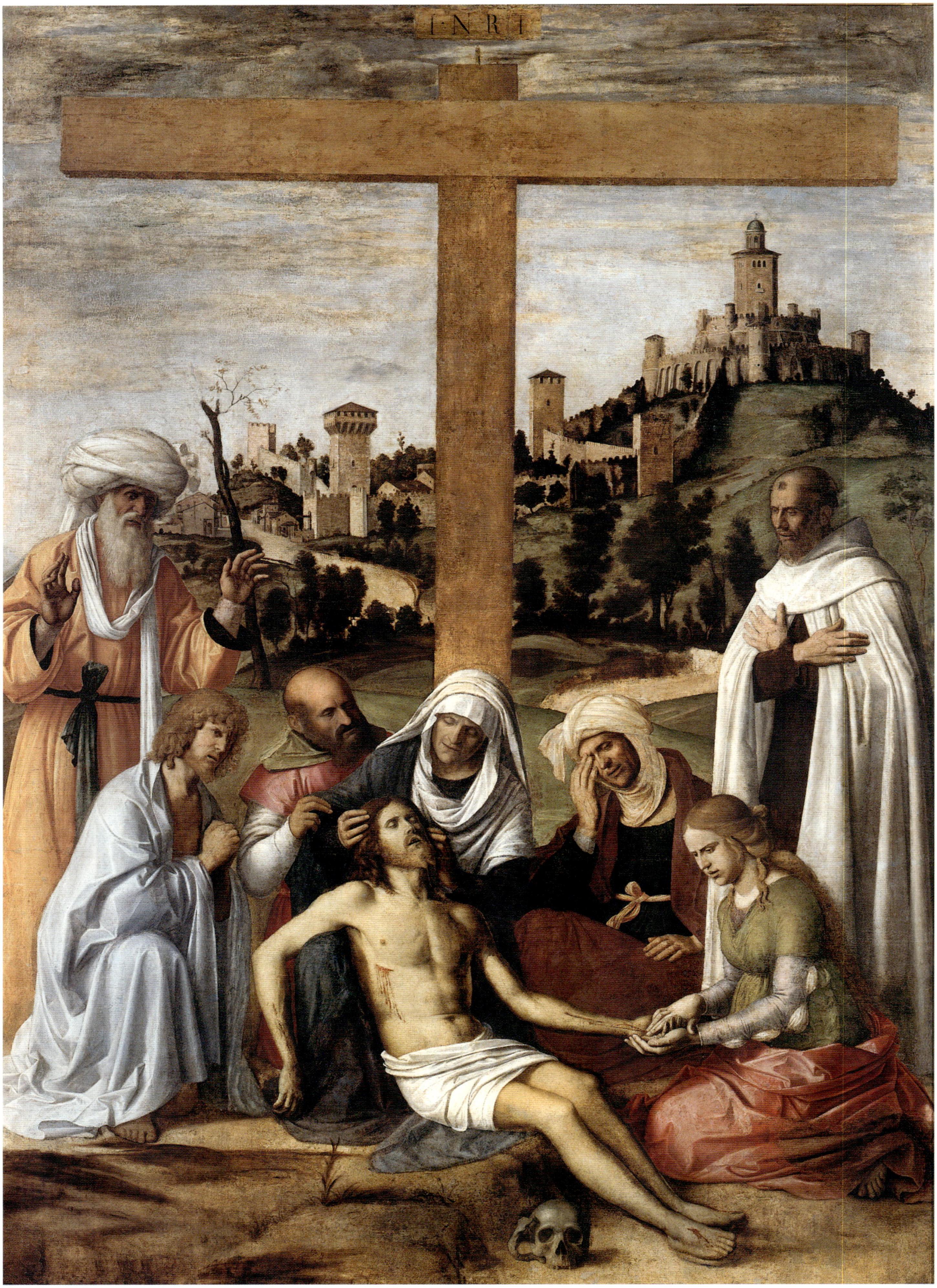

[53.]

53. ▸
Lamentazione sul corpo di Cristo con santi carmelitani
olio su tavola trasportata su tela, 199 × 148 cm
Mosca, Museo Statale delle Belle Arti A.S. Pushkin, inv. 2861
Provenienza: Venezia, convento di Santa Maria del Carmelo detto dei Carmini

Il dipinto, oggi trasportato da tavola su tela, nell'Ottocento, citato come opera del pittore coneglianese da Boschini (1664), proviene dalla sala del Capitolo del convento dei Carmini a Venezia, dove lo ricorda lo Zanetti (1771). Alla caduta della repubblica e con la dispersione del patrimonio delle chiese e dei conventi soppressi, giudicato di poco valore e non tale da potere essere conservato per le pinacoteche delle accademie napoleoniche di Brera o di Venezia, venne venduto a un mercante francese, che a sua volta lo rivendette al conte Stroganoff. Donato nel 1912 dagli eredi di questo al museo dell'Ermitage, passò poi, nel 1930, in deposito nel Museo Pushkin di Mosca.
L'opera è abbastanza problematica, dal punto di vista dell'autenticità, e forse il trasporto da tavola a tela, e la conseguente perdita di valori cromatici, possono aver contribuito a una cattiva lettura del dipinto, generalmente attribuito a bottega del Cima. Burckhardt (1905) pensa infatti che solo il disegno sia del maestro, mentre l'esecuzione sia stata affidata alla bottega. Pallucchini (1944) parla di quadro «raggelato» mentre Humfrey (1983) ritiene che forse Busati ne sia stato l'esecutore. Anche la datazione è abbastanza controversa, variando dal 1494 (Venturi 1912) al 1505-06 (von Hadeln 1912), mentre Burckhardt (1905), Berenson (1936) e Lazareff (1957), che lo considera una delle opere migliori del pittore, lo pongono intorno al 1510, seguito da Humfrey (1983) che ne posticipa la datazione al 1512, tra le opere più tarde.
Nella tela, secondo uno schema abbastanza tipico del pittore, la raffigurazione è divisa tra la parte del compianto vero e proprio, ai piedi della grande croce che segna anche il limite tra la scena sacra e la raffigurazione del paesaggio, e il grande brano campestre che si apre alle spalle delle figure, tipico dei paesaggi cimeschi, caratterizzati da una natura dolce e da inserimenti urbani, come il grande castello arroccato su un colle. Il corpo del Cristo appare appoggiato a terra e sorretto dalle ginocchia della Madre, mentre attorno sono le pie donne addolorate; ai lati, in abiti orientali Nicodemo, in piedi a sinistra, e un santo carmelitano a destra, e accanto alla Vergine in atteggiamento devoto, san Giovanni e l'altro santo carmelitano. Nella figura del carmelitano di destra, Lazareff (1957) ipotizza il ritratto del priore, ma l'asserzione è assolutamente priva di alcun riscontro. Al contrario, potrebbe trattarsi di un ritratto la figura che si avvicina alla Vergine con atteggiamento preoccupato, cercando di tirarla per il mantello, come l'aspetto fisico dell'uomo, la pettinatura, la barba, potrebbe indurre a pensare; ma siamo comunque nel campo delle supposizioni. La struttura del gruppo di figure attorno al Cristo, poste in semicerchio attorno al corpo del Redentore appena deposto dalla croce, la bocca rimasta semiaperta nell'ultimo respiro, il corpo abbandonato ma non ancora irrigidito dalla morte, sembra riecheggiare la forma dei *Compianti* scolpiti, anche se vi è una minore enfatizzazione dei gesti e delle emozioni trattenute nella tela in un dolore che lascia attoniti. La luce che accende il bianco delle vesti dei vari personaggi, che scivola più livida sul corpo del Cristo, ha un timbro più freddo, che sembra rivelare un qualche interesse per la pittura fiamminga da parte dell'artista. Forse più tradizionale è il paesaggio, dove il castello appare molto simile a quello dell'*Adorazione dei pastori* della chiesa dei Carmini (cat. 51), castello forse non casualmente citato nelle due pale. La tela dello stesso soggetto, ma con altri santi, di Giovanni Bellini proveniente dalla chiesa dei Servi e ora alle Gallerie dell'Accademia, rivela una certa analogia con il dipinto di Cima, anche se l'impianto delle figure attorno al Cristo appare più emotivamente freddo; al gesto più teatrale della Maddalena belliniana che sembra sottolineare il dolore gridato, Cima contrappone il gesto timido della donna che carezza la mano ferita del Cristo asciugandone con le sue dita il sangue. Elementi che ben corrispondono al fare dell'artista, e al clima meno eroico ma di una maggiore intimità delle sue opere e alla raffigurazione di una naturalità quotidiana anche nell'eccezionalità degli avvenimenti sacri. Forse soltanto nel paesaggio, dall'apparenza più convenzionale, si può individuare l'aiuto di qualche collaboratore di bottega.

Bibliografia: Boschini 1664, p. 372; Zanetti 1771, p. 63; Botteon-Aliprandi 1893, pp. 167-168; Frizzoni 1896, p. 461; Burckhardt 1905, p. 122; Crowe-Cavalcaselle 1912, p. 250; Fiocco 1912, p. 298; von Hadeln 1912b, VI, p. 595; Venturi 1912, pp. 132-133; Venturi 1915, VII, IV, p. 508; Berenson 1919, p. 198; Berenson 1932b, p. 146; Berenson 1936, p. 126; Pallucchini 1944, p. 22; Lazareff 1957, pp. 46 ss., 56 ss.; Coletti 1959, p. 75; Menegazzi 1962, p. 18; Pallucchini 1962, p. 223; Rutteri 1963, p. 48; Pallucchini 1980, p. 216; Menegazzi 1981a, pp. 129-130; Humfrey 1983 p. 129.

ADRIANA AUGUSTI

54.
L'arcangelo Raffaele e Tobiolo tra i santi Giacomo maggiore e Nicola di Bari
olio su tavola trasportata su tela,
162 × 178 cm
Venezia, Gallerie dell'Accademia, inv. 592
Iscrizioni: firmato su di un cartiglio ai piedi di Tobiolo «Joanis baptiste Cone[...] [...]s»
Provenienza: Venezia, chiesa di Santa Maria della Misericordia; dal 1827 al 1839 sul mercato antiquario; dal 1839 al 1884 Venezia, chiesa di Santa Maria della Misericordia; dal 1884 Venezia, Gallerie dell'Accademia

Restauri: 1840 circa; 1888 (Spoldi); 1962 (Lazzarin)
Analisi scientifiche: 2009, riflettografia IR, vis.-RS, XRF

Tra un san Giacomo maggiore intento nella lettura e san Nicola in assorta meditazione nelle sue vesti vescovili sono collocati, al di sopra di un rialzo roccioso e al centro del quadro, Raffaele e Tobiolo. La cui vicenda apprendiamo nel *Libro di Tobia* dell'Antico Testamento, ove si narra di come «Tobiolo incontrò un giovane bellissimo, con le vesti succinte», quel Raffaele che diverrà uno dei tre arcangeli riconosciuti dalla Chiesa insieme a Michele e Gabriele e cui il vecchio e giusto Tobia, accecato dall'infezione provocata dagli escrementi di un passero, affida il figlio Tobiolo, mandato a riscuotere un credito di dieci talenti d'argento. Nel lungo viaggio dall'Assiria alla Media, Raffaele proteggerà il giovane dalle insidie e in particolare da un minaccioso pesce del fiume Tigri che Tobiolo riuscirà a pescare conservandone, secondo l'indicazione dell'arcangelo, il cuore, il fiele e il fegato. Riscosso il denaro, e dopo l'incontro con Sara, sposa ideale cui Raffaele l'aveva condotto, i viaggiatori faranno ritorno alla casa paterna. In questo caso Cima decide di mettere in scena il giovinetto e il suo angelo custode nel cammino per la riscossione, come intuiamo dalla presenza del fido cane a precederli e dal pesce ancora vitale, appena pescato dal fiume che intuiamo dietro le fronde. Tobiolo volge lo sguardo a Raffaele, reggendo nella sinistra il pesce la cui carne sarà di nutrimento, cuore e fegato per scacciare il demonio Asmodeo che si era impossessato di Sara uccidendone i primi sette mariti, il fiele per restituire la vista al padre.
Ma vero protagonista della narrazione è il paesaggio, una natura immanente in cui i tre gruppi di personaggi sono completamente immersi. Un paesaggio ormai pienamente cinquecentesco, ove le nuove forme, delicatamente arrotondate, si accompagnano a una semplificazione di linee e strutture. Così siamo sempre in grado di riconoscere, sul colle tra Giacomo e Tobiolo, l'amato castello di Conegliano ripreso dalla Coderta alla torre vicina alla Porta di Ser Belle: ma solo perché lo riconduciamo al punto di vista espresso nella *Sant'Elena* di Washington (cat. 16), poiché qui tutto è fusione, macchia, il colore non è steso in sottili velature ma ha una corporeità quasi tattile, pur permanendo retaggi quattrocenteschi in dettagli quali il fitomorfo arabesco che orla la veste del fanciullo. E lo sguardo di san Nicola, reso con pochi colpi di biacca a inumidire la sclerotica e un tocco d'azzurrite tra iride e pupilla, spiega meglio di ogni altro dettaglio l'evoluzione tecnico-stilistica di Cima in un dipinto dalla complessità ancora rara, come ha mostrato Lazzarini editando una serie di microfotografie di alcune sezioni di colore prelevate dalla superficie. Trascrivere la descrizione del campione riguardante il manto rosso scuro dell'arcangelo offre un quadro preciso della perizia sopraffina che Cima riesce a mantenere anche in pieno Cinquecento: «- preparazione di gesso e colla + poca calcite / - sottile pennellata di biacca + nero carbone; è il grigio del fondo / - spesso strato di biacca + lacca rossa in particelle di dimensioni variabili + poco carbone; è il sottomodellato del manto / - sottilissima pennellata di lacca rossa, corrispondente al mezzotono / - pennellata di biacca; è un fondo riflettente per l'ombra successiva / - smalto di sola lacca rossa / - vernice» (Lazzarini 1978, p. 53).
Quello che Berenson giudicava un capolavoro è un testo ampiamente citato dalle fonti fin da Sansovino (1581). Che lo ricordava nell'abbazia veneziana di Santa Maria della Misericordia, dove anche Boschini (1664) la reputò «opera esquisita» quando la vide «sopra la porta che va in Priorato», mentre da Zanetti (1733, p. 395) sappiamo di un trasferimento sull'altare di sinistra in chiesa: «Nell'altro Altare evvi introdotto un quadro de' più belli del Conegliano coll'Angelo Raffaele, S. Giacomo Apostolo, e S. Nicolò, questo acciò servisse di palla fu aggiustato altrettanto per alto dove vi fu introdotta una immagine miracolosa, e varj puttini d'altra mano». Altare su cui ancora si trovava nel 1815 quando la ammirò Moschini. Dopo che nel febbraio del 1827 per 120 zecchini era stata alienata dal priore di Santa Maria della Misericordia, l'abate Girolamo Moro-Lin che, con il ricavato, provvide ad alcuni urgenti interventi di muratura in chiesa (Pianton 1843, p. 3), l'opera passò di mano tra almeno tre diversi proprietari. Ma il successore, il priore Pietro Pianton, riuscì a riacquisire il dipinto nell'aprile del 1839 a conclusione di una battaglia legale durata dieci anni e principiata quando stava per essere ceduto a un viennese per 800 zecchini (Zanotto 1843, p. 18). Nel 1884 fu poi comprato per 40 mila lire dal Ministero dell'Istruzione pubblica e assegnato alle Gallerie dell'Accademia (Botteon-Aliprandi 1893). Dove, alla luce delle condizioni critiche nelle quali versava, fu da Spoldi trasportato da tavola su tela nel 1888 in un intervento poi ripetuto da Lazzarin nel 1962 in occasione della mostra «che lo ha pure liberato di numerose ridipinture in modo che appare molto diverso da come era prima del restauro; completamente trasformato il cane in primo piano» (Menegazzi 1962, p. 66) ma che comunque poco ha potuto rispetto alle amplissime lacune provocate dai trasporti effettuati che hanno causato, come evidenzia chiaramente l'indagine riflettografica, una diffusa perdita dello strato di preparazione del dipinto.
Di cui si è sempre rivelata difficile una valutazione della datazione, con Cavalcaselle (in Crowe-Cavalcaselle 1912) e Van Marle (1935) che lo pongono al principio del Cinquecento relazionandolo all'*Incredulità di san Tommaso* di Venezia (cat. 37), mentre Morelli (1890), Burckhardt (1905), Moschini Marconi (1955) e Coletti (1959) lo posizionano verso fine carriera, in una datazione che si può precisare intorno al 1514-15 alla luce delle osservazioni fatte in apertura di scheda.

Bibliografia: Vasari 1568, ed. 1846-1857, VI, p. 118, ed. 1878-1885, pp. III, 663; Sansovino 1581, p. 62b; Boschini 1664, p. 443; Boschini 1674, p. 29 (*Canaregio*); Martinelli 1684, p. 239; Martinelli 1705, p. 275; Zanetti 1733, p. 395; *Cronica* 1736, p. 340; Baldinucci 1768-1814, III, 1813, pp. III, 205; Zanetti 1771, p. 62; *Forestiere illuminato* 1772, pp. 203-204; Arnaldi, Baldarini, Buffetti, Vecchia 1779, p. 58; *Forestiere illuminato* 1784, pp. 203-204; *Forestiere illuminato* 1792, p. 233; *Cronica* 1793, p. 167; *Forestiere illuminato* 1796, p. 168; Zanetti 1797, p. 88; Moschini 1815, I, p. 32; Moschini 1819, p. 206; *Forestiero illuminato* 1824, p. 321; Moschini 1828, p. 130; Zanotto 1830, c. 104*r*; Beltrame 1832, pp. 55 ss.; Moschini 1840, p. 76; Rio 1841, p. 418; Pianton 1843, pp. 3-7; Zanotto 1843, pp. 14-19; Moschini 1847, p. 89; Zanotto 1851, p. 167; Selvatico-Lazzari 1852, p. 154; Selvatico 1852-1856, II, p. 489; Quadri 1853, p. 385; Zanotto 1856, p. 319; Zanotto 1858-1860, tav. I; *Forestiere illuminato* 1866, p. 167; (Fulin-Molmenti) 1881, p. 257; Lafenestre 1885, p. 324; *Catalogo* 1887, p. 151; Eastlake 1888, pp. 96-97; *Catalogue* 1890, p. 170; Lermolieff [Morelli] 1890, p. 365; Botti 1891, p. 308; Muntz 1891, p. 587; Morelli 1892, p. 278; Botteon-Aliprandi 1893, pp. 121-122; Zimmermann 1893, p. 61; Berenson 1894, p. 98; Berenson 1895, p. 73; Conti 1895, p. 176; Morelli 1897, p. 283; Lafenestre-Richtenberger 1897, pp. 41-42; Romualdi 1899, p. 199; Conti 1900, p. 185; Burckhardt 1901, p. 717; Cantalamessa 1902, p. 28; Gusman 1902, pp. 112-113; Berenson 1905, p. 57; Burckhardt 1905, pp. 76, 110, 119; A. Peraté, in Michiel 1909, IV, pp. 1, 428; Crowe-Cavalcaselle 1912, p. 247; von Hadeln 1912a, VI, p. 596; Serra 1914, p. 176; Ricci 1914, tav. 15; Venturi 1915, VII, parte IV, p. 546; Berenson 1916, p. 189; Berenson 1919, pp. 180, 197; Fiocco 1924, p. 114; Vital 1926, p. 18; Fiocco 1928, p. 110; Van

[54.]

ECCE AGNVS DEI ECCE QVI
GIOVANNI BATTISTA CIMA (C.1459-1517/8). VENETIAN. ST LANFRANC OF PAVIA ENTHRONED WITH SAINTS. M.16

[55.]

Marle 1935, XVII, p. 433; Berenson 1936, p. 127; (Marconi) 1949, p. 43; Burckhardt 1952, p. 907; Moschini Marconi 1955, p. 116; Lorenzetti 1956, p. 672; Berenson 1957b, p. 67; Lazareff 1957, p. 48; Berenson 1958, p. 69; De Logu 1958, p. 237; Coletti 1959, pp. 94-95; Heinemann 1962a, p. 318; Mazzotti 1962, p. 38; L. Menegazzi, in *Cima da Conegliano* 1962, pp. 44, 66-67; Pallucchini 1962, p. 227; Polo 1962, p. 9; Vertova 1962, p. 717; Fiocco 1963, p. 58; Rutteri 1963a, p. 50; Grönwoldt 1965, p. 235; Fantelli 1978, p. 191; Lazzarini 1978, pp. 45, 50, 53-56, 59; Spezzani 1978, p. 42; Menegazzi 1981a, p. 133; Humfrey 1983, pp. 150-151; Lucco 1996, p. 71; Tempestini 1999, p. 973.

GIOVANNI C.F. VILLA

55. ▶
San Lanfranco in trono
tra i santi Giovanni Battista e Liberio
olio su tavola, 145,1 × 129,9 cm
Cambridge, Fitzwilliam Museum, inv. M.16
Provenienza: Venezia, chiesa di Santa Maria dei Crociferi; *ante* 1674 e *ante* 1803, Venezia, convento dei gesuiti presso Santa Maria dei Crociferi; 1912, donazione di Charles Brinsley Marlay al museo

Restauri: 1950-1951; 1980

Assemblando motivi consueti – la linea obliqua del paesaggio, dal basso verso l'alto, da sinistra a destra; Lanfranco sull'alto trono innalzato da un basamento che lo incornicia nel paesaggio, il ruolo sottolineato anche dalla bassa balaustra che cela in parte lo sfondo – Cima riesce, allo spegnersi della carriera, a consegnare con questa pala e quella per le benedettine di Conegliano (cat. 56) due opere compositivamente simili ma liricamente diversissime. La poesia della luce modella tre volti, tre sguardi lontani, persi nel vuoto fuori dalla cornice, dal dialogo con i fedeli, distanti. Il Battista ha le palpebre abbassate, assorto nell'indicare l'agnello di Dio retto nella mano sinistra e le sue gambe sono tagliate dall'ombra, un alone pastoso e tonale, di puro colore, avvertito certo di quanto Giorgione aveva predicato. Una maniera moderna che in Cima non può spingersi oltre senza mettere a repentaglio la calma cristallina, la regola armonica che orienta e ferma i gesti di santi ancora memori della lezione di Antonello filtrata da Alvise Vivarini.
«Un quadro in Tavola di Gio: Battista Cima da Conegliano, sopra il quale si vede nel mezzo in grave trono S. Lanfranco Vescovo, alla destra S. Giovanni Battista, & alla sinistra un Santo Crocifero con la sua solita rimarca in lontano che è il sito di Conegliano; opera certo singolare»: così Boschini (1674) descrive con precisione l'opera nella sua collocazione in Santa Maria dei Crociferi a Venezia. Secondo Humfrey (1983) già ricordata, seppur in modo impreciso, da Martinioni (1663) e prima da Ridolfi (1648), che citava come Cima «Per lo Altare de' Pellicari lavorò parimente la tavola di Maria Santissima con San Giovanni e San Benedetto». Certo pare piuttosto strana la lettura del dipinto fatta da un Ridolfi solitamente assai preciso e, dunque, bisogna prendere con beneficio del dubbio il fatto che a commissionare la pala fosse l'Arte dei Pellicari, o Varoteri, proprietari di locali addossati alla chiesa e il cui altare era il primo entrando a destra. Con i santi rappresentati opera strettamente collegata alla chiesa, poiché tra le reliquie possedute dai frati crociferi vi era anche la testa di san Lanfranco (Corner 1758, in Humfrey 1983). Mentre Robertson (1967) identifica il santo di destra con Liberio di Ancona, con l'abito azzurro e la croce d'argento assegnata da papa Pio II all'ordine dei crociferi nel 1459 (Leoni 1599, pp. 21-22, in Humfrey 1983).
Circa la datazione, al di là delle attinenze che si possono intessere con numerose opere tarde, Robertson (1967) indica nell'incendio del 1514 che colpì la chiesa un termine *post quem* per la commissione del quadro. Ipotesi assai labile considerando come il medesimo edificio ospitasse altre quattro opere di Cima giunte integre dopo l'incendio: l'*Annunciazione* di San Pietroburgo (cat. 15), il *Miracolo di San Marco* di Berlino (cat. 25) e il *San Marco* con il *San Sebastiano* di Londra (cat. 28).
Robertson prima, e una relazione dell'Hamilton Kerr Institute poi (University of Cambridge, record n. 607, 29 gennaio 1981, in Humfrey 1983, p. 90), narrano le vicende conservative dell'opera, il cui aspetto più importante è dato da un intervento che prima la suddivise in tre parti e poi vide i tre pezzi in cui era a quel punto ridotta esser resecati, nella parte superiore i santi laterali, e nella parte inferiore del trono il pezzo centrale. Ricostruito poi il complesso nel 1950-51, delle tre cospicue mancanze fu mantenuta solo quella del trono ove originariamente, ipotizza Humfrey (1983), avrebbe anche potuto trovar posto un angelo, come avvenuto in casi similari. E dove avrebbe dovuto trovarsi anche il cartellino, o comunque l'iscrizione, con la firma «Joannis Baptistae Coneglanensis opus» trascritta nel 1754 da Francesco Antonio Zaccaria.

Bibliografia: Ridolfi 1648, ed. 1914-1924, p. 59; Martinioni 1663, p. 169; Boschini 1674, p. 15 (*Canaregio*); Zanetti 1733, p. 385; Zaccaria 1754, p. 43; Federici 1803, I, p. 223; Botteon-Aliprandi 1893, p. 179; Constable 1925, p. 282; Constable 1927, pp. 19-20; Berenson 1932a, p. 145; Van Marle 1935, XVII, p. 449; Berenson 1936, p. 125; Popham-Wilde 1949, p. 171; Berenson 1957b, p. 64; Berenson 1958, p. 66; Winter 1958, p. 46; Coletti 1959, p. 93; Pallucchini 1962, p. 227; G. Robertson, in Godison-Robertson 1967, pp. 11, 36-38; Wright 1976, p. 38; Menegazzi 1981a, p. 131; Humfrey 1983, pp. 90-91; Claut 1994, p. 81.

GIOVANNI C.F. VILLA

56. ▶

San Pietro in cattedra tra i santi Giovanni Battista e Paolo e un angelo musicante
tavola trasportata su tela, 155 × 146 cm
Milano, Pinacoteca di Brera, inv. napoleonico 373; inv. generale 189; reg. cronologico 292
Iscrizioni: firmato in un cartiglio in basso a sinistra «Joan[n]is baptiste / [...]»; sul cartiglio del Battista «EGO VOX CLAMANTIS IN [...]»
Provenienza: Conegliano (TV), refettorio del monastero delle benedettine di Santa Maria Mater Domini; 1806, inviato in deposito a Milano presso il convento della Passione; 1811, pervenuto alla Pinacoteca di Brera

Restauri: *ante* 1813 (trasporto da tavola su tela); 1857-1860 (Molteni); 1883 (trasporto su tela: Antonio Zanchi; intervento pittorico: Luigi Cavenaghi); fine anni ottanta del Novecento (Ottorino Nonfarmale)
Analisi scientifiche: 2009, riflettografia IR, vis.-RS

Quello che per Burckhardt (1905) è il raggiungimento più alto di Cima, e un capolavoro assoluto per Berenson (1894), è il testamento spirituale del coneglianese, l'estremo omaggio alla sua città. Probabilmente commissionata dalla badessa Antonia, priora del convento delle francescane osservanti di Santa Maria Mater Domini di Conegliano e finito di pagare il 19 agosto 1516 con un saldo di sei ducati che, unitamente ai precedenti pagamenti, portava il costo dell'opera a ducati settanta (Botteon-Aliprandi 1893), la pala è brevemente ricordata da Ridolfi (1648) – «A petitione dell'Abbadessa di S.M. Mater Domini di Conegliano fece una divotione» – e più compiutamente descritta da Malvolti (1774, p. 14): «Item un eccellente opera in tavola di Giovan Battista Cima detto il Conegliano Vecchio, coll'immagini di S. Pietro, S. Paolo, e S. Giovanni Battista, esistente nel refetorio. È questa soltanto un poco sporca, con qualche picciolo pregiudizio ov'è stata ristuccata in qualche picciola fessura della tavola: ed è una Pala grande».
Stilisticamente e compositivamente legata ai precedenti esempi di Zermen (cat. 47) e di Santa Maria dei Crociferi a Venezia, è un commiato in cui vi è tutto Cima, la *summa* di trent'anni d'arte. Nella smaltata tavolozza, nella raffinatissima tensione grafica che disegna abiti pontificali e manti dai cangiantismi rilucenti e riflessi madreperlacei; nel trono di Pietro, fatto di marmi colorati e mosaici dorati, quasi richiamo ai decori bizantini della basilica di San Marco, esaltato e isolato dal drappo d'onore azzurro, macchiato dall'ombra ma con la luce che ne esalta i disegni intessuti. Nell'impressione teatrale dell'insieme, accompagnata da tre gesti, la destra dei santi alzata; nell'angelo dallo sguardo intenso, le ali d'arcobaleno a coprirgli morbidamente le spalle con il loro piumaggio, il suono del «liuto a forma di mandorla, di piccole dimensioni» (Toffolo 2005) a riverberare nella cornice quadrata che ha preso il posto dell'abside d'archi. Che ritorna, edicola ad accogliere il santo e riutilizzo «con minime varianti [di] una foggia di trono in voga negli anni sessanta del Quattrocento, come si vede ad esempio nella pala di Capodimonte a Napoli di Bartolomeo Vivarini, del 1465» appuntava Lucco (1994). E poi nel taglio basso, di sotto in su, l'orizzonte mediano di monti e borghi lontani e gli esili steli di tronchi piegati dal vento a far da contrappunto alla testa di san Paolo. Con l'atmosfera vibrata dei cumulonembi che riempie di un'aria intensa, concreta, palpabile lo spazio dei santi e ne satura le cromie, ne esalta incarnati che definiscono singole psicologie e storie di vita.
Soppresso il convento coneglianese nel 1806, la pala giunse a Milano insieme a quella di Oderzo (cat. 2) con il disgraziato convoglio trevigiano inzuppatosi di pioggia nei giorni di viaggio, così che la pellicola pittorica subì di lì a poco il trasporto da tavola su di una tela di canapa. Maderna (1990) ne ha puntualizzato le vicende conservative segnalando una nota di Molteni del 16 giugno 1856 in cui osservava come il colore «si trova in una notevolissima sollevazione ed è anche moltissimo guasto e manifesta le tracce di altri restauri: pure ciò malgrado il sottoscritto farebbe riflettere che le parti più importanti si trovano in ottimo stato. Lo scrivente opinerebbe doversi anzi tutto ispezionare e riparare la tavola, poi restituire al loro posto le parti staccatesi, spogliarlo dei molti restauri cresciuti e dell'ingiallimento della vernice e passare al lungo e delicato restauro». Che sarà effettuato a partire dal settembre 1857 impegnando Molteni per tre anni. Ma senza porre soluzione ai problemi del supporto, tanto che il «29 gennaio 1877 il De Maurizio, allora restauratore capo della Pinacoteca» segnalava come il dipinto avesse «bisogno urgente di essere trasportato su tela, a motivo delle ognor crescenti lesioni cui va soggetto» e, nel 1883, Antonio Zanchi effettuò un nuovo trasporto di quanto rimaneva di preparazione e pittura con Cavenaghi che poi si occupò dell'intervento pittorico. Operazioni che, pur abradendo drammaticamente la superficie pittorica, tanto che rimane solo blanda eco dell'oro nella conchiglia sommitale del trono, non impediscono ancora oggi di ammirare la magistrale sapienza tecnica, la tenuta pittorica di un Cima al passo d'addio ma sempre attento a mutare in tono e luce il risvolto di un manto o la lama di una spada.
Come indicava Menegazzi (1981), anche quest'opera ebbe immediato successo, tanto da essere presa a modello da Marco Basaiti per una copia nella chiesa di San Pietro a Castello in Venezia.

Bibliografia: Vasari 1568, ed. 1878-1885, pp. III, 664; Ridolfi 1648, ed. 1914-1924, I, pp. 60, 77; Malvolti 1774, pp. 7, 14; Federici 1803, I, p. 223; *Guida* 1838, p. 50; *Guida* 1872, p. 57; *Pinacoteca* 1877, p. 61; Muntz 1891-1895, p. 587; Botteon-Aliprandi 1893, pp. 100-101, 203-204; Zimmermann 1893, p. 60; Berenson 1894, p. 98; Gronau 1894, p. 463; Berenson 1895, p. 74; Berenson 1897, p. 105; Morelli 1897, p. 282; Vital 1902, p. 26; Burckhardt 1905, pp. 78-80; Ricci 1907, pp. 76, 81, 82, 290; Malaguzzi Valeri 1908, pp. 93-94; Crowe-Cavalcaselle 1912, I, p. 245; von Hadeln 1912a, VI, p. 596; Venturi 1915, VII, parte IV, pp. 501, 546; Berenson 1919, pp. 179-180, 197; Vital 1926, p. 18; Constable 1927, p. 20; *Royal Academy of Arts* 1930, p. 171; Balniel, Kennet, Modigliani 1931, p. 97; Fogolari 1931, X, p. 245; Modigliani 1935, p. 63; Van Marle 1935, XVII, pp. 448-449; Berenson 1936, p. 126; Morassi 1942, p. 33; Pallucchini 1946, p. 85; Coletti 1953b, pp. LXXV-LXXVI; Ottino Della Chiesa 1953, pp. 22, 24; Berenson 1957b, p. 66; Lazareff 1957, p. 57; Berenson 1958, p. 68; De Logu 1958, p. 237; Suida 1958, p. 36; Coletti 1959, pp. 17, 95; Ballarin 1962a, p. 486; Heinemann 1962a, p. 318; Heinemann 1962b, p. 298; L. Menegazzi, in *Cima da Conegliano* 1962, p. 65; Pallucchini 1962, pp. 222, 227; Vertova 1962, p. 718; Cecchi 1963, p. 7; Francastel 1963, p. 225; Marini 1963, pp. 156-157; Polo 1963, pp. 17-19; Rutteri 1963a, p. 55; Bonicatti 1964, pp. 40, 80; Malvolti 1964, p. 12; Zava Boccazzi 1965, p. 6; De Mas 1972, p. 150; Matalon 1977, p. 51; Nepi Scirè 1977, p. 327; Fantelli 1978, p. 191; Menegazzi 1981a, pp. 53-54, 132-133; Humfrey 1983, pp. 48, 119-120, 206-207; Bedini-Maderna 1990; Fossaluzza 1990, p. 554; Humfrey 1990c, pp. 118-119; Claut 1994, p. 81; Humfrey 1994b, p. 11; Lucco 1994, p. 25; Tempestini 1994b, p. 39; Lucco 1996, p. 71; Tempestini 1999, p. 973; Toffolo 2005, p. 42; P. Humfrey, in *Bellini, Giorgione, Titian* 2006, pp. 80-81.

GIOVANNI C.F. VILLA

[56.]

57. ▶

Incoronazione della Vergine tra i santi Pietro e Paolo
tempera su tela, 277 × 194 cm
già Berlino, Gemäldegalerie, Staatliche Museen zu Berlin
Provenienza: fino a dopo il 1803 Conegliano (TV), chiesa di San Paolo; 1821, Edward Solly consegna la pala allo stato prussiano; 1884-1902, in deposito alla Kunstakademie di Düsseldorf; 1902-38, in deposito all'ambascita tedesca di Istanbul (in Kuhnel-Kunze 1963); Berlino, Kaiser-Friedrich-Museum (dal 1904 nel Bodemuseum); dal 1945 perduto (presumibilmente distrutto dal fuoco nel deposito dei dipinti nel bunker di Berlino-Friedrichshain)

Essendo giudicabile il dipinto solo sulla base delle poche foto storiche giunte a noi – l'opera da considerarsi dispersa dal momento della presa di Berlino da parte dell'armata rossa – è necessario riferirsi esclusivamente alle fonti bibliografiche per tracciarne la fortuna critica. Eseguita a tempera su di un supporto di tela, facendo fede alle indicazioni di Kuhnel-Kunze (1963), è plausibilmente da identificarsi con la pala eseguita per i frati umiliati della chiesa di San Paolo a Conegliano, ove era ricordata da Malvolti (1774, p. 19) «moltissimo pregiudicata e guasta per essere stata tocca in moltissimi luoghi da mano imperitissima».
Intorno al dipinto si è sviluppato un vivace dibattito attributivo aperto da Federici (1803) che, sulla scorta di Malvolti, la dava a Carpaccio mentre Burckhardt (1905), riportando un giudizio di Waagen incline a darla a Bartolomeo Montagna, la assegnava alla bottega di Cima trovando concorde Berenson, mentre Kunze (1941), in un primo momento propenso a una paternità di Lazzaro Bastiani, la restituiva a Cima accostandola alla pala di Vicenza (cat. 4), all'evidenza sulla base dell'idea compositiva contraddistinta dall'alto baldacchino a proteggere Madre e Figlio e dal graticcio che separa i sacri attori dagli alti alberi sullo sfondo. Dunque in date giovanili con cui non si accordano, vagliando i materiali iconografici pervenuti, dettagli iconografici come la Madonna priva del velo e a capo scoperto (Humfrey 1983, p. 86) e un certo scadimento qualitativo da imputarsi alla bottega, così che pare convincente il giudizio di Tempestini (1994) che la indica «dipinta con l'aiuto di allievi nella fase più avanzata della carriera». Dunque esercitazione estrema su di un tema tradizionalmente veneziano, nella sua matrice bizantina, da Cima e bottega trattato in diverse versioni, dalla prima e più antica testimonianza, la piccola *Incoronazione della Vergine* della Pinacoteca Nazionale di Bologna (tavola, 21,3 × 73,5 cm, inv. 815): un'opera da ascriversi alla bottega di Cima, probabilmente in origine cimasa per un altarolo, che presenta la massima semplificazione del tema, inquadrando tra le nuvole due troni a ospitare la Madonna a mani giunte sul petto e il Cristo che le pone la corona in capo. Immagine, quest'ultima, che sarà fedelmente ripresa nel dipinto già a Berlino. Preceduto anche dalle versioni in Santi Giovanni e Paolo (cat. 46) e della collezione Patrizi di Roma (tavola, 54 × 41 cm), da porsi intorno al 1510-12 e forse tra le conosciute quella con il maggior grado di autografia, oltre a essere un'importante testimonianza figurativa in quanto probabile replica in scala ridotta della pala eseguita da Cima per la chiesa di San Paolo a Treviso, ancora non rintracciata e accuratamente descritta da Federici (1803, I, pp. 222-223): «Presso le Monache di S. Paolo Domenicane da dove passò ad uno loro affittuale in Morgano, un bellissimo quadro, che rappresenta la Incoronazione di M.V. fatta sotto un Trono con bella architettura in mezzo, e nell'alto il Padre Eterno, ed il Redentore sedente, che propriamente le pone sulla testa la corona: ne' lati del trono veggonsi tre graziosi suonatori per parte di Trombe, Flauti, e Cetere, in uno che suona il Liuto discoprendosi lo stesso Cima allora giovane leggiadro, e bello, e nel piedistallo leggesi: Joannis Baptistae Coneglanensis opus».

Bibliografia: Malvolti 1774, p. 19; Federici 1803, I, p. 228; Burckhardt 1905, p. 116; Kunze 1941, p. 6; Berenson 1958, p. 66; Kühnel-Kunze 1963, pp. 27-34; Humfrey 1982a, p. 277; Humfrey 1983, pp. 85-86; Tempestini 1994b, p. 39.

GIOVANNI C.F. VILLA

58. ▶

Giovanni Battista Cima da Conegliano e bottega
San Marco in trono tra i santi Luigi vescovo e Andrea, la Temperanza e la Giustizia
tela, 220 × 340 cm (scomparto centrale); 190 × 80 cm (*Giustizia*); 190 × 85 cm (*Temperanza*)
Venezia, Gallerie dell'Accademia, inv. 816, 165, 167

Restauri: 2006-2007 (Sandra Pesso, con la collaborazione di Annalisa Lusuardi, Giorgia Busetto, Charles Nelson e Giulio Bono), direzione scientifica Luca Caburlotto
Analisi scientifiche: riflettografia IR, VIS.-RS, XRF

Il dipinto appartiene alla serie di opere che, prima della caduta della Repubblica di Venezia, all'interno (o sulle facciate) dei palazzi della pubblica amministrazione in cui erano collocate esprimevano, tramite la presenza simbolica dell'evangelista, sia l'orgoglio civico e il senso delle istituzioni statali veneziane che la fede e l'appartenenza religiosa. Ciò attraverso il solenne ruolo che vi aveva il santo (o il suo simbolo apocalittico, il leone) cui secondo la leggenda andava attribuita l'introduzione del cristianesimo nelle lagune, senz'altra mediazione con Cristo che egli stesso: sotto la sua egida la città lagunare poneva la sua protezione e contemporaneamente, nell'autonomia che gli garantiva la diretta trasmissione della fede dalla sua fonte prima, costituiva la propria identità culturale e politica.
Le tre tele – arbitrariamente divise e scorciate nella parte superiore (la quale, in forma d'arco culminante sopra il san Marco, conferiva all'insieme l'idea di una grande lunetta) – provengono dal Magistrato della Camera dell'Armamento a Palazzo Ducale: l'originario unico dipinto era collocato, con un risultato scenografico che è da supporre di notevole effetto, al di sopra del Tribunale, termine con il quale, per questa come per le altre magistrature veneziane, si intendevano i seggi dei componenti del collegio giudicante, decisionale, deliberante o comunque direttivo, collocati sul lato di fondo delle rispettive sale d'udienza o di riunione. Esso costituiva prova dell'alta investitura che legittimava l'operato dei magistrati e il dispiegarsi dell'azione amministrativa e giudiziaria dello stato veneziano.
Nella sua vasta e importante campagna di tutela delle opere delle pubbliche sedi, il dipinto fu restaurato ancora al tempo della Repubblica Serenissima da Pietro Edwards, che ne inviò una relazione al Senato con lettera del 16 aprile 1784 (Moschini Marconi 1955). A seguito della soppressione napoleonica delle istituzioni e degli enti laici ed ecclesiastici esistenti con la Serenissima, l'opera fu rimossa e trasferita nel deposito demaniale della Commenda di Malta dove, nel 1812, fu diviso in tre parti: quella centrale fu inviata all'Accademia di Vienna il 14 agosto 1838, quelle laterali vennero invece consegnate all'Accademia di Venezia il 28 novembre dello stesso anno. Nel 1919 la parte centrale tornò a Venezia e nel 1930 fu ricongiunta con le altre due, ripristinando la forma originaria a lunettone con l'aggiunta delle zone di fondo (Moschini Marconi 1955), intervento rimosso nel 1959 con la nuova divisione in tre parti.
Al centro della tela, su ampio sfondo paesistico, san Marco, seduto in trono, legge un libro ove è riportata la tradizionale e famosa frase: *Pax Tibi Marce Evangelista Meus.* A destra sono san Luigi vescovo e la figura della Temperanza; a sinistra sant'Andrea e la Giustizia.
Mentre è evidente il ruolo centrale del san

[57.]

Cima da Conegliano, *Incoronazione della Vergine*, Roma, Collezione Patrizi Montoro

[58.]

PAX
TIBI
MAR
SE
GELI
STA
MEVS

Marco, sotto la cui protezione si dispiegava l'azione politica e amministrativa della Serenissima, le virtù laterali sono per parte loro associate alla severa ma equilibrata gestione del potere da parte dei magistrati della repubblica: da un lato la Giustizia, che regge la spada, dall'altro la Temperanza: cogliendo il significato originario di «correggere mediante la mescolanza con altra cosa di natura contraria o diversa» (Devoto-Oli), questa virtù è, secondo una consolidata tradizione iconografica, raffigurata mediante una donna che versa una brocca d'acqua, essendo figurativamente sottinteso l'altro contenitore di diversa sostanza. Il significato è evidente: i magistrati non si lasciano guidare da uno spirito cieco, istintivo e formale, ma attenti alla sostanza dei fatti, alla concretezza della situazione in cui questi si manifestano, mitigano i rigori e gli eccessi della giustizia con la saggezza della misura e dell'equilibrio, così conformandosi alla prudente e lungimirante politica con cui la Serenissima Repubblica desiderava presentarsi (e rappresentarsi). Frutto di un sistema politico basato su attenti contrappesi contro la tirannide di un uomo solo (*balance of powers*, si direbbe modernamente), Venezia ha sempre voluto vantare di fronte agli osservatori, celebrandosi anche attraverso l'arte, come il luogo dell'Utopia realizzata, della pacifica convivenza, della giustizia e dell'equilibrio, sempre sotto l'auspicio dell'apostolo Marco.

Il dipinto è ricordato dal Boschini (1664, 1674) dallo Zanetti (1733, 1771) e dalle guide settecentesche come opera del Cima, e così anche da Pietro Edwards nella sua relazione sopra citata e negli elenchi delle opere demaniali da lui redatti al momento delle soppressioni napoleoniche. La separazione della lunetta centrale dalle parti laterali e la perdita della cognizione dell'originaria unitarietà dell'opera comportano nel corso dell'Ottocento erronee identificazioni circa la provenienza e la paternità del dipinto. All'Accademia di Vienna la parte centrale viene attribuita ad Andrea Busati, nonostante l'atto di consegna del 1838 si riferisse al Cima, mentre all'Accademia veneziana le due *Virtù* vengono riconosciute a Girolamo da Udine (Moschini Marconi 1955). Per Crowe-Cavalcaselle (1871), che non riconoscono l'appartenenza delle tre parti a un'unica opera, le due virtù mostrano i caratteri di Cima mescolati a elementi carpacceschi, e sono da essi avvicinate all'*Incoronazione della Vergine* dei santi Giovanni e Paolo (cat. 46) ora riconosciuta a Cima ma da essi considerata tra Carpaccio e Girolamo o Giovanni da Udine; a questi ultimi due, come affidatari del lavoro all'interno della bottega di Cima, gli autori attribuiscono la parte centrale «of raw colour, and without Cima's delicacy of colour or of touch».

Alla fine del secolo Botteon e Aliprandi (1893), grazie a un'attenta verifica, ricostruiscono idealmente l'insieme pur ancora smembrato e ne ripercorrono correttamente le vicende riconducendone la paternità a Cima da Conegliano, come poco dopo Ludwig (1901) ha modo di confermare, altresì datando l'opera al 1516, seguito da Burckhardt (1905). La verifica di Botteon e Aliprandi viene ripresa anche da Borenius nelle sue note all'edizione del 1912 del Crowe-Cavalcaselle.

Nel 1930 la parte centrale, restituita a Venezia, viene ricongiunta ai due laterali, con un intervento ovviamente comportante la realizzazione di parti d'integrazione nelle zone di giunzione. Considerato improprio per i moderni principi del restauro, in quanto interpretativo di una situazione non più ricostruibile con certezza, questo intervento viene rimosso nel 1959 da Antonio Lazzarin, che nel suo restauro separa nuovamente le tele riportandole a quanto rimaneva di originario.

L'attribuzione dell'opera alla mano del Cima viene tuttavia rivista, nel senso di considerarvi ampiamente presente la collaborazione della bottega, e in taluni casi vengono riprese le ipotesi precedenti (Moschini Marconi 1955, con bibl. precedente; Berenson 1957b, Coletti 1959, Menegazzi 1981a, Humfrey 1983, Nepi Scirè 1996).

La più ampia disamina sull'opera è stata effettuata da Humfrey (1983), che riconosce possibile una datazione al 1516; non però secondo la deduzione di Ludwig (1901), effettuata sulla base della corrispondenza dei nomi dei tre santi raffigurati con quelli dei tre magistrati di quell'anno (secondo l'uso tradizionale di donare un telero al termine dell'incarico), tenuto conto che la presenza di san Marco viene facilmente da sé. Humfrey riconosce come il sant'Andrea sia ripreso in controparte dalla tela con la *Madonna con il Bambino e i santi Michele arcangelo e Andrea* della Galleria Nazionale di Parma (cat. 21); egli osserva inoltre come la *Temperanza* sia strettamente correlata alla *Santa Giustina* della Kinney Collection di Washington e la *Giustizia* alla *Sant'Elena* della National Gallery di Washintgton (Kress Collection; cat. 16) e alla *Santa Caterina d'Alessandria* del polittico già in San Rocco a Mestre, ora alla Wallace Collection di Londra (cat. 29), cui si può avvicinare anche la santa Caterina presente nella pala del Duomo di Conegliano (cat. 9). Tutte queste strette correlazioni formali inducono a pensare che, all'interno della bottega cimesca, i collaboratori si siano ampiamente avvalsi di cartoni del maestro. Humfrey segnala in ogni caso la diversità di mano fra la sezione centrale e le *Virtù* laterali: queste ultime, più manierate nel trattamento dei drappeggi, rimandano a suo parere allo stile di Girolamo da Udine, mentre la parte centrale, con drappeggi relativamente più semplici, il paesaggio marino privo di atmosfericità e l'insistenza sui dettagli zoologici richiama per lo studioso i modi di Andrea Busati, talvolta pedante nell'accumulazione di animali all'interno delle sue opere.

Al Busati, cui come si è visto era riconosciuta all'Accademia di Vienna, l'opera era stata attribuita integralmente da Berenson (1957). Egli è d'altra parte l'autore del *San Marco in trono tra i santi Andrea e Francesco*, anch'esso alle Gallerie dell'Accademia, proveniente parimenti da un ufficio pubblico, il Magistrato al Sal delle Ragion Vecchie nel palazzo dei Camerlenghi, imitazione diretta del nostro dipinto e prova se non altro del gradimento che l'opera aveva ottenuto (F. Lugato, in *Dai dogi agli imperatori* 1997).

In ogni caso il *San Marco tra i santi Luigi vescovo e Andrea, la Giustizia e la Temperanza* fu certamente consegnato alla magistratura destinataria dal Cima, che si mostrava in qualche modo una sorta di «pittore ufficiale» della Serenissima, se pensiamo anche al grande *Leone di San Marco tra i santi Giovanni Battista, Giovanni Evangelista, Maddalena e Girolamo*, anch'esso alle Gallerie dell'Accademia, proveniente dall'ufficio della Messetaria nel palazzo dei Camerlenghi a Rialto (cat. 50).

Il restauro compiuto nel 2006-07 (Sandra Pesso, con la collaborazione di Annalisa Lusuardi, Giorgia Busetto, Charles Nelson e Giulio Bono) ha ottenuto, tra i risultati più validi, il recupero di una maggiore profondità prospettica del paesaggio marino, collinare e montuoso, e la messa in luce di molti dettagli di qualità, come i decori che caratterizzano il trono di san Marco, le ombre che sfumano sui gradini ai suoi piedi e il delicatissimo cammeo posto al centro del gradino inferiore. Si è potuto notare da vicino come la pellicola pittorica, sopra la tradizionale preparazione bianca, sia stata stesa per velature successive, con l'uso di cartoni per le figure e con un disegno preparatorio di colore nero per gli elementi architettonici.

Bibliografia: Boschini 1664, p. 83; Baldinucci 1768-1814, pp. 111, 206; Boschini 1674, S. Marco, p. 64; Zanetti 1733, p. 149; Zanetti 1771, p. 64; Federici 1803, pp. 1, 224; (Zanotto) 1844, p. 6; (Zanotto) 1845, p. 6; *Guida* 1846, pp. 5-6; *Catalogo* 1852, p. 8; Selvatico-Lazzari 1852, p. 243; *Catalogo* 1854, pp. 32-33; *Catalogo* 1855, pp. 32-33; *Catalogo* 1856, pp. 32-33; Zanotto 1856, p. 531; *Catalogo* 1857, p. 34; *Catalogo* 1859, p. 39; *Catalogo* 1962, p. 41; *Catalogo* 1863, p. 41; Cérésole 1867, p. 36; Blanc 1868, p. 8; Crowe-Cavalcaselle 1871, p. 243, n. 5, p. 247, n. 4; *Catalogo* 1878, p. 39; *Catalogo* 1885, p. 30; Liitzow 1889, p. 48; Botti 1891, pp. 251-252; Botteon-Aliprandi 1893, pp. 162-163; Keary 1894, pp. 130-131; Conti 1895, p. 54; Frimmel 1901,

p. 87; Ludwig 1901, p. IX; Paoletti 1903, p. 59; Burckhardt 1905, p. 120, 121; Gronau 1911, p. 277; Crowe-Cavalcaselle 1912, I, pp. 251-252 (nota del Borenius); Serra 1914, p. 66; Fiocco 1919, p. 8; Fiocco 1921, p. 183; Fiocco 1924, pp. 43-44, 150; (Fiocco) 1928, pp. 42 e 145; Van Marle 1935, XVII, pp. 397 ss.; Fogolari 1936, pp. 15 e 51; Borenius 1939, pp. 12 ss.; Moschini Marconi 1955, pp. 118-119, cat. 119; Berenson 1957b, p. 51; Berenson 1958, p. 53; Coletti 1959, p. 95; Bergamini Ponta 1970, p. 47; Cavalcaselle 1974, p. 39; Menegazzi 1981a, pp. 135-136, cat. 151-153; Humfrey 1983, p. 154, cat. 146; Nepi Scirè 1996, pp. 36-38, cat. 16; F. Lugato, in *Dai dogi agli Imperatori* 1997, p. 150.

LUCA CABURLOTTO

59. ▶
Giovanni Battista Cima da Conegliano e bottega
a. *Arcangelo Gabriele*
b. *Madonna annunciata*
c. *San Giovanni Battista*
d. *San Taddeo*
olio su tela, 172 × 78 cm (a), 172 × 79 cm (b), 177 × 71 cm (c), 176 × 81 cm (d)
Venezia, Gallerie dell'Accademia, inv. 148, 150, 817, 818 (in deposito presso Museo Civico del Castello di Conegliano)
Provenienza: Conegliano, chiesa di San Francesco; 1812, acquisite dall'Accademia di Venezia dopo le soppressioni napoleoniche; 1838-1919, i due santi trasferiti a Vienna; dal 1955 ai primi anni settanta del Novecento, Treviso, Museo Civico «Luigi Bailo» in deposito dalle Gallerie dell'Accademia di Venezia; Conegliano, Museo Civico del Castello, in deposito dalle Gallerie dell'Accademia di Venezia

Giunto al termine del suo percorso artistico e di vita, Cima riesce a essere sempre coerente con se stesso, mai inutilmente analitico o decorativo, mai banalmente descrittivo. Ma preciso e rigoroso nella scelta di lasciare ampie zone al non detto, al silenzio: in questo caso all'emozionante muro grigio che orchestra su due ante la stanza della Vergine, interrotto solo da una finestra entro cui si mimetizza tra le nuvole la colomba dello spirito santo. Nell'estrema sobrietà dell'ambiente impressionano la statuaria posa dell'angelo dalle ali misteriosamente impalpabili, la Madonna concertata nei tre colori primari: rosso della veste, blu del manto dal risvolto dorato, il candido velo a staccarla, insieme alla sua ombra, da una parete che vorrebbe inglobarla, insensibile all'illuminazione divina.
La struttura dei quattro pannelli – ai due con Gabriele e la Vergine si aggiungono *San Giovanni Battista* e *San Taddeo* – induce a ipotizzare si tratti di ante d'organo, anche se la prima attestazione giunta a noi è solo quella di Malvolti (1774), che ricorda le opere già separate nella chiesa di San Francesco a Conegliano: «Di più in Coro a S. Franc.° vi sono due quadri del Conegli.°, uno col Angelo che annunzia a M.V. L'altro con V. Annunziata opera del Congl.° e due quadri con due Apostoli del Giorgione» (nota autografa al manoscritto di Malvolti ora in Archivio Comunale di Conegliano, b. 432, IX, f. 4, in Humfrey 1983).
Valutando la profonda diversità di mano tra le coppie di pannelli, oggi purtroppo molto sudici e globalmente poco leggibili, e considerando come l'*Annunciazione* sia forse una delle ultime opere autografe di Cima, decisamente da ascrivere ad allievi sono i due santi, pesantemente ridipinti e oscurati da vernici, così che si sono scatenate una ridda di ipotesi attributive, nessuna pienamente convincente. Principiando da Edwards (1812) che assegnava le quattro figure a Pellegrino da San Daniele, con Berenson (1936) che in un primo momento concordava sull'ascrizione per i due santi e poi (1958) faceva i nomi di Beccaruzzi con la collaborazione del Cima e Beccaruzzi con Pellegrino da San Daniele. Un equivoco, il nome di quest'ultimo, nato dalla confusione fatta con le portelle eseguite da Pellegrino nel 1518-19 per la confraternita dei calzolai di Udine (Tempestini 1979, pp, 135, 146). Quarto pittore inserito presto nel dibattito critico fu quello di un altro friulano, Girolamo da Udine, cui Crowe e Cavalcaselle (1871) assegnavano l'*Annunciazione*, ponendola accanto all'*Incoronazione della Vergine* della chiesa di Santi Giovanni e Paolo a Venezia (cat. 46) e rivelandone i caratteri carpacceschi e cimeschi, con Ludwig (1901) che coglieva l'indicazione dando a Girolamo da Udine tutte e quattro le tele secondo una suggestione poi ripresa da Bergamini Ponta (1970); Fiocco (1919), Menegazzi (1964) e Moschini Marconi (1955) torneranno alla figura di Beccaruzzi per i due santi orientandosi verso la bottega di Cima per l'*Annunciazione*, mentre Gombosi (1933) aggiudicherà i due santi a Sebastiano del Piombo, probabilmente sulla suggestione delle nicchie monumentali in cui sono inseriti, prossime al modello delle ante d'organo di Sebastiano per San Bartolomeo in Rialto del 1508-09. Così Coletti (1959) notava «qualche affinità col Rondinelli» e comunque toglieva a Cima tutti e quattro i pezzi, mentre in ultimo si è orientati ad assegnare i due santi (Humfrey 1983), o l'intero complesso (Fossaluzza 1990), alla bottega di Cima.
Interessante osservare, come già Humfrey (1983), che questa non dovette essere la sola coppia di ante d'organo eseguita da Cima. Boschini (1664, p. 392), e prima di lui Ridolfi (1648, p. 77) e Martinioni (1663, p. 257), descriveva infatti in San Giovanni della Giudecca a Venezia quattro opere oggi non ancora rintracciate: «Le portelle dell'Organo, di Battista da Conegliano, contengono nel di dentro l'Annonciata. Nel di fuori dall'una parte San Mattia Apostolo, dall'altra San Giovanni Battista». Una descrizione che indirizza anche nella lettura delle ante di Conegliano, probabilmente modellate su quelle veneziane tanto da essere per ampia parte eseguite dalla bottega, dovendosi ricercare la mano di Cima solo nell'invenzione e nell'esecuzione di Gabriele e della Vergine.

Bibliografia: (Edwards) 1812, c. 5*v*; Crowe-Cavalcaselle 1871, I, p. 248; Ludwig 1901, pp. VII ss.; Fogolari 1908, p. 163; Fiocco 1919, p. 28; Gombosi 1933, p. 74; Berenson 1936, p. 58; Moschini Marconi 1955, pp. 119-120; Berenson 1958, pp. 28, 145; Coletti 1959, pp. 67, 98-99; Menegazzi 1964b, pp. 31-33; Bergamini Ponta 1970, p. 45; De Mas 1972, pp. 55-59; Tempestini 1979, pp. 145-146; Menegazzi 1981a, p. 140; Humfrey 1983, pp. 93-94; Fossaluzza 1990, p. 554.

GIOVANNI C.F. VILLA

[59.]

[60.]

60.
Testa di Cristo coronato di spine
tavola, 36,8 × 29,2 cm
Londra, The National Gallery, inv. NG 1310
Provenienza: *ante* 1856, Chipstead, coll. Perkins; Londra, Christie's, 14 giugno 1890, lotto 37, vendita George Perkins (morto nel 1879), acquistato dalla National Gallery come Carlo Dolci nel 1890

Da una veste di profondo lapislazzuli affiora per contrasto il cinereo incarnato di un Cristo che non ha più neppure la forza di emettere un lamento. Tutto concorre a restituire il senso profondo dell'incoronazione di spine, di un dolore attonito enunciato dalle labbra violacee, livide, la sclerotica arrossata, una lacrima a solcare le gote, il sangue a correre e raggrumarsi sulle clavicole. Il fondo scuro focalizza ogni attenzione sul volto santo, nella massima sintesi iconografica del soggetto: ancora verde appare la corona di spine ma non vi sono gli sgherri che l'hanno imposta a Cristo, secondo la narrazione (maturata) in ambito nordico, divulgata dall'incisione düreriana e che tanta fortuna avrà anche in laguna.
La tradizionale immagine del Salvator Mundi, virata in chiave di spiccato patetismo, alludendo alla passione, ha origine da modelli di ascendenza fiamminga. Un tema iconografico indagato da Panofsky (1956) – che indica in Dirk Bouts il primo fautore – e da Ringbom (1965), che propone la preminenza di Petrus Christus già indicata da Longhi raccontandone la diffusione in ambito italiano fin da Beato Angelico, la cui effigie del *Cristo coronato di spine* di Livorno (Duomo, cappella del Santissimo Sacramento) venne così tradotta in lingua dallo studioso albese (1928, p. 37): «Sul fondo di bruno invariato, il Cristo, a meno di mezzo busto, induta, secondo Matteo e Marco, la porpora con il motto regale, si espone la faccia; la fronte e le guance rigate di sangue, lo sguardo come impietrato; tutto il capo incluso entro l'amplissima ruota del nimbo cruciato e vergato della sacra impresa».
Acquistato dalla National Gallery di Londra alla vendita Perkins come Carlo Dolci e ascritto in museo a Giovanni Bellini; Davies (1951), assegnandolo a Cima, ne ricordava l'attribuzione alla «scuola del Bellini intorno al 1510» ipotizzata da Longhi (1928), con Coletti (1959) e Ringbom (1965) che tornavano ad assegnarlo al caposcuola veneziano. Ma già Burckhardt (1905) aveva fatto il nome di Cima e lo datava alla fine della sua carriera, tra il 1510 e il 1516, seguito in questo da von Hadeln (1912), Van Marle (1935) e Berenson (1957). Se Heinemann (1962) lo giudicava una copia dal *Cristo coronato di spine,* che riteneva esser Giovanni Bellini, della collezione Nigro di Genova (cat. 61), Humfrey (1962) instaurava un parallelismo con la giovanile testa di Cristo del *Compianto* di Venezia (cat. 8) rilevandone la pennellata più ampia e distesa e, per il commovente patetismo dello sguardo, accettava una datazione tarda.
Il dipinto è stato ampiamente analizzato da Jill Dunkerton (1999) anche in base agli esiti riflettografici, sui quali ha intessuto una relazione con Albrecht Dürer. Al di sotto del volto di Cristo si trova infatti un disegno preparatorio «straordinariamente particolareggiato nel suo tenero modellato a tratteggio, eseguito con un medium liquido, applicato con brevi tratti a punta di pennello». Già la studiosa notava come questo *modus operandi* fosse completamente diverso da quanto abitualmente impostato da Cima, essendo invece assai prossimo alla pratica di Giovanni Bellini degli anni settanta e ottanta del Quattrocento (al proposito si veda Villa 2009). Mentre la Dunkerton lo avvicina agli esiti infrarossi dell'*Autoritratto* di Dürer dell'Alte Pinakothek di Monaco del 1500, ipotizzando Cima potesse aver visto qualcosa di simile – ad esempio il *Salvator Mundi* del Metropolitan Museum di New York, plausibilmente eseguito durante il soggiorno veneziano – e concludendo vi sia «comunque il sospetto che Cima fosse uno dei frequentatori del suo studio».
Appare certo assai singolare il *ductus* di un disegno sottostante così calligrafico e preciso a definire i passaggi chiaroscurali, anche alla luce dell'ipotetica datazione tarda dell'opera, essendo una tipologia grafica abbandonata dallo stesso Bellini già prima del chiudersi del nono decennio del Quattrocento. Al contempo, considerando l'autografia di Cima, la tavola andrà posizionata entro il 1505, in date in cui la stesura della pellicola pittorica è ancora eseguita con certosine e accuratissime velature di colore e non strutturate e materiche come saranno nella successiva versione del tema di collezione privata (cat. 61).

Bibliografia: Burckhardt 1905, p. 116; von Hadeln 1912a, VI; Longhi 1928, p. 159; Van Marle 1935, XVII; Berenson 1957b; Berenson 1958, p. 67; Coletti 1959, p. 97; Davies 1961, pp. 145-146; Heinemann 1962b, p. 60; Ringbom 1965, p. 148; *Illustrated General Catalogue* 1973, p. 122; Humfrey 1983, p. 111; Dunkerton 1999, p. 101.

GIOVANNI C.F. VILLA

[61.]

61.
Testa di Cristo coronato di spine
olio su tavola, 37,6 × 29,4 cm,
0,4 cm spessore
collezione privata
Provenienza: 1895, Londra, Charles Butler in prestito alla New Gallery; 1953 circa, Firenze, Giovanni Salocchi; 1953-57 circa, Genova, Costantino Nigro; Roma, mercato antiquario; coll. privata

Analisi scientifiche: 2009, riflettografia IR

Assottigliato e parchettato con una struttura eccessivamente rigida, all'evidenza negli anni sessanta del Novecento, il supporto ligneo è sottoposto a tensioni tali da provocarne numerose deformazioni sull'asse verticale – rivelando il taglio trasversale dell'originaria tavola di pioppo – che non pregiudicano però la lettura del dipinto, in buono stato di conservazione per quanto riguarda la pellicola pittorica. Eccezion fatta per le svelature che hanno interessato i delicati bruni della capigliatura e della barba, la tavola mostra ancora tutta l'altissima qualità, tecnica e compositiva di un Cima che torna sul tema del Cristo coronato di spine a qualche anno di distanza dalla versione oggi a Londra (cat. 60). Se in questa la stesura a velature era orientata a definire l'incarnato cinereo del Cristo, in una raffinatezza da maiolica, nella versione oggi in collezione privata – ma in futuro munificamente destinata, in un atto di mecenatismo ormai raro, a una pubblica istituzione museale italiana – vi sono alcune significative varianti a mutarne completamente la poetica. La corona di spine non più verde e appena imposta sul capo di Cristo ma già secca a mortificarne le carni, l'espressione spossata, l'occhio destro tumefatto, il sinistro arrossato, l'incarnato ora terreo in una complessiva definizione dell'immagine che appare meno didascalica – scomparsa la lacrima sulla gote sinistra – priva di quella definizione miniaturistica che distingue l'icona londinese mirando piuttosto alla rivelazione di un sentimento di intima e profonda concentrazione. Tutta espressa nello sguardo, introdotto dalle palpebre arrossate e inumidito dal trascoloramento di iride e pupilla, ammorbidite da un pigmento sfumato con i polpastrelli e dalla sapiente intonazione della biacca data a corpo a conferire tridimensionalità all'orbita oculare.
L'altissima tenuta stilistica della coppia di tavole ha fatto sì che chi le abbia prese entrambe in considerazione si sia posto tanto il problema del rapporto di preminenza tra i due pezzi quanto quello dell'attribuzione. Coletti (1959), distinguendo l'esemplare in collezione privata per «la pateticità ancora più intensa e severa per la mancanza della lacrima», afferma: «il modellato più morbido e pastoso, il colorito più caldo mi sembra rendano preferibile l'attribuzione di entrambi gli esemplari al Bellini». Heinemann (1962), ripartendo da queste posizioni, data intorno al 1501 la versione già in collezione Nigro, che giudicava un originale di Giovanni Bellini – consacrandogli addirittura una delle poche tavole a colori, la numero XIX, del suo *Giovanni Bellini e i belliniani* – e una copia l'esemplare di Londra. Mentre Humfrey (1983), segnalando questa seconda versione come replica del *Cristo* londinese, suggeriva di indentificarlo «possibly identical with a picture lent by Charles Butler to an exhibition of Venetian painting at the New Gallery, London, in 1895, and described by Berenson as "nothing but a copy of a picture by Cima in the National Gallery (no. 1310)"».
L'analisi in riflettografia infrarossa della tavola già Nigro si è rivelata di un certo interesse, mostrando tracce di spolvero ancora evidenti nella strutturazione della piega del manto posta all'altezza della clavicola sinistra di Cristo. Alcuni minimi pentimenti sono poi individuabili nella definizione delle ciocche di capelli e del capo, ampliato in fase pittorica, mentre assolutamente testuale, e sovrapponibile alla redazione londinese, è l'assetto generale dell'immagine, compresa la corona. Che ha un solo, significativo mutamento in fase pittorica: la spina spezzata, sopra l'occhio destro, nel dipinto di Londra mostra la linfa ancora fresca, essendo qui ormai secca è inutile e superflua questa raffinatissima finezza. Tracce di spolvero associate poi a un preciso e calligrafico disegno sottostante che indaga con meticolosità la regia chiaroscurale del viso, con tratto breve e parallelo, steso con un pennello sottile imbevuto di un *medium* carbonioso. Un segno di grande eleganza e meticolosità, non attribuibile ad altri che a Cima e che, come segnalato nella scheda riguardante il pezzo londinese, vira alla tecnica belliniana degli anni settanta e ottanta del Quattrocento. Con Jill Dunkerton (1999) che lo avvicinava a certi esiti düreriani, ipotizzando un contatto di Cima con la bottega del maestro danubiano in transito a Venezia. Un'idea suggestiva e diverse volte portata alla ribalta degli studi, alla luce delle analogie tecniche, in particolare indagando il rapporto tra il *Cristo tra i dottori* di Cima (tempera su tavola, 54,6 × 84,4 cm, firmato sul cartellino «Joannes Baptiste Conegliane[n]sis / opus», Varsavia, Nationalgalerie, inv. 131513) e quello di Dürer (olio su tavola di pioppo, 64,3 × 80,3 cm, siglato e datato sul cartellino «1506 / AD / opus q[u]inque dierum», Madrid, Museo Thyssen-Bornemisza, inv. 1934.38), la cui tavolozza della *Pala del Rosario* medita attentamente gli esiti ultimi dell'arte del coneglianese. E d'altronde, giunto in laguna, quale artista potrà aver attratto Dürer, per affinità di comune sentire, se non proprio Cima da Conegliano?

Bibliografia: Berenson 1901, p. 108; Longhi 1928, p. 159; Coletti 1959, p. 97; Heinemann 1962b, p. 60; Humfrey 1983, p. 172; Rosci, in *Da Gaudenzio* 2007.

GIOVANNI C.F. VILLA

apparati

Giovanni Battista da Conegliano. La vita, le opere attraverso i documenti

MANUELA BARAUSSE

L'origine della prima, fortunata stagione di indagini documentarie su Giovanni Battista Cima porta inequivocabilmente la data della delibera del Comune di Conegliano con cui nel 1891 si affidava all'erudito don Vincenzo Botteon, all'epoca parroco di San Martino, l'incarico di ordinare l'archivio storico comunale. Fu grazie all'inventariazione di quel fondo, «un caos di volumi e di pergamene»[1], e alla indiscussa tenacia di quell'archivista, che emersero i primi documenti certi sulla vita e sulle opere di un artista fino ad allora per nulla indagato, dal momento che le ricerche su quel cittadino illustre – lamentava Botteon – erano state «come ardua impresa, non pure abbandonate, ma nemmanco tentate»[2]. Va da sé che l'ordinamento dei fondi comunali, che si concluse con la produzione di un poderoso inventario edito nel 1898[3], andò di pari passo con l'attività svolta dal Comitato istituito il 10 novembre del 1891[4] con lo scopo di commemorare degnamente il pittore coneglianese; obiettivo che si concretizzò due anni più tardi, nel 1893, allorquando il volume *Ricerche intorno alla vita e alle opere di Giambattista Cima* vide la luce: volume (1893) e inventario (1898) recavano entrambi la firma di Vincenzo Botteon. Ma le indagini del sacerdote non si limitarono ai fondi archivistici della città natale di Cima: ben presto, grazie a sicuri riferimenti reperiti in loco, «mentre si continuava a interrogare gli antichi manoscritti dell'archivio comunale», il Comitato da lui presieduto ricorreva «ad altri archivi, ad accademie, a gallerie, a studiosi ed amatori dell'arte, in Italia e fuori, e si invocava il concorso di tutti nella nobile impresa» in un'attività che possiamo pensare frenetica visto il quantitativo di materiali prodotti (lettere, circolari, schede, atti e verbali delle riunioni del Comitato) e, in seguito, lodevolmente conservati[5]. Tuttavia se il catalogo delle opere andava via via definendosi, Botteon riteneva di aver avuto *minore fortuna* nelle indagini sulla *vita intima* del pittore, tanto da farlo concludere, con amarezza, che nonostante le «investigazioni compiute con lungo studio e grande amore» se «l'artefice è celebre» al contrario «l'uomo è ignoto»[6].

Ciò nonostante i risultati delle ricerche condotte da quel parroco votato all'archivistica furono straordinari, se è vero che prima di essi chi avesse tentato di dissertare sulla vita dell'artista coneglianese avrebbe concluso sostenendo «che tutto s'era detto affermando che egli nacque e visse pittore»[7].

Alla luce poi dei successivi sviluppi, la messe documentaria raccolta dallo studioso rimane ancor oggi insuperata. Intrecciando tra loro fonti diverse e di diversa provenienza – rilevazioni fiscali, polizze d'estimo, atti notarili, deliberazioni, registri di cassa, materiale processuale – secondo una metodologia d'avanguardia all'epoca e senza lasciare nulla di intentato, egli per primo delineò un profilo biografico attendibile sul pittore e sulla sua famiglia.

E se ora alcune deduzioni non paiono più perseguibili – *in primis* la data di nascita del pittore fondata sulla rilevazione fiscale del 1473 (doc. 5) – pur tuttavia rimane la preziosità della fonte rinvenuta che documenta comunque, anche in via negativa.

Soddisfatte le *curiosità* circa le origini del cittadino illustre – la famiglia di provenienza, l'ubicazione della casa natale, il matrimonio, i figli – grazie anche al fortuito rinvenimento delle carte processuali prodotte cinquant'anni dopo la morte del pittore, relative alla ripartizione del patrimonio familiare tra Luca Cima – nel 1566 unico figlio maschio ancora in vita dell'artista – e i nipoti (docc. 26, 38, 57-58, 60, 65), in cui si delineava per ovvi motivi di diritti ereditari la discendenza di casa Cima, Botteon si accinse a meglio definire il profilo professionale di Giovanni Battista da Conegliano.

Opere come la *Madonna in trono col Bambino fra angeli e santi* (docc. 13-15, 17-18) per la scuola di Santa Maria dei Battuti di Conegliano, o il *Battesimo di Cristo* (docc. 16, 19-22) e il *Costantino e sant'Elena* (28-30, 33) entrambe per la chiesa parrocchiale di San Giovanni in Bragora di Venezia, o ancora l'*Incredulità di san Tommaso* per la scuola di San Tommaso apostolo di Portogruaro (docc. 23, 31, 35-36, 40-41, 43, 45, 47) vennero indagate correttamente – là dove i fondi archivistici conservatisi lo consentivano – a partire dalla committenza, quale fonte diretta in grado di specificare la data di avvio dei lavori, i tempi di esecuzione, l'ammontare della spesa. Materiali per la maggior parte in seguito mai più veduti, dato che le incursioni belliche delle due guerre mondiali arrecarono gravi danni anche al patrimonio documentario di quelle regioni.

Per il Novecento, ulteriori contributi vennero da Caprin per il polittico di Capodistria raffigurante la *Madonna col Bambino e santi* (docc. 49-50), da Sartori per il gonfalone della scuola dei conciatori di pelle di Conegliano (doc. 8), da Liberali per il vessillo voluto da Giovanni Andrea Dragan, rettore della chiesa di Santa Maria di Covolo (docc. 54, 56), e poi da Rosand (doc. 48) e Faldon (doc. 34) e infine, soprattutto, da Peter Humfrey che nella monografia su Cima del 1983 non solo ripercorse le fonti edite, ma integrò e meglio definì il catalogo dei documenti (docc. 3, 12, 24, 27-28, 33, 42, 53).

Le recenti indagini, svolte in occasione della mostra, hanno aggiunto qualche tassello a un mosaico che pare per il momento destinato a non ricomporsi. Da una contesa sorta nel 1548 (docc. 10, 64) emerge che la committenza della pala della *Madonna in trono col Bambino tra i santi Giacomo apostolo e Girolamo* realizzata da Cima nel 1489, collocata nella chiesa dei canonici agostiniani di San Bartolomeo di Vicenza nella cappella della famiglia Sangiovanni, dovrebbe essere ascritta non a Giacomo e Girolamo, come comunemente acquisito, bensì al loro fratello Deodato, canonico lateranense, al secolo Leonardo Sangiovanni, che in quella tomba aveva investito i denari guadagnati con le predicazioni in diverse città italiane e in Gerusalemme. La sua prima residenza da religioso era stata proprio la sede dei canonici di San Giorgio maggiore a Venezia. In seguito aveva soggiornato a Padova, Cremona, Ravenna e in questo suo girovagare fu forse un primo veicolo di diffusione della fama di Giovanni Battista da Conegliano, specie presso gli ordini monastici e conventuali. Sono state aggiunte poi al regesto documentario alcune notizie sulla famiglia di Cima, sulle proprietà terriere del padre Pietro (docc. 1, 2), sulla sua morte avvenuta nel 1480 (doc. 3), sul fratello Antonio (doc. 7).

Nonostante questo, a distanza di più di un secolo da quel primo contributo offerto dall'opera di Vincenzo Botteon, gli interrogativi lasciati aperti, e preme sottolinearlo, sono molti e non di poco conto – la data di nascita, la formazione giovanile, l'arrivo a Venezia – cosicché le principali tappe delle vicende legate all'umana esistenza di Giovanni Battista da Conegliano paiono lontane dal disvelarsi. Pur tuttavia il ri-

percorrere la documentazione nota e quella recentemente emersa può permettere una lettura più serrata della biografia di Cima, finalmente scevra da interpretazioni fuorvianti.
Posto che il *registro d'estimo* del 1473 (doc. 5) non offre indicazioni sulla data di nascita del pittore, limitandosi a riportare il nome del padre *Petrus cimator* i cui beni venivano tassati per una cifra di 2 lire, come pure le successive rilevazioni fiscali del 1482, del 1487 e del 1489 (docc. 6, 9, 11) ove, dopo la morte di Pietro avvenuta nel 1480 (doc. 3), ricorre il nome del figlio maggiore, Antonio, con la medesima somma contributiva: si può affermare che solo nel 1498 compare per la prima volta *magistro Baptista depentor* (...) *fradelo* di *Antonio cimador* con una quota fiscale di ben 3 lire e 5 soldi, superiore a quelle del padre e del fratello (doc. 25). Tale fonte, tuttavia, integrata da ulteriori documenti, ci permette di fare alcune considerazioni. Di certo possiamo immaginare Pietro dedito all'attività di cimatore di panni, attività che gli aveva permesso di investire i guadagni nell'acquisto di terre e case date poi in affitto onde ricavare ulteriori rendite (docc. 1-2). La costante frequentazione, fin dal 1451 (doc. 3), della scuola di Santa Maria dei Battuti di Conegliano lo metteva in contatto con notai, possidenti, commercianti, pittori e gli garantiva anche la possibilità di speculare, ottenendo in affitto terre di proprietà della confraternita (doc. 3, nota). Egli era dunque sufficientemente ricco e socialmente ben introdotto da poter offrire un'educazione adeguata ai suoi figli. Antonio infatti, rimasto a capo dell'azienda familiare nel 1480, porterà avanti con la medesima determinazione sia gli impegni economici (doc. 7) sia quelli *sociali*, giungendo a ricoprire il ruolo di *gastaldo* all'interno della scuola dei Battuti (doc. 34). La fraterna collaborazione e il reciproco aiuto tra Antonio e Giovanni Battista emergono costantemente dalle fonti. Mentre Giovanni Battista, totalmente assorbito dalla vocazione artistica, affinava la propria formazione fino ad aprire una bottega a Venezia, attiva già nel 1486 (doc. 8), Antonio, uomo d'affari, rimaneva a Conegliano, lavorando come cimatore, gestendo il patrimonio paterno e investendo i guadagni del fratello nell'acquisto di terreni[8]. Forse fu sempre lui che provvide a intercedere presso la scuola dei Battuti per far ottenere nel 1492 a Giovanni Battista l'importante commissione della *Madonna in trono col Bambino fra angeli e santi* per l'altare maggiore della chiesa da poco conclusa.
Al volgere del secolo, Cima era oramai un uomo adulto, benestante (doc. 25), artista stimato grazie ad alcune sue opere riconosciute degne di imitazione e di confronto; sposato con Corona, sua prima moglie, e padre di Pietro e Riccardo, quest'ultimo nato attorno al 1498 (doc. 26, nota).
Non sono note le circostanze, non sappiano se fu il parto di Riccardo ad essere fatale a Corona, giovane madre, ma Cima rimase vedovo, con due figli piccoli da accudire. Ben presto si risposò e dal nuovo matrimonio con Maria nacque, già nel 1502, Pellegrina (doc. 32). A intervalli di circa due anni la famiglia venne in seguito costantemente incrementata: vennero alla luce Corona e Petronilla (1504-1506; doc. 38), Riccardo, Sebastiano e Luca (1508, 1510, 1512; doc. 46).
Antonio è documentato a Conegliano ancora nel 1503 (doc. 34) e nel 1504 (doc. 37), poi è a Venezia nel 1513, quando detta le ultime volontà poco prima di morire (doc. 51). Dal testamento sappiamo che, a differenza della nutrita prole del fratello, solo una figlia, Lucia, era rimasta in vita e che a quell'unica erede aveva assicurato una dote di ben 500 ducati con cui era andata in sposa a Sebastiano Maserada, ricco cittadino di Conegliano, figlio del notaio Bernardino Maserada (docc. 3, 51, 52, 59). Antonio a Venezia abitava a San Luca, molto probabilmente ospite del fratello nella casa in affitto dei nobili Corner Piscopia (doc. 53). Anche in questo caso si ignorano le date e le motivazioni che spinsero Antonio ad allontanarsi da Conegliano, dalla casa natale, dall'impresa familiare e a raggiungere il fratello, insieme alla moglie Caterina Vendramini. Forse nella città lagunare fu costretto a trovare rifugio negli anni terribili della guerra di Venezia contro la lega di Cambrai, che disseminò devastazione e morte nelle campagne venete. Sappiamo tra l'altro che Giovanni Battista ospitava a San Luca anche Vendramino Vendramini, fratello di Caterina, moglie di Antonio, e marito di una loro sorella (doc. 55), dal momento che nel testamento del 1515 rogato a Conegliano, Vendramino disponeva che venissero venduti i suoi mobili, collocati in una camera dell'abitazione veneziana del pittore. Sia Antonio sia la moglie Caterina Vendramini (doc. 52) disponevano affinché tutto il loro patrimonio fosse alla fine ereditato da Giovanni Battista, *fratello e cognato carissimo*, e dai suoi figli. Così pure Vendramino Vendramini lasciava 20 ducati per la dote delle figlie dell'amico.
Anche se nulla è noto della formazione di Giovanni Battista, tuttavia è possibile affermare che egli era perfettamente in grado di redigere un accordo (doc. 49), una polizza d'estimo (doc. 59), o di affrontare le molte difficoltà che potevano insorgere nella gestione dei propri interessi. Quando i committenti tardavano a pagare, non esitava a rivolgersi di volta in volta, tramite procuratori, ai tribunali competenti per riscuotere la cifra pattuita (docc. 43, 54, 56). Nel 1511 tenta, senza successo, di modificare i rigidi regolamenti che la fraglia dei pittori imponeva ai congregati (doc. 48). Nonostante la sconfitta, l'impresa getta luce sulla sua intraprendenza.
Il legame del pittore con la terra d'origine non venne mai meno: lo testimonia la polizza d'estimo redatta attorno al 1516, da cui si deduce che gli investimenti in acquisti di terre e case erano stati fatti prevalentemente nel distretto di Conegliano o nelle immediate vicinanze.
L'ultimo documento che lo attesta in vita è del 19 agosto del 1516 (doc. 58) ed è una quietanza rilasciata alla badessa di Santa Maria Mater Domini di Conegliano per la pala del *San Pietro in trono tra san Giovanni Battista e san Paolo*.
Dopo la sua morte, avvenuta sicuramente prima del 1518 (doc. 61), la famiglia abbandonò la casa in affitto di Venezia per far ritorno a Conegliano, nella dimora avita. Pietro, il figlio maggiore, proseguì nell'attività di cimatore che era stata del nonno e dello zio. Si dedicò alla nutrita famiglia lasciatagli dal padre. Accolse Riccardo, divenuto monaco nel 1516 con il nome di Nicolò presso l'abbazia di Santa Giustina di Padova, quando dieci anni più tardi, malato, fece ritorno a Conegliano (doc. 57). Si preoccupò della dote complessiva di 300 ducati delle sorellastre Corona e Petronilla andate spose nel 1526 (doc. 38). In accordo con i fratelli gestì il patrimonio familiare fino a quando morì, nel 1565. L'anno successivo gli eredi avvieranno un contenzioso per la divisione dei beni comuni (doc. 65). Fu quella l'occasione per i Cima di rispolverare l'archivio domestico per reperire note di spese, polizze, libri contabili, anche quelli appartenuti all'artista, loro avo, per dimostrare diritti e proprietà. Alcune delle poche informazioni che possediamo provengono in parte dalle copie di quei documenti, trascritti e abbandonati subito dopo all'oblio.

L'edizione dei documenti

A differenza delle precedenti edizioni di documenti su Cima da Conegliano curate rispettivamente da Botteon (1893) e da Humfrey (1983)[9], è stata qui privilegiata la rigida sequenza cronologica, piuttosto che quella tematica. Nonostante la presenza di consistenti nuclei documentari tra loro omogenei in quanto afferenti a determinate opere, si è preferito organizzare il materiale non secondo temi specifici, ma secondo un'impostazione cronologica che scandisse in modo più serrato lo svolgersi di vicende tra loro contemporanee. Ha prevalso pertanto il criterio per data, che facilita l'individuazione e la reperibilità della fonte, evidenziando collegamenti o rimandi interni nell'apposito campo note. Anche per i documenti contabili che riguardavano pagamenti protrattisi per anni (si pensi alla pala di San Giovanni in Bragora o a quella di Portogruaro), si è preferito, per agevolare il lettore, spezzare le lunghe e minute registrazioni onde rendere più immediata la loro comprensione con un regesto introduttivo che esplicasse, anno per anno, la fase lavorativa a cui l'opera era giunta.
Alcune vicende relative alla vita di Giovanni Battista da Conegliano (i due matrimoni, la nascita dei figli) non sono allo stato attuale delle conoscenze ancorabili a date certe, tuttavia non pochi materiali per-

mettono di delineare con un certo grado di ragionevole attendibilità l'arco cronologico in cui si svolsero, tanto che è parso opportuno inserirle nel regesto documentario (docc. 26, 32, 38, 46). In questo caso le date sono state poste tra parentesi quadre con un punto di domanda per permettere al lettore di comprendere che la notizia è stata desunta non da fonte diretta, ma da materiali posteriori, ed è passibile di ulteriori precisazioni.
Di ciascun documento è stata fornita l'indicazione della data cronica e topica, del contenuto, della collocazione archivistica, dei riferimenti bibliografici, della trascrizione, mentre eventuali apparati esplicativi sono stati posti in fine.
La sequenza descrittiva vede dunque *in primis* la data cronica, strutturata in anno, mese e giorno e resa sempre criticamente, secondo l'uso moderno. Per i documenti veneziani, infatti, sopravvisse fino alla caduta della Repubblica, *more veneto*, che prevedeva un calendario diverso dall'attuale, in quanto l'anno iniziava a partire dal primo di marzo. Nel campo note si è provveduto a segnalare, ove necessario, la tipologia utilizzata dallo *scriptor*. Segue poi la data topica, ovvero il luogo di redazione del documento.
Subito dopo la data, viene riportato il contenuto sintetico del documento (o regesto), reso nella forma più omogenea possibile, anche se le fonti e le tipologie documentarie che qui si susseguono sono quanto mai varie e tra loro differenti: si passa infatti dagli atti notarili veri e propri (testamenti, contratti, procure, quietanze ecc.) redatti secondo il formulario giuridico, alle scarne note di pagamento dei registri contabili o ancora alle rilevazioni fiscali, siano esse polizze d'estimo o registri. Per rendere immediato al lettore il legame che riconduce il documento a una determinata opera di Cima, sono stati introdotti nel regesto alcuni elementi, in particolare le intitolazioni comunemente utilizzate dei dipinti, che pur non presenti in modo esplicito nel documento sono oramai acquisiti dalla critica.
Si forniscono poi la segnatura archivistica del documento – che reca l'indicazione dell'Istituto di conservazione, del fondo, della serie, del numero di busta, registro, volume o filza e della rispettiva carta o pagina – e la bibliografia relativa resa in forma sintetica – autore, anno di edizione, pagina e numero del documento – che rinvia a quella generale posta in fine al catalogo. A questo proposito sono stati selezionati solo i testi specifici all'edizione del singolo documento, senza tener conto di altri contributi.
La parte centrale della scheda è dedicata poi alla trascrizione del documento. Si sono qui seguite le norme comunemente adottate[10] che prevedono il rispetto dell'uso dello *scriptor*, anche in caso di inesattezze o errori, adeguando ai criteri moderni la punteggiatura, gli accenti, gli apostrofi e l'uso delle maiuscole. La *j* è stata trascritta *i* sia nei testi in latino sia in volgare. Le cifre sono stare riportate fedelmente, omettendo tuttavia – per non appesantire la lettura – i puntini che frequentemente le accompagnano. Per lo stesso motivo anche la *e caudata* è stata trascritta *e*. I *lapsus calami* sono stati integrati tra parentesi uncinate. Le lacune dovute a guasti del supporto sono state indicate da parentesi quadre, entro le quali sono stati posti dei puntini per dar conto dell'estensione della lacuna stessa oppure, ove è parso possibile interpretare correttamente il testo, sono state poste le eventuali restituzioni. I tagli effettuati sui documenti per omettere parti del testo ritenute meno interessanti sono stati resi da tre puntini tra parentesi tonde. Gli spazi bianchi lasciati dallo *scriptor* per successive integrazioni mai effettuate sono stati segnalati da tre asterischi.
Alla trascrizione segue un campo relativo a eventuali commenti o note, in cui si è fornita l'indicazione della tipologia della data, se *more veneto* ad esempio, e dei collegamenti con altra analoga documentazione.

Desidero ringraziare mons. Giovanni Favaretto parroco di San Giovanni Battista in Bragora di Venezia, Mariarita Sonego e Giovannibattista Corrocher dell'Archivio storico del Comune di Conegliano, Zaira Dalla Rosa Prati, Davide Gasparotto della Galleria nazionale di Parma, i direttori e il personale degli Archivi di Stato di Parma, Treviso, Venezia e Vicenza, degli Archivi diocesani di Treviso e Venezia, della Biblioteca nazionale Marciana di Venezia e del Museo Correr di Venezia che con grande disponibilità hanno agevolato le ricerche sulle fonti documentarie e bibliografiche. Sono particolarmente grata a Paola Benussi, Maria Luigia De Gregorio, Daniela Sordato e Ermanno Orlando.

[1] V. Botteon - A. Aliprandi, *Ricerche intorno alla vita e alle opere di Giambattista Cima*, Conegliano 1893, p. 8. Su Vincenzo Botteon (1845-1922) si veda la scheda biografica in *L'Archivio storico di Conegliano e i vari archivi collaterali*, a cura di N. Faldon, Conegliano 1985, pp. 12-16.
[2] Botteon-Aliprandi, *Ricerche*, cit., p. 8.
[3] V. Botteon, *Archivio vecchio comunale di Conegliano*, Conegliano 1898; cfr. *L'Archivio storico di Conegliano*, cit., p. 16.
[4] Sul Comitato, presieduto da Vincenzo Botteon, che intendeva festeggiare nel 1893 la ricorrenza della realizzazione della pala per la scuola di Santa Maria dei Battuti di Conegliano, cfr. Botteon-Aliprandi, *Ricerche*, cit., p. 9 nota 1, p. 10 nota 1.
[5] I materiali si conservano in AMVC, *Archivio storico del Comune di Conegliano, Titoli particolari.* VII. *Istruzione pubblica. Articolo 3. Belle arti*, bb. 431-432; cfr. *L'Archivio storico di Conegliano*, cit., p. 64.
[6] Botteon-Aliprandi, *Ricerche*, cit., p. 11.
[7] *Ibid.*, p. 8 nota 1.
[8] *Ibid.*, p. 33.
[9] *Ibid.*, pp. 195-225; P. Humfrey, *Cima da Conegliano*, Cambridge 1983, pp. 197-208.
[10] Si veda in particolare G. Tognetti, *Criteri per la trascrizione di testi medievali latini e italiani* (Quaderni della Rassegna degli Archivi di Stato, 51).

Regesto dei documenti

MANUELA BARAUSSE

Abbreviazioni

AMCV	Archivio storico del Comune di Conegliano
ASPr	Archivio di Stato di Parma
ASTV	Archivio di Sato di Treviso
ASVe	Archivio di Stato di Venezia
ASVi	Archivio di Stato di Vicenza
ASDTV	Archivio storico diocesano di Treviso
ASPV	Archivio storico del Patriarcato di Venezia
BBVi	Biblioteca civica Bertoliana di Vicenza
BMCVe	Biblioteca del Museo Correr di Venezia
PSGBVe	Parrocchia di San Giovanni Battista in Bragora di Venezia

Sigle

G.	ms. di Giovanni Battista Graziani (sec. XVIII seconda metà) in AMCV, *Archivio storico del Comune di Conegliano, Titoli generali. Titolo generale C. Miscellanee, Articolo 4. Miscellanea dei nobili Graziani Giovanni Battista ed Ottaviano di Conegliano (manoscritti e stampe)*, b. 561, vol. 6

1.

1449, marzo 9. Conegliano

Pietro *cimator*, figlio di Antonio, abitante a Conegliano, con licenza del padre, affitta un appezzamento di terra arata, piantata e vitata, posto in località «el Bar» distretto di Conegliano, a Daniele *quondam* Domenico *del Guera* di Campolongo per cinque anni per un affitto annuo pari a due staia di frumento, una di sorgo, due polli e la metà del vino prodotto.

ASTV, *Notarile, Prima serie*, notaio Marino Azzoni, b. 282, vol. «1448-1459», c. 9*r*.

Locatio Petri filii magistri Anthonii cimatoris. (...). Ibique Petrus filius magistri Anthonii cimatoris habitator Coneglani, verbo et licentia domini magistri Anthonii eius patris, per se et suos heredes de eius tenuta et possesione dedit, locavit et affictavit Danieli quondam Dominici del Guera de Campolongo districto Coneglani ibi presenti, stipulanti et recipienti per se et suis heredibus usque ad annos quinque proximos futuros incipiendo isto festo Sancti Petri (...) unam petiam terre aratorie, plantate et vidigate (...) positam in loco vocatio el Bar Coneglani districto infra suos confines (...).

Si tratta con ogni probabilità del padre (Pietro) e del nonno (Antonio) di Giovanni Battista da Conegliano. Entrambi infatti esercitavano la professione di cimatori, si occupavano cioè della rifinitura dei panni in lana, provvedendo a togliere le irregolarità del tessuto, pareggiandone la superficie tramite appositi macchinari. Attività evidentemente ben avviata, dal momento che aveva permesso a Pietro di risparmiare e di investire i guadagni comprando case (doc. 2) o terreni, che venivano dati poi in affitto ricavando così un vitalizio annuo in denaro o in derrate alimentari, seguendo una prassi di investimento ampiamente consolidata all'epoca. Prassi che verrà portata avanti anche dai figli di Pietro: Antonio (doc. 7) e Giovanni Battista; quest'ultimo infatti pur risiedendo per buona parte della sua vita a Venezia continuerà ad essere profondamente legato alla terra d'origine, acquistando beni immobili prevalentemente nei dintorni di Conegliano, come ben si evince dalla polizza d'estimo redatta attorno al 1516 (doc. 59). Interessante notare, infine, che Pietro agisce avendo ottenuto licenza dal padre; egli si rivolge inoltre al notaio Marino Azzoni, che roga in Conegliano, ed un «Marino de Açonibus» è presente nel 1466 presso la scuola di Santa Maria dei battuti di Conegliano in qualità di «scriba existente dicte scole»: confraternita a cui Pietro, e con lui tutta la sua famiglia, sarà sempre profondamente legato (doc. 3; 14; 34).

2.

1449, agosto 29. Conegliano

Pietro *cimator*, figlio di Antonio *cimator*, affitta un *casale* con le sue pertinenze in villa di Lavazzola a Giovanni detto Viola *calegher* di Treviso per cinque anni per un affitto annuo di 8 lire e 10 soldi.

ASTV, *Notarile, Prima serie*, notaio Marino Azzoni, b. 282, vol. «1448-1459», c. 10*v*.

Locatio Petri filii magistri Anthonii cimatoris. (...) Ibique Petrus cimator filius magistri Anthonii cimatoris de eius tenuta et possesione per se et suos heredes dedit, locavit et affictavit magistro Iohanni dicto Violla calegario de Tarvisio usque ad annos quinque incipiendo die primo mensis presentis unum eius casale pertinentiis in villa Lavazola infra suos confines (...).

Cfr. doc. 1.

3.

1451, giugno 7 – 1466. Conegliano

Nella matricola dei confratelli e delle consorelle della scuola di Santa Maria dei battuti di Conegliano ricorre il nominativo di Pietro *cimator quondam* Antonio.

BMCVe, ms. Classe IV 27, Matricola «Onomasti confratelli et sorelle scholae Sancte Marie batutorum Coneglani ab anno 1421 ad annum 1759», cc. 8*r*-14*v*.
Humfrey 1983, p. 95 nota 8.

(c. 8*r*)
(...).
1451, die 7 iunii. Petrus quondam magistri Antonii cimator pro eo Iohannes ab Aquis fide iussit.
(...).
(c. 10*v*)
(...).
Petrus quondam Antonii cimatoris.
(c. 11*r*)
(...).
1451, die veneris [...] nono aprilis (...).
Bartholamius filius Christofori de la Pasqualina pro eo Petrus cimator.
(c. 11*v*)
(...).
Magistro Çannipol muraro pro eo Piero cimator, adì 6 luio 1455.
(...).
Fabricius filius ser Antoni feraresi pro eo Petrus cimator.
(c. 13*r*)
In Christi nomine amen. Infrascripti sunt fratres et sorores scole Sancte Marie batutorum de Coneglano inprime in hoc libro traslati. Sub gastaldia providorum virorum ser Iohannis Delera et magistri Michaelis fabri in millesimo quatrigentesimo sexagesimo sexto me Marino de Açonibus scriba existente dicte scole.
(...).
(c. 14*v*)
Magister Petrus cimator[1].

1. *Sul margine sinistro compare la nota di mano successiva:* decessit die 22 aprilis 1480.

La matricola della scuola di Santa Maria dei battuti di Conegliano, pervenuta nell'Ottocento nelle raccolte del Museo Correr di Venezia, raccoglie le registrazioni degli iscritti alla confraternita, sia uomini che donne, dal 1421 (cfr. Vanin, Eleuteri 2007, pp. 22-23). A partire dal 1451 ricorre il nome di «Petrus quondam magistri Antonii cimator», da identificarsi con il padre di Giovanni Battista, come già rilevato da Humfrey. Il documento offre, in una preziosissima nota posta a margine, la data di morte di Pietro: 22 aprile 1480. Data attestata anche dalle rilevazioni fiscali di Conegliano ove si evince che, a partire dal 1482, Antonio, figlio primogenito di Pietro, era orfano (doc. 6). La continua vicinanza della famiglia del pittore alla scuola di Santa Maria dei battuti di Conegliano, che sarà per l'artista importante committente, (docc. 13-15, 17-18), è confermata non solo dalla presenza del padre nella matricola della fraglia, ma anche dal ruolo di *gastaldo* assunto in seguito dal fratello Antonio (doc. 34). Pietro risulta inoltre essere affittuario nel 1471 e nel 1479 di alcuni terreni di proprietà della scuola (Faldon 1985, pp. 179-180). E ancora, scorrendo i nominativi degli iscritti, si riscontrano alcuni personaggi a cui i Cima erano legati. Ad esempio a c. 23 del registro in esame troviamo «Bernardinus Maserata notarius», che sappiamo essere il padre di quel Sebastiano Maserada futuro marito di Lucia, figlia di Antonio *cimador* (doc. 52), cui segue un certo «magister Iohannes quondam Vendraminii cerdo» ovvero conciatore di pelli: anche se i legami di parentela non sono certi, giova segnalare che Antonio Cima sposerà Caterina Vendramini, il cui fratello, Vendramino Vendramini, calzolaio, sarà a sua volta marito di una sorella di Antonio e Giovanni Battista da Conegliano. Si rileva infine tra i confratelli la presenza di alcuni pittori: a c. 8*r* «1445, adì ***. Magister Lius pictor»; a c. 16*r* «magister Desiderio pictor quondam magistri Iohannis pro eo Marinus de Azonibus»; a c. 20*r* troviamo la moglie «domina Maria», rimasta vedova dal momento che il pittore era deceduto nel 1494, come risulta da una nota posta a c. 24*v*: «obiit dias imprecisatas 1494». Nulla di certo si conosce tuttavia sulla possibilità che alcuni di questi siano stati i primi maestri di Giovanni Battista, in proposito si veda Humfrey 1983, p. 6 e il saggio di Giovanni C. F. Villa in questo stesso volume.

4.
1467, luglio 26. Conegliano

I rappresentanti del Comune di Conegliano provvedono a fare pubbliche *proclame* nel giorno di domenica sulla piazza cittadina della deliberazione presa in consiglio affinché nessun cittadino di Conegliano e del suo distretto o forestiere ivi residente possa esercitare l'*arte della lana* ovvero della lavorazione e della tessitura dei panni, attività che «spett*ano* alla ditta arte», sotto pena di una multa di 30 lire «per cadaun panno alto» e di 15 lire «per cadaun panno basso».

AMVC, *Archivio storico del Comune di Conegliano, Titoli particolari. I. Amministrazione comunale. Articolo I. Libri delle reformazioni o delle parti degli uffici del magnifico consiglio* ..., b. 396, vol. 13, c. 6*v*.
Botteon, Aliprandi 1893, p. 27.

(...) Presentibus magistro Antonio cimator de Coneglano et Petro cimator de Coneglano (...).

La deliberazione veniva segnalata da Botteon per confermare come da sempre i Cima fosse impegnati nell'industria della lana. Egli identificava in Antonio il padre di Pietro, tuttavia dal documento non traspare alcuna parentela, mentre dall'iscrizione di Pietro alla scuola di Santa Maria dei battuti di Conegliano del 1451, egli risultava orfano (doc. 3). Lo stesso Botteon citava un ulteriore documento, il testamento di Michele *quondam* Bartolomeo di Raio del 10 maggio 1468, in cui tra i testimoni era presente «Petro quondam magistri Antonii cimatore» (cfr. AMVC, *Archivio storico del Comune di Conegliano, Titoli particolari. IX. Giustizia e sicurezza pubblica, Articolo 3. Atti civili e notarili privati ordinati cronologicamente*, b. 4, fasc. 38; Botteon, Aliprandi 1893, p. 29 nota 2).

5.
1473. Conegliano

Stime fiscali di alcuni contribuenti abitanti in Ruga inferiore a Conegliano, tra i quali compare Pietro *cimator*.

AMVC, *Archivio storico del Comune di Conegliano, Titoli particolari. V. Stato civile, igiene, sanità pubblica, Articolo I. Stato civile. Statistiche*, b. 412, reg. 2, cc. 7*r*-8*v*.
Botteon, Aliprandi 1893, p. 31.

(c. 7*r*)
Ruga inferiore Coneglani.
(...).
(c. 8*v*)
Iohannes Antonius calderarius et fratres sui
lire 3 soldi 10
Franciscus Coradini et frater eius
lire 1 soldi –
Petrus cimator lire 2 soldi –
Iohannes cimator lire – soldi 15
Iohannes Leonardus marescalcus
lire – soldi 15
Victor quondam Basilii
lire – soldi 6
Iacobus çoccolarius lire – soldi 10
Franciscus Charoli lire 1 soldi 5
Iacobus Charoli lire 1 soldi –
Antonius Sgarbaça lire 1 soldi 12

Posto alla fine dell'Ottocento da Botteon, che operò in qualità di archivista presso l'Archivio comunale di Conegliano, entro la serie «Stato civile. Statistiche», il registro (che ricopre l'arco cronologico 1473 – 1504) fa parte in realtà della sezione relativa all'estimo della Podesteria di Conegliano come si evince dalla stessa intitolazione «Liber in quo sunt descripti omnes et singuli homines et conditiones terrae, burgorum et districtus Coneglani, qui faciunt et sustinent onera, factiones et collectas terrae Coneglani» (Faldon 1985, p. 58). Fu Botteon a individuare per primo questa importante fonte documentaria su cui fondò la data di nascita del pittore coneglianese: riconoscendo in Pietro *cimator* il padre di Giovanni Battista da Conegliano e nel Giovanni *cimator* posto di seguito, lo stesso artista a quell'epoca almeno quattordicenne, dal momento che gli statuti prevedevano l'obbligo del compimento di tale età per poter essere emancipati. In base a questa supposizione, egli collocava la nascita dell'artista tra il 1459 e il 1460. Tuttavia, la mancanza di elementi identificativi certi, non consente di acquisire in via definitiva tale ipotesi. Antonio, figlio primogenito di Pietro, nelle successive rilevazioni fiscali verrà sempre qualificato con il patronimico. In una società in cui il cognome non era ancora in uso, la qualifica professionale e il nome del genitore ricorrevano abitualmente, quali elementi distintivi necessari. Più probabile che si trattasse di un operaio – vista l'esiguità della rendita – forse impegnato nell'attività manifatturiera di Pietro. Del resto nella successiva rilevazione fiscale del 1482, quando Pietro è morto, accanto al figlio Antonio troviamo un «Ioannes vicentinus textor a pannis, lire – soldi 5» (doc. 6). La rendita di Pietro è stimata attorno alle 2 lire, e non è di poco conto se confrontata con quella di «Iohannes de la Pasqualina, lire – soldi 15» (c. 4*r*) o di «ser Franciscus de Montalbano, lire 1 soldi 15» (c. 5*v*); mentre spicca quella di «ser Marcus de Montalbano, lire 7 soldi 10; ser Alexander et Rainaldus de Montalbano fratres lire 2 soldi – » (c. 8*r*): tutti, come Pietro, confratelli della scuola di Santa Maria dei battuti di Conegliano e futuri committenti di Cima (docc. 13-15, 17-18). Sono presenti anche alcuni pittori già segnalati da Botteon quali possibili maestri di Giovanni Battista: «magister Darius pictor, lire – soldi 10» e «magister Iohannes pictor, lire – soldi 5» (c. 13*v*). Per le successive rilevazioni estimali cfr. docc. 6, 9, 11, 25, 37, 59, 61-62.

6.
1482. Conegliano

Stime fiscali di alcuni contribuenti abitanti in Ruga superiore a Conegliano, tra i quali compare Antonio *quondam* Pietro *cimator*.

AMVC, *Archivio storico del Comune di Conegliano, Titoli particolari. V. Stato civile, igiene, sanità pubblica, Articolo I. Stato civile. Statistiche*, b. 412, reg. 2, cc. 55*r*, 60*v*-61*r*.
Botteon, Aliprandi 1893, p. 31.

(c. 55*r*)
Ruga superior contrate del Ruio.
(c. 60*v*)
+ Dominus Iesus.
(...).
Ser Marcus de Montelbano
lire 10 soldi 15
Ser Alexander de Montelbano
lire 2 soldi –
Ser Renaldus de Montelbano
lire 2 soldi –
(...).
Zanantonius calderarius
lire 4 soldi –
Iacobus Malvolt lire – soldi –
Antonius Brunetus lire – soldi 6
Franciscus quondam Coradinii marescalcus
lire 1 soldi 5
Ioannes cimator de la Riza
lire – soldi 10
Ieronimus quondam magistri Petri sartor
lire 1 soldi –
(c. 61*r*)
+ Dominus Iesus.
Antonius quondam Petri cimator
lire 2 soldi –
Ioannes vicentinus textor a pannis
lire – soldi 5
Victor quondam Basilii
lire – soldi 8
Mugarellus fachinus lire – soldi 6
Ser Lucas Delphino lire – soldi 10
Iacobus quondam Caruli
lire 1 soldi 10
Antonius Sgarbaza lire 1 soldi 10

Antonio *quondam* Pietro *cimator* è sicuramente il fratello di Giovanni Battista, che invece non compare nella presente rilevazione fiscale, dal momento che non convince quel «Ioannes cimator de la Riza» indentificato da Botteon come possibile figlio di Pietro, qui, a suo giudizio, nominato con l'appellativo della madre. Antonio, con molta probabilità figlio primogenito avendo assunto il nome del nonno paterno, dovrebbe aver ereditato l'impresa e il patrimonio familiare, visto che la quota fiscale non muta nella sostanza. Si segnala che la rilevazione d'estimo non distingue in questo caso le località *Ruga di sotto* da *Ruga di sopra*, e inoltre non parrebbe esserci differenza di residenza tra Antonio e il padre Pietro: si riscontrano infatti i medesimi vicini di casa dell'estimo del 1473 (doc. 5), quali ad esempio: «Franciscus Coradini et frater eius»; «Victor quondam Basilii»; «Iacobus Charoli» e «Antonius Sgarbaça». Cfr. docc. 5, 9, 11, 25, 37, 59, 61-62.

7.
1484, aprile 30. Conegliano

Antonio *cimator quondam* Pietro di Conegliano affitta un appezzamento di terra arata, piantata e vitata, posto in località il «Barro» distretto di Conegliano, a Comino Montagnario abitante in villa di Campolongo per sette anni per un affitto annuo pari a due staia di frumento, un paio di polli e la metà del vino prodotto.

ASTV, *Notarile, Prima serie*, notaio Giovanni Pietro dal Tempio, b. 304, vol. «1482-1490», c. 14.

Si tratta con ogni probabilità del medesimo appezzamento di terra affittato nel 1449 dal padre Pietro (doc. 1).

8.
1486. Conegliano

Dai registri di cassa della scuola dei *cerdoni* ovvero dei conciatori di pelle di Conegliano emergono alcuni pagamenti a *magister* Giovanni Battista *pictor* in Venezia, rispettivamente di lire 157 e soldi 16 e di lire 43 e soldi 8, per la realizzazione di un gonfalone della scuola e altre spese minute per il trasporto dello stesso.

ASTV, *Corporazioni religiose soppresse, Scuole di Conegliano, Calegheri*, b. 4, registro delle spese 1480-1525, cc. 21*r*-22*v*.
Sartori 1962, pp. 277-278; Humfrey 1983, p. 197 doc. I.

(c. 21*r*)
+ Dominus Ihesus. 1486
In Christi nomine amen. Anno a nativitate eiusdem millesimoCCCCLXXXVI, indictione IIII, die vero **. Infrascripte sunt expense scolle cerdonum de Coneglano facte per magistrum Cristoforum de Antoniolo textorem in Coneglano massarium scolle cerdonum terre Coneglani sub gastaldia providorum virorum ser Clementis de Caronelis et magistri Federici cerdonis gastaldionum ipsius scolle.
(...).
(c. 22*r*)
(...).
Expense confaloni.
Primo pro expenditis per dominum

Baptistam de Pulcinicum gastaldionem in transitu Plavis et me Christofarum massarium
lire – soldi 8
Pro prandio ad hospicium Benevenuti hospitis in Tarvisio lire – soldi 16
Pro datis pro una colatione facta Margarie
lire – soldi 8
Pro barcha ex Margeria Venetias
lire – soldi 3
(c. 22*v*)
Pro datis magistro Federico cerdoni quos habuit magister Zambatista pictore[1] pro confalone, caldeleriis et pace
lire 157 soldi 16
Pro expenditis in cena ad hospicium in Venetiis lire 1 soldi 4
Pro expenditis in prandio die sequenti et pro 1 grossa vinii in recessu
lire 1 soldi 3
Pro datis magistro Zanbattista pictori in contatis ducatos septem
lire 43 soldi 8
Pro datis garzono magistri Zambattiste
lire – soldi 4
Pro brachiis sex telle nigre a soldis 4 pro brachio lire 1 soldi 4
Pro barcha accepta per se ipsos ex Venetiis Margariam lire – soldi 11
Pro datis pro nabulo equi magistri Iacobi teotonici pro eundo Venetias
lire 2 soldi –
Pro datis pro expensis factis per equos Margariam super hospicio
lire 1 soldi 3
Pro datis et expenditis Tarvisii super hospicio inter ipsos et equos lire 1 soldi 15

1. *Così nel testo.*

È questo allo stato attuale delle conoscenze il primo documento in cui compare il nome di Giovanni Battista. Si tratta del pagamento di poco più di 32 ducati al pittore per uno stendardo. Altri pagamenti non furono registrati e pertanto si potrebbe arguire che la cifra corrispondesse alla somma complessiva stanziata dalla scuola. Individuata da Sartori nel 1962, la registrazione contabile è stata oramai acquisita dalla critica, nonostante l'artista non sia connotato in modo inequivocabile. Tuttavia le informazioni che offre sono quantomai preziose e da tenere in considerazione: Giovanni Battista risiede oramai a Venezia e dispone in loco di una sua bottega con almeno un garzone (Sartori 1962).

9.
1487. Conegliano

Stime fiscali dei beni di Antonio di Pietro *cimator* abitante in Ruga inferiore a Conegliano.

AMVC, *Archivio storico del Comune di Conegliano, Titoli particolari. III. Patrimonio, imposte, tasse. Articolo I. Registri. A. Estimi*, b. 453, fasc. 11 «Vacheta de l'estimo sì dentro como de fuora Coneglan et del clero et cetera», cc. 17*r*-18*r*.

(c. 17*r*)
(...).
Ruga de sotto.
(c. 18*r*)
(...).
Antonio de Piero cimador
lire 2 soldi –

Poco lontano da Antonio, fratello di Giovanni Battista, abitano «magistro Desiderio depentor, lire – soldi 8» (c. 18*r*) e «magistro Iacom depentor, lire – soldi 5» (c. 18*v*). Cfr. docc. 5-6, 11, 25, 37, 59, 61-62.

10
[1487]. Vicenza

(documentazione del 1548, maggio 23 – 1549, aprile 11)

A seguito di una contesa sorta nel 1548 tra i canonici agostiniani di San Bartolomeo di Vicenza e la famiglia Sangiovanni emerge che Deodato, canonico lateranense, al secolo Leonardo Sangiovanni, aveva fatto edificare nel 1487 la seconda cappella «a parte sinistra intrando ne la giesia» di San Bartolomeo, con i denari da lui guadagnati come predicatore in Gerusalemme e in alcune città italiane; l'altare avrebbe recato le insegne dei suoi fratelli, Giacomo e Girolamo Sangiovanni, con l'accordo che questi provvedessero alla sua manutenzione.

ASVI, *Corporazioni religiose soppresse da Venezia, San Bartolomeo*, b. 52, processo 317.

(c. 2*r*)
Intimatio.
Havendo alias el quondam domino don Deodato da San Zuanne pregato li reverendi tunc canonici del monasterio di San Bortolo di questa città che volessimo esser contenti che ne la chiesia de San Bortolo el facesse una capella con un monumento sotto nomine et con le insegne de domino Hieronimo et domino Zuanne[1] suoi fratelli da San Zuanne perché loro la doteriano, i qual reverendi canonici per gratificar ad esso quondam domino don Deodato se contentorno. Et havendo da poi esso quondam domino don Deodato de li denari de la relligion fatto far in essa giesia la secunda capella a parte sinistra intrando ne la giesia con el monumento sotto nome et con le arme delli ditti suoi fratelli da San Zuanne nè havendo essi suoi fratelli nè suoi filgioli mai curato dotarli, perhò mai hano havuto essa capella nè monumento anci è sta sempre tenuta et refata per ditto monastero senza condittion de alcuna persona et benché 'l ditto monastero ne potria disponer a suo beneplacito pur acciò che tutto 'l mondo cognossa che esso monastero è sta sempre parato conceder la ditta capella et monumento a ditti da San Zuanne domente la volgino dotare sì come esso quondam domino don Deodato promesse al ditto monastero imperhò per tenor della presente scriptura se intima a messer Lonardo et messer Gasparo fioli del prefato quondam domino Hieronimo che se 1. voleno dotar essa capella la debino dotar in termine de doi mesi perché in tal caso esso monastero è contento che la ditta capella et monumento sia de ditti fratelli et se in ditto termine non la doterano esso monastero li fa intender che 'l farà levar via le arme et el nome de ditti da San Zuanne et non intende più che essi da San Zuanne possino aver ditta capella et monumento ma ne desponerà a suo modo. (...).
(c. 3*r*)
Recusatio ad intimationem.
Die 29 maii 1548.
Non senza maravelgia nui Leonardo et Gasparo fioli del quondam egregio dotor domino Hieronymo de San Zuane havemo veduto un certo protesto fatoni ad instantia delli reverendi canonici de San Bartholomio di questa città de Vicenza, nel qual dicono, come altre volte a complesentia del quondam domino don Deodato de San Zuanne, fratello del prefatto quondam domino Hieronymo, et canonico in dito monasterio contentarno che 'l se facesse una capella nella sua giesia de San Bortholamio con el monumento sotto nome et con le arme de dicto domino Hieronymo et fratello de San Zuane cum promissionibus che loro lo adottariano et così quella fu fatta, ut mai immo è sta dotata et ne intimano et protestano che se quella volemo dotare quello debiamo far in termine de doi mesi, aliter se intendimo che dita capella et monumento sia più de quelli da San Zuanne et farano levare via le arme nostre et come in dito protesto al qual respondemo dicemo che noi non sapiamo esser obligati a dotar dita capella né che el predito quondam nostro padre over altri per suo nome facesse tal promissione, né lo crediamo perché s'el predito quondam nostro padre (c. 3*v*) fusse sta a questo obligato haveria già sodisfacto in molti anni che visse da poi fabricata dita capella, in tanti et tanti anni ditti reverendi canonici sariano stati taciti che non l'avaressimo voluto dita offerta sua dota ben sapevano dita capella cum el monumento esser sta fatta per el ditto quondam nostro padre et domino Iacobo suo fratello dilli proprii denari et non de quelli del monasterio come dicono diti reverendi canonici (...) come si vede per le arme nostre che vi sono né altrimente ditti reverendi canonici havrebbero questo voluto za' tanto tempo che fu, come se vede fin da l'anno 1487, et poi ciò come diciamo se maravelgiamo delle opinion delli prefati reverendi canonici et tanto più che dicono de voler far levar via le predite arme nostre come che a lori possa far questo iudicio se questa capella debbe esser nostra over de altri (...).
(c. 5*r*)
Instantia cum capitolis.
(...)
Primo: che 'l quondam domino don Deodato da San Zuanne olim canonico regolare nella relligion de San Bortholamio de questa cità pregò li signori canonici de la ditta relligion et monasterio che volessino esser contenti che lui facesse una capella con un monumento per conto sotto nome et con le hi<n>senge de domino Hieronimo et domino Zuanne suoi fratelli da San Zuanne che essi suoi fratelli la indotariano i quali signor canonici per farli cosa grata contentorno che 'l la facesse.
2°: che 'l prefato quondam domino don Deodato da San Zuanne fece far in la giesia de San Bortholomio la seconda capella a parte sinistra intrando nella giesia con el monumento sotto nomine et con le arme de li ditti suoi fratelli da San Zuanne et questo con li denari (c. 5*v*) de la religion et che ni li officii di quella havea guadagnato et avanzato et non altrimenti.
3°: che 'l prefato quondam domino don Deodato più volte disse et affirmò che l'havea fatto far la ditta capella et monumento de li denari de la religion accioché la fosse de deti suoi fratelli se la dotavano et che erano homeni da pocho perché mai la haveano indotata.
4°: che 'l fo et è senza quello li preditti domino Hieronimo et domino Zuanne fratelli né altri habiano indotata la ditta capella et perciò non hano mai havuto né la capella né el monumento né el possesso de quelli anci essa capella è sta' sempre tenuta per il monastero.
5°: che né in San Bartholomio né altra chiesa de tutta la relligion alcun particolar ha mai havuto, né ha capella alcuna che non sia sta' indotata da lui o da alcuno per suo conto et fatto li instrumenti de tal dotation. (...).

1. *Probabile refuso, si tratta infatti di Giacomo Sangiovanni.*

A partire da c. 9 si susseguono le testimonianze rese dai canonici chiamati a deporre circa i capitoli presentati. Per primo Benedetto da Vicenza afferma di non aver mai visto la famiglia Sangiovanni occuparsi dell'altare, anzi fu il loro fattore che «fece meter due catenelle, una per banda, e le fece depenzer come bisognava» e in seguito anche Benedetto «essendo rota la bardella de lo altare, io la feci conzar». Viene poi interrogato Barnaba da Altavilla che sostiene: «mi ricordo che trovandomi nel nostro monasterio a Ravena dove era anche el reverendo don Deodato (...), lui me disse più volte che l'havea fondata questa capella da li soi guadagni che l'havea fatto nel exercitio del predicare soto nome, per conto e con la insegna de li soi da San Zuane, quali havevano promesso de dotarla» (c. 10*r*). Aggiunge inoltre che nel 1541 «essendo disconzà la anchona de la capella, fu bisogno che 'l nostro fattore li provedesse a spesa del monasterio» (c. 10*v*). Vitale da Ravenna conferma la vicenda: «mi ha dito il fattor nostro haver visto ne li libri del monasterio el conto della spesa che se fece in raconzar ditta anchona de l'anno 1541, salvo il vero del tempo, dicens, ho ben veduto mi la anchona esser sta reconzà» (c. 11*r*). Francesco da Mosto ricorda di aver conosciuto «in convento a Cremona (...) don Deodato, salvo il vero, de l'anno 1504 overo 1505, (...) lui me disse che 'l monasterio nostro li havea dato licentia et concesso che 'l potesse fondar la capella, per la qual se contende, la quale lui havea fondato con li denari de li avanzi che havea fatti nelle sue predicationi» (c. 12*r*). Prosegue poi portando l'esempio delle famiglie Pagello e Priorato, che «hanno dato la dote sua a ditte capelle» (c. 12*v*). Il 6 agosto del 1548, Verecondo da Verona testimonia di aver conosciuto Deodato «a Padoa nel nostro convento de San Zuane da Verdara, dove etiam alhora habitava don Deodato (...), lo interogai, da giovane come io era, in quello che lui faceva de li denari che 'l guadagnava in predicare et lui me disse che l'haveva comenzato far fabricar una capella in San Bartholomio la qual ge havea concessa la religion et che 'l la volea finire et spenderli certi denari che li erano avanzati de le sue predditte predicazione, dicens l'era un valentissimo predicatore et haveva predicato in diversi lochi» (c. 13*r*). Il 15 agosto, Benedetto da Vicenza aggiunge nuovi dettagli: «io ho inteso da un padre don Verecondo di nostri canonici che questo padre don Deodato, andando in Hierusalem trovò de elemosina forsi tresento scudi et che nel viazo ne spese da cinquanta in sessanta et il resto spese in fabricar questa capella oltra quelli havea guadagnato a predicar» (c. 15*r*). Risponde inoltre che a suo parere «fu concessa gratis» anche la cappella del «quondam messer Hieronymo di Revesi» (c. 15*v*). Il 17 agosto viene chiamato nuovamente Francesco da Mosto: «io ve dirò, el dito padre volendo andar in Hierusalem have da diversi di nostri padri bona elemosina (...) et poi, ritornato che fu, et essendoli avanzata assai bona quantità di denari, comenzete far fondar questa capella» (c. 16*r*).

Le vicende che portarono alla costruzione della cappella Sangiovanni e alla realizzazione della pala di Cima, prima opera certa, datata (1489) e firmata dal pittore, non sono note da fonti coeve, ma dalla documentazione prodotta sessantun anni più tardi – nella primavera del 1548 – in occasione di una lite sorta tra i canonici agostiniani di San Bartolomeo e i fratelli Gaspare e Leonardo Sangiovanni, figli del defunto Girolamo e nipoti di Giacomo e Leonardo, quest'ultimo divenuto nel 1467 canonico lateranense con il nome di Deodato. I religiosi accusavano infatti la famiglia Sangiovanni di non aver cura alcuna della cappella realizzata nel 1487 per volontà di Deodato, che fu, a quanto emerge dalle testimonianze valente predicatore, vissuto nei maggiori centri culturali: Venezia, Padova, Cremona, Ravenna, spingendosi fino a Gerusalemme. Già Peter Humfrey aveva con grande sensibilità suggerito che Cima «was recommended to the brothers as a painter of religious subjects by a third brother, who since 1467 has been a monk in the monastery of San Giorgio maggiore in Venice» (Humfrey 1977, p. 177): si trattava appunto di Leonardo Sangiovanni, come aveva evinto dal *catastico* della famiglia Sangiovanni. Il 24 marzo del 1467 veniva ivi registrata la «donazione del domino domino Leonardo figlio dell'egregio huomo Saracino Sangiovanni a detto suo padre essendo per fare la sua professione nel monasterio di San Giorgio maggiore di Venezia» (BBVi, *Archivi di antiche famiglie vicentine, Archivio Sangiovanni, Catastici delle scritture*, vol. 1, atto n. 92). La notizia era riportata anche da Francesco Tomasini nel manoscritto, redatto verso la fine del XVII secolo, *Genealogie vicentine*, ove ricordava pure la tomba della famiglia: «in Bartolomio di Vicenza si legge sopra sepolcro in terra questa degna memoria: Hieronimus iur. cons. et Iacobus de Sancto Ioanne ut sanguine sic in operibus fratres hoc extructo sacello sibi suisque V.I.P. MCCCCLXXXVII» (BBVi, *Sezione manoscritti*, ms. 3335, cc. 22*v*-23*v* (= 435*v*-436*v*). Che il committente della cappella fosse stato il canonico Deodato, pare fosse noto agli storici vicentini dell'Ottocento. Giovanni Da Schio nei suoi famosi manoscritti dedicati ai *Memorabili* annotava che «Leonardo, canonico lateranense col nome di Deodato, fece la cappella a San Bortolo, in Archivio Sangiovanni, sentenza 1549» (BBVi, *Sezione manoscritti*, ms. 3396, c. 264). Egli vide con ogni probabilità copia del processo (ora rinvenuto nel fondo di *San Bartolomeo* all'Archivio di Stato di Vicenza) nell'archivio della famiglia Sangiovanni.

11.

1489. Conegliano

Stime fiscali di alcuni contribuenti abitanti in Ruga superiore a Conegliano, tra i quali compare Antonio di Pietro *cimador*.

AMVC, *Archivio storico del Comune di Conegliano, Titoli particolari. V. Stato civile, igiene, sanità pubblica, Articolo I. Stato civile. Statistiche*, b. 412, reg. 2, cc. 100*v*, 109*v*-111*r*.
Botteon, Aliprandi 1893, pp. 31-33, 54.

(c. 100*v*)
Ruga de sora
(...).
(c. 109*v*)
+ Dominus Iesus.
Antoniu Brusieto lire – soldi 6
Zuan de la Riza lire – soldi 10
Magistro Francesco de Coradin marescalco lire 1 soldi 14
Antonio de Piero cimador
lire 2 soldi –
Francisco detto Cecheto specier e Zuanlunardo marescalco
lire 1 soldi –
Muganiol fachin lire – soldi 6
Vector de Baxeio lire – soldi 8
Zuan de Griguol lire – soldi 5
(...).
(c. 110*r*)
+ Dominus Iesus.
Rosseto sartor lire – soldi 5
Hieronimo de Carlo fradelli
lire 3 soldi 14
Antonio Sgarbaza lire 1 soldi 12
(...).
(c. 111*r*)
+ Dominus Iesus.
Magistro Desiderio depentor
lire – soldi 8
(...).
Borgo de Seran.
(...).
Magistro Iacom depentor
lire – soldi 5
(...).

Pur riferendosi alla *Ruga de sora*, compaiono i medesimi vicini già riscontrati nelle precedenti rilevazioni (docc. 5-6, 9): «Franciscus Coradini»; «Victor quondam Basilii» e «Antonius Sgarbaça». Si veda l'esigua cifra d'estimo dei pittori Desiderio e Giacomo. Cfr. docc. 5-6, 9, 25, 37, 59, 61-62.

12.

1491, dicembre 15. Venezia

(con registrazioni di pagamenti da giugno all'8 settembre 1491)

Cristoforo Rizzo, parroco della chiesa di San Giovanni Battista in Bragora di Venezia, registra nei libri contabili i pagamenti a Sebastiano Mariani *taiapiera* e altre spese effettuate per la realizzazione del tabernacolo in pietra che dovrà custodire una reliquia della Santa Croce; per questo tabernacolo verrà commissionata nel 1502 a Giovanni Battista da Conegliano la pala di *Costantino e sant'Elena*.

PSGBVE, *Parrocchia di San Giovanni Battista in Bragora, Fabbriceria, Chiesa parrocchiale di San Giovanni Battista. Atti generali*, b. 1, reg. 2 «1486. Note di pre' Christoforo Rizzo pievan. Libro cassa fabrica tenuta da pre' Cristoforo Rizzo pievano. 1486 al 1498», c. 23*v*.
Humfrey 1983, p. 201 doc. IV.

+ Yhesus, Maria. M°XXXX°LXXXXI +
(...).
+ Adì XV decenbris +
(...).
Item, spexe del tabernacolo de piera per tegnir el legno de la soraditta Croxe.
A messer pre' Christofalo dito per la infrascritta spexa per far quelo et prima:
adì ** zugno per el lavor de piera viva per le piere et manifatura contadi a maistro Sabastian di Mariani taiapiera ducati 4 val
lire 24 soldi 16
adì 24 dito per la portela de ligname et manifatura contadi a maistro Alexandro da Charavazo lire 4 soldi 18
Adì – dito per fiube, bertaele, chadenele et chiave contadi al dito
lire 2 soldi 2
Adì 8 setembre per indorar et depenzer la faza davanti de le piere vive et la portela per oro, azuro et oio de lin et manifatura contadi a maistro Bernardin depentor
lire 16 soldi 4
Et in tuto lire 48 soldi –

Cfr. docc. 24, 28-30, 33.

13.

1492, gennaio 1. Conegliano

(originale *deperdito*; documento in copia del sec. XVIII seconda metà)

Francesco Quadrivio e Giovanni della Pasqualina, *gastaldi* della scuola di Santa Maria dei battuti di Conegliano propongono ai confratelli riuniti in consiglio di realizzare una pala «sive de ligno, sive de marmore, sive de tella» per l'altare maggiore della chiesa di Santa Maria dei battuti; la *parte* o deliberazione viene approvata all'unanimità.

AMVC, *Archivio storico del Comune di Conegliano, Titoli generali. Titolo generale C. Miscellanee, Articolo 4. Miscellanea dei nobili Graziani Giovanni Battista ed Ottaviano di Conegliano (manoscritti e stampe)*, b. 561, vol. 6, fasc. intitolato «Copia tratta dal libro parti 1454 [della scuola dei battuti di Conegliano], a carte 81».
Botteon, Aliprandi 1893, pp. 195-196 doc. A I; Humfrey 1983, p. 197 doc. IIa.

(c. 81*r*)
Pars quod fiat una palla ad altare maius aecclesie nove Sancte Marie batutorum.
Die dominico, primo mensis ianuarii[1] 1492. Indictione X. In pleno scolle more solito congregate. Spectabilis eques dominus Franciscus de Quadrivio et magister Ioannes de la Pasqualina[2] carpentarius, gastaldiones scole antescripte posuerunt partium et partem istius[3] tenoris, videlicet: quod pro honore et augmento divini cultus et reverentia gloriose[4] Dei genitricis virginis Marie fieri debeat expensis huius[5] scolle una pulchra palla ad altare maius in aecclesia nova scole praedicte sive de ligno, sive de marmore, sive de tella, prout videbitur melius et utilius dominis gastaldionibus praedictis et 8 eorum sapientibus [..........] electionem [........] fieri videbitur[6] ista palla. Ut [..........] possit.
Que pars posita fuit ad bussulos et ballotas [.................][7] ut moris est. Et capta et obtenta fuit per ballotas nulla [......] in contrarium [....................][8] 82.

1. *Graziani d'ora in poi G.* iannuari; 2. *G.* Pasqualinis; 3. *G.* infrascripti; 4. *G.* veneratione gloriosissime; 5. *G.* dicte; 6. *G.* debeat; 7. *G.* per domini gastaldiones ; 8. *G.* repertas, octuaginta duo prosperas. 82.

Si tratta della nota pala raffigurante la *Madonna in trono col Bambino fra angeli e santi*. I documenti originali dell'Archivio della congregazione di Carità di Conegliano, reperiti da Botteon e da lui pubblicati nel 1893, furono distrutti nel 1917, durante la prima guerra mondiale (Humfrey 1983, p. 197; Faldon 1985, p. 218). Tuttavia, l'Archivio comunale di Conegliano conserva entro la Sezione *Titoli generali. Titolo generale C. Miscellanee* serie *Articolo 4. Miscellanea dei nobili Graziani Giovanni Battista ed Ottaviano di Conegliano (manoscritti e stampe)* la trascrizione dei documenti in questione redatta nella seconda metà del Settecento dall'erudito Giovanni Battista Graziani (1724-1803). Tali raccolte manoscritte di fonti documentarie furono cedute nel 1896 dai nipoti, Giovanni Battista ed Ottaviano Graziani, al Comune di Conegliano, andando a costituire la citata serie miscellanea (Faldon 1985, pp. 35-38). Le due edizioni di documenti, quella di Botteon e di Graziani, differiscono di poco e solo in alcuni brani. Emerge dal confronto che già nel Settecento il supporto del registro delle *parti*, ovvero delle deliberazioni della scuola, risultava danneggiato e a tratti illeggibile a causa dell'umidità. Graziani vide però quelle carte almeno un secolo prima di Botteon, riuscendo a decifrare frammenti di testo divenuti in seguito di difficile lettura. Pertanto, pur privilegiando in questa sede la versione edita da Botteon, comunemente utilizzata dalla critica, si propone in nota la trascrizione – meno lacunosa – resa da Graziani. Cfr. docc. 14-15, 17-18.

14.
1492, gennaio 5. Conegliano
(originale *deperdito*; documento in copia del sec. XVIII seconda metà)

Francesco Quadrivio e Giovanni della Pasqualina, *gastaldi* della scuola di Santa Maria dei battuti di Conegliano assieme agli otto *sapienti viri*, a seguito della *parte* o deliberazione presa in consiglio il primo gennaio 1492 di realizzare una pala per l'altare maggiore della chiesa di Santa Maria dei battuti, affidano a Giovanni Battista da Conegliano, «pictor eximius Venetiis permanens» la realizzazione dell'opera; il prezzo verrà stabilito in seguito da due valenti artisti.

AMVC, *Archivio storico del Comune di Conegliano, Titoli generali. Titolo generale C. Miscellanee, Articolo 4. Miscellanea dei nobili Graziani Giovanni Battista ed Ottaviano di Conegliano (manoscritti e stampe)*, b. 561, vol. 6, fasc. intitolato: «Copia tratta dal libro parti 1454 [della scuola dei battuti di Conegliano], a carte 81».
Botteon, Aliprandi 1893, pp. 196-197 doc. A II; Humfrey 1983, p. 197 doc. IIb.

(c. 81*v*)
Conventio facta cum magistro Baptista pictore de faciendo dictam pallam.
Die giovis, quinto mensis ianuarii[1] 1492. Convocatis [....................................][2] gastaldionibus suprascriptis [...] et octo sapientibus, videlicet ser Francisco Crobato, ser Francisco de Montalbano, ser Gregorio de Fabris loco, ser Marco de Montalbano[3], [...] reverendo[4] Silvestro [............] a Templo loco ser Iacobi [............] et [............] magistro Antonio de Maserada [..................].
Tandem conventum fuit cum Ioa[....][5] Baptista [...] Congelano[6] pictore esimio Venetiis permanente [..........], quod ipse magister Baptista facere debeat scole praedicte [.......... ....][7] ligno cum figuris tribus sancte[8] virginis Marie [......], sancti Ioannis evangeliste et sancti Andree sive Sancti Petri[9] [....], quorum ipsi magistro Baptiste videbuntur[10] [....] deauratam et pictam optimo auro et finissimis coloribus, arbitrio et iudicio [......] in arte pingendi. Qua facta et completa aestimari et apretiari debeat per duos bonos et legales pictores ac magistros artis huius[11] et secundum quod aestimata fuerit dicti domini castaldiones[12] solvere et satisfacere teneantur illi in promptis pecuniis. Salvo quod[13] ipse magister Baptista respectu patrie sue Coneglani, unde ortum habuit, et quia [..........][14] ipse facere hoc opus pro sui memoria et honoris conservatione[15] vult et ita promisit facere unum donum dicte scole, hoc est remittere de pretio et aestimatione facienda, ac donare ipsi scole tantum quantum videbitur discretioni ipsorum dominorum castaldionum[16] in tantum quod confratres dicte scole habebunt[17] gloriari et se laudare de ipso magistro Baptista et de eius bono opere, et ut etiam gloriosa virgo Maria intercedere habeat [........................][18] unigenitum Filium suum [.........][19] et remissionem peccatorum[20] [.................][21] palam complere debeat intra unum annum [............................][22] ad sui[23] beneplacitum, dummodo [...............]bile.
Actum in ecclesia nova [...........................][24] Christoforo capitanio, [....................]tibus[25].
Ego Bartolomeus [......................................] notarius [....................................]psi[26].

1. *Graziani d'ora in poi G.* iannuari; 2. *G.* coram infrascriptis testibus dominis; 3. *G.* Morandi notari; 4. *G.* magistro; 5. *G.* magistro; 6. *G.* Coneglanense; 7. *G.* unam pulchram pallam in; 8. *G.* sanctissime; 9. *G.* sancti Andree cum sancti Francisco et aliis; 10. *G.* videbatur; 11. *G.* dicte; 12. *G.* gastaldiones; 13. *G.* quo; 14. *G.* affectavit; 15. *G.* memoria, honore et conservatione; 16. *G.* gastaldiones; 17. *G.* habeant; 18. *G.* apud sanctissimum; 19. *G.* veniam; 20. *G.* remissionem suorum peccatorum; 21. *La lacuna veniva letta in G.* et hanc pulcram; 22. *G.* et secundum posuerit alioquim ad suum; 23. *G.* suum; 24. *G.* apud [........] presentibus; 25. *La lacuna veniva parzialmente letta in G.* Victori [........] et aliis quampluribus; 26. *L'intera riga veniva letta in G.* Ego Bartolomeus Perucchinus de Ceneda notarius et offitialis scole predicte inerfui et scripsi.

Giovanni Battista già affermato pittore in Venezia tanto da essere definito qui eccellente nella sua professione, si accorda per la realizzazione della *Madonna in trono col Bambino fra angeli e santi* per un compenso inferiore rispetto al suo tariffario, pur di rendere onore alla terra d'origine. L'atto nell'edizione di Botteon (1893) si presenta lacunoso in alcune parti, integrate tuttavia dalla trascrizione di Graziani del secolo XVIII (cfr. nota doc. 12). Venne redatto dal notaio Bartolomeo Perrucchini di Ceneda di cui si conservano in ASTV, *Notarile. Prima serie*, le bb. 328-330, ove però il documento non è stato reperito. Cfr. docc. 13, 15, 17-18.

15.
1492, gennaio 8 – 1492, marzo 26. Conegliano
(originale *deperdito*)

Dal *libro dei conti* della scuola di Santa Maria dei battuti di Conegliano si riscontrano alcuni pagamenti effettuati nel corso del 1492 ad intervalli regolari a Giovanni Battista da Conegliano *depentor* per la realizzazione della pala per l'altare maggiore della chiesa di Santa Maria dei battuti.

Botteon, Aliprandi 1893, pp. 199-200 doc. B; Humfrey 1983, pp. 198-199 doc. IId.

(c. 168*v*)
Item 8 gennaro 1492.
A magistro Zambatista depentor
lire 3 soldi 16
Item per dar a Zambatta depentor per capara della palla lire 18 soldi 12
Item 1492, 23 febbraio.
A magistro Zambatista depentor sopra la palla lire 31 soldi –
(c. 169*r*)
Item 26 marzo. Per dar a magistro Zambatista depentor lire 20 soldi –
Item per mandar al depentor in moneda val
lire 31 soldi –
(c. 169*v*)
Item per mandati a magistro Zambatista lire settantado lire 72 soldi –

I pagamenti, anche se inizialmente di poco conto, vengono annotati subito dopo l'affidamento dell'incarico. Complessivamente ammontano a 175,28 lire, poco più di 27 ducati. Botteon aveva tratto queste registrazioni da un *libro dei conti* della scuola dei battuti di Conegliano del 1467, alla segnatura aggiungeva la nota «in copia all'Archivio della congregazione di Carità di Conegliano» (Botteon, Aliprandi 1893, p. 199). Purtroppo l'intero fondo fu distrutto durante la prima guerra mondiale (Faldon 1985, p. 218) e quella di Botteon costituisce l'unica edizione nota: il *libro dei conti* non venne infatti trascritto dall'erudito settecentesco Bartolomeo Graziani (doc. 13), che si limitò a visionare solo i registri delle *parti* e il cartiglio presente sulla pala della *Madonna in trono col Bambino fra angeli e santi*, con la seguente nota: «Adì 3 marzo 1772. Ha copiato da un finto polizzino esistente a piè della palla dell'altar maggiore nel nuovo duomo di Santa Maria e San Leonardo, in cui vi sono Maria vergine santissima sedente col bambin Gesù nel mezzo, in cornu evangelii san Giovanni Battista, santa Cattarina vergine e martire ed un santo Vescovo, il quale si suppone san Niccolò, perché con Maria vergine santissima, santa Catterina, san Lunardo et cetera si vede san Nicolò dipinto in sù la nuova palla dell'Ospitale e san Niccolò con Maria vergine santissima e santa Catterina et cetera si veggono dipinti in sul muro dell'antico altare dell'antica chiesa della Ca' di Dio, ora Ospitale di Santa Cattarina. In cornu epistole: san Pietro apostolo, sant'Appolonia e san Francesco d'Asisi. Il nobil signor dottor Domenico del Giudice: Clarissimi ac equestris ordinis viri Francisci Quadrivii ducto auspicioque hec conspicis simulacra. Ioanne de la Pasqualina [................] ambobus pie fraternitatis prefectis MCCCCLXXXXIII. Ioannis Baptiste Coneglanensis opus», cfr.: AMVC, *Archivio storico del Comune di Conegliano, Titoli generali. Titolo generale C. Miscellanee, Articolo 4. Miscellanea dei nobili Graziani Giovanni Battista ed Ottaviano di Conegliano (manoscritti e stampe)*, b. 561, vol. 6, fasc. intitolato: «Copia tratta dal libro parti ...» (Botteon, Aliprandi 1893, p. 90). Cfr. docc. 13-14, 17-18.

16.
1492, dicembre 10 – dicembre 28. Venezia

Cristoforo Rizzo, parroco della chiesa di San Giovanni Battista in Bragora di Venezia, registra nei libri contabili a distanza di pochi giorni l'uno dall'altro il versamento di una caparra a Sebastiano da Milano *taiapiera*, abitante nella parrocchia di San Luca, e a Giovanni Battista da Conegliano *depentor* rispettivamente di 8 ducati per l'*ornamento* della pala dell'altare maggiore di San Giovanni Battista e di 10 ducati per la *depentura* della pala da realizzarsi entrambi come da contratto.

PSGBVE, *Parrocchia di San Giovanni Battista in Bragora, Fabbriceria, Chiesa parrocchiale di San Giovanni Battista. Atti generali*, b. 1, reg. 2 «1486. Note di pre' Christoforo Rizzo pievan. Libro cassa fabrica tenuta da pre' Cristoforo Rizzo pievano. 1486 al 1498», c. 27*v*.
Botteon, Aliprandi 1893, pp. 212-213 doc. E III; Humfrey 1983, p. 199 doc. III.

+ Yhesus, Maria. M°XXXX°LXXXXII +
(...).
+ Adì X decenbris.
Item, maistro Sabastiam da Milam[1] taiapiera sta a San Lucha. A chasa contadi per parte del

ornamento de la pala de l'altar grando el qual el dito die far de piera viva lavorado chome in el marchado se contiem ducati oto val
lire 49 soldi 12
(...).
Adì XXVIII dito.
Item, maistro Zuan Batista da Choneiam depentor. A chasa contadi per parte de la depentura de la pala de l'altar grando die far el dito depentor chome in el marchado se contiem per chaparo ducati diexe, val
lire 62 soldi –
1. da Milam *aggiunto in sopralinea*.

Il contratto tra Cristoforo Rizzo e Giovanni Battista da Conegliano risaliva all'8 dicembre 1492, come si evince dal doc. 22. Ha inizio così il lungo rapporto tra la parrocchia veneziana e l'artista per la realizzazione del famoso *Battesimo di Cristo*. Se i pagamenti per il *Battesimo* si concluderanno infatti nel maggio del 1495, a partire dal 1502 il pittore sarà di nuovo impegnato per la medesima chiesa nella pala dedicata a *Costantino e sant'Elena*. Per quanto riguarda lo scultore Sebastiano da Milano, che andrebbe distinto da Sebastiano Mariani, si veda ancora Humfrey 1983, p. 158 nota 3.
Committente è il sacerdote Cristoforo Rizzo, notaio, eletto parroco di San Giovanni in Bragora l'11 aprile del 1479 (ASPV, *Curia patriarcale*, *Sezione antica*, *Diversorum*, vol. 4: anni 1476-1479, c. 321*v*). Precedentemente era stato parroco della chiesa di Santo Stefano confessore e nel dicembre del 1495, poco dopo il completamento della pala del *Battesimo*, divenne parroco di San Moisè (ASPV, *Curia patriarcale*, *Sezione antica*, *Diversorum*, vol. 8: anni 1492-1497, c. 166*r*). Nel testamento da lui dettato il 5 maggio del 1522 chiedeva di essere sepolto a San Giovanni in Bragora «super monumento per me facto in dicta ecclesia ante altare maius ubi sunt tumulata corpora parentium et fratrum meorum ac attinentium». Inoltre attestava di essere creditore di 74 ducati per le opere da lui intraprese in quella chiesa, ma di non voler esigere nulla a patto che il monumento funebre rimanesse legato esclusivamente alla sua famiglia: «item cum sim creditor ecclesie Sancti Ioannis Baptiste in Bragora, cuius ecclesie plebanus fui, de ducati septuaginta quatuor pro denariis per me expositis et de meis propris pecuniis in fabricha dicte ecclesie tempore quo ibidem plebanus fui pro ut per librum meum apparet ipsum meum creditum ratione amoris quem semper habui erga ecclesiam ipsam ut carissime patet ex operis factis et ratione sepolture mee posite ante altare maius ubi sunt tumulata corpora parentium et fratrum meorum et nepotis mei et aliorum, libere remitto et dono ipsi ecclesie in qua sepultura mea poni non possit aliud cadaver extranearum personarum nisi de meis propriis» (ASVE, *Notarile*, *Testamenti*, notaio Iacopo Grasolario, b. 1183, doc. 133; il documento è in copia in ASPV, *Curia patriarcale*, *Sezione antica*, *Catastici delle chiese di Venezia*, b. 1, fasc. 6 «Catasticum ecclesie Sancti Iohannis in Bracora», alla data). Cfr. docc. 19-22.

17.
1493, marzo 23 – 1493, dicembre 24. Conegliano
(originale *deperdito*)
La scuola di Santa Maria dei battuti di Conegliano effettua nel corso del 1493 ad intervalli regolari i pagamenti a Giovanni Battista da Conegliano *depentor* per la realizzazione della pala per l'altare maggiore della chiesa di Santa Maria dei battuti.

Botteon, Aliprandi 1893, pp. 199-200 doc. B; Humfrey 1983, pp. 198-199 doc. IId.

(c. 172*v*)
Item per 1493 a magistro Zambatista depentor per la palla lire 2 soldi –
Item 23 marzo per portar a magistro Zambatista depentor ducati 10 val
lire 62 soldi –
Item 28 ditto per potar al domino Zambatista
lire 26 soldi –
Item 7 zugno per dar a magistro Zambatista depentor lire 3 soldi 10
Item 20 zugno a magistro Zambatista depentor in do fiade ducati 20
lire 124 soldi –
Item per dar a magistro Zambatista depentor
lire 18 soldi 14
(c. 174*v*)
Item 24 dicembre 1493, come in libro suddetto lire 4 soldi –

I pagamenti per la *Madonna in trono col Bambino fra angeli e santi* ammontano a 239,28 lire, poco più di 37 ducati, di cui 20 vengono registrati il 20 giugno del 1493, forse a seguito della visita a Venezia dei confratelli che dovevano stabilire il valore complessivo dell'opera (doc. 18). Botteon aveva tratto queste registrazioni di pagamento da un *libro dei conti* della scuola dei battuti di Conegliano del 1467, alla segnatura aggiungeva la nota «in copia all'Archivio della congregazione di Carità di Conegliano» (Botteon, Aliprandi 1893, p. 199). Cfr. docc. 13-15, 18.

18.
1493, maggio 5. Conegliano
(originale *deperdito*; documento in copia del sec. XVIII seconda metà)
La scuola di Santa Maria dei battuti di Conegliano delibera di nominare due confratelli affinché si rechino in Venezia assieme al loro *gastaldo*, Giovanni della Pasqualina, e stabiliscano la somma da elargire a Giovanni Battista da Conegliano *pictor* per la realizzazione della pala per l'altare maggiore della chiesa di Santa Maria dei battuti, come da contratto stipulato con il notaio Bartolomeo Perruchini di Ceneda; al termine della consultazione vengono eletti Gregorio de Fabris e Antonio de Montalbano.

AMVC, *Archivio storico del Comune di Conegliano, Titoli generali, Titolo generale C. Miscellanee, Articolo 4. Miscellanea dei nobili Graziani Giovanni Battista ed Ottaviano di Conegliano (manoscritti e stampe)*, b. 561, vol. 6, fasc. intitolato: «Copia tratta dal libro delle parti della veneranda scola di Santa Maria de battuti esistente nel di lui archivio, principiò 1454, a carte 94».
Botteon, Aliprandi 1893, pp. 198-199 doc. III; Humfrey 1983 p. 198 doc. IIc.

(c. 94*r*)
Pars posita per [.......] gastaldionibus de duobus elligendis qui vadant Venetias ad extimare faciendum palam.
1493.
Die dominico, quinto mensis maii[1] Coneglani, super salla scolle[2] Sancte Marie batutorum[3], ubi ipsa scolla[4] congregata erat iuxta solitum. Spectabilis dominus Franciscus de Quadrivio milles[5] et civis Coneglani tanquam gastaldio dicte scolle[6] exposuit qualiter necesse erat quod aliqui fratres de dicta scolla[7] irent Venetias[8] ad faciendum extimare pallam[9], quam fieri fecerunt per magistrum Ioannem Baptistam pictorem de Coneglano, quo ipse gastaldio[10] ire non poterat [................][11], et ideo posuit partem infrascriptam, videlicet.
Tenor partis.
Vadit pars posita per spectabilem dominum Franciscum de Quadrivio gastaldionem quod per totam scollam[12] concedatur[13] licentia dominis gastaldionibus cum suis 8[14] sapientibus velleant sive possint elligere duos ydoneos[15] fratres dicte scolle[16], qui accedere debeant cum magistro Ioanne de la Pasqualina gastaldione Venetias ad faciendum extimare pallam noviter confectam[17] seu fabricatam per magistrum Ioannem Baptistam pictorem de Coneglano secundum continentiam conventionis secum facte, uti patet instrumento manu ser Bartolomei Perrucchini notatii ad quod relatio habeatur.
Obtentio partis.
Que posita fuit ad bussolos et balotas[18] per totam scolam[19], capta et obtenta fuit per balotas[20] 91 prosperas et quatuor in contrarium exixtentes[21].
Ellectio paedictorum fratrum in praedicta parte.
Et statim facto scrutinio et ballotatione per ipsos dominos gastaldiones cum suis octo sapientibus remanserunt infrascripti, qui ellecti et assumpti fuerunt simul cum domino magistro Ioanne gastaldione, videlicet:
ser Gregorius de Fabris civis Coneglani et
ser Antonius de Montalbano civis Coneglani.

1. *Graziani d'ora in poi G.* mai; 2. *G.* sala scole; 3. *G.* battutorum et cetera; 4. *G.* schola; 5. *G.* miles; 6. *G.* schole; 7. *G.* schola; 8. *G.* Venetia; 9. *G.* palam; 10. *G.* gastaldo; 11. *G.* et cetera; 12. *G.* scholam; 13. *G.* concedetur; 14. *G.* octo; 15. *G.* idoneos; 16. *G.* schole; 17. *G.* confactam; 18. *G.* ballotas; 19. *G.* scholam; 20. *G.* ballota; 21. *G.* existentibus.

Dai registri contabili si desume che la somma complessiva per la *Madonna in trono col Bambino fra angeli e santi* sarà di 65 ducati. Cfr. docc. 13-15, 17.

19.
1494. Venezia
(con registrazioni di pagamenti dal 6 dicembre 1493 al 22 ottobre 1494)
Cristoforo Rizzo, parroco della chiesa di San Giovanni Battista in Bragora di Venezia, registra nei libri contabili le elemosine raccolte nel corso del 1493 e del 1494 per la realizzazione della pala del *Battesimo di Cristo* per l'altare maggiore di San Giovanni Battista.

PSGBVe, *Parrocchia di San Giovanni Battista in Bragora*, *Fabbriceria*, *Chiesa parrocchiale di San Giovanni Battista. Atti generali*, b. 1, reg. 2 «1486. Note di pre' Christoforo Rizzo pievan. Libro cassa fabrica tenuta da pre' Cristoforo Rizzo pievano. 1486 al 1498», c. 30*r*.

+ Yhesus, Maria. M°XXXX°LXXXXIIII +
(...).
Item, messer pre' Chistophalo dito. A elimoxine per far la pala de l'altar grando contadi al dito messer lo piovam chome qui soto in piui fiade et prima:
adì 6 decembre 1493 da ser Andronicho remer ducati 1 val lire 6 soldi 4
adì 22 otubre 1494 da ser Domenego da Lucha per nome de la chomesaria de ser Zuan da Cimento per I° legato ducati 5 val
lire 31 soldi –
summa in tuto lire 37 soldi 4 piccoli –

Cfr. docc. 16, 20-22.

20.
1495, gennaio 24. Venezia
(con registrazioni di pagamenti dal febbraio 1493 al dicembre 1494)
Cristoforo Rizzo, parroco della chiesa di San Giovanni Battista in Bragora di Venezia, registra nei libri contabili i pagamenti e le spese effettuate nel corso del 1493 e del 1494 per la realizzazione dell'altare maggiore di San Giovanni Battista e della pala, in particolare annota il pagamento di poco più di 10 ducati ad Antonio *intaiador* per aver preparato la tavola del *Battesimo di Cristo*; emerge inoltre la complessa procedura del trasporto e della messa in opera dei materiali e i nomi dei tanti artigiani – *mureri*, *taiapiera*, *marangoni*, *fenestreri* – o semplici facchini coinvolti nell'operazione.

psgbve, *Parrocchia di San Giovanni Battista in Bragora, Fabbriceria, Chiesa parrocchiale di San Giovanni Battista. Atti generali*, b. 1, reg. 2 «1486. Note di pre' Christoforo Rizzo pievan. Libro cassa fabrica tenuta da pre' Cristoforo Rizzo pievano. 1486 al 1498», c. 31*r-v*.
Botteon, Aliprandi 1893, pp. 213-214 doc. E III; Humfrey 1983, pp. 199-200 doc. III.

(c. 31*r*)
+ Yhesus, Maria. M°XXXX°LXXXXIIII +[1]
+ Adì XXIIII zener +
(...).
Item, spexe de la pala del altar mazor. A messer pre' Christophalo dito contadi per el dito a maistro Antonio intaiador per la tavola de la pala dita a tute sue spexe sì de le tavole de talpon saxonade chome de fatura, inchastrade, incholade et chuniade over intresade da roverso et per una investixon de ligname soto di quela tra el muro et dita pala inela scortegadura del muro sì de le taole de larexe murali et chome manifattura in piui fiade chome qui soto et prima:
adì 16 fever 1492[2] per chaparo ducati 4 val
lire 24 soldi 16
adì 21 mazo 1493 ducati 2 val
lire 12 soldi 8
adì 3 luio ducati 3, lire 2, soldi 2 et fu per resto de la tavola dita lire 20 soldi 14
adì 3 novembre per parte de la investixon dita ducati 9 val lire 6 soldi 4
adì 29 dito per resto lire 1 soldi 10
in tuto lire 65 soldi 12
Item, spexe dite. A messer pre' Christophalo dito contadi a messer Lunardo Vendramin adì primo mazo 1493 per mi<t>ere 2 piere de marmo per le cholone e li di del ornamento de dita pala portoli maistro Bernardim taiapiera lavora in chaxa sua ducati 9 val
lire 55 soldi 16
Item, spexe dite. A messer pre' Christophalo dito contadi a maistro Gasparo murer per meter l'ornamento de piera viva de la dita pala in opera et per desfar do finestre in la chapela del dito altar grande et refar da nuovo quele piui in ei cantoni però intachavano de la dita pala, in piui fiade chome qui soto et prima:
adì 25 otubre 1493 per chaparo ducati 1 val
lire 6 soldi 4
adì 10 novembre ducati 6 val
lire 37 soldi 4
adì 16 dito ducati 1 val
lire 6 soldi 4
adì 29 dito per resto ducati 4 val
lire 24 soldi 16
et in tuto ducati 12 val
lire 74 soldi 8
(c. 31*v*)
+ Ihesus, Maria. M°CCCCLXXXXIIII +
+ Adì XXIIII zener +
Item, spexe de la pala del altar mazor. A messer pre' Christophalo Rizo piovam contadi per piui spexe fate a menude per el far di quela in piui fiade chome qui soto et prima:
adì 29 otubre 1493 per i fachini portò i lignami per far i ponti per meter quela et remuover le finestre lire – soldi 18
adì 31 dito per masteli 10 chalzina a soldi 7 al mastelo piera granda 200 a lire 10 al mastelo e sabion burchio mezo lire 7 soldi –
adì 3 novenbre per barcha e bastaxi[3] conduse chargo et discargo le piere vive de l'ornamento de la dita pala lire 5 soldi –
adì dito a maistro Matio marangon per do sesti per refar le fenestre lire – soldi 10
adì 6 dito per masteli 10 chalzina a soldi 7 al mastelo, piere 100 da taiar et condutura
lire 5 soldi 16
adì dito per sabion tolto da Christophalo di Pizoni lire 1 soldi 8
adì 10 dito per barcha e bastaxi conduse chargo et discargo la pala de ligname et agudi grandi
lire 1 soldi 12
adì 29 dito per masteli 2 chalzina biancha e per terazo et portadura lire
lire 2 soldi 10
adì dito per oio de lin per el terazo
lire 1 soldi –
adì dito per fregar i marmori de le cholone per Ioanne maistro lavorò zorni 2 ½
lire 1 soldi 16
adì dito per mandar via el ruenazo sì de gexia chomo del magazem ducati 1 val
lire 6 soldi 4
adì 4 decembre per zexo per la investixom di marmi lire – soldi 8
e per fregar le tavole de marmo
lire – soldi 14
adì – dito a maistro Tomaxo depentor per far el frixo atorno la pala et fenestre mose
lire 2 soldi –
adì – dito per arpexi 8 per inpiombar le piere vive de la pala lire 2 soldi 10
e per pionbo lire 6 lire – soldi 10
adì 10 dito a maistro Michiel fenestrere per redur le fenestre de veri fono remase et reconzar veri roti et meterle in opera
lire 7 soldi 15
adì 19 dito per una torta et colazion fata ai mureri et taiapiera lire 3 soldi 16
adì 10 fevuer per fachini per condur ligname per far la seraia de la chapela aciò non sia da inpazo al depenzer et agudi
lire – soldi 10
adì 12 dito per agudi 200 per dita seraia
lire – soldi 14
adì – dito a maistro Matio marangon per far dita seraia lire 2 soldi 10
adì – dito per bertaele[4], seradura e chadenazo et chiave et agudi de mezo pe' per dita seraia
lire 1 soldi 4
adì 19 decembre 1494 per chalzina mastelo 1 sabion e barcha per meter el nascimento da baso de la pala de piera viva
lire – soldi 17
adì 24 dito a maistro Gasparo murer per meter dito nascimento et per conzieri fati in la chaxa sta Bernardin da Brendole
lire 1 soldi 10
et in tuto lire 58 soldi 12
(...).

1. *La datazione è* more veneto *e va letta 1495*; 2. *La datazione è* more veneto *e va letta 1493*; 3. bastaxi *ovvero facchini* (Boerio 1856, p. 67); 4. bertaele *ovvero bandelle* (Boerio 1856, p. 76).

L'accurata registrazione fatta a posteriori, probabilmente riordinando ricevute e note contabili, permette di ricostruire tutto l'*iter* preposto all'allestimento del dipinto, costato complessivamente – escludendo la tavola – poco più di 30 ducati. Cfr. docc. 16, 19, 21-22.

21.
1495, gennaio 24 – febbraio 12. Venezia

(con registrazioni di pagamenti dall'aprile 1493 al febbraio 1495)

Cristoforo Rizzo, parroco della chiesa di San Giovanni Battista in Bragora di Venezia, registra nei libri contabili i pagamenti e le spese effettuate nel corso del 1493 e del 1494; spiccano le somme elargite a Sebastiano da Milano *taiapiera* abitante nella parrocchia di San Luca e a Giovanni Battista da Conegliano *depentor*: rispettivamente di 86 ducati per l'*ornamento* della pala dell'altare maggiore di San Giovanni Battista e di 50 ducati per la *depentura* del *Battesimo di Cristo*.

psgbve, *Parrocchia di San Giovanni Battista in Bragora, Fabbriceria, Chiesa parrocchiale di San Giovanni Battista. Atti generali*, b. 1, reg. 2 «1486. Note di pre' Christoforo Rizzo pievan. Libro cassa fabrica tenuta da pre' Cristoforo Rizzo pievano. 1486 al 1498», cc. 31*v*-35*r*.
Botteon, Aliprandi 1893, pp. 213-214 doc. E III; Humfrey 1983, pp. 199-200 doc. III.

(c. 31*v*)
+ Ihesus, Maria. M°CCCCLXXXXIIII[1] +
+ Adì XXIIII zener +
(...).
Item maistro Sabastiam da Milam taiapiera sta a San Lucha. A messer pre' Christophalo dito contadi al dito per l'ornamento de la pala de l'altar mazor de piera viva lavorado per el dito in piui fiade chome qui soto et prima:
adì 20 april 1493 ducati 4 val
lire 24 soldi 16
adì 11 mazo ducati 10 val
lire 62 soldi –
adì 22 zugno ducati 4 val
lire 24 soldi 16
adì 6 luio ducati 6 val
lire 37 soldi 4
adì 24 dito ducati 3 val
lire 18 soldi 12
adì 13 otubre ducati 2 val
lire 12 soldi 8
adì 29 novenbre ducati 5 val
lire 31 soldi –
adì 7 decenbre per resto 3 val
lire 18 soldi 12
adì – dito per i buxi et reperar ducati 2 val
lire 12 soldi 8
et in tuto ducati 39 val
lire 241 soldi 16
Item maistro Zuam Batista da Choneiam depentor. A messer pre Christophalo dito contadi al dito per parte de la depentura de la pala de l'altar mazor in piui fiade, chome qui soto et prima:
adì 17 zener 1493[2] ducadi 10 val
lire 62 soldi –[3]
adì primo frever 1493[4] ducati 10 val
lire 62 soldi –
adì 6 mazo 1494 ducati 10 val
lire 62 soldi –
adì 11 setenbre ducati 10 val
lire 62 soldi –
adì 11 decenbre ducati 10 val
lire 62 soldi –
et in tuto ducati zinquanta[5] val
lire 310 soldi –
(c. 33*v*)
+ Ihesus, Maria. M°CCCC°LXXXXIIII +
+ Adì XXIIII zener +
(...).
Adì primo marzo 1494 a maistro Vielmo favro per feri de cortine a do fenestre in la chapela mazor lire 1 soldi 10
Adì 20 dito per peze de tela azura per do cortine a dite do finestre lire 9 soldi –
(...).
(c. 35*r*)
+ Ihesus, Maria. M°CCCC°LXXXXIIII +
+ Adì XXIIII zener +
(...).
Item. Spexe de la pala de l'altar mazor. A magistro Sabastiam taiapiera sta a San Lucha per l'ornamento de piera viva fato a la pala del dito altar sì per le piera vive chome per el lavor et intaio a tute sue spexe chome etiam per el lavor et intaio de le cholone de marmo et de tuti marmi mesi in dito ornamento datoli i marmi segondo el marchado fato cun quelo adì ** decenbre 1492 chome per quelo apar, ducati 45 val lire 279 soldi –
Item. Spexe dite. A magistro Sabastian dito per i buxi et inpiombar le piere del dito ornamento d'achordo con messer lo piovam segondo etiam per el mezo de magistro Antonio Rizo et magistro Piero Lonbardo tolti zudexi per diferentie abude insieme del dito lavor fo acordà ducati 2 val lire 12 soldi –
(...).
Adì XII frever.
Item spexe de la pala de l'altar mazor. A messer pre' Christophalo Rizo piovan contadi per el dito a magistro Antonio intaiador per la tavola davanti l'altar et scabelo da baso a tute sue spexe sì de ligname chome fatura et agudi in piui fiade come qui soto et prima:
adì 31 zener per parte ducati 1 val
lire 6 soldi 4
adì 12 frever per resto ducati 3 val
lire 18 soldi 12
et in tuto ducati 4 val
lire 24 soldi 16
(...).

1. *La datazione è* more veneto *e va letta 1495*; 2. *La datazione è* more veneto *e va letta 1494*; 3. *L'intera linea è aggiunta successiva di medesima mano;* 4. *La datazione è* more veneto *e va letta 1494*; 5. zinquanta *corretto su* 40 val *depennato*.

Per quanto riguarda i pagamenti a Giovanni Battista, si giunge nel dicembre del 1494 alla somma di 60 ducati. Il saldo verrà effettuato l'anno seguente. Si segnala la presenza – già ampiamente nota – di Pietro Lombardo e Antonio Rizzo, tra i maggiori scultori all'epoca a Venezia, chiamati come giudici per valutare il lavoro svolto da Sebastiano da Milano. Cfr. docc. 16, 19, 20, 22.

22.
1495, febbraio 16 – luglio 28. Venezia

Cristoforo Rizzo, parroco della chiesa di San Giovanni Battista in Bragora di Venezia, registra nei libri contabili i pagamenti e le spese effettuate nel corso del 1495 per la realizzazione dell'altare maggiore e della pala; in particolare annota il saldo di 20 ducati elargiti il 19 aprile e il 28 luglio in rate da 10 ducati a Giovanni Battista da Conegliano per la pala del *Battesimo di Cristo*, giungendo così alla somma complessiva di 80 ducati prevista dal contratto stipulato l'8 dicembre del 1492.

PSGBVe, *Parrocchia di San Giovanni Battista in Bragora, Fabbriceria, Chiesa parrocchiale di San Giovanni Battista. Atti generali*, b. 1, reg. 2 «1486. Note di pre' Christoforo Rizzo pievan. Libro cassa fabrica tenuta da pre' Cristoforo Rizzo pievano. 1486 al 1498», cc. 35*v*-38*r*.
Botteon, Aliprandi 1893, pp. 213-214 doc. E III; Humfrey 1983, pp. 200-201 doc. III.

(c. 35*v*)
+ Ihesus, Maria. M°CCCC°LXXXXIIII +
+ Adì XVI frever +
Item. Magistro Zuam dal Verde indorador. A mi Zuane Navaier contadi al dito per parte del dorar de l'ornamento de piera viva de la pala de l'altar mazor el qual el dito die indorar chome in el marchado se contiem ducati vintido val lire 136 soldi 8
(...).
Adì XXIII dito.
Item spexe de la pala de l'altar mazor. A messer pre' Christophalo Rizo piovam contadi per far i ponti per indorar l'ornamento de piera et per condur el ligname et netar la chapela in tuto
lire – soldi 18
Adì XXVIII dito.
Item spexe dite. A messer pre' Christophalo dito contadi a magistro Vielmo favro per el fero de la chortina de la dita pala
lire 2 soldi 6
(...).
(c. 36*r*)
+ Ihesus, Maria. M°CCCC°LXXXXV +
+ Adì VIII marzo +
(...).
Adì III dito[1].
Item spexe de la pala de l'altar mazor. A messer pre' Christophalo Rizo piovam contadi a magistro Antonio da Faenza intaiador per uno schabelo per tegnir suxo l'altar in tre gradi per el ligname et fatura in tuto
lire 4 soldi –
Item spexe menude in gexia. A messer pre' Christophalo dito contadi a magistro Antonio da Faenza dito per uno ca<n>deloto per el chorpo del nostro Signor per el Venere Santo per el ligname et fatura in tuto
lire 4 soldi 2
Item spexe de la pala de l'altar mazor. A messer pre' Christophalo dito contadi per aneli 31 de otom per la chortina de la dita pala
lire 2 soldi 14
(...).
(c. 36*v*)
+ Ihesus, Maria. M°CCCC°LXXXXV +
+ Adì IIII april +
(...).
Adì 6 dito.
Item. Spexe de la pala del altar mazor. A chasa contadi a ser Iosafatt Rizo per braza 32 ½ tela de Sangalo azura dada in do volte a messer lo piovan per far la chortina del dito altar lire diexenuove soldi quatro a raxon de soldi 12 al brazo val lire 19 soldi 4
(...).
Adì XV dito.
Item maistro Zuam dal Verde. A chasa contadi al dito per parte de l'indorar de l'ornamento de piera de la pala del altar mazor ducati diexe val lire 62 soldi –
(...).
Adì XVIIII dito.
(...).
Item. Maistro Zuam Batista da Choneiam. A chasa contadi al dito per parte del depenzer de la pala de l'altar mazor ducati diexe val
lire 62 soldi –
(...).
(c. 37*r*)
+ Ihesus, Maria. M°CCCC°LXXXXV +
+ Adì XVI mazo +
(...).
Adì XVIIII dito.
Item maistro Zuan dal Verde. A chasa contadi al dito per parte del indorar de l'ornamento de piera de l'altar mazor ducati sete val
lire 43 soldi –
Adì XXIII dito.
Item spexe de la pala de l'altar mazor. A maistro Zuan dal Verde per aver indorado l'ornamento de piera viva de la dita pala a tute sue spexe sì de oro de peza picola chome manifatura chome in el marcado se contien ducati 42 fato adì 16 frever et per aver dorado oltra quelo era specificado in el marcado la faza dentro de l'architravo et sue colonele et el lavelo de l'ampolete ducati 1 in tuto ducati 43 val
lire 266 soldi 12
Item. Maistro Zuan dal Verde. A chasa contadi al dito per resto del dorar de l'ornamento de piera de la pala de l'altar mazor ducati quatro val lire 24 soldi 16
(...).
(c. 38*r*)
+ Ihesus, Maria. M°CCCC°LXXXXV +
+ Adì XXVIII luio +
Item. Spexe de la pala del altar mazor. A maistro Zuan Batista da Choneiam depentor per la depentura de la dita pala a tute sue spexe sì chome in el marcato se contiem fato adì 8 decenbre 1492 ducati otanta val
lire 496 soldi –
Item. Maistro Zuan Batista da Choneiam depentor dito. A chasa contadi al dito per resto de la depentura de la pala del altar mazor ducati diexe val lire 62 soldi –
Item. Spexe de la pala del altar mazor. A chasa contadi ai lavoranti de maistro Zuan Batista per beverazo marzelo uno val
lire – soldi 10
(...).

1. *Si intende il mese di aprile.*

La datazione è *more veneto*. Cfr. docc. 16, 19-21.

23.
1497, maggio 28. Portogruaro
(originale *deperdito*)

Il *gastaldo*, i consiglieri e i confratelli della scuola di San Tommaso apostolo nella chiesa conventuale di San Francesco di Portogruaro, riuniti in capitolo, deliberano di far realizzare una pala «de pinello et non de rilievo» per *ornamento* dell'altare della scuola.

Botteon, Aliprandi 1893, p. 216 doc. F I; Humfrey 1983, p. 202 doc. Va.

Die 28 mensis maii 1497.
In capitulo more solito congregato in quo interfuerunt misier Antonius Fantonus gastaldio et ser Marquardus de la Fratina et consiliari et quamplures fratres dictae fraternitatis. In quo per ornamento dello altar fondato in la giesia de misier San Francesco intitulado de misier San Thommaso in cui nome è sta' instituida questa benedetta scuola, imperò fo posta la parte, posta per esso gastaldo et conseieri suprascripti che el se fazza una palla et che a questa impresa de far far dicta palla dicto gastaldo et suo conseieri habino libertà de farla far, spesa a lor serà possibile e tuttavia che essa palla se faza de pinello et non de rilievo.
Capta per ballotas de quadraginta tres nemine discrepante.

Il documento fu edito per la prima volta da Botteon che lo rinvenne nell'Archivio dell'ospedale civico di Portogruaro, entro il fondo della *Scuola di San Tommaso apostolo*, e in particolare nella serie *Registri delle parti* o delle deliberazioni, nel registro intitolato «Libro delle parte della reverenda fraternita del glorioso misser San Thommaso apostolo» che ricopriva l'arco cronologico 1496-1566. Oggi tale materiale non è più reperibile a causa delle incursioni belliche del 1944. Il documento è attualmente noto nella trascrizione pubblicata da Botteon nel 1893 e in una copia manoscritta redatta nel 1870, che si conserva alla National Gallery di Londra, per la quale si veda Humfrey 1983, p. 202. La delibera del 1497 diverrà effettiva solo qualche anno più tardi dal momento che i primi pagamenti a Giovanni Battista da Conegliano, per la realizzazione della pala l'*Incredulità di san Tommaso*, verranno annotati nei libri contabili a partire dal 1502, anche se, stando alle indicazioni presenti nella copia manoscritta del 1870, il registro di cassa era mutilo delle prime ventitré carte (Humfrey 1983, p. 202). Cfr. docc. 31, 35-36, 40-41, 43, 45, 47.

24.
1498, marzo 3. Venezia

Cristoforo Rizzo, già parroco della chiesa di San Giovanni Battista in Bragora di Venezia, registra nei libri contabili le elemosine raccolte per far fronte alle spese sostenute per la realizzazione del tabernacolo in pietra che dovrà custodire una reliquia della Santa Croce; per questo tabernacolo verrà commissionata nel 1502 a Giovanni Battista da Conegliano la pala di *Costantino e sant'Elena*.

PSGBVe, *Parrocchia di San Giovanni Battista in Bragora, Fabbriceria, Chiesa parrocchiale di San Giovanni Battista. Atti generali*, b. 1, reg. 2 «1486. Note di pre' Christoforo Rizzo pievan. Libro cassa fabrica tenuta da pre' Cristoforo Rizzo pievano. 1486 al 1498», c. 49*r*.
Humfrey 1983, p. 201 doc. IV.

+ Yhesus, Maria. M°XXXX°LXXXXVIII +
Adì III marzo.
(...).
Item fabricha dita. A spexe del tabernachulo de piera per tegnir el legno de la Santa Croxe per l'amontar dite spexe batudo lire 6 soldi 4 di elemosine lire 41 soldi 16
(...).

A c. 39*v* compare la nota: «Adì XXV zener <*1496*>. Christophalo Rizzo olim piovam et in questo zorno piovan a San Moysè». Cfr. docc. 12, 28-30, 33.

25.
1498, settembre 1. Conegliano

Stime fiscali di alcuni contribuenti abitanti in Ruga inferiore a Conegliano, tra i quali compaiono i fratelli Antonio *cimador* e Giovanni Battista *depentor*.

AMVC, *Archivio storico del Comune di Conegliano, Titoli particolari. V. Stato civile, igiene, sa-*

nità pubblica, Articolo I. Stato civile. Statistiche, b. 412, reg. 2, cc. 163*r*, 167*r*-168*v*.
Botteon, Aliprandi 1893, p. 31.

(c. 163*r*)
In Christi nomine, amen. Millesimo quadrigentesimo nonagesimo octavo, inditione prima, die primo mensis septembris. In hoc libro continentur et descripti sunt omnes et singuli homines et conditiones omnium et singulorum hominum et personarum terrae, burgorum et districtus Coneglani, qui faciunt et sustinent onera, factiones et collectas terrae Coneglani, nec non et forensium habentium bona stabilia in terra et districtu Coneglani noviter aptati et descripti (...).
(c. 167*r*)
(...).
Ruga de sotto
(...).
(c. 168*v*)
(...).
Magistro Francesco marescalcho con do fioli
lire 1 soldi 19
Antonio cimador lire 2 soldi 9
Magistro Baptista depentor so fradello
lire 3 soldi 5
Magistro Zuanlunardo mareschalco et so fradello lire – soldi 19
Baptista zavatai lire – soldi 10
Vetor de Baseio et Sebastian so nevo
lire – soldi 14
Magistro Nicolò depentor
lire – soldi 8
Mathio vacharo lire 1 soldi –

È questa la prima volta in cui compare con certezza il nome di Giovanni Battista nell'estimo di Conegliano. La quota contributiva del pittore è superiore a quella del fratello: segno evidente dei guadagni che la bottega gli fruttava. Cfr. docc. 5-6, 9, 11, 37, 59, 61-62.

26.
[1498. Venezia?]

(documentazione del 1566)
Nasce Riccardo, figlio secondogenito di Giovanni Battista da Conegliano e di Corona, sua prima moglie; nel 1516 diverrà religioso con il nome di Nicolò nell'abbazia benedettina di Santa Giustina di Padova.

AMVC, *Archivio storico del Comune di Conegliano, Titoli particolari. IX. Giustizia e sicurezza pubblica. Articolo 3. Atti civili e notarili privati ordinati cronologicamente*, b. 39, fasc. 149, anni 1559-1580, processo alle cc. 1-82 (= 416-497) «1566. Super divisionibus consortum de Cima», c. 18*r-v*.
Botteon, Aliprandi 1893, p. 201 doc. C I.

La notizia si evince dal processo avviato nel 1566 per dirimere la contesa sorta tra Luca, ultimo figlio maschio ancora in vita di Giovanni Battista, e i suoi nipoti per la divisione dei beni. Il prezioso fascicolo processuale fu rinvenuto da Botteon alla fine dell'Ottocento ed ampiamente utilizzato per ricostruire l'albero genealogico della famiglia Cima. Sull'età di Riccardo si discusse a lungo per meglio definire la quota ereditaria. Essendo un religioso, si doveva accertare se avesse preso i voti prima o dopo la morte di Giovanni Battista. Fu così che vennero prodotti in contemporanea due documenti: la professione di fede di Riccardo del 22 maggio 1516 (doc. 57) e la quietanza del 19 agosto 1516, nella quale Giovanni Battista, evidentemente ancora in vita, riceveva 6 ducati dalla badessa di Santa Maria Mater Domini di Conegliano per la realizzazione di una pala (doc. 58). La parte avversa affermava tuttavia che il documento del 1516 era «una memoria solamente privata fatta (...) nel principio del suo ingresso nel quale egli non era né ordinato né consacrato in niuna sorte di ordini sacerdotali, sia che si potesse dir frate consacrato professo et sia che se egli havesse voluto uscir fuori del monasterio non havesse potuto, appresso che eo tunc era in età tenue di adolescentia et de anni 18 in circa nela qual età non si consacra né si può far professione publica sacerdotale» (c. 18*r-v*). È da questa affermazione, in mancanza al momento di dati ulteriori, che si è dedotto l'anno di nascita. Avvalora questa fonte anche la polizza d'estimo di Giovanni Battista da Conegliano, databile al 1516, in cui non si nomina tra le «boche che non sono de utile» – ovvero i figli in minore età – Riccardo, nato dal primo matrimonio. Nulla sappiamo invece circa la nascita, avvenuta qualche anno prima, di Pietro, figlio primogenito di Giovanni Battista, che proseguirà nell'attività di famiglia. Lo si trova infatti registrato nel 1550 nello statuto dell'Arte della lana di Conegliano, ove viene indicato pure l'anno della sua morte: 1565 (AMVC, *Archivio storico del Comune di Conegliano, Titoli particolari. IV. Agricoltura, industria, commercio. Articolo terzo. Lanificio*, b. 409, reg. 1, c. 1*v*). Attorno al 1498 dunque, Giovanni Battista è già sposato da alcuni anni con Corona, la prima moglie, ed ha due figli: Pietro, il primogenito, e ora Riccardo. Anche dal punto di vista economico e professionale l'artista ha raggiunto oramai una indiscussa stabilità: si pensi alla quota d'estimo stabilita per lui quello stesso anno (doc. 25), superiore anche a quella del fratello Antonio, o alle clausole inserite in un contratto stipulato dal pittore Lattanzio da Rimini nel 1499, là dove gli si chiede di fare riferimento – come esempio da imitare – alla «pala grande de San Zuan Bragola» (Paoletti 1893, pp. 113-114; Humfrey 1983, p. 27 nota 2). Cfr. docc. 32, 38, 46.

27.
1499, gennaio 25. Venezia

Giorgio Dragan del *confinio* di San Basilio di Venezia fa testamento, chiede che il suo altare che si va costruendo nella chiesa di Santa Maria della Carità di Venezia venga portato a termine, dispone affinché la moglie Margherita sia amministratrice dei suoi beni e istituisce erede universale la figlia Lucietta.

ASVe, *Notarile, Testamenti*, notaio Girolamo de Bossis, b. 50, doc. n. 31, cc. 30*v*-31*r*.
Humfrey 1983, p. 150 nota 11.

In nomine Dei eterni, amen. Anno ab incarnatione domini nostri Ihesu Christi millesimo quadringentesimo nonagesimo octavo, indictione secunda, die vero vigesimo quinto, mensis ianuarii, Rivoalti. (...) ego Georgius Dragano de confinio Sancti Basilii Venetiarum (...) sanus Dei gratia mente, intellectu et corpore volens (...) de bonis meis providere (...) ad me vocare feci Hieronymum de Bossis Venetiarum notarium ipsumque rogavi ut hoc meum scriberet testamentum ipsumque post mei obitum compleret et roboraret cum suis clausulis et additionibus necessariis et opportunis iuxta ritum civitatis Venetiarum, in quo quidem meo testamento, in primis: animam meam omnipotenti Deo eiusque gloriosissime semper virgini matri Marie totique celesti curie comendo (...). Item volo et ordino quod altarem meum ceptum in ecclesia Sancte Marie Charitate compleatur cum altari, lego ducatos decem annuatim hac conditione quod fratres dicti conventis teneantur qualibet die imperpetuum celebrare facere unam missam pro anima mea (...). Volo quod sit in libertate dictorum commissariorum meorum fabricandi unum altare in ea ecclesia, qua magis et melius sibi videbitur et placebit modo videlicet et conditionibus superius expressis et quia credo quod fratres Sancte Marie Charitatis acceptabunt dictum legatum, eo casu lego ducatos duos scole Sancte Marie Charitatis que teneatur de summa dictorum ducatorum duorum providere de tempore in tempus omnibus exigentiis dicti altaris, super quo altari volo quod ponantur due arme mee marmoree, quae stare et refici debeant in perpetuum supra ipso altari et ante quod altare volo in terra construi de bonis meis unam archam cum arma mea in qua archa humanu volo cadaver meum. (...).

La datazione è *more veneto*. Il testamento è attualmente l'unico documento noto, utile ad ancorare cronologicamente la realizzazione della pala *Madonna col Bambino, santa Caterina, san Giorgio, san Nicolò, sant'Antonio abate, san Sebastiano e santa Lucia* per la cappella di San Giorgio nella chiesa di Santa Maria della Carità di Venezia, oggi alle Gallerie dell'Accademia. Marin Sanudo nei *Diarii* ricorda la morte di Giorgio Dragan, avvenuta a Pola il 22 giugno del 1499 (cfr. Humfrey 1983, pp. 149-150 nota 10).

28.
1501, luglio 31 – 1502, marzo 22. Venezia

Bernardo *Navagier*, amministratore della *cassa fabbrica* della chiesa di San Giovanni Battista in Bragora di Venezia, annota nel registro delle entrate e delle uscite della chiesa il pagamento di 27 ducati ad Alessandro da Caravaggio *intaiador* per la fornitura del legname per la messa in opera della tavola che sevirà per la realizzazione della pala di *Costantino e sant'Elena*, commissionata nel 1502 a Giovanni Battista da Conegliano.

PSGBVe, *Parrocchia di San Giovanni Battista in Bragora, Fabbriceria, Chiesa parrocchiale di San Giovanni Battista. Atti generali*, b. 1, reg. 4 «Cassa di ser Bernardo Navagier. 1500 a 1503», cc. 5a-5b.
Humfrey 1983, p. 201 doc. IV.

(c. 5a)
+ Ihesus Maria M°CCCCC° +
(...).
1501, adì 31 luio. Chontadi a quelo[1] per parte di una pala dee far per el legno
de la croxe ala similitudene de quela e che è per el Sachramento per el precio
fo fate quele ducati 2
lire 12 soldi 8
Adì 27 ottobre. Chontadi a quelo per parte de la dita pala ducati 5 val
lire 31 soldi –
1502 adì 22 marzo. Chontadi a quelo per parte de la dita pala ducati 5 apar de suo mano val
lire 31 soldi –
(...).
(c. 5b)
+ Ihesus Maria M°CCCCC° +
Maistro Alesandro da Charavazo alincontro dee aver adì 11 ottobre per la pala di legname chon el suo sofitado chon tuto l'ornamento de ligname de ogni sorta e in quelo et per el travo dove se mete i cesendeli con la tavola davanti l'altar soazada et el schagnelo de soto per lo altar de la Chrose ala simelitudene in tuto e per tuto che è quelo del chorpo del nostro Signor sì per lo legname chomo per lo intalgio et ogni manifatura a tute suo spese chompido chomo el dee star d'achordo chon dito maistro Alesando che fo per el presio che el fece d'altro ducati 27 val lire 167 soldi 8 –

1. *Alexandro da Charavazo.*

A partire dal gennaio del 1496, era stato eletto parroco della chiesa di San Giovanni Battista, Leonardo Michiel. Cfr. docc. 12, 24, 29-30, 33.

29.
1502, marzo 22 – marzo 31. Venezia
Bernardo *Navagier*, amministratore della *cassa fabbrica* della chiesa di San Giovanni Battista in Bragora di Venezia, annota nel registro delle entrate e delle uscite della chiesa il pagamento di 5 ducati ad Alessandro da Caravaggio *intaiador* per la fornitura del legname per la realizzazione della tavola e di 2 ducati a Giovanni Battista da Conegliano per la realizzazione della pala di *Costantino e sant'Elena*.

PSGBVe, *Parrocchia di San Giovanni Battista in Bragora, Fabbriceria, Chiesa parrocchiale di San Giovanni Battista. Atti generali*, b. 1, reg. 4 «Cassa di ser Bernardo Navagier. 1500 a 1503», c. 32a.
Botteon, Aliprandi 1893, p. 214 doc. E IV; Humfrey 1983, p. 201 doc. IV.

+ Ihesus, Maria. M°CCCCC°I°[1] +
(...).
1502. Adì 17 marzo.
(...).
Adì – ditto[2]. Per maistro Alesando da Charavazo intaiador chontadi a quelo
per parte de la pala del legname de la Chrose
lire 31 soldi –
Adì 31 ditto. Per maistro Zuan Batista da Chonelgian chontadi a quelo
per parte de la depentura de la pala soradita ducati 2 val lire 12 soldi 8
(...).

1. *La datazione è* more veneto *e va letta 1502*; 2. *Ovvero 22 marzo 1502*.

Cfr. docc. 12, 24, 28, 30, 33.

30.
1502, marzo 31 – 1503, aprile 8. Venezia
Bernardo *Navagier*, amministratore della *cassa fabbrica* della chiesa di San Giovanni Battista in Bragora di Venezia, annota nel registro delle entrate e delle uscite della chiesa i pagamenti a Giovanni Battista da Conegliano per la realizzazione della pala di *Costantino e sant'Elena* per un ammontare complessivo di 28 ducati.

PSGBVe, *Parrocchia di San Giovanni Battista in Bragora, Fabbriceria, Chiesa parrocchiale di San Giovanni Battista. Atti generali*, b. 1, reg. 4 «Cassa di ser Bernardo Navagier. 1500 a 1503», cc. 33a-34a.
Botteon, Aliprandi 1893, pp. 214-215 doc. E IV; Humfrey 1983, pp. 201-202 doc. IV.

(c. 33a)
+ Ihesus, Maria. M°CCCCC°I° +
(...).
Maistro Zuan Batista da Chonelgian depentor con lo qual fo fato marchà adì 17 febraro che 'l dito habia a far I[a] pala per el legno de la Chrose et chon una chrose et santa Elena e Constantin et dabaso in 3 quadri la Invention de la Chrose dee dar adì 31 marzo[1]. Contadi a quelo per capara ducati 2 val lire 12 soldi 8
Tuto el marchà fo per ducati 28.
Adì 26 settembre. Chontadi a quelo apar de suo mano ducati 2 lire 12 soldi 8
Adì 15 ottobre. Chontadi a quelo a chasa sua ducati 3, val lire 18 soldi 12
1503. Adì 8 april. Chontadi a quelo a chasa sua per resto de la pala contrascritta apar per scritto de suo mano ducati 21, val
lire 130 soldi 4
Summa lire 173 soldi 12
(c. 33b)
+ Ihesus, Maria. M°CCCCC°I° +
(...).
1503. Maistro Zuan Batista da Chonelgian depentor alincontro dee aver adì 8 april per suo manifatura del depenzer de la pala de la Santa Chrose con una chrose in mezo et santa Elena et Constantin et dabaso in 3 quadri la Invention de la dita Chrose d'achordo ducati 28, val lire 173 soldi 12
(c. 34a)
+ Ihesus, Maria. M°CCCCC°II° +
(...).
Adì 26 ditto[2]. Per maistro Zuan Batista da Chonelgian chontadi a quelo per parte de la pala de la Chrose lire 12 soldi 8
(...).
Adì 15 ditto[3]. Per maistro Zuan Batista da Chonelgian chontadi a quelo per parte de la pala de la Chrose ducati 3 val
lire 18 soldi 12
Adì 5 novembre. Per maistro Francesco de Bernardo dorador chontadi al dito in do fiade per parte de l'indoradura de la pala de la Chrose ducati 2 val lire 12 soldi 8
Adì 14 ditto. Per maistro Francesco de Bernardo dito chontadi a quelo per parte ducati 1 val lire 6 soldi 4
(...).

1. *31 marzo 1502*; 2. *26 settembre 1502*; 3. *15 ottobre 1502*.

A c. 34a si riconfemano i pagamenti del settembre e dell'ottobre 1502. Si aggiungono inoltre i pagamenti a Francesco di Bernardo *dorador* per la fornitura e messa in opera dell'*indoradura* della pala. Cfr. docc. 12, 24, 28-29, 31.

31.
1502. Portogruaro
(orginale *deperdito*)
Angelo de Radino, *gastaldo* della scuola di San Tommaso apostolo nella chiesa conventuale di San Francesco di Portogruaro, registra nei libri contabili gli introiti e le spese della scuola per l'anno 1502, tra cui compaiono due prosciutti del valore di 2 lire donati al «magistro che fa la palla a Venezia».

Botteon, Aliprandi 1893, p. 217 doc. F II; Humfrey 1983, pp. 202-203 doc. Vb.

Redditus bladorum et vini 1502.
In Cristi nomine amen. Infrascritti sono fitti e livelli ovvero intrade scosse sotto la gastaldia de ser Angelo de Radino de l'anno 1502 como gastaldo de la scuola de misier San Thomá de Portogruaro (...).
Spese fatte per ditto gastaldo della scuola dell'anno 1502.
Spese per un paro de persuti li quali donai al magistro che fa la palla a Venezia monta
lire 2 soldi –

Dopo la deliberazione presa il 28 maggio del 1497 dalla scuola di San Tommaso apostolo nella chiesa conventuale di San Francesco di Portogruaro (doc. 23), questa risulta essere la prima registrazione di pagamento a favore di Giovanni Battista da Conegliano per la realizzazione della pala l'*Incredulità di san Tommaso*. Cfr. docc. 23, 35-36, 40-41, 43, 45, 47.

32.
[1502. Venezia?]
(documentazione del 1516 e del 1566)
Nasce Pellegrina, figlia di Giovanni Battista da Conegliano e di Maria, andrà in sposa con una dote di 150 ducati a Tommasino Longo.

AMVC, *Archivio storico del Comune, Titoli particolari. III. Patrimonio, imposte, tasse. Articolo 2. Denuncie autografe ed atti diversi per l'estimo della terra e delle ville di Conegliano*, b. 458, fasc. «1521. Ruga de sotto de la terra cum la contrada de Saran», cc. 52*r* e sgg.; AMVC, *Archivio storico del Comune di Conegliano, Titoli particolari. IX. Giustizia e sicurezza pubblica. Articolo 3. Atti civili e notarili privati ordinati cronologicamente*, b. 39, fasc. 149, anni 1559-1580, processo alle cc. 1-82 (= 416-497) «1566. Super divisionibus consortum de Cima».

Nella polizza d'estimo presentata attorno al 1516, Giovanni Battista affermava di avere «una fia granda da maridar de an<i> 14» (doc. 59). Nei quattro anni che intercorrono tra la nascita di Riccardo (1498, doc. 26) e quella di Pellegrina, Giovanni Battista rimane vedovo di Corona e sposa in seconde nozze Maria, da cui avrà tre figlie femmine (Pellegrina, Corona e Petronilla) e tre figli maschi (Riccardo, Sebastiano e Luca). Cfr. docc. 26, 38, 46.

33.
1503, aprile 5 – 1503, giugno 16. Venezia
Bernardo *Navagier*, amministratore della *cassa fabbrica* della chiesa di San Giovanni Battista in Bragora di Venezia, annota nel registro delle entrate e delle uscite della chiesa, accanto alle spese minute per il completamento del tabernacolo della Santa Croce, il pagamento a Giovanni Battista da Conegliano di poco più di 20 ducati, per la realizzazione della pala di *Costantino e sant'Elena*; l'ammontare complessivo della somma è di 28 ducati.

PSGBVe, *Parrocchia di San Giovanni Battista in Bragora, Fabbriceria, Chiesa parrocchiale di San Giovanni Battista. Atti generali*, b. 1, reg. 4 «Cassa di ser Bernardo Navagier. 1500 a 1503», cc. 48a, 50a.
Humfrey 1983, p. 202 doc. IV.

(c. 48a)
+ Ihesus, Maria. M°CCCCC°III° +
(...).
Adì ditto[1]. Chontadi a messer pre' Leonardo Michiel piovan per le sotoscrite spexe fate per concar l'altar de la Santa Chrose apar per suo conto in sto zorno e chomo qui soto:
per chalcina sabion e barcha et do tavole de larese de l'altar e per lo alogar de l'oio santo in sagrestia lire 3.0
per fatura de la chasa del predito altar
lire 0.10
per contar la chasa e portele de l'oio santo
lire 0.12
per broche e berteele lire 0.2
per far portar i modioni et la zoia de la pala in giesia lire 0.4
per manifatura a maistro Gasparo murero per zorni 2 ½ a soldi 24 al zorno et per el fante a soldi 13 al zorno in tutto
lire 4.12
per 3 zornade al taiapiera
lire 3.0
per una schala per giesia
lire 0.16
sumano in tuto lire 12 soldi 16
(...).
Adì ditto[2]. Chontadi a maistro Zuan Batista da Chonelgian depentor per resto de la pala de la Santa Chrose apar per suo scritto
lire 130 soldi 4
(...).
Adì 15 ditto[3]. Chontadi a maistro Ventori intaiador per insoazar el tavo che è sopra la pala de l'altar de la Chrose apar per scritto de so mano et per suo fatICha de aver meso la pala in sesto
lire 15 soldi –
(...).
(c. 50a)
+ Ihesus, Maria. M°CCCCC°III +
(...).
Adì 16 ditto[4]. Chontadi a pre' Leonardo Michiel piovan adì 7 april lire 4 e in sto dì lire 1 soldi 12 per le oltraditte spese e prima:
per el taiapiera lavorò in giesia per concar le pala de la + lire 0.10
per agudi per meter suso la pala predita
lire 0.10
per barcha per portar i lavori a la giesia
lire 0.3
per broche per le soaze
lire 0.1

per fachini portò le soaze
lire 0.2
per inseradura per l'altar preditto
lire 0.17
per 1 fero de la chortina del dito altar
lire 0.14
summano in tutto lire 2 soldi 17

1. *5 aprile 1503*; 2. *8 aprile 1503*; 3. *15 aprile 1503*; 4. *16 giugno 1503*.

Cfr. docc. 12, 24, 28-30.

34.
1503, aprile 19. Conegliano

Egregius vir ser Paolo de Montalbano e *magister* Antonio *cimator*, *gastaldi* della scuola di Santa Maria dei battuti di Conegliano, danno in affitto a Nicolò figlio di Toffolo Benuzio da Monticella un appezzamento di terra in Campolongo per dodici staia di frumento e un terzo del vino prodotto.

AMVC, *Congregazione di Carità, Scuola di Santa Maria dei Battuti, Pergamene*, b. XIV, pacco CXL, doc. 836.
Faldon 1985, p. 182.

Antonio *cimator gastaldo* è il fratello di Giovanni Battista da Conegliano. Il documento attesta la continua frequentazione e vicinanza della famiglia del pittore alla confraternita dei battuti di Conegliano. Cfr. doc. 3.

35.
1503. Portogruaro
(originale *deperdito*)

Angelo de Radino, *gastaldo* della scuola di San Tommaso apostolo nella chiesa conventuale di San Francesco di Portogruaro, registra nei libri contabili gli introiti e le spese della scuola per l'anno 1503, tra cui compare il pagamento di 50 ducati, del valore di 310 lire, a Giovanni Battista da Conegliano, «depentor habita in Venezia», come acconto per la pala che sta realizzando.

Botteon, Aliprandi 1893, pp. 217-218 doc. F II; Humfrey 1983, p. 203 doc. Vb.

Dinari spesi.
Infrascripte sono spese fatte per ser Angelo de Radino gastaldo de la scola de misier San Thomà dell'anno 1503, et primo spese dicto ser Angelo de Radino gastaldo per conto de la palla de misier San Thomà de Portogruaro li quali have magistro Zuan Baptista de Conegian depentor, habita in Venezia, a conto de la palla che lui fa, have in più partide contadi in tutto ducati cinquanta zoè ducati 50
lire 310 soldi –

A partire da questa data i pagamenti per la pala l'*Incredulità di san Tommaso* diventeranno più consistenti, il lavoro infatti è ben avviato e verrà consegnato da Giovanni Battista da Conegliano nel corso del 1504. Cfr. docc. 23, 31, 36, 40-41, 43, 45, 47.

36.
1504. Portogruaro
(originale *deperdito*)

Boneto *tentor*, *gastaldo* della scuola di San Tommaso apostolo nella chiesa conventuale di San Francesco di Portogruaro, registra nei libri contabili gli introiti e le spese della scuola per l'anno 1504, tra cui compaiono il pagamento di 25 ducati, del valore di 155 lire, a Giovanni Battista da Conegliano per la realizzazione dell'*Incredulità di san Tommaso*, le spese per l'imballaggio e il trasporto della pala da Venezia a Portogruaro ed infine quelle per il collocamento definitivo sull'altare.

Botteon, Aliprandi 1893, pp. 218-219 doc. F II; Humfrey 1983, p. 203 doc. Vb.

In Christi nomine amen. 1504.
Infrascripte sono conti et partite della amministratione de la gastaldia de maistro Boneto tentor fo de l'anno predito 1504 et cetera.
Spese de denari.
Per spesi per andar a Venezia per la palla per una lettera che mi scrisse lo maistro
che dovessi portarli denari altramente che non voleva compir la palla, spesi
lire 2 soldi 10
Et per dati a maistro Zuan Baptista depentor de Conegian per la palla ducati XXV val
lire 155 soldi –
Et per spesi per far fare la cassa per condurre la palla lire 6 soldi –
Et per li facchini che porta la palla
lire – soldi 8
Et per pagar lo beveraso alli garzoni del maistro lire 2 soldi –
Et per far portare la cassa al maistro
lire – soldi 4
Et per far portare la ditta palla dal fontigo alla giesa de San Francesco
lire – soldi 16
Et per spesi in azuro de far depenzer la cassa de la palla lire 2 soldi –
Et per spesi per far condurre la ditta palla da Venezia lire 6 soldi –
Et per aver comperato tre tole
lire – soldi 15
Et per aver dati a Zuan Iacomo per aver aiutato a fare la sopradita cassa
lire 1 soldi 5
Et per corda de metter el cesendelo
lire – soldi 8
Et per manifattura della cassa a maistro Michiel de Fagagna per la palla et metterla sullo altar lire 2 soldi –
Et per uno legno de metter sotto la palla et per li cesendeli lire – soldi 10
Et per chiodi lire – soldi 10
Et per andare lo Boneto a tuor la sopradita palla a Venezia lire 3 soldi –
Et per uno cesendelo de laton per lo altar de San Thommaso lire 3 soldi 10
Et per due cesendeli de vero
lire – soldi 10
Et per avare contadi a maistro Antonio fiorentin per havere depento la cassa dell'ancona de San Thomaso lire 2 soldi –
Et per fare le sponde della cassa della palla de San Thommaso fo tole 2 de talpon et per uno legno fo messo suso le cesendelo monta
lire 3 soldi –

Come ampiamente sottolineato dalla critica, al registro di cassa, che annota nel dettaglio la lunga trafila per il trasporto della pala e per il suo allestimento in loco, si affianca l'iscrizione presente sul dipinto che certifica, nonostante le vistose lacune, l'anno di realizzazione, 1504, e il nome del *gastaldo*, Boneto *tentor*. Dal registro emergono anche le avvisaglie del futuro contenzioso sorto tra le parti per il mancato pagamento. Il pittore è restio a concludere l'opera senza avere prima i soldi pattuiti, ecco dunque le spese del *gastaldo* per andare a Venezia, «altramente che non voleva compir la palla», come risposta alla lettera di diniego del maestro, cui segue il versamento di 25 ducati. Cfr. docc. 23, 31, 35, 40-41, 43, 45, 47.

37.
1504. Conegliano

Stime fiscali dei beni di Antonio *cimador* abitante in Ruga superiore a Conegliano.

AMVC, *Archivio storico del Comune di Conegliano, Titoli particolari. V. Stato civile, igiene, sanità pubblica, Articolo I. Stato civile. Statistiche*, b. 412, reg. 2, cc. 215*v*, 232*r*.
Botteon, Aliprandi 1893, pp. 31.

(c. 215*v*)
(…).
Ruga de sora
(…).
(c. 232*r*)
(…).
Magistro Antonio cimador
lire 2 soldi 14
Magistro Francesco specier et ser Zanlunardo
lire 1 soldi 10
(…).

A questa data Antonio, fratello di Giovanni Battista, abita ancora a Conegliano. In seguito si trasferirà a Venezia assieme alla moglie, nella parrocchia di San Luca, forse per sfuggire alla difficile situazione dell'entroterra veneto durante la guerra tra Venezia e la lega di Cambrai, e a Venezia, nel 1513, detterà le sue ultime volontà (doc. 51). Cfr. docc. 5-6, 9, 11, 25.

38.
[1504 - 1506. Venezia?]
(documentazione del 1516 e del 1566)

Nascono Corona e Petronilla, figlie di Giovanni Battista da Conegliano e di Maria, sua seconda moglie; andranno spose con dote di 150 ducati ciascuna, come da contratto dotale del 9 agosto 1526, ai fratelli Bernardino e Nicolò Bertoni figli di Iacopo, cittadino di Collalto.

AMVC, *Archivio storico del Comune, Titoli particolari. III. Patrimonio, imposte, tasse. Articolo 2. Denuncie autografe ed atti diversi per l'estimo della terra e delle ville di Conegliano*, b. 458, fasc. «1521. Ruga de sotto de la terra cum la contrada de Saran», cc. 52*r* e sgg.; AMVC, *Archivio storico del Comune di Conegliano, Titoli particolari. IX. Giustizia e sicurezza pubblica. Articolo 3. Atti civili e notarili privati ordinati cronologicamente*, b. 39, fasc. 149, anni 1559-1580, processo alle cc. 1-82 (= 416-497) «1566. Super divisionibus consortum de Cima», c. 49*r-v* (= 465*r-v*).
Botteon, Aliprandi 1893, pp. 201-202, doc. C II.

La notizia si ricava dalla polizza d'estimo presentata attorno al 1516; Giovanni Battista affermava di avere a quella data «pute do picole de ani 10 e 12» (doc. 59). Il contratto di dote è riportato invece nella causa sorta nel 1566 per la divisione del patrimonio familiare tra Luca Cima, unico figlio ancora in vita di Giovanni Battista, e i suoi nipoti. Presente e consenziente in qualità di tutrice al contratto è la madre Maria, compaiono poi i fratelli Pietro e Nicolò (al secolo Riccardo), figli di Corona, la prima moglie di Cima, che approvano il matrimonio: «In Cristi nomine, amen. Anno a nativitate eiusdem Domini millesimo quingentesimo vigesimo sexto, indictione 14, die giovis nono, mensis augusti, Coneglani, in domo infrascriptorum haeredum quondam magistri Ioannis Baptiste Cima (...). Ibique contracto iam pluribus diebus legittimo matrimonio tum consensu partium et medio amicorum inter prudentes iuvenes dominas Coronam et Petronillam, sorores et filias quondam magistri Ioannis Baptiste Cima de Coneglano olim pictoris et habitatoris Venetiis, ex una et discretos iuvenes ser Bernardinum et Nicolaum fratres quondam ser Iacobi Bertoni quondam ser Nicolai olim civis Culalti ex altera, videlicet dictam dominam Coronam in dictum ser Bernardinum et dicatam dominam Petronillam in dictum ser Nicolaum et subsequente subarratione anuli prout per verba de praesenti confessi fuerunt». La dote ammontava in beni mobili e stabili a «ducatis trecentis auri, in ratione l. 6 s. 4 pro ducato, videlicet ducatos centumquinquaginta pro unaquaque eorum» cfr. AMVC, *Archivio storico del Comune di Conegliano, Titoli particolari. IX. Giustizia e sicurezza pubblica. Articolo 3. Atti civili e notarili privati ordinati cronologicamente*, b. 39, fasc. 149, anni 1559-1580, processo alle cc. 1-82 (= 416-497) «1566. Super divisionibus consortum de Cima», c. 49*r-v* (= 465*r-v*); Botteon, Aliprandi 1893, pp. 201-202, doc. C II. Cfr. docc. 26, 32, 46.

39.
1505, ottobre 31. Parma

I canonici della cattedrale di Parma riuniti in capitolo deliberano di concedere a Bartolomeo Montini, protonotario apostolico e canonico della cattedrale, la cappella dedicata a San Tommaso ubicata sul lato sinistro del coro.

ASPr, *Notarile*, notaio Francesco Pelosi, b. 440, alla data.
Allodi 1856, II, p. 19; Talignani 1995, p. 287 nota 1; Talignani 2005, p. 157 nota 27.

La concessione, in mancanza di ulteriori supporti documentari, costitutisce un importante riferimento per collocare cronologicamente la pala della *Madonna con Bambino e santi*, oggi alla Galleria nazionale di Parma, realizzata da Giovanni Battista da Conegliano per la cappella funebre di Bartolomeo Montini.

40.
1505. Portogruaro
(originale *deperdito*)

Daniele Fanton, *gastaldo* della scuola di San Tommaso apostolo nella chiesa conventuale di San Francesco di Portogruaro, registra nei libri contabili gli introiti e le spese della scuola per l'anno 1505, tra cui compaiono il pagamento di 25 ducati, del valore di 155 lire, a Giovanni Battista da Conegliano *depentor* per la realizzazione della pala e altre spese minute per l'acquisto e la messa in opera di un tendaggio da porre a protezione del dipinto «de Sancto Thommaso», montato su anelli onde poter «avrir et serar» i drappi.

Botteon, Aliprandi 1893, p. 220 doc. F II; Humfrey 1983, p. 203 doc. Vb.

In Cristi nomine amen dell'anno 1505.
Infrascripti sono conti et partite della administration della gastaldia de maistro Daniel Fanton per lo anno predito 1505 (...).
Spesi de denari.
Et per uno ferro per la cortina de la palla de Sancto Thommaso monta
lire 2 soldi 2
Et per do pezze de tela bianca per dita cortina
lire 7 soldi 17
Et per anelli vinti de ferro, per fil et manifetura et per la coverta de la croce et spago et cordelle per posser avrir et serar la dita cortina
lire 1 soldi –
Et per aver dati a magistro Zuan Baptista depentor a conto de la palla li quali have ser Birnardin nodaro per suo nome ducati 25 val
lire 155 soldi –
Et per dati allo dito per lo pegno fezi far per diti denari lire – soldi 6

Cfr. docc. 23, 31, 35-36, 41, 43, 45, 47.

41.
1506, settembre 29. Portogruaro
(originale *deperdito*)

Giovanni Andrea *pellizar*, *gastaldo* della scuola di San Tommaso apostolo nella chiesa conventuale di San Francesco di Portogruaro, registra nei libri contabili gli introiti e le spese della scuola per l'anno 1506, tra cui compare il pagamento di 10 ducati, del valore di 62 lire, a Giovanni Battista da Conegliano *depentor* per la realizzazione della pala.

Botteon, Aliprandi 1893, pp. 220-221 doc. F II; Humfrey 1983, p. 203 doc. Vb.

In Cristi nomine, amen dell'anno 1506.
Infrascritti sono conti et partide della administration della gastaldia de maistro Zuan Andrea pellizar gastaldo della fraternita de misier Sancto Thommaso apostolo de Portogruaro sotto lo predicto anno 1506.
(...).
Spese de denari.
Et adì 29 dicto[1] per aver contado a magistro Zuan Baptista depentor per la palla
lire 62 soldi –

1. *Trattasi del mese di settembre.*

Ai cento ducati già elargiti dalla scuola di San Tommaso apostolo tra il 1503 e il 1505 per la pala l'*Incredulità di san Tommaso*, si aggiungono nel corso del 1506 ulteriori 10 ducati. Cfr. docc. 23, 31, 35-36, 40, 43, 45, 47.

42.
1506, ottobre 11. [Venezia?]

Giovanni Battista da Conegliano *quondam* Pietro *cimador*, pittore in Venezia, fa quietanza a frate Giovanni Antonio, guardiano del convento di San Francesco di Conegliano, della somma di 6 ducati, ricevuti per il tramite di Antonio *starador* in Venezia; testimone del pagamento Bernardino Antiga, notaio in Conegliano.

ASTV, *Corporazioni religiose soppresse*, *San Francesco di Conegliano*, b. 3, vol. n. ant. 38, c. 4*r*.
Humfrey 1983, p. 204 doc. VI.

1506, adì XI octubrio.
Sia noto come in questo zorno soprascritto mastro Zuan Batista, quondam magistro Piero cimador, depentore et che habita in Venetia ha contado et h<a>udo da miser fra Zuan Antonio guardian del convento de Santo Francesco de la tera de Conegian ducati sei in monede val
lire 37 soldi 4
li quali denari ha habuto dito magistro Zuan Batista a nome de magistro Antonio starador in Venetia.
Et mi Bernardinus Antiga nodaro in Coneian fui presente al ricivere de dicti denari, lire trentasete de mia mano propria mi ho sotoscrito.

Un successivo pagamento verrà effettuato nel 1508. Di quest'opera nulla si conosce e viene elencata, generalmente, tra quelle perdute (Humfrey 1983, p. 204). Cfr. doc. 44.

43.
1507. Portogruaro
(orginale *deperdito*)

Ambrogio *marangon*, *gastaldo* della scuola di San Tommaso apostolo nella chiesa conventuale di San Francesco di Portogruaro, registra nei libri contabili gli introiti e le spese della scuola per l'anno 1507, tra cui compaiono i costi sostenuti nel contenzioso sorto tra la scuola di San Tommaso e Giovanni Battista da Conegliano *depentor* per il saldo del pagamento della pala da lui già consegnata.

Botteon, Aliprandi 1893, pp. 221-222 doc. F II; Humfrey 1983, pp. 203-204 doc. Vb.

In nomine di Cristo, amen. Infrascripti sono conti et partide della administration della gastaldia de missier Sancto Thommaso fatta et administrata per maistro Ambroso marangon de Portogruaro gastaldo dell'anno 1507 (...).
Per spesi per far el [.....] quando me fezi comandar per la palla per nome de magistro Zuan Baptista depentor
lire – soldi 2
Per spesi per produrre la risposta contro la domada della palla lire – soldi 4
Per spesi per un termini a duplicar
lire – soldi 2
Per spesi per aver dato a ser Gabriel de Gorgo per la copia de una scriptura in la causa de la pala lire – soldi 4
Per spesi de contadi a ser Gabriel de Gorgo per termini et scripti per la lite de la palla
lire – soldi 10
Per spesi per haver fatto comadar maistro Martin de Fagnana et maistro Antonio fiorentin et ser Andrea de la Nussa a testimoniar per la palla et far notar lire – soldi 6
Per spesi li quali deti a ser Gabriel a bon conto per aver examinadi testimoni et altre scripture per la lite della palla lire – soldi 10
Per spesi li quali deti pure al dito ser Gabriel de Gorgo a bon conto per scrivere in la lite de la palla lire – soldi 10

Dal registro di cassa si evince che a tre anni dalla consegna del dipinto l'*Incredulità di san Tommaso* i pagamenti si erano interrotti; il pittore intraprendeva allora un'azione legale per ottenere il saldo. Cfr. docc. 23, 31, 35-36, 40-41, 45, 47.

44.
1508, novembre 7. [Venezia?]

Giovanni Battista da Conegliano *depentor* fa quietanza a Girolamo Vezzato a nome del convento di San Francesco di Conegliano della somma di 10 ducati, come acconto per una pala commissionata dal convento stesso; i denari sono stati in parte consegnati a Simone de Antonioli, affittuario del pittore.

ASTV, *Corporazioni religiose soppresse*, *San Francesco di Conegliano*, b. 3, vol. n. ant. 38, c. 5*r*.
Sartori 1962, p. 285; Humfrey 1983, p. 204 doc. VI.

+ Ihesus Maria. 1508 adì 7 novenbrio.
Ricivi mi Zuan Batista da Conegian depentor da misser Hieronimo Vezato per nome del convento de San Francesco a conto d'una pala fazo a dito convento duchati diese i quali dete in parte a Simon de Antuniol mio abitador in summa lire 62 soldi 0

Dagli estimi si apprende che Simone de Antonioli teneva in affitto alcune terre di proprietà di Giovanni Battista da Conegliano: «extimo de Simon de Andrea de Antoniol da Cimetta. Et primo pago de affito a maistro Zambattista depentor formento stara 10 et la mità del vin puol esser in tuto carra quatro» (cfr. nota doc. 59). Girolamo Vezzato è notaio in Conegliano (cfr. ASTV, *Notarile*, *Prima serie*, notaio Girolamo Vezzati, b. 528 relativa agli anni 1482-1540). Cfr. doc. 42.

45.
1508. Portogruaro
(orginale *deperdito*)

Francesco *barbier*, *gastaldo* della scuola di San Tommaso apostolo nella chiesa conventuale di San Francesco di Portogruaro, registra nei libri contabili gli introiti e le spese della scuola per l'anno 1508, tra cui compaiono i costi sostenuti nel contenzioso sorto tra la scuola di San Tommaso e Giovanni Battista da Conegliano *depentor* e la consegna, effettuata per il tramite di Boneto *tentor* già *gastaldo* della scuola, di 10 ducati, corrispondenti a 62 lire, per il saldo del pagamento della pala.

Botteon, Aliprandi 1893, pp. 222-223 doc. F II; Humfrey 1983, p. 204 doc. Vb.

In nome de Cristo, amen. Infrascripti sono conti et partide de la administration de la gastaldia de missier Sancto Thommaso facta ed administrata per maistro Francesco barbier fo de maistro Bernardin de Portogruaro gastal-

do de essa fraternita de Sancto Thommaso dell'anno 1508 (...).
Spesi de denari.
Et per aver mandato ancor una lettera per appellation a Venezia per la causa
del depentor lire – soldi 12
Et per haver fatto cavar lo processo della palla
lire 4 soldi 10
Et per dati a ser Nicolò da Gorgo per andar a Udine con ditto processo
lire 4 soldi –
Et per la lettera lire – soldi 12
Et per aver dato a maistro Boneto tentor che porta a maistro Zuan Baptista depentor a conto de la palla ducati diesi che fanno
lire 62 soldi –
cum consentimento delli conseieri.

Al pittore vengono consegnati per l'*Incredulità di san Tommaso* ulteriori 10 ducati, giungendo così alla somma di 120 ducati. Cfr. docc. 23, 31, 35-36, 40-41, 43, 47.

46.
[1508 – 1510 – 1512. Venezia?]
(documentazione del 1516 e del 1566)
Nascono Riccardo, Sebastiano e Luca figli di Giovanni Battista da Conegliano e di Maria, sua seconda moglie.

AMVC, *Archivio storico del Comune, Titoli particolari. III. Patrimonio, imposte, tasse. Articolo 2. Denuncie autografe ed atti diversi per l'estimo della terra e delle ville di Conegliano*, b. 458, fasc. «1521. Ruga de sotto de la terra cum la contrada de Saran», cc. 52*r* e sgg.; AMVC, *Archivio storico del Comune di Conegliano, Titoli particolari. IX. Giustizia e sicurezza pubblica. Articolo 3. Atti civili e notarili privati ordinati cronologicamente*, b. 39, fasc. 149, anni 1559-1580, processo alle cc. 1-82 (= 416-497) «1566. Super divisionibus consortum de Cima».

Nella polizza d'estimo prodotta attorno al 1516, Giovanni Battista affermava «queste sono le boche che non sono de utile le qual sono boche 5: puti tre pizoli li quali non sono de utile, do bixogna mantinirli a scuola e uno sono picolo de ani 4» (doc. 59), essendo le figlie di anni quattordici, dodici e dieci, possiamo ipotizzare che i maschi avessero circa otto e sei anni, mentre il più piccolo, Luca, ne aveva appena quattro. Cfr. docc. 26, 32, 38.

47.
1509, marzo 23 – aprile 17. Portogruaro
(originale *deperdito*)
Giacomo Molinaro *quondam* Francesco, *gastaldo* della scuola di San Tommaso apostolo nella chiesa conventuale di San Francesco di Portogruaro, registra nei libri contabili gli introiti e le spese della scuola per l'anno 1509, tra queste compaiono i costi sostenuti nel contenzioso sorto tra la scuola di San Tommaso e Giovanni Battista da Conegliano *depentor* per il pagamento della pala realizzata nel 1504; contenzioso conclusosi con il saldo avvenuto il 17 aprile di quell'anno, effettuato per il tramite di Marquardo de la Frattina, di 12 ducati, corrispondenti a 74 lire e 8 soldi, e con la divisione delle spese processuali ammontanti a complessivi 4 ducati.

Botteon, Aliprandi 1893, pp. 223-224 doc. F II; Humfrey 1983, p. 204 doc. Vb.

In Christi nomine, amen. Anno 1509. Infrascripti sono conti et partide della administration della gastaldia de ser Iacomo Molinaro del quondam Francesco gastaldo de la fraternita de missier Sancto Thommaso sotto lo predito anno 1509 (...).
Spesi de denari.
Per spesi che io contai a ser Bianchin nodaro come procurador de maistro Zuan Baptista depentor per vigor dell'accordo fatto con lui adì 13 febbraro 1509 como appar per man de dito ser Zuan Baptista depentor et poi del recever per man de ser Bianchin suo procurador per la mità de le spese fate per lo litigar de la palla che erano ducati 4 per la mità exborsai
lire 12 soldi 8
Adì 23 marzo 1509.
Et per spesi che io contai a ser Marquardo de la Frattina che li porta a maistro Zuan Baptista depentor per resto della palla de missier Sancto Thommaso come del ricever de dicti denari è scripto per man de uno nodaro de Venezia et a mi fezi fede del ricever et pagar de diti denari a dito maistro Zuan Baptista adì 17 april 1509 como appar per man de ser Iacomo Floria Cargnello che fanno lire 74 soldi 8
Et per aver dati al dito ser Marquardo per aver cavato la copia dell'instromento de pagamento de dita palla lire 1 soldi –
lo qual instrumento dito ser Iacomo ha in man.

Con il pagamento di ulteriori 12 ducati si giunge alla liquidazione della pala l'*Incredulità di san Tommaso*, approdando così alla somma complessiva, davvero ragguardevole, di 132 ducati. Negli elenchi dei notai di Portogruaro è possibile reperire un Giacomo Florio con atti dal 1501 al 1537, ove però non è stata rintracciata documentazione relativa alla vicenda (ASTV, *Notarile. Prima serie*, notaio Giacomo Florio, b. 396). Cfr. docc. 23, 31, 35-36, 40-41, 43, 45.

48.
1511, giugno 26. Venezia
La scuola dei *depentori* delibera che non si debbano modificare le regole *et ordene antiquo* circa le modalità dell'ingresso in fraglia dei confratelli, ingresso da effettuarsi secondo le disposizioni stabilite che non prevedono «do homeni depentori de figure», come dalla deliberazione presa da Giovanni Battista da Conegliano, giudicata «superflua et impertinente»; il medesimo giorno Fantino Michiel, Francesco Gritti e Sebastiano Zen provveditori di Comun e Marco Cicogna, Stefano Loredan e Francesco Molin, provveditori alla Giustizia vecchia approvano la deliberazione della fraglia che si debba tornare alla consuetudine di eleggere «uno compagno de figure, uno coffaner, uno cortiner et uno dorador».

ASVE, *Arti*, *Arte dei depentori*, b. 103, Matricola dei pittori, c. 32*r-v*.
Rosand 1970, p. 49 nota 115; Rosand 1982, p. 11; Humfrey 1983, p. 205 doc. VII.

(c. 32*r*)
Die XXVI de zugno. 1511. In collegio.
Item che decetero a la bancha nostra el non se debia tuor alcuno per compagno per altro modo ne via salvo che per el modo et ordene antiquo come per la deliberation et confermation del collegio di nostri signori superiori qui de sotto appare, cassando at anullando la parte che fu prexa per mistro Zuanbatista da Coneian come superflua et impertinente, la qual volea che se elezesse do homeni depentori de figure per compagni.
Ratificatio suprascriptorum capitulorum.
Per i spectabeli missier Fantin Michiel, Francesco Gritti et Sebastian Zen provedadori de Comun et missier Marco Cicogna, missier Stephano Loredan e missier Francesco da Molin iustixieri vechi al dido el gastaldo di depentori sopradetti (c. 32*v*) domandano dover esser confirmado i capitoli soprascritti per ballote 6 et cusì hanno ratificado quelli cum questa dechiaration che a la bancha sia fatto decetero uno compagno de figure, uno coffaner, uno cortiner et uno dorador come se soleva far per election di nostri antigi et cusì se debi observar decetero. (...). Sono ratificati i capitoli in tempo de mistro Sebastian di Garzadori gastaldo et compagni adì et millesimo soprascripto.

Nonostante l'insuccesso dell'azione intrapresa dal pittore coneglianese, la notizia getta luce sulla personalità di Giovanni Battista che a questa data, oramai affermato artista, ha voce in capitolo all'interno della fraglia di cui faceva parte, creando scompiglio nei delicati equilibri dei poteri corporativi.

49.
1513, aprile 18. Venezia
Giovanni Battista da Conegliano, *depentor*, abitante a Venezia nella *contrada* di San Luca, dichiara di essersi impegnato con Alvise Grisoni, cittadino di Capodistria, procuratore del convento di Sant'Anna appartenente all'Ordine dei francescani osservanti, ad eseguire entro Natale una pala «con le fegure ... anotate su lo disegno a loro dato per lo intaiador» per 70 ducati, di cui ha ricevuto per caparra 10 ducati.

Caprin 1905, II, p. 135; Humfrey 1983, p. 205 doc. VIII.

+ Iesus, Maria. Adì 18 aprile[1] 1513, in Vinissia.
Noto fazo mi Zuan Batista de Conegian dipentor abita in Venissia in la contrada de San Lucha como semo romasi d'acordo con misser Alvise Grisoni, citadin de Chavodistria come procurador de li reverendi padri frati de Santa Ana de l'Ordene de misser Santo Francesco de oservantia, de farli per la dita gesia una pala de pictura e dorada zoè el taio de dita opera a tute mie spese e colori fini como se convin a dita opera con le fegure sono anotate su lo disegno a loro dato per lo intaiador e questo per pretio de duchati setanta, zoè duchati 70, con questa condition che de poi fornita dita opera sia in libertade del sopra scrito sior Alvise per nome como di sopra è scrito de far vedere dita opera a persone de l'arte che sieno periti eleti per lui e per mi Zuan Batista soprascrito i quali abiano a vedere e de stimare dita opera e chasu co la fose stimada manco de la suma sopra scrito de duchati setanta zoè l'oro e la pictura solamente in sto chaso in soprascrito sier Alvise per nome como di sopra sia obligado a darmi tanto mancho quanto la fose stimada e se la sarà stimada de pì de la suma sopra scrita non volgo poserlo astrenzer de darme più de la suma sopra scrita, ma si a lui parerà usare qualche zintileza a lui starà. E prometo darli dita opera zoè per quanto son obligato di sopra per sto Nadale prosimo ch'à a vignire e al presente me dano duchati diese per chapara e a[2] la mità del lavoro duchati trenta el resto al furnimento de dita opera e in fede de le soprascrite cose ò scrito de mia mano propria presente magistro Vetor intaiador da Feltre e Marco Lutiano mio disipulo li quali se soto scriverano.
E mi Vetor intaiador da Feltre fu presente a quanto soprascrito.
E mi Marcho Lutian depentor fui prexente a quanto è soprascritto.

1. aprile *scritto in sopralinea*; 2. a *scritto in sopralinea*.

Si tratta del polittico raffigurante la *Madonna col Bambino, santa Maria Maddalena, sant'Anna, san Gioacchino, santa Caterina, santa Chiara, san Francesco, san Gerolamo e san Nazario*. Seguiva quello stesso giorno il contratto con Vittore da Feltre per la realizzazione della cornice lignea (doc. 50). L'Archivio del convento di Sant'Anna di Capodistia, ove il documento si conservava, fu rimosso nel 1943 (per la vicenda, cfr. Humfrey 1983, p. 205). La riproduzione di entrambi gli originali è presente in Caprin 1905.

50.
1513, aprile 18. Venezia
Vittore da Feltre, *intaiador*, abitante a Venezia nella *contrada* di Santa Marina, dichiara di essersi impegnato con Alvise Grisoni, cittadino di Capodistria, procuratore del convento di Sant'Anna appartenente all'Ordine dei francescani osservanti, ad eseguire entro il mese di agosto la cornice lignea di una pala d'altare «segondo el desegno a lui dato» per 31 ducati, di cui ha ricevuto per caparra 10 ducati.

Caprin 1905, II, p. 135; Humfrey 1983, pp. 205-206, doc. VIII.

Iesus. Adì 18 aprile 1513, in Venezia.
Noto fazo io maestro Vitor da Feltre intaiador abita in Venesia in la contrà de Santa Marina in le chase de messer Piero Dolfin, sul chanpo per mezo la gesia, come in questo zorno semo romasi d'acordo con messer Alvise Grisoni zitadin de Chaudistria per nome reverendi padri frati de Santa Ana del dito logo de la dita zità de una pala de altar de legname intaiada, segondo el desegno a lui dato, qual pala me obligo de far a tute mie spese sì de legname como de agudi, brochi et cole et altre cose li rechiede e questo per presio de ducati trenta uno, zoè ducati 31, de quali danari al presente ò rezeudo dal sopraschrito messer Alvise per parte ducati diese, zoè ducati 10, lo resto de porzon secondo el bisogno, qual pala prometo consegnar fornida per tuto el mese de agosto prosimo ch'à vignir a maistro Zuan Batista da Conegian depentor e in fede de le cose sopra schrite schrisi de mia mano propia, presente maistro Zuan Batista da Conegian sopraschrito et ser Marco Lizian desipolo del dito maistro Zuan Batista, i qual se soto schriverà.
E mi Zuan Batista de Conegian depentor fu presente quando de sopra è scrito.
E mi Marcho Lutian depentor fui presente a quanto è soprascrito.

Cfr. doc. 49.

51.
1513, giugno 3. Venezia
Antonio *quondam* Pietro *cimator* di Conegliano, abitante a Venezia, essendo ammalato fa testamento; nomina esecutori testamentari il fratello Giovanni Battista pittore e il cognato Vendramino Vendramini, dispone circa la dote di 500 ducati della figlia Lucia, sposa di Sebastiano Maserata, istituisce erede universale la moglie Caterina Vendramini e, alla sua morte, il fratello Giovanni Battista e i suoi figli.

ASVe, *Notarile*, *Testamenti*, notaio Bernardo Cavanis, b. 270, doc. 8; in copia del sec. XIX: AMVC, *Archivio storico del Comune di Conegliano, Titoli particolari. VII. Istruzione pubblica. Articolo 3. Belle arti, Giambattista Cima pittore di Conegliano,* b. 432, fasc. 34.
Botteon, Aliprandi 1893, pp. 35, 229.

In nomine Dei eterni, amen. Anno ab incarnacione domini nostri Yhesu Christi 1513, mense iunii, die[1] tertio, indictione prima, Rivoalti. Cum vite sue terminum et cetera. Quapropter ego[2] Antonius quondam ser Petri cimator de Coneglano sanus gratia domini nostri Yhesu Christi mente et intellectu licet corpore languens, volens bona mea ordinare ad me vocari et venire feci Bernardum de Cavaneis venetum notarium infrascriptum ipsumque rogavi ut hoc meum ultimum scriberet testamentum pariterque post mei obitum compleret et roboraret cum clausulis, additionibus et solemnitatibus necessariis iuxta ritum Venetiarum, in quo quidem meo ultimo testamento, primo commendans animam meam omnipotenti Deo creatori nostro eiusque gloriosissime matri virgini Marie totique curie celesti, constituo et esse volo meos fideles commissarios et huius mei ultimi testamenti executores magistrum Iohannem Baptistam pictorem, fratrem meum carissimum, et magistrum Vendraminum de Vendramino, cugnatum meum dilectum, ut secundum quod hic inferius ordinavero darique iussero sic ipsi adimplere debeant. Item dico et declaro qualiter alias maritavi et nuptui colocavi Luciam filiam meam legitimam et naturalem ser Sebastiano Maserato civi Coneglani cum dote sibi constituta tam per me testatorem quam per ipsum ser Vendraminum, sororium meum et avunculum dicte Lucie, filie mee, pro summa ducatorum 500 et hoc contemplatione et induitu mei testatoris de qua quidem dote investiri debeant ducatos trescenti pro cautione dicte dotis ut constat ex instrumento pactorum dotalium tunc celebrato, propterea volo, iubeo et mando quod prefatus Sebastianus, gener meus, debeat investire dictos ducatos 300 pro ut tenetur. Iubens et mandans quod pro ducatis 200 depositatis penes dictum magistrum Iohannem Baptistam, fratrem meum, qui sunt pro ressiduo dicte dotis donec investiantur ut supra habere debeat pro alimentis staria quattuor frumenti et buttas tres vini annuatim et hoc facio amore et benevolentia quam habeo erga dominam filiam meam non quia aliqua obbligatione teneatur, quam quidem dotem dico et declaro ac vollo esse heredem et computari per legittimam dicte Lucie filie mee sibi de presenti debita seu pro parte legitime et pro omni et toto eo quod ipsa filia mea petere et requirere possit de bonis meis, tam ratione legitime quam alia ratione et causa iubens et mandans predictam filiam meam de dote predicta fore tacitam et contentam et amplius de bonis paternis petere non posse. Item lego fabrice ecclesie Sancte Marie de Gratie ducatum unum pro anima mea. Residuum vero omnium et singulorum bonorum meorum iurium et actionum tam mobilium quam stabilium caducorum inordinatorum et pro non scriptorum mihi testatori quomodolibet spectantium et pertinentium aut spectare et pertinere debentium dimitto Chatarine uxori mee dilecte quam instituo et esse volo donam dominam et heredem ac ressiduariam universalem in vita sua et post eius mortem divenire volo in predictum Iohannem Baptistam, fratrem et commissarium meum carissimum, et suos filios utriusque sexus. Ita tamen quod prefatus Iohannes Baptista frater meus possit vendere et alienare et disponere de bonis meis pro ut sibi videbitur toto tempore vite sue. Interrogatus a notario infrascripto de interrogandis, respondit nolle aliud ordinare nisi ut supra praeterea et cetera; si quis et cetera; signum et cetera. Testes magister Antonius ser Iohannis cerdo, magister Antonius condam ser Iohannis de Calcimate sartor et ser Baptista condam ser Petri venditor oleorum, omnes de confinio Sancti Luce.
+ Io Antoni<o> de Zouane da Calzinato sartor testes subscripsi.
+ Io Antonio de Zuan calegaro testes subscripsi.
+ Io Batista fo de ser Piero da loio testes subscripsi.

Sul verso Testamentum ser Antonii cimatoris de Coneglano a quo rogatus fui. Ego Bernardus de Cavaneis venetus notarius.

1. secundo *depennato con un tratto di penna*; 2. Antonius *depennato con un tratto di penna*.

Probabilmente Antonio raggiunge a Venezia il fratello Giovanni Battista in concomitanza con le devastazioni dell'entroterra veneto legate alla guerra di Venezia contro la lega di Cambrai. Il testimone «Antonio de Zuan» di professione *sartor* è identificabile con l'affittuario di Fantino e Gabriele Corner che compariva nella denuncia d'estimo del 1515: «Una casa et botege 2 sta magistro Antonio de Zuane sartor bergamasco et magistro Nicola de Zuan varoter in 2 affittation pagano tuti doi ducati 20» (doc. 53), vicino di casa del pittore e del fratello Antonio.

52.
1514, gennaio 22. Venezia
Caterina Vendramini, vedova di Antonio *cimator* di Conegliano, abitante nel *confinio* di San Luca a Venezia, fa testamento; nomina esecutori testamentari il fratello Vendramino Vendramini, calzolaio, e il cognato Giovanni Battista, pittore, entrambi di Conegliano; lascia a sua figlia Lucia, moglie di Sebastiano Maserata di Conegliano, 40 ducati e istituisce eredi universali Pietro, Riccardo, Sebastiano e Luca, figli di Giovanni Battista suo cognato.

ASVe, *Notarile*, *Testamenti*, notaio Gregorio Trina, b. 958, doc. 179; in copia del sec. XIX in: AMVC, *Archivio storico del Comune di Conegliano, Titoli particolari. VII. Istruzione pubblica. Articolo 3. Belle arti, Giambattista Cima pittore di Conegliano,* b. 432, fasc. 35.
Botteon, Aliprandi 1893, p. 35.

Mense ianuarii, die 22, 1513. Inditione 2ª. Rivoalti. Cum vite sue terminum et cetera. Quappropter ego Catherina relicta quondam magistri Antonii de Coneglano cymatoris de confinio Sancti Lucae Venetiarum sana Dei gratia mentis, sensus et intellectus ac etiam satis sana corpore timens ne humanae naturae fragilitas me intestatam surriperet vocari feci ad me presbiterum Gregorium Trina ecclesie Sancti Marci canonicum et Venetiarum notarium ipsumque rogavi ut hoc meum scriberet testamentum pariter et complere post mei obitum cum clausulis et addictionibus secundum morem Venetiarum necessariis et opportunis. In quo quidem meo testamento instituo et esse volo meos fides commissarios magistrum Vendramynum de Coneglano calligarium, meum fratrem, et magistrum Ioannem Baptistam similiter de Coneglano pictorem, meum cognatum, qui secundum quod hic inferius ordinavero darique iussero sic ipsi post mortem meam facere teneantur. In primis quando me mori contigerit animam meam suo altissimo Creatori et eius gloriosissime matri virgini Marie totique triumphanti curie humiliter commendo, quod corpus meum humo derelinquens unde sumptum est. Item dimitto Luciae filiae meae uxorique Sebastiani Maserata civis Coneglani ducatos quadraginta auri de dote mea, qui ducati quadraginta sint pro eius legittimae seu pro parte legittimae et pro omni et toto eo quod ipsa petere posset et consequi de bonis meis et de quibus ducatis 40 volo et iubeo ipsam Luciam filiam meam esse tacitam et contentam et ni<hi>l aliud habere posse aut debere de bonis meis nisi tantum legitimam sibi de iure naturae debitam, et nihil aliud; in quibus ducatis 40 sibi ut supra per me sibi relictis pro legittima seu pro parte legittimae ipsam Luciam, filiam meam, heredem instituo et esse volo. Interrogata a notario infrascripto de piis locis et si aliquid eis dimittere volebam, dixi: quod non, cui quidem notario in pressentia testium infascriptorum rogatorum dimitto mercedem suam. Residuum vero tam dotis meae quam omnium aliorum meorum bonorum mobilium et immobilium, presentium et futurorum et etiam caducorum et inordinatorum et pro non scriptorum mihi aut meae comissariae quomodolibet spectantium et pertinentium dimitto Rycardo, Petro, Sebastiano et Lucae, filiis suprascripti magistri Iohannis Baptiste pictoris mei cognati et commissarii, quos residuarios meos universales instituo et esse volo equalibus portionibus cum ista tamen conditione quod singulo anno et in perpetuo celebrari faciant et teneantur missas decem mortuorum tam pro anima mea, pro anima suprascripti magistri Antonii, olim mei mariti, quam pro animabus quondam filiarum mearum et non attendendo in celebrari fa-

ciendo dictas missas mortuorum X, quod tunc residuum illud deveniat et devenire debeat in scollam seu fraternam batutorum ecclesie Sancte Marie de Coneglano, ecclesiae novae nuncupate cum eademmet obbligatione dictarum missaum decem. Praeterea et cetera.
Io Vinzenzo de Pino stanger testes subscripsi.
E mi Chalimerio depentor bresano dito di balini testes subscripsi.
E mi Antonio de Bernardin pelizer testes subscripsi.

Sul verso Testamentum domine Catherine relicte quondam magistri Antonii cymatoris de confinio Sancti Lucae de quo per ipsam rogatus fui. Ego presbiter Gregorius Trina ecclesie Sancti Marci canonicus et Venetiarum notarius sub mense ianuarii die 22, 1513. Inditione 2ª Rivoalti.

La datazione è *more veneto*. Poco dopo la morte di Antonio, il testamento era del giugno 1513, Giovanni Battista sente probabilmente l'esigenza di rendere inequivocabile la linea ereditaria dei beni della sua famiglia. Il testamento della cognata, di cui lui è esecutore, gli garantisce il controllo del patrimonio. È questo il primo documento in cui vengono nominati i figli maschi del pittore: Pietro, Riccardo, Sebastiano e Luca. Il testimone «Chalimerio depentor bresano» abita nei pressi della casa di Giovanni Battista, come pure Antonio *pelizer* (doc. 53).

53.
1515, febbraio 28. Venezia
Fantino e Gabriele Corner Piscopia nel redigere la denuncia fiscale dei propri beni da presentare ai Savi alle decime dichiarano che Giovanni Battista da Conegliano *depentor* abita a Venezia a San Luca in una casa adiacente al loro palazzo sul Canal Grande, per un affitto annuo di 20 ducati.

ASVe, *Dieci Savi alle decime*, b. 38, filza «1514. San Luca», polizza n. ant. 36.
Humfrey 1983, p. 206 doc. IX.

+ Per obedientia de la parte presa ne lo excellentissimo Conseio de Pregadi nui Fantin et Gabriel Corner fo de messer Hieronymo et messer Fantin[1] da la Episcopia demo in nota a vui magnifici signori X Savii la condition de li beni nostri quali erano a le decime in nome de messer Hieronymo et messer Fantino Corner fo de messer Fantin et etiam in nome de la commissaria de messer Zan Corner fo de messer Ferigo pervenuti in nui et prima beni che erano a le decime in nome de messer Hieronymo e messer Fantino Corner.
In San Luca.
Una casa da statio sul Canal Grando cum una caseta in capo la corte discoperta ne la casa granda al presente nui habitemo ducati[2] – ne la caseta sta magistro Zuanbaptista da Coneglian depentor paga de fito a l'anno
ducati 20
Item una casa habita magistro Zorzi da Segna bati bambaso paga ducati 4
Una casa sta magistro Gabriel muraro paga a l'anno ducati 8
Una casa sta magistro Lazaro tesser et suo frate[llo] paga ducati 12
Una casa sta magistro Vetor segador de legnami [paga] ducati 10
Una casa cum suo botega sta magistro Francesco scicilian barbier et suo zenero paga
ducati 22
Una casa et botege 2 sta magistro Antonio de Zuane sartor bergamasco et magistro Nicola de Zuan varoter in 2 affittation pagano tuti doi ducati 20
Una casa et botega habita magistro Vizenzo et Antonio pelizeri pagano a l'anno
ducati 20
Una casa cum la suo botega al presente la botega è affità a magistro Domenego garzador cum parte de la casa[3] paga a rason de anno
ducati 9
la casa è vuoda come la se affiterà se caverà fuora el pretio meso se afiterà[4]
ducati 9[5]
Una casa cum suo botega habita magistro Piero di Lucadeli librer paga
ducati 16
Una casa sta magistro Calamier da Bressa depentor paga ducati 16
Una casa et botega sta magistro Sebastian caleger paga ducati 6
Una casa sta magistro Iacomo de Zuan Bon porta farina paga ducati ducati 6
(...).

1. et messer Fantin *aggiunto di altra mano sul margine sinistro con segno di richiamo nel testo*; 2. *Segue un segno di graffa di altra mano che unisce il valore della* casa granda *con quello dei venti ducati della* caseta *in cui abita* magistro Zuanbaptista; 3. cum parte de la casa *aggiunto in sopralinea*; 4. meso se afiterà *aggiunto in sopralinea*; 5. 9 *aggiunto successivamente.*

Seguono beni «su la Riva dal vin», «in Trivisana in la villa de Galese», «in la villa de Sancto Andrea de Cavasagna», «in la villa de Lugignan», «in la villa di Trivignan in campagna» e «in Treviso». La denuncia fiscale non è datata, tuttavia venne presentata il 28 febbraio 1514 (*more veneto* 1515).
È parso interessante trascrivere tutte le proprietà immobiliari ubicate a San Luca perché gli affittuari erano i vicini di casa del pittore, talvolta citati in altri documenti (cfr. docc. 51, 60). Si segnala in particolare Calimero pittore bresciano, presente al testamento di Caterina Vendramini, cognata di Giovanni Battista da Conegliano (doc. 52).

54.
1515, aprile 26. Treviso
Giovanni Battista da Conegliano *quondam* Pietro *cimator*, pittore in Venezia nella *contrata* di San Luca, istituisce suo procuratore Donato *a Templo peliparius* affinché lo rappresenti in una causa che ha con il sacerdote Giovanni Andrea Dragan veneziano, ma abitante in Treviso.

ASTV, *Notarile atti, Pima serie,* notaio Giovanni Matteo Zibetto, b. 356, reg. 12, c. 175a.
Humfrey 1983, p. 206 doc. X.

Procura magistri Iohannis Baptiste da Coneglano pictoris in Venetia[1].
1515. Indictione 3, die iovis 26, mensis aprilis, Tarvisii, sub palatio ad apothecam stationis mei motarii infrascripti, presentibus magistro Ioanne sartore quondam ser Zanini de Martinengo et infrascripto magistro Petro de Villa spiciario ac magistro Victore de Feltro librario habitatore Tarvisii, testibus rogatis et cetera. Ibique providus magister Iohannes Baptista de Coneglano quondam magistri Petri cimatoris pictor in Venetiis in contrata Sancti Lucae, notus per magistrum Petrum quondam ser Petri de Villa spiciarium in calle Maiori Tarvisii, omni modo et cetera et fecit, constituit et ordinavit suum certum nuntium, missum et procuratorem ac reactorem generalem et gubernatorem ad omnes eius causas et cetera et reactiones et cetera providum magistrum Donatum a Templo peliparium in Tarvisio, presentem et acceptantem, et specialiter in causa quam habiturum est cum venerabile domino presbitero Ioanne Andrea Dragano de Venetiis in diocesis Tarvisii commorante, (...) causa denariorum, quo (...) ipsi constituenti debitore pro mercede et cetera et de reactis est receptis fine faciendum in forma et pro predictis ad comparendum et cetera et in curia episcopali Tarvisii et alibi et cetera et ad inanimandum et cetera et substituendum et cetera et genersalia omnia faciendum et cetera promittens et cetera.

1. *L'intera riga è posta sul margine sinistro.*

Giovanni Andrea Dragan, veneziano, era rettore della chiesa di Santa Maria di Covolo e per quella chiesa aveva commissionato un vessillo non ancora saldato. Il pittore nominava allora suo procuratore Donato *a Templo* affinché lo rappresentasse nel tribunale ecclesiastico della Curia di Treviso (cfr. doc. 56).

55.
1515, giugno 30. Conegliano
(originale *deperdito*)
Vendramino Vendramini *quondam* Antonio, calzolaio, di Conegliano fa testamento; lascia a Corona e Petronilla, figlie di Giovanni Battista da Conegliano, abitanti a Venezia, 20 ducati per la loro dote, istituisce eredi universali Pietro Calza suo nipote e la scuola di Santa Maria dei battuti di Conegliano con l'obbligo di eleggere un cappellano per celebrare ogni giorno una messa all'altare del Crocefisso nella chiesa nuova della confraternita.

Botteon, Aliprandi 1893, pp. 34-35, 229; Barbieri, Botteon 1904, p. 101 doc. CXVIII.

Il documento, reso noto da Botteon, evidenzia ancora una volta i profondi legami di amicizia tra il pittore e Vendramino Vendramini. Legame sancito anche dal doppio matrimonio tra le due famiglie: Vendramino aveva sposato infatti una sorella di Giovanni Battista da Conegliano, mentre la sorella, Caterina Vendramini, era andata in moglie ad Antonio, fratello dell'artista. Botteon, che vide il documento, ci informa inoltre che Vendramino disponeva circa la vendita di alcuni suoi mobili collocati a Venezia in casa di Cima, segno di una ospitalità ricorrente.

56.
1515, agosto 11. Treviso
Bertuccio Lamberto, protonotario apostolico e vicario del vescovo di Treviso, interviene nella lite sorta tra Giovanni Andrea Dragan, rettore della chiesa di Santa Maria di Covolo, e Giovanni Battista da Conegliano, affinché venga effettuato il pagamento di un vessillo di cui il pittore risulta creditore di 6 ducati d'oro.

ASDTV, *Curia vescovile*, *Actorum*, b. 7, reg. 33 (anni 1515-1517), c. 110*r*.
Liberali 1963, p. 71 doc. IV; Humfrey 1983, p. 206 doc. X.

Pro magistro Ioanne Baptista de Coneglano[1].
Bertutius Lambertus et cetera; dile<c>to nobis in Christo presbitero Ioanni Andrea de Draganis rectori ville Covoli, Tarvisinae diocesis, salutem in Domino et nostris firmitatis parere mandatis parte magistri Ioannis Baptistae de Conegliano pictoris Venetiis fuit nobis dolenter expositum quod licet ipse tui sit creditor de ducatis sex auri pro eius mercede picture unius vexilli pro predicta tua ecclesia pro resto; nihilominus pluries requisitus, ei de dicto suo credito satisfacere neglexisti in grave anime tuae periculum et ipsius conquerentis damnum, petens propterea sibi super inde opportuno iuris provideri remedio; quo circa attendentes requisitionem huiusmodi esse iustam et rationi consonam harum serie te monemus primo, 2°, 3°, ultimo et peremptorie tibi nihilominus mandantes quatenus in virtute sanctae obedientiae et pena ex comunicationis infra terminum dierum sex proxime a presentium intimationis die futurorum quorum duos pro primo, duos pro 2° reliquos pro 3° ultimo et peremptorio assignamus termino ac monitione canonica debeas antedicto magistro Ioanni

Baptistae de premisso eius credito integre satisfecisse vel aliter cum eo amice co<m>posuisse, aliter et cetera. Verum si de huiusmodi mandato te forte indebite gravatum senseris, coram nobis citato magistro Donato a Templo, pelipario Tarvisii, eius procuratore infra terminum supradictum legitime compareas iustitiam recepturus in quorum fidem et cetera. Datum Tarvisii, die XI augusti 1515.

1. *L'intera riga è posta sul margine sinistro.*

Cfr. doc. 54.

57.
1516, maggio 22. Padova

(documentazione in copia del 1566)

Nicolò da Conegliano, alla presenza dell'abate Ignazio da Firenze e dei monaci dell'abbazia di Santa Giustina di Padova, fa la sua professione di fede, giurando obbedienza alla regola di San Benedetto.

AMVC, *Archivio storico del Comune di Conegliano, Titoli particolari. IX. Giustizia e sicurezza pubblica. Articolo 3. Atti civili e notarili privati ordinati cronologicamente*, b. 39, fasc. 149, anni 1559-1580, processo alle cc. 1-82 (= 416-497) «1566. Super divisionibus consortum de Cima», cc. 16*v*-17*r* (= 433*v*-434*r*).
Botteon, Aliprandi 1893, p. 36.

In nomine domini nostri Iesu Christi, amen. Anno a (c. 17*r*) nativitate eiusdem millesimo quingentesino sexto decimo, die vigesima secunda, mensis maii. Ego dominus Nicolaus de Coneglano promitto stabilitatem meam et conversionem morum meorum et obedientiam secundum regulam Sancti Benedicti coram Deo et omnibus Sanctis, quorum reliquiae habentur in hoc monasterio Sancte Iusine de Padua in presentia reverendi domini Egnatii de Florentia abbatis et monacorum eiusdem monasterii sub congregatione Casinensi alias Sancte Iustine ad cuius rei fidem hanc petitionem manu propria scripsi die quo supra.
Ego dominus Michaele de Brixia suprascriptam notam ex autentico exemplavi et me in fidem subscrispi.

Si tratta di Riccardo, figlio secondogenito di Giovanni Battista da Conegliano, entrato con il nome di Nicolò nel monastero padovano di Santa Giustina. Il documento si conserva in copia entro gli atti della causa intrapresa nel 1566 dagli eredi del pittore per la divisione dei beni e fu presentato per stabilire se vi era diritto o meno alla quota ereditaria di Riccado (docc. 26, 58). Il processo conserva moltissima documentazione relativa a Nicolò: si dibatteva infatti circa le migliorie da lui apportate alla casa paterna di Conegliano, dove si era rifugiato a partire dal 1526 a causa della salute cagionevole, che probabilmente lo condusse alla morte prematura, avvenuta nel dicembre del 1537. Nicolò, pur vivendo con il fratello Pietro, si manteneva a Conegliano amministrando il culto, insegnando ai fanciulli, e – unico figlio di Giovanni Battista – dipingendo. Una memoria contenuta nel processo del 1516 riassume alcune di queste vicende: «1566, indictione nona, die iovis XXIIII, mensis octobris, Padua in monasterio Sancte Iustinae, in loco ubi congregari solitum est capitulum in plurimorum reverendorum dominorum monacorum. (c. 75*v*) Cum sit quod superioribus annis repeireretur in monasterio reverendorum dominorum monacorum Sancte Iustinae de Padua reverendus dominus dominus Nicolaus de Coneglano monacus professus de anno 1516 iam preterito et ex post a dicto anno usque ad annum 1526 in dicto monasterio et sub disciplina maiorum suorum steterit et permanserit et ob malam et certam suam indispositionem et aegritudinem de licentia reverendissimi domini domini Ioannis Mariae eo tunc dicti monasterii dignissimi abbatis ac in executione deliberationis in pleno eorum capitulo obtentae ex dicto monasterio discesserit prout constat fide subscripta manu dicti reverendi domini abbatis sub die 16 iunii eiusdem anni 1526 sigillataque bullo monasterii praedicti a me notario visa et lecta et a dicto anno 1526 usque ad annum 1537 semper penes dominum Petrum de Cima de Coneglano fratrem suum utrinque coniuctum steterit et permanserit optime se, ut decet bonos monacos, gerendo et sic prout Deo optimo maximo placuit de anno paedicto 1537, de mense decembris ex hac vita decesserit relictis nonnullis bonis per eum tempore quo extra monasterium stetit et permansit acquisitis ac etiam aliis bonis sibi per hereditatem tam paternam quam maternam seu extraneam nullo condito testamento quae omnia, prout notorium est et leges sonant, spectant et pertinent ac spectare et pertinere debent» (Botteon, Aliprandi 1893, pp. 202-203 doc. C III; AMVC, *Archivio storico del Comune di Conegliano, Titoli particolari. IX. Giustizia e sicurezza pubblica. Articolo 3. Atti civili e notarili privati ordinati cronologicamente*, b. 39, fasc. 149, anni 1559-1580, processo alle cc. 1-82 (= 416-497) «1566. Super divisionibus consortum de Cima», c. 75*r-v* (= 491*r-v*).

58.
1516, agosto 19. [Conegliano?]

(documentazione in copia del 1566)

Giovanni Battista da Conegliano *depentor* fa quietanza a suor Antonia, badessa del convento di Santa Maria Mater Domini di Conegliano, del pagamento di 6 ducati quale acconto per la realizzazione di una pala del valore complessivo pattuito di 70 ducati; siccome 47 ducati sono stati già versati, rimangono da corrispondere da parte della badessa 23 ducati.

AMVC, *Archivio storico del Comune di Conegliano, Titoli particolari. IX. Giustizia e sicurezza pubblica. Articolo 3. Atti civili e notarili privati ordinati cronologicamente*, b. 39, fasc. 149, anni 1559-1580, processo alle cc. 1-82 (= 416-497) «1566. Super divisionibus consortum de Cima», c. 16*v* (= 433*v*).
Botteon, Aliprandi 1893, pp. 203-204 doc. C IV; Humfrey 1983, pp. 206-207 doc. XI.

Exemplum ex quodam libro longo mihi presentato per ser Iohannem Mariam de Cima (...):
Ihesus Maria.
1516. Adì 19 avosto.
Resevi mi Zuan Battista da Conegian depentor dalla reverenda madonna la badessa suor Antonia ducati 6. 4/4. e questi per parte della palla li ho fatto. Nota sia a chi lezerà el presente scritto come maistro Zuam Battista depentor soprascritto ha fatto conto con la suprascritta madonna abbadessa della palla fatta per lui al ditto monester, la qual monta d'acordo ducati settanta, videlicet ducati 70, et ha habuto fin al presente per parte ducati quaranta sette, videlicet ducati 47, si chè ditto magistro Zuan Battista resta haver per resto de ditta palla ducati vintitré, videlicet ducati 23. E mi Zuan Piero dal Tempio nodaro fui presente et scrissi de voluntà delle parte adì soprascritto.

Il documento è noto solo nella copia redatta nel 1566, quando la ricevuta di pagamento venne esibita nella causa intercorsa tra gli eredi di Giovanni Battista da Conegliano per la divisione del patrimonio fino ad allora gestito in società dai fratelli Luca e Pietro, divisione resasi necessaria dopo la morte di Pietro nel 1565. Vennero allora presentati molti documenti per dimostrare le spese sostenute dall'una e dall'altra parte. Per fissare le quote ereditarie, si doveva inoltre stabilire se Riccardo, figlio di Giovanni Battista da Conegliano, entrato nell'abbazia di Santa Giustina a Padova nel 1516 con il nome di Nicolò, fosse diventato monaco prima o dopo la morte di Cima. La ricevuta del 19 agosto 1516, presentata da Giovanni Maria Cima, figlio di Luca, attestava che il pittore era ancora in vita dopo la professione di fede di Riccardo (doc. 57): la nota contabile era infatti redatta su un *libro longo* sul cui *verso* vi era l'atto che segnava l'ingresso alla vita religiosa di Riccardo. La pala in questione è il *San Pietro in trono tra san Giovanni Battista e san Paolo*, oggi a Milano, alla Pinacoteca di Brera.

59.
[1516?]. Conegliano

Giovanni Battista da Conegliano *depentor* presenta la propria polizza d'estimo.

AMVC, *Archivio storico del Comune, Titoli particolari. III. Patrimonio, imposte, tasse. Articolo 2. Denuncie autografe ed atti diversi per l'estimo della terra e delle ville di Conegliano*, b. 458, fasc. «1520. Ruga de sotto de la terra cum la contrada de Saran», cc. 52*r* e sgg.
Botteon, Aliprandi 1893, pp. 208-210 doc. D; Faldon 1977, pp. 2-3 doc. 1; Humfrey 1983, pp. 207-208 doc. XII.

(c. 52*r*)
Estemo de l'intrade de [tirie]ni de maistro Zuan Batista depentor.
Item ha uno maxo in Cimeta el qual tien a fito Iachomo dal Maxo d'Antoniolo el qual paga de fito a l'ano stara 16 formento e stara 1 meio e stara 1 sorgo, fava calveie 2, faxuoli chalveie 2, persuti para 1 de pexo de lire 10, chaponi para 1, galine para 1, vino chara 2 al più che se abia per nostra parte a l'ano.
Item ha uno teren in Cimeta el qual tien a fito Pelegrin de la Pola el qual paga de fito a l'ano stara 1 formento e una galina, vino al più per nostra parte chonzoli 6 a l'ano.
Item ha uno teren el qual tien a fito Iopo de la Pola el qual paga de fito stara 1 formento, galina 1, vin chonzoli 4 al più che avemo per nostra parte a l'ano.
Item ha una peza de tera la qual tien Danel Pastro da Cimeta el qual paga de fito stara 1 formento e para 1 polastri, vin chonzoli 2 per nostra parte a l'ano.
Item ha una peza de tera la qua<l> tien a fito Menego Favro da Cancevrer paga de fito per quela stara 1, chalveie 6 formento, polastri para 1, vino per nostra parte al più che avemo chonzoli 6 a l'ano[1].
Item ha uno teren el qual tien a fito Bortolamio fiolo del quondam Benin calegaro da Cancevrer, el qual paga de fito stara 2 chalveie 1 formento[2], polastri para 1, vin al più chonzoli 9 che avemo a l'ano[3].
(c. 52*v*)
Item ha uno teren a la Campagna el qual tien a fito Carlo dito Magro da le Tieze el qual paga de fito stara 3 formento, vino chonzoli 12 al più che avemo a l'ano.
Item ha uno teren el qual tien a fito Benuzo da la Campagna el qual paga de fito stara 2 formento, vin chonzoli 8 al più che avemo a l'ano.
Item ha uno teren el qual tien a fito Menegin dal Baro dito Piat el qual paga de fito stara 2 chalveie 7 formento, vin chonzoli 10, polastri para uno a l'ano.
Item ha una caxa in Coneian la qual tien maistro Gaspero da Maren a fito e la dita caxa paga lire 8 de livelo a la scuola de li calegari e paga lire 1 de livelo a San Marco per latore in tuto el dito maistro Gaspero me paga lire 24 soldi 10[4].
Item ha una caxa la qual abitemo dentro in Saran a rente maistro Andrea tesaro con suo orto per suo uso[5].
Queste sono le boche che non sono de utile le qual sono boche 5: puti tre pizoli li quali non sono de utile, do bixogna mantinirli a scuola e uno sono picolo de ani 4, pute do picole de ani 10 e 12 e una fia granda da maridar de an<i> 14 e la madre.
Item per pagar de fito a uno fator, per far li fati de caxa, stara 4 de formento, vin chonzoli 8 a l'ano.

Irem per pagar una fantesca a prexio de lire 12 a l'ano.
(c. 53*r*)
Debiti a Venexia e qui a Coneia<n> e in altri luogi in suma de ducati 150 al mancho.

1. *Sul margine sinistro compare la nota di altra mano* extrata qual est in tiritorio Portobuffolè; 2. formento *scritto in sopralinea*; 3. *Sul margine sinistro compare la nota di altra mano* disse esser sotto Fontanelle; 4. *Sul margine sinistro compare la nota di altra mano* meso lire 31 per tornar in lo extimo del contrascritto affittual; 5. *Aggiunta di altra mano da* con suo *a* suo uso.

Poche polizze riportano la data di redazione. In particolare nel medesimo fascicolo si riscontrano gli anni 1520 e 1521; solamente una denuncia fiscale reca il 1516. In altri fascicoli della medesima busta ricorre invece più spesso la data 1516. Pertanto il documento rimane di difficile datazione. Nello stesso fascicolo che contiene la polizza del pittore è raccolta anche quella di «Sebastian et fradelli quondam ser Bernardini Maseratta» che abitano in «una casa in Conegian in la Ruga de sotto». Sebastiano Maserata aveva sposato Lucia, figlia di Antonio *cimador* fratello di Giovanni Battista, con una dote di ben 500 ducati (doc. 51). Nella busta sono presenti le polizze di alcuni affittuari di Giovanni Battista, purtroppo anch'esse non datate: «Extimo de Simon de Andrea de Antoniol da Cimetta. Et primo pago de affito a maistro Zambattista depentor formento stara 10 et la mità del vin, puol esser in tuto carra quatro»; «Iopo de la Polla sta a Cimeta (...) ad afito da maistro Zan Baptista depentor una zoia de terra arà, piantà, videgà in Cimeta in loco dito el campo del Pastio, paga frumento stara 1, una galina»; «Pelegrino de la Polla (...) ad afito da maistro Zan Baptista depentor una zoia et meza de tera arà, piantà, videgà in Cimeta in loco dito, paga frumento stara 1, calveie 4, una galina» e ancora «Iacomo de Antoniolo da Cimeta paga de fito a maistro Zan Baptista depentor in Venetia frumento stara nuove, calveie do per le terre et cortivo in Cimeta de dicto maistro Zan Baptista videlicet stara 9, calveie 2, vin la mità la qual mità puol esser circa cara mezo» (AMVC, *Archivio storico del Comune, Titoli particolari. III. Patrimonio, imposte, tasse, Articolo 2. Denuncie autografe ed atti diversi per l'estimo della terra e delle ville di Conegliano*, b. 458, fasc. nn. ant. XXV, IX, 50, cc. senza numerazione). Si segnala che i nomi degli affittuari elencati nella polizza ricorrono poi nei registri dell'estimo generale del 1518, talvolta con alcune varianti nella redazione del cognome (doc. 61). Cfr. docc. 5-6, 9, 11, 25, 37, 61-62.

60.
[1517? 1518?], ottobre 2. Venezia

(documento in copia del 1566)
Alvise, prete titolato della chiesa di Santa Marina di Venezia attesta di aver ricevuto da Antonio *pelizer* abitante a San Luca in Venezia, per conto di Pietro, figlio del defunto Giovanni Battista da Conegliano *depentor* sepolto il 3 settembre *alli fra menori*, due staia di farina per aver celebrato alcune messe per l'anima del defunto.

AMVC, *Archivio storico del Comune di Conegliano, Titoli particolari. IX. Giustizia e sicurezza pubblica. Articolo 3. Atti civili e notarili privati ordinati cronologicamente*, b. 39, fasc. 149, anni 1559-1580, processo alle cc. 1-82 (= 416-497) «1566. Super divisionibus consortum de Cima», c. 55*r* (= 471*r*).
Botteon, Aliprandi 1893, p. 204 doc. C V; Sartori 1962, pp. 278-279; Humfrey 1983, p. 208 doc. XIII.

Die secundo ottobris. 15**. Venetiis.
Recevi mi pre' Alvise, prete titulato de Santa Marina, da ser Antonio pelizer sta a San Luca per nome de maistro Piero fo de maistro Zuan Battista depentor de Coneian per conto de messe ditte per l'anima del ditto suo padre, fu sepolto adì 3 settembre alli fra menori, stara do zoè stara do farina, pagai per darle a Venetia et a casa lire 27 et mille gran merze et semper anima eius requiescat in pace. Amen.
Al suo quanto fiolo maistro Piero fo de maistro Zuan Battista depentor da Coneian.
In Coneian.

Il documento si conserva in copia all'interno del fascicolo processuale prodotto nel 1566 a seguito della causa sorta tra gli eredi di Giovanni Battista da Conegliano per la divisione dei beni dopo la morte di Pietro (1565). L'anno reca solamente l'indicazione delle prime due cifre, mentre sono lasciate in bianco dallo *scriptor* le ultime due, cosa che ha reso difficile collocare correttamente – in mancanza di ulteriore documentazione in proposito – l'anno della morte di Cima, dal momento che l'ultimo documento che lo attesta ancora in vita è dell'agosto del 1516. Ser Antonio *pelizer* che provvede ad effettuare il pagamento per conto di Pietro, figlio maggiore del pittore, potrebbe essere identificato con l'affittuario dei Corner Piscopia di San Luca, vicino di casa di Giovan Battista, presente anche come testimone al testamento di sua cognata, Caterina Vendramini (docc. 52-53).

61.
1518, novembre 23. Conegliano

Nei *registri d'estimo* della Podesteria di Conegliano di sopra, in località Cimetta, compaiono tra i contribuenti gli eredi di Giovanni Battista da Conegliano *depentor*.

AMVC, *Archivio storico del Comune di Conegliano, Titoli particolari. III. Patrimonio, imposte, tasse, Articolo I. Registri. A. Estimi*, b. 453, reg. 19 «Hoc est pars extimi generalis Tarvisii et Tarvisinis descripti in teritorio Conegliani ...», c. 3*r* e sgg.
Botteon, Aliprandi 1893, pp. 37-38.

(c. 3*r*)
In villa Cimete.
(...).
(c. 4*v*)
(...).
Heredi de maistro Zambaptista depentor scuode de fito da Symon de Antoniol per le infrascritte terre e da Iacomo suo fradel formento stara quindexe e mezo
lire 62 soldi –
stara uno meio lire 2 soldi –
stara uno sorgo lire 1 soldi –
fava quarta una lire – soldi 12.6
faxoli quarta una lire – soldi 15
presuti paro uno lire 2 soldi –
paro uno galine lire 1 soldi –
polastri para uno lire – soldi 10
vin la mità puol esser a l'anno carà do
lire 26 soldi –
Et primo una possession de campi sedexe vel circa aradore fu deputà de prative per esser soto Sacil ac similiter fu difalchà stara uno formento dal fito sopra le qual terre sono edificà un cortivo cum una caxa da muro cum do caxe da paia; confini: a matina via comuna, a sera terre de San Martin de Conegian.
(c. 5*r*)
La qual possession oltrascritta parte paga quartexe a la giesia de San Dorigo de Cimeta puol esser caldeie una formento a l'ano
lire – soldi –
vin un sechio lire – soldi –
Parte paga a la piove et capella de San Hieronimo de la Vazolla puol esser a l'anno quarta una formento lire – soldi –
vin sechio uno e mezo
lire – soldi –
Item scuode de fito li ditti heriedi dal predito Simon de la infrascritta peza de terra formento stara do lire 8 soldi –
vin carri do lire 2 soldi 12
Et primo campi do aradi cum piantade tre et uno rival, in luogo dito a Roncher; confini: a matina terra de San Martin da Conegian, a sera via comuna, le qual pagano quartese a San Dorigo de Cimeta puol esser caldeie meza formento lire – soldi –
Item scode de fito da Marco de Anthoniol da Cimeta per le infrascritte terre formento stara mezo a l'anno lire 2 soldi –
quarti tre de terra arada in luogo dito a Roncher; confini: a matina messer Lunardo Marcelo, a sera via comune.
(...).
(c. 9*v*)
(...).
Heredi de maistro Zambaptista depentor scuode de fito da Pelegrini et Iopo de la Polla como de sopra a l'anno formento stara do e mezo lire 10 soldi –
galine para uno lire 1 soldi –
vin la mità puol esser cunzi do a l'anno
lire 2 soldi 12
Campi do e mezo vel circa in luogo dito al Campo del caval, arado, piantà e vidigà; confini: a matina Zuan di Ros, a sera Polina, paga quartese a la giesia de la Vazolla.
(...).
(c. 10*r*)
Heredi de magistro Zambaptista depentor scuode de fito da Vincenzo de Antoniol per le infrascripte terre formento stara una quarta una lire 5 soldi –
vin la mità puol esser conzi quatro a l'anno
lire 5 soldi 4
Campo uno vel circa in luogo dito Igualdey, arà, piantà et vidigà; confini: a matina Chimeto de Sacil a sera Nardo de Nardo.
(c. 14*v*)
(...).
Heriedi de magistro Zambaptista depentor scuode de fito da Daniel Fresco a l'anno formento stara uno lire 4 soldi –
vin la mità puol esser conzo mezo
lire –[1] soldi 13
Campo uno vel circa in do pezi aradi, piantadi et vidigadi in luogo dito al Masor; confini: a matina donna Francesca de Lonel, a sera Antonio Favro.

1. 6 *depennato*.

I *capitoli*, ovvero le norme, dell'estimo generale del 1518 furono emanati dal rettore di Treviso, Paolo Nani, il 28 aprile del 1518 (cfr. Bacchetti, Miniutti, Orlando 2006, p. 568). La medesima registrazione si risconta, pur con alcune varianti soprattutto nella redazione dei nomi degli affittuari, in ASTV, *Comune di Treviso, Estimi, Estimo generale del 1518-1522. Registri d'estimo. Podesteria di Conegliano*, b. 151, reg. 1 «Coneian [di sopra]. Citadini», cc. 2*v*, 6*v*, 7*r*, 10*v*. Cfr. docc. 5-6, 9, 11, 25, 37, 59, 62.

62.
[1518]. Conegliano

Nei *registri d'estimo* della Podesteria di Conegliano di sotto, compaiono tra i contribuenti gli eredi di Giovanni Battista da Conegliano *depentor*.

ASTV, *Comune di Treviso, Estimi, Estimo generale del 1518 – 1522. Registri d'estimo. Podesteria di Conegliano*, b. 152, reg. 5 «Coneian [di sotto]. Citadini», cc. 80*r*, 89*v*.

(c. 80*r*)
Terra et burgus Coneglani.
(…).
(c. 89*v*)
Heredi del maistro Zambaptista depentor. Hano una casa de muro cuperta de copi mesa in la porta de Ruio apresso la piaza, confina via comuna et casa de ser Lucha Coradin, tegnuda ad affito per maistro Gasparo da Maren sartor et paga in contadi lire vintiquatro, de legal se tiene lire oto le qual paga de livello a la schuola di chalegeri, resta lire sedese
lire 16 soldi –

Cfr. docc. 5-6, 9, 11, 25, 37, 59, 61.

63.
1522, febbraio 19. Conegliano
Teoforo *de Chata tintor* redige un codicillo al proprio testamento, tra i testimoni è presente Pietro, figlio primogenito di Giovanni Battista da Conegliano «dito Cima».

AMVC, *Archivio storico del Comune di Conegliano, Titoli particolari. IX. Giustizia e sicurezza pubblica. Articolo 3. Atti civili e notarili privati ordinati cronologicamente*, b. 13, fasc. 92.
Botteon, Aliprandi 1893, pp. 26, 37.

(…). Presentibus (…) ser Petro filio quondam magistri Ioannis Baptiste pictoris de Conegla-no dito Cima (…).

A qualche anno dalla morte, parrebbe essere questo il primo documento in cui compare l'appellativo di *Cima* con cui l'artista verrà consegnato alla storia.

64.
1548, maggio 23 – 1549, aprile 11. Vicenza
I canonici agostiniani di San Bartolomeo di Vicenza avviano una causa contro i fratelli Gaspare e Leonardo Sangiovanni, figli del defunto Girolamo e nipoti di Giacomo e Leonardo, quest'ultimo divenuto nel 1467 canonico lateranense con il nome di Deodato, affinché provvedano alla manutenzione della seconda cappella «a parte sinistra intrando ne la giesia» di San Bartolomeo, recante le insegne della famiglia Sangiovanni, costruita sessantun anni prima da Deodato dell'Ordine dei canonici lateranensi, con i denari da lui guadagnati come predicatore in Gerusalemme e in alcune città italiane.

ASVi, *Corporazioni religiose soppresse da Venezia, San Bartolomeo*, b. 52, processo 317.

Cfr. doc. 10.

65.
1566, febbraio 13 – 1567, maggio 21. Conegliano
Avendo i fratelli Pietro e Luca Cima, figli di Giovanni Battista da Conegliano pittore, condiviso la gestione dei beni paterni, a seguito della morte di Pietro nel 1565, i figli di lui, Giovanni Battista, Paolino e Nicolò Cima, da una parte, e Luca Cima, con il figlio Giovanni Maria, dall'altra, nominano dei giudici ed arbitri per giungere ad un accordo equo circa la divisione del patrimonio.

AMVC, *Archivio storico del Comune di Conegliano, Titoli particolari. IX. Giustizia e sicurezza pubblica. Articolo 3. Atti civili e notarili privati ordinati cronologicamente*, b. 39, fasc. 149, anni 1559-1580, processo alle cc. 1-82 (= 416-497) «1566. Super divisionibus consortum de Cima».
Botteon, Aliprandi 1893, pp. 201-208, doc. C; Faldon 1977, pp. 5-7 doc. 2.

Cfr. docc. 26, 38, 57-58, 60.

Bibliografia

FONTI MANOSCRITTE E DATTILOSCRITTE

s.d.

P. Brandolese - G. De Lazara, *Descrizione delle cose più notabili specialmente riguardo le belle arti...*, Padova, Curia vescovile, B 309 [L. 273].

G.A. Cappellari Vivaro, *Emporio universale delle Famiglie*, II, BBVi, ms. 2925.

S. Rumor, *Il blasone vicentino illustrato*, BBVi, ms. 2510.

1580

G. Malezappi (padre), *Storia dei conventi dell'ordine di S. Francesco nella Provincia di Bologna*, 1580, Bologna, convento di Sant'Antonio, Archivio Provinciale dei Frati Minori.

Secolo XVII

F. Tommasini (a), *Albero genealogico della famiglia Negri*, BBVi, ms. 3338.

F. Tommasini (b), *Albero genealogico della famiglia Valmarana*, BBVi, mss.3336, 3338-3340.

1628 circa

S. Castellini (a), *Descrittione della città di Vicenza dentro dalle mura*, BBVi, ms. 1739.

S. Castellini (b), *Descrittione delli borghi di Vicenza*, BBVi, ms. 1740.

1767

A. Rigamonti, *Le pitture più celebri esposte in chiese e luoghi pubblici di Treviso*, Treviso.

Secolo XIX

A. Alverà, *Appunti per una guida di Vicenza*, BBVi, ms. 3413.

D. Bortolan, *Guida di Vicenza*, BBVi, ms. CB40.

G. Da Schio (a), *Persone Memorabili in Vicenza*, BBVi, mss. 3388, 3391, 3394, 3400.

G. Da Schio (b), *Persone Memorabili in Vicenza. Appendici*, BBVi, mss. 3403-3404.

G. Favetta, *Piccolo Regualgio su le chiese di Vicenza. Racolto da me Giovanni Favetta. Con altre indicazioni su le architetture, pitture e sculture di Vicenza*, BBVi, ms. 3223.

V. Gonzati, *Memorie Genealogiche delle Famiglie Vicentine*, I, BBVi, ms. 3228.

G. Maccà, *Abecedario Pittorico Vicentino*, BBVi, mss. 2108-2109.

G. Marchi, *Nomi e date di Famiglie Vicentine estratti da registri di battesimo e mortuari e da documenti di archivi privati*, BBVi, ms. 2993.

E. Scarabelli Zunti, *Materiale per una guida*, Galleria Nazionale di Parma, ms.

L. Trissino, *Artisti vicentini*, BBVi, ms. 1949.

1812

(P. Edwards), *Elenco ed illustrazioni delle pitture consegnate alla R. Accademia di Belle Arti in Venezia dal Delegato della Corona*, Soprintendenza di Venezia, ms.

1820

G. Maironi da Ponte, *Dizionario odeporico o sia storico- politico- naturale della provincia bergamasca*, Bergamo.

L. Trissino, *Notizia intorno a Paolo Veneziano pittore del secolo XIV (Vicenza 20 agosto 1820)*, BBVi, ms. 3155.

1830

A. Alverà, *Guida di Vicenza*, BBVi, ms. 3414.

F. Zanotto, *Pinacoteca della I.R. Accademia Veneta di Belle Arti*, Venezia.

1850 circa

E. Arnaldi, P. Baldarini, L. Buffetti, O. Vecchia, *Descrizione delle architetture, pitture e scolture di Vicenza con alcune osservazioni*, 2 voll., ed. annotata, BBVi, ms. H.3.28-29.

1865

G. Da Schio, *Il blasone dei vicentini desunto dai monumenti loro*, BBVi, ms. 2511.

1888

G. Tassini, *Cittadini veneziani* [1888], Venezia, Biblioteca del Museo Correr, mss. PD.C. 4-2, cc. 164-166.

1904

Elenco dei doni pervenuti al Civico Museo durante l'anno 1903, Vicenza, 18 gennaio (dattiloscritto).

1931

F. Malaguzzi Valeri, *La R. Pinacoteca di Bologna. Catalogo dei dipinti* (bozze di stampa), Bologna.

Palais des Beaux-Arts de la Ville de Paris - Catalogue de la Collection Tuck, Paris.

1993

R. Cevese, *Catalogo del Patrimonio storico culturale del raggruppamento IPAB*, APIPABVi, aprile.

LIBRI A STAMPA

s.d.

S. Chierichetti, *Vicenza, città del Palladio. Guida artistica illustrata*, Milano.

Enciclopedia Universal Ilustrada europeo-americana, Madrid, XVI.

1527-1538

B. Varchi, *Historia fiorentina*, Firenze.

1550

G. Vasari, *Le vite de' più eccellenti architetti, pittori, et scultori italiani, da Cimabue insino a' tempi nostri*, Firenze; ed. a cura di L. Bellosi, A. Rossi, presentazione di G. Previtali, Torino 1986.

1568

G. Vasari, *Le vite de' più eccellenti pittori scultori e architettori scritte e di nuovo ampliate da M. Giorgio Vasari pittore e architetto aretino co' ritratti loro, e con le nuove Vite dal 1500 in sino al 1567*, Firenze; ed. Firenze, 1846-1857; ed. a cura di G. Milanesi, 9 voll., Firenze 1878-1885, rist. 1906.

G. Vasari, *Le vite de' più eccellenti pittori, scultori e architetti: con i ritratti loro e con l'aggiunta delle Vite de' vivi & de' morti dall'anno 1550 insino al 1567; con le tavole in ciascun volume, delle cose più notabili de' ritratti, delle vite degli artefici, et dei luoghi dove sono l'opere loro*, Firenze; ed. a cura di P. della Pergola, L. Grassi, G. Previtali, Novara 1967.

1581

F. Sansovino, *Venetia città nobilissima et singolare, descritta in XIII libri*, Venezia; ed. G. Martinioni, Venezia 1663.

1584

R. Borghini, *Il Riposo di Raffaello Borghini in cui della Pittura, e della scultura si favella, de' più illustri Pittori e Scultori, e delle più famose opere loro si fa mentione; e le cose principali appartenenti à dette arti s'insegnano*, Firenze.

1586

G.B. Armenini, *De' veri precetti della pittura*, Ravenna.

1587

F. Sansovino, *Venezia città nobilissima et singolare*, Venezia.

1590

C. Vecellio, *Degli habiti antichi e moderni di diverse parti del mondo*, Venezia.

1591

G. Marzari, *La historia di Vicenza*, 2 voll., Venezia.

1599

B. Leoni, *L'origine et fondazione dell'ordine dei Crociferi*, Venezia.

1604

G. Marzari, *La historia di Vicenza*, Vicenza.

F. Sansovino, *Venetia città nobilissima et singolare, descritta già in XIII. Libri et hora con molta diligenza corretta, emendata, e più d'un terzo di cose nuove ampliata dal M.R.D. Giovanni Stringa*, Venezia.

1610

G.P. Giussani, *Vita di san Carlo Borromeo*, Roma.

1616

R. Adimari, *Sito Riminese*, I, Brescia.

1630

J.F. Tomasini, *Illustrium virorum elogia iconibus exornata*, Padova.

1640

G. Imperiali, *Musaeum historicum et physicum*, Venezia.

1644

G. Tommasini, *Elogia virorum literis et sapientia illustrium ad vivum expressis imaginibus exornata*, Padova.

1648

C. Ridolfi, *Le maraviglie dell'arte, overo le Vite degli illustri pittori veneti e dello stato*, Venezia; ed. a cura di D.F. von Hadeln, 2 voll., Berlin 1914-1924.

1650

G. Gualdo jr., *1650. Giardino di Chà Gualdo*; ed. a cura di L. Puppi, Firenze 1972.

P. Masini, *Bologna perlustrata*, Bologna.

1657

F. Scannelli, *Il Microcosmo della pittura*, Cesena.

1660

M. Boschini, *Carta del Navegar Pitoresco*, Venezia.

1663

G. Martinioni, *La Venezia del Sansovino con aggiunte le cose notabili dall'anno 1580 all'anno 1663*, Venezia.

B. Pagliarino, *Croniche di Vicenza scritte dal principio di questa Città, fino al tempo, ch'ella si diede sotto al Serenissimo Dominio Veneto 1404*, Vicenza.

F. Sansovino, *Venetia città nobilissima e singolare*, Venezia.

1664

M. Boschini, *Le miniere della pittura. Compendiosa informazione non solo delle pitture pubbliche di Venezia, ma dell'isole ancora circonvicine*, Venezia.

1666

P. Masini, *Bologna perlustrata*, III ed., Bologna.

1671

A. Sant'Agostino, *L'immortalità e gloria del pennello. Catalogo delle pitture insigni che stanno esposte al pubblico nella città di Milano*, Milano; ed. a cura di M. Bona Castellotti, Milano 1980.

1674

M. Boschini, *Le miniere della pittura. Compendiosa informazione non solo delle pitture pubbliche di Venezia, ma dell'isole ancora circonvicine*, Venezia.

C. Torre, *Il ritratto di Milano diviso in tre libri*, Milano.

1676

M. Boschini, *I gioielli pittoreschi virtuoso ornamento della città di Vicenza*, Venezia; ed. critica a cura di D. Marchioro, Roma 2000.

1678

F. Bocchi - G. Cinelli, *Le bellezze della città di Firenze*, Pistoia.

1684

D. Martinelli, *Il ritratto di Venezia diviso in due parti*, Venezia.

C. Ridolfi, *Le maraviglie dell'arte, ovvero le vite degli illustri pittori veneti e dello stato*, Venezia; ed. a cura di D.F. von Hadeln, 2 voll., Berlin 1914-1924.

1686
C. Malvasia, *Le pitture di Bologna*, Bologna.

1705
D. Martinelli, *Il ritratto overo le cose più notabili di Venezia*, Venezia.
Il ritratto di Venezia, ecc., Venezia.

1710
A. Orlandi, *Pitture e disegni esistenti nella Galleria di Parma del Conte Carlo Sanvitale*, Galleria Nazionale, Parma.

1714
C. Torre, *Il ritratto di Milano diviso in tre libri: nel quale vengono descritte tutte le antichità, e modernità, che vedevansi, e che si vedono nella città di Milano; sì di sontuose fabbriche, quanto di pittura, e di scultura, Edizione seconda edizione aumentata in più luoghi, e d'accrescita*, Milano.

1718
B. Dal Pozzo, *Le vite de' pittori, degli scultori et architetti veronesi, raccolte da vari autori stampati, e manoscritti, e da altre particolari memorie. Con la narrativa delle pitture, e sculture, che s'attrovano nelle chiese, case, e in altri luoghi pubblici, e privati di Verona, e suo territorio*, Verona.
M.A. Sabellico, *Historiae Rerum Venetarum*, in *Degl'istorici delle cose veneziane, i quali hanno scritto per pubblico decreto*, Venezia.

1721-1722
F.C. Khevenhueller, *Conterset Kupferstich… deren jenigen regierenden grossen Herren, so vo Kaysers Ferdinand dess Andern Geburt, biss zu desselben seeligisten Toedtlichen Abschied successive regiert, darvon Ertz Hertzog Carl Vatter Kaysers Ferdinand des Andern zum ersten gestellet worden*, Leipzig.

1733
A.M. Zanetti, *Descrizione di tutte le pubbliche pitture della città di Venezia e isole circonvicine: o sia rinnovazione delle Ricche miniere di Marco Boschini, con aggiunta di tutte le opere, che uscirono dal 1674 fino al presente 1733, con un compendio delle Vite e maniere de' principali pittori*, Venezia.

1734
J. Bollandus, *Acta Sanctorum, Ianuarii*, II, Roma, pp. 393-415.

1736
Cronica veneta sacra e profana o sia un compendio di tutte le cose più illustri ed antiche della città di Venezia, Venezia.

1737-1738
S. Latuada, *Descrizione di Milano ornata con molti disegni in rame delle fabbriche più cospicue che si trovano in questa Metropoli*, 5 voll., Milano.

1740
Forestiere illuminato intorno le cose piu rare, e curiose, antiche, e moderne della citta di Venezia, e dell'isole circonvicine, Venezia.

1753
P.A. Orlandi - P. Guarienti, *Abecedario pittorico*, Venezia.

1754
C.F. Marcheselli, *Pitture delle Chiese di Rimino*, Rimini.
F.A. Zaccaria, *Excursus literarii per Italiam ab anno 1742-1752*, Venezia.

1758
F. Corner, *Notizie storiche delle chiese e monasteri di Venezia e di Torcello*, Padova.

1761
F. Barbarano de Mironi, *Historia ecclesiastica della città, territorio e diocesi di Vicenza*, V, Vicenza.
O. Bertotti Scamozzi, *Il forestiere istruito nelle cose più rare di architettura e di alcune pitture della città di Vicenza*, Vicenza.

1765
G.B. Costa, *Il Tempio di San Francesco di Rimino*, in «Miscellanea di varia letteratura», V, Lucca.
Forestiere illuminato intorno le cose piu rare, e curiose, antiche, e moderne della citta di Venezia, e dell'isole circonvicine, Venezia.

1768-1814
F. Baldinucci, *Notizie de' professori del disegno*, Torino; III, 1813.

1771
A.M. Zanetti, *Della pittura veneziana e delle opere pubbliche de' veneziani maestri*, Venezia.

1772
(P. Calvi), *Biblioteca e storia di quei scrittori così della città come del territorio di Vicenza che pervennero fin'ad ora a notizia del P.F. Angiolgabriello di S. Maria*, II, Vicenza.
Forestiere illuminato intorno le cose piu rare, e curiose, antiche, e moderne della citta di Venezia, e dell'isole circonvicine, Venezia.

1774
F. Malvolti, *Catalogo delle migliori pitture esistenti nella città e territorio di Conegliano*; ed. a cura di L. Menegazzi, Treviso 1964.

1775
G.B. Verci, *Notizie intorno alla vita e alle opere de' pittori scultori e intagliatori della città di Bassano*, Venezia.

***Ante* 1776**
(G. Selva), *Catalogo dei quadri dei disegni e dei libri che trattano dell'arte del disegno della Galleria del fu sig. Conte Algarotti in Venezia*, Venezia.

1776
G.T. Faccioli, *Musaeum lapidarium vicentinum collectum et editum a frate J. T. Faccioli O.P., Pars prima*, Vicenza.

1779
E. Arnaldi, P. Baldarini, L. Buffetti, O. Vecchia, *Descrizione delle architetture, pitture e scolture di Vicenza con alcune osservazioni. Parte prima, Delle chiese e degli oratori, umiliata alli nobilissim signori deputati della magnifica città. Parte seconda, Degli edifici ed altre opere pubbliche e private*, 2 voll., Vicenza.
(P. Calvi), *Biblioteca e storia di quei scrittori così della città come del territorio di Vicenza che pervennero fin'ad ora a notizia del P.F. Angiolgabriello di S. Maria*, V, Vicenza.

1780
O. Bertotti Scamozzi, *Il forestiere istruito nelle cose più rare di architettura e di alcune pitture della Città di Vicenza arricchito di trentasei tavole incise in rame*, Vicenza.

1782
(P. Calvi), *Biblioteca e storia di quei scrittori così della città come del territorio di Vicenza che pervennero fin'ad ora a notizia del P.F. Angiolgabriello di S. Maria*, VI, Vicenza.

1784
A. Battaglini, *Della corte letteraria di Sigismondo Pandolfo Malatesta…*, in *Basinii parmensis opera praestantiora*, II, Arimini.
Forestiere illuminato intorno le cose piu rare, e curiose, antiche, e moderne della citta di Venezia, e dell'isole circonvicine, Venezia.
O. Zucchini, *Nuova cronaca veneziana*, Venezia.

1789
G.G. Maccà, *Storia del Monistero di S. Francesco di Vicenza*, Vicenza.

1792
Forestiere illuminato intorno le cose piu rare, e curiose, antiche, e moderne della citta di Venezia, e dell'isole circonvicine, Venezia.

1793
Cronica veneta sacra e profana, ecc., Venezia.

1794
G. Vasari, *Vite de' più eccellenti pittori, scultori e architetti, arricchite più che in tutte l'altre precedenti di Rami di Giunte e di Correzioni per opera del P.M. Guglielmo della Valle*, 11 voll., Siena.

1795
P. Brandolese, *Pitture, sculture, architetture ed altre cose notabili di Padova*, Padova.

1795-1796
L. Lanzi, *Storia pittorica della Italia dal Risorgimento delle Belle Arti fin presso al fine del XVIII secolo*, 2 voll., Bassano del Grappa; ed. a cura di M. Capucci, Firenze.

1796
I. Affò, *Il parmigiano servitor di piazza*, Parma.
Forestiere illuminato intorno le cose piu rare, e curiose, antiche, e moderne della citta di Venezia, e dell'isole circonvicine, Venezia.

1797
A.M. Zanetti, *Della pittura veneziana e delle opere pubbliche dei veneziani maestri*, Venezia.

1800
Notizia d'opere di disegno, nella prima metà del secolo XVI, esistenti in Padova, Cremona, Milano, Pavia, Bergamo, Crema e Venezia scritta da un anonimo di quel tempo, pubblicata e illustrata da D. Iacopo Morelli, Bassano.

1803
I.T. Faccioli, *Museum Lapidarium Vicentinum, Pars secunda*, Vicenza.
D.M. Federici, *Memorie trevigiane sulle opere di disegno dal mille e cento al mille ottocento per servire alla storia delle Belle Arti d'Italia*, 2 voll., Venezia.

1804
C. Amoretti, *Memorie storiche di Leonardo da Vinci*, Milano.
O. Bertotti Scamozzi, *Il forestiero istruito nelle cose più rare di architettura e di alcune pitture della città di Vicenza*, Vicenza.
G.T. Faccioli, *Musaeum lapidarium vicentinum collectum et editum a frate J. T. Faccioli O.P., Pars terza*, Vicenza.

1805-1808
A. Bartsch, *Le peintre-graveur*, 22 voll., Vienna.

1806
Forestiere illuminato intorno le cose piu rare, e curiose, antiche, e moderne della citta di Venezia, e dell'isole circonvicine, Venezia.

1808
G.A. Moschini, *Guida per l'isola di Murano*, Venezia.

1812-1816
G. Maccà, *Storia del territorio vicentino*, 14 voll., Caldogno.

1815
G.A. Moschini, *Guida per la città di Venezia all'amico delle Belle Arti*, 2 voll., Venezia.

1817
Elenco degli oggetti di Belle Arti disposti nelle cinque sale apertesi nel 1817 nella R. Accademia in Venezia, Venezia.
I. Neumann Rizzi, *Elogio dei Vivarini, primi padri della veneziana pittura*, in *Discorsi letti nella R. Accademia di Belle Arti in Venezia per la distribuzione de' premi dell'anno 1808-1847*, Venezia, pp. 27-90.

1817-1821
L. Pungileoni, *Memorie istoriche di Antonio Allegri detto il Correggio*, Parma.

1819
Gli affreschi della villa Soranza, in «Giornale dell'Italiana Letteratura», II, XVIII, settembre-ottobre, pp. 188-192.
G.A. Moschini, *Itinéraire de la Ville de Venise*, Venezia 1819.

1820
I. Disconzi, *Notizie intorno al celebre Santuario di Maria Vergine posto sul Monte Berico di Vicenza raccolte da irrefragabili documenti*, Vicenza.
G. Mairone da Ponte, *Dizionario odeporico della Provincia di Bergamo*, Bergamo.

1821
Guida per la Reale Accademia delle Belle Arti in Venezia, Venezia.

1822
G.B. Berti, *Guida per Vicenza ossia memorie storico-critico-descrittive di questa regia città e delle principali sue opere di belle arti estese da Giovan Battista Berti architetto vicentino*, Venezia.
G. Soravia, *Le chiese Veneziane descritte e illustrate*, Venezia.

1823
Guida per la Reale Accademia delle Belle Arti in Venezia, Venezia.

1824
Il forestiero istruito nelle cose più pregevoli e curiose, Venezia.
Guida per la Reale Accademia delle Belle Arti in Venezia, Venezia.

1824-1861
E. Cicogna, *Delle iscrizioni veneziane*, Venezia.

1825
G. Bertoluzzi, *Notizie sulle pitture e statue della Ducale Galleria di Parma*, Parma.
W.G. Constable, *Paintings in the Marlay Collection at Cambridge*, in «The Burlington Magazine».
«The Literary Gazette», 31 dicembre, pp. 842-843.

1826
Guida per la Reale Accademia delle Belle Arti in Venezia, Venezia.

1827
W.G. Constable, *Catalogue of Pictures in the Marlay Bequest Fitzwilliam Museum Cambridge*, Cambridge.
G. Giordani, *Catalogo dei quadri che si conservano nella Pinacoteca della Pontifica Accademia di Belle Arti in Bologna*, Bologna.

1828
Guida per la Reale Accademia delle Belle Arti in Venezia, Venezia.
G.A. Moschini, *Nuova guida di Venezia*, Venezia.

1830
G.B. Berti, *Nuova guida per Vicenza ossia memorie storico-critico-descrittive di questa regia città e delle principali sue opere di belle arti estese da Giovan Battista Berti architetto vicentino. Seconda edizione accresciuta dall'autore*, Padova.
Guida per la Reale Accademia delle Belle Arti in Venezia, Venezia 1830.
Verzeichnis der Gemälde-Sammlung des Koniglichen Museums zu Berlin, Berlin.
F. Zanotto, *Pinacoteca della I.R. Accademia Veneta delle Belle Arti*, Venezia.

1830-1833
S. Ticozzi, *Dizionario degli architetti, scultori, pittori, intagliatori in rame ed in pietra, coniatori di medaglie, mosaicisti, niellatori, intarsiatori d'ogni età e d'ogni nazione*, Milano.

1831
Guida per la R. Accademia delle Belle Arti in Venezia, Venezia.
L. Lanzi, *Storia pittorica della Italia dal Risorgimento delle Belle Arti fin presso al fine del XVIII secolo*, 4 voll., Milano.

1832
F. Beltrame, *Elogio di Giambatista Cima, detto il Conegliano*, in *Discorsi letti nella R. Accademia di Belle Arti in Venezia per la distribuzione de' premii dell'anno 1808-1847*, Venezia.
Guida per la Reale Accademia delle Belle Arti in Venezia, Venezia 1832.
Verzeichnis der Gemälde-Sammlung des Koniglichen Museums zu Berlin, Berlin.

1833
L. Crico, *Lettere sulle belle arti trevigiane*, Treviso.
Guida per la Reale Accademia delle Belle Arti in Venezia, Venezia.
Verzeichnis der Gemälde-Sammlung des Koniglichen Museums zu Berlin, Berlin.

1833-1834
F. Zanotto, *Pinacoteca della I. R. Accademia di Belle Arti*, Venezia.

1834
A. Alverà, *Le principali vedute di Vicenza e suoi dintorni con illustrazioni storiche*, Vicenza.
Guida per la Reale Accademia delle Belle Arti in Venezia, Venezia.
G.A. Moschini, *Nuova guida per Venezia*, Venezia.
Verzeichnis der Gemälde-Sammlung des Koniglichen Museums zu Berlin, Berlin.

1835
G. Giordani, *Catalogo dei quadri che si conservano nella Pinacoteca della Pontificia Accademia di Belle Arti in Bologna*, Bologna.
Guida per la R. Accademia delle Belle Arti in Venezia, Venezia.

1837
Guida per la R. Accademia delle Belle Arti in Venezia, Venezia.
Verzeichnis der Gemälde-Sammlung des Koniglichen Museums zu Berlin, Berlin.

1838
Guida per la Regia Accademia delle Belle Arti in Venezia, Venezia.
G.F. Waagen, *Art and Artist*, London.

1839
Guida per la Regia Accademia delle Belle Arti in Venezia, Venezia.

1840
F. De Boni, *Biografie degli artisti*, Venezia.
G.A. Moschini, *Nuova guida per Venezia*, Venezia.
M. Pilkington, *A General Dictionary of Painters*, London.
G. Rosini, *Storia della pittura italiana*, Pisa.
(F. Zanotto), *Guida per l'I. R. Accademia delle Belle Arti in Venezia di F. Z.*, Venezia.

1841
Pinacoteca Contarini aggiunta a quella della I.R. Accademia delle Belle Arti, quest'anno 1841, Venezia.
A.F. Rio, *Della poesia cristiana nelle sue forme*, Venezia.
Verzeichnis der Gemälde-Sammlung des Koniglichen Museums zu Berlin, Berlin.

1842
L. Bardi, *L'imperiale e reale Galleria Pitti illustrata*, IV, Firenze.
G. Pieriboni, *Il forestiere istruito nella visita della R. Città di Vicenza*, Vicenza.
(F. Zanotto), *Guida per N. R. Accademia delle Belle Arti in Venezia di F. Z.*, Venezia.

1843
P. Pianton, *Ai leggitori*, in F. Zanotto, *Sulla tavola di Giambattista Cima da Conegliano esprimente Tobia guidato dall'angelo con li SS. Jacopo e Nicolao nella Abbaziale di S.M. della Misericordia in Venezia*, Venezia, pp. 3-7.
F. Zanotto, *Sulla tavola di Giambattista Cima da Conegliano esprimente Tobia guidato dall'angelo con li SS. Jacopo e Nicolao nella Abbaziale di S.M. della Misericordia in Venezia*, Venezia.

1844
(F. Zanotto), *Guida per l'Imp. Reg. Accademia delle Belle Arti in Venezia di F. Z.*, Venezia.

1845
A. Magrini, *Dell'architettura in Vicenza. Discorso con appendice critico-cronologica delle principali sue fabbriche negli ultimi otto secoli*, Padova.
Verzeichnis der Gemälde-Sammlung des Koniglichen Museums zu Berlin, Berlin.
(F. Zanotto), *Guida per l'Imp. Reg. Accademia delle Belle Arti in Venezia di F.Z.*, Venezia.

1846
Guida per l'Imp. Regia Accademia delle Belle Arti in Venezia, Venezia.
Hours in the Picture Gallery of Thirlestane House, p. 58, n. CCCX.

1847
J. Bernardi, *Di Capodistria e di alcune altre città della costa istriana. Lettere*, Capodistria.
G.A. Moschini, *Nuova guida di Venezia*, Venezia.
Verzeichnis der Gemälde-Sammlung des Koniglichen Museums zu Berlin, Berlin.
F. Zanotto, *Venezia in miniatura*, Venezia.
G. Zimello, *Cenni biografici intorno alcuni pittori vicentini, tratti dal ms. di Natal Melchiore di Castelfranco presso la Marciana (1700-1728c.) (It. IV, 167)*, Venezia.

1848
G. Andreis, *Memorie sulla chiesa di San Giovanni in Bragora*, Venezia.
Descrizione della chiesa cattedrale di Vicenza, opuscolo tratto da *Notizie storico-descrittive della chiesa cattedrale di Vicenza pubblicato dall'Abate Antonio Magrini nella solenne riapertura della medesima li 25 marzo 1848*, Vicenza.
A. Magrini, *Notizie storico-descrittive della chiesa cattedrale di Vicenza pubblicato dall'Abate Antonio Magrini nella solenne riapertura della medesima li 25 marzo 1848*, Vicenza.

1849
P. Selvatico, *Commentario alla vita di Andrea Mantegna*, in G. Vasari, *Le vite de' più eccellenti pittori, scultori e architetti*, ed. a cura di V. Marchese, C. Pini, C. e G. Milanesi, V, Firenze, pp. 182-241.

1850
O. Mündler, *Essai d'une analyse critique de la notice des tableaux italiens du Musée National du Louvre*, Paris.

1851
A. Magrini, *Cenni storico critici sulla vita e sulle opere di Gio. Antonio Fasolo pittore vicentino*, Venezia 1851.
Verzeichnis der Gemälde-Sammlung des Koniglichen Museums zu Berlin, Berlin.
F. Zanotto, *Venezia in miniatura*, Venezia.

1852
Catalogo degli oggetti d'arte contenuti nella I.R. Accademia di Belle Arti in Venezia, Venezia.
F. De Boni, *Biografia degli artisti ovvero Dizionario della vita e delle opere dei pittori, degli scultori, degli intagliatori, dei tipografi e dei musici di ogni nazione da' tempi remoti sino a' nostri giorni*, Venezia.
P. Selvatico - V. Lazzari, *Guida artistica e storica di Venezia e delle isole circonvicine*, Venezia.

1852-1856
P. Selvatico, *Storia estetico-critica delle arti del disegno*, 2 voll.,Venezia.

1853
A. Cappi, *Luca Longhi illustrato*, Ravenna.
A. Quadri, *Otto giorni a Venezia*, Venezia.
G. Riva, *Alcuni quadri raccolti ed illustrati da Giuseppe Riva*, Padova.

1854
Catalogo degli oggetti d'arte esposti al pubblico nella I.R. Accademia di Belle Arti in Venezia, Venezia.
Verzeichnis der Gemälde-Sammlung des Koniglichen Museums zu Berlin, Berlin.

G.F. Waagen, *Treasures of Art in England*, London.

1855
J. Burckhardt, *Der Cicerone. Eine Anleitung zum Genuss der Kunstwerke Italiens*, Basel; ed. italiana, Firenze 1952.
G. Campori, *Gli artisti italiani e stranieri negli Stati Estensi*, Modena.
Catalogo degli oggetti d'arte esposti al pubblico nella I. R. Accademia di Belle Arti in Venezia, Venezia.
G. Lafenestre, *La peinture italienne*, Paris.
A. Magrini, *Il Museo Civico solennemente inaugurato il 18 agosto 1855*, Vicenza.
G. Pietrogrande, *Due pitture in Este. Per nozze Vanzo-Pietrogrande*, Este.

1855-1858
O. Mündler, *The Travel Diary of Otto Mündler (1855-1858)*, edited and transcribed by C. Togneri Dowd, in production by J. Anderson, in *The fifty first volume of the Walpole Society. 1985*, Leeds.

1856
G. Boerio, *Dizionario del dialetto veneziano*, Venezia.
Catalogo degli oggetti d'arte esposti al pubblico nella I.R. Accademia di Belle Arti in Venezia, Venezia.
F. Zanotto, *Nuovissima guida di Venezia*, Venezia.

1857
Catalogo degli oggetti d'arte esposti al pubblico nella I. R. Accademia di Belle Arti in Venezia, Venezia.
G.F. Waagen, *Galleries and Gabinets of Art in Great Britain*, London.

1858
C. De Brosses, *Lettres familières écrites d'Italie en 1739 et 1740*, Paris.
G. Pieriboni, *Indicazione storico-artistica dei Monumenti di Vicenza*, Vicenza.

1858-1860
F. Zanotto, *Pinacoteca Veneta ossia raccolta dei migliori dipinti delle chiese di Venezia illustrati*, Venezia.

1859
Catalogo degli oggetti d'arte esposti al pubblico nella I.R. Accademia di Belle Arti in Venezia, Venezia.
V. Lazari, *Notizie delle opere d'arte e d'antichità della raccolta Correr di Venezia*, Venezia.

1860
Guida della Biblioteca Ambrosiana con cenni storici, Milano
Verzeichnis der Gemälde-Sammlung des Koniglichen Museums zu Berlin, Berlin.

1861
I. Cabianca - F. Lampertico, *Vicenza e il suo territorio*, Milano.

1862
Catalogo degli oggetti d'arte esposti al pubblico nella I. R. Accademia di Belle Arti in Venezia, Venezia.

1863
Catalogo degli oggetti d'arte esposti al pubblico nella I. R. Accademia di Belle Arti in Venezia, Venezia.
A. Magrini, *Elogio di Bartolomeo Montagna pittore vicentino*, Venezia.

1866
J. Bernardi, *Lettere sull'Istria. Di Capodistria e di alcune altre città della costa istriana*, Capodistria.
Catalogo dei doni fatti al Museo Civico di Vicenza pubblicato dalla Congregazione Municipale a testimonianza di pubblica riconoscenza verso i benemeriti donatori, Vicenza.
Description of the Golitsin Museum, Mosca.
Forestiere illuminato intorno le cose piu rare, e curiose, antiche, e moderne della citta di Venezia, e dell'isole circonvicine, Venezia.

1867
V. Céréseole, *A propos de l'article* XVIII *du Traité de Vienne du 3 octobre 1866. La vérité sur les déprédations autrichiennes à Venise*, Venise.
F. Formenton, *Memorie storiche della città di Vicenza dalla sua origine fino l'anno 1867*, Vicenza.
F. Zanotto, *Il fiore della scuola pittorica veneziana*, Trieste.

1868
A. Baschet, *François Pourbus peintre de portraits à la cour de Mantoue*, in «Gazette des Beaux-Arts», XXV, 2, pp. 279-298.
C. Blanc, *Historie des peintres de toutes les écoles. L'école vénitienne*, Paris.
Elenco dei doni fatti al Civico Museo nel 1866-67, Vicenza 1868, 1 gennaio.
P. Locatelli, *Arte e monumenti nella città e provincia di Bergamo*, Bergamo.

1869
Elenco dei Doni fatti al Civico Museo nel 1868, Vicenza, 4 gennaio.
A. Magrini, *Reminiscenze vicentine della casa di Savoja*, Vicenza.

1870
A. Ciscato, *Guida di Vicenza con una carta topografica della città e principali vedute*, Vicenza.
Elenco dei doni fatti al Civico Museo nel 1869, Vicenza, 4 gennaio.
Elenco dei doni fatti al Civico Museo nel 1870, Vicenza s.d.
F. Formenton, *Corona di vicentini illustri*, Vicenza.
G.F. Waagen, Die Gemäldesammlung in der Kaiserlichen Eremitage, ecc., St. Petersburg.
V. Zanetti, *La chiesa della Madonna dell'Orto in Venezia*, Venezia.

1871
J.A. Crowe - G.B. Cavalcaselle, *A History of Painting in North Italy: Venice, Padua, Vicenza, Ferrara, Milan, Friuli, Brescia from the Fourteenth to the Sixteenth century*, 2 voll., London.
Elenco dei doni fatti al Civico Museo nel 1871, Vicenza, 31 dicembre.
Exhibition of the Works of Old Masters. Burlington Fine Arts Club, London.
Painting by Cima da Conegliano, in «The Academy», 2, p. 35.

1872
F. Formenton, *Vicenza e le sue gemme artistiche*, Vicenza.
Guida per visitatori della Pinacoteca della R. Accademia di Belle Arti in Milano, Milano.

1873
I. Cabianca, *Di un dipinto di Marcello Fogolino e di un altro del Catena trasportati dalla tavola sulla tela dal sig. Antonio Zanchi bergamasco*, in «Giornale della Provincia di Vicenza», VII, 37, 27 marzo.
Catalogo degli oggetti d'arte esposti al pubblico nella R. Accademia di Belle Arti in Venezia, Venezia.
Elenco dei doni fatti al Civico Museo nel 1872, Vicenza, 1 gennaio.
Elenco dei doni pervenuti al Civico Museo durante l'anno 1873, Vicenza, 31 dicembre.
F. Formenton, *Quadro di Marcello Fogolino esistente nel Museo Civico di Vicenza*, Vicenza.
B. Morsolin, *Francesco Chiericati vescovo e diplomatico del secolo decimosesto*, Vicenza.

1874
D. Bressan, *La chiesa e il monastero di San Domenico*, Vicenza.
Elenco dei doni pervenuti al Museo Civico nel corso del cadente anno 1874, Vicenza, 31 dicembre.

1875
Elenco dei doni pervenuti al Civico Museo nel corso dell'anno 1875, Vicenza, 31 dicembre.
P. Martini, *Catalogo della R. Pinacoteca di Parma*, Parma.
Testamento olografo di Francesco Formenton, 7 dicembre 1874, Vicenza.

1876
Elenco dei doni pervenuti al Civico Museo nell'anno 1876, Vicenza, 31 dicembre.
P. Marasca, *Cenni biografici di alcuni celebri artisti vicentini*, Vicenza.
M. Sanudo, *I Diarii*, II, a cura di G. Berchet, Venezia.
G. Tassini, *Iscrizioni dell'ex chiesa, convento e confraternita di S. Maria della Carità in Venezia*, in «Archivio Veneto», VI, IX, pp. 357-392.

1877
B. Bressan, *Serie dei podestà e dei vicari della città e del territorio di Vicenza*, Vicenza.
J.A. Crowe - G.B. Cavalcaselle, *Life and Times of Titian*, 2 voll., London.
Elenco dei doni pervenuti al Civico Museo nell'anno 1877, Vicenza, 31 dicembre.
Pinacoteca della R. Accademia di Belle Arti in Milano, Milano.

1877-1878
J.A. Crowe - G.B. Cavalcaselle, *Tiziano. La sua vita e i suoi tempi, con alcune notizie della sua famiglia*, 2 voll., Firenze.

1878
Catalogo degli oggetti d'arte esposti al pubblico nella R. Accademia di Belle Arti in Venezia, Venezia.
Descriptive and Historical Catalogue of the Pictures in the National Gallery, London.
Elenco dei donatori e dei doni da essi fatti al Civico Museo nell'anno 1878, Vicenza, 31 dicembre.
Verzeichnis der Gemälde-Sammlung des Koniglichen Museums zu Berlin, Berlin.

1878-1885
G. Vasari, *Le vite de' più eccellenti Pittori Scultori e Architettori scritte e di nuovo ampliate da M. Giorgio Vasari Pittore e Architetto Aretino co' ritratti loro, e con le nuove Vite dal 1500 in sino al 1567* (Firenze 1568), ed. a cura di G. Milanesi, 9 voll., Firenze, rist. 1906.

1879
B. Morsolin, *Brendola. Ricordi storici*, Vicenza.

1880
Elenco dei donatori e dei doni da essi fatti al Civico Museo nell'anno 1879, Vicenza, 1 gennaio.

1881
Elenco dei donatori e dei doni da essi fatti al Civico Museo nell'anno 1880, Vicenza, 1 gennaio.
Elenco dei principali monumenti e oggetti d'arte esistenti nella provincia di Vicenza soggetti alla sorveglianza della Commissione Conservatrice di Antichità e Belle Arti. Pitture, Sculture, Oreficerie, Incisioni, Vicenza.
(R. Fulin - P.G. Molmenti), *Guida artistica e storica di Venezia, ecc.*, Venezia.
G. Pieriboni, *Elenco dei principali monumenti e oggetti d'arte esistenti nella provincia di Vicenza soggetti alla sorveglianza della Commissione Conservatrice di Antichità e Belle Arti, Pitture, Sculture, Oreficerie, Incisioni*, Vicenza.

1882
Catalogo della Pinacoteca della R. Accademia di Belle Arti in Venezia, Venezia.
Elenco dei donatori e dei doni da essi fatti al Civico Museo nell'anno 1881, Vicenza, 10 gennaio.
B. Morsolin, *Maddalena Campiglia poetessa vicentina del secolo XVI*, in «Atti della Accademia Olimpica di Vicenza», XVII, pp. 5-76.
Ucasatel Golizinscogo museija, Moscva.

1883
Elenco dei donatori e dei doni da essi fatti al Civico Museo nell'anno 1882, Vicenza, 1 gennaio.
T. Levin, *Repertorium der bei der Konigl. Kunst-Akademie zu Düsseldorf*, Düsseldorf.
Old Masters. Burlington House, London.
J.P. Richter, *Italian Art in the National Gallery*, London.

1884

Elenco dei donatori e dei doni da essi fatti al Civico Museo nell'anno 1883, Vicenza, 16 gennaio.

M.A. Michiel, *Notizia d'opere di disegno pubblicata e illustrata da D. Jacopo Morelli*, ed. a cura di G. Frizzoni, Bologna.

B. Morsolin, *L'acquedotto romano e il teatro Berga di Vicenza*, in *Miscellanea della R. Deputazione Veneta sopra gli studi di Storia Patria*, III/IV, Venezia, pp. 4-19.

1885

G. Andreis, *Cenni storici sulla chiesa e parrocchia di S. Gio. Battista in Bragora*, Venezia.

S. Castellini, *Descrizione della città di Vicenza dentro dalle mura. Pubblicata, rimaneggiata e sunteggiata*, a cura di D. Bortolan, Vicenza.

Catalogo della Pinacoteca della R. Accademia di Belle Arti in Venezia, Venezia.

G.B. Cavalcaselle - J.A. Crowe, *Storia della pittura in Italia*, III, Firenze.

Elenco dei donatori e dei doni da essi fatti al Civico Museo nell'anno 1884, Vicenza, 1 gennaio.

G. Lafenestre, *La peinture italienne*, Paris.

G. Pietrogrande, *Due pitture in Este*, Este.

Verzeichnis der Gemälde-Sammlung des Koniglichen Museums zu Berlin, Berlin.

1886

D. Bortolan (a), *Canonici della Cattedrale di Vicenza. Dal secolo X ai giorni nostri*, Vicenza.

D. Bortolan (b), *Saggio di un dizionario biografico di artisti vicentini*, Vicenza.

M. Bryan, *Dictionary of Painters and Engravers, biographical and critical*, new edition, revised and enlarged ed. by R.E. Graves, London, I.

Elenco dei donatori e dei doni da essi fatti al Civico Museo nell'anno 1885, Vicenza, 1 gennaio.

I. Lermolieff [G. Morelli], *Le opere dei maestri italiani nelle Gallerie di Monaco, Dresda e Berlino*, Bologna.

G. Mocenigo jr., *Girolamo Dal Toso pittore vicentino*, Vicenza.

1887

Catalogo delle RR. Gallerie di Venezia, Venezia.

G.B. Cavalcaselle - J.A. Crowe, *Storia della pittura in Italia*, IV, Firenze.

Elenco dei doni fatti al Civico Museo nell'anno 1886, Vicenza, 7 gennaio.

Elenco dei doni fatti al Civico Museo nell'anno 1887, Vicenza, 31 dicembre.

L. Pigorini, *Catalogo della R. Pinacoteca di Parma*, Parma.

1888

M. Caffi, *Pittori veneziani nel Milletrecento*, in «Archivio Veneto», XXXV, pp. 57-72.

P. Caliari, *Paolo Veronese. Sua vita e sue opere. Studi storico estetici*, ed. riveduta e corretta, Roma.

A. Della Rovere, *Guida alla Regia Galleria di Venezia con note storiche e critiche*, Venezia.

C. Donati, *Il Bassano*, in «Atti dell'Accademia Olimpica di Vicenza», LXXVII, pp. 23-48.

L. Eastlake, *Notes on Pictures in The Royal Gallery at Venice*, London.

Th. Frimmel, *Der Anonimo Morelliano*, Wien.

V. Malamani, *Memorie del conte Leopoldo Cicognara, ecc.*, Venezia.

1889

F. Anti, *Archeotimia o una passeggiata per Vicenza nel sec. XVI*, Vicenza.

D. Bortolan, *S. Corona. Chiesa e convento dei Domenicani in Vicenza. Memorie storiche*, Vicenza.

G.B. Di Sardagna, *La Guerra rustica nel Trentino (1525). Documenti e note*, in «Miscellanea della R. Deputazione Veneta di Storia Patria», IV, VI.

Elenco dei doni fatti al Civico Museo nell'anno 1888, Vicenza, 1 gennaio.

J.E. Scripps, *Catalogue of the Scripps Collection of Old Masters*, Detroit.

1890

Catalogue de la Galerie Royale de Venise per G.B., Venise.

Elenco dei doni fatti al Civico museo nell'anno 1889, Vicenza, 1 gennaio.

Lermolieff I. [G. Morelli], *Kunstkritische Studie über italienische Malerei. Die Galerien Borghese und Doria Panfili in Rom*, Leipzig; ed. Milano 1913.

S. Ranieri, *Cristoforo Colombo e la sua persona ed i suoi ritratti nella letteratura dei secoli*, Roma.

1891

G. Botti, *Catalogo delle RR. Gallerie di Venezia*, Venezia.

Elenco dei doni fatti al Civico Museo nell'anno 1890, Vicenza, 1 gennaio.

G. Frizzoni, *Arte italiana del Rinascimento*, Milano.

I. Lermolieff [G. Morelli], *Die Galerien zu München und Dresden*, Leipzig.

A. Sanguineti, *Vita di Cristoforo Colombo*, seconda ed. corretta e accresciuta, Genova (1 ed. 1846).

Verzeichnis der Gemälde-Sammlung des Koniglichen Museums zu Berlin, Berlin.

1891-1895

E. Muntz, *Histoire de l'art pendant la Renaissance*, Paris.

1892

D. Bertolini, *Il centenario di Gio. Batta Cima da Conegliano*, in «Arte e Storia».

J. Burckhardt, *Le Cicerone*, édition revue et completée par W. Bode, II, Paris.

Elenco dei doni fatti al Civico Museo nell'anno 1891, Vicenza, 1 gennaio.

V. Joppi, *Contributo terzo alla storia dell'arte nel Friuli ed alla vita dei pittori ed intagliatori friulani*, in «Miscellanea pubblicata dalla R. Deputazione Veneta di Storia Patria», IV, XII, pp. 1-84.

G. Morelli, *Italian Painters. Critical Studies of their Works. I. The Borghese and Doria-Pamphili Galleries*, London.

S. Rumor - D. Bortolan, *La chiesa di San Giacomo Maggiore detta del Carmine di Vicenza*, Vicenza.

1893

V. Botteon - A. Aliprandi, *Ricerche intorno alla vita e alle opere di Giambattista Cima. XVII settembre MDCCCXCIII*, Conegliano; rist. anastatiche Bologna 1977, 1984.

A.E.P.R. Dowling, *A Garden in Stone*, in «Contemporary Review», 63, gennaio-giugno, pp. 715-732.

Elenco dei doni fatti al Civico Museo nell'anno 1892, Vicenza, 1 gennaio.

P. Paoletti, *L'architettura e la scultura del Rinascimento a Venezia*, Venezia.

A. Prosdocimi, *La Vergine e Bambino: tavola di Giambattista Cima di proprietà del Comune di Este*, in «Arte e Storia», XII, pp. 145-147.

F. Wickhoff, *Les écoles italiennes au Musée impérial de Vienne*, in «Gazette des Beaux-Arts».

E. Zimmermann, *Die Landschaft in der Venezianischen Malerei*, Leipzig.

1893-1897

P. Paoletti, *L'architettura e la scultura del Rinascimento in Venezia*, 2 voll., Venezia.

1894

B. Berenson, *The Venetian Painters of the Renaissance: with an index to their works*, New York-London.

D. Bertolini, *L'Incredulità di San Tommaso. Pala d'altare in Portogruaro ora al British Museum*, in «Arte e Storia», XIII, 18, pp. 137-140.

E. Calzini, *Marco Palmezzano e le sue opere*, in «Archivio Storico dell'Arte», VII, pp. 455-483.

C. Donati, *Jacopo da Ponte*, Firenze.

Elenco dei doni fatti al Civico Museo nell'anno 1893, Vicenza, 10 gennaio.

Exhibition of Venetian Art (Londra, The New Gallery, Regent St., 1894-1895), London.

A. Gardin, *La pala del Cima nella chiesa di San Fior*, Oderzo.

G. Gronau, recensione a V. Botteon - A. Aliprandi, *Ricerche intorno alla vita e alle opere di Giambattista Cima*, in «Repertorium für Kunstwissenschaft», 17, pp. 459-466.

V. Joppi, *Contributo quarto ed ultimo alla storia dell'arte nel Friuli ed alla vita dei pittori, intagliatori, scultori, architetti ed orefici friulani dal XIV al XVIII secolo*, in «Miscellanea pubblicata dalla R. Deputazione Veneta di storia patria», IV, XII, *Appendice*, pp. 1-164.

E.M. Keary, *A Catalogue of the Accademia delle Belle Arti at Venice*, London.

B. Morsolin, *Il Museo Gualdo in Vicenza*, Venezia.

A. Neri, *I ritratti di Cristoforo Colombo*, in *Raccolta di documenti e studi pubblicati dalla R. Commissione Colombiana pel quarto centenario dalla scoperta dell'America*, III, Roma, pp. 253-280.

F. Zordan, *Poesie inedite di Bartolomeo Pagello celebre umanista con biografia e note*, Tortona.

1895

B. Berenson, *Lorenzo Lotto*, London.

A. Conti, *Catalogo delle Regie Gallerie di Venezia*, Venezia 1895.

J.E. Scripps, *Handbook of the Paintings Ancient and Modern, ecc.*, Detroit.

Venetian Art, Thirty-Six Reproduction of Pictures Exhibited at the New Gallery, London.

1896

Elenco dei doni fatti al Civico Museo nell'anno 1895, Vicenza, 3 gennaio.

G. Frizzoni, *Les échanges projetés entre le Galeries Royales de Parme et de Florence*, in «Gazette des Beaux-Arts», XXXVIII, XV, pp. 432-441.

G. Gronau, recensione al catalogo *Venetian Art*, in «Repertorium für Kunstwissenschaft».

F. Harck, *Notizen über italienische Bilder in Peterslurger Sammlungen*, in «Repertorium für Kunstwissenschaft».

Kunsthistorische Sammlungen des Allerhochsten Kaiserhauses. Die Gemälde Galerie. Alte Meister, Wien.

M. Michiel, *Der Anonimo Morelliano (Marcanton Michiel's Notizia d'opere del disegno) (1521-1543)*, ed. a cura di T. Frimmel, Wien; ed. a cura di C. De Benedictis, Firenze 2000.

C. Ricci, *La R. Galleria di Parma*, Parma.

1897

B. Berenson, *The Venetian Painters of the Renaissance: with an Index to their Works*, New York-London.

A. Busiri Vici, *Il mistero della SS. Eucaristia in un dipinto di scuola veneta del secolo decimoquinto*, Venezia.

Elenco dei doni fatti al Civico Museo nell'anno 1896, Vicenza, 7 gennaio.

M. Guggenheim, *La cornice italiana dalla metà del secolo XV allo scorcio del XVI, con breve testo riassuntivo intorno alla storia ed all'importanza delle cornici*, Milano.

G. Lafenestre - E. Richtenberger, *La peinture en Europe - Venise*, Paris.

G. Morelli, *Della pittura italiana. Studi storico critici di Giovanni Morelli (Ivan Lermolieff). Le Gallerie Borghese e Doria-Pamphili in Roma. Prima edizione italiana*, Milano 1897 (1 ed. Leipzig 1890).

1898

J.A. Crowe - G.B. Cavalcaselle, *Storia della pittura in Italia*, VIII, Firenze.

Descriptive and Historical Catalogue of the Pictures in the National Gallery, London.

A. Venturi, *Un quadro di Bernardo Parenzano nella Galleria del Louvre*, in «L'Arte», I, p. 357.

Verzeichnis der Gemälde-Sammlung des Koniglichen Museums zu Berlin, Berlin.

1899

B. Berenson, *Venetian Painters of the Renaissance*, New York-London.

F. Calzini, *Veneto*, in «Rassegna bibliografica dell'arte italiana».

G. Dehio, *Verzeichnis des städtischen Gemälde Sammlung in Strassburg*, Strasbourg.

L. Kämmerer, *Memling*, Bielefeld-Leipzig.

G. Ludwig - P. Paoletti, *Neue archivalische Beiträge zur Geschichte der venezianischen Malerei*, in «Repertorium für Kunstwissenschaft», XXII, pp. 270-272.

P. Paoletti, *Un nuovo acquisto della galleria di Venezia*, in «Rivista d'Italia», II, V, 15 maggio, pp. 144-148.
A. Prosdocimi, *La Vergine col Bambino dipinto in tavola di Giambattista Cima e ricordi storici della Chiesa di S. Maria delle Consolazioni in Este in cui si conserva*, in «Notizie di Archeologia, Arte e Storia del R. Ispettorato pei Monumenti e Scavi di Conselve, Este, Monselice e Montagnana».
A. Romualdi, *Cima da Conegliano e il suo nuovo quadro nell'Accademia di Belle Arti in Venezia*, in «Ateneo Veneto», XXII, p. 185.
S. Rumor, *Il blasone vicentino descritto e storicamente illustrato*, Venezia.
A. Somof, *Ermitage Impérial - Catalogue de la Galerie des Tableaux*, Pétersbourg.
Uno studioso veneziano. I recenti acquisti delle RR. Gallerie di Venezia, in «Rassegna bibliografica dell'arte italiana».

1900
L. Bailo - G. Biscaro, *Della Vita e delle Opere di Paris Bordon*, Treviso.
F. Bock, *Memling. Studien*, Düsseldorf.
A. Conti, *Catalogue des Galeries Royales de Venise*, Venezia.
R. Fry, *Giovanni Bellini*, London.
F.X. Kraus, *Geschichte der kristlichen Kunst*, Freiburg.
C. Phillips, *The Picture Gallery of the Hermitage. IV*, in «North American Review», 171, 4, ottobre, pp. 600-609.

1900-1901
J. Burckhardt, *Der Cicerone: eine Anleitung zum Genuss der Kunstwerke Italiens*, Leipzig, 2.2, p. 717.

1901
B. Berenson, *The Study and Criticism of Italian Art*, London.
J. Burckhardt, *Der Cicerone, Achte Auflage unter Mitwirkung von C. V. Fabriczy und anderen Fachgenossen bearbeitet von W. Bode*, II, parte III, B. I e II, Leipzig-Berlin.
Elenco dei doni pervenuti al Civico Museo durante l'anno 1900, Vicenza, 4 gennaio.
Th. Frimmel, *Geschichte der Wiener Gemaldesammlungen*, Leipzig-Berlin.
G. Ludwig, *Documente über Bildersendungen von Venedig nach Wien in den Jahren 1816 und 1838 aus dem Archiv di Stato zu Venedig*, in «Jahrbuch der Kunsthistorischen Sammlungen in Wien», XXII.
Museo artistico Poldi Pezzoli. Catalogo, Besana.
C. Ricci, *Una gran tela di G.B. Cima da Conegliano*, in «Rassegna d'arte», I, 7, luglio, p. 106.
H. Thode, *Tintoretto*, Bielefeld-Leipzig.
W.H.J. Weale, *Hans Memling*, London.

1901-1916
B. Berenson, *The Study and Criticism of Italian Art*, 3 voll., London; I, 1901; II, 1902; III, 1916.

1902
G. Bernardini (a), *La collezione di quadri del Museo civico di Verona*, Roma.
G. Bernardini (b), *La galleria dei quadri nel Museo Civico di Padova*, in «Bollettino ufficiale del Ministero dell'Istruzione pubblica», XXIX, II, suppl. al n. 49, 6 dicembre, pp. 2243-2262.
G. Cantalamessa, *Le Gallerie Italiane: la R. Galleria di Venezia*, Roma.
H. Cook, *Trésors de l'art italien en Angleterre*, in «Gazette des Beaux-Arts», XXVII, pp. 442-444.
Elenco dei doni fatti al Civico Museo nell'anno 1901, Vicenza, 1 gennaio.
P. Gusman, *Venise*, Paris.
G. Ludwig, *Bonifazio di Pitati da Verona, eine Archivalische Untersuchung* in «Jahrbuch der Königlich Preußischen Kunstsammlungen», XXII.
B. Magni, *Storia dell'arte italiana dalle origini al secolo XX*, III, Roma.
C. Ricci, *Memorie di pittori, scultori e incisori ravennati raccolte dal cav. Camillo Spreti*, Ravenna.
A. Vital, *Piccola guida pratica storico-artistica di Conegliano*, Conegliano.

1903
G. Dehio, *Verzeichnis des städtischen Gemälde Sammlung in Strassburg*, Strasbourg.
A. Gardin, *Intorno alla critica d'arte di Giovanni Morelli*, Oderzo.
G. Ludwig, *Archivalische Beiträge zur Geschichte der venezianischen Malerei*, in «Jahrbuch der Königlich Preußischen Kunstsammlungen», XXIV, I (Beiheft), pp. 1-109.
G. Ludwig - W. Bode, *Die Altarbilder der Kirche S. Michele di Murano und das Auferstehungsbild des Giovanni Bellini in der Berliner Galerie*, in «Jahrbuch der Königlich Preußischen Kunstsammlungen», XXIV, 16, pp. 131-146.
P. Molmenti, *I primi pittori veneziani*, in «Rassegna d'Arte», III, pp. 129-132.
P. Paoletti, *Le RR. Gallerie dell'Accademia (catalogo)*, Venezia.

1904
V. Botteon - A. Barbieri, *Congregazione di carità ed Istituti pii riuniti in Conegliano. Studio storico amministrativo*, Conegliano.
G. Caprin, *Istria nobilissima*, Trieste.
Verzeichnis der Gemälde-Sammlung des Königlichen Museums zu Berlin, Berlin.

1905
B. Berenson, *Lorenzo Lotto, an Essay in art criticism*, London.
G. Bernardini, *Le Gallerie dei quadri di Rovigo, Treviso, Udine*, in «Bollettino Ufficiale del Ministero dell'Istruzione Pubblica».
R. Burckhardt, *Cima da Conegliano: ein venezianischer Maler des Übergangs vom Quattrocento zum Cinquecento*, Leipzig.
Burckhardt, Cima da Conegliano, recensione in «Zeitschrift für christliche Kunst», 18, p. 382.
G. Caprin, *L'Istria nobilissima*, Trieste.
Cima da Conegliano, in «Athenaeum», 4037, II, marzo, pp. 312-313.
G. Gamba, *Paolo Morando detto il Cavazzola*, in «Rassegna d'arte», V, marzo, pp. 33-39.
G. Ludwig, *Archivalische Beiträge zur Geschichte der venezianischen Malerei*, in «Jahrbuch der Königlich Preußischen Kunstsammlungen», XXVI, Beiheft, pp. 31-32.
Lunetta, in «Arundel Club».
G. Pettinà, *Vicenza*, Bergamo.
C. Ricci, *Raccolte artistiche di Ravenna*, Bergamo.
J.P. Richter, *Das Wallace Museum in London*, in «Zeitschrift für Bildende Kunst».
W. Suida, *Die Jugendwerke des Bartolommeo Suardi gennant Bramantino*, in «Jahrbuch der Kunsthistorischen Sammlungen der Allerhöchstein Kaiserhauses», 25, pp. 1-71.
L. Venturi, recensione di *Rudolf Burckhardt: Cima da Conegliano*, in «L'Arte», 8, pp. 308-310.

1905-1906
G. Gerola, *Per l'elenco delle opere dei pittori Da Ponte*, in «Atti del Reale Istituto Veneto di Scienze, Lettere e Arti», LXV, parte II, pp. 945-962.

1905-1923
S. Reinach, *Répertoire de peintures du Moyen Age et de la Renaissance (1280-1580)*, Paris.

1906
A. Guadagnini, *R. Pinacoteca di Bologna. Catalogo dei quadri*, Bologna.
A. Venturi, *Storia dell'Arte Italiana. IV: La scultura del Trecento e le sue origini*, Milano.
A. Vital, *Piccola guida storico-artistica di Conegliano*, Treviso.

1907
B. Berenson, *The North Italian Painters of the Renaissance*, New York-London.
A. Foratti, *Giovanni Bonconsigli pittore vicentino*, Padova-Verona.
G. Frizzoni (a), *Il Cima da Conegliano di Casiglio nella Regia Pinacoteca di Brera*, in «Bollettino d'arte del Ministero della Pubblica Istruzione», I, 10, pp. 17-19.
G. Frizzoni (b), recensione a L. Venturi, *Le origini della pittura veneziana. 1300-1500, Venezia MCMVII*, in «L'Arte», X, I, pp. 461-466.
A. Girodie, *Les musées de Strasbourg*, in «Revue de l'Art ancien et moderne».
H. Layard, *The Italian Schools of Painting Based on the Handbook of Kugler. Sixth Edition Thoroughly Revised and in Part Rewritten*, 2 voll., London.
(A. Ratti), *Guida sommaria per il visitatore alla Biblioteca Ambrosiana e delle Collezioni annesse*, Milano.
C. Ricci, *La Pinacoteca di Brera*, Bergamo.
S. Rumor, *I conti di Valmarana di Vicenza e di Venezia. Ricordi*, Vicenza.
A. Venturi, *Storia dell'Arte Italiana. V. La pittura del Trecento e le sue origini*, Milano.
L. Venturi, *Le origini della pittura veneziana*, Venezia.
M. Wackernagel, *Un altare del Cima a Miglionico*, in «L'Arte», X, pp. 372-374.

1908
G. Carotti, *Una piccola tavola di Cima da Conegliano nel Museo Poldi Pezzoli*, in «L'Arte», XI, I, p. 141.
G. Fogolari, *Le portelle dell'organo in S. Maria dei Miracoli di Venezia*, in «Bollettino d'Arte».
A. Foratti (a), *Bartolomeo Montagna*, Padova.
A. Foratti (b), *Quattro affreschi di Bartolomeo Montagna*, in «L'Arte», XI, pp. 219-223.
G. Frizzoni, *I soggetti mitologici in Cima da Conegliano a proposito di un nuovo acquisto del museo Poldi Pezzoli*, in «Rassegna d'arte», VIII, 3, marzo, pp. 41-42.
R. Fry, *A Genre Painter and his Critics*, in «The Quarterly Review», CCVIII, pp. 491-504.
G. Gerola (a), *Francesco Verla e gli altri pittori della sua famiglia*, in «L'Arte», XI, pp. 330-347.
G. Gerola (b), *Un nuovo libro sull'arte dei Bassani. Recensione a «Zur Kunst der Bassani» di L. Zottmann (Strasburgo 1908)*, in «Bollettino del Museo Civico di Bassano», V, I-2, pp. 30-39.
F. Malaguzzi Valeri, *Catalogo della Regia Pinacoteca di Brera*, Bergamo.
A. Muñoz, *Dipinti di Bernardino Parenzano nel Museo Civico di Vicenza*, in «Bollettino d'Arte», II, pp. 7-10
P. Paoletti, *Le RR. Gallerie dell'Accademia (catalogo)*, Venezia.
The Story of Christ, as Related in Paintings in the Museum, in «Bulletin of the Detroit Museum of Arts».
A. Venturi, *Storia dell'Arte italiana. VI. La scultura del Quattrocento*, Milano.
L. Zottmann, *Zur Kunst der Bassani*, Strasbourg.

1909
B. Baron (a), *Girolamo Mocetto Painter-Engraver*, in «Madonna Verona», III, 9, gennaio-marzo, pp. 61-66.
B. Baron (b), *Girolamo Mocetto Painter-Engraver*, in «Madonna Verona», III, 10, aprile-giugno, pp. 77-96.
B. Berenson, *The Central Italian Painters of the Renaissance*, New York-London.
T. Borenius, *The Painters of Vicenza 1480-1550*, London.
G. Dehio - E. Polaczek, *Verzeichnis des Kunstmuseums der Stadt Strassburg*, Strasbourg.
A. Foratti, *Un affresco di Giovanni Bonconsigli*, in «L'Arte», XII, p. 371.
G. Franceschini, *L'espressione del dolore nell'arte*, Bergamo.
R.E. Fry, recensione a T. Borenius, *The Painters of Vicenza, 1480-1555*, in «The Burlington Magazine», LXXXI, XVI, dicembre, pp. 152-154.
G. Gerola (a), *Alcune considerazioni intorno al pittore Avanzo*, in «Bollettino del Museo Civico di Padova», XII, II, pp. 28-33.
G. Gerola (b), *La pittura a Bassano prima dei Bassano*, in «Nuovo Archivio Veneto», XVIII, II, pp. 382-407.
S. Lottici, *Bernabei, Pier Antonio*, in *Allgemeines Lexikon der bildenden Künstler*, a cura di U. Thieme, F. Becker, III, Leipzig, p. 426.

F. Malaguzzi Valeri, *Gli ultimi acquisti della Pinacoteca di Brera*, in «Rassegna d'Arte», IX, 8-9, agosto-settembre, pp. 137-144.
O. Masnovo, *La vita e le opere di Pier Antonio Bernabei pittore parmigiano secondo documenti inediti (1567-1630)*, Parma, pp. 17-18.
A. Michiel, *Histoire de l'art: depuis les premiers temps chrétiens jusqu'à nos jours*, Paris.
A. Moschetti, *Battista da Vicenza*, in *Allgemeines Lexikon der bildenden Künstler*, a cura di U. Thieme, F. Becker, III, Leipzig, pp. 49-50.
H. Posse, *Die Gemäldegalerie des Kaiser-Friedrich-Museums*, Berlin.
M. Prichard Agnetti, *Vicenza. The home of «the Saint»*, London.
A. Somof, *Ermitage Impérial. Catalogue de la Galerie des Tableaux*, Pétersbourg.
L. Testi, *La storia della pittura veneziana. Le Origini*, I, Bergamo.
K. Voll, *Memling: Des Meisters Gemälde*, Stuttgart-Leipzig.

1910
B. Baron, *Girolamo Mocetto Painter-Engraver*, in «Madonna Verona», IV, 13, gennaio-marzo, pp. 21-47.
T. Borenius (a), *A Note on Marcello Fogolino*, in «Madonna Verona», IV, 1910, 14, aprile-giugno, pp. 124-129.
T. Borenius (b), *Buonconsiglio and Van Dyck*, in «Bollettino del Museo Civico di Vicenza», I, gennaio-marzo, pp. 11-12
G. Franceschini, *Il riordinamento del Museo di Vicenza*, in «Emporium», XXXI, 186, giugno, pp. 422-439.
G. Frizzoni, *La Galleria Hage a Nivaagaard*, in «L'Arte», XIII, p. 401.
G. Gerola, *Bassano*, Bergamo.
M. Krohne, *Italienske Billeder i Danmark*, Copenhagen.
F. Malaguzzi Valeri, *Boccaccio Boccaccino*, in *Allgemeines Lexikon der bildenden Künstler*, a cura di U. Thieme, F. Becker, IV, Leipzig, pp. 149-150.
L. Ongaro (a), *Il riordinamento del Museo Civico*, in «Bollettino del Museo Civico di Vicenza», I, gennaio-marzo, pp. 7-10.
L. Ongaro (b), *La pala di Giovanni Buonconsiglio già sull'altar maggiore di San Rocco*, in «Bollettino del Museo Civico di Vicenza», III-IV, luglio-dicembre, pp. 37-40.
C. Phillips, *The Salting Collection. II. The Italian Pictures*, in «The Burlington Magazine», XVII, 85, aprile, pp. 9-22.
S. Reinach, *Répertoire de Peintures du Moyen Age et de la Renaissance (1280-1580)*, II, Paris (1905-1923).
J.P. Richter, *The Mond Collection*, London.
S. Rumor, *Per la storia del nostro Museo*, in «Bollettino del Museo Civico di Vicenza», I, gennaio-marzo, pp. 3-6.
A. Vernio, *Primo elenco delle opere di artisti veronesi eseguite o conservate in Vicenza*, in «Bollettino del Museo Civico di Vicenza», III-IV, luglio-dicembre, pp. 49-53.
F.N. Vignola (a), *Appunti sulla Pinacoteca Vicentina*, in «Bollettino del Museo Civico di Vicenza», I, gennaio-marzo, pp. 16-19.
F.N. Vignola (b), *Appunti sulla Pinacoteca Vicentina: un affresco della Villa Soranza*, in «Bollettino del Museo Civico di Vicenza», II, aprile-giugno, pp. 11-16.
F.N. Vignola (c), *Appunti sulla Pinacoteca Vicentina*, in «Bollettino del Museo Civico di Vicenza», III-IV, luglio-dicembre, pp. 25-32.
A. Vital, *L'archivio municipale di Conegliano. Catalogo dei manoscritti*, Forlì.

1911
B. Berenson, *The Venetian Painters of the Renaissance*, New York-London.
T. Borenius, *S. Jerome by Cima da Conegliano*, in «The Burlington Magazine», CII, XIX, settembre, pp. 318-323.
Exhibition of Old Masters. Grafton Galleries, London.
G. Frizzoni, *La raccolta Mond ed opere attinenti alla medesima*, in «Rassegna d'arte», XI.
G. Gronau, *Busati (Bussati), Andrea*, in *Allgemeines Lexikon der bildenden Künstler*, a cura di U. Thieme, F. Becker, V, Leipzig, pp. 277-278.
A. Kemp Welch, *The Emblem of St. Ansano*, in «The Burlington Magazine», XCVI, 1911, XVIII, marzo, pp. 337-338.
G. Lorenzetti, *De la giovinezza artistica di Jacopo Bassano. Note e appunti*, in «L'Arte», XIV, pp. 198-210, 241-257,
H. Macfall, *A History of Painting. The Renaissance in Venice*, London.
Museo artistico Poldi Pezzoli. Catalogo, Milano.
E.M. Phillips, *Tintoretto*, London.
S. Rumor, *Storia documentata del Santuario di Monte Berico*, Vicenza.
S. Rumor - M.H. Bernath, *Buonconsiglio, Giovanni*, in *Allgemeines Lexikon der bildenden Künstler*, a cura di U. Thieme, F. Becker, V, Leipzig, pp. 229-230.
G. Soulier, *Le Tintoret*, Paris.
A. Venturi, *Storia dell'Arte italiana. VII. La pittura del Quattrocento*, I, Milano.

1912
B. Berenson, *Opere attribuite a Polidoro de Renzi da Lanciano*, in «Rassegna d'arte degli Abruzzi e Molise», II, pp. 34-35.
T. Borenius, *I pittori di Vicenza 1480-1550*, Vicenza.
Catalogue of a Collection of Pictures of the Early Venetian School. Burlington Fine Arts Club, London.
J.A. Crowe - G.B. Cavalcaselle, *A History of Painting in North Italy: Venice, Padua, Vicenza, Verona, Ferrara, Milan, Friuli, Brescia; from the Fourteenth to the Sixteenth Century*, 3 voll., a cura di T. Borenius, London.
G. Dehio - E. Polaczek, *Verzeichnis des Kunstmuseums der Stadt Strassburg*, Strasbourg.
G. Fiocco, *Sebastiano del Piombo e Cima da Conegliano*, in «L'Arte», XV, 4, luglio-agosto, pp. 293-298.
G. Frizzoni, *Una nuova perla nel gabinetto dei Veneti del Museo Poldi-Pezzoli*, in «Rassegna d'arte», XII, 8-9, agosto-settembre, pp. 116-122.
D. von Hadeln (a) *Catena, Vincenzo*, in *Allgemeines Lexikon der bildenden Künstler*, a cura di U. Thieme, F. Becker, VI, Leipzig, pp. 182-183.
D. von Hadeln (b), *Cima, Giovanni Battista soprannominato Cima da Conegliano*, in *Allgemeines Lexikon der bildenden Künstler*, a cura di U. Thieme, F. Becker, VI, Leipzig, pp. 593-596.
E. Liphart, *Il catalogo della Pinacoteca dell'Eremitaggio Imperiale, I, Pittura italiana e spagnola*, Pietroburgo (in russo).
L. Ongaro, *Museo Civico di Vicenza. Catalogo della Pinacoteca*, Vicenza.
E.M. Phillips, *The Venetian School of Painting*, London.
P. Schubring, *Cassoni Panels in English Private Collections*, in «The Burlington Magazine», CXVII, dicembre, pp. 158-165.
G. Trecca, *Catalogo della Pinacoteca di Verona*, Bergamo.
A. Venturi, *Saggio sulle opere d'arte italiana a Pietroburgo*, in «L'Arte».
Verzeichnis der Gemälde-Sammlung des Koniglichen Museums zu Berlin, Berlin.
G. Zorzi, *Opere di Battista da Vicenza nella chiesa di Sant'Agostino*, in «Il Berico», 7 giugno, p. 3.

1913
B. Berenson, *Catalogue of a Collection of Paintings and Some Art Objects*, I, *Italian Paintings*, Philadelphia.
G. Frizzoni, *Die Städtisches Gemäldegalerie zu Vicenza*, in «Zeitschrift für bildende Kunst», N.F., XXIV, 8, pp. 186-193; tradotto da E. Fracasso, *Il Museo Civico di Vicenza*, in «Il Giornale di Vicenza», 1913, 16-17 dicembre.
A. Luzio, *La Galleria dei Gonzaga venduta all'Inghilterra nel 1627-28*, Milano.
H. Posse (?), *Königliche Museen zu Berlin. Die Gemäldegalerie des Kaiser-Friedrich-Museums*, Berlin.
S. Rumor, *S. Sebastiano nel culto e nell'arte a Vicenza*, in «Arte Cristiana», I, pp. 279-287.
P. Schubring (a), *Cassoni Panels in English Private Collections*, in «The Burlington Magazine», CXVIII, gennaio, pp. 196-202.
P. Schubring (b), *Cassoni Panels in English Private Collections*, in «The Burlington Magazine», CXX, marzo, pp. 326-331.
A. Venturi, *Storia dell'Arte italiana. VII. La pittura del Quattrocento*, parte II, Milano.
A. Vital, *Effemeride di storia coneglianese*, Conegliano.
F. Winkler, *Der Meister von Flémalle und Rogier van der Weyden*, Strasbourg.

1914
E. Cocco, *L'opera di Bartolomeo Montagna nella Scuola del Santo a Padova*, in «Nuovo Archivio Veneto della Regia Deputazione Veneta di Storia Patria», n.s., XXVIII, I, pp. 197-199.
G. Fiocco, *Il periodo romano di Bartolomeo Suardi detto il Bramantino*, in «L'Arte», XVII, pp. 24-40.
de Foville, *L'art chrétien au Musée Jacquemart-André*, in «Revue de l'art chrétien», LXIV, pp. 1-16, 95-112.
G. Frizzoni, *Opere di pittura venete lungo la costa meridionale dell'Adriatico*, in «Bollettino d'Arte», VIII, pp. 23-40.
R. Longhi, *Piero dei Franceschi e lo sviluppo della pittura veneziana*, in «L'Arte», XVII, pp. 198-221, 241-256.
C. Ricci, *La Madonna delle rose dei Zaganelli da Cotignola nel Museo di Vicenza*, in «L'Arte», XVII, pp. 1-8.
F. Sacchi, *Il Museo Civico*, in «Vicetiae Ars», 26 aprile, pp. 10-11.
L. Serra, *Catalogo delle RR. Gallerie di Venezia*, Venezia.
G. Stocchiero, *Una nuova Madonna del Montagna nel Museo di Vicenza*, in «Arte Cristiana», II, 5, p. 155.
A. Venturi, *Storia dell'arte italiana, VII. La pittura del Quattrocento*, parte III, Milano.
L. Venturi, *Una risorta casa del Rinascimento Italiano*, in «L'Arte», XVII, pp. 58-75

1914-1924
C. Ridolfi, *Le maraviglie dell'arte overo Le vite degli illustri pittori veneti e dello stato*, ed. a cura di D.F. von Hadeln, 2 voll., Berlin, I.

1915
B.C.K., *Fasolo, Giovanni Antonio*, in *Allgemeines Lexikon der bildenden Künstler*, a cura di U. Thieme, F. Becker, IX, Leipzig, pp. 283-285.
G. Fiocco (a), recensione a L. Testi, *Storia della pittura veneziana, parte II: Il Divenire*, in «Nuovo Archivio Veneto», n.s., XV, XXIX, parte II, pp. 470-479.
G. Fiocco (b), *Vita di fra Giocondo e di altri veronesi*, 2 voll., Firenze.
F.P.B. Osmaston, *The Art and Genius of Tintoret*, 2 voll., London.
S. Rumor, *La chiesa votiva di S. Rocco eretta nella città di Vicenza, per decreto 11 maggio 1485*, Vicenza.
P. Schubring, *Cassoni: Truhen und Truhenbilder der italienischen Frührenaissance: ein Beitrag zur Profanmalerei im Quattrocento*, Leipzig.
L. Testi, *Storia della pittura veneziana, parte II: Il Divenire*, Bergamo.
A. Venturi, *Storia dell'arte italiana, VII. La pittura del Quattrocento*, parte IV, Milano.
G.C. Zorzi, *Una curiosa controversia tra un pittore di Bassano e la Fraglia dei Merciai di Vicenza in materia di specchi*, in «Nuovo Archivio Veneto», n.s., XV, XXX, parte I, pp. 262-271.

1916
B. Berenson, *Venetian Paintings in America: the Fifteenth Century*, New York-London.
T. Borenius (a), *Professor Venturi on Quattrocento Painting*, in «The Burlington Magazine», CLX, XXIX, luglio, pp. 161-164.
T. Borenius (b), *Two Unpublished North Italian Drawings*, in «The Burlington Magazine», CLXIII, XXIX, ottobre, pp. 271-272.
G. Fiocco, *I pittori da Santacroce*, in «L'Arte», XIX, pp. 179-206.
Forni, Girolamo, in *Allgemeines Lexikon der bildenden Künstler*, a cura di U. Thieme, F. Becker, XII, Leipzig, p. 217.
G. Gronau, *Fogolino, Marcello*, in *Allgemeines Lexikon der bildenden Künstler*, a cura di U. Thieme, F. Becker, XII, Leipzig, p. 141.

R.A. Peltzer, *Hans Rottenhammer*, in «Jahrbuch der Kunsthistorischen Sammlungen des Allerhochstein Kaiserhauses», 33, pp. 293-365.
G.C. Zorzi, *Contributo alla storia dell'arte vicentina nei secoli XV e XVI. Parte prima: i pittori*, in «Miscellanea di Storia Veneta della R. Deputazione Veneta di Storia Patria», III, X, pp. 1-187.

1917
G. Fiocco, recensione a G.C. Zorzi, *Contributo alla storia dell'arte vicentina nei secoli XV e XVI*, in «L'Arte», XX, pp. 181-183.
R. Longhi, recensione a E.V. Liphart, *Reiseeindrücke*, in «L'Arte», p. 304; ora in *Edizione delle opere complete di Roberto Longhi*, I, 1, *Scritti giovanili 1912-1922*, Firenze 1980, pp. 387-388.

1918
A. Foratti, *Di alcuni quadri inediti di Giovanni Bonconsiglio*, in «Bollettino d'Arte», V, 1-4, pp. 70-80.
G. Gerola, *Ancora dei Verla e degli altri artisti vicentini nel Trentino*, in «Arte e Storia», VI, XXXVIII, 1, gennaio-febbraio.

1919
B. Berenson, *Dipinti veneziani in America* (I ed. New York 1916), trad. di G. Cagnola, Milano.
D. Bortolan - S. Rumor, *Guida di Vicenza, con illustrazioni ed una carta topografica*, Vicenza.
G. Fiocco, *Catalogo delle opere d'arte tolte a Venezia nel 1808 1816 1838 restituite dopo la vittoria*, Venezia.
G. Gronau, *Ein unbekanntes Werk von Cima da Conegliano*, in «Kunsthistorisches Institut in Florenz, Mitteilungen», 3 (1919: inverno - 1932: gennaio), p. 135.

1920
G. Franceschini, *Un nuovo Giorgione alla Pinacoteca di Vicenza*, in «Emporium», LI, 301, gennaio, pp. 311-315.
National Gallery. Catalogue of the Pictures, London.
L. Pelandi, *Mostra di pittura dei secoli XV-XVIII*, Bergamo.
A. Peltzer, *Geldorp Gortzius*, in *Allgemeines Lexikon der bildenden Künstler*, a cura di U. Thieme, F. Becker, XI, Leipzig, pp. 362-363.
N. Tarchiani, *Una mostra d'arte antica a Bergamo*, in «Emporium», LI, 306, giugno, pp. 278-298.

1921
V. Costantini, *La pittura in Milano*, Milano.
National Gallery. Catalogue of the Pictures, London.
L. Planiscig, *Venezianische Bildhauer der Renaissance*, Wien.
Verzeichnis der Gemalde-Sammlung des Koniglichen Museums zu Berlin, Berlin.

1922
L. Anti, *La chiesa di Sant'Agostino in Vicenza nel IV centenario della edificazione; il polittico di Battista da Vicenza*, Vicenza.
A. Pettorelli, *Appunti sul pittore Gian Francesco de' Maineri da Parma*, in «Archivio storico per le province parmensi», XXII, 2, pp. 223-229.

1923
E. von der Bercken - A.L. Mayer, *Jacopo Tintoretto*, London.
W. von Bode, *Die Kunst der Frührenaissance in Italien*, Berlin.
E. Brown, *Painting for Permanency. Illustrated from a Restored Canvas by Cima da Conegliano*, in «Arts and Decoration», 19, 3, luglio, p. 57.
C. Holmes, *Old Masters and Modern Art. The National Gallery. Italian Schools*, London.
L. Ongaro, *Aspetti dell'antica Vicenza*, prefazione a *Vicenza, palazzi vecchie case e strade. Disegni di G. Loukomski*, Vicenza, pp. 5-8.
P. Schubring, *Cassoni, Truhen und Truhenbilder der italienischen Fruhrenaissance. Ein Beitrag zur Profanmalerei in Quattrocento*, Leipzig.
L. Venturi, *Da un viaggio a Londra: un Perugino; un Cima; un Antonello*, in «L'Arte», XXVI, pp. 264-276.
A. Zambaldi - M. Belli, *Annali di Portogruaro (1140-1797)*, Portogruaro, p. 67.
G. Zardo, *In giro per Vicenza (Arte, storia e... baldoria)*, Vicenza.

1924
G. Fiocco, *Le Regie Gallerie dell'Accademia di Venezia. Catalogo a cura della direzione*, Bologna.
G. Fogolari, *La chiesa di Santa Maria della Carità di Venezia: ora sede delle Regie Gallerie dell'Accademia. Documenti inediti di Bartolomeo Bon, di Antonio Vivarini, di Ercole del Fiore e di altri artisti*, in «Archivio veneto tridentino», V, pp. 57-118.
W. Friedländer, *Die Altniederländische Malerei. 2. Rogier van der Weyden und der Meister von Flémalle*, Berlin.
Museo Artistico Poldi Pezzoli. Catalogo, Milano.
L. Testi, *La R. Pinacoteca di Parma*, Parma.
R. Van Marle, *The Development of the Italian School of Painting*, IV, Den Haag.

1925
E.H. Blashfield, *«John Singer Sargent: Recollections»*, in «North American Review», 221, 2, giugno-agosto, pp. 641-654.
D. von Hadeln, *Venezianische Zeichnungen des Quattrocento*, Berlin.
M. Pittaluga, *Il Tintoretto*, Bologna.
G.C. Zorzi, *Contributo alla Storia dell'Arte Vicentina nei secc. XV e XVI*. Parte II: *Architetti, ingegneri, muratori, scultori, tagliapietre*, in «Miscellanea di Storia Veneto-Tridentina della R. Deputazione di Storia Patria», s. IV, II, pp. 1-330.

1926
B. Berenson, *Una Santa di Antonello da Messina e la pala di S. Cassiano*, in «Dedalo», VI, marzo, pp. 630-658.
D. von Hadeln, *An Unknown Work by Cima da Conegliano*, in «The Burlington Magazine», XLIX, CCLXXX, agosto, p. 3.
G. Lorenzetti, *Venezia e il suo estuario. Guida storico-artistica*, Venezia-Milano-Roma-Firenze (II ed. Roma 1956).
L. Planiscig, *Jacobello del Fiore*, in «Jahrbuch der Kunsthistorischen Sammlungen in Wien», N.F., I, pp. 85-91.
G. Poggi, *La Regia Galleria degli Uffizi*, Firenze
C. Ricci, *La Galleria di Parma e la Camera di S. Paolo*, Milano.
A. Venturi, *Opere poco note di Cima da Conegliano*, in «L'Arte», XXIX, pp. 182-184.
A. Vital, *Manualetto di notizie storiche e artistiche coneglianesi*, Conegliano.

1927
B. Berenson, *Three Essays in Method*, Oxford.
W.G. Constable, *Catalogue of Pictures in the Marlay Bequest Fitzwilliam Museum Cambridge*, Cambridge.
R. De Suarez, *Bartolomeo Montagna*, Firenze.
G. Fiocco, *Piccoli maestri, VI: La pittura bresciana del Cinquecento a Padova*, in «Bollettino d'Arte», VI, 7, pp. 305-323.
F. Ingersoll Smouse, *Œuvre peint de Paul Véronèse en France*, in «Gazette des Beaux-Arts», 69, II, pp. 212-235.
G. Nicodemi, *Pier Francesco Mazzucchelli detto «Il Morazzone»*, Varese.
P.H. Osmond, *Paolo Veronese. His Career and Work*, London.
E. Panofsky, *«Imago pietatis». Ein Beitrag zur Typengeschichte des «Schmerzensmanns» und der «Maria mediatrix»*, in *Festschrift für Max J. Friedländer zum 60. Geburtstag*, Leipzig, pp. 261-308.
K.T. Parker, *North Italian Drawings of the Quattrocento*, London.
I.F. Willumsen, *La jeunesse du peintre El Greco*, 2 voll., Paris.
R. Wittkower, *Studien zur Geschichte der Malerei in Verona. III. Die Schüler des Domenico Morone: Francesco Morone, Girolamo dai Libri, gen Cavazzola*, in «Jahrbuch fur Kunstwissenschaft», IV, pp. 185-222; ora in Id., *Idea and Image. Studies in the Italian Renaissance*, London 1979, pp. 185-250).

1927-1929
P.G. Molmenti, *La storia di Venezia nella vita privata*, II. *Lo splendore*, Bergamo 1927-1929[7].

1928
A.M. Bessone Aurelj, *Dizionario dei pittori italiani*, Milano-Città di Castello.
G. De Mori (a), *Chiese e chiostri di Vicenza*, Vicenza.
G. De Mori (b), *Monte Berico*, Vicenza.
G. Fiocco (a), *Paolo Veronese 1528-1588*, Bologna.
(G. Fiocco) (b), *The Royal Galleries of the Academy of Venice*, Bologna.
G. Franceschini, *Tesori d'arte a Vicenza*, in «Le Tre Venezie», IV, 9, settembre, s.n.p.
M.J. Friedländer, *Memlings Persönlichkeit*, in «Cicerone», 20, pp. 653-666.
R. Klapheck, *Die Kunstsammlungen der staatlichen Kunstakademie zu Düsseldorf*, Düsseldorf.
R. Longhi, *Il dipinto dell'Angelico a Livorno*, in «Pinacotheca», 3, novembre-dicembre, pp. 153-159; ora in *Edizione delle opere complete di Roberto Longhi*, IV, *«Me pinxit» e quesiti caravaggeschi 1928-1934*, Firenze 1968, pp. 123-171.
Museo artistico Poldi Pezzoli. Catalogo, Milano.
A. Venturi (a), *Paolo Veronese per il IV centenario della nascita*, Milano.
A. Venturi (b), *Storia dell'arte italiana, IX. La pittura del Cinquecento. Parte III*, Milano.

1929
E. Arslan, *Una Madonna di Maestro Paolo*, in «Belvedere», I, pp. 5-7.
W. Arslan (a), *Contributo a Jacopo Bassano*, in «Pinacotheca», I, pp. 178-196
W. Arslan (b), *Licinio, Bernardino*, in *Allgemeines Lexikon der bildenden Künstler*, a cura di U. Thieme, F. Becker, XXIII, Leipzig, p. 193.
L. Baldass, *Ein uberkanntes Hauptwerk des Cariani. Studie über den Entwicklungsgang des Künstler*, in «Jahrbuch der Kunsthistorischen Sammlungen in Wien», N.F., III, pp. 91-110.
E. von der Bercken, *Lotto, Lorenzo*, in *Allgemeines Lexikon der bildenden Künstler*, a cura di U. Thieme, F. Becker, XXIII, Leipzig, pp. 411-413.
R. Brenzoni, *Liberale da Verona*, in *Allgemeines Lexikon der bildenden Künstler*, a cura di U. Thieme, F. Becker, XXIII, Leipzig, pp. 183-184.
Catalogue National Gallery of Scotland Edinburgh, Edinburgh.
G. Fogolari, *Il Museo di Feltre*, in «Le Tre Venezie».
L. Hautecoeur, *La peinture au Musée du Louvre. Écoles Etrangères*, Paris.
R. Longhi, *Il dipinto dell'Angelico a Livorno*, in «Pinacotheca», I, p. 159.
Longhi, Barbara, in *Allgemeines Lexikon der bildenden Künstler*, a cura di U. Thieme, F. Becker, XXIII, Leipzig, p. 356.
Longhi, Luca, in *Allgemeines Lexikon der bildenden Künstler*, a cura di U. Thieme, F. Becker, XXIII, Leipzig, p. 357.
Maganza Malerfamilie: Giovanni Battista I, Alessandro, Giovanni Battista II, Girolamo, Vincenzo, in *Allgemeines Lexikon der bildenden Künstler*, a cura di U. Thieme, F. Becker, XXIII, Leipzig, p. 552.
A. Morassi, *Come il Fogolino restaurò gli affreschi di Torre Aquila a Trento*, in «Bollettino d'Arte», VIII, 8, pp. 337-367.
V. Moschini, *Catalogo delle opere d'arte della Ca' d'Oro*, in G. Fogolari, U. Nebbia, V. Moschini, *La Regia Galleria Giorgio Franchetti alla Ca' d'Oro*, Venezia.
National Gallery. Catalogue of the Pictures, London.
N. Pelicelli, *Maineri, Gian Francesco de*, in *Allgemeines Lexikon der bildenden Künstler*, a cura di U. Thieme, F. Becker, XXIII, Leipzig, p. 577.
M. Pittaluga, *L'incisione italiana nel Cinquecento*, Milano.
V. Spreti, *Enciclopedia storico-nobiliare italiana*, II, Milano, pp. 43-44.
A. Venturi (a), *Jacopo Bassano*, in «L'Arte», XXXII, pp. 107-125.

A. Venturi (b), *Storia dell'arte italiana.* IX. *La pittura del Cinquecento*, parte IV, Milano.
J. Wilde, *Die Pala di San Cassiano von Antonello da Messina*, in «Jahrbuch der Kunsthistorischen Sammlungen in Wien», N.F., III, pp. 57-72.

1930
L. Balniel, K. Clark, E. Modigliani, *Exhibition of Italian Art 1200-1900*, catalogo della mostra (Londra, Royal Academy of Art, 1 gennaio - 8 marzo 1930) con un'introduzione di R. Witt, A. Venturi e U. Ojetti, London.
L. Bertini, *Battista da Vicenza*, in *Enciclopedia Italiana di Scienze Lettere e Arti*, VI, Milano-Roma, p. 397.
S. Bettini, *Wart Arslan, I Bassano*, in «Rivista d'Arte», XII, pp. 588-597.
R. Brenzoni (a), *Liberale da Verona*, Milano.
R. Brenzoni (b), *Mocetto, Girolamo*, in *Allgemeines Lexikon der bildenden Künstler*, a cura di U. Thieme, F. Becker, XXIV, Leipzig, pp. 600-601.
Buonconsiglio Giovanni, called il Marescalco, in *Bryan's Dictionary of painters and engravers*, new edition revised and enlarged under the supervision of G.C. Williamson, I, London, p. 214.
A. Corna, *Dizionario della Storia dell'Arte in Italia*, Piacenza.
G. Fiocco, *Buonconsiglio Giovanni detto il Marescalco*, in *Enciclopedia Italiana di Scienze, Lettere e Arti*, VIII, Milano-Roma.
G. Gronau, *Giovanni Bellini*, Stuttgart.
A. Morassi, *I pittori alla corte di Bernardo Clesio a Trento. III. Marcello Fogolino*, in «Bollettino d'Arte», IX, 8, pp. 355-375.
G. Pettinà, *Vicenza*, V ed. aggiornata da A. Giunato, Bergamo.
Royal Academy of Arts - Exhibition of Italian Art 1200 - 1900, London.
E. Sandberg Vavalà, *Maestro Paolo Veneziano*, in «The Burlington Magazine», LVII, CCCXXXI, ottobre, pp. 160-183.
The Detroit Institute of Arts. Catalogue of paintings, a cura di W. Heil, Detroit.
H. Voss, *Memling, Hans*, in *Allgemeines Lexikon der bildenden Künstler*, a cura di U. Thieme, F. Becker, XXIV, Leipzig, pp. 374-377.

1931
W. Arslan, *I Bassano*, Bologna.
L. Balniel, K. Clark, E. Modigliani, *A Commemorative Catalogue of the Exhibition of Italian Art Held in the Galleries of the Royal Academy*, catalogo della mostra (Londra, Burlington House, gennaio-marzo 1930), 2 voll., Oxford-London.
Beschreibendes Verzeichnis der Gemälde im Kaiser-Friedrich-Museum und Deutschen Museum, Neunte Auflage, Berlin.
S. Bettini, *Le pale bassanesche di Civezzano*, in «Rivista d'Arte», XIII, pp. 523-538.
T. Borenius, *Italian pictures in the Rijksmuseum*, in «The Burlington Magazine», LIX, p. 71.
R. Buscaroli, *La pittura romagnola del Quattrocento*, Faenza.
L. Colletti, *Sul polittico di Chioggia e su Giovanni da Bologna*, in «L'Arte», XXXIV, pp. 131-142.
M. Dobroklonski, *Unbekannte frühvenezianische Zeichnungen der Ermitage*, in «Belvedere», XVII, pp. 199-202.
G. Fiocco, recensione a U. da Como, *Girolamo Muziano*, in «Rivista d'Arte», XIII, pp. 437-445.
G. Fogolari, *Cima da Conegliano*, in *Enciclopedia Italiana di Scienze, Lettere e Arti*, X, Milano-Roma, pp. 244-245.
A. Foratti (a), *Montagna, Bartolomeo*, in *Allgemeines Lexikon der bildenden Künstler*, a cura di U. Thieme, F. Becker, XXV, Leipzig, pp. 74-76.
A. Foratti (b), *Montagna, Benedetto*, in *Allgemeines Lexikon der bildenden Künstler*, a cura di U. Thieme, F. Becker, XXV, Leipzig, p. 76.
V. Lazareff, *Über eine neue Gruppe byzantinisch-venezianischer Trecento-Bilder*, in «Art Studies Medieval Renaissance and Modern», 8, parte II, pp. 3-31.
E. Mauceri, *La Regia Pinacoteca di Bologna*, Roma.
A. Moschetti, *Montagnana, Jacopo di Paride Parisati da*, in *Allgemeines Lexikon der bildenden Künstler*, a cura di U. Thieme, F. Becker, XXV, Leipzig, pp. 77.
R. Pallucchini, *Una Madonna di Giambattista Cima da Conegliano*, in «Rivista d'arte», XIII, 1-2, gennaio-giugno, pp. 229-238.
A. Pinetti, *Inventario degli oggetti d'arte d'Italia. I. Provincia di Bergamo*, Roma.
A.E. Popham, *Italian Drawings Exhibited at the Royal Academy Burlington House, London, 1930*, Oxford.
R. Rusconi, *Due pitture inedite di Marcello Fogolino*, in «Trentino», VII, 5, pp. 145-147.
A. Sorrentino, *La Regia Galleria di Parma*, Roma.
A. Venturi, *La pittura del Quattrocento nell'Emilia*, Bologna.
L. Venturi, *Pitture italiane in America*, Milano.

1932
B. Berenson (a), *Italian Pictures of the Renaissance: A List of Principal Artists and their Works with an Index of Places*, London.
B. Berenson (b), *The Italian painters of the Renaissance printed photographically from the sheets of the 1st edition*, Oxford 1932.
F. Calì (a), *Bartolomeo Montagna, pittore vicentino*, in «Vicenza», II, febbraio, pp. 18-23.
F. Calì (b), *Bartolomeo Montagna e Girolamo Da Treviso il vecchio*, in «Vicenza», VII, luglio, pp. 106-109.
G. Fasolo, *Vicenza retrospettiva*, in «Vicenza», X, ottobre, p. 173.
G. Fiocco (a), *Fogolino Marcello*, in *Enciclopedia Italiana di Scienze, Lettere e Arti*, XV, Milano-Roma, p. 599.
G. Fiocco (b), *Parentino, Bernardo*, in *Allgemeines Lexikon der bildenden Künstler*, a cura di U. Thieme, F. Becker, XXVI, Leipzig, pp. 231-232.
F. Franceschetti, *La chiesa ed il convento di S.M. delle Consolazioni dei P. P. Minori osservanti di S. Francesco in Este*, in «Le Venezie Francescane».
G. Gombosi, *Dipinti italiani nei musei Ráth e Zichy di Budapest*, in «Rivista d'Arte», 14, 3, luglio-settembre, pp. 321-331.
G. Gronau (a), *Palmezzano, Marco*, in *Allgemeines Lexikon der bildenden Künstler*, a cura di U. Thieme, F. Becker, XXVI, Leipzig, pp. 181-183.
G. Gronau (b), *Paolo da Venezia*, in *Allgemeines Lexikon der bildenden Künstler*, a cura di U. Thieme, F. Becker, XXVI, Leipzig, pp. 214-215.
F.M. Mistrorigo, *La Madonna del Magnificat a Monte Berico*, in «Vicenza», III, marzo, pp. 51-52.
A. Morassi, *La R. Pinacoteca di Brera*, Roma.
A. Moschetti, *I danni ai monumenti e alle opere d'arte delle Venezie nella guerra mondiale MCMXV-MCMXVIII*, Venezia.
A. Sphan, *Palma vecchio*, Leipzig.
E. Tea, *La Pinacoteca Ambrosiana di Milano*, Roma.
A. Venturi, *Storia dell'arte italiana, IX. La pittura del Cinquecento*, parte V, Milano.
E. Zocca, *Girolamo da Treviso il Vecchio*, in «Bollettino d'Arte, XI, marzo, pp. 388-397.

1933
W. Arslan, *Contributi alla storia della pittura veronese. Di una paletta sconosciuta di Paolo*, in «Bollettino della Società Letteraria di Verona», IX, marzo, pp. 49-51.
S. Bettini (a), *L'arte di Jacopo Bassano*, Bologna.
S. Bettini (b), *La pittura di icone cretese-veneziana e i madonneri*, Padova.
D. von Hadeln, *Meisterzeichnungen aus der Sammlung Franz Koenigs, Haarlem: Venezianische Meister*, Frankfurt-am-Main.
La pittura ferrarese del Rinascimento, catalogo della mostra (Ferrara, Palazzo dei Diamanti, 1933), a cura di N. Barbantini, Ferrara.
J. Lauts, *Antonello da Messina*, in «Jahrbuch der Kunsthistorischen Sammlungen in Wien», N.F., VII, pp. 15-88.
G. Peronato (a), *Il Teatro Olimpico. Il Museo Civico*, Vicenza.
G. Peronato (b), *Vicenza, la città dei palazzi*, Vicenza.
G.M. Richter, *Conscious and Subconscious Elements in the Creation of Works of Art*, in «The Art Bulletin», XV, 3, settembre, pp. 275-289.
F. Semi, *Il polittico di Cima da Conegliano a Capodistria*, in «Le Tre Venezie».
L. Venturi, *Italian Paintings in America*, Milano.
D. Viana, *Francesco Torbido detto il Moro, pittore veronese*, Verona.

1934
W. Arslan, *La Pinacoteca Civica di Vicenza*, Roma.
S. Bettini, *Aggiunte a Paolo Veneziano*, in «Bollettino d'Arte», XXVIII, aprile, pp. 474-479.
G. Fasolo, *La chiesa di S. Pietro Apostolo in Vicenza*, Vicenza 1834.
G. Fiocco (a), *Mocetto Girolamo*, in *Enciclopedia Italiana di Scienze, Lettere e Arti*, XXIII, Milano-Roma, p. 502.
G. Fiocco (b), *Paolo Veronese*, Roma.
G. Franceschini, *Le grandi scoperte della critica d'arte. Il ritratto del Giorgione non è del Giorgione, e Palladio non è di Vicenza, ma di Padova...!*, in «Vicenza», IX-X, settembre-ottobre, pp. 122-123.
M.J. Friedländer, *Die altniederländische Malerei. Memling und Gerard David*, Leiden.
C. Gamba, *Montagna Bartolomeo*, in *Enciclopedia Italiana di Scienze, Lettere e Arti*, XXIII, Milano-Roma, p. 712.
A. Goffin, *Memling, Hans*, in *Enciclopedia Italiana di Scienze, Lettere e Arti*, XXII, Milano-Roma, p. 827.
Italienische Kunst in Nederlandish Bezit, catalogo della mostra (Amsterdam, Stedelijk Museum, 1 luglio - 1 ottobre 1934), Amsterdam.
R. Longhi, *Officina Ferrarese*, Roma.
W. Suida, *Romanino, Girolamo*, in *Allgemeines Lexicon der bildenden Künstler*, a cura di U. Thieme, F. Becker, XXVIII, Leipzig, pp. 549-550.
E.G. Troche, *Giovanni Cariani*, in «Jahrbuch der Preuszischen Kunstsammlungen», LV, pp. 97-125.
R. Van Marle, *La pittura all'Esposizione d'arte antica italiana di Amsterdam*, in «Bollettino d'Arte», XXVIII, pp. 445-458.
A. Venturi (a), *Quadro inedito di Giambattista Cima da Conegliano*, in «L'Arte», XXXVII, VI, V, n.s., novembre, pp. 482-487.
A. Venturi (b), *Storia dell'arte italiana. IX. La pittura del Cinquecento*, parte VII, Milano.
J. Wilde, *Zwei Titian Zuschreibungen des 17. Jahrhunderts*, in «Jahrbuch der Kunsthistorischen Sammlungen in Wien», N.F., VIII, pp. 161-172.

1935
R. Buscaroli, *La pittura di paesaggio in Italia*, Bologna.
L. Coletti, *Catalogo delle cose d'arte e di antichità d'Italia - Treviso*, Roma.
Exposition de l'art italien, catalogo della mostra (Parigi, Petit Palais), Paris.
G. Fiocco, *A Szépművészeti Muzeum Ghedi I Treskoi*, in «Jahrbuch des Muzeums der Bildenders Kúnste», pp. 124-138.
M. Goering, *Italienische Malerei des sechzehnten Jahrhunderts*, Berlin.
E. Modigliani, *Catalogo della Regia Pinacoteca di Brera*, Milano.
H. Tietze, *Meisterwerke Europäischer Malerei in America*, Wien.
R. Van Marle, *The Development of the Italian Schools of Painting. XVII. The Renaissance Painters of Venice. I. Ant. Vivarini, the Bellini, Cima, Basaiti*, Den Haag.

1936
B. Berenson, *Pitture italiane del Rinascimento. Catalogo dei principali artisti e delle loro opere con un indice dei luoghi*, Milano.
G.A. Dell'Acqua, *Giovanni De' Mio a Milano*, in «Rivista d'Arte», XVIII, ottobre-dicembre, pp. 387-398.
G. Fogolari, *Regia Galleria Giorgio Franchetti alla Ca' d'Oro di Venezia*, Roma.
N. Ivanoff, *Appunti su Francesco Maffei*, in «Rivista d'Arte», XVIII, ottobre-dicembre, pp. 398-408.

F. Jewett Mather Jr., *Venetian painters*, New York.
E. Lavagnino, *Il Medioevo*, Torino.
A. Morassi, *Il Museo Poldi Pezzoli in Milano*, Roma.

1936-1937
A.E. Popham, *Acquisitions at the Oppenheimer Sale*, in «British Museum Quarterly».

1937
A. Avena, *Il Museo di Castelvecchio*, Roma.
L. Coletti, *Catalogo delle cose d'arte e di antichità d'Italia - Treviso*, Roma.
G. Gronau, *Speranza, Giovanni*, in *Allgemeines Lexicon der bildenden Künstler*, a cura di U. Thieme, F. Becker, XXXI, Leipzig, p. 360.
Pictures from the Gulbenkian Collection lent to the National Gallery, London.
R. Van Marle, *The Development of the Italian Schools of Painting*, XVI, Den Haag.
F. Wittgens, *Il Museo Poldi Pezzoli a Milano*, Milano.
E. Zocca, *Appunti su Bartolomeo Montagna*, in «L'Arte», XL, XV, gennaio, pp. 183-191.

1938
T. Borenius, *London. Von der National Gallery*, in «Pantheon».
R. Buscaroli, *Le opere esposte*, in «Melozzo da Forlì. Rassegna d'arte romagnola», per il V centenario della nascita di Melozzo (1438) e il IV centenario della morte di Palmezzano (1539)», XVI, luglio, 4, pp. 204-206.
K. Feuchtmayr, *Sustris, Lambert*, in *Allgemeines Lexicon der bildenden Künstler*, a cura di U. Thieme, F. Becker, XXXII, Leipzig, pp. 314-316.
G. Fiocco (a), *L'eredità di Giovanni Demio*, in «Rivista d'Arte», XX, 2, aprile-giugno, pp. 158-173.
G. Fiocco (b), *Pordenone und Signorelli*, in «Pantheon», XXI, aprile, pp. 114-121.
C. Gnudi, *I Cotignola*, in *Mostra di Melozzo e del Quattrocento Romagnolo* (Forlì, Palazzo dei Musei, 1938), Forlì, pp. 126-138.
La Mostra sul ritratto italiano nei secoli, catalogo della mostra (Belgrado, Museo del Principe Paolo, primavera 1938), a cura di N. Barbantini, Venezia.
Venetian Paintings from the Fifteenth Century through the Eighteenth Century, S. Francisco.

1939
T. Borenius, *Among the Belliniani*, in «The Burlington Magazine», LXXIV, pp. 12-23.
A.M. Brizio, *Rileggendo Vasari*, in «Emporium», XLV, LXXXIX, marzo, pp. 123-130.
[Dal] Toso, Girolamo, *Allgemeines Lexikon der bildenden Künstler*, a cura di U. Thieme, F. Becker, XXXIII, Leipzig, p. 316.
G. Grigioni, recensione a *Mostra di Melozzo e del Quattrocento romagnolo. Catalogo*, in «Melozzo da Forlì. Rassegna d'arte romagnola», XVII, 6, gennaio, pp. 326-327.
La pittura bresciana del Rinascimento, catalogo della mostra (Brescia, Palazzo della Pinacoteca comunale Tosio-Martinengo, 1939), a cura di F. Lechi, Bergamo.
Masterworks of Five Centuries, catalogo della mostra (San Francisco, Golden Gate International Exposition, 1939), San Francisco.
Mostra di Paolo Veronese, catalogo della mostra (Venezia, Ca' Giustinian, 25 aprile - 4 novembre 1939), a cura di R. Pallucchini, Venezia.
A.O. Quintavalle, *La Regia Galleria di Parma*, Roma.
W. Suida, *Torbido, Francesco*, in *Allgemeines Lexikon der bildenden Künstler*, a cura di U. Thieme, F. Becker, XXXIII, Leipzig, pp. 283-285.

1940
S. Bettini, *Pitture cretesi-veneziane, slave e italiane del Museo Nazionale di Ravenna*, Ravenna.
G. Fasolo, *Guida del Museo Civico di Vicenza*, Vicenza.
M.L. Gengaro, *Umanesimo e Rinascimento*, Torino.
F. Hartt, *Carpaccio's Meditation on the Passion*, in «The Art Bulletin», 22, I, marzo, pp. 25-40.
R. Longhi, *Ampliamenti nell'Officina Ferrarese*, in «La critica d'Arte», IV, suppl.; ora in *Edizione delle opere complete di Roberto Longhi*, V, *Officina Ferrarese. Ampliamenti nell'Officina Ferrarese 1940*, Firenze 1980, pp. 123-171.
L. Ozzola, *Il vestiario italiano dal 1500 al 1550. Saggio di cronologia documentata*, Roma.
R. Pallucchini, *Veronese*, Bergamo.
E. Renders, *Découverte d'un Memling*, in «Le Soir», 25 settembre e 2 ottobre.
H. Tietze, *The Toledo Museum of Art. Four Centuries of Venetian Painting*, Toledo.
Verla, Francesco, in *Allgemeines Lexikon der bildenden Künstler*, a cura di U. Thieme, F. Becker, XXXIV, Leipzig, p. 258.
F. Winkler, *Ein neuer Memling*, in «Pantheon», 26, II, novembre, p. 249, pp. 48-249.

1941
A Picture Book of Some XIV and XV Century Italian Paintings from the John G. Johnson Collection Philadelphia, Philadelphia.
L. Coletti, *Paolo Veronese e la pittura a Verona*, dispense universitarie, Università degli Studi di Pisa.
I. Kunze, *Depotbilder einer grossen Galerie*, in «Pantheon», XVII.
H. Marceau, *John G. Johnson Collection. Catalogue of Paintings*, Philadelphia, I (testo).
National Gallery of Art. Preliminary Catalogue of Paintings and Sculpture, Washington.
A. Sant, *Cenni storici sul Duomo di Conegliano*, Torino.

1942
I.M. Giuliani, *Il convento e la chiesa di S. Maria delle Grazie in Gemona. Studio monografico e documenti inediti*, Venezia, pp. 58-65.
A. Morassi, *La Regia Pinacoteca di Brera*, Roma.

1943
L. von Baldass, *Hans Memling*, Wien.
E. von der Bercken, *Die Gemälde des Jacopo Tintoretto*, München.
Cronaca dei ritrovamenti e dei restauri, in «Le Arti», pp. 159-160.
G. Fiocco, *Giovanni Antonio Pordenone*, Padova.
V. Moschini, *Giambellino*, Bergamo.
R. Pallucchini, *Paolo Veronese*, Bergamo.

1944
M.L. Gengaro, *Umanesimo e Rinascimento*, Torino.
U. Middeldorf, *Reinterpretation of a Tintoretto*, in «The Art Bulletin», XXVI, I, marzo, pp. 195-196.
R. Pallucchini, *La pittura veneziana del Cinquecento*, 2 voll., Novara.
E.P. Richardson, *The Detroit Institute of Arts - Catalogue of Paintings*, Detroit.
H. Tietze - E. Tietze Conrat, *The Drawings of the Venetian Painters in the XVth and XVIth Centuries*, New York.

1945
Cinque secoli di pittura veneta, catalogo della mostra (Venezia, Procuratie Nuove, 1945), a cura di R. Pallucchini, Venezia.
L. Mortari, *La mostra dei cinque secoli*, in «Arti figurative», I, 4, dicembre, pp. 228-232.
A. Pallucchini, *La mostra dei cinque secoli di pittura veneta*, in «Emporium», LI, CII, luglio-agosto, pp. 3-20.
R. Pallucchini, *I dipinti della Galleria Estense di Modena*, II, Roma.

1946
Catalogue National Gallery of Scotland Edinburgh, Edinburgh.
H. Friedmann, *The Symbolic Goldfinch*, Washington.
J. Guthrie, *I Capolavori dei Musei Veneti: Exhibition in the Procuratie Nuove, Venice*, in «The Burlington Magazine», LXXXVIII, 523, ottobre, pp. 255-256
H.A., *Londra: una mostra di opere acquistate per le Gallerie Statali*, in «Emporium».
R. Longhi, *Viatico per cinque secoli di pittura veneziana*, Firenze; ora in *Edizione delle opere complete di Roberto Longhi*, X, *Ricerche sulla pittura veneta. 1946-1969*, Firenze 1978, pp. 3-63.
R. Pallucchini, *I capolavori dei musei veneti*, catalogo della mostra (Venezia, Procuratie Nuove, 1946), Venezia.
A. Podestà, *La Mostra dei capolavori dei Musei Veneti*, in «Emporium», LII, CIV, luglio, pp. 164-165.

1947
E. Arslan, *Appunti su Domenico Brusasorci e la sua cerchia*, in «Emporium», LIII, CVI, luglio-agosto, pp. 15-28.
L. Coletti, *I Primitivi. I Padani*, III, Novara.
G. Fiocco, *Il pittore Pietro de Mariscalchi da Feltre*, in «Arte Veneta», I, pp. 217-222.
R. Longhi, *Calepino Veneziano. IX. Il Carpaccio e i due «Tornei» della National Gallery»*, in «Arte Veneta», III, pp. 188-190.
F.M. Mistrorigo, *Sant'Agostino di Vicenza*, in «Arte cristiana», 9-10, settembre-ottobre, pp. 73-81.
N. Rasmo, *Nuovo contributo a Francesco Verla*, in «Arte Veneta», I, pp. 284-287.
Trésors de l'Art Vénitien, catalogo della mostra (Losanna, Musée Cantonal des Beaux-Arts, I aprile - 30 settembre 1947), a cura di R. Pallucchini, Milano-Bruxelles.
P. Zampetti, *Affreschi inediti di Marcello Fogolino*, in «Arte Veneta», I, pp. 217-222.

1948
E. Arslan, *Nota su Veronese e Zelotti*, in «Belle Arti», I, 5-6, pp. 227-245.
L. Collobi Ragghianti, *Dipinti Fiamminghi in Italia 1420-1570*, Bologna.
A.M. Hind (a), *Early Italian Engraving, IV, Catalogue, Part II*, London.
A.M. Hind (b), *Early Italian Engraving, VII, Plates 699-916, Part II*, London.
R. Longhi, *Calepino Veneziano. Suggerimenti per Jacopo Bassano*, in «Arte Veneta», II, pp. 43-55; ora in *Edizione delle opere complete di Roberto Longhi*, X, *Ricerche sulla pittura veneta. 1946-1969. XIV. Suggerimenti per Jacopo Bassano*, Firenze 1978, pp. 90-98.
R. Pallucchini, *Veneti alle Mostre svizzere*, in «Arte Veneta», II, pp. 166-170.
A.O. Quintavalle, *Mostra parmense di dipinti noti ed ignoti dal XIV al XVIII secolo* (Parma, Galleria Nazionale, 27 giugno - dicembre 1948), Parma.
H. Tietze, *The Paintings and Drawings*, London.
R. Wittkower, *Inigo Jones. «Puritanissimo Fiero»*, in «The Burlington Magazine», XC, pp. 50-51.

1948-1949
Kunstschätze der Lombardei: 500 vor Christus - 1800 nach Christus, catalogo della mostra (Zurigo, Kunsthaus, novembre 1948 - marzo 1949), a cura di C. Baroni, G.A. Dell'Acqua, Zürich.

1949
E. Arslan, *La sistemazione del Museo di Vicenza*, in «Emporium», LV, febbraio, pp. 70-73.
C.E. Bénézit, *Dictionnaire critique et documentaire des Peintres, Sculpteurs, Dessinateurs et Graveurs de tous les temps et de tous les pays*, Paris.
Catalogo delle Gallerie di Venezia, a cura di S. Marconi, Venezia.
A. Dalla Pozza, *Museo Civico di Vicenza. Dipinti elencati secondo l'attuale collocazione*, s.l.
M. Dussio, *Buonconsiglio Giovanni, detto il Marescalco*, in *Enciclopedia Cattolica*, III, Città del Vaticano, p. 222.
G. Fogolari, *Cima da Conegliano*, in *Enciclopedia Italiana di Scienze, Lettere e Arti*, X, Milano-Roma, pp. 244-245.
M.J. Friedländer, *Hans Memling*, Amsterdam.
V. Golzio, *Cima da Conegliano*, in *Enciclopedia Cattolica*, III, Città del Vaticano, p. 1613.
F.W.H. Hollstein, *Dutch and Flemish Etchings, Engravings and Woodcuts Ca. 1450-1700*, Amsterdam.
L. Magagnato (a), *Guida alla Pinacoteca Civica*, in «Fiera di Vicenza», pp. 101-104.
L. Magagnato (b), *La mostra del restauro a Vicenza*, in «Arte Veneta», III, p. 193.

L. Magagnato (c), *La Mostra del restauro a Vicenza*, in «Emporium», LV, CX, dicembre, pp. 263-268.
(S. Marconi), *Le Gallerie dell'Accademia di Venezia*, Venezia.
V. Moschini, *Nuovi aspetti di opere famose*, in «Bollettino d'Arte», XXXIV, 3, pp. 162-170.
Mostra del restauro di monumenti e opere d'arte danneggiate dalla guerra nelle Tre Venezie, catalogo della mostra (Vicenza, Basilica Palladiana 1949), a cura di M. Muraro, Pordenone.
A.E. Popham - J. Wilde, *The Italian Drawings of the XV and XVI Centuries... at Windsor Castle*, London.
E.P. Richardson, *Masterpieces of Painting and Sculpture from the Detroit Institute of Arts*, Detroit.
W. Suida, *Catalogue of Paintings in the John and Mable Ringling Museum of Art*, Sarasota 1949.
P. Zampetti, *Precisazioni sull'attività trentina di Marcello Fogolino*, in «Bollettino d'Arte», XXXIV, 3, pp. 218-224.

1950
F. Barbieri, *Fra i tesori del Museo civico*, in «Questa è Vicenza», pp. 139-142.
U. Galetti - E. Camesasca, *Enciclopedia della pittura italiana*, Milano, I, pp. 666-668.
R. Pallucchini, *La giovinezza del Tintoretto*, Milano 1950
F. Rusk Shapley, *European Paintings from the Gulbenkian Collection*, Washington.
G. Spettoli, *Due frammenti di affresco di Giovanni Buonconsiglio*, in «Paragone», I, II, novembre, pp. 58-60.

1951
L. Coletti, *Su Antonio Corsini*, in «Arte Veneta», V, pp. 94-97.
M. Davies, *National Gallery Catalogues. The Earlier Italian Schools*, London.
N. Di Carpegna, *La «coperta» della Pala d'oro di Paolo Veneziano*, in «Bollettino d'Arte», XXXVI, pp. 55-66.
G. Galbiati, *Itinerario per il visitatore della Biblioteca Ambrosiana della Pinacoteca e dei Monumenti annessi*, Milano.
U. Galetti - E. Camesasca, *Enciclopedia della pittura italiana*, Milano.
I fiamminghi e l'Italia: pittori italiani e fiamminghi dal XV al XVIII secolo, catalogo della mostra (Bruges, Museo comunale, settembre-ottobre 1951; Venezia, Palazzo Ducale, settembre 1951; Roma, Palazzo Barberini, novembre 1951), Bruges.
L.S., *Royal Museum of Fine Arts. Catalogue of Old Foreign Paintings*, Copenhagen.
G. Pavanello - A. Callegari, *Maganza Giovanni Battista*, in *Enciclopedia Italiana di Scienze, Lettere e Arti*, XXI, Milano-Roma, p. 865.
P. Toesca, *Il Trecento*, Torino.
J.G. Van Gelder, *«Fiamminghi e Italia», at Bruges, Venice and Rome*, in «The Burlington Magazine», XCIII, 583, ottobre, pp. 324-327.

1951-1952
A.O. Quintavalle, *Precisioni e previsioni alla Mostra Parmense dei dipinti noti ed ignoti*, in «L'Arte», LII, 18, pp. 3-20.

1952
W. Arslan, *Il polittico di S. Zanipolo*, in «Bollettino d'Arte», XXXVII, pp. 127-146.
F. Barbieri, *Il Museo Civico di Vicenza*, in «Questa è Vicenza», Vicenza (estratto), pp. 3-15.
C. Baroni - E. Samek Ludovici, *La pittura lombarda del Quattrocento*, Messina-Firenze.
F. Bologna, *Contributi allo studio della pittura veneziana del Trecento (II)*, in «Arte Veneta», VII, pp. 7-18.
J. Burckhardt, *Der Cicerone. Eine Anleitung zum Genuss der Kunstwerke Italiens* (Basel 1855), ed. italiana a cura di P. Mingazzini, F. Pfister, Firenze.
L. Coletti, *Paolo Veronese*, in *Enciclopedia Cattolica*, IX, Città del Vaticano, pp. 749-751.
N. Di Carpegna, *Paolo Veneziano*, in *Enciclopedia Cattolica*, IX, Città del Vaticano, pp. 747-749.
E. Lavagnino, *Mostra dei Tesori Artistici del Medioevo a Parigi*, in «Bollettino d'Arte», XXXVII, pp. 365-368.
R. Longhi, *Giotto spazioso*, in «Paragone», 31, pp. 18-24.
L. Magagnato, *In margine alla mostra dei Bassano*, in «Arte Veneta», VI, pp. 220-229.
S. Matalon, *La Pinacoteca di Brera a Milano*, Milano.
Mostra di dipinti dei Bassano recentemente restaurati, catalogo della mostra (Bassano del Grappa, Museo Civico, 20 luglio - 30 novembre 1952), a cura di L. Magagnato, Venezia.
G. Ronci, *Mostra «I Fiamminghi e l'Italia»*, in «Bollettino d'Arte», XXXVII, pp. 90-92.
F. Russoli, *Il Museo Poldi Pezzoli in Milano. Guida per il visitatore*, Firenze.
Trésors d'art du Moyen Age en Italie, catalogo della mostra (Parigi, Petit Palais, maggio-luglio 1952), Paris.
E. Zocca, *Montagna Bartolomeo*, in *Enciclopedia Cattolica*, VIII, Città del Vaticano, pp. 1330-1331.

1953
A. Banti, *Lorenzo Lotto*, regesti, note e cataloghi a cura di A. Boschetto, Firenze.
F. Barbieri (a), *Il Museo Civico di Vicenza*, in «Questa è Vicenza», pp. 199-211.
F. Barbieri (b), *Notizie del Museo Civico*, in «Vita Vicentina», III, 5, maggio, pp. 42-44.
F. Barbieri (c), *Notizie del Museo Civico*, in «Vita Vicentina», III, 6, giugno, pp. 32-34.
F. Barbieri (d), *Notizie del Museo Civico*, in «Vita Vicentina», III, 9, settembre, pp. 45-49.
F. Barbieri (e), *Notizie del Museo Civico*, in «Vita Vicentina», III, 10, ottobre, pp. 50-53.
F. Barbieri, R. Cevese, L. Magagnato, *Guida di Vicenza*, Vicenza.
S. Bottari, *Antonello da Messina*, Milano-Messina.
R. Cevese, *Le ville vicentine*, Treviso.
I.L. Cleveringa - E.R. Meijer, *La peinture vénitienne*, Bruxelles.
L. Coletti (a), *Lotto*, Bergamo.
L. Coletti (b), *Pittura veneta del Quattrocento*, Novara.
De Venetiaanse Meesters, Amsterdam.
I. Fontana, *Finalmente scoperta la vera patria adottiva di un noto pittore vicentino*, in «Giornale di Vicenza», 5 agosto.
La peinture vénitienne, catalogo della mostra (Bruxelles, Palais des Beaux-Arts, 16 ottobre 1953 - 10 gennaio 1954), a cura di P. Poirier, Bruxelles.
L. Magagnato, *Il Museo Civico di Vicenza*, in F. Barbieri, R. Cevese, L. Magagnato, *Guida di Vicenza*, Vicenza, pp. 167-180.
H. Marceau, *John G. Johnson Collection. Catalogue of Paintings*, Philadelphia, II (tavole).
Mostra di disegni veneziani del Sei e Settecento, catalogo della mostra (Firenze, Gabinetto Disegni e Stampe degli Uffizi, 1953), a cura di M. Muraro, Firenze.
M. Muraro, *Nuova guida di Venezia e delle sue isole*, Firenze.
A. Ottino della Chiesa, *Brera*, Novara.
R. Pallucchini, *Cinque secoli di pittura veneta a Sciaffusa, ad Amsterdam e a Bruxelles e tre secoli a Parigi*, in «Arte Veneta», VII, pp. 194-199.

1954
F. Barbieri (a), *Il Montagna al Museo Civico di Vicenza*, in «Questa è Vicenza», Vicenza, pp. 185-200.
F. Barbieri (b), *Il Museo civico di Vicenza in Palazzo Chiericati*, in «Le Vie d'Italia», LX, febbraio, pp. 167-178.
F. Barbieri (c), *Notizie del Museo Civico*, in «Vita Vicentina», IV, 1, gennaio, pp. 37-40.
F. Barbieri (d), *Notizie del Museo Civico*, in «Vita Vicentina», IV, 8, agosto, pp. 39-41.
F. Barbieri (e), *Notizie del Museo Civico*, in «Vita Vicentina», IV, 9, settembre, pp. 37-39.
E. Bénézit, *Dictionnaire des Peintres, Sculpteurs, Dessinateurs et Graveurs*, I, Paris.
B. Berenson, *I pittori italiani del Rinascimento*, Firenze-London.
R. Cevese, *Ricchezze pittoriche vicentine*, in «Vita Vicentina», IV, 8, agosto, pp. 37-39.
Chefs d'œuvre vénitiens de Paolo Veneziano à Tintoret, catalogo della mostra (Parigi, Musée de l'Orangerie, gennaio-marzo 1954), a cura di M. Florisoone, Paris.
L. Gallina, *Giovanni Cariani (Materiale per uno studio)*, Bergamo.
P.L. Grigant, *Masterpieces for an automobile culture*, in «Arte News».
N. Ivanoff, *Ancora sul pittore Francesco Maffei*, in «Vita Vicentina», IV, 4, aprile, pp. 43-44.
V. Lazareff, *Maestro Paolo e la pittura veneziana del suo tempo*, in «Arte Veneta», VIII, pp. 77-89.
G. Pacchioni, *La Galleria degli Uffizi*, Roma.
C. Padovani, *La critica d'arte e la pittura ferrarese*, Rovigo.
L. Puppi, *Le origini dell'arte di Bartolomeo Montagna*, in «Vita Vicentina», IV, 10, ottobre, pp. 23-25
G. Robertson, *Vincenzo Catena*, Edinburgh.
F. Valcanover, *Museo Civico di Feltre - Catalogo della Pinacoteca*, Venezia.
M. Valsecchi (a), *La pittura veneziana*, Milano.
M. Valsecchi (b), *Tintoretto: Scuola di San Rocco*, Venezia.
E. Winternitz, recensione a *Marziano Bernadi e Andrea della Corte: Gli strumenti musicali nei dipinti della Galleria degli Uffizi*, in «Musical Quarterly», 40, 4, ottobre, pp. 608-615.

1955
M. Aronberg Lavin, *Giovannino Battista, a Study in Renaissance Religious Symbolism*, in «The Art Bulletin», XXXVII, 2, giugno, pp. 85-101.
F. Barbieri (a), *Un'opera di scuola belliniana presso il Museo Civico di Vicenza*, in «Giornale di Vicenza», 29 novembre.
F. Barbieri (b), *Un ritrattino belliniano al Museo di Vicenza*, in «Giornale di Vicenza», 3 dicembre.
B. Berenson, *Lotto*, cura e trad. it. di L. Vertova, Milano.
P. Bianconi, *Tutta la pittura di Lorenzo Lotto*, Milano.
A.M. Brizio, *Cima da Conegliano*, in *Nuovo Dizionario Enciclopedico U.T.E.T.*, Torino, III, p. 558.
M.L. Gengaro, *Problemi di metodo per la storia dell'arte: il Bramantino*, in «Arte Lombarda», I, pp. 112-133.
Giorgione e i giorgioneschi, catalogo della mostra (Venezia, Palazzo Ducale, 11 giugno - 13 ottobre 1955), a cura di P. Zampetti, Venezia.
M. Levi, *Buonconsiglio, Giovanni*, in *Nuovo Dizionario Enciclopedico U.T.E.T.*, Torino, II, p. 750.
G. Mantese, *Storia di Schio*, Schio; rist. anastatica 1977.
S. Moschini Marconi, *Gallerie dell'Accademia di Venezia. Opere d'arte dei secoli XIV e XV*, Roma.
R. Pallucchini, *La pittura veneziana del Trecento. Lezioni tenute alla facoltà di Lettere dell'Università di Bologna durante l'anno accademico 1954-1955*, Bologna.
T. Pignatti, *Carpaccio*, Milano.
V. Querini, *Pomponio Amalteo nel 450° anniversario della sua nascita*, in «Il Noncello», 4, I semestre, pp. 19-73.
F. Russoli, *La Pinacoteca Poldi Pezzoli*, Milano.
A. Sartori, *L'Arciconfraternita del Santo*, Padova.
F. Valcanover, *Gallerie dell'Accademia di Venezia*, Novara.

1956
E. Arslan, *Vicenza I. Le chiese*, in «Catalogo delle cose d'arte e di antichità d'Italia», Roma.
F. Barbieri (a), *Dipinti dei Bassano al Museo di Vicenza*, in «Questa è Vicenza», X, pp. 221-231.
F. Barbieri (b), *Le opere d'arte*, in B. Forlati Tamaro, F. Forlati, F. Barbieri, *Il Duomo di Vicenza*, Vicenza, pp. 99-173.
F. Barbieri (c), *Gli affreschi della Badia di Sant'Agostino*, in *Don Federico. Miscellanea in memoria e onore di Mons. Federico M. Mistrorigo*, a cura di A. Dani, L. Rossi, Vicenza, pp. 771-796.
F. Barbieri, R. Cevese, L. Magagnato, *Guida di Vicenza*, Vicenza (II ed.).

F. Barbieri, L. Magagnato, *Il Museo Civico di Vicenza*, in F. Barbieri, R. Cevese, L. Magagnato, *Guida di Vicenza*, Vicenza (II ed.), pp. 170-180.
L. Coletti, *Le arti figurative nella Venezia del '300*, in *La civiltà veneziana del '300*, Venezia, pp. 111-145.
G. Fiocco, *Le origini di Battista da Vicenza, il polittico di Sant'Agostino*, in *Don Federico. Miscellanea in memoria e onore di Mons. Federico M. Mistrorigo*, a cura di A. Dani, L. Rossi, Vicenza, pp. 797-802.
M. Florisoone, *Jacopo Bassano portraitiste de Jean de Boulogne et Antonio dal Ponte*, in «Arte Veneta», x, pp. 107-118.
M.J. Friedländer, *La pittura nei Paesi Bassi da Van Eyck a Brueghel*, Firenze-London.
A. Ghidiglia Quintavalle, *La Galleria Nazionale di Parma*, Bologna.
C. Gilbert, *Alvise e compagni*, in *Scritti di storia dell'arte in onore di Lionello Venturi*, Roma, I, pp. 277-308.
C. Grigioni, *Marco Palmezzano pittore forlivese nella vita, nelle opere, nell'arte*, Faenza.
A. Griseri, *Fogolino, Marcello*, in *Grande Dizionario Enciclopedico U.T.E.T.*, v, Torino, pp. 129-130.
M. Laclotte, *De Giotto à Bellini*, Paris.
R. Longhi, *Officina ferrarese*, Firenze; ora in *Edizione delle opere complete di Roberto Longhi. Officina Ferrarese. 1934. Seguita dagli Ampliamenti 1940 e dai Nuovi Ampliamenti 1940-1955*, v, Firenze 1980.
G. Lorenzetti, *Venezia e il suo estuario*, Roma.
L. Magagnato, *L'oratorio dei Turchini*, in F. Barbieri, R. Cevese, L. Magagnato, *Guida di Vicenza*, Vicenza (II ed.), pp. 157-158.
A. Morassi, *Tiziano. Gli affreschi della Scuola del Santo a Padova*, Milano.
M. Muraro, *Affreschi di Jacopo e Francesco da Ponte a Cartigliano*, Vicenza.
G. Nuvolato, *Storia di Este [1851-1853]*, Este.
R. Pallucchini, *Nota per Paolo Veneziano*, in *Scritti di Storia dell'Arte in onore di Lionello Venturi*, I, Roma, pp. 120-137.
E. Panofsky, *Jean Hey's «Ecce Homo»*, in «Bulletin des Musées Royaux des Beaux-Arts», v, p. 112.
R. Salvini, *La Galleria degli Uffizi: guida per il visitatore e catalogo dei dipinti; con notizie e commenti*, Firenze.
W.E. Suida - F. Rusk Shapley, *Paintings and Sculpture from the Kress Collection*, s.l.
Verzeichnis der Gemälde-Sammlung des Koniglichen Museums zu Berlin, Berlin.
P. Zampetti, *Noterelle lottesche*, in «Arte Veneta», x, pp. 185-186.

1956-1957
A.M. Ferretto, *Battista da Vicenza*, tesi di laurea, Università degli Studi di Padova, Facoltà di Lettere e Filosofia.
L. Puppi, *Bartolomeo Montagna*, tesi di laurea, Università degli Studi di Padova, Facoltà di Lettere e Filosofia.

1956-1963
H. Olsen, *G.B. Cima da Conegliano: Midas «dom ved Apollons og Marsyas» vaedderstrid*, in «Kunstmuseets årsskrift. Statens Museum for Kunst», 43-50, [1963?], pp. 100-101.

1957
F. Barbieri, *Riunite in un'accogliente saletta del Museo Civico di Vicenza alcune opere di Orazio Marinali*, in «Vita Vicentina», VII, 1, pp. 22-24.
B. Berenson (a), *Italian Pictures of the Renaissance, A List of the Principal Artists and their Works with an Index of Places*, London.
B. Berenson (b), *Italian Pictures of the Renaissance. Venetian School*, 2 voll., London.
Catalogue of Paintings and Sculpture, Edinburgh.
G. Fiocco, *Francesco Vecellio e Jacopo Bassano*, in «Arte Veneta», XI, pp. 91-96.
Jacopo Bassano, catalogo della mostra (Venezia, Palazzo Ducale, 29 giugno - 27 ottobre 1957), a cura di P. Zampetti, Venezia.
A. Jassen de Bisthoven, *De Vlaamse Primitieven. Corpus van de vijftiende-eeuwse schilderkunst in de Zuidelijke Nederlanden. I. Stedelijk Museum voor Schone Kunsten Brugge*, Antwerpen.
V. Lazareff, *Opere nuove e poco note di Cima da Conegliano*, in «Arte Veneta», XI, (1958), pp. 39-52.
G. Mariacher, *Il Museo Correr di Venezia. Dipinti dal XIV al XVI secolo*, Venezia.
A. Martini, *Spigolature venete: Bartolomeo Montagna e Giovanni Buonconsiglio*, in «Arte Veneta», XI, pp. 60-61.
L. Menegazzi, *Ludovico Pozzoserrato*, in «Saggi e Memorie di Storia dell'Arte», I, pp. 164-223.
M. Muraro, *The Jacopo Bassano Exhibition*, in «The Burlington Magazine», XCIX, 654, settembre, pp. 291-299.
R. Pallucchini (a), *Commento alla mostra di Jacopo Bassano*, in «Arte Veneta», XI, (1958), pp. 97-118.
R. Pallucchini (b), *L'arte a Venezia nel Quattrocento*, in *La Civiltà veneziana del Quattrocento*, Firenze, pp. 149-177.
T. Pignatti, *L'itinerario di Jacopo Bassano*, in «Nuova Antologia», XCII, novembre, pp. 355-374.
A. Puerari, *Boccaccino*, Milano.
A. Xyngopoulos, *Schediasma istorias tis thriskeftikis zografikis meta tin Alosin*, Atene.
F. Zeri, *Pittura e Controriforma. L'«arte senza tempo» di Scipione da Gaeta*, Torino.

1957-1958
R. Marcellino, *Classical Myths in Painting*, in «Classical World», 51, ottobre-maggio, pp. 41-48.

1958
E. Arslan, *Altichiero e Avanzo*, in *Enciclopedia Universale dell'Arte*, I, Venezia-Roma, coll. 226-229.
F. Barbieri, *Due dipinti di G.A. Fasolo fortunatamente ritrovati*, in «Arte Veneta», XII, pp. 204-205.
G. Bazin, *Musée de l'Ermitage, Les grands maîtres de la peinture*, Paris.
B. Berenson, *Pitture italiane del Rinascimento: elenco dei principali artisti e delle loro opere con un indice dei luoghi; la scuola veneta*, 2 voll., Firenze.
B. Berenson - R. Pallucchini, *Carpaccio. Le Storie di S. Orsola*, Milano.
A. Bovero, *Montagna Bartolomeo*, in *Grande Dizionario Enciclopedico U.T.E.T.*, XII, Torino, pp. 736-737.
L. Coletti, *La Mostra da Altichiero a Pisanello*, in «Arte Veneta», XII, pp. 239-250.
Da Altichiero a Pisanello, catalogo della mostra (Verona, Museo di Castelvecchio, agosto-ottobre 1958), a cura di L. Magagnato, Venezia.
M.L. Dal Gian, *Il leone di S. Marco sulle monete e sulle oselle della Serenissima*, Venezia.
G. De Logu, *Pittura veneziana dal XIV al XVIII secolo*, Bergamo.
G. Fiocco, *Carpaccio*, Novara.
Gosudarstvennij Ermitag Catalog, Leningrad-Moscva.
Ph. Hendy, *La National Gallery di Londra*, Milano.
L. Mallé, *Memling Hans*, in *Grande Dizionario Enciclopedico U.T.E.T.*, XII, Torino, pp. 329-330.
G. Mantese, *Memorie storiche della Chiesa Vicentina. III/I. Il Trecento*, Vicenza.
Musée de l'Ermitage. Departement de l'art occidental. Catalogue des peintures, Leningrad-Moscva.
T. Pignatti (a), *Carpaccio*, Génève.
T. Pignatti (b), *Carpaccio Vittore*, in *Enciclopedia Universale dell'Arte*, Milano-Roma, III, coll. 194-197.
L. Puppi (a), *Appunti su Benedetto Montagna pittore*, in «Arte Veneta», XII, pp. 53-62.
L. Puppi (b), *Formazione vicentina di Francesco Bonsignori*, in «Vita Veronese», 5, maggio, pp. 170-172.
L. Puppi (c), *Girolamo Dal Toso. Contributi per un profilo storico della pittura vicentina del tardo '400 e del primo '500*, in «Vita Vicentina», VIII, 6, agosto pp. 5-8.
L. Puppi (d), *Girolamo Vicentino. Contributi per un profilo storico della pittura vicentina del tardo '400 e del primo '500*, in «Vita Vicentina», VIII, 5, luglio, pp. 11-14.
L. Puppi (e), *Il problema di Girolamo Vicentino. Contributi per un profilo storico della pittura vicentina del tardo '400 e del primo '500 (I)*, in «Vita Vicentina», VIII, 4, giugno, pp. 7-8, 26.
L. Puppi (f), *Pietro da Vicenza. Contributi per un profilo storico della pittura vicentina dell'ultimo '400 e del primo '500*, in «Vita Vicentina», VIII, 7, settembre, pp. 8-10.
L. Puppi (g), *Pietro da Vicenza. Contributi per un profilo storico della pittura vicentina dell'ultimo '400 e del primo '500*, in «Vita Vicentina», VIII, 8, ottobre, pp. 4-5, 11.
L. Puppi (h), *Pietro da Vicenza. Contributi per un profilo storico della pittura vicentina dell'ultimo '400 e del primo '500*, in «Vita Vicentina», VIII, 9, novembre, pp. 5-7.
C.L. Ragghianti, recensione a E. Arslan, *Le Chiese di Vicenza (1956)*, in «Sele Arte», VI, 35, p. 32.
Restauri al Museo Civico di Vicenza, in «Arte Veneta», XII, p. 263.
W.E. Suida., *The Samuel H. Kress Collection. Brooks Memorial Art Gallery*, Memphis.
G. de Tervarent, *Attributs et symboles dans l'art profane, 1450-1600: Dictionnaire d'un langage perdu*, in «Travaux d'humanisme et Renaissance», I, 29, Genève.
Verzeichnis der Gemälde-Sammlung des Königlichen Museums zu Berlin, Berlin.
C. Winter, *The Fitzwilliam Museum*, London.
P. Zampetti, *Jacopo Bassano*, Roma.

1958-1959
S. Bettini, *La pittura gotico internazionale a Verona*, corso di Storia dell'arte tenuto all'Università degli Studi di Padova (dispense); ora in S. Bettini, *La pittura gotico-internazionale, particolarmente veronese, nell'Italia del Nord. Stefano da Verona. Michelino da Besozzo. Pisanello*, in S. Bettini, *Il gotico internazionale*, a cura di E. Bordignon Favero, Vicenza 1996, pp. 121-171.

1959
J. Bialostocki, *«Opus Quinque Dierum»: Dürer's Christ among the Doctors and its Aources*, in «Journal of the Warburg and Courtauld Institutes», XXII, pp. 17-34.
L. Coletti, *Cima da Conegliano*, Venezia; Venezia 1960².
A. Ghidiglia Quintavalle, *Antologia di artisti: un dipinto di Cesare Cesariano a Piacenza*, in «Paragone», 109, 159, gennaio, pp. 51-53.
E. Hüttiger, *La peinture vénitienne*, Lausanne.
A. Jansens de Bisthoven, *Les primitifs flamands. Corpus de la peinture des anciens Pays-Bas méridionaux au quinzième siècle. I: Le Musée Communal des Beaux-Arts Bruges*, Anvers.
V.F. Levinson Lessing, *Museo dell'Ermitage - Le pitture*, Leningrad.
A. Martini, *La Galleria dell'Accademia di Ravenna*, Venezia.
R. Pallucchini, *Jacopo Bassano e il Manierismo*, in *Studies in the History of Art Dedicated to Wilhelm E. Suida on his Eightieth Birthday*, London, pp. 258-266.
T. Pignatti, *Pittura Veneziana del Quattrocento*, Bergamo.
L. Puppi (a), *Contributi per un profilo storico della pittura vicentina dell'ultimo '400 e del primo '500. Pietro di Galeotto da Perugia*, in «Vita Vicentina», IX, 1, gennaio, pp. 6-7, 24.
L. Puppi (b), *Contributi per un profilo storico della pittura vicentina dell'ultimo '400 e del primo '500. Pietro di Galeotto da Perugia*, in «Vita Vicentina», IX, 2, febbraio-marzo, pp. 4-5.
L. Puppi (c), *Precisazioni e aggiunte a Girolamo Vicentino*, in «Vita Vicentina», IX, 3, aprile-maggio, pp. 10-12.
L. Puppi (d), *Problemi attributivi al Museo di Padova*, in «Padova», v, 4, aprile, pp. 28-34.
M. Rosci, *Paolo Veneziano*, in *Grande Dizionario Enciclopedico U.T.E.T.*, Torino, XIV, pp. 93-94.
R. Salvini, *Il Quattrocento*, II, Milano.
Verzeichnis der Gemälde-Sammlung des Königlichen Museums zu Berlin, Berlin.
E. Winternitz, *The Curse of Pallas Athena*, in *Studies in the History of Art Dedicated to Wilhelm E. Suida on his Eightieth Birthday*, London; rist. in E. Winternitz, *Musical Instruments and their Symbolism in Western Art*, New Haven 1979.

1959-1960

I. Furlan, *La componente tizianesca nella formazione di Jacopo Bassano*, in «Arte Veneta», XIII-XIV, pp. 72-78.

C. Semenzato, *Un libro su Cima da Conegliano*, in «Arte Veneta», XIII-XIV, pp. 247-248.

1960

W. Arslan, *I Bassano*, 2 voll., Milano.

Cima, Giambattista (Cima da Conegliano), in *Encyclopaedia Britannica*, V, Chicago-London-Toronto, p. 706.

L. Coletti, *Cima da Conegliano*, Venezia (II ed.).

G. Copertini (a), *La «forma-mentis» del Correggio e il clima culturale-artistico di Parma rinascimentale*, in «Parma per l'Arte», X, I, gennaio-aprile, pp. 3-11, 191-200.

G. Copertini (b), *La «forma-mentis» del Correggio e il clima culturale-artistico di Parma rinascimentale*, in «Parma per l'Arte», X, III, settembre-dicembre, pp. 3-13.

G.A. Dell'Acqua - F. Russoli, *La Pinacoteca di Brera*, Milano.

P. Gauchat, *Hierarchia Cattolica medii et recentioris aevi sive summorum Pontificum, S.R.E. Cardinalium ecclesiarum antistitum series*, Padova.

A. Ghidiglia Quintavalle, *La Galleria Nazionale di Parma*, Parma.

E. Manning, *Colnaghi's - 1760-1960*, London.

H. Pauwels, *Catalogus. Groeningemuseum*, Brügge.

G. Pedrocco, *Tutta la pittura del Carpaccio*, Milano.

L. Puppi (a), *Di Benedetto Montagna, del Mocetto, e di altri problemi*, in «Arte antica e moderna», 11, luglio-settembre, pp. 281-290.

L. Puppi (b), *Francesco Verla*, in «Rivista dell'Istituto Nazionale d'Archeologia e Storia dell'Arte», N.s., IX, pp. 266-297.

V. Querini, *La pala di Porcia ed altre opere di Francesco da Milano in Friuli*, in «Il Noncello», 14.

A.C. Quintavalle, *Cima da Conegliano e Parma*, in «Aurea Parma», XLIV, I, gennaio-marzo, pp. 27-30.

F. Russoli, *La pinacoteca Poldi Pezzoli*, Milano, pp. 138-139.

M.G. Rutteri, *In biblioteca. Luigi Coletti, Cima da Conegliano*, in «Acropoli», p. 83.

Tableaux de la Collection Gulbenkian, Paris.

Verzeichnis der Gemälde-Sammlung des Königlichen Museums zu Berlin, Berlin.

1960-1961

P. Dessy, *Giovanni Busi detto Cariani*, tesi di laurea, Università degli Studi di Padova, Facoltà di Lettere e Filosofia, relatore R. Pallucchini.

G.M. Rutteri (a), *Contributo a Bernardo Parentino*, in «Acropoli», I, pp. 108-119.

G.M. Rutteri (b), recensione a L. Coletti, *Cima da Conegliano, Neri Pozza, Venezia 1959*, in «Acropoli», I, p. 83.

1961

M. Aronberg Lavin, *Giovannino Battista: a supplement*, in «The Art Bulletin», XLIII, 4, dicembre, pp. 319-326.

Art Treasures for America: an Anthology of Paintings and Sculpture in the Samuel H. Kress Collection, London.

A. Dani (a), *Battista da Vicenza, dati biografici, regesto, documenti inediti*, Vicenza.

A. Dani (b), *Il pittore Battista da Vicenza nel crogiolo della critica*, Vicenza.

A. Dani (c), *Saggio bibliografico per una monografia sul pittore Battista da Vicenza*, Vicenza.

M. Davies, *National Gallery Catalogues: the Earlier Italian Schools*, London (II ed.

E.T. De Wald, *Italian Painting 1200-1600*, New York.

M. Levey, *Minor Aspects of Dürer's Interest in Venetian Art*, in «The Burlington Magazine», CIII, 699, giugno, pp. 511-513.

H. Olsen, *Italian Paintings and Sculpture in Denmark*, Amsterdam-Copenhagen.

R. Pallucchini (a), *Giunte al catalogo di Cima da Conegliano*, in *Studi di storia dell'arte: raccolta di saggi dedicati a Roberto Longhi in occasione del suo settantesimo compleanno*, in «Arte Antica e Moderna», 4, pp. 186-190.

R. Pallucchini (b), *I teleri del Carpaccio in San Giorgio degli Schiavoni*, Milano.

T. Pignatti, *Pittura veneziana del Quattrocento*, Bergamo.

Pinturas de Colecçao de Fundaçao Calouste Gulbenkian, Lisboa.

L. Puppi (a), *Inediti di Vittore Prete e icone cretesi-veneziane poco note*, in «Prospettiva», 24, pp. 84-88.

L. Puppi (b), *Per Pasqualino Veneto*, in «Critica d'Arte», VIII, 44, pp. 36-47.

C.L. Ragghianti, *I falsi artistici*, in «Critica d'Arte», 43, pp. 1-27.

Recensione a *«Cima da Conegliano» by Luigi Coletti (Book Review)*, in «The Connoisseur», 147, gennaio-giugno, p. 131.

G. Robertson, recensione a L. Coletti, *Cima da Conegliano*, in «The Burlington Magazine», CIII, 699, giugno, pp. 283-284.

Verzeichnis der Gemälde-Sammlung des Königlichen Museums zu Berlin, Berlin.

M. Walcher Casotti, *Il trittico di S. Chiara di Trieste e l'orientamento paleologo nell'arte di Paolo Veneziano*, Trieste.

G. Zorzi, *Gio. Antonio Fasolo pittore lombardo-vicentino emulo di Paolo Veronese*, in «Arte Lombarda», VI, 2, pp. 209-226.

1961-1962

F. Lodi, *Una bottega pittorica vicentina del '500: I Maganza*, tesi di laurea, Università degli Studi di Padova, Facoltà di Lettere e Filosofia, relatore R. Pallucchini.

1962

E. Arslan, *Postilla a un articolo su Giovanni Antonio Fasolo*, in «Arte Lombarda», VII, 1, pp. 49-50.

A. Ballarin (a), *Cima at Treviso*, in «The Burlington Magazine», CIV, 716, novembre, pp. 483-486.

A. Ballarin (b), *Profilo di Lamberto d'Amsterdam (Lamberto Sustris)*, in «Arte Veneta», XVI, pp. 61-81.

F. Barbieri (a), *Il Museo Civico di Vicenza. Dipinti e sculture dal XIV al XV secolo*, I, Venezia.

F. Barbieri (b), *Il Museo Civico di Vicenza. Dipinti e sculture dal XVI al XVIII secolo*, II, Venezia.

E. Battisti, *Il Cima ed il significato storico delle sue immagini*, in *Omaggio a G.B. Cima da Conegliano*, in «La Provincia di Treviso», numero speciale, V, 4-5, luglio-ottobre, pp. 25-30.

M. Camilucci, *Mostre d'arte*, in «Studi romani», 10, 5, settembre-ottobre, pp. 592-594.

Cima da Conegliano: catalogo della mostra (Treviso, Palazzo dei Trecento, 26 agosto - 11 novembre 1962), a cura di L. Menegazzi, Venezia.

L. Coletti, *Due pagine inedite di Luigi Coletti: Sulla critica d'arte; Sentimento e valore della natura in G.B. Cima da Conegliano*, in *Omaggio a G.B. Cima da Conegliano*, in «La Provincia di Treviso», numero speciale, V, 4-5, luglio-ottobre, pp. 5-8.

A. Del Massa, *Cima da Conegliano a Palazzo dei Trecento di Treviso*, in «Dialoghi».

F. Gibbons, *Giovanni Bellini and Rocco Marconi*, in «The Art Bulletin», 44, 2, giugno, pp. 127-136.

Giovanni Battista Cima da Conegliano: 25 riproduzioni a colori, Schio.

G. Gori, *Il pittore delle Madonne*, in «Sguardi sul mondo», pp. 42-43.

F. Heinemann (a), *Cima da Conegliano: Ausstellung im Palazzo del Trecento in Treviso*, in «Kunstchronik», XV, 11, novembre, pp. 315-320.

F. Heinemann (b), *Giovanni Bellini e i belliniani*, Venezia.

F. Heinemann (c), *Su due portelle d'altare di Cima da Conegliano*, in *Omaggio a G.B. Cima da Conegliano*, in «La Provincia di Treviso», numero speciale, V, 4-5, luglio-ottobre, p. 19.

B. Heynold von Graefe, *Cima da Conegliano im Palazzo dei Trecento zu Treviso*, in «Weltkunst», XXXII, 19, p. 9.

Il Morazzone, catalogo della mostra (Varese, 14 luglio - 14 ottobre 1962), a cura di M. Gregori, Milano.

H. Kiel, *Treviso, Museum. Ausst. der Werke des Cima da Conegliano*, in «Pantheon», 20, p. 399.

Kunstmuseum Düsseldorf. Eine Auswahl, Düsseldorf.

J. Lauts, *Carpaccio*, London.

L. Magagnato (a), *Arte e civiltà nel Medioevo veronese*, Torino.

L. Magagnato (b), *Il Cima architetto*, in «Comunità», XVI, 103, ottobre, pp. 82-88.

L. Mariotto, *La pala del Cima nel Duomo*, in «Il Gazzettino», 25 ottobre.

G. Mazzotti (a), *Giambattista Cima interprete del paesaggio veneto*, in *Omaggio a G.B. Cima da Conegliano*, in «La Provincia di Treviso», numero speciale, V, 4-5, luglio-ottobre, pp. 33-38.

G. Mazzotti (b), *La Marca trevigiana, giardino di Venezia*, Treviso.

S. Moschini Marconi, *Gallerie dell'Accademia di Venezia. Opere d'arte del secolo XVI*, Roma.

P. Meller, *La cultura umanistica del Cima*, in *Omaggio a G.B. Cima da Conegliano*, in «La Provincia di Treviso», numero speciale, V, 4-5, luglio-ottobre, pp. 20-24.

N. Nikouline, *Détails des tableaux au Musée de l'Ermitage...*, Leningrad.

Omaggio a G.B. Cima da Conegliano, in «La Provincia di Treviso», numero speciale, V, 4-5, luglio-ottobre.

R. Pallucchini (a), *Appunti alla mostra di Cima da Conegliano*, in «Arte Veneta», XVI, pp. 221-228.

R. Pallucchini (b), *I Vivarini (Antonio, Bartolomeo, Alvise)*, Venezia.

M. Pelliccioli, *Perché tanti pericoli per i capolavori dell'arte*, in «L'Eco di Bergamo», 28 ottobre.

T. Pignatti, *Rapporti fra il Cima ed il Carpaccio attorno al primo decennio del Cinquecento*, in *Omaggio a G.B. Cima da Conegliano*, in «La Provincia di Treviso», numero speciale, V, 4-5, luglio-ottobre, pp. 9-11.

L. Polo, *Gian Battista Cima da Conegliano*, in «Ca' Spineda», p. 7.

G. Pozzi - A. Ciapponi, *La cultura figurativa di Francesco Colonna e l'arte veneta*, in «Lettere italiane», 14, 2, aprile-giugno, pp. 151-182.

A. Puerari, *Pinacoteca di Cremona*, Firenze.

L. Puppi (a), *Bartolomeo Montagna*, Venezia.

L. Puppi (b), *Cima e Bartolomeo Montagna*, in *Omaggio a G.B. Cima da Conegliano*, in «La Provincia di Treviso», numero speciale, V, 4-5, luglio-ottobre, pp. 12-18.

L. Puppi (c), *Giovanni Buonconsiglio detto Marescalco*, in «Rivista dell'Istituto Nazionale d'Archeologia e Storia dell'Arte», n.s., XIII-XIV.

L. Puppi (d), *Nota sui disegni del Fogolino*, in «Arte Veneta», XVI, pp. 223-227.

L. Puppi (e), *Pitture lombarde del Quattrocento*, in «Arte Lombarda», VII, 2, pp. 49-59.

C.L. Ragghianti (a), *Cima da Conegliano*, in «Sele Arte», p. 13.

C.L. Ragghianti (b), *Codicillo mantegnesco*, in «Critica d'arte», IX, 52, luglio-agosto, pp. 21-40.

R. (Roli), *Cima da Conegliano*, in «Arte antica e moderna», 19, luglio-settembre, IX, pp. VIII-X.

F. Russoli, *La raccolta Berenson*, Milano.

A. Sartori, *Giambattista Cima da Conegliano e i suoi Sant'Antonio di Padova*, in «Il Santo», 2, pp. 275-287.

M. Valsecchi, *Cima da Conegliano*, in «Lo smeraldo», p. 9.

L. Vertova, *The Cima Exhibition: a Festival at Treviso*, in «Apollo», LXXVI, 9, novembre, pp. 716-719.

Verzeichnis der Gemälde-Sammlung des Königlichen Museums zu Berlin, Berlin.

A. Zanzotto, *Un paese nella visione di Cima*, in *Omaggio a G.B. Cima da Conegliano*, in «La Provincia di Treviso», numero speciale, V, 4-5, luglio-ottobre, pp. 31-32.

V. Zlamalik, *Cima Da Conegliano (povodom izložžbe u Trevisu)*, in «Bulletin Zavoda za Likovne Umjetnosti Jugoslavenske Akademije Znanosti i Umjetnosti», 10, pp. 266-272, 280.

1963

M. Bonicatti, *Trecentisti riminesi. Sulla formazione della pittura riminese del '300*, Roma.

E. Cecchi, *Cima elegiaco*, in «Emporium», LXIX, 1, pp. 3-8.

A. Dani (a), *La «Madonna del Magnificat» di Monte Berico e il pittore Battista da Vicenza († 1438)*, in «Studi Storici dell'Ordine dei Servi di Maria», 13, pp. 55-68.
A. Dani (b), *Opere d'arte di Magrè*, Vicenza (estratto da *Statuti del Comune di Magrè*, Vicenza 1963).
C. Del Bravo, *Liberale in patria*, in «Arte Veneta», XVII, pp. 41-49.
G. Fiocco, *Cima da Conegliano alla Mostra di Treviso*, in «Fede e Arte», XI, gennaio-marzo, pp. 52-65.
G. Francastel, *L'art de Venise*, Paris.
S.J. Freedberg, *Andrea del Sarto*, 2 voll., Cambridge (Mass.).
I. Kühnel-Kunze, *Ein Frühwerk von Cima da Conegliano*, in «Arte Veneta», XVII, pp. 27-34.
La nostra cara Madonna. XII Settembre MCMLXIII, in «La voce paterna», bollettino parrocchiale del Duomo di Conegliano, XIII, 8, settembre, pp. 1-4.
G. Liberali, *Lotto, Pordenone, e Tiziano a Treviso*, in «Memorie. Classe di scienze e lettere», XXXIII, III, Venezia.
G. Lollini Spettoli, *Consuntivi di mostre: III. Cima da Conegliano a Treviso*, in «Convivium», n.s., 31, 3, maggio-giugno, p. 358.
A. Luciani, *Solenne intronizzazione della Madonna del Cima. Discorso commemorativo*, Vittorio Veneto.
L. Magagnato, *Bartolomeo Montagna: un libro per una mostra*, in «Arte Veneta», XVII, pp. 212- 213.
R. Marini, *Cima da Conegliano e la sua problematica*, in «Emporium», 137, 820, aprile, pp. 147-158.
H. Olsen, *G.B. Cima da Conegliano 1459-60 - 1517-18 «Midas» dom ved Apollons og Marsyas' væddestrid*, in «Kunstmuseets Årsskrift 1956-1963», p. 100.
L. Polo, *Gian Battista Cima nel Palazzo dei Trecento di Treviso: breve storia di una Mostra*, in «Venezia e Arte».
G. Pozzi - L.A. Ciapponi, *La cultura figurativa di Francesco Colonna e l'arte veneta*, in *Umanesimo europeo e Umanesimo veneziano*, a cura di V. Branca, Firenze, pp. 317-336.
L. Puppi (a), *Giovanni Speranza*, in «Rivista dell'Istituto Nazionale d'Archeologia e Storia dell'Arte», n.s., XI-XII, pp. 370-419.
L. Puppi (b), recensione a F. Barbieri, *Il Museo Civico di Vicenza...*, in «Arte Lombarda», VIII, pp. 302-305.
M.G. Rutteri (a), *Gian Battista Cima da Conegliano*, in «Acropoli», III, pp. 39-55.
M.G. Rutteri (b), *Musei e Pinacoteche. L'Accademia Carrara di Bergamo*, in «Acropoli», III, pp. 144-162.
S. Stefani, *Idea dello stile della pittura di Giov. Paolo Lomazzo (in uno sconosciuto affresco)*, in «Acme», XVI, 1, pp. 41-56.
Verzeichnis der Gemälde-Sammlung des Königlichen Museums zu Berlin, Berlin.
Vittore Carpaccio, catalogo della mostra (Venezia, Palazzo Ducale, 15 giugno - 6 ottobre 1963), a cura di P. Zampetti, Venezia.
E. Winternitz, *On Angel Concerts in the 15th Century: a Critical Approach to Realism and Symbolism in Sacred Painting*, in «Musical Quarterly», 49, 4, ottobre, pp. 450-469.
F. Zeri, *Antonio Rimpatta*, in «Bollettino d'Arte», XLVIII, I-II, pp. 46-49.

1963-1964

R. Pallucchini, *Paolo Veronese*, Università degli Studi di Padova, dispense universitarie.

1964

F. Barbieri, recensione a L. Puppi, *Bartolomeo Montagna*, in «Emporium», LXX, 6, pp. 282-285.
M. Bonicatti, *Aspetti dell'umanesimo nella pittura veneta dal 1455 al 1515*, Roma.
M.L. Ferrari, *Cassoni rinascimentali*, Milano; ora in M.L. Ferrari, *Studi di storia dell'arte*, a cura di A. Boschetto, Firenze, 1979, pp. 105-121.
L. Magagnato, *Il momento architettonico di tre pittori veneti del tardo Quattrocento*, in «Bollettino del Centro Internazionale di Studi di Architettura Andrea Palladio», VI, parte II, pp. 228-238.
F. Malvolti, *Catalogo delle migliori pitture esistenti nella città e territorio di Conegliano* (1774), ed. a cura di L. Menegazzi, Treviso.
G. Mantese (a), *Memorie storiche della Chiesa vicentina. III/II. Dal 1404 al 1563*, Vicenza.
G. Mantese (b), *Notizie intorno a tre opere d'arte perdute*, in *Studi in onore di A. Bardella*, Vicenza pp. 235-254.
G. Mariani Canova, *Paris Bordon*, Venezia.
L. Menegazzi (a), *Di Giambattista Cima da Conegliano e di Silvestro de Arnosti da Ceneda*, in «Arte Veneta», XVIII, pp. 168-170.
L. Menegazzi (b), *Le cose d'arte*, in «Treviso Nostra».
R. Pallucchini, *La pittura veneziana del Trecento*, Venezia-Roma.
L. Puppi (a), *Qualche novità montagnesca*, in «Emporium», LXX, maggio, pp. 195-204.
L. Puppi (b), *Schedule per la storia della pittura veronese tra la fine del '400 e l'inizio del '500*, in «Arte antica e moderna», 28, ottobre-dicembre, pp. 416-427.
L. Puppi (c), *Squarcioneschi a Vicenza*, in «Emporium», LXX, 835, pp. 5-7
L. Puppi (d), *Umanesimo e pittura veneta dal 1455 al 1515*, in «Arte Veneta», XVIII, pp. 204-207.
D. Redig de Campos, *Une Vierge italo-byzantine de Cima da Conegliano*, in *Mélanges Eugène Tisserant*, 3, Città del Vaticano.
Verzeichnis der Gemälde-Sammlung des Königlichen Museums zu Berlin, Berlin.
S. Vsevolojscaia, I. Grigorieva, T. Fomichova, *La peinture italienne des XIII-XVIII siècles dans la Collection du Musée de l'Ermitage*, Leningrad.

1964-1965

G. Guglielmi, *Saggio Biografico su Giovanni Demio*, in «Atti dell'Istituto Veneto di Scienze, Lettere ed Arti», CXXIII, Classe di scienze morali e lettere, pp. 167-188.
L. Puppi, *Giovanni Buonconsiglio detto Marescalco*, in «Rivista dell'Istituto Nazionale d'Archeologia e Storia dell'Arte», n.s., XIII-XIV, pp. 297-374.

1965

A. Ballarin, *Osservazioni sui dipinti veneziani del Cinquecento nella Galleria del Castello di Praga*, in «Arte Veneta», XIX, pp. 59-82.
E. Bassi, *Battista da Vicenza*, in *Dizionario Biografico degli Italiani*, Roma, 7, pp. 258-259.
A. Chastel, *I centri del Rinascimento. Arte Italiana 1460-1500*, Milano.
F. Dal Forno, *Paolo Farinati*, Verona.
A.P. De Mirimonde, *Les sujets de musique chez les Caravagistes Flamands*, in «Jaarboek van het Koninklijk Museum voor Schone Kunsten Antwerpen», VI, pp. 113-173.
G. Fiocco - L. Menegazzi, *Il Duomo di Conegliano*, Cittadella.
A. Ghidiglia Quintavalle, *La Galleria Nazionale di Parma*, Milano.
R. Grönwoldt, *Studies of Italian Textiles. II. Some Groups of Renaissance Orphreys of Venetian Origin*, in «The Burlington Magazine», CVII, 746, maggio, pp. 231-240.
F. Lodi, *Un tardo manierista vicentino: Alessandro Maganza*, in «Arte Veneta», XIX, pp. 108-117.
G. Mariani Canova, *Note a Paris Bordon*, in «Arte Veneta», XIX, pp. 152-154.
S. Mason Rinaldi, *Appunti per Paolo Fiammingo*, in «Arte Veneta», XIX, pp. 95-107.
L. Menegazzi, *Il Duomo di Conegliano*, Padova.
National Gallery of Art. Summary Catalogue of European Paintings and Sculpture, Washington.
V. Oberhammer, *Kunsthistorisches Museum. Katalog der Gemäldgalerie*, Vienna, I.
Paintings in The Detroit Institute of Arts, Detroit.
R. Pallucchini, *Tintoretto*, in *Enciclopedia Universale dell'Arte*, XIII, Milano-Roma, coll. 937-958.
J. Pope Hennessy, *Renaissance bronzes from the Samuel H. Kress collection*, London.
S. Ringbom, *Icon to Narrative: the Rise of the Dramatic Close-Up in Fifteenth- Century Devotional Painting*, in «Acta Academiae Aboensis», s. A Humaniora, XXXI, 2, Abo (second edition, revised and augmented, Doornspijk 1984).
R. Roli, *Sul problema di Francesco e Bernardino Zaganelli*, in «Arte Antica e Moderna», 31-32, pp. 223-243.
J. Shearman, *Andrea del Sarto*, 2 voll., Oxford.
F. Zava Boccazzi, *Cima da Conegliano*, Milano.

1966

U. Baldini, *Ermitage Leningrado*, Novara,
A. Ballarin, *Chirurgia bassanesca (I)*, in «Arte Veneta», XX, pp. 112-136.
M. Boschini, *La Carta del navegar pitoresco*, ed. critica con la *Breve Instruzione* premessa alle *Ricche minere della pittura veneziana*, a cura di A. Pallucchini, Roma.
F. Cessi, *Marescalco, Giovanni Buonconsiglio detto il*, in «Le Muse», VII, Novara, pp. 266-267.
A. Chastel, *La grande officina: arte italiana, 1460-1500*, Milano.
A. De Mas, *Conegliano. Vita, arte e storia*, Milano.
A. Dubois - N. Huyghebaert, *Abbaye des Dunes à Koksyde et à Bruges*, in *Monasticon belge III. Province de Flandre occidentale, II*, Liège, pp. 403-405.
G.T. Faggin, *Hans Memling*, Milano.
G. Guglielmi, *Profilo di Giovanni Demio*, in «Arte Veneta», XX, pp. 98-111.
F. Heinemann, *Ein unbekanntes Werk des Cima da Conegliano*, in «Arte Veneta», XX, p. 236.
In the Light of Vermeer, Den Haag.
V. Lazareff, recensione a R. Pallucchini, *La pittura veneziana del Trecento*, in «The Art Bulletin», XLVIII, 1, marzo, pp. 119-121.
G. Marchini, *Un incontro imprevedibile: il Fogolino ad Ascoli Piceno*, in «Antichità Viva», V, 1, pp. 3-14.
M. Muraro, *Carpaccio*, Firenze.
R. Pallucchini (a), *Due Concerti bergamaschi del Cinquecento*, in «Arte Veneta», XX, pp. 87-97.
R. Pallucchini (b), *Paolo Veronese*, in *Enciclopedia Universale dell'Arte*, XIV, Venezia-Roma, coll. 723-735.
A. Paolucci, *L'ultimo tempo di Francesco Zaganelli*, in «Paragone», 193, marzo, pp. 59-73.
L. Puppi (a), *Album Vicentino*, in «Arte Veneta», XX, pp. 236-240.
L. Puppi (b), *Marcello Fogolino pittore ed incisore*, Trento.
B. Sweeny, *John G. Johnson Collection. Catalogue of Italian Paintings*, Philadelphia.
A. Tocchio - V. Chiesura, *Conegliano. Cenni storici e biografici*, Conegliano.
Treasures from The Detroit Institute of Arts, a cura di W.F. Woods, Detroit.
A.R. Turner, *The Vision of Landscape in Renaissance Italy*, Princeton (NJ).
Verzeichnis der Gemälde-Sammlung des Königlichen Museums zu Berlin, Berlin.
P. Zampetti, *Vittore Carpaccio*, Venezia.
G. Zorzi, *Un nuovo soggiorno di Alessandro Vittoria nel Vicentino. II*, in «Arte Veneta», XX, pp. 157-176.

1966-1967

A. Ballarin, *La vecchiaia di Jacopo Bassano: le fonti e la critica con, in appendice, la ristampa dell'elogio del Marucini e la traduzione italiana della «Vita» del Van Mander*, in «Atti dell'Istituto Veneto di Scienze, Lettere ed Arti», CXXIX, pp. 151-193; ora in A. Ballarin, *Jacopo Bassano. Scritti 1964-1995*, a cura di V. Romani, 2 voll., Cittadella 1995, I, pp. 37-68.
G. Mantese, *Tre cappelle gentilizie nelle chiese di S. Lorenzo, S. Michele e S. Corona di Vicenza. La nobile famiglia Godi e due suoi monumenti religiosi scomparsi*, in «Odeo Olimpico», VI, 6, pp. 247-248.

1966-1967

G. Vasari, *Le Vite de' più eccellenti pittori, scultori, et architettori, nelle redazioni del 1550 e 1568*, ed. a cura di R. Bettarini, P. Barocchi, Firenze.

1967

G. Biasuz, *Divagazioni su Cima da Conegliano. La pala di Zermen*, in «Archivio sto-

rico di Belluno, Feltre e Cadore», xlviii, pp. 131-138.
C. Del Bravo, *Liberale da Verona*, Firenze.
C. Donzelli - G.M. Pilo, *I pittori del Seicento veneto*, Firenze.
A. Emiliani, *La Pinacoteca Nazionale di Bologna*, Bologna.
E. Forssman, *Über die Architekturen in der Venetianischen Malerei des Cinquecento*, in «Wallraf-Richartz Jahrbuch» iii, pp. 105-139.
C. Gilbert, recensione a L. Puppi, *Bartolomeo Montagna*, in «The Art Bulletin», xlix, 2, pp. 184-188.
J.W. Goodison - G. Robertson, *The Fitzwilliam Museum. Cambridge. Catalogue of Paintings. ii. The Italian Schools*, Cambridge.
M. Kemp, *Cima*, «The Masters Series», London.
V.F. Levinson Lessing, *Medieval Renaissance Masters*, London.
L'opera completa di Antonello da Messina, presentazione di L. Sciascia, apparati critici e filologici di G. Mandel, «Classici dell'Arte Rizzoli. 10», Milano.
G. Mantese, *Per un profilo storico della poetessa vicentina Maddalena Campiglia: Aggiunte e rettifiche*, in «Archivio Veneto», v, lxxxi, pp. 89-123.
L. Parris, *The Loyd Collection of Paintings and Drawings*, London.
G. Pedrocco - M. Cancogni, *L'opera completa del Carpaccio*, Milano.
L. Puppi (a), *Album Vicentino ii. 3. Per Giovanni Speranza*, in «Arte Veneta», xxi, pp. 206-209.
L. Puppi (b), *Francesco Verla pittore*, Trento.
R. Varese, *Lorenzo Costa*, Ferrara.
H. Vey - A. Kesting, *Katalog der niederländischen Gemälde von 1550 bis 1800 im Wallraf-Richartz Museum und in öffentlichen Besitz der Stadt Köln*, Köln.

1968
W. Arslan, *I Bassano*, Milano, i.
A. Ballarin, *La decorazione ad affresco nella villa veneta nel quinto decennio del Cinquecento: la villa di Luvigliano*, in «Bollettino del Centro Internazionale di Studi di Architettura Andrea Palladio», x, pp. 115-126.
B. Berenson, *Italian pictures of the Renaissance. A list of the principal artists and their works with an index of places. Central Italian and north Italian schools*, 3 voll., London.
N. Faldon, *San Rocco di Conegliano*, Vittorio Veneto.
N. Ivanoff, *La Libreria Marciana. Arte e Iconologia*, in «Saggi e Memorie di Storia dell'Arte», vi, pp. 33-78.
L. Lanzi, *Storia pittorica della Italia dal Risorgimento delle Belle Arti fin presso al fine del xviii secolo* (1795-1796), ed. a cura di M. Capucci, Firenze.
R. Marini - G. Piovene, *L'opera completa del Veronese*, Milano.
R. Pallucchini, *Giambattista Zelotti e Giovanni Antonio Fasolo*, in «Bollettino del Centro Internazionale di Studi di Architettura Andrea Palladio», x, pp. 203-228.
A. Pigler, *Katalog der Galerie Alter Meister. Museum der Bildenden Künste Szépmüvészeti Müzeum Budapest*, Budapest.
A. Puerari, *Boccaccio Boccacino*, in *Dizionario Biografico degli Italiani*, Roma, 10, pp. 828-832.
L. Puppi, *Postilla montagnesca: una questione di metodo*, in «Arte Veneta», xxii, p. 219.
W.R. Rearick, *Jacopo Bassano's Later Genre Paintings*, in «The Burlington Magazine», cx, 782, maggio, pp. 241-249.
F. Rusk Shapley, *Paintings from the Samuel H. Kress Collection: Italian Schools. xv-xvi Century*, London.
J. Schulz, *Bassano's and El Greco's «Boy Blowing in a Fire»*, in «The Burlington Magazine», cx, 785, agosto, p. 466.
Verzeichnis der Gemälde-Sammlung des Königlichen Museum zu Berlin, Berlin.
F.J.B. Watson, *Wallace Collection Catalogues. Pictures and Drawings*, London.

1968-1969
G. Mantese, *Tre cappelle gentilizie nella chiese di S. Lorenzo e di S. Corona: i. La cappella Caldogno - ii. Il giureconsulto Giulio Capra e il suo altare a S. lorenzo - iii. La cappella di Piero da Pagello a S. Corona e la pala di B. Montagna*, in «Odeo Olimpico», vii, pp. 227-258.

1969
A. Ballarin (a), *Introduzione ad un catalogo dei disegni di Jacopo Bassano*, in «Arte Veneta», xxiii, pp. 85-114; ora in A. Ballarin, *Jacopo Bassano. Scritti 1964-1995*, a cura di V. Romani, 2 voll., Cittadella, i, pp. 145-179.
A. Ballarin (b), *Quadri inediti nei musei di Varsavia e di Praga*, in «Paragone», xx, 229, marzo, pp. 52-68.
G.P. Bernini, *Profilo storico di Bernardo Rossi Vescovo di Treviso e Conte di Berceto e Broccardo Malchiostro bercetano-canonico di Treviso*, Parma.
E. Camesasca - C. Castellaneta, *L'opera completa del Perugino*, Milano.
A. Emiliani, *La Pinacoteca Nazionale di Bologna*, Bologna.
G.T. Faggin - M. Corti, *L'opera completa di Memling*, Milano.
A. Falchetti, *La Pinacoteca Ambrosiana*, Vicenza.
H.G. Franz, *Niederländische Landschaftsmalerei im Zeitalter des Manierismus*, 2 voll., Graz.
H. Keller, *Il Rinascimento italiano*, Firenze.
L. Lotto, *Libro di spese diverse (1538-1556)*, a cura di P. Zampetti, Venezia-Roma.
G. Mariani Canova, *La miniatura veneta del Rinascimento 1450-1500*, Venezia.
M. Muraro, *Paolo da Venezia*, Milano.
A. Pallucchini, *Tintoretto*, Firenze.
T. Pignatti - R. Ghiotto, *L'opera completa di Giovanni Bellini*, Milano.
F. Valcanover, *Gallerie dell'Accademia di Venezia*, Milano.
H.E. Wethey, *The Paintings of Titian. I. The Religious Paintings*, London.

1970
G. Ballistreri, *Bonsignori, Giovanni*, in *Dizionario Biografico degli Italiani*, Roma, 12, pp. 407-409.
A. Bergamini Ponta, *Giovanni Martini pittore*, Udine.
G.V. Castelnovi, *La pittura a Genova e in Liguria. i. Il Quattro e il primo Cinquecento*, Genova.
M. Davies, *Rogier van der Weyden*, Milano, s.d.
P.L. De Vecchi - C. Bernari, *L'opera completa del Tintoretto*, Milano.
G.L. Mellini, scheda in *Musei del Mondo. Milano. Pinacoteca di Brera*, Milano.
V. Meneghin, *Un grande artista del Rinascimento giudicato da alcuni illustri contemporanei*, in «Ateneo Veneto», n.s., viii, 8, 1-2, pp. 255-261.
F. Valcanover, *Gallerie dell'Accademia di Venezia*, Novara.
E. Weddigen, *L'Adultera del Tintoretto nella Galleria Nazionale di Roma*, in «Arte Veneta», xxiv, pp. 90-92.
P. Zampetti, *A Dictionary of Venetian Painters. Volume 2nd. 16th Century*, London.

1971
A. Ballarin, *Introduzione ad un catalogo dei disegni di Jacopo Bassano. ii*, in *Studi di Storia dell'Arte in onore di Antonio Morassi*, Venezia, pp. 138-151; ora in A. Ballarin, *Jacopo Bassano. Scritti 1964-1995*, a cura di V. Romani, 2 voll., Cittadella 1995, i, pp. 181-198.
R. Bechevolo, *Facciamo più attenzione alle nostre opere d'arte*, in «L'Azione», lviii, 23.
G. Bora, *Giovanni Demio*, in «Kalòs», 4, aprile, pp. 77-80.
A. Dani, *Affreschi inediti di Martino da Verona e Battista da Vicenza. Documenti inediti nella chiesa di San Salvatore a Montecchio di Crosara*, Vicenza.
P.L. De Vecchi - S. Béguin, *Tout œuvre peint de Tintoretto*, Paris.
S.J. Freedberg, *Painting in Italy 1500 to 1600*, Harmondsworth 1971.
A. Ghidiglia Quintavalle, *La Galleria Nazionale di Parma*, Parma.
P. Hendy, *The National Gallery London*, London.
G. Mariacher, *Arte a Venezia. Dal Medioevo al Settecento*, Venezia.
A. Novasconi, *I Piazza*, Lodi.
E. Panofsky, *Rinascimento e rinascenze nell'arte occidentale*, Milano (trad. it. di *Renaissance and Renascenses in Western art*, Stockholm 1960).
M. Valsecchi, *National Gallery London*, Novara.
H.E. Wethey, *The Paintings of Titian. ii. The Portraits*, London.

1972
Asta di dipinti, maioliche e mobili antichi, asta n. 136, Milano Finarte, 30 maggio, lotto 35, p. 11.
F. Barbieri, *Buonconsiglio Giovanni detto il Marescalco*, in *Dizionario Biografico degli Italiani*, Roma, 15, pp. 186-188.
R. Brenzoni, *Dizionario di artisti veneti*, Firenze.
Buonconsiglio Giovanni, detto Marescalco, in *Dizionario Enciclopedico Bolaffi dei pittori e degli incisori italiani dall'xi al xx secolo*, Torino, ii, pp. 335-337.
Cima da Conegliano, in *Dizionario Enciclopedico Bolaffi dei pittori e degli incisori italiani*, Torino, iii, pp. 344-348.
A. De Mas, *Conegliano. Arte storia e vita*, Venezia.
B. Fredericksen - F. Zeri, *Census of Pre-Nineteenth Century Italian Paintings in North American Public Collections*, Cambridge (Mass.).
M.J. Friedländer, *Early Netherlandish Painting. Joos van Cleve, Jan Provost, J. Patinier*, a cura di H. Pauwels, ix, i, Leyden-Brussels.
G. Gualdo jr., *1650. Giardini di Chà Gualdo*, a cura di L. Puppi, Firenze.
Il Restauro a Vicenza negli anni sessanta, catalogo della mostra (Vicenza, Palazzo Chiericati - chiesa di San Giacomo - Sala Bernarda, 25 maggio - 31 ottobre 1972), a cura di G. Barioli, Vicenza.
E. Manzato, *Il soffitto dell'Oratorio della SS. Trinità di Chioggia*, in «Arte Veneta», xxvi, pp. 111-120.
R. Pallucchini, *Una nuova opera del Marescalco*, in «Arte Veneta», xxvi, pp. 31-38.
A. Rizzi, *Le icone bizantine e postbizantine delle chiese veneziane*, in «Thesaurismata», 9, pp. 250-291.
F. Russoli, *Pittura e scultura*, in *Il Museo Poldi Pezzoli*, Milano, pp. 197-288.
E. Safarik, *Busi Giovanni, detto il Cariani*, in *Dizionario Biografico degli Italiani*, Roma, 15, pp. 527-529.
W. Timofiewitsch, *Girolamo Campagna. Studien zur venezianischen Plastik um das Jahr 1600*, München.

1972-1973
R. Pallucchini, *Pittura veneziana: 1500-1510*, Dispense universitarie, Università degli Studi di Padova.

1973
A. Ballarin, *Introduzione ad un catalogo dei disegni di Jacopo Bassano. iii*, in «Arte Veneta», xxvii, pp. 91-124; ora in A. Ballarin, *Jacopo Bassano. Scritti 1964-1995*, a cura di V. Romani, 2 voll., Cittadella 1995, ii, pp. 199-241.
G. Benzoni, *Venezia nell'età della Controriforma*, Milano.
A. Biasuz, *Inesatta attribuzione di opere a Pietro Marescalchi e ad Andrea Brustolon*, in «Archivio Storico di Belluno Feltre e Cadore», xliv, 204, pp. 113-114.
C.M. Brown, *An Art auction in Venice in 1506*, in «L'Arte», xviii-xx, pp. 121-128.
G.T. Faggin, *Tout l'œuvre peint de Memling*, Paris.
F. Flores D'Arcais, *Jacopo da Verona e la decorazione della cappella Bovi in S. Michele a Padova*, in «Arte Veneta», xvii, pp. 9-24.
Il Gusto e la Moda nel Cinquecento vicentino e veneto, catalogo della mostra (Vicenza, Palazzo Chiericati, 30 maggio - 15 settembre 1973), Vicenza.
Illustrated General Catalogue, London.
B.W. Meijer, *Niccolò Frangipane*, in «Saggi e Memorie di Storia dell'Arte», viii, pp. 151-191.
G. Melzi d'Eril, *La Galleria Melzi e il collezionismo milanese nel tardo Settecento*, Milano.

C. Onesti, *Manierismo e simbolismo in Lomazzo*, in «Archivio Storico Lodigiano», XXI, (1975), II, pp. 75-88.
L. Puppi (a), *Andrea Palladio*, Milano 1973; nuova ed. aggiornata e ampliata a cura di M. Battilotti, Milano 1999.
L. Puppi (b), *Schedula per Giovanni Speranza*, in «Arte Veneta», XVII, pp. 254-255.
A. Rizzi, *Schede venete: Nicolò Frangipane, Pietro Malombra, Jacopo Marieschi*, in «Antichità Viva», XII, I, pp. 14-21.
F. Rusk Shapley, *Paintings from the Samuel H. Kress Collection. Italian Schools, XVI-XVIII Century*, London.
F. Zeri, *A Catalogue of the Collection of the Metropolitan Museum of Art. Venetian School*, New York.

1973-1974
V. Sgarbi, *Giovanni Buonconsiglio*, tesi di laurea, Università degli Studi di Bologna, Facoltà di Lettere e Filosofia, relatore C. Volpe.

1974
G.B. Cavalcaselle, *La pittura friulana del Rinascimento (Bergamini)*, Vicenza.
N. Chatzidakis, *Les débuts de l'école crétoise et la question de l'école dite italogrecque*, in *Inimosinon Sophias Antoniadi*, Venezia, pp. 169-211.
Cinquant'anni di pittura veronese 1580-1630, catalogo della mostra (Verona, Palazzo della Gran Guardia, 3 agosto - 4 novembre 1974), a cura di L. Magagnato, Vicenza.
H.J. Eberhardt (a), *Domenico Morone*, in *Maestri della pittura veronese*, a cura di P.P. Brugnoli, Verona, pp. 91-100.
H.J. Eberhardt (b), *Liberale da Verona*, in *Maestri della pittura veronese*, a cura di P.P. Brugnoli, Verona, pp. 101-112.
T.D. Fomichova, *I quadri di Pier Francesco Guala nella collezione del Museo statale dell'Ermitage*, s.l.
A. Gonzales Palacios, *Un ritratto di Ludovico Carracci*, in «Arte Illustrata», VII, 57, marzo, pp. 10-17.
M. Lucco, *Basaiti: un dipinto ritrovato e un consuntivo*, in «Paragone», 297, pp. 41-55.
M. Manoussacas, *Ellines zografoi en Venetia meli tis ellinikis Adelfotitos kata ton XVI aiona*, in *Mnimosynon Sophias Antoniadi*, Venezia, pp. 212-226.
G. Mantese, *Memorie storiche della Chiesa vicentina. IV/I-II. Dal 1563 al 1700*, Vicenza.
C. Mutini, *Campiglia Maddalena*, in *Dizionario Biografico degli Italiani*, Roma, 17, pp. 541-542.
A. Pigler, *Barockthemen. Eine Auswhal von Verzeichnissen zur Ikonographie des 17. und 18. Jahrhunderts* (1956), 2 voll., Budapest.
N. Pozza, *Guida per Vicenza*, Vicenza.
P. Rossi, *Tintoretto. I ritratti*, Venezia.
A. Tempestini, *Addenda to Rocco Marconi*, in «The Burlington Magazine», CXVI, 856, luglio, p. 391.
K. Weitzmann, *Loca sancta and the Representational Arts of Palestine*, in «Dumbarton Oaks Papers», 28, pp. 32-55.
J. Wilde, *Venetian Art from Bellini to Titian*, Oxford.

1975
Andrea Palladio 1508-1580. The portico and the farmyard, catalogo della mostra, a cura di H. Burns in collaborazione con L. Fairbairn, B. Boucher, London-Dunford.
D. Bellis, *Nicolò Leonico Tomeo interprete di Aristotele naturalista*, in «Physis», 17, pp. 71-93.
N. Blondel, *Projet pour un catalogue raisonné des peinture italiennes des XIVe et XVe siècles du Musée Jacquemart-André*, mémoire de maîtrise sous la direction de M. Laclotte, École du Louvre, Paris.
C. Dionisotti, *Aldo Manuzio editore: dediche, prefazioni, note ai testi*, Milano.
European Paintings: an Illustrated Summary Catalogue, Washington.
P.A. Dunford, *Iconografia della Dormizione e dell'Assunzione della Vergine Maria nell'arte rinascimentale italiana*, in «Arte Cristiana», LXIII, 624, novembre-dicembre, pp. 283-298.
R. Goffen, *«Nostra Conversatio in Caelis Est». Observations on the Sacra Conversazione in the Trecento*, in «The Art Bulletin», LXI, pp. 198-222.
N. Ivanoff - P. Zampetti, *Palma il Giovane*, Bergamo.
G. Mariani Canova - R. Pallucchini, *L'opera completa di Lorenzo Lotto*, Milano.
B.W. Meijer, *Paolo Fiammingo reconsidered*, in «Mededelingen van het Nederlands Instituut te Rome», 37, pp. 117-130.
R. Pallucchini, *La giovinezza del Tintoretto; la giovinezza del Greco*, 1974-1975, dispense a cura di L. Puppi, *Integrazione al catalogo e al regesto di Bartolomeo Montagna*, in «Antichità Viva», XIX, 3, pp. 23- 29.
P. Rossi, Università degli Studi di Padova, Cattedra di Storia dell'arte moderna, a.a. 1974-1975, Padova.
E. Steingraber, *Italienische Malerei*, München.
L. Vertova, *Bernardino Licinio*, in *I pittori bergamaschi. Il Cinquecento*, Bergamo 1975, I, pp. 373-467.
Verzeichnis der Gemälde-Sammlung des Köiglichen Museums zu Berlin, Berlin.
S. Zamboni, *Pittori di Ercole I d'Este*, Milano.

1976
F. Bandini, *I versi pavani del Magagnò*, in *Vicenza illustrata*, a cura di N. Pozza, Vicenza, pp. 235-243.
P. Carpeggiani, *Pittura e scultura nel XVI e XVII secolo*, in *Vicenza illustrata*, a cura di N. Pozza, Vicenza, pp. 273-284.
N. Cecchini, *Dizionario sinottico di Iconologia*, Bologna.
L. Crosato Larcher, *Note per Alvise Benfatto Del Friso*, in «Arte Veneta», XXX, pp. 106-119.
B. Della Chiesa - E. Baccheschi, *I pittori da Santacroce*, in *I pittori bergamaschi dal XIII al XIX secolo. Il Cinquecento*, Bergamo, II, pp. 3-83.
Dopo Mantegna. Arte a Padova e nel territorio nei secoli XV e XVI, catalogo della mostra (Padova, Palazzo della Ragione, 26 giugno - 14 novembre 1976), Milano, pp. 107-108.
J. Dunkerton, *Cima: With Special Reference to his Technique*, M.A. report, Courtauld Institute of Art, University of London.
Gosudarstvennij Ermitag Catalog, Leningrad.
M. Gregori, *Il ritratto di Alessandro Vittoria del Moroni a Vienna*, in «Paragone», 317-319, pp. 91-100.
C. Hornig, *Cavazzola*, München.
L. Longo, *Proposte per una collezione critica degli affreschi nel palazzo della Magnifica Comunità*, in «Studi Trentini di scienze storiche», LV, II, I, pp. 177-210.
E. Noè, *Primo passo per Giambattista Maganza senior*, in «Arte Veneta» XXX, pp. 98-105.
G.P. Pacini, N. Furegon, D. Dori, *Storia e arte a Sant'Agostino*, Vicenza.
Peinture de l'Europe Occidentale, Catalogue I, Leningrad.
T. Pignatti, *Veronese. L'opera completa*, 2 voll., Venezia.
L. Puppi (a), *Giambattista Cima da Conegliano*, in *Dopo Mantegna. Arte a Padova e nel territorio nei secoli XV e XVI*, catalogo della mostra (Padova, Palazzo della Ragione, 26 giugno - 14 novembre 1976), Milano, p. 57.
L. Puppi (b), *Pittura e scultura nel Quattrocento*, in *Vicenza illustrata*, a cura di N. Pozza, Vicenza, pp. 147-160.
M. Saccardo, *Arte organaria, organisti e attività musicale a S. Corona. Precisazioni sul patrimonio artistico della Chiesa*, Vicenza.
G. Schweikhart, *Antikenkopien und Verwandlung im Fries des Marcello Fogolino aus der Villa Trissino-Muttoni (Ca' Impenta) bei Vicenza. Ein Beitrag zur Geschichte der Villendekoration des fruhen 16. Jahrhunderts im Veneto*, in «Mitteilungen des Kunsthistorischen Institutes in Florenz», XX, I, pp. 351-378.
M. Warner, *Alone of all Her Sex. The Myth and the Cult of the Virgin Mary*, London (ed. 1985).
C. Wright, *Old Master Paintings in Britain*, London.
F. Zeri (a), *Il capitolo «bramantesco» di Giovanni Buonconsiglio*, in *Diari di lavoro*, 2, Torino, pp. 58-70; ora in F. Zeri, *Giorno per giorno nella pittura. Scritti sull'arte dell'Italia settentrionale dal Trecento al primo Cinquecento*, Torino 1988, pp. 183-189.
F. Zeri (b), *Italian Paintings in the Walters Art Gallery*, I, Baltimore.
F. Zeri (c), *Una congiunzione tra Firenze e Francia: il Maestro dei cassoni Campana*, in *Diari di lavoro 2*, Torino, pp. 75-87.

1977
A. Ballarin, *Capolavori restaurati*, Vicenza.
G. Biasuz, *Divagazioni su Cima da Conegliano la pala di Zermen*, in «Archivio Storico di Belluno, Feltre e Cadore», XLVIII, pp. 131-138.
M. Chatzidakis, *Eikones tis Patmou*, Atene.
G. Chittolini, *Il particolarismo signorile e feudale in Emilia fra Quattro e Cinquecento*, in *Il Rinascimento nelle corti padane. Società e cultura*, Atti del convegno *Società e cultura al tempo di Ludovico Ariosto* (Reggio Emilia - Ferrara, 22-26 ottobre 1975), Bari, pp. 23-52.
P.L. De Vecchi, *Nota su alcuni dipinti di artisti veneti per committenti milanesi*, in *Omaggio a Tiziano. La cultura artistica milanese nell'età di Carlo V*, catalogo della mostra (Milano, Palazzo Reale, 27 aprile-20 luglio 1977), Milano, pp. 55-60.
N. Faldon, *Due interessanti documenti d'archivio che ricordano la casa di Giambattista Cima da Conegliano*, Conegliano.
C. Gilbert, *Peintres et ménuisiers au début de la Renaissance en Italie*, in «Revue de l'Art», XXXVII, pp. 9-28.
P. Humfrey (a), *A Non-Bellini from the Carità in Venice*, in «The Burlington Magazine», CXIX, 886, gennaio, pp. 36-39.
P. Humfrey (b), *Cima da Conegliano at San Bartolomeo in Vicenza*, in ««Arte Veneta», XXXI, (1978), pp. 176-181.
M. Levi D'Ancona, *The Garden of the Renaissance. Botanical Symbolism in Italian Painting*, Firenze.
J.D. Ludmann, *Le Musée des Beaux-Arts, Musées en Alsace*, Strasbourg.
G. Mantese, *Storia di Schio* (1955), rist. anastatica, Cittadella.
S. Mason Rinaldi, *Drawings by Jacopo Palma il Giovane from the Collection of the Late Mr. C. R. Rudolf*, London.
S. Matalon, *Pinacoteca di Brera, Catalogo*, Milano.
D. Mattioli, *Fiamminghi a Mantova tra Cinque e Seicento*, in *Rubens a Mantova*, catalogo della mostra (Mantova, Galleria e Museo di Palazzo Ducale, 25 settembre - 20 novembre 1977), Milano, pp. 68-86.
J. Mills - R. White, *Analyses of Paint Media*, in «National Gallery Technical Bulletin», I, p. 58.
M. Wilson, *The National Gallery London*, London.
G. Nepi Scirè, *Dal Gotico al Rinascimento*, in «Veneto», p. 327.
Paolo Veronese e i suoi incisori, catalogo della mostra (Venezia, Museo Correr, luglio-agosto 1977), a cura di P. Ticozzi, Venezia.
N. Pozza, *Tornare a casa, 1511*, in *Le storie veneziane*, Milano; II ed. 1978.
A. Ruggeri Augusti, *Due inediti giovanili di Giovanni Buonconsiglio*, in «Notizie da Palazzo Albani», VI, I, pp. 18-21.
V. Sgarbi, *Pier Maria Pennacchi e Lorenzo Lotto*, in «Prospettiva», 10, pp. 39-50.

1977-1978
E. De Saraca, *La Confraternita della Beata Vergine della Misericordia detta dei Turchini in Vicenza*, tesi di laurea, Università degli Studi di Padova, Facoltà di Magistero, relatore A. Vecchi.

1978
H. Brigstoke, *Italian and Spanish Paintings in the National Gallery of Scotland*, Glasgow.
V. Caparra, *Cima da Conegliano and Alberto Pio*, in «Paragone», XXIX, 341, luglio, pp. 85-98.
A. Chastel, *Fables, formes, figure*, Paris.
P.L. De Vecchi - C. Bernari, *L'opera completa di Tintoretto*, Milano.
P.L. Fantelli, in *Giorgione a Venezia*, catalogo della mostra (Venezia, Gallerie dell'Acca-

demia, settembre-novembre 1978), Milano, p. 192.
F. Gandolfo, *Il «Dolce tempo». Mistica, ermetismo e sogno nel Cinquecento*, Roma.
Giorgione a Venezia, catalogo della mostra (Venezia, Gallerie dell'Accademia, settembre-novembre 1978), Milano.
P. Humfrey, *Cima da Conegliano and Alberto Pio*, in «Paragone», XXIX, 341, luglio, pp. 86-97.
Immagini dal Veronese. Incisioni dal secolo XVI al XIX, catalogo della mostra (Roma, Villa Farnesina alla Lungara, 21 novembre 1978 - 31 gennaio 1979), a cura di P. Ticozzi, Roma.
L. Lazzarini, *Lo studio stratigrafico della Pala di Castelfranco e di altre opere contemporanee*, in *Giorgione. La pala di Castelfranco Veneto*, catalogo della mostra (Castelfranco Veneto, 29 maggio - 30 settembre 1978), a cura di L. Lazzarini, F. Pedrocco, T. Pignatti, P. Spezzani, F. Valcanover, Milano, pp. 45-59.
R. Longhi, *Viatico per cinque secoli di pittura veneziana* (1946), in *Edizione delle opere complete di Roberto Longhi*, X, *Ricerche sulla pittura veneta. 1946-1969*, Firenze, pp. 3-63.
L. Magagnato - B. Passamani, *Il Museo civico di Bassano del Grappa. Dipinti dal XVI al XX secolo*, Vicenza.
E. Marani, *I ritratti gonzagheschi della collezione di Ambras*, Mantova.
E. Martini, *Opere inedite del Cariani con alcune osservazioni*, in «Notizie da Palazzo Albani», VII, 1, pp. 61-69.
B. Marx, *Bartolomeo Pagello: Epistolae familiares (1464-1525)*, Padova.
S. Mason Rinaldi, *Paolo Fiammingo*, in «Saggi e Memorie di Storia dell'Arte», XI, pp. 45-80.
Other Museum News and Comments, in «Art Journal», 38, 1, pp. 50-56.
W.R. Rearick, *Jacopo Bassano and the Changing Religious Imagery in the Mid-Cinquecento*, in *Essays Presented to Myron P. Gilmore*, a cura di G. Bertelli, G. Ramakus, 2 voll., Firenze, pp. 331-343.
F. Russoli, *Il Museo Poldi Pezzoli in Milano. Guida per il visitatore*, Firenze.
V. Sgarbi (a), *Una Madonna con il bambino di Lorenzo Lotto*, in «Notizie da Palazzo Albani», VII, 2, pp. 59-62.
V. Sgarbi (b), *Vittore Carpaccio. Poetica e committenza*, in «Prospettiva», 14, pp. 31-46.
P. Spezzani, *Caratteristiche tecniche delle fotografie in infrarosso e dei raggi X*, in *Giorgione. La pala di Castelfranco Veneto*, catalogo della mostra (Castelfranco Veneto, 29 maggio - 30 settembre 1978), a cura di L. Lazzarini, F. Pedrocco, T. Pignatti, P. Spezzani, F. Valcanover, Milano, pp. 23-44.
The Early Venetian Paintings in Holland, catalogo della mostra, a cura di H.W. Van Os, J.R.J. Van Asperen de Boer, C.E. de Jong Jansen, C. Wiethof, Maarssen.
The Illustrated Bartsch 26-27: The Works of Marcantonio Raimondi and of His School, a cura di K. Oberhuber, New York.
Verzeichnis der Gemälde-Sammlung des Königlichen Museums zu Berlin, Berlin.

1979
A. Ballarin, *Una nuova prospettiva su Giorgione: la ritrattistica degli anni 1500-1503*, in *Giorgione*, Atti del convegno internazionale di studio per il 5° centenario della nascita (Castelfranco Veneto, 29-31 maggio 1978), Castelfranco Veneto, pp. 227-252.
F. Barbieri, *Le opere d'arte medievale e moderna*, in *La Basilica dei Santi Felice e Fortunato in Vicenza*, Vicenza, II, pp. 247-315.
S. Béguin, *L'art religieux à Venise 1500-1600*, catalogo della mostra (Nizza, Musée National Message Biblique Marc Chagall, luglio-ottobre 1979), Paris.
M. Binotto, *Una scheda per Giambattista Maganza junior*, in «Arte Veneta», XXXIII, pp. 141-143.
A. Chastel (a), *Giorgione et la genération romantique*, in *Giorgione*, Atti del convegno internazionale di studio per il 5° centenario della nascita (Castelfranco Veneto, 29-31 maggio 1978), Castelfranco Veneto, pp. 7-15.
A. Chastel (b), *La grande officina: arte italiana 1460-1500*, Milano.
M. Cionini Visani, *Licinio, Bernardino*, in *Petit Larousse de la Peinture*, Paris; ed. italiana M.V. Cresti, in *Dizionario della pittura e dei pittori*, Torino, VI, pp. 219-220.
D. De Vos, *Stedelijke Musea Brugge. Catalogus Schilderijen 15de en 16de eeuw*, Bruges.
E. Fahy, *The Legacy of Leonardo: Italian Paintings from Leningrad*, catalogo della mostra, New York.
L. Fornari Schianchi, *Cima da Conegliano*, Parma.
Gli Uffizi. Catalogo Generale, a cura di L. Berti, Firenze.
P. Humfrey (a), *A Non-Bellini from the Carità in Venice. Addendum*, in «The Burlington Magazine», CXXI, 913, aprile, p. 253.
P. Humfrey (b), *Cima's Altarpiece in the Madonna dell'Orto*, in «Arte Veneta», XXXIII, pp. 122-125.
J. Ingamells, *The Wallace Collection. Summary Catalogue of Pictures*, London.
F. Mancini, *Identificazione di Pietro di Galeotto*, in «Esercizi. Arte Musica Spettacolo», 2, Perugia, Università degli Studi.
J. Mills - R. White, *Analyses of Paint Media*, in «National Gallery Technical Bulletin», III, pp. 66-67.
M. Natale, *Musée d'Art et d'Histoire de Génève: Peintures italiennes du XIVe au XVIe siècle*, Génève.
B. Nicolson, *The International Caravaggesque movement*, Oxford.
Prints and Related Drawings by the Carracci Family. A Catalogue Raisonné, catalogo della mostra (Washington, National Gallery, 18 marzo - 20 maggio 1979), a cura di D. De Grazia Bohlin, Washington.
Progetto per un museo II. Dipinti restaurati delle collezioni del Comune di Verona esposti alla Gran Guardia, catalogo della mostra (Verona, Palazzo della Gran Guardia, 1979), a cura di L. Magagnato, Verona.
Restauri, a cura della Soprintendenza ai Beni artistici e storici di Parma e Piacenza, Parma.
F. Rossi (a), *Accademia Carrara. Bergamo. Catalogo dei dipinti*, Bergamo.
F. Rossi (b), *Pittura anonima bergamasca del primo Cinquecento*, in *I pittori bergamaschi dal XIII al XIX secolo. Il Cinquecento*, III, Bergamo, pp. 25-77.
F. Rusk Shapley, *Catalogue of the Italian Paintings. I. Text; II. Plates*, Washington, National Gallery of Art.
V. Sgarbi, *Carpaccio*, Bologna.
A.M. Spiazzi, *Tre tavole del secolo XV e gli affreschi della scuola di S. Giuseppe in Padova*, in «Bollettino del Museo Civico di Padova», LXVIII, pp. 31-68.
A. Tempestini, *Martino da Udine detto Pellegrino da San Daniele*, Udine.
Venezia e la Peste. 1348-1797, catalogo della mostra (Venezia, Palazzo Ducale, 1979), Venezia.
E. Winternitz, *Gli strumenti musicali e il loro simbolismo nell'arte occidentale*, Torino (trad. it. di *Musical Instruments and Their Symbolism in Western Art*, New Haven-London).
R. Wittkower, *Idea and Image. Studies in the Italian Renaissance*, London, pp. 185-250.
F. Zeri, *Una scheda per Albertino e Martino Piazza*, in «Antologia di Belle Arti», 9-12, dicembre, pp. 58-61.

1979-1980
R. Schiavo, *Viatico per il Giovanni Buonconsiglio di Montecchio Maggiore*, in «Odeo Olimpico», XV-XVI, pp. 29-42.

1980
L. Attardi, *Filippo da Verona: un pittore tra «arte» e «artigianato»*, in «Arte Veneta», XXXIV, pp. 41-51.
A. Ballarin, *Tiziano prima del Fondaco dei Tedeschi*, in *Tiziano e Venezia*, Atti del convegno internazionale di studi (Venezia, Università degli Studi di Venezia, 27 settembre - 1 ottobre 1976), Vicenza, pp. 493-499.
F. Barbieri, *Immagini di Vicenza cinquecentesca e palladiana*, in *Andrea Palladio. Il testo, l'immagine, la città. Bibliografia e Iconografia palladiane. Cartografia Vicentina. Palladio Accademico Olimpico*, catalogo della mostra (Vicenza, Palazzo Leoni-Montanari, 30 agosto - 9 novembre 1980), a cura di L. Puppi, Vicenza, pp. 141-165.
E. Battisti, *Le origini religiose del paesaggio veneto*, in *Esistenza mito ermeneutica. Scritti per Enrico Castelli*, Padova, pp. 227-246.
D. Bellis, *La vita e l'ambiente di Nicolò Leonico Tomeo*, in «Quaderni per la storia dell'Università di Padova», 13, pp. 37-55.
A. Bristot, *Un artista nella Venezia del secondo Cinquecento: Giovanni Contarini*, in «Saggi e Memorie di Storia dell'Arte», XII, pp. 31-77, 123-136.
B. Della Chiesa, *I pittori da Santa Croce*, in *I pittori bergamaschi dal XIII al XIX secolo. Il Cinquecento. I*, Bergamo pp. 489-522
A. Foa, *Chiericati, Francesco*, in *Dizionario Biografico degli Italiani*, Roma, 24, pp. 674-681.
A. Gentili, *Da Tiziano a Tiziano. Mito e allegoria nella cultura veneziana del Cinquecento*, Roma.
F. Heinemann, *La bottega di Tiziano*, in *Tiziano e Venezia*, Atti del convegno internazionale di studi (Venezia, Università degli Studi di Venezia, 27 settembre - 1 ottobre 1976), Vicenza, pp. 433-440.
P. Humfrey, *Cima da Conegliano, Sebastiano Mariani and Alvise Vivarini at the East End of S. Giovanni in Bragora in Venice*, in «The Art Bulletin», LXII, 3, settembre, pp. 350-363.
B.G. Lane, *Hans Memling, Werkverzeichnis. Die grossen Meister der Malerei*, Frankfurt-Berlin-Wien.
M. Lucco, *Riflessi Lombardi nel Veneto (Un abbozzo di ricerca sui precedenti culturali del Lotto)*, in *Lorenzo Lotto a Treviso. Ricerche e restauri*, catalogo della mostra (Treviso, San Nicolò - Quinto, S. Cristina - Asolo, Duomo, settembre-novembre 1980), a cura di G. Dillon, Treviso, pp. 33-66.
G. Mariacher, *Giovanni Cariani*, in *I pittori bergamaschi dal XIII al XIX secolo. Il Cinquecento. I*, Bergamo 1980, pp. 247-315.
Palladio e la Maniera. I pittori vicentini del Cinquecento e i collaboratori del Palladio, 1530-1630, catalogo della mostra (Vicenza, Tempio di Santa Corona, 1980), a cura di V. Sgarbi, Venezia.
R. Pallucchini, *Pittori veneti «manieristi» a Santa Corona*, in «Arte Veneta», XXXIV, pp. 267-272.
R. Piva, *L'immagine ideale*, in *Andrea Palladio. Il testo, l'immagine, la città. Bibliografia e Iconografia palladiane. Cartografia Vicentina. Palladio Accademico Olimpico*, catalogo della mostra (Vicenza, Palazzo Leoni-Montanari, 30 agosto - 9 novembre 1980), a cura di L. Puppi, Vicenza, pp. 102-113.
W.R. Rearick (a), *The Portraits of Jacopo Bassano*, in «Artibus et Historiae», 1, pp. 99-114.
W.R. Rearick (b), *Tiziano e Jacopo Bassano*, in *Tiziano e Venezia*, Atti del convegno internazionale di studi (Venezia, Università degli Studi di Venezia, 27 settembre - 1 ottobre 1976), Vicenza, pp. 371-374.
V. Sgarbi (a), *Aspetti della Maniera nel Veneto*, in «Paragone», XXXI, 369, pp. 65-80.
V. Sgarbi (b), *Le due culture di Giovanni Buonconsiglio*, in «Bollettino d'Arte», LXV, 7, pp. 31-64.
Venezia e la Peste. 1348-1797, catalogo della mostra (Venezia, Palazzo Ducale, 1979), II ed., Venezia.
A. Zweite, *Marten de Vos als Maler. Ein Betrag zur Geschichte der Antwerpener Malerei in der Zweiten Häfte des 16. Jahrhunderts*, Berlin.

1980-1981
A. Miotti, *Chiese e Conventi di Vicenza. La dispersione del patrimonio pittorico nel periodo napoleonico*, tesi di laurea, Università degli Studi di Padova, Facoltà di Lettere e Filosofia, relatore G. Mariani Canova.

1981
F. Aliberti Gaudioso - E. Gaudioso, *Gli affreschi di Paolo III a Castel Sant'Angelo, 1543-1548. Progetto ed esecuzione*, catalogo della mostra (Roma, Museo nazionale di Castel Sant'Angelo, 16 novembre 1981 - 31 gennaio 1982), 2 voll., Roma.

L. Armstrong, *Renaissance Miniature Painter and Classical Imagery. The Master of the Putti and his Venetian Workshop*, London.
F. Barbieri, *Pittori di Vicenza. 1480-1520*, Vicenza.
M. Binotto, *La chiesa e il convento dei Santi Filippo e Giacomo di Vicenza*, Vicenza.
C. Cieri Via, *Allegorie morali dalla bottega belliniana*, in *Giorgione e la cultura veneta tra '400 e '500. Mito, allegoria, analisi iconologica*, Atti del convegno (Roma, novembre 1978), a cura di A. Gentili, C. Cieri Via, Roma, pp. 80-87.
M.T. Cuppini, *L'arte a Verona tra* XV *e* XVI *secolo*, in «Verona e il suo territorio», IV, 1, pp. 243-503.
Da Tiziano a El Greco. Per la storia del Manierismo a Venezia 1540-1590, catalogo della mostra (Venezia, Palazzo Ducale, settembre-novembre 1981), Milano.
V. Fortunati Pietrantonio, *L'immaginario degli artisti bolognesi tra Maniera e Controriforma: Prospero Fontana (1512-1597)*, in *Le Arti a Bologna e in Emilia dal* XVI *al* XVII *secolo*, Atti del congresso internazionale di storia dell'arte (Bologna, 10-18 settembre 1979), a cura di A. Emiliani, Bologna, pp. 97-111.
J. Gardner, *Some Franciscan Altars of the Thirteenth and Fourteenth Centuries*, in *The Vanishing Past. Studies of Medieval Art, Liturgy and Metrology Presented to Christopher Hohler*, a cura di A. Martindale, BAR International, III, pp. 29-38.
A. Gentili, *La cultura antiquaria del secondo '400 e il problema del monumento Onigo*, in *Lorenzo Lotto*, Atti del convegno internazionale di studi per il V centenario della nascita (Asolo, 18-21 settembre 1980), a cura di P. Zampetti, V. Sgarbi, Treviso, pp. 65-72.
S. Guarino, *Lorenzo Lotto e la cerchia di Alvise Vivarini*, in *Lorenzo Lotto*, Atti del convegno internazionale di studi per il V centenario della nascita (Asolo, 18-21 settembre 1980), a cura di P. Zampetti, V. Sgarbi, Treviso, pp. 43-48.
P. Humfrey, *Two fragments from a Theseus Cassone by Cima*, in «The Burlington Magazine», CXXIII, 941, agosto, pp. 477-478.
M. Kasanaki-Lappa, *I zografoi tou Chandaka to 17o aiona. Eidiseis apo notariaka eggrafa*, in «Thesaurismata», XVIII, pp. 177-267.
M. Lucco, *Il monumento Onigo e la problematica lottesca*, in *Lorenzo Lotto*, Atti del convegno internazionale di studi per il V centenario della nascita (Asolo, 18-21 settembre 1980), a cura di P. Zampetti, V. Sgarbi, Treviso, pp. 57-64.
S. Marinelli, *Nota alla Mostra «Palladio e la Maniera»*, in «Ricerche di storia dell'arte», 13-14, pp. 151-153.
S. Mason Rinaldi, *La Piscina Probatica*, in *Da Tiziano a El Greco. Per la storia del Manierismo a Venezia 1540-1590*, catalogo della mostra (Venezia, Palazzo Ducale, settembre-novembre 1981), Milano, p. 223.
L. Menegazzi (a), *Cima da Conegliano*, Treviso.
L. Menegazzi (b), *Cima da Conegliano*, in *Dizionario Biografico degli Italiani*, Roma, 25, pp. 524-527.
E. Moench, *Les primitifs italiens du musée de Strasbourg*, in «L'Estampille», 140, pp. 4-20.
R. Pallucchini (a), *La pittura veneziana del Seicento*, 2 voll., Milano.
R. Pallucchini (b), *Per la storia del Manierismo a Venezia*, in *Da Tiziano a El Greco. Per la storia del Manierismo a Venezia 1540-1590*, catalogo della mostra (Venezia, Palazzo Ducale, settembre-novembre 1981), Milano, pp. 11-68.
N. Pozza, *Introduzione*, in F. Barbieri, *Pittori di Vicenza. 1480-1520*, Vicenza, p. 5.
Z. Princivalle, *Il Duomo di Montagnana*, Montagnana.
M. Saccardo (a), *Il bel ciclo di Alessandro Maganza*, in «La Voce dei Berici», 22 marzo, p. 3.
M. Saccardo (b), *Notizie d'arte e di artisti vicentini*, Vicenza.
E.A. Safarik, *Catalogo sommario della Galleria Colonna in Roma. Dipinti*, Roma.
Sant'Antonio 1231-1981: il suo tempo, il suo culto, la sua città, catalogo della mostra (Padova, Sala della Ragione - Sale dei chiostri del Santo, giugno-novembre 1981), a cura di G. Gorini, Padova.
V. Sgarbi, *Aggiunte al catalogo di Lorenzo Lotto*, in *Lorenzo Lotto*, Atti del convegno internazionale di studi per il V centenario della nascita (Asolo, 18-21 settembre 1980), a cura di P. Zampetti, V. Sgarbi, Treviso, pp. 225-235.
A. Tempestini, *Antonio da Bologna: uno o due?*, in «Mitteilungen des Kunsthistorischen Institutes in Florenz», pp. 341-354.
P. Zampetti, *La civiltà di Vicenza tra '400 e '500*, in «Notizie da Palazzo Albani», X, 2, pp. 42-43.

1982
P. Angiolini Martinelli, *Le icone della collezione classense di Ravenna*, Bologna.
P. Astrua, *Civerchio, Vincenzo*, in *Dizionario Biografico degli Italiani*, Roma, 26, pp. 91-94.
A. Ballarin, *Pinacoteca di Vicenza*, Vicenza.
G. Biasuz, recensione di *Cima da Conegliano. Luigi Menegazzi*, in «Archivio storico di Belluno, Feltre e Cadore», 53, p. 150.
J. Caro Baroja, *La interpretación Histórico-Cultural del paisaje*, in «Revista de dialectologia y tradiciones populares», XXXVII, pp. 3-56.
A. Coliva, *Le sculture tombali*, in *Santa Maria della Steccata*, a cura di B. Adorni, Parma, pp. 223-244.
P. Humfrey (a), *A New Book on Cima*, in ««Arte Veneta», XXXVI, pp. 275-277.
P. Humfrey (b), *Cima da Conegliano a Parma*, in «Saggi e Memorie di Storia dell'Arte», XIII, pp. 33-46, 131-141.
F.C. Lane, *I mercanti di Venezia*, Torino.
Luca Longhi e la pittura su tavola in Romagna nel '500, catalogo della mostra (Ravenna, Loggetta Lombardesca, 6 maggio - 20 giugno 1982), a cura di J. Bentini, Bologna.
G. Mantese, *Attuazione dei decreti tridentini a Vicenza nello spirito di San Carlo Borromeo*, in *Scritti e memorie in onore di mons. Carlo Fanton vescovo ausiliare di Vicenza nel cinquantesimo di sacerdozio*, Vicenza, pp. 5-35.
V. Markova, *Inediti della pittura veneta nei Musei dell'*URSS, in «Saggi e Memorie di Storia dell'Arte» XIII, pp. 22-23.
T. Motterle, *Iconografia di S. Carlo Borromeo nella diocesi di Vicenza*, in *Scritti e memorie in onore di mons. Carlo Fanton vescovo ausiliare di Vicenza nel cinquantesimo di sacerdozio*, Vicenza, pp. 267-319.
Museo Poldi Pezzoli. Dipinti, Milano.
R. Pallucchini, *Bassano*, Bologna.
R. Pallucchini - P. Rossi, *Tintoretto. Le opere sacre e profane*, Milano.
J. Raby, *Venice, Dürer and the Oriental Mode*, Florence.
M. Repetto Contaldo, *Francesco Torbido: da Giorgione alla Maniera*, in «Arte Veneta», XXXVI, pp. 62-80.
J.P. Reverseau, *Musée de L'Armée: les Armes et la Vie*, Paris.
D. Rosand, *Painting in Cinquecento Venice: Titian, Veronese, Tintoretto*, New Haven-London.
V. Sgarbi, *Gli affreschi di Jacopo Bassano a Santa Croce Bigolina*, in «Arte Veneta», XXXVI, pp. 200-204.
E. Winternitz, *Gli strumenti musicali e il loro simbolismo nell'arte occidentale*, Torino.
Zenale e Leonardo. Tradizione e rinnovamento della pittura lombarda, catalogo della mostra (Milano, Museo Poldi Pezzoli, 4 dicembre 1982 - 28 febbraio 1983), Milano.

1983
F. Bandini, *La letteratura padovana dopo il Ruzante tra Manierismo e Barocco*, *Storia della Cultura Veneta. Il Seicento*, a cura di G. Arnaldi, M. Pastore Stocchi, IV/I, Vicenza, pp. 327-362.
M.G. Ciardi Dupré - P. Dal Poggetto, *Antonio Rimpatta nelle Marche*, in *Urbino e le Marche prima e dopo Raffaello*, catalogo della mostra (Urbino, Palazzo Ducale - chiesa di San Francesco, 30 luglio - 30 ottobre 1983), a cura di M.G. Ciardi Dupré, P. Dal Poggetto, Firenze, pp. 286-293.
G. Fiori, *Notizie biografiche di Ferrante Moreschi, Orazio Bramieri, Girolamo Dalla Valle Leoni e di altri pittori attivi a Piacenza dal* XVI *al* XVIII *secolo*, in «Bollettino storico piacentino», gennaio-giugno, pp. 110-118.
L. Fornari Schianchi, *La Galleria Nazionale di Parma*, s.d. [ma 1983].
P. Humfrey, *Cima da Conegliano*, Cambridge (Mass.).
L. Lazzarini, *Il colore nei pittori veneziani tra il 1480 e il 1580*, in «Bollettino d'Arte», suppl. 5, «Studi veneziani, ricerche di archivio e di laboratorio», pp. 135-141.
Leonardo e gli spettacoli del suo tempo, catalogo della mostra (Milano, Rotonda di Besana, 2 luglio - 16 ottobre 1983), a cura di M. Mazzocchi Doglio, G. Tintori, M. Padovan, M. Tiella, Milano.
M. Lucco (a), *Francesco da Milano*, Udine.
M. Lucco (b), *Venezia fra Quattro e Cinquecento*, in *Storia dell'Arte Italiana*, I, II, Torino, pp. 445-477.
B.W. Meijer, *Paolo Fiammingo tra indigeni e «forestieri» a Venezia*, in «Prospettiva», 32, gennaio, pp. 20-32.
L. Moretti, *Ambienti dogali*, in *I Dogi*, a cura di G. Benzoni, Milano, pp. 274-284.
R. Pallucchini - P. Rossi, *Giovanni Cariani*, Cinisello Balsamo.
F. Rigon, *Arte di terra vicentina*, Vicenza.
J. Shearman, *The Early Italian Pictures in the Collection of Her Majesty the Queen*, Cambridge.
L. Steinberg, *The Sexuality of Christ in Renaissance Art and in Modern Oblivion*, New York; ed. italiana 1986.
The Genius of Venice 1500-1600, catalogo della mostra (Londra, Royal Academy of Arts, 25 novembre 1983 - 11 marzo 1984), a cura di J. Martineau, C. Hope, London.
E. Zimmermann, *Die Landschaft in der Venezianischen Malerei*, Leipzig.

1983-1984
V. Mancini, *Polidoro da Lanciano*, tesi di laurea, Università degli Studi di Padova, Facoltà di Lettere e Filosofia, relatore A. Ballarin.

1984
F. Barbieri, *Scultori a Vicenza. 1480-1520*, Vicenza.
F. Bologna, *Aggiunte a Lorenzo Costa*, in *Scritti di Storia dell'Arte in onore di Federico Zeri*, Milano, I, pp. 263-275.
G. Feigenbaum, *Ludovico Carracci. A Critical Study of his Later Career and a Catalogue of his Paintings*, Princeton.
M. Ferretti, *Pisa 1493: inizi di Niccolò pittore*, in *Scritti di Storia dell'Arte in onore di Federico Zeri*, Milano, I, pp. 249-262.
F. Flores D'Arcais, *La decorazione della cappella di San Giorgio*, in *Le pitture del Santo di Padova*, a cura di C. Semenzato, Vicenza, pp. 43-62.
C.L. Frommel, S. Ray, M. Tafuri, *Raffaello architetto*, Milano.
C. Gould, recensione di *Cima da Conegliano. Peter Humfrey*, in «Apollo», CXIX, 266, pp. 304-305.
E.M. Guzzo, recensione a F. Barbieri, *Pittori di Vicenza. 1480-1520*, in «Arte lombarda», n.s., 68-69, 1-2, pp. 161-162.
R. Latham, *Pepys and His Editors*, in «Royal Society for the Encouragement of Arts, Manufactures and Commerce, Journal», 132, 5334, maggio, pp. 390-415.
M. Lucco (a), *Il Cinquecento*, I, in *Le pitture del Santo di Padova*, a cura di C. Semenzato, Vicenza, pp. 145-163.
M. Lucco (b), *Un altro libro su Cima da Conegliano*, in ««Arte Veneta», 38, (1985), pp. 225-228.
S. Mason Rinaldi, *Jacopo Palma il Giovane. L'opera completa*, Milano.
P.A. Mattioli, *Il Magno Palazzo del Cardinale di Trento*, Calliano (1 ed. Venezia 1539).
A. Morassi, *I Guardi. I disegni*, Venezia.
Q. Ottino Della Chiesa, *Dipinti della Pinacoteca di Brera in deposito nelle chiese della Lombardia* (1969); ora in *Brera dispersa. Quadri nascosti di una grande raccolta*, Milano.
I. Palumbo Fossati, *L'interno della casa dell'artigiano e dell'artista nella Venezia del Cinquecento*, in «Studi Veneziani», pp. 109-154.
Paris Bordon, catalogo della mostra (Treviso, Palazzo dei Trecento, settembre-dicembre 1984), a cura di E. Manzato, Milano.

A. Perissa Torrini, *Il polittico del Duomo di Mestre*, in *Contributi. Problemi di conservazione e restauro*, «Quaderni della Soprintendenza ai Beni Artistici e Storici di Venezia», 19, pp. 131-133.
M. Repetto Contaldo, *Francesco Torbido detto «Il Moro»*, in «Saggi e Memorie di Storia dell'Arte», XIV, pp. 45-75.
S. Ringbom, *Icon to Narrative*, Doornspijk.
V. Romani, *Lelio Orsi*, Modena.
V. Sgarbi, *Giorgio Vasari e la carriera di Giovanni De Mio*, in *Giorgio Vasari tra decorazione ambientale e storiografia artistica*, Atti del convegno di studi (Arezzo, 8-10 dicembre 1981), a cura di G.C. Garfagnini, Firenze, pp. 401-408.
P. Tosetti Grandi, *Costa, Lorenzo*, in *Dizionario Biografico degli Italiani*, Roma, 30, pp. 211-219.
M.J. Zucker, *The Illustrated Bartsch, 24 (Commentary). Formerly Volume 13 (Part 2). Early Italian Masters*, New York.

1985
H. Belting, *Giovanni Bellini, Pietà. Ikone und Bilderzählung in der venezianischen Malerei*, Frankfurt-am-Main.
Catalogo della Pinacoteca dell'Accademia dei Concordi di Rovigo, a cura di P.L. Fantelli, M. Lucco, Vicenza.
C. Ceschi Sandon, *Pittori attivi a Praglia*, in *L'Abbazia di Santa Maria di Praglia*, a cura di C. Carpanese, F. Trolese, Padova, pp. 135-147.
E. Chini, *Aspetti dell'attività di Marcello Fogolino a Trento: gli affreschi al Buonconsiglio e i dipinti di tema sacro*, in *Bernardo Cles e l'arte del Rinascimento nel Trentino*, Milano.
F. Fontana, *Dipinti nelle chiese e negli oratori vicentini*, Vicenza.
T. Hetzer, *Venezianische Malerei: von ihren Anfängen bis zum Tode Tintorettos*, Stuttgart.
I Campi e la cultura artistica cremonese del Cinquecento, catalogo della mostra (Cremona, Santa Maria della Pietà - Vecchio Ospedale - Museo Civico - Sala Manfredi, 1985), a cura di M. Gregori, Milano.
L'Archivio storico di Conegliano e i vari archivi collaterali, a cura di N. Faldon, Conegliano.
L. Lazzarini, *Il colore nei pittori veneziani tra il 1480 e il 1580*, in «Bollettino d'Arte», suppl. 5, «Studi veneziani. Ricerche di archivio e di laboratorio», Roma, pp. 135-144.
Miniature nei codici e negli incunaboli della Biblioteca di Bassano, catalogo della mostra (Bassano del Grappa, Museo Civico-Biblioteca-Archivio, 19 ottobre - 15 dicembre 1985), Bassano del Grappa.
O. Mündler, *The Travel Diary of Otto Mündler (1855-1858)*, edited and transcribed by C. Togneri Dowd, in production by J. Anderson, in *The fifty first volume of the Walpole Society. 1985*, Leeds.
G. Nepi Scirè - F. Valcanover, *Gallerie dell'Accademia di Venezia*, Milano.
S. Romano, *Ritratto di fanciullo di Girolamo Mocetto. Modena, Galleria Estense*, Modena.
M. Saccardo, *Contributi per la storia dell'arte vicentina*, Vicenza.
The Illustrated Bartsch 30: Italian Masters of the sixteenth century. Enea Vico, a cura di J. Spike, New York.
J. Wilde, *Venetian Art from Bellini to Titian*, London.
E. Wind, *Misteri pagani nel Rinascimento*, Milano, nuova ed. riveduta.
M. Wyld - J. Dunkerton, *The Transfer of Cima's «The Incredulity of S. Thomas»*, in «National Gallery Technical Bulletin», 9, pp. 38-59.

1985-1986
M. Binotto, *Gli arredi plastici e pittorici del Palazzo di Montano Barbarano in Vicenza*, tesi di perfezionamento in Storia dell'arte, Università degli Studi di Padova, relatore A. Ballarin.

1986
Affreschi e icone dalla Grecia (X-XVII secolo), catalogo della mostra (Firenze, Palazzo Strozzi, 16 settembre - 6 novembre 1986), a cura di M. Aichemastou-Potamianou, Atene.
A. Brogi, *Un ritratto di Ludovico Carracci*, in «Paragone», 431-433, pp. 75-78.
L. Crosato Larcher, *I disegni di Paolo Veronese*, in «Arte Veneta», XL, pp. 249-258.
J. Dunkerton - A. Roy, *The Tecnique and Restoration of Cima's «The Incredulity of S. Thomas»*, in «National Gallery Technical Bulletin», 10, pp. 4-27.
H.J. Eberhardt, *Nuovi studi su Domenico Morone, Girolamo dai Libri e Liberale*, in *Miniatura veronese del Rinascimento*, catalogo della mostra (Verona, Museo di Castelvecchio, 20 settembre - 30 novembre 1986), a cura di G. Castiglioni, S. Marinelli, Verona, pp. 103-151.
B. Fabjan, *Le copie seicentesche da Perugino in Certosa*, in *Perugino, Lippi e la bottega di San Marco alla Certosa di Pavia 1495-1511*, catalogo della mostra (Milano, Pinacoteca di Brera, 1986), a cura di B. Fabjan, Firenze, pp. 55-58.
N. Faldon - F. Valcanover, *Giambattista Cima da Conegliano*, Treviso.
V. Fortunati Pietrantonio (a), *Lavinia Fontana (Bologna, 1552-Roma, 1614)*, in *Pittura bolognese del '500*, Bologna, pp. 727-737.
V. Fortunati Pietrantonio (b), *Pittura bolognese del '500*, Bologna.
V. Fortunati Pietrantonio (c), *Prospero Fontana (Bologna, 1512-Bologna, 1557)*, in *Pittura bolognese del '500*, Bologna, pp. 339-414.
E. Gombrich, *Luce, forma e resa delle superfici nella pittura del Quattrocento a nord e a sud delle Alpi*, in *L'eredità di Apelle. Studi sull'arte del Rinascimento*, Torino, pp. 27-48.
P. Humfrey (a), *Some additions to the Cima catalogue*, in «Arte Veneta», XL, pp. 154-156.
P. Humfrey (b), *The Venetian Altarpiece of the Early Renaissance in the Light of Contemporary Business Practice*, in «Saggi e Memorie di Storia dell'Arte», XV, pp. 63-82.
F. Lodi, *Dal Toso, Girolamo*, in *Dizionario Biografico degli Italiani*, Roma, 32, pp. 258-260.
M. Lucco (a), *Pittura del Duecento e del Trecento nelle province venete*, in *La pittura in Italia. Il Duecento e il Trecento*, a cura di E. Castelnuovo, I, ed. accresciuta e aggiornata, Milano (I ed. 1985), pp. 113-149.
M. Lucco (b), *Paolo Veneziano*, in *La pittura in Italia. Il Duecento e il Trecento*, a cura di E. Castelnuovo, II, ed. accresciuta e aggiornata, Milano (I ed. 1985), p. 648.
G. Mantese, *I tre dipinti di Marcello Fogolino nei testamenti Rezzara e Rebustello*, in «La Voce dei Berici», agosto, p. 3.
M. Marubbi, *Vincenzo Civerchio. Contributo alla cultura figurativa cremasca nel primo Cinquecento*, Milano.
P. Medioli Masotti, *Letteratura e società a Parma nel Quattrocento. I. Il «Philogyne» di Andrea Baiardi. II. Ms. Parm. 1424 della Palatina di Parma*, in *Parma e l'Umanesimo italiano*, Atti del convegno internazionale di studi umanistici (Parma, 20 ottobre 1984), a cura di P. Medioli Masotti, Padova, pp. 231-261.
Miniatura veronese nel Rinascimento, catalogo della mostra (Verona, Museo di Castelvecchio, 20 settembre - 30 novembre 1986), a cura di G. Castiglioni, S. Marinelli, Verona.
Museo ritrovato. Restauri, Acquisizioni, Donazioni 1984-1986, catalogo della mostra (Vicenza, Basilica Palladiana, 10 maggio - 21 settembre 1986), Milano.
W.R. Rearick, *Dal Ponte Jacopo, detto Bassano*, in *Dizionario Biografico degli Italiani*, Roma, 32, pp. 181-188.
F. Rigon, *Attività della Pinacoteca di Vicenza nel 1986*, in «Arte Veneta», XL, pp. 328-329.
A. Sartori, *Archivio Sartori. Documenti di storia e arte francescana. II. 2. La Provincia del santo dei frati minori conventuali*, a cura di G. Luisetto, Padova.
S. Simonetti, *Profilo di Bonifacio de' Pitati*, in «Saggi e Memorie di Storia dell'Arte», XV, pp. 83-183.
L. Steinberg, *La sessualità di Cristo nell'arte rinascimentale e il suo oblio nell'epoca moderna*, Milano.
A. Tempestini, recensione a P. Humfrey, *Cima da Conegliano*, in «Antichità Viva», 25, 1, pp. 47-51.
G.J. Van der Sman, *Uno studio iconologico sull'Endimione dormiente e sul Giudizio di Mida di Cima da Conegliano: pittura, poesia e musica nel primo Cinquecento*, in «Storia dell'arte», 58, pp. 197-203.
Venezia e la difesa del Levante. Da Lepanto a Candia 1570-1670, catalogo della mostra (Venezia, Palazzo Ducale, 15 marzo - 20 luglio 1986), Venezia.
C. Walker Bynum, *The Body of Christ in the Latter Middle Ages: A Reply to Leo Steinberg*, in «Renaissance Quarterly», 39, pp. 399-439.
Wallraf-Richartz-Museum Köln: vollständiges Verzeichnis der Gemäldesammlung, a cura di C. Hesse, M. Schlagenhaufer, Mailand.
R. White, *Brown and Black Organic Glazes, Pigments and Paints*, in «National Gallery Technical Bulletin», 10, pp. 58-71.
A. Zanni, *I mobili del Museo Poldi Pezzoli*, in *Museo Poldi Pezzoli. Ceramiche-Vetri-Mobili e arredi*, Milano, pp. 309-340.

1986-1987
V. Caprara, *Il testamento di Carlo Innocenzo Carloni e gli affreschi di Cima*, in «Periodico della Società Storica Comense», 52, pp. 182-185.

1987
G. Algeri, *Per l'attività di Michelino da Besozzo in Veneto*, in «Arte Cristiana», LXXV, 718, gennaio-febbraio, pp. 17-32.
G. Baldissin Molli, *De Mio Giovanni*, in *La pittura in Italia. Il Cinquecento*, a cura di G. Briganti, Milano, II, pp. 702-703; ed. accresciuta e aggiornata, 1988.
D. Benati, *La pittura a Ferrara e nei domini estensi nel secondo Quattrocento. Parma e Piacenza*, in *La pittura in Italia. Il Quattrocento*, a cura di F. Zeri, Milano, I, pp. 256-271.
L. Caniato - G. Baldissin Molli, *Conegliano. Storia e itinerari*, Treviso.
C.V. Castelnovi, *La pittura a Genova e in Liguria. I. Il Quattro e il primo Cinquecento*, Genova, II ed.
M. Chatzidakis, *Ellines zografoi meta tin Alosi (1450-1830)*, Atene.
E. Chini, *Inediti di Marcello Fogolino e del Monogrammista F.V.*, in *Bernardo Clesio e il suo tempo*, a cura di P. Prodi, Roma.
D. De Vos, *Hans Memling*, in *Nationaal Biografisch Woordenboek*, XII, pp. 519-534.
M. Fileti Mazza, *Archivio elettronico del carteggio*, in *Archivio del collezionismo mediceo. Il cardinal Leopoldo*, I, ricerca diretta da P. Barocchi, Milano-Napoli, pp. 3-400.
L. Fornari Schianchi, *Cima da Conegliano*, in «FMR», 51, p. 74.
F. Frangi, *Vincenzo Civerchio: un libro e alcune novità in margine*, in «Arte Cristiana», LXXV, 722, pp. 325-330.
D. Gisolfi Pechukas, *Veronese and His Collaborators at «La Soranza»*, in «Artibus et Historiae», XV, pp. 67-108.
P. Grimal, *Dizionario di mitologia greca e romana*, Brescia.
W. Hood, *Italian Renaissance Art*, in «The Art Bulletin», 69, 2, giugno, pp. 174-187.
P. Humfrey, *La pittura a Venezia nel secondo Quattrocento*, in *La pittura in Italia. Il Quattrocento*, a cura di F. Zeri, Milano, I, pp. 184-209.
Jacobus a Ponte Bassanensis. I disegni della maturità: 1549-1567, Bassano del Grappa.
Lelio Orsi 1511-1587. Dipinti e disegni, catalogo della mostra (Reggio Emilia, Teatro Valli, 5 dicembre 1987 - 30 gennaio 1988), a cura di E. Monducci, M. Pirondini, Cinisello Balsamo.
M. Lucco (a), *La pittura a Venezia nel primo Cinquecento*, in *La pittura in Italia. Il Cinquecento*, a cura di G. Briganti, I, Milano, pp. 149-196.
M. Lucco (b), *La pittura del secondo Quattrocento nel Veneto occidentale*, in *La pittura in Italia. Il Quattrocento*, a cura di F. Zeri, Milano, I, pp. 147-167.
M. Lucco (c), *Morone, Domenico*, in *La Pittura in Italia. Il Quattrocento*, a cura di F. Zeri, Milano, II, pp. 713-714.
G. Martinelli Bragaglia, *Sante Peranda. Un pittore alle corte dei Pico e degli Este*, Modena.

G. Mies, *Arte del '500 nel vittoriese*, Vittorio Veneto.

L. Moretti, *Noterelle bordoniane*, in *Paris Bordon e il suo tempo*, Atti del convegno internazionale di studi (Treviso, 28-30 ottobre 1985), Treviso, pp. 159-162.

F. Moro, *Pittura a Lodi. 1487 e oltre*, in *Pittura Tra Adda e Serio. Lodi Treviglio Caravaggio Crema*, a cura di M. Gregori, Milano, pp. 21-30, 100-114.

M. Natale, *La pittura in Lombardia nel secondo Quattrocento*, in *La pittura in Italia. Il Quattrocento*, a cura di F. Zeri, Milano, I, pp. 72-98.

K. Prijatelj, recensione di *Cima da Conegliano. Peter Humfrey*, in «Zbornik za umetnostno zgodovino», 23, pp. 128-130.

Proposte e restauri. I musei d'arte negli anni ottanta, catalogo della mostra (Verona, San Francesco al Corso - Museo di Castelvecchio, 1987), a cura di S. Marinelli, Verona.

L. Puppi, *Andrea Palladio ci mostra finalmente il suo vero volto, scavato e affilato*, in «Il Giornale di Vicenza», 23 agosto, p. 3.

Space in European Art, catalogo della mostra (Tokyo, The National Museum of Western Art, 28 marzo - 14 giugno 1987), a cura di W.R. Rearick, Tokyo.

M. Tanzi, *Francesco Prata da Caravaggio: aggiunte e verifiche*, in «Bollettino d'Arte del Ministero per i Beni Culturali e Ambientali», LXXII, 44-45, luglio-ottobre, pp. 141-156.

A. Ugolini, *Lorenzo Costa da Bologna a Mantova*, in «Prospettiva», 48, gennaio, pp. 79-85.

P.F. Watson, recensione di *Cima da Conegliano. Peter Humfrey*, in «The Art Bulletin», 69, 1, marzo, pp. 139-143.

W. Wolters, *Storia e politica nei dipinti di Palazzo Ducale. Aspetti dell'autocelebrazione della Repubblica di Venezia nel Cinquecento*, Venezia.

1988

Alessandro Bonvicino il Moretto, catalogo della mostra (Brescia, Monastero di Santa Giulia, 18 giugno - 20 novembre 1988), Bologna.

P. Amato, *Imago Mariae. Tesori d'arte della civiltà cristiana*, catalogo della mostra (Roma, Palazzo Venezia, 20 giugno - 2 ottobre 1988), Roma.

A. Ballarin, *Jacopo Bassano. San Pietro risana lo storpio*, in *Pittori padani e toscani fra Quattro e Cinquecento*, catalogo della mostra (Vicenza, 15 ottobre - 27 novembre 1988), Vicenza; ora in A. Ballarin, *Jacopo Bassano. Scritti 1964-1995*, a cura di V. Romani, 2 voll., Cittadella 1995, II, pp. 269-291.

G. Baldissin Molli, *Fasolo, Giovanni Antonio*, in *La pittura in Italia. Il Cinquecento*, a cura di G. Briganti, Milano, II, p. 709.

P.V. Begni Redona, *Alessandro Bonvicino il Moretto da Brescia*, Brescia.

M. Bianco Fiorin, *Pittori cretesi-veneziani e «madonneri». Nuove indagini e attribuzioni*, in «Bollettino d'Arte», LXXIII, 47, pp. 71-84.

M. Binotto, *Michieli, Andrea, detto Vicentino*, in *La pittura in Italia. Il Cinquecento*, a cura di G. Briganti, Milano, II, p. 772.

E. Camesasca, *Trésors du Musée de São Paulo. De Raphael a Corot*, catalogo della mostra (Martigny, Fondation Pierre Giannada, 26 marzo - 26 giugno 1988), Milano.

A. Chastel, *Favole, forme, figure*, Torino.

C. Cieri Via, *Prefazione*, in A. Uguccioni, *Salomone a la regina di Saba. La pittura di cassone a Ferrara. Presenze nei musei americani*, Ferrara, pp. 7-13.

A. Colombi Ferretti, *Zaganelli, Francesco e Bernardino*, in *La pittura in Italia. Il Cinquecento*, a cura di G. Briganti, Milano, II, pp. 867-868.

L. Dania - D. Funari, *S. Agostino: il santo nella pittura dal XIV al XVIII secolo*, Cinisello Balsamo.

L. De Girolami Cheney, *Barbara Longhi of Ravenna*, in «Woman's Art Journal», primavera-estate, pp. 16-20.

M.T. Dirani Mistrorigo, *La chiesa e il convento di San Biagio nuovo*, Vicenza.

E.N. - C.F., *Case d'artista Giotto e Cima*, in «Critica d'arte», s. 4, 53, 16, pp. 98-100.

G. Fossaluzza, *Per il Pozzoserrato: opere sacre*, in *Toeput a Treviso. Ludovico Pozzoserrato, Lodewijk Toeput, pittore neerlandese nella civiltà veneta del tardo Cinquecento*, Atti del seminario (Treviso, 6-7 novembre 1987), a cura di S. Mason Rinaldi, D. Luciani, Asolo, pp. 43-58.

F. Frangi, *Licinio, Bernardino*, in *La pittura in Italia. Il Cinquecento*, a cura di G. Briganti, Milano, II, p. 748.

S.J. Freedberg, *La pittura in Italia dal 1500 al 1600*, Bologna 1988 (I ed. inglese Harmondsworth 1971).

C. Furlan, *Il Pordenone*, Milano.

A. Gentili, *Da Tiziano a Tiziano. Mito e allegoria nella cultura veneziana del Cinquecento*, Roma (I ed. 1980).

P. Goi, *Di Gianfrancesco da Tolmezzo e di altri: accertamenti e novità*, in *Cultura in Friuli*, Atti del convegno internazionale di studi in omaggio a Giuseppe Marchetti (1902-1966) (Gemona-Udine, 12-14 settembre 1986), a cura di G.C. Menis, Udine, II, pp. 507-524.

P. Humfrey, *Competitive Devotions: The Venetian «Scuole Piccole» as Donors of Altarpieces in the Years around 1500*, in «The Art Bulletin», 70, 3, settembre, pp. 401-424.

Imago Mariae: Tesori d'arte della civiltà cristiana, catalogo della mostra (Roma, Museo di Palazzo Venezia, 20 giugno - 2 ottobre 1988), a cura di P. Amato, Milano.

R. Koch, *The Getty «Annunciation» by Dieric Bouts*, in «The Burlington Magazine», 1988, pp. 509-516.

L. Lanzi, *Viaggio nel Veneto*, a cura di D. Levi, Firenze, s.d. (ma 1988).

La Pinacoteca Comunale di Ravenna. Opere dal XIV al XVIII secolo, Ravenna.

La Quadreria Emo Capodilista. 543 dipinti dal '400 al '700, catalogo della mostra (Padova, Palazzo della Ragione, 7 maggio - 25 settembre 1988), a cura di D. Banzato, Roma.

M. Laurenzi Tabasso (coord.), *Le indagini scientifiche*, in *La pala ricostituita. L'Incoronazione della Vergine e la cimasa vaticana di Giovanni Bellini. Indagini e restauri*, a cura di M.R. Valazzi, Venezia, pp. 127-143.

Luochi della luna. Le facciate affrescate a Trento, a cura di E. Castelnovo, Trento.

A. Markham Schultz, *Cristoforo Solari at Venice: Facts and Suppositions*, in «Prospettiva», 53-56, pp. 309-316.

F. Moro, *Albertino Piazza; Martino Piazza*, in *La pittura in Italia. Il Cinquecento*, a cura di G. Briganti, Milano, II, pp. 801-803.

S.M. Newton, *The Dress of the Venetians. 1495-1525*, Aldershot.

E. Panofsky, *L'iconografia della Camera di San Paolo del Correggio*, in *Il Correggio e la Camera di San Paolo*, a cura di F. Barocelli, Milano, pp. 147-215 (trad. it. di *The Iconography of Correggio's Camera di San Paolo*, London 1961).

Paolo Veronese. Disegni e dipinti, catalogo della mostra (Venezia, Fondazione Giorgio Cini, 26 marzo - 10 luglio 1988), a cura di W.R. Rearick, Vicenza.

Pinacoteca di Brera. Scuole lombarda e piemontese 1300-1535, Milano.

E. Rama, *Buonconsiglio, Giovanni, detto Marescalco*, in *La pittura in Italia. Il Cinquecento*, a cura di G. Briganti, Milano, II, pp. 657-658.

F. Rossi, *Accademia Carrara. Catalogo dei dipinti dei secc. XV-XVI*, Cinisello Balsamo, I.

P. Rylands, *Palma il Vecchio. L'opera completa*, Milano.

E. Saccomani, *La pittura a Padova e a Vicenza nel Cinquecento*, in *La pittura in Italia. Il Cinquecento*, a cura di G. Briganti, Milano, II, pp. 197-207.

The Art of Paolo Veronese 1528-1588, catalogo della mostra (Washington, National Gallery of Art, 13 novembre 1988 - 20 febbraio 1989), a cura di W.R. Rearick, Washington.

S. Tumidei, *Rimpatta, Antonio*, in *La pittura in Italia. Il Cinquecento*, a cura di G. Briganti, Milano, II, pp. 822-823.

Veronese e Verona. Museo di Castelvecchio, catalogo della mostra (Verona, Museo di Castelvecchio, 1988), a cura di S. Marinelli, Verona.

E. Weddigen, *Zur Ikonographie der Bamberger «Assunta» von Jacopo Tintoretto*, in *Die Bamberger «Himmelfahrt Mariae» von Jacopo Tintoretto*, Atti del convegno internazionale (Monaco, 27-28 gennaio 1986), a cura di M. Petzet, München, p. 95.

1988-1989

D.A. Brown, *Manieri and Marmitta as Devotional Artists*, in «Prospettiva», 53-56, *Scritti in ricordo di Giovanni Previtali*, I, aprile-gennaio, pp. 299-308.

C.A. Bucci, *L'opera di Bartolomeo Montagna per la chiesa di San Bartolomeo a Vicenza*, tesi di laurea, Università degli Studi di Roma «La Sapienza».

F. Dal Cortivo, *Leonardo Valmarana, nobile vicentino fra Cinque e Seicento*, tesi di laurea, Università degli Studi di Padova, Facoltà di Lettere e Filosofia, relatore F. Seneca.

1989

L. Brunello, *Una chiesa e una scuola*, Mestre.

A. Bruschi, *Le chiese del Serlio*, in *Sebastiano Serlio*, sesto seminario internazionale di storia dell'architettura (Vicenza, 31 agosto - 4 settembre 1987), a cura di Ch. Thoenes, Milano, pp. 169-186.

Buonconsiglio Giovanni, detto il Marescalco, in *Dizionario della pittura e dei pittori*, Torino, I, p. 478.

M.T. Cantaro, *Lavinia Fontana bolognese «pittora singolare», 1552-1614*, Milano.

Catalogue of Western European Painting. Netherlandish Painting, Fifteenth and Sixteenth Centuries, a cura di N. Nikulin, Moscow-Firenze.

M. Cionini Visani, *Cima da Conegliano, Giovanni Battista*, in *Dizionario della pittura e dei pittori*, Torino, I, pp. 663-664.

E. Cozzi, *Vicenza*, in *La Pittura nel Veneto. Il Quattrocento*, a cura di M. Lucco, Milano, I, pp. 135-190.

A. Dillon Bussi, *I libri decorati di Girolamo Rossi. Illustrazione libraria a Venezia nella seconda metà del Quattrocento*, in «Verona Illustrata», 2, pp. 29-51.

N. Geirnaert, *Hans Memlings Kruisigingstriptiek voor Johannes Crabbe. Nieuwe gegevens over bestemming en datering*, in *Brugge Stedelijke Musea Jaarboek 1987-1988*, Bruges, pp. 174-183.

R. Goffen, *Giovanni Bellini*, London (ed. italiana Milano 1990).

U. Härting, *Frans Francken der Jüngere (1581-1642). Die Gemälde mit Kritischem Œuvrekatalog*, Freren.

N. Huse - W. Wolters, *Venezia. L'arte del Rinascimento. Architettura, scultura, pittura 1460-1590*, Venezia.

I Piazza da Lodi. Una tradizione di pittori nel Cinquecento, catalogo della mostra (Lodi, chiesa di San Cristoforo - Tempio dell'Incoronata, 7 ottobre - 17 dicembre 1989), a cura di G.C. Sciolla, Milano.

D. Lewis, *The Plaquettes of «Moderno» and His Followers*, in *Italian Plaquettes*, a cura di A. Luchs, Washington, pp. 105-141.

J. Longnon - R. Cazelles, *Les Très Riches Heures du Duc de Berry*, London.

M. Lucco (a), *Battista da Vicenza*, in *La Pittura nel Veneto. Il Quattrocento*, a cura di M. Lucco, Milano, I, p. 34.

M. Lucco (b), *«Maestro della Madonna di Suida»*, in *La Pittura nel Veneto. Il Quattrocento*, a cura di M. Lucco, Milano, I, p. 352.

M. Lucco (c), *«Maestro di Lonigo»*, in *La Pittura nel Veneto. Il Quattrocento*, a cura di M. Lucco, Milano, I, p. 354.

P. Mahnken Meilman, *Titian's Saint Peter Martyr Altarpiece and the Development of Altar Painting in Renaissance Venice*, Hochschulschrift, New York, Columbia Univ., Diss.

A. Markham Schulz, *Cristoforo Solari at Venice: Facts and Suppositions*, in *Scritti in ricordo di Giovanni Previtali*, a cura di B. Adembri *et alii*, Firenze, pp. 309-316.

E. Moench Scherer, *Verona*, in *La pittura nel Veneto. Il Quattrocento*, a cura di M. Lucco, Milano, I, pp. 149-190.

S. Osano (a), *Giovanni Badile collaboratore del Pisanello e riflessioni sul suo itinerario artistico*, in *La cappella Guantieri in S. Maria della Scala a Verona. Il restauro degli affreschi di Giovanni Badile*

e dell'arca, a cura di M. Cova, Verona, pp. 51-82.
S. Osano (b), *Michele da Besozzo in San Vincenzo di Thiene*, in «Paragone», XL, 13, 467, gennaio, pp. 63-67.
T. Pesenti, *La cultura scientifica: medici, matematici, naturalisti*, in *Storia di Vicenza. III/1. L'età della Repubblica Veneta (1404-1797)*, a cura di F. Barbieri, P. Preto, Vicenza, pp. 255-271.
L. Pezzolo, *Uomini e istituzioni tra una città soggetta e Venezia: Vicenza 1630-1797*, in *Storia di Vicenza. III/1. L'Età della Repubblica Veneta (1404-1797)*, a cura di F. Barbieri, P. Preto, Vicenza, pp. 115-146.
T. Pignatti, *L'arte veneziana*, Venezia.
W.R. Rearick, *Jacobus a Ponte Bassanensis. Disegni della tarda maturità (1568-1574)*, III, Bassano del Grappa.
Restituzioni. 10 opere restaurate, catalogo della mostra (Vicenza, Palazzo Leoni Montanari, 16 settembre - 22 ottobre 1989), Vicenza.
F. Rossi, *Le gemme antiche e le origini della placchetta*, in *Italian Plaquettes*, a cura di A. Luchs, Washington, pp. 55-68.
G.C. Sciolla (a), *I Piazza: i tempi della critica*, in *I Piazza da Lodi. Una tradizione di pittori nel Cinquecento*, catalogo della mostra (Lodi, chiesa di San Cristoforo - Tempio dell'Incoronata, 7 ottobre - 17 dicembre 1989), a cura di G.C. Sciolla, Milano, pp. 15-36.
G.C. Sciolla (b), *Itinerario di Martino e Alberto Piazza*, in *I Piazza da Lodi. Una tradizione di pittori nel Cinquecento*, catalogo della mostra (Lodi, chiesa di San Cristoforo - Tempio dell'Incoronata, 7 ottobre - 17 dicembre 1989), a cura di G.C. Sciolla, Milano, pp. 87-97.
J. Woodall, *Honour and Profit. Anthonis Mor and the Status of the Portraiture*, in *Nederlandse Bijdragen over de portretkunst in de Nederlanden portretten uit de zestiende, zevetiende en achttiende eeuw*, «Leids Kunsthistorisch Jaarboek», VIII, pp. 69-89.
R. Zama, *Zaganelli e dintorni, per una ricerca sui dipinti di Francesco e Bernardino, fra Cotignola e Ravenna*, Faenza.

1990
B. Aikema, *Pietro della Vecchia and the Heritage of the Renaissance in Venice*, Firenze.
L. Attardi, *«Franceschо dai retratti depentore»: ancora sui ritratti di Francesco Apollodoro detto il Porcia*, in «Bollettino del Museo Civico di Padova», LXXIX, pp. 301-318.
A. Ballarin, *Jacopo Bassano. «Incontro di Giacobbe e Rachele al pozzo»*, in *Da Bilduino ad Algardi. Pittura e scultura a confronto*, catalogo della mostra (Torino, Antichi Maestri Pittori, 12 maggio - 23 giugno 1990), a cura di G. Romano, Torino, pp. 117-145; ora in A. Ballarin, *Jacopo Bassano. Scritti 1964-1995*, a cura di V. Romani, 2 voll., Cittadella 1995, II, pp. 269-291.
F. Barbieri, *L'immagine urbana dalla Rinascenza alla «età dei lumi»*, in *Storia di Vicenza. III/2. L'età della Repubblica Veneta (1404-1797)*, a cura di F. Barbieri, P. Preto, Vicenza, pp. 211-280.
L. Bedini - V. Maderna, *Cima da Conegliano: [tre dipinti restaurati]*, catalogo della mostra (Modena, Galleria e Museo Estense, 24 ottobre - 30 novembre 1990), Modena s.d.
P. Bellini, *Del Sole, Giovanni Battista*, in *Dizionario Biografico degli Italiani*, Roma, 38, pp. 293-295.
H. Belting, *The Image and Its Public in the Middle Ages*, New Rochelle.
D. Benati, *Francesco Bianchi Ferrari*, Modena.
L. Campbell, *Renaissance Portraits. European Portrait Painting in the 14th, 15th and 16th centuries*, New Haven-London.
A. Colla, *Tipografi, editori e librai*, in *Storia di Vicenza. III/2. L'età della Repubblica Veneta (1404- 1797)*, a cura di F. Barbieri, P. Preto, Vicenza, pp. 109-162.
L. Collobi Ragghianti, *Dipinti fiamminghi in Italia, 1420-1570*, Bologna.
E. Croce, *Anna, madre della Vergine*, in *Enciclopedia dei Santi. Bibliotheca Sanctorum*, Roma, I, pp. 1270-1296.
Da Bilduino ad Algardi. Pittura e scultura a confronto, catalogo della mostra (Torino, Antichi Maestri Pittori, 12 maggio - 23 giugno 1990), a cura di G. Romano, Torino.
V. Fassina, M. Matteini, A. Moles, *Studio dei leganti pittorici in sette dipinti a Venezia*, in *Tiziano*, catalogo della mostra (Venezia, Palazzo Ducale, 1 giugno - 7 ottobre 1990), Venezia, pp. 388-400.
Fiamminghi. Arte fiamminga e olandese del Seicento nella Repubblica veneta, catalogo della mostra (Padova, Palazzo della Ragione, 15 giugno - 1 ottobre 1990), a cura di C. Limentani Virdis, D. Banzato, Milano.
G. Fossaluzza, *Treviso*, in *La pittura nel Veneto. Il Quattrocento*, a cura di M. Lucco, Milano, II, pp. 541-572.
Giovanni Gerolamo Savoldo tra Foppa, Giorgione e Caravaggio, catalogo della mostra (Brescia, Monastero di Santa Giulia, 3 marzo - 31 maggio 1990; Francoforte, Schirn Kunsthalle, 8 giugno - 3 settembre 1990), Milano.
D. Gisolfi Pechukas, *Paolo Veronese e i suoi primi collaboratori*, in *Nuovi studi su Paolo Veronese*, Atti del convegno di studi (Università degli Studi di Venezia, VI, 1988), a cura di M. Gemin, Venezia, pp. 25-35.
R. Goffen, *Giovanni Bellini*, Milano.
P. Humfrey (a), *Cima da Conegliano, Giovanni Battista Cima detto*, in *La pittura nel Veneto. Il Quattrocento*, a cura di M. Lucco, Milano, II, pp. 742-743.
P. Humfrey (b), *La pittura veneta del Rinascimento a Brera*, Firenze.
P. Humfrey (c), *Teseo e il Minotauro*, in *Pinacoteca di Brera. Scuola veneta*, Milano, pp. 114-115, cat. 56.
M. Lucco (a), *«Maestro di San Pietro a Vicenza»*, in *La pittura nel Veneto. Il Quattrocento*, a cura di M. Lucco, Milano, II, p. 756.
M. Lucco (b), *Venezia*, in *La pittura nel Veneto. Il Quattrocento*, a cura di M. Lucco, Milano, II, pp. 395-480.
P.C. Marani, *Un Cristo con il manto beretino di Bramante*, in «Paragone», XLI, 487, pp. 96-100.
G. Mariani Canova, *Antonio Grifo illustratore del Petrarca queriniano*, in G. Frasso, G. Mariani Canova, E. Sandal, *Illustrazione libraria, filologia e esegesi petrarchesca tra Quattrocento e Cinquecento: Antonio Grifo e l'incunabolo queriniano G V 15*, Padova, pp. 147-200.
E. Martini, *Di alcune opere di Cima da Conegliano*, in «Arte documento», IV, pp. 76-81.
G. Pilo, *Veronese e il tema del Battesimo di Gesù Cristo*, in *Nuovi studi su Paolo Veronese*, Atti del convegno di studi (Università di Venezia, VI, 1988), a cura di M. Gemin, Venezia, pp. 400-410.
Pinacoteca di Brera. Scuola veneta, direzione scientifica di F. Zeri, Milano.
L. Puppi, *La committenza vicentina di Paolo Veronese*, in *Nuovi studi su Paolo Veronese*, Atti del convegno di studi (Università di Venezia, VI, 1988), a cura di M. Gemin, Venezia, pp. 340-346.
M. Repetto Contaldo, *Demio, Giovanni*, in *Dizionario Biografico degli Italiani*, Roma, 38, pp. 652-656.
C. Rigoni, *Domenico Brusasorci e Giovanni De Mio. Due episodi del Manierismo a Vicenza*, in «Verona Illustrata», III, pp. 43-57.
P. Rossi, *Tintoretto. I ritratti*, Milano (1 ed. Venezia 1974).
C. Schmidt, *La «sacra conversazione» nella pittura veneta*, in *La pittura nel Veneto. Il Quattrocento*, a cura di M M. Lucco, Milano, II, pp. 703-725.
M. Tanzi, *Vicenza*, in *La pittura nel Veneto. Il Quattrocento*, a cura di M. Lucco, Milano, II, pp. 599-621.
J. Thorton, *Veronese and the Choice of Colours for a Painting*, in *Nuovi studi su Paolo Veronese*, Atti del convegno di studi (Università di Venezia, VI, 1988), a cura di M. Gemin, Venezia, pp. 149-165.
Tiziano, catalogo della mostra (Venezia, Palazzo Ducale, 1 giugno - 7 ottobre 1990), Venezia.
P. Tosetti Grandi, *«Favole tolte da Ovidio e da altri poeti»: per tre coppie di cassoni nuziali di Bologna*, in «Bollettino del Museo Civico di Padova», 79, pp. 223-253.
A. Vauchez, *Ordini mendicanti e società italiana. XIII-XV secolo*, Milano.
P.L. Vocotopoulos, *Eikones tis Kerkyras*, Atene.

1991
Alla ricerca di un'immagine. Illustrazioni, a cura di C. Pampaloni, in *Iconografia colombiana*, a cura dell'Istituto dell'Enciclopedia italiana, Roma, pp. 101-171.
E. Battisti, *Le origini religiose del paesaggio veneto*, in *Giovanni Bellini 1500-1515*, «Venezia Cinquecento. Studi di Storia dell'arte e della cultura», I, 2, pp. 9-25.
A. Bruni, *Le scienze botaniche semplicistiche e terapeutiche nella Ferrara del Rinascimento. Un paradigma sull'evoluzione del farmaco*, in *La rinascita del sapere. Libri e maestri dello studio ferrarese*, a cura di R. Castelli, Venezia, pp. 274-292.
C.A. Bucci, *Pietra Porto in due pale di Bartolomeo Montagna*, in «Venezia Cinquecento. Studi di Storia dell'arte e della cultura» I, I, pp. 5-26.
S. Chiellini, *Contributo per la storia degli insegnamenti umanistici nello studio ferrarese (XIV-XVII secolo)*, in *La rinascita del sapere. Libri e maestri dello studio ferrarese*, a cura di R. Castelli, Venezia, pp. 210-245.
Da Bellini a Tintoretto. Dipinti dei Musei civici di Padova dalla metà del Quattrocento ai primi del Seicento, catalogo della mostra (Padova, Musei Civici, 19 maggio 1991 - 17 maggio 1992), a cura di A. Ballarin, D. Banzato, Milano.
E.M. Dal Pozzolo, *Giorgione a Montagnana*, in «Critica d'Arte», LVI, 8, pp. 23-42.
G. Dillon, *Il Parmigianino di Agostino Giusti*, in «Verona Illustrata», IV, pp. 51-54.
A. Gentili, *Giovanni Bellini, la bottega, i quadri di devozione*, in «Venezia Cinquecento. Studi di Storia dell'arte e della cultura», II, pp. 27-60.
E.M. Guzzo, *La formazione bresciana di Giovanni De Mio e un'ipotesi per il Monogrammista «FV»*, in «Arte Cristiana», LXXIX, 747, novembre-dicembre, pp. 418-430.
F. Heinemann, *Giovanni Bellini e i belliniani, Supplemento e ampliamenti*, III, Hildesheim-Zürich-New York.
D. Mugnai Carrara, *La biblioteca di Nicolò Leoniceno. Tra Aristotele e Galeno: cultura e libri di un medico umanista*, Firenze.
B. Nick, *Studien zu Geldorp Gortzius (1553-1616)*, in «Kunstchronik», 44, 8, p. 483.
T. Pignatti - F. Pedrocco, *Veronese. Catalogo completo dei dipinti*, Firenze.
G.M. Pilo, *Postilla a Jacopo Tintoretto*, in «Arte Documento», V, p. 116.
Pinacoteca di Brera. Scuola Emiliana, direzione scientifica F. Zeri, Milano.
M. Tanzi, *Boccaccio Boccaccino*, Soncino.

1991-1992
M.C. Dossi, *I Maganza*, tesi di laurea, Università degli Studi di Udine, Facoltà di Lettere e Filosofia, relatore U. Ruggeri.

1991-1993
G. Viroli, *Pittura del Cinquecento a Forlì*, 2 voll., Bologna.

1992
G. Algeri - A. De Floriani, *La pittura in Liguria. Il Quattrocento*, Genova.
M.E. Avagnina, *Le statue dell'Olimpico, ovvero «la messa in pietra degli Academici fondatori del teatro*, in L. Magagnato, *Il teatro Olimpico*, a cura di L. Puppi, Milano, pp. 85-127.
A. Ballarin (a), *Jacopo Bassano 1573-1580*, in *Jacopo Bassano*, catalogo della mostra (Bassano del Grappa, Museo Civico, 5 settembre - 6 dicembre 1992; Forth Worth, Texas, Kimbell Art Museum, 23 gennaio - 25 aprile 1993), a cura di B.L. Brown, P. Marini, Bologna, pp. CLXXXIX-CCIII.
A. Ballarin (b), *La Pala di San Rocco*, in *Jacopo Bassano*, catalogo della mostra (Bassano del Grappa, Museo Civico, 5 settembre - 6 dicembre 1992; Forth Worth, Texas, Kimbell Art Museum, 23 gennaio - 25 aprile 1993), a cura di B.L. Brown, P. Marini, Bologna, pp. CCV-CCXV; ora in A. Ballarin, *Jacopo Bassano. Scritti 1964-1995*, a cura di V. Romani, 2 voll., Cittadella 1995, II, pp. 299-310.

D. Bieneck, *Gerard Seghers 1591-1651. Leben und Werk des Antwerpener Historienmalers*, Lingen.

L. Bourdua, *Committenza francescana nel Veneto*, in *La pittura nel Veneto. Il Trecento*, a cura di M. Lucco, Milano, pp. 463-479.

K. Brugnolo Meloncelli, *Battista Zelotti*, Milano.

Catalogo Italiano di Iconografia Musicale, a cura di E. Ferrari Barassi, Cremona.

A. Châtelet, *Memling Hans*, in *Dizionario della pittura e dei pittori*, Torino, III, pp. 578-580.

N. Chatzidakes, *Eikona tis Proskynisis ton Magon, ergo Ellina zografou tis proimis Anagenisis*, in *Euphrosynon: aphieroma ston Manole Chatzedake*, a cura di E. Kypraiou, Atene, II, pp. 713-741.

E. Cozzi, *Verona*, in *La Pittura nel Veneto. Il Trecento*, a cura di M. Lucco, Milano, pp. 303-379.

A.G. De Marchi, *Girolamo d'Antonio, pittore eccentrico nella Firenze rinascimentale*, in «Paragone», 515-517, gennaio-marzo, pp. 3-20.

G. Federici Vescovini, *Pietro d'Abano. Trattati di astronomia. Lucidator dubitabilium astronomiae. De motu octavae sphaerae e altre opere*, Padova.

G. Ferrarotto, *Il convento di S. Maria Maddalena. Uomini e fatti a Maddalene di Vicenza dal 1300 al 1900*, Vicenza.

F. Flores D'Arcais, *Venezia*, in *La pittura nel Veneto. Il Trecento*, a cura di M. Lucco, Milano, pp. 17-87.

T.D. Fomichova, *The Hermitage Catalogue of Western European Painting. Venetian Painting Fourteenth to Eighteenth Centuries*, Moskow-Florence.

L. Gargan, *Oliviero Forzetta e la nascita del collezionismo nel Veneto*, in *La pittura nel Veneto. Il Trecento*, a cura di M. Lucco, Milano, pp. 503-516.

Hommage a Philip Pouncey. L'œil du connaisseur. Dessins italiens du Louvre, catalogo della mostra (Parigi, Musée du Louvre, 18 giugno - 7 settembre 1992), Paris.

G. Huber-Rebenich, *L'iconografia della mitologia antica tra Quattro e Cinquecento. Edizioni illustrate delle «Metamorfosi» di Ovidio*, in «Studi umanistici piceni», XII, pp. 123-133.

Il Libro Secondo di Francesco e Jacopo dal Ponte, a cura di M. Muraro, Bassano del Grappa.

Jacopo Bassano, catalogo della mostra (Bassano del Grappa, Museo Civico, 5 settembre - 6 dicembre 1992; Forth Worth, Texas, Kimbell Art Museum, 23 gennaio - 25 aprile 1993), a cura di B.L. Brown, P. Marini, Bologna.

Jacopo Bassano e l'incisione. La fortuna dell'arte bassanesca nella grafica di riproduzione dal XVI al XIX secolo, catalogo della mostra (Bassano del Grappa, 5 settembre - 6 dicembre 1992), a cura di E. Pan, Bassano del Grappa.

Jacopo Ligozzi. Le vedute del Sacro Monte della Verna. I dipinti di Poppi e Bibbiena, catalogo della mostra (Poppi, Castello dei conti Guidi, 4 luglio - 30 settembre 1992), a cura di L. Conigliello, Poppi.

A. Labacco, *Libro appartenente a l'architettura (1559)*, ed. a cura di A. Bruschi, Milano.

Les Noces de Cana de Véronèse. Une œuvre et sa restauration, catalogo della mostra (Parigi, Musée du Louvre, 16 novembre 1992 - 29 marzo 1993), Paris.

M. Lucco (a), *«Maestro di Schio»*, in *La pittura nel Veneto. Il Trecento*, a cura di M. Lucco, Milano, p. 540.

M. Lucco (b), *Paolo Veneziano*, in *La pittura nel Veneto. Il Trecento*, a cura di M. Lucco, Milano, pp. 543-544.

M. Lucco (c), *Vicenza*, in *La pittura nel Veneto. Il Trecento*, a cura di M. Lucco, Milano, pp. 272-302.

A. Pranzelores, *La tela attribuita al Fogolino reduce a Trento*, con un saggio di E. Chini, Trento (I ed. 1936).

W.R. Rearick, *Vita ed opere di Jacopo Dal Ponte, detto Bassano c. 1510-1592*, in *Jacopo Bassano*, catalogo della mostra (Bassano del Grappa, Museo Civico, 5 settembre - 6 dicembre 1992; Forth Worth, Texas, Kimbell Art Museum, 23 gennaio - 25 aprile 1993), a cura di B.L. Brown, P. Marini, Bologna, pp. LVII-CLXXXVIII.

C. Ripa, *Iconologia*, a cura di P. Buscaroli, Milano (rist. anastatica di *Nova iconologia di Cesare Perugino Ripa*, Padova 1618).

P. Rosanò - P. Cornale, *Alcuni aspetti della tecnica esecutiva di Cima da Conegliano*, in *Cima da Conegliano: mostra del restauro di tre polittici*, catalogo della mostra (Conegliano, Sala dei Battuti, 30 settembre - 7 novembre 1993), a cura della Soprintendenza per i beni artistici e storici del Veneto, Villorba, pp. 30-38.

A. Tempestini (a), *Bellini e Belliniani in Romagna*, Firenze.

A. Tempestini (b), *Giovanni Bellini. Catalogo completo dei dipinti*, Firenze.

A. Tempestini (c), *Giovanni Bellini e Marco Palmezzano*, in «Antichità Viva», XXXI, 5-6, pp. 5-12.

P. Thornton, *Interni del Rinascimento Italiano*, Milano (trad. it. di *The Italian Renaissance Interior: 1400-1600*, London 1991).

Una dinastia di incisori. I Sadeler. 120 stampe dei Musei Civici di Padova, catalogo della mostra (Padova, Musei Civici, 1992), a cura di C. Limentani Virdis, F. Pellegrini, G. Piccin, Padova.

N. Volle, *La restauration*, in *Les Noces de Cana de Véronèse. Une œuvre et sa restauration*, catalogo della mostra (Parigi, Musée du Louvre, 16 novembre 1992 - 29 marzo 1993), Paris, pp. 155-183.

1993

B. Barbieri, *Il Museo civico di Vicenza dalla costituzione al secondo dopoguerra*, in *Storia di Vicenza, IV/2, L'età contemporanea*, a cura di F. Barbieri, G. De Rosa, Vicenza 1993, pp. 173-186.

U. Bauer-Eberhardt, *Matteo da Milano, Giovanni Battista Cavalletto und Martino da Modena- ein Miniatoren-Trio am Hofe der Este in Ferrara*, in «Pantheon», LI, pp. 62-86.

C.A. Bucci, *La «Presentazione al Tempio» di Bartolomeo Montagna per Girolamo Aurifici*, in «Venezia Cinquecento. Studi di storia dell'arte e della cultura», III, 5, pp. 33-56.

C. Cagnoni, *Rilievi grafici*, in *Cima da Conegliano: mostra del restauro dei tre polittici* (Conegliano, Sala dei Battuti, 30 settembre - 7 novembre 1993), a cura della Soprintendenza per i beni artistici e storici del Veneto, Villorba, pp. 28-29.

E. Chini, *Aspetti della pittura in Trentino nell'età dei principi vescovi Madruzzo (1539-1658)*, in *I Madruzzo e l'Europa 1539-1658. I principi vescovi di Trento tra papato e Impero*, catalogo della mostra (Trento, Castello del Buonconsiglio - Riva del Garda, chiesa dell'Inviolata, 10 luglio - 31 ottobre 1993), a cura di L. Dal Prà, Milano-Firenze, pp. 150-211.

Cima da Conegliano: le Madonne, a cura di M. Vazzoler, s.l., s.d. [1993].

R. Clochiatti Garla, *Stato di conservazione e intervento di restauro del polittico di San Fior (Treviso) e del trittico di Navolè di Gorgo al Monticano (Treviso)*, in *Cima da Conegliano: mostra del restauro di tre polittici*, catalogo della mostra (Conegliano, Sala dei Battuti, 30 settembre - 7 novembre 1993), a cura della Soprintendenza per i beni artistici e storici del Veneto, Villorba, pp. 16-21.

A. Cottino, G.T. Faggin, A. Zweite, *L'incontro di Rebecca e Eleazaro al pozzo*, Vicenza.

Da Candia a Venezia. Icone greche in Italia, XV-XVI secolo, catalogo della mostra (Venezia, Museo Correr, 17 settembre - 30 ottobre 1993), a cura di N. Chatzidaki, Atene.

E.M. Dal Pozzolo, *Due proposte per Giovanni Buonconsiglio*, in «Venezia Arti», VII, pp. 157-160.

G. Delfini Filippi, *Presentazione*, in *Cima da Conegliano: mostra del restauro di tre polittici*, catalogo della mostra (Conegliano, Sala dei Battuti, 30 settembre - 7 novembre 1993), a cura della Soprintendenza per i beni artistici e storici del Veneto, Villorba, p. 15.

G. De Marchi, *Girolamo d'Antonio, pittore eccentrico nella Firenze rinascimentale*, in «Paragone», 515-517, gennaio-marzo, pp. 3-20.

M. Di Dario Guida, *Icone di Calabria*, Messina.

N. Faldon, *La Sacra conversazione di Giambattista Cima ha Cinquecento anni*, in «Conegliano Informazione», 3, XI, pp. 32-33.

C. Furlan, *«Per dar maggior vaghezza et splendore alla Chiesa». La decorazione pittorica dalla metà del Quattrocento alla fine del Cinquecento*, in *San Marco di Pordenone*, a cura di P. Goi, Pordenone.

Giambattista Cima: «la Sacra Conversazione» nei 500 anni dalla consegna nel duomo di Conegliano, a cura della Fondazione G.B. Cima da Conegliano (5 marzo 1493 - 6 settembre 1993), Santa Lucia di Piave.

S. Guarino, *La Pinacoteca Capitolina. I dipinti del Cinquecento*, Roma.

P. Humfrey (a), *G.B. Cima da Conegliano e i polittici di San Fior, Navolè e Treviso*, in *Cima da Conegliano: mostra del restauro di tre polittici*, catalogo della mostra (Conegliano, Sala dei Battuti, 30 settembre - 7 novembre 1993), a cura della Soprintendenza per i beni artistici e storici del Veneto, Villorba, pp. 6-13.

P. Humfrey (b), *The Altarpiece in Renaissance Venice*, New Haven-London.

Il Disegno. Le collezioni pubbliche italiane, parte prima, a cura di A. Petrioli Tofani, S. Prosperi Valenti Rodinò, G.C. Sciolla, Milano.

I Madruzzo e l'Europa 1539-1658. I principi vescovi di Trento tra papato e Impero, catalogo della mostra (Trento, Castello del Buonconsiglio - Riva del Garda, chiesa dell'Inviolata, 10 luglio - 31 ottobre 1993), a cura di L. Dal Prà, Milano-Firenze.

Le siècle de Titien. L'âge d'or de la peinture à Venise, catalogo della mostra (Parigi, Grand Palais, 9 marzo - 14 giugno 1993), Paris (éd. revue et corrigée).

Lodewijk van Gruuthuse. Mecenas en Europees diplomaat (ca. 1427-1492), catalogo della mostra (Bruges, Gruuthusemuseum 19 settembre - 31 novembre 1992), a cura di M.P.J. Martens, P. De Gryse, Bruges.

M. Lucco (a), *À l'occasion de la redécouverte d'un tableau du Musée des Beaux-Arts, nouveau regard sur l'oeuvre de Marco Basaiti*, in «Bulletin des Musées et Monuments Lyonnais», I, pp. 2-37.

M. Lucco (b), *Maestro di Lonigo*, in *Opere d'arte da una collezione privata*, a cura di I. Consigli, Parma, pp. 42-44.

M. Lupo, *La decorazione pittorica profana a Trento all'epoca dei Madruzzo*, in *I Madruzzo e l'Europa. I principi vescovi di Trento tra Papato e Impero*, catalogo della mostra (Trento, Castello del Buonconsiglio - Riva del Garda, chiesa dell'Inviolata, 10 luglio - 31 ottobre 1993), a cura di L. Dal Prà, Milano-Firenze, pp. 239-255.

V. Mancini, *Lambert Sustris a Padova. La villa Bigolin a Selvazzano*, Selvazzano.

G. Manin, *G.B. Cima da Conegliano, le sue Pale nel suo tempo*, in «Il Quindicinale», 9 ottobre, p. 19.

G. Martin, *Cima: Giovanni Battista da Conegliano detto «Cima»: interpretazioni del suo spirito e del suo tempo*, in *Cima da Conegliano: mostra del restauro di tre polittici*, catalogo della mostra (Conegliano, Sala dei Battuti, 30 settembre - 7 novembre 1993), a cura della Soprintendenza per i beni artistici e storici del Veneto, Villorba.

G. Maset, *La Pala in cura*, in «Il Gazzettino», 29 luglio, p. XVI.

A. Mazza, *Vicende della pittura tra Romagna e Bologna dai poteri signorili alla legazione pontificia*, in *Innocenzo da Imola: il tirocinio di un artista*, catalogo della mostra (Imola, chiesa di San Domenico, secondo chiostro, 6 novembre 1993 - 23 gennaio 1994), a cura di G. Agostini, C. Pedrini, Casalecchio di Reno, pp. 107-132.

P.P. Pasolini, *Un paese di temporali e di primule*, a cura di N. Naldini, Parma.

T. Pignatti, *L'arte veneziana*, Venezia.

Polittico del Cima da Conegliano. Inaugurazione restauro 4 dicembre 1993, San Fior.

M. Potočnik, *Conegliano città murata*, Ponzano Veneto.

G. Pozzi, *Il «Polifilo» nella storia del libro il-*

lustrato veneziano, in *Sull'orlo del visibile parlare*, Milano, pp. 89-113.
W.R. Rearick, *La «pesca miracolosa» di Jacopo Bassano*, in «Arte Veneta», 44, pp. 8-23.
P. Rosanò - P. Cornale, *Alcuni aspetti della tecnica esecutiva di Cima da Conegliano*, in *Cima da Conegliano: mostra del restauro di tre polittici*, catalogo della mostra (Conegliano, Sala dei Battuti, 30 settembre - 7 novembre 1993), a cura della Soprintendenza per i beni artistici e storici del Veneto, Villorba, pp. 30-38.
L. Tognoli Bardin, *Battista da Vicenza*, in *Saur. Allgemeines Lexikon der bildenden Künstler*, VII, München-Leipzig, pp. 495-496.
N. Voll, *Storia dei restauri: alcuni dati*, in «Arte Veneta», 44, pp. 97-103.
F. Zava Boccazzi, *Paolo Veneziano*, in *Dizionario della pittura e dei pittori*, Torino, IV, pp. 139-140.

1993-1994
P. Battistella, *Andrea Michieli detto il Vicentino. Catalogo dei dipinti conservati nel Veneto*, tesi di laurea, Università degli Studi di Venezia, Facoltà di Lettere e Filosofia, relatore P. Rossi.

1994
B. Aikema, *Avampiano e sfondo nell'opera di Cima da Conegliano: la pala d'altare e lo spettatore tra la fine del Quattrocento e l'inizio del Cinquecento*, in *Cima da Conegliano*, Atti del convegno internazionale di studi su Giovan Battista Cima (Conegliano, Palazzo Sarcinelli, 1-2 ottobre 1993), a cura di P. Humfrey, A. Gentili, «Venezia Cinquecento. Studi di storia dell'arte e della cultura», IV, 8, pp. 93-112.
L. Alberton Vinco da Sesso - V. Romani, *Sulle tracce di Jacopo Bassano*, Bassano del Grappa.
F. Aliprandi, *Sulle tracce di un artista «schivo»: la costruzione della biografia di Cima nelle Ricerche di Botteon e Aliprandi*, in *Cima da Conegliano*, Atti del convegno internazionale di studi su Giovan Battista Cima (Conegliano, Palazzo Sarcinelli, 1-2 ottobre 1993), a cura di P. Humfrey, A. Gentili, «Venezia Cinquecento. Studi di storia dell'arte e della cultura», IV, 8, pp. 181-189.
A. Augusti, *L'iconografia del leone*, in *Storia di un leone*, in «Rivista delle Assicurazioni Generali», 102, 3, pp. 35-49.
U. Bauer-Eberhardt, *Cima, Benedetto Bordon e il Maestro delle sette virtù: nuove attribuzioni e coincidenze*, in *Cima da Conegliano*, Atti del convegno internazionale di studi su Giovan Battista Cima (Conegliano, Palazzo Sarcinelli, 1-2 ottobre 1993), a cura di P. Humfrey, A. Gentili, «Venezia Cinquecento. Studi di storia dell'arte e della cultura», IV, 8, pp. 103-125.
L. Bellosi, *Un'indagine su Domenico Morone (e su Francesco Benaglio)*, in *Hommage à Michel Laclotte. Études sur la peinture du Moyen Age et de la Renaissance*, Paris-Milano, pp. 281-303.
B. Blass-Simmen, *Cima da Conegliano: alcune riflessioni sui disegni; il problema dell'utilizzazione dei disegni «memorativi» e i rapporti con l'opera pittorica*, in *Cima da Conegliano*, Atti del convegno internazionale di studi su Giovan Battista Cima (Conegliano, Palazzo Sarcinelli, 1-2 ottobre 1993), a cura di P. Humfrey, A. Gentili, «Venezia Cinquecento. Studi di storia dell'arte e della cultura», IV, 8, pp. 145-165.
M. Carminati, *Cesare da Sesto 1477-1523*, Milano.
S. Claut, *La pala di Cima da Conegliano nella chiesa di S. Dionisio a Zermen e la cultura montagnesca nell'area bellunese*, in *Cima da Conegliano*, Atti del convegno internazionale di studi su Giovan Battista Cima (Conegliano, Palazzo Sarcinelli, 1-2 ottobre 1993), a cura di P. Humfrey, A. Gentili, «Venezia Cinquecento. Studi di storia dell'arte e della cultura», IV, 8, pp. 81-101.
G. Cozzi - C. Del Mare, *L'oro di Vicenza*, Venezia.
G. Creighton, *Savoldo, Cima, Parma and the Pio Family*, in *Cima da Conegliano*, Atti del convegno internazionale di studi su Giovan Battista Cima (Conegliano, Palazzo Sarcinelli, 1-2 ottobre 1993), a cura di P. Humfrey, A. Gentili, «Venezia Cinquecento. Studi di storia dell'arte e della cultura», IV, 8, pp. 113-125.
G. Dalla Pozza, *I gioielli nella ritrattistica di Antonio Fasolo*, in G. Cozzi - C. Del Mare, *L'oro di Vicenza*, Venezia, pp. 168-174.
E.M. Dal Pozzolo, *È tutto Cima?*, in *Cima da Conegliano*, Atti del convegno internazionale di studi su Giovan Battista Cima (Conegliano, Palazzo Sarcinelli, 1-2 ottobre 1993), a cura di P. Humfrey, A. Gentili, «Venezia Cinquecento. Studi di storia dell'arte e della cultura», IV, 7, pp. 61-80.
G. Delfini Filippi (a), *Il colore dei santi. Tre polittici di Cima da Conegliano*, in «Art e Dossier», 9, 87, pp. 21-25.
G. Delfini Filippi (b), *Il trittico di Navolè: antichi restauri, ipotesi di attribuzione, ricostruzioni*, in *Cima da Conegliano*, Atti del convegno internazionale di studi su Giovan Battista Cima (Conegliano, Palazzo Sarcinelli, 1-2 ottobre 1993), a cura di P. Humfrey, A. Gentili, «Venezia Cinquecento. Studi di storia dell'arte e della cultura», IV, 8, pp. 167-174.
A. De Marchi, *Bernardino Zaganelli inedito: due «Facies Christi»*, in «Prospettiva», 75-76, luglio-ottobre, pp. 124-135.
D. De Vos (a), *Hans Memling. L'œuvre complet*, Anvers.
D. De Vos (b), *Memling*, Milano.
Disegni veronesi al Louvre 1500-1630, catalogo della mostra (Verona, Museo di Castelvecchio, Sala Boggian, 29 luglio - 16 ottobre 1994), a cura di S. Marinelli, P. Marini, H. Sueur, Milano.
G. Delfini Filippi (a), *Il colore dei Santi: tre polittici di Cima da Conegliano*, in «Art e dossier», 9, 87, pp. 21-25.
G. Delfini Filippi (b), *Il trittico di Navolè: antichi restauri, ipotesi di attribuzione, ricostruzioni*, in *Cima da Conegliano*, Atti del convegno internazionale di studi su Giovan Battista Cima (Conegliano, Palazzo Sarcinelli, 1-2 ottobre 1993), a cura di P. Humfrey, A. Gentili, «Venezia Cinquecento. Studi di storia dell'arte e della cultura», IV, 8, pp. 167-174.
J. Dunkerton, *Il colore nell'Incredulità di San Tommaso di Cima da Conegliano*, in *Cima da Conegliano*, Atti del convegno internazionale di studi su Giovan Battista Cima (Conegliano, Palazzo Sarcinelli, 1-2 ottobre 1993), a cura di P. Humfrey, A. Gentili, «Venezia Cinquecento. Studi di storia dell'arte e della cultura», IV, 8, pp. 145-151.
H.-J. Eberhardt, *Il Giovane con la parrucca: un ritratto dell'ambito di Cima*, in *Cima da Conegliano*, Atti del convegno internazionale di studi su Giovan Battista Cima (Conegliano, Palazzo Sarcinelli, 1-2 ottobre 1993), a cura di P. Humfrey, A. Gentili, «Venezia Cinquecento. Studi di storia dell'arte e della cultura», IV, 8, pp. 127-144.
R. Echols, *Cima and the Theme of Saint Jerome in the Wilderness*, in *Cima da Conegliano*, Atti del convegno internazionale di studi su Giovan Battista Cima (Conegliano, Palazzo Sarcinelli, 1-2 ottobre 1993), a cura di P. Humfrey, A. Gentili, «Venezia Cinquecento. Studi di storia dell'arte e della cultura», IV, 8, pp. 47-69.
G. Ericani, *Problemi di conservazione e di tecnica della Madonna col Bambino di S. Maria delle Consolazioni in Este*, in *Cima da Conegliano*, Atti del convegno internazionale di studi su Giovan Battista Cima (Conegliano, Palazzo Sarcinelli, 1-2 ottobre 1993), a cura di P. Humfrey, A. Gentili, «Venezia Cinquecento. Studi di storia dell'arte e della cultura», IV, 8, pp. 175-181.
M. Faietti, *1490-1530: influssi nordici in alcuni artisti emiliani e romagnoli*, in *La pittura in Emilia e in Romagna. Il Cinquecento. Un'avventura artistica tra natura e idea*, a cura di V. Fortunati, Milano, pp. 9-47.
D. Ferriani, *Prospero Fontana*, in *Lavinia Fontana, 1552-1614*, catalogo della mostra (Bologna, Museo Civico Archeologico, 1994), a cura di V. Fortunati, Milano, pp. 183-184.
F. Frangi, *Gerolamo da Brescia, pittore carmelitano*, in «Arte Cristiana», LXXXII, 764-765, pp. 399-410.
A. Gentili (a), *Nostra Signora dei Turchi: la Madonna dell'Arancio e il Battesimo di Cristo di Cima da Conegliano*, in «Art e dossier», 9, 87, pp. 16-20.
A. Gentili (b), *Smontando e rimontando le costruzioni simboliche delle pale delle pale d'altare*, in *Cima da Conegliano*, Atti del convegno internazionale di studi su Giovan Battista Cima (Conegliano, Palazzo Sarcinelli, 1-2 ottobre 1993), a cura di P. Humfrey, A. Gentili, «Venezia Cinquecento. Studi di storia dell'arte e della cultura», IV, 8, pp. 71-92.
C. Gilbert, *Savoldo, Cima, Parma and Pio Family*, in *Cima da Conegliano*, Atti del convegno internazionale di studi su Giovan Battista Cima (Conegliano, Palazzo Sarcinelli, 1-2 ottobre 1993), a cura di P. Humfrey, A. Gentili, «Venezia Cinquecento. Studi di storia dell'arte e della cultura», IV, 8, pp.113-125.
U. Groos, *Musik und bildende Kunst. Die Bedeutung von Apoll, Marsyas und Pan für das Musikverständnis des 16. Jahrhunderts*, in «Musica», 48 (6), novembre-dicembre, pp. 314-319.
Hans Memling, catalogo della mostra (Bruges, Musée Communal des Beaux-Arts, 12 agosto - 15 novembre 1994), a cura di D. de Vos, Ludion.
P. Humfrey (a), *Alberto III Pio e il Compianto sul Cristo morto di Cima da Conegliano*, in *Quadri rinomatissimi: il collezionismo dei Pio di Savoia*, a cura di J. Bentini, Modena, pp. 53-60.
P. Humfrey (b), *Cima da Conegliano: un decennio di ricerche e un convegno di studi*, in *Cima da Conegliano*, Atti del convegno internazionale di studi su Giovan Battista Cima (Conegliano, Palazzo Sarcinelli, 1-2 ottobre 1993), a cura di P. Humfrey, A. Gentili, «Venezia Cinquecento. Studi di storia dell'arte e della cultura», IV, 8, pp. 5-17.
Italian Paintings of the Fifteenth Century. The Collections of the National Gallery of Art, a cura di M. Boskovits, D.A. Brown, Washington.
Jacopo Tintoretto 1519-1594. Il grande collezionismo mediceo, catalogo della mostra (Firenze, Sala Bianca di Palazzo Pitti, 7 dicembre 1994 - 28 febbraio 1995), a cura di M. Chiarini, S. Marinelli, A. Tartuferi, Firenze.
Lavinia Fontana: 1552-1614, catalogo della mostra (Bologna, Museo Civico Archeologico, 1994), a cura di V. Fortunati, Milano.
M. Lucco, *Una nuova opera di Cima da Conegliano*, in *Cima da Conegliano*, Atti del convegno internazionale di studi su Giovan Battista Cima (Conegliano, Palazzo Sarcinelli, 1-2 ottobre 1993), a cura di P. Humfrey, A. Gentili, «Venezia Cinquecento. Studi di storia dell'arte e della cultura», IV, 8, pp. 19-34.
P.C. Marani, *Traccia per Albertino Piazza nel Varesotto*, in *Studi di storia dell'arte in onore di Mina Gregori*, Milano, pp. 87-91.
S. Marinelli, *Jacopo Tintoretto visto da Firenze*, in *Jacopo Tintoretto 1519-1594. Il grande collezionismo mediceo*, catalogo della mostra (Firenze, Sala Bianca di Palazzo Pitti, 7 dicembre 1994 - 28 febbraio 1995), a cura di M. Chiarini, S. Marinelli, A. Tartuferi, Firenze, pp. 13-27.
V. Markova, *Il «Compianto sul Cristo morto» di Mosca: riflessioni dopo il restauro*, in *Cima da Conegliano*, Atti del convegno internazionale di studi su Giovan Battista Cima (Conegliano, Palazzo Sarcinelli, 1-2 ottobre 1993), a cura di P. Humfrey, A. Gentili, «Venezia Cinquecento. Studi di storia dell'arte e della cultura», IV, 8, pp. 153-166.
A.J. Martin, *Cima da Conegliano: convegno internazionale di studi: Conegliano, Palazzo Sarcinelli, 1. - 2. Oktober 1993*, in «Kunstchronik», 47, 6, giugno, pp. 310-325.
F. Moro, *Per Altobello giovane*, in «Arte Cristiana», LXXXII, 760, pp. 13-20.
A. Nova, *Girolamo Romanino*, Torino.
Polittico del Cima da Conegliano. Calendario 1994, San Fior.
L. Puppi, *Citazioni nell'opera di Cima*, in

Cima da Conegliano, Atti del convegno internazionale di studi su Giovan Battista Cima (Conegliano, Palazzo Sarcinelli, 1-2 ottobre 1993), a cura di P. Humfrey, A. Gentili, «Venezia Cinquecento. Studi di storia dell'arte e della cultura», IV, 8, pp. 5-19.
L. Riccato - F. Spadavecchia, *Chiesa della Madonna dell'orto*, Venezia.
F. Rossi, *Presenze venete*, in *I Pittori bergamaschi dal XIII al XIX secolo. Il Quattrocento. II*, Bergamo.
C. Schmidt Arcangeli, *Icona o close up?: due dipinti devozionali nell'opera di Cima da Conegliano*, in *Cima da Conegliano*, Atti del convegno internazionale di studi su Giovan Battista Cima (Conegliano, Palazzo Sarcinelli, 1-2 ottobre 1993), a cura di P. Humfrey, A. Gentili, «Venezia Cinquecento. Studi di storia dell'arte e della cultura», IV, 8, pp. 21-45.
V. Sgarbi, *Carpaccio*, Milano.
A. Tempestini (a), *I fratelli Busati e il Maestro veneto dell'«Incredulità di San Tommaso»*, in «Studi di Storia dell'Arte», 4, pp. 27-68.
A. Tempestini (b), *L'approccio alla civiltà classica in Cima da Conegliano*, in *Cima da Conegliano*, Atti del convegno internazionale di studi su Giovan Battista Cima (Conegliano, Palazzo Sarcinelli, 1-2 ottobre 1993), a cura di P. Humfrey, A. Gentili, «Venezia Cinquecento. Studi di storia dell'arte e della cultura», IV, 8, pp. 35-60.
A. Ugolini, *Per Antonio Rimpatta*, in «Paragone», 535-537, agosto, pp. 11-25.
L. Ventura, *Cima da Conegliano: il polittico di Capodistria «ritrovato»; per la riapertura di un capitolo post-bellico*, in *Cima da Conegliano*, Atti del convegno internazionale di studi su Giovan Battista Cima (Conegliano, Palazzo Sarcinelli, 1-2 ottobre 1993), a cura di P. Humfrey, A. Gentili, «Venezia Cinquecento. Studi di storia dell'arte e della cultura», IV, 8, pp. 167-180.
G. Viroli, *La Ravenna artistica*, in *Storia di Ravenna. IV. Dalla dominazione veneziana alla conquista francese*, a cura di L. Gambi, Venezia, pp. 263-317.
P.L. Vocotopoulos (a), *I eikona tou Evangelismou sto Dimotiko Mouseio tis Vicenza*, in *Rodonia. Timi ston M.I. Manousaka*, Rettimo, I, pp. 97-105.
P.L. Vocotopoulos (b), *Le triptyque d'Osimo*, in «Jahrbuch der Oesterreichischen Byzantinistik», XXXXIV, pp. 431-438.
R. Zama, *Gli Zaganelli (Francesco e Bernardino) pittori*, Rimini.

1994-1995
G.M. Pilo, *Il Tintoretto e alcune fonti visive della sua giovinezza: Jacopo Sansovino (e altri)*, in «Arte Documento», VIII, pp. 136-137.

1995
A. Augusti, *Il leone di S. Marco*, Roma.
F. Avril - N. Reynaud, *Les manuscrits à peintures en France, 1440-1520*, Paris.
A. Bacchi - A. De Marchi, *Francesco Marmitta*, Torino.
G. Baldissin Molli, *Gusto, collezionismo e mercato di opere veronesiane a Padova nel secolo XVI*, in «Bollettino del Museo Civico di Padova», 84, pp. 67-87.
A. Ballarin (a), *Dosso Dossi. La pittura a Ferrara negli anni del ducato di Alfonso I*, regesti e apparati di catalogo a cura di A. Pattanaro, V. Romani, con la collaborazione di S. Momesso, G. Pacchioni, Cittadella.
A. Ballarin (b), *Jacopo Bassano. Scritti 1964-1995*, a cura di V. Romani, 2 voll., Cittadella.
F. Barbieri, *Il Museo di Palazzo Chiericati. Guida breve*, Vicenza.
Basilica del Santo. Dipinti, sculture, tarsie, disegni e modelli, a cura di G. Lorenzoni, E.M. Dal Pozzolo, Padova-Roma.
P. Battistella, *Notizie biografiche di Andrea Michieli detto Vicentino*, in «Venezia Arti», IX, pp. 145-146.
A. Bettagno - G. Fossaluzza, *Interpretazioni del paesaggio nella pittura veneta*, in *Natura e arte nel paesaggio veneto. Dalle interpretazioni pittoriche alle immagini fotografiche*, a cura di A. Bettagno, Roma, pp. 111-305.
B. Bohn, *The Illustrated Bartsch, Italian masters of the Sixteenth Century, Agostino Carracci, 39 Commentary*, I, a cura di B. Bohn, New York.
D. Bruce (a), *Picture Galleries Outside London: The Fitzwilliam Museum, Cambridge*, in «Contemporary Review», 267, 1554, luglio, pp. 33-39.
D. Bruce (b), *Picture Galleries Outside London: The National Gallery of Scotland in Edinburgh*, in «Contemporary Review», 267, 1559, dicembre, pp. 291-300.
C.A. Bucci, *Per grazia ricevuta. La Pala Godi di Jacopo Tintoretto*, in «Art e Dossier», X, 99, pp. 30-32.
E.M. Dal Pozzolo, recensione di *Atti del convegno internazionale di studi su Giovan Battista Cima*, in «Venezia Arti», IX, (1996), pp. 178-179.
A. Dillon Bussi, *Due ritratti di Raffaele Zavenzoni. E alcune ipotesi sul Maestro degli Uffici di Montecassino, il Maestro delle Sette Virtù Jacometto e Lauro Padovano*, in «Libri e Documenti», XXI, 1, pp. 24-42.
Fiamminghi a Roma 1508-1608, catalogo della mostra (Bruxelles, Palais des Beaux-Arts - Roma, Palazzo delle Esposizioni, 1995), a cura di N. Dacos, B.M. Meijer, Bruxelles (ed. francese) - Milano (ed. italiana).
G. Fossaluzza, *Cassamarca. Opere restaurate nella marca trivigiana 1987-1995*, Cornuda.
A. Gentili, *Amore e amorose persone: tra miti ovidiani, allegorie musicali, celebrazioni matrimoniali*, in *Tiziano. Amor Sacro e Amor Profano*, catalogo della mostra (Roma, Palazzo delle Esposizioni, 22 marzo - 22 maggio 1995), a cura di M.G. Bernardini, Milano, pp. 82-105.
Hollsteins Dutch and Flemish etchings Engravings and Woodcuts 1450-1700. Maarten de Vos, XLV, a cura di D. de Hoop Scheffer, C. Schuckman (comp.), Rotterdam.
Jacopo Da Varazze, *Legenda aurea*, a cura di A. e L. Vitale Brovarone, Torino.
P. Leone de Castris, *Un disegno di Giovanni De Mio*, in «Arte Veneta», 47, pp. 87-91.
M. Lucco (a), *Giorgione*, Milano.
M. Lucco (b), *Noterelle vicentine: per Giovanni Speranza*, in «Arte Veneta», 47, pp. 84-87.
V. Mancini, *Sulla ritrattistica a Padova al tempo di Torquato Tasso*, in «Padova e il suo territorio», X, 57, settembre-ottobre, pp. 46-52.
S. Marconi, *Fasolo, Giovan Antonio*, in *Dizionario Biografico degli Italiani*, Roma, 35, pp. 259-262.
E. Ortis - A. Alessandrini, *Il doppio trasferimento di San Tommaso*, in *Portogruaria*, Portogruaro, pp. 11-12.
T. Pignatti - F. Pedrocco, *Veronese. L'opera completa*, 2 voll., Milano.
Pinacoteca di Brera, Scuole straniere, Scuola fiamminga, Milano.
Post-Byzantine Painting. Icons of the 15th-18th Centuries from the Collections in Moscow, Sergiev Posad (Zagorsk), Tver and Ryazan, catalogo della mostra (Mosca, Museo Andrei Rubliev), a cura di L. Evseyeva, Atene.
Ritratti per un Santo, VIII centenario di sant'Antonio di Padova 1195-1995, Tempio francescano di S. Lorenzo-Vicenza, a cura di M. Binotto, Padova.
E. Sambo, *Niccolò Pisano pittore (1470-post 1536). Catalogo generale*, Rimini.
A. Talignani, *Il trionfo della morte nella cappella Montini della Cattedrale di Parma*, in «Aurea Parma», LXXIX, III, settembre-dicembre, pp. 288-294.
Tiziano. Amor Sacro e Amor Profano, catalogo della mostra (Roma, Palazzo delle Esposizioni, 22 marzo - 22 maggio 1995), a cura di M.G. Bernardini, Milano.

1995-1996
A. Mazza, *Marco Palmezzano: frammenti per un san Sebastiano*, in «Atti e memorie. Accademia Clementina», n.s., 35-36, pp. 39-44.

1996
A. Ballarin, *Jacopo Bassano. Tavole*, 3 voll., Cittadella.
D. Banzato, *Vicenza 1500-1540*, in *La pittura nel Veneto. Il Cinquecento*, a cura di M. Lucco, Milano, I, pp. 303-338.
G. Berra, *Un sonetto per due dipinti vicentini di Alessandro Maganza*, in «Arte Veneta», 48, pp. 93-97.
S. Bettini, *La pittura gotico-internazionale, particolarmente veronese, nell'Italia del Nord. Stefano da Verona. Michelino da Besozzo. Pisanello*, in S. Bettini, *Il gotico internazionale*, a cura di E. Bordignon Favero, Vicenza, pp. 121-171.
T.H. Borchert, *Hans Memling. Ausstellung im Brügger Groeningemuseum und Monographie von Dirk de Vos*, in «Kunstchronik», I, gennaio, pp. 17- 28.
M. Calvesi, *Natura e Mito ai primi incontri tra Roma e Venezia*, in *Immagini degli Dei. Mitologia e collezionismo tra '500 e '600*, catalogo della mostra (Lecce, Fondazione Memmo, 7 dicembre 1996 - 31 marzo 1997), a cura di C. Cieri Via, Milano, pp. 19-21.
E. Chini, *Marcello Fogolino al Buonconsiglio fra erudizione archeologica, naturalismo nordico e capriccio anticlassico*, in *Il Castello del Buonconsiglio. Dimora dei principi vescovi di Trento. Persone e tempi di una storia*, a cura di E. Castelnuovo, Trento.
C. Cieri Via, *I luoghi del mito fra decorazione e collezionismo*, in *Immagini degli Dei. Mitologia e collezionismo tra '500 e '600*, catalogo della mostra (Lecce, Fondazione Memmo, 7 dicembre 1996 - 31 marzo 1997), a cura di C. Cieri Via, Milano, pp. 29-48.
A. Cifani - F. Monetti, *Una inedita «Cleopatra» di Luca Longhi*, in «Paragone», XLVII, 557-559-561, 8-9-10, luglio-settembre-novembre, pp. 175-179.
S. Claut, *Feltre e Belluno 1500-1540*, in *La pittura nel Veneto. Il Cinquecento*, a cura di M. Lucco, Milano, I, pp. 281-302.
C.E. Cohen, *The art of Giovanni Antonio da Pordenone*, Cambridge.
Cristiani d'Oriente. Spiritualità, arte e potere nell'Europa post bizantina, catalogo della mostra (Trieste, Scuderie del Castello di Miramare, 27 luglio 1999 - 9 gennaio 2000), a cura di G.A. Popescu, Milano.
E.M. Dal Pozzolo (a), *Bonconsiglio, Giovanni*, in *Saur. Allgemeines Lexikon der bildenden Künstler*, München-Leipzig, XII, pp. 486-487.
E.M. Dal Pozzolo (b), *Giovanni Buonconsiglio*, tesi di dottorato, Università degli Studi di Venezia, Facoltà di Lettere e Filosofia, tutore L. Puppi.
E.M. Dal Pozzolo (c), *Padova 1500-1540*, in *La pittura nel Veneto. Il Cinquecento*, a cura di M. Lucco, Milano, I, pp. 147-224.
E. Filippi, *Le donne di Tintoretto*, in *Jacopo Tintoretto nel quarto centenario della morte*, Atti del convegno internazionale di studi (Venezia, 24-26 novembre 1994), a cura di P. Rossi, L. Puppi, Padova, pp. 163-171.
G. Fossaluzza, *Pittori friulani alla bottega di Alvise Vivarini e del Cima*, in «Saggi e Memorie di Storia dell'Arte», XX, pp. 35-94.
M. Frank, *Architetture nelle opere di Jacopo Tintoretto*, in *Jacopo Tintoretto nel quarto centenario della morte*, Atti del convegno internazionale di studi (Venezia, 24-26 novembre 1994), a cura di P. Rossi, L. Puppi, Padova, pp. 235-240.
C. Furlan, *La «fortuna» di Michelangelo a Venezia nella prima metà del Cinquecento*, in *Jacopo Tintoretto nel quarto centenario della morte*, Atti del convegno internazionale di studi (Venezia, 24-26 novembre 1994), a cura di P. Rossi, L. Puppi, Padova, pp. 19-25.
Gemäldegalerie Berlin. Gesamtverzeichnis, Berlin.
A. Gentili, *Le storie di Carpaccio. Venezia, i Turchi, gli Ebrei*, Venezia.
E. Guidoni, *L'Adorazione dei Magi di Londra. Il viaggio a Roma, i dogi Marco e Agostino Barbarigo, l'oroscopo delle religioni*, in «Studi su Giorgione e sulla pittura del suo tempo», VI, Roma.
B. Guthmüller, *Il mito e la tradizione testuale (le* Metamorfosi *di Ovidio)*, in *Immagini degli Dei. Mitologia e collezionismo tra '500 e '600*, catalogo della mostra (Lecce, Fondazione Memmo, 7 dicembre 1996 - 31 marzo 1997), a cura di C. Cieri Via, Milano, pp. 22-28.

Y. Hackenbroch, *Enseignes. Renaissance Hat Jewels*, Firenze.
P. Humfrey (a), *Cima da Conegliano (Giovanni Battista)*, in *The Dictionary of Art*, a cura di J. Turner, London, VII, pp. 319-324.
P. Humfrey (b), *La pittura a Venezia nel Rinascimento*, Milano (trad. it. di *Painting in Renaissance Venice*, New Haven-London 1995).
J. Jacoby, *The new Hollestein german engravings, etchings, and woodcuts 1400-1700, Hans von Aachen*, Rotterdam.
Jacopo Tintoretto nel quarto centenario della morte, Atti del convegno internazionale di studi (Venezia, 24-26 novembre 1994), a cura di P. Rossi, L. Puppi, Padova.
O. Kurz, *Falsi e falsari*, a cura di L. Ragghianti Collobi, prefazione di C.L. Ragghianti, Vicenza.
P. Leone de Castris, *Pittura del Cinquecento a Napoli. 1570-1573. Fasto e devozione*, Napoli.
L'Ospedale e la città. Cinquecento anni d'arte a Verona, catalogo della mostra, a cura di A. Pastore, G.M. Varanini, P. Marini, G. Marini, Verona.
M. Lucco, *Venezia 1500-1540*, in *La pittura nel Veneto. Il Cinquecento*, a cura di M. Lucco, Milano, I, pp. 13-146.
S. Marinelli, *Marietta Robusti*, in *«Le tele svelate». Antologia di pittrici venete dal Cinquecento al Novecento*, a cura di C. Limentani Virdis, Mirano, pp. 51-62.
S. Mason, *Pitture marmoree della maniera moderna in San Marco*, in «Arte Veneta», 48, pp. 27-41.
P.P. Mendogni, *La vita e il sepolcro di Bartolomeo Montini canonico parmense del secolo XV* (1990), in «Quaderni Utinensi», VIII, 15-16, pp. 213-227.
E. Merkel, *Francesco Vecellio's Organ Door Shutters in San Salvador*, in «Save Venice», pp. 22-27.
G. Nepi Scirè, *Gallerie dell'Accademia. Guida alla Quadreria*, Venezia.
Pisanello. I luoghi del gotico internazionale nel Veneto, catalogo della mostra (Verona, Museo di Castelvecchio, 8 settembre - 8 dicembre 1996), a cura di F.M. Aliberti Gaudioso, Milano.
Pisanello. Le peintre aux sept vertus, catalogo della mostra (Parigi, Musée du Louvre, 6 maggio - 5 agosto 1996), a cura di D. Cordellier, Paris.
W.R. Rearick, *Dal disegno al quadro*, in *Jacopo Tintoretto nel quarto centenario della morte*, Atti del convegno internazionale di studi (Venezia, 24-26 novembre 1994), a cura di P. Rossi, L. Puppi, Padova, pp. 173-181.
Restituzioni '96. Opere restaurate, catalogo della mostra (Vicenza, Palazzo Leoni Montanari, 21 settembre - 31 ottobre 1996), Cittadella.
F.L. Richardson, *Bartolomeo Montagna*, in *The Dictionary of Art*, a cura di J. Turner, London, XXI, pp. 904-906.
D. Rosand, *Il Tintoretto e gli spiriti del pennello*, in *Jacopo Tintoretto nel quarto centenario della morte*, Atti del convegno internazionale di studi (Venezia, 24-26 novembre 1994), a cura di P. Rossi, L. Puppi, Padova, pp. 133-137.
M.J.T.M. Stompé, *Gortzius, Geldorp*, in *The Dictionary of Art*, a cura di J. Turner, London, XII, pp. 242-243.
F. Trinchieri Camiz, *La musica nel mito e il mito nella musica: Orfeo e Bacco nell'arte, nelle feste e nei primi melodrammi*, in *Immagini degli Dei. Mitologia e collezionismo tra '500 e '600*, catalogo della mostra (Lecce, Fondazione Memmo, 7 dicembre 1996 - 31 marzo 1997), a cura di C. Cieri Via, Milano, pp. 89-95.

1996-1997
A. Bernardello, *Le peripezie di un dipinto di Cima da Conegliano (1827-1839)*, in «Atti Istituto Veneto di Scienze, Lettere ed Arti, Classe di Scienze Morali, Lettere ed Arti», 155, (1997), 2, pp. 287-299.
O. Matarrese, *I disegni della collezione Moscardo nella Fondazione Miniscalchi Erizzo di Verona. Il nucleo vicentino della collezione e un catalogo generale dei disegni dei Maganza*, tesi di laurea in Tecnica e Storia del Disegno e della Grafica, Università degli Studi di Bologna, Facoltà di Lettere e Filosofia, relatore A. Forlani Tempesti.
C. Schmidt Arcangeli, *Cima da Conegliano e Vincenzo Catena pittori veneti a Carpi*, in *La Pittura veneta negli stati estensi*, a cura di J. Bentini, S. Marinelli, A. Mazza, Verona.
P.L. Vocotopoulos, *Tesseris italokritikes eikones*, in «Deltion tis Christianikis Archaiologikis Etaireias», IV, 19, pp. 81-95.

1997
P. Berdini, *The Religious Art of Jacopo Bassano. Painting as a Visual Exegesis*, Cambridge, pp. 113-115.
M. Binotto, *I dipinti dei Maganza nella chiesa di Santa Maria Nova*, in *Carlo Cordellina collezionista benefattore*, Vicenza, pp. 279-287.
Dai dogi agli imperatori: la fine della Repubblica fra storia e mito, catalogo della mostra (Venezia, Palazzo Ducale - Museo Correr, 14 settembre - 8 dicembre 1997), a cura di G. Romanelli, Milano.
E.M. Dal Pozzolo, *La «pietà» di Giovanni Buonconsiglio*, in «Arte Veneta», 50, pp. 54-67.
Da Padovanino a Tiepolo. Dipinti dei musei civici di Padova del Seicento e del Settecento, catalogo della mostra (Padova, Musei Civici, dal 22 marzo 1997) a cura di D. Banzato, A. Mariuz, G. Pavanello, Milano.
L. De Girolami Cheney, *Longhi, Barbara*, in *Dictionary of women artists*, 2 voll., Chicago, pp. 866-867.
A. Del Puppo, *Storiografia locale ottocentesca. Le polemiche di Antonio Gardin*, in «Il Flaminio», 10, pp. 123-135.
D. Ekserdjian, *Correggio*, Cinisello Balsamo.
D. Ferrara, *Carpaccio e lo spazio simbolico del bacino marciano: il ritratto del doge Leonardo Loredan e il Leone di S. Marco*, in *Lo spazio delle città venete, 1348-1509. Urbanistica e architettura, monumenti e piazze, decorazione e rappresentazione*, Atti del primo convegno nazionale di studio (Verona, 14-16 dicembre 1995), a cura di E. Guidoni, U. Soragni, Roma, pp. 203-216.
C. Furlan, *Marcello Fogolino*, in *Dizionario Biografico degli Italiani*, Roma, 48, pp. 503-507.
Galleria Nazionale di Parma. Catalogo delle opere dall'Antico al Cinquecento, a cura di L. Fornari Schianchi, Milano.
E. Guidoni, *Due grandi maestri di prospettive urbane: Pietro Antonio degli Abati e Ombrone*, «Studi su Giorgione e sulla pittura del suo tempo», Roma, XI; ora in *Ricerche su Giorgione e sulla pittura del Rinascimento*, Roma 1998, pp. 155-190.
P. Humfrey, *Lorenzo Lotto*, New Haven-London.
P. Huvenne, *Il Cinquecento e lo «stile nuovo»*, in *La pittura nei Paesi Bassi*, a cura di B.W. Meijer, Milano, I pp. 147- 278.
I segni dell'arte. Il Cinquecento da Praga a Cremona, catalogo della mostra (Cremona, Museo Civico Ala Ponzone, 27 agosto 1997 - 11 gennaio 1998), a cura di G. Bora, M. Zlatohlávek, Milano.
C. Limentani Virdis, *Diletto dei mercanti, ornamento dei principi*, in *La pittura fiamminga nel Veneto e nell'Emilia*, a cura di C. Limentani Virdis, Verona, pp. 2-32.
M. Lucco (a), *Qualche nuova opera di Prospero Fontana*, in «Arte a Bologna. Bollettino dei civici musei d'arte antica», 4, pp. 140-149.
M. Lucco (b), *Un'eco fiamminga in Giovanni Bellini*, in *Scritti per l'Istituto Germanico di Storia dell'Arte di Firenze*, Firenze, pp. 199-204.
V.E. Markova, *«Oplakivanie Christa» Cimy da Koneľjano*, in «Iskusstvo i kul'tura Italii epochi Vozroždenija i Prosveščenija», pp. 52-61.
F. Merluzzi, *Le collezioni di Palazzo Elti a Gemona: alcune osservazioni a proposito dei dipinti di Cima, Pellegrino e Amalteo*, in *Dalla Serenissima agli Asburgo: Pordenone, Gemona*, Treviso, pp. 100-109.
F. Moro, *Due fratelli, due differenti percorsi: Martino e Albertino Piazza*, in «Studi di storia dell'arte», VIII, pp. 69-184.
L. Pianca, *Parlar de Biban. Una parlata dialettale della Sinistrapiave*, Treviso.
A. Priever, *Vorbild und Mythos. Die Wirkungsgeschichte der «Hochzeit zu Kana» Paolo Veroneses*, Sigmaringen.
C. Rigon, *Fiamminghi a Vicenza*, in *La pittura fiamminga nel Veneto e nell'Emilia*, a cura di C. Limentani Virdis, Verona, pp. 133-165.
D. Rosand, *Painting in Sixteenth-Century Venice. Titian Veronese Tintoretto*, Cambridge.
A. Talignani, *«Quis evadet». Una traccia della* Hypnerotomachia Poliphili *a Parma nel sepolcro di Vincenzo Carissimi*, in «Artes», 5, pp. 111-137.
C. Tellini Perina, *Antonio Maria Viani pittore ducale*, in *I segni dell'arte. Il Cinquecento da Praga a Cremona*, catalogo della mostra (Cremona, Museo Civico Ala Ponzone, 27 agosto 1997 - 11 gennaio 1998), a cura di G. Bora, M. Zlatohlávek, Milano, pp. 95-106.
P. Van Khanh, *Theatricality in Tintoretto's religious paintings (1547-1593)*, Montreal University 1995, Ann Arbor Michigan.
Venezia da stato a mito, catalogo della mostra (Venezia, Fondazione Giorgio Cini, 30 agosto - 30 novembre 1997), a cura di A. Bettagno, Venezia.
G.C.F. Villa, *Un Flügelaltar per Marcello Fogolino*, in «Nuovi Studi di Storia dell'Arte», II, 4, pp. 157-164.
M. Zlatohlávek, *La collezione Clary-Aldringen ricomposta*, in *I segni dell'arte. Il Cinquecento da Praga a Cremona*, catalogo della mostra (Cremona, Museo Civico Ala Ponzone, 27 agosto 1997 - 11 gennaio 1998), a cura di G. Bora, M. Zlatohlávek, Milano, pp. 3-8.

1998
M. Acheimastou Potamianou, *Eikones tou Byzantinou Mouseiou Athinon*, Atene.
M.W. Ainsworth, *Gerard David. Purity of Vision in an Age of Transition*, New York.
M. Bacci, *Il pennello dell'Evangelista. Storia delle immagini sacre attribuite a san Luca*, Pisa.
Bassano et ses fils dans les musées français, catalogo della mostra (Parigi, Musée du Louvre, 18 giugno - 21 settembre 1998), a cura di J. Habert, C. Loisel Legrand, Paris.
R. Berzaghi (a), *Ippolito Andreasi*, in *Manierismo a Mantova. La pittura da Giulio Romano all'età di Rubens*, a cura di S. Marinelli, Verona, pp. 161-171.
R. Berzaghi (b), *Teodoro Ghisi*, in *Manierismo a Mantova. La pittura da Giulio Romano all'età di Rubens*, a cura di S. Marinelli, Verona, pp. 129-159.
M. Binotto, *Vicenza 1540-1600*, in *La pittura nel Veneto. Il Cinquecento*, a cura di M. Lucco, Milano, II, pp. 741-804.
G. Bora (a), *Giovanni Agostino da Lodi*, in *I leonardeschi. L'eredità di Leonardo in Lombardia*, Milano, pp. 251-274.
G. Bora (b), *Giovan Paolo Lomazzo*, in *Pittura a Milano. Rinascimento e Manierismo*, a cura di M. Gregori, Milano, pp. 272-273.
V. Branca, *La sapienza civile. Studi sull'Umanesimo a Venezia*, Firenze.
Capolavori dal Veneto dei secoli XV-XIX. Opere d'arte italiana da musei e collezioni di Vicenza e Bassano del Grappa, catalogo della mostra (Kiev, Museo Nazionale dell'Arte Figurativa dell'Ucraina, 20 maggio - 31 luglio 1998), a cura di M. Binotto, Cittadella.
M. Constantoudaki Kitromilides, *La pittura di icone a Creta Veneziana (secoli XV e XVI). Questioni di mecenatismo, iconografia e preferenze estetiche*, in *Venezia e Creta*, Atti del convegno internazionale di studi (Iraklion-Chamià, 30 settembre - 5 ottobre 1997), a cura di G. Ortalli, Venezia, pp. 459-507.
E.M. Dal Pozzolo, *Giovanni Bonconsiglio detto Marescalco. L'opera completa*, prefazione di L. Puppi, Milano.
A. De Marchi, *Dosso versus Leonbruno*, in *Dosso's Fate: Painting and Court Culture in Renaissance Italy*, a cura di L. Ciammitti, S.F. Ostrow, S. Settis, Los Angeles, pp. 152-175.

Dosso Dossi. Pittore di corte a Ferrara nel Rinascimento, catalogo della mostra (Ferrara, Civiche Gallerie d'Arte Moderna e Contemporanea, 26 settembre - 14 dicembre 1998 - New York, The Metropolitan Museum, 14 gennaio - 28 marzo 1999 - Los Angeles, The J. Paul Getty Museum, 27 aprile - 11 luglio 1999), a cura di P. Humpfrey, M. Lucco, Ferrara.

M.T. Fiorio, *Cesare Magni*, in *I leonardeschi. L'eredità di Leonardo in Lombardia*, Milano, pp. 385-396.

F. Flores D'Arcais, *Paolo Veneziano*, in *Enciclopedia Medioevale*, Roma, x, pp. 156-157.

Francesco Colonna, Hypnerotomachia Poliphili, a cura di M. Ariani, M. Gabriele, 2 tomi, Milano.

F. Frangi, *Resistenze locali e affermazione della «maniera moderna»: pittura a Milano dal 1480 al 1500 circa*, in *Pittura a Milano. Rinascimento e Manierismo*, a cura di M. Gregori, Milano, pp. 12-36.

From van Eyck to Bruegel. Early Netherlandish Painting in the Metropolitan Museum of Art, catalogo della mostra (New York, The Metropolitan Museum of Art, 22 novembre 1998 - 3 gennaio 1999), a cura di M.W. Ainsworth, K. Christiansen, New York.

G. Goldberg, B. Heimberg, M. Schawe, *Albrecht Dürer: Die Gemälde der Alten Pinakothek*, catalogo della mostra (Monaco, Bayerische Staatsgemäldesammlungen, 1998), Heidelberg.

E. Guidoni, *Raffaello e Giorgione*, in *Ricerche su Giorgione e sulla pittura del Rinascimento*, Roma, pp. 235-246.

P. Humfrey, *Cima da Conegliano*, in *Saur. Allgemeines Lexikon der bildenden Künstler*, München-Leipzig, xix, pp. 217-220.

C. Kryza-Gersch, *Leandro Bassano's Portrait of Tiziano Aspetti*, in «The Burlington Magazine», cxl, 1141, aprile, pp. 265-267.

Le arti a Lodi nel tempo del vescovo Pallavicino (1456-1497), catalogo della mostra (Lodi, chiesa di San Cristoforo, 9 aprile-5 luglio 1998), a cura di M. Marubbi, Milano.

L.C. Matthew, *The Painter's Presence: Signatures in Venetian Renaissance Pictures*, in «The Art Bulletin», 80, 4, dicembre, pp. 616-649.

D. Moscardin, *«Imaginum amorem flagrasse...». Le raccolte di ritratti di Paolo e Giacomo Filippo Tomasino*, in «Bollettino del Museo Civico di Padova», 87, pp. 55-87.

E. Negro - N. Roio, *Francesco Francia e la sua scuola*, Modena.

G. Nepi Scirè, *Gallerie dell'Accademia di Venezia*, Venezia.

Opere ritrovate. Dipinti del patrimonio I.P.A.B. restaurati, catalogo della mostra (Vicenza, Palazzo Barbaran da Porto, 19 giugno - 26 luglio 1998), a cura di M. Binotto, C. Rigoni, Vicenza.

G. Passarelli, *Icone delle dodici grandi feste bizantine*, Milano.

M. Pupillo, *Per un riesame del collezionismo di Paolo Gualdo*, in «Venezia Arti», xii, pp. 30-31.

Rabisch: il grottesco nell'arte del Cinquecento. L'Accademia della Val di Blenio, Lomazzo e l'ambiente milanese, catalogo della mostra (Lugano, Museo Cantonale d'Arte, 28 marzo - 21 giugno 1998), a cura di G. Bora, M. Kahn Rossi, F. Porzio, Milano.

Sovrane passioni. Le raccolte d'arte della Ducale Galleria Estense, catalogo della mostra (Modena, Galleria Estense, Palazzo dei Musei, 3 ottobre - 3 novembre 1998), a cura di J. Bentini, Milano.

A. Tempestini, *Bellini e Belliniani in Romagna*, Firenze.

1998-1999

C. Piasente, *Affreschi del Quattrocento nel vicentino*, tesi di laurea, Università degli Studi di Bologna, Facoltà di Lettere e Filosofia, relatore M. Lucco.

E. Rizzato, *Il legato di Paolina Porto-Godi alla Pinacoteca civica di Vicenza*, tesi di laurea in Museografia, Università degli Studi di Padova, Facoltà di Lettere e Filosofia, relatore S. Marinelli.

1999

B. Aikema, *Il gusto dei fiamminghi. Opere «ponentine» nelle collezioni veneziane del Rinascimento*, in *Il Rinascimento a Venezia e la pittura del Nord ai tempi di Bellini, Dürer, Tiziano*, catalogo della mostra (Venezia, Palazzo Grassi, 5 settembre 1999 - 9 gennaio 2000), a cura di B. Aikema, B.L. Brown, Milano, pp. 82-91.

A. Appiano Caprettini, *Estetica del rottame: consumo del mito e miti del consumo nell'arte*, s.d.

B. Barbiellini Amidei, *Alla Luna. Saggio sulla poesia del Cariteo*, Firenze.

M. Binotto, *I dipinti della chiesa e della sacrestia di San Giuliano*, in *La chiesa di Sanzuliàn in Vicenza*, Vicenza, pp. 127-166.

P. Burke, *Il ritratto veneziano nel Cinquecento*, in *La pittura nel Veneto. Il Cinquecento*, a cura di M. Lucco, Milano, iii, pp. 1079-1118.

Cristiani d'Oriente. Spiritualità, arte e potere nell'Europa post bizantina, catalogo della mostra (Trieste, Scuderie del Castello di Miramare, 27 luglio 1999 - 9 gennaio 2000), a cura di G.A. Popescu, Milano.

G. Delfini Filippi, *Per la storia della conservazione del Polittico di Cima da Conegliano. Note d'archivio*, in *San Fior. Tre villaggi dell'alta pianura trevigiana dalle prime testimonianze ad oggi*, a cura di G. Galletti, Vittorio Veneto, ii, pp. 567-569.

M. Di Giampaolo, *Sisto Badalocchio*, in *Galleria Nazionale di Parma. Catalogo delle opere. Il Seicento*, a cura di L. Fornari Schianchi, Milano, p. 60.

J. Dunkerton, *Nord e Sud: tecniche pittoriche nella Venezia rinascimentale*, in *Il Rinascimento a Venezia e la pittura del Nord ai tempi di Bellini, Dürer, Tiziano*, catalogo della mostra (Venezia, Palazzo Grassi, 5 settembre 1999 - 9 gennaio 2000), a cura di B. Aikema, B.L. Brown, Milano, pp. 92-104.

J. Dunkerton, S. Foister, N. Penny, *Dürer to Veronese. Sixteenth-Century Painting in the National Gallery*, New Haven-London.

A. Ferrari, *Dizionario di mitologia greca e latina*, Torino.

E. Filippi, *La crisi del paradigma femminile. Un itinerario che conduce a Tintoretto*, in «Il Veltro. Rivista della Civiltà Italiana», xliii, 5-6, pp. 519-554.

F. Frangi, *Licinio, Bernardino*, in *La pittura nel Veneto. Il Cinquecento*, a cura di M. Lucco, Milano, iii, pp. 1299-1300.

M.C. Galassi (a), *Indagini sul disegno sottostante di Bartolomeo Montagna. Precisazioni sulla prima attività*, in «Arte Veneta», 55, ii [2001], pp. 103-112.

M.C. Galassi (b), *La Crucifixion de Hans Memling du Museo Civico de Vicence: apports de l'examen en réflectographie dans l'infrarouge*, in «Annales d'histoire de l'art et d'archéologie», 21, pp. 7- 24.

P. Hills (a), *Colore veneziano. Pittura, marmo, mosaico e vetro dal 1200 al 1550*, Milano.

P. Hills (b), *Venetian Colour: Marble, Mosaic, Painting and Glass 1250-1550*, New Haven-London.

P. Humfrey, *Cima da Conegliano*, in *La pittura nel Veneto. Il Cinquecento*, a cura di M. Lucco, Milano, iii, pp. 1281-1282.

Il Museo Poldi Pezzoli a Milano. Guida per i visitatori, a cura di A. Mottola Molfino, A Di Lorenzo, A. Zanni, Torino.

Il paesaggio nella pittura veneziana, prefazione di A. Desiata, testi di A. Augusti, Trieste.

Il Rinascimento a Venezia e la pittura del Nord ai tempi di Bellini, Dürer, Tiziano, catalogo della mostra (Venezia, Palazzo Grassi, 5 settembre 1999 - 9 gennaio 2000), a cura di B. Aikema, B.L. Brown, Milano.

I. Krueger, *Kölner Familie beim Tischgebet, Anno 1602: zu einem Gemälde von Geldorp Gortzius (und Melchior Gortzius?) und seiner Bildtradition*, in *Coellen eyn Croyn. Renaissance und Barock in Köln (Der Riss im Himmel)*, a cura di W. Schäfke, i, Köln, pp. 79-100.

«La bellissima maniera». Alessandro Vittoria e la scultura veneta del Cinquecento, catalogo della mostra (Trento, Castello del Buonconsiglio, 25 giugno - 26 settembre 1999), a cura di A. Bacchi, L. Camerlengo, M. Leithe Jasper, Trento.

R. Lasagni, *Dizionario Biografico dei Parmigiani*, Parma, ii.

R. Lauber, *«Ornamento lodevole» e «ornatissima di pietre»: Marcantonio Michiel nella chiesa veneziana di Santa Maria della Carità*, in «Arte Veneta», lv, 1999, pp. 144-148.

M. Lucco, *Morone, Domenico*, in *La pittura nel Veneto. Il Cinquecento*, a cura di M. Lucco, Milano, iii, p. 1310.

S. Mason, *Animali, masserizie e paesi: «minor pictura» a Venezia nel tardo Cinquecento*, in *Il Rinascimento a Venezia e la pittura del Nord ai tempi di Bellini, Dürer, Tiziano*, catalogo della mostra (Venezia, Palazzo Grassi, 5 settembre 1999 - 9 gennaio 2000), a cura di B. Aikema, B.L. Brown, Milano, pp. 558-613.

G. Mies, *L'arte*, in *San Fior. Tre villaggi dell'alta pianura trevigiana dalle prime testimonianze ad oggi*, a cura di G. Galletti, Vittorio Veneto, ii, pp. 457-566.

K. Oberhuber, *Raffaello. L'opera pittorica*, Milano.

L. Puppi, *Andrea Palladio* [1973], nuova ed. aggiornata e ampliata a cura di M. Battilotti, Milano.

E. Rama, *Speranza Giovanni*, in *La pittura nel Veneto. Il Cinquecento*, a cura di M. Lucco, Milano, iii, p. 1323.

C. Rigoni, *Il polittico di Arzignano: presenze squarcionesche nel territorio vicentino*, in *Francesco Squarcione «pictore gymnasiarcha singularis»*, Atti delle giornate di studio (Padova, 10-11 febbraio 1998), a cura di A. De Nicolò Salmazo, Padova, pp. 89-89.

E.W. Rowlands, *«Raffazzonando con qualche gusto e con buona pratica». Le opere tarde di Francesco da Santacroce*, in «Saggi e Memorie di Storia dell'Arte», xxiii, pp. 11-29.

G. Sassu, *Percorsi della Maniera: tra Giorgio Vasari e Prospero Fontana*, in «Arte a Bologna. Bollettino dei civici musei d'arte antica», 5, pp. 150-165.

S. Sponza, *Incoronazione della Vergine*, in «Restituzioni», pp. 99-104.

A. Tempestini, *La «Sacra Conversazione» nella pittura veneta dal 1500 al 1516*, in *La pittura nel Veneto. Il Cinquecento*, a cura di M. Lucco, Milano, iii, pp. 939-1014.

S. Tumidei, *Romagnoli in Veneto: congiunture figurative e viaggi d'artisti tra Quattro e Cinquecento*, in S. Marinelli - A. Mazza, *La pittura emiliana nel Veneto*, Modena, pp. 59-86.

G.C.F. Villa (a), *Fogolino Marcello*, in *La pittura nel Veneto. Il Cinquecento*, a cura di M. Lucco, Milano, iii, p. 1290.

G.C.F. Villa (b), *Tra decoro e cortesia: i lessici di Pellegrino da San Daniele e Fogolino*, in *Pellegrino da San Daniele. Giornate di studio*, a cura di A. Tempestini, Udine, pp. 37-54.

1999-2000

N. Cecchinato, *Le incisioni della famiglia Sadeler al Museo di Vicenza*, tesi di laurea, Università degli Studi di Padova, Facoltà di Lettere e Filosofia, relatore M. Pietrogiovanna.

R. Lauber, *«Ornamento lodevole» e «ornatissima di pietre»: Marcantonio Michiel nella chiesa veneziana di Santa Maria della Carità*, in «Arte Veneta», lv, pp. 144-150.

G.C.F. Villa, *Gli esordi di Giovanni de Mio e le opere del Monogrammista F.V. Proposte per una lettura critica 1526-1535*, tesi di specializzazione, Università degli Studi di Udine, Facoltà di Conservazione dei Beni Culturali, relatore S. Mason.

2000

D. Apolloni, *Pietro Monaco e la Raccolta di centododici stampe di Pitture della storia sacra*, Venezia.

M. Bacci, *La tradizione di san Luca pittore da Bisanzio all'Occidente*, in *Luca evangelista. Parola e immagine tra Oriente e Occidente*, catalogo della mostra (Padova, Museo Diocesano, 14 ottobre 2000 - 6 gennaio 2001), a cura di G. Mariani Canova, P. Vettore Ferraro, F. Toniolo, A. Nante, A. De Nicolò Salmazo, Padova, pp. 103-108.

R. Bagarotto, R. Cavigli, L. Gusmeroli, M.C. Maida, A. Michieletto, G. Tranquilli, A. Casoli, S. Volpin, *La tecnica pittorica di Giovanni Bellini*, in *Il colore ritrovato. Bellini a Venezia*, catalogo della mostra (Venezia, Gallerie dell'Accademia, 30 settembre 2000 - 28 gennaio 2001), a cura di R. Goffen, G. Nepi Scirè, Milano, pp. 184-202.

M. Barausse, *Documenti e testimonianze (1468?-1650)*, in *Valerio Belli vicentino 1468c.-1546*, a cura di H. Burns, M. Collareta, D. Gasparotto, Vicenza, pp. 389-453.

R. Battaglia, *Vincenzo Civerchio*, in *Il Cinquecento lombardo. Da Leonardo a Caravaggio*, catalogo della mostra (Milano, Civico Museo d'Arte Contemporanea, 4 ottobre 2000 - 25 febbraio 2001), a cura di F. Caroli, Milano, pp. 228-229.

M. Binotto, *Vicenza*, in *Pittura nel Veneto. Il Seicento*, a cura di M. Lucco, Milano, I, pp. 257-326.

M. Botteri Ottaviani, *Appunti sul Monogrammista F.V. e su Giovanni De Mio*, in *Natale dipinto, immagini del Cinquecento*, catalogo della mostra (Riva del Garda, Museo Civico, 22 dicembre 2000 - 28 febbraio 2001), a cura di M. Botteri Ottaviani, Trento, pp. 9-19.

J. Bridgeman - K. Watts, *Armour, weapons and dress in four paintings by Dosso Dossi*, in «Apollo», febbraio, pp. 20-27.

Cima da Conegliano. Opere conservate nel Veneto, San Vendemiano.

P. Cottrell, *Corporate colors: Bonifacio and Tintoretto at the Palazzo dei Camerlenghi in Venice*, in «The Art Bulletin», 82, 4, dicembre, pp. 658-679.

A. Crispo, *Luigi Amidani (Parma 1591-post 1628)*, Parma.

Da Paolo Veneziano a Canova. Capolavori dei musei veneti restaurati dalla Regione del Veneto 1984-2000, catalogo della mostra (Venezia, Fondazione Giorgio Cini, 22 gennaio - 30 aprile 2000), a cura di G. Fossaluzza, Venezia, pp. 134-137.

Dal Pordenone a Palma il Giovane. Devozione e pietà nel disegno veneziano del Cinquecento, catalogo della mostra (Pordenone, ex chiesa di San Francesco, 15 ottobre - 10 dicembre 2000), a cura di C. Furlan, con la collaborazione di V. Romani, Milano.

J. Dunkerton, *The Restoration of Two Panels by Cima da Conegliano from the Wallace Collection*, in «National Gallery Technical Bulletin», XXI, pp. 58-69.

P. Fantelli, *Padova 1650-1700*, in *Pittura nel Veneto. Il Seicento*, a cura di M. Lucco, Milano, I, pp. 155-182.

E. Filippi, *Marcantonio Miozzi*, in *Pittura nel Veneto. Il Seicento*, a cura di M. Lucco, Milano, II, pp. 852-853.

M.T. Fiorio, *Giovanni Antonio Boltraffio: un pittore milanese nel lume di Leonardo*, Milano-Roma.

Il Cinquecento lombardo. Da Leonardo a Caravaggio, catalogo della mostra (Milano, Civico Museo d'Arte Contemporanea, 4 ottobre 2000 - 25 febbraio 2001), a cura di F. Caroli Milano.

Jacopo da Varazze, *Legenda aurea*, testo e note a cura di A. Levasti, Firenze.

L'Immagine di San Vigilio tra storia e leggenda, catalogo della mostra (Trento, Museo Diocesano Tridentino, 2000), a cura di D. Primerano, Trento.

Luca evangelista. Parola e immagine tra Oriente e Occidente, catalogo della mostra (Padova, Museo Diocesano, 14 ottobre 2000 - 6 gennaio 2001), a cura di G. Mariani Canova, P. Vettore Ferraro, F. Toniolo, A. Nante, A. De Nicolò Salmazo, Padova.

V. Mancini, *Aggiornamento su Lambert Sustris*, in «Saggi e Memorie di Storia dell'Arte», XXIV, pp. 13-29.

E. Manikowska, *Cristo tra i Dottori di Cima da Conegliano come invenzione rinascimentale*, in «Bulletin du Musée National de Varsovie», 41, (2002), pp. 73-84.

S. Marinelli, *Il disegno nelle collezioni pubbliche a Verona*, in *I grandi disegni italiani del Museo di Castelvecchio a Verona*, a cura di G. Marini, Cinisello Balsamo, pp. 55-100.

P. Meilman, *Titian and the altarpiece in Renaissance Venice*, Cambridge.

M. Michiel, *Der Anonimo Morelliano (Marcanton Michiel's Notizia d'opere del disegno) (1521-1543)*, ed. a cura di C. De Benedictis, Firenze.

Natale dipinto, immagini del Cinquecento, catalogo della mostra (Riva del Garda, Museo Civico, 22 dicembre 2000 - 28 febbraio 2001), a cura di M. Botteri Ottaviani, Trento.

F. Pedrocco, *Tiziano*, Milano.

M. Saccardo, *Una tela «di singolare bellezza», opera di Giovanni De Mio a S. Lorenzo in Vicenza*, in «Realtà Vicentina», IX, 11, novembre, p. 38.

G. Sassu, *Riconsiderazioni sull'attività di Prospero Fontana tra il 1539 e il 1545*, in «Proporzioni I - Annali della Fondazione Roberto Longhi», pp. 80-97.

B.M. Savì, *Giovanni Bonconsiglio: qualche considerazione e un'aggiunta al catalogo*, in «Prospettiva», 98-99, (2001), pp. 160-171.

Sinai, Byzantium, Russia: Orthodox art from the Sixth to the Twentieth Century, catalogo della mostra (San Pietroburgo, Gosudarstvennyj Ermitaz, giugno-settembre 2000; Londra, Courtauld Institute of Art, ottobre 2000 - febbraio 2001), a cura di Y. Piatnitsky, O. Baddeley, E. Brunner, M. Mundell, London.

G. Toderi - F. Vannel, *Le medaglie italiane del XVI secolo*, 3 voll., Firenze.

F. Valcanover - G. Fossaluzza, *Da Paolo Veneziano a Canova. Significato di una mostra*, in *Da Paolo Veneziano a Canova. Capolavori dei musei veneti restaurati dalla Regione del Veneto 1984-2000*, catalogo della mostra (Venezia, Fondazione Giorgio Cini, 22 gennaio - 30 aprile 2000), a cura di G. Fossaluzza, Venezia, pp. 17-30.

K. Van Mander, *Le vite degli illustri pittori fiamminghi, olandesi e tedeschi*, introduzione, traduzione e apparato critico di R. de Mambro Santos, Sant'Oreste.

G. Viroli, *I Longhi. Luca, Francesco, Barbara, pittori ravennati (sec. XVI-XVII)*, Ravenna.

E. Weddigen, *Jacomo Tentor F, Myzelien zur Tintorettoforschung: Peripherie, Interpretation und Rekonstruktion*, München.

Le chiese di Conegliano, storia e guida alla visita, a cura di C. Candiani, Vittorio Veneto.

S. Zanuso, *Cristoforo Solari. tra Milano e Venezia*, in «Nuovi Studi», VIII, pp. 17-33.

2000-2001

F. Meroi, *La Pala del Cima nel Duomo di Conegliano: l'opera e il suo contesto, dalle origini ad oggi*, tesi di laurea, Università degli Studi di Urbino, relatore Cecilia Prete.

2001

G. Agosti, *Disegni del Rinascimento in Valpadana*, Firenze.

N. Babina, in *Rubens and his Age: Treasures from the Hermitage Museum, Russia*, catalogo della mostra (Art Gallery of Ontario, 5 maggio - 12 agosto 2001), a cura di C. Corsiglia, London.

R. Bagarotto (a), *Il restauro de «L'incredulità di san Tommaso e san Magno vescovo» di Giambattista Cima da Conegliano*, in *Restauri a Venezia 1987-1998*, a cura di G. Tranquilli, «Quaderni della Soprintendenza per il Patrimonio Artistico Storico e Demoetnoantropologico di Venezia», 22, Milano, pp. 236-237.

R. Bagarotto (b), *Il restauro della pala «La Madonna dell'Arancio» di Giambattista Cima da Conegliano*, in *Restauri a Venezia 1987-1998*, a cura di G. Tranquilli, «Quaderni della Soprintendenza per il Patrimonio Artistico Storico e Demoetnoantropologico di Venezia», 22, Milano, pp. 234-235.

F. Barbieri, *Aggiunte ai Maganza: le «Assunte» di Vicenza e di Griante, una teletta di collezione privata*, in *Per l'arte. Da Venezia all'Europa. Studi in onore di Giuseppe Maria Pilo. Bergamo. L'altra Venezia. Il Rinascimento negli anni di Lorenzo Lotto 1510-1530*, catalogo della mostra (Bergamo, Accademia Carrara, 4 aprile - 8 luglio 2001), a cura di F. Rossi, Milano.

G. Bertini, *Il collezionismo d'arte a Parma dal XVI al XVIII secolo: rassegna di studi e conclusioni preliminari*, in *Geografia del collezionismo. Italia e Francia tra il XVI e il XVIII secolo*, Atti delle giornate di studio dedicate a Giuliano Briganti (Roma, École Française, 19-21 settembre 1996), a cura di O. Bonfait, M. Hochmann, L. Spezzaferro, B. Toscano, Roma, pp. 109-218.

A. Brogi, *Ludovico Carracci (1555-1619)*, 2 voll., Ozzano Emilia.

E. Chini, *Un «Compianto di Cristo» di Giovanni Demio*, in «Paragone», LII, 36, 613, marzo, pp. 48-57.

Cinquecento veneto. Dipinti dall'Ermitage, catalogo della mostra (Bassano del Grappa, Museo Civico, 8 aprile - 19 agosto 2001; Barcellona, Museu Nacional d'Art de Catalunya, 6 settembre - 9 dicembre 2001), a cura di I. Artemieva, Milano.

Dall'antichità a Caravaggio, a cura di M. Piantoni, L. De Rossi, Monfalcone-Gorizia, pp. 243-246, 339-340.

D. Davanzo Poli, *Abiti antichi e moderni dei veneziani*, Vicenza.

C. Filippini, *Plutarco istoriato: le Vite parallele nella miniatura italiana del Quattrocento e la Morte di Cesare nei cassoni fiorentini*, in *Biografia dipinta. Plutarco e l'arte del Rinascimento (1400-1500)*, a cura di R. Guerrini, La Spezia, pp. 155-208.

J. Fletcher - D. Skipsey, *Death in Venice: Giovanni Bellini and the Assassination of St. Peter Martyr*, in «Apollo», 133, 347, pp. 4-9.

Giovanni Bonsignori da Città di Castello, Ovidio Metamorphoseos Vulgare, ed. critica a cura di E. Ardissino, Bologna.

P. Humfrey, *L'importazione di dipinti veneziani a Bergamo e nelle sue valli, da Bartolomeo Vivarini a Palma il Vecchio*, in *Bergamo: l'altra Venezia*, catalogo della mostra (Bergamo, Accademia Carrara, 4 aprile - 8 luglio 2001), a cura di F. Rossi, Milano, pp. 43-47.

F. Ilchman, *The Conservation of Cima's Altarpiece in the Church of the Madonna dell'Orto*, in «Studies in Venetian Art and Conservation», pp. 28-31.

Il Rinascimento in Italia: la civiltà delle corti, catalogo della mostra (Tokyo, National Museum of Western Art, 20 marzo - 8 luglio 2001), a cura di A. Paolucci, Tokyo.

M. Jellineck, *Il «Ritratto di Leoniceno» di Dosso per la raccolta gioviana*, in *Dosso Dossi e la pittura a Ferrara negli anni del ducato di Alfonso I. Il «Camerino delle pitture»*, Atti del convegno di studio (Padova, Palazzo del Bo, Sala dell'Archivio antico, Aula Ippolito Nievo, 9-11 maggio 2001), in corso di stampa.

M. Levi D'Ancona, *Lo zoo del Rinascimento. Il significato degli animali nella pittura italiana dal XIV al XVI secolo*, Lucca.

F. Lodi, *Porfirio, Moretti*, in *La pittura nel Veneto. Il Seicento*, a cura di M. Lucco, Milano, II, pp. 854-855.

M. Lucco, *«Foresti» a Venezia nel Seicento*, in *La pittura nel Veneto. Il Seicento*, a cura di M. Lucco, Milano, II, pp. 485-522.

V. Mancini, *Polidoro da Lanciano*, Lanciano.

S. Marinelli, *Da Turchi a Gramatica: integrazioni al Seicento*, in «Verona Illustrata», XIV, pp. 45-52.

Museo Diocesano d'Arte Sacra «Albino Luciani». Vittorio Veneto (TV), schedatura R. Bechevolo, Pieve di Soligo.

Repertory of Dutch and Flemish Paintings in Italian Public Collections, a cura di B.W. Meijer, Firenze, II, 1.

Restauri a Venezia 1987-1998, a cura di G. Tranquilli, «Quaderni della Soprintendenza per il Patrimonio Storico Artistico e Demoetnoantropologico di Venezia», 22, Milano.

A. Rizzi, *I leoni di San Marco*, Venezia.

G. Viroli, *Zaganelli, Francesco*, in *Pinacoteca Comunale di Ravenna. Museo d'arte della città. La Collezione Antica*, Ravenna, p. 65.

C. Wilson, *St Joseph in Italian Renaissance Society and Art: New Directions and Interpretations*, Philadelphia.

2001-2002

U. Soragni - L. Francioni, *Soave e Cattaro, città «Chatara». Le pale di Murano e di Pesaro di Giovanni Bellini*, in *Eresie e censure*, «Studi giorgioneschi. Annuario di ricerche sull'arte del Rinascimento», V-VI, pp. 7-34; ora in U. Soragni, *Giorgione e il culto del sole: eresie e significanti nella pittura del Rinascimento*, Padova 2009, pp. 91-144.

2002

M. Baldissin - A. Soligon, *Chiese a San Fior.*

Alla scoperta del patrimonio artistico, Nervesa della Battaglia.
G. Bertini (a), *Girolamo Mazzola Bedoli's Portrait of Bartolomeo Prati identified*, in «Apollo», CLV, giugno, pp. 36-39.
G. Bertini (b), *Quadri attribuiti al Parmigianino nelle collezioni Dalla Rosa e Prati di opere dell'artista a Parma*, in *Parmigianino e il manierismo europeo*, Atti del convegno internazionale di studi (Parma, 13-15 giugno 2002), a cura di L. Fornari Schianchi, Milano, pp. 273-279.
L. Campbell, *Hans Memling*, in *Underdrawings in Renaissance Paintings*, catalogo della mostra (Londra, The National Gallery, 30 ottobre 2002 - 16 febbraio 2003), a cura di D. Bomford, London.
M. Constantoudaki Kitromildes, *Le icone e l'arte dei pittori greci a Venezia. Maestri in rapporto con la Confraternita greca*, in *I Greci a Venezia*, Atti del convegno internazionale di studi (Venezia, Istituto Veneto di Scienze, Lettere ed Arti, 5-7 novembre 1998), Venezia, pp. 569-641.
P.L. De Vecchi, *Raffaello*, Milano.
A. Di Lorenzo, *Édouard e Nélie a Milano: i loro rapporti con gli antiquari, i restauratori e i collezionisti*, in *Due collezionisti alla scoperta dell'Italia. Dipinti e sculture dal Museo Jacquemart-André di Parigi*, catalogo della mostra (Milano, Museo Poldi Pezzoli, 16 ottobre 2002 - 16 marzo 2003), a cura di A. Di Lorenzo, Cinisello Balsamo, pp. 36-45.
Due collezionisti alla scoperta dell'Italia. Dipinti e sculture dal Museo Jacquemart-André di Parigi, catalogo della mostra (Milano, Museo Poldi Pezzoli, 16 ottobre 2002 - 16 marzo 2003), a cura di A. Di Lorenzo, Cinisello Balsamo.
Fiamminghi e Olandesi. Dipinti dalle collezioni lombarde, catalogo della mostra (Milano, Palazzo Reale, Pinacoteca Ambrosiana, 23 maggio - 18 agosto 2002), a cura di B.W. Meijer, Cinisello Balsamo, pp. 34-35.
F. Flores D'Arcais, *Paolo Veneziano e la pittura del Trecento in Adriatico*, in *Il Trecento adriatico. Paolo Veneziano e la pittura tra Oriente e Occidente*, catalogo della mostra (Rimini, Castel Sigismondo, 19 agosto - 29 dicembre 2002), a cura di F. Flores D'Arcais, G. Gentili, Cinisello Balsamo, pp. 19-31.
C. Furlan, *Ad splendorem et ornamentum istius templi vicentini. Aspetti della decorazione pittorica dal Trecento al Novecento*, in *La Cattedrale di Vicenza*, a cura di G. Barbieri, Cornuda, pp. 51-87.
E.E. Gardner, *A Bibliographical Repertory of Italian Private Collections*, a cura di C. Ceschi con l'assistenza di K. Baetjer, Vicenza.
A. Gentili, *Painting in Venice*, Boston-New York-London.
Gonzaga. La Celeste Galeria. Le raccolte, catalogo della mostra (Mantova, Palazzo Te - Palazzo Ducale, 2 settembre - 8 dicembre 2002), a cura di R. Morselli, Milano.
Il museo senza confini. Dipinti ferraresi del Rinascimento nelle raccolte romane, a cura di J. Bentini, S. Guarino, Milano.
Il polittico di Cima da Conegliano a Miglionico, a cura di G. Scarcia, Napoli.
Il ritratto in Lombardia da Moroni a Ceruti, catalogo della mostra (Varese, Castello di Masnago, 21 aprile - 14 luglio 2002), a cura di F. Frangi, A. Morandotti, Milano.
La carità a Vicenza. I luoghi e le immagini, catalogo della mostra (Vicenza, Basilica Palladiana, 20 aprile - 14 luglio 2002), a cura di C. Rigoni, Venezia.
S. Marinelli, *Paolo Piazza pittore veneto*, in *Paolo Piazza. Pittore cappuccino nell'età della Controriforma tra conventi e corti d'Europa*, a cura di S. Marinelli, A. Mazza, Verona, pp. 1-58.
L.C. Matthew, *«Vendecolori a Venezia»: the Reconstruction of a Profession*, in «The Burlington Magazine», CXLIV, pp. 680-686.
Paolo Piazza. Pittore cappuccino nell'età della Controriforma tra conventi e corti d'Europa, a cura di S. Marinelli, A. Mazza, Verona.
M. Pitteri, *Il paesaggio agrario coneglianese del primo Cinquecento e le opere di G.B. Cima da Conegliano*, in «Storiadentro. Rivista di studi storici», n.s., 1, pp. 117-150.
C. Rigoni, *L'affresco raffigurante la Crocifissione di Zuan Francesco Zilio nel coro delle monache*, in *Santa Chiara in Vicenza. Complesso monumentale e Istituto palazzolo. Storia e restauro*, Vicenza, pp. 153-162.
A. Soligon, *Collocazione e fortuna critica del dipinto*, in *Ultima cena, chiesa di S. Giovanni Battista San Fior di Sopra. Presentazione a cura di Antonio Soligon dell'opera restaurata 12 gennaio 2008*, Conegliano, pp. 13-18.
Sur la terre comme au ciel: jardins d'Occident à la fin du Moyen Age, catalogo della mostra (Parigi, Musée national du Moyen Age - Thermes de Cluny, 6 giugno - 16 settembre 2002), Paris.
G.C.F. Villa, *Palazzo Chiericati. Cinquanta capolavori dal Trecento al Cinquecento*, Milano.

2003

L. Armstrong, *Studies of Renaissance miniaturists in Venice*, London, 2 voll.
M.T. Balboni Brizza, *Il mostro e l'eroe*, Milano.
B. Barbiellini Amidei, *Il sogno nell'*Endimione *del Cariteo*, in «La Parola del Testo», VII, 2, pp. 341-354.
Catalogo Scientifico delle collezioni. I. Pinacoteca Civica di VIcenza. Dipinti dal XIV al XVI secolo, a cura di M.E. Avagnina, M. Binotto, G.C.F. Villa, Cinisello Balsamo.
J. Dunkerton - M. Spring, *The Technique and Materials of Titian's Early Paintings in The National Gallery, London*, in *Titian. Jacopo Pesaro Being Presented by Pope Alexander VI to Saint Peter*, «Restoration», numero speciale, Koninklijk Museum voor Schone Kunsten Antwerp, 3, 1, pp. 9-21.
R. Echols, *Italian Paintings of the Fifteenth Century, National Gallery of Art, Washington*, Washington.
L. Finocchi Ghersi, *Il Rinascimento veneziano di Giovanni Bellini*, Venezia.
Il Rinascimento a Parma e dintorni. Guida storico-artistica, a cura di L. Fornari Schianchi, Milano.
In the Light of Apollo: Italian Renaissance and Greece, catalogo della mostra (Atene, Ethnike Pinakotheke kai Museio Alexandru Sutzu, 22 dicembre 2003 - 31 marzo 2004), a cura di M. Gregori, Cinisello Balsamo.
Italian Paintings of the Fifteenth Century, catalogo della mostra, a cura di M. Boskovits, D.A. Brown, Washington 2003.
L. Marcozzi, *Grifo, Antonio*, in *Dizionario Biografico degli Italiani*, Roma, 59, pp. 400-402.
L. Marras, M. Materazzi, L. Pezzati, P. Poggi, *A New High Resolution IR-Colour Scanner for the Non-Destructive Evaluation of Works of Art*, in «Insight», 45, pp. 276-279.
C.P. Murphy, *Lavinia Fontana. A Painter and her Patrons in Sixteenth-century Bologna*, New Haven-London.
Parmigianino e il manierismo europeo, catalogo della mostra (Parma, Galleria Nazionale, 8 febbraio - 15 maggio 2003; Vienna, Kunsthistorisches Museum, 4 giugno - 14 settembre 2003), a cura di L. Fornari Schianchi, S. Ferino Padgen, Cinisello Balsamo.
Pinacoteca Civica di Vicenza: Dipinti dal XIV al XVI secolo, Vicenza, pp. 152-153.
G. Poldi - G.C.F. Villa, *Schede scientifiche*, in *Catalogo scientifico delle collezioni. I. Pinacoteca Civica di Vicenza Dipinti dal XIV al XVI secolo*, a cura di M.E. Avagnina, M. Binotto, G.C.F. Villa, Cinisello Balsamo, pp. 502-579.
M. Saccardo, *Un'adorazione «di mirabile bellezza» dipinta da Benedetto Montagna*, in «Realtà Vicentina», XIV, 1, gennaio, pp. 36-37.

2004

C. Cennini, *Il libro dell'arte*, a cura di F. Frezzato, Vicenza.
Da Bellini a Veronese: temi di arte veneta, a cura di G. Toscano, F. Valcanover, «Studi di arte veneta», Istituto Veneto di Scienze, Lettere ed Arti, 6, Venezia.
E. Daffra - M. Ceriana, *Il polittico di San Bartolomeo di Cima da Conegliano*, in ««Arte Veneta», LXI, (2005), pp. 28-69.
M. Donati, *L'inserimento dell'iscrizione antica nel paesaggio del Rinascimento*, in *La percezione del paesaggio nel Rinascimento*, a cura di A.M. Scanu, Bologna, pp. 133-135.
J. Dunkerton, *Bellini's Technique*, in *The Cambridge Companion to Giovanni Bellini*, a cura di P. Humfrey, Cambridge, pp. 195-225.
G. Fossaluzza, *Giovanni Battista Cima. 53. Daniele nella fossa dei leoni*, in *Il Camerino d'alabastro. Antonio Lombardo e la scultura all'antica*, catalogo della mostra (Ferrara, Castello di Ferrara, 14 marzo - 13 giugno 2004), a cura di M. Ceriana, Milano, pp. 230-233.
Il Camerino d'alabastro. Antonio Lombardo e la scultura all'antica, catalogo della mostra (Ferrara, Castello di Ferrara, 14 marzo - 13 giugno 2004), a cura di M. Ceriana, Milano.
Il Bello e le bestie: metamorfosi, artifici e ibridi dal mito all'immaginario scientifico, catalogo della mostra (Rovereto, Museo d'Arte Moderna e Contemporanea, 11 dicembre 2004 - 8 maggio 2005), a cura di L. Vergine, G. Verzotti, Milano.
A. Markham Schulz, *La vita e l'opera di Antonio Lombardo*, in *Il Camerino d'alabastro. Antonio Lombardo e la scultura all'antica*, catalogo della mostra (Ferrara, Castello di Ferrara, 14 marzo - 13 giugno 2004), a cura di M. Ceriana, Milano, pp. 15-33.
E. Orlando, *San Cristoforo (Madonna dell'orto)*, in *ARCA-Archivi storici della Chiesa di Venezia, Parrocchie di antica fondazione di Cannaregio, Inventari degli Archivi*, 4, a cura di F. Cavazzana Romanelli, Venezia.
I. Palumbo Fossati, *La casa veneziana, da Bellini a Veronese. Temi di arte veneta*, a cura di G. Toscano, F. Valcanover, Venezia 2004.
Pinacoteca Nazionale di Bologna. Catalogo generale. I. Dal Duecento a Francesco Francia, a cura di J. Bentini, G.P. Cammarota, D. Scaglietti Kelescian, Venezia.
A. Sarchi (a), *Antonio tra i letterari e gli artisti del tempo*, in *Il Camerino d'alabastro. Antonio Lombardo e la scultura all'antica*, catalogo della mostra (Ferrara, Castello di Ferrara, 14 marzo - 13 giugno 2004), a cura di M. Ceriana, Milano, pp. 35-47.
A. Sarchi (b), *The Studiolo of Alberto Pio da Carpi*, in *Drawing Relationship in Northern Italian Renaissance: Patronage and Theories of Invention*, a cura di G. Periti, Aldershot, pp. 129-145.
The Age of Titian. Venetian Renaissance Art from Scottish Collections, catalogo della mostra (Edimburgo, Royal Scottish Academy Building, 5 agosto - 5 dicembre 2004), a cura di A. Weston-Lewis, Edinburgh.
S. Zanuso, *Cristoforo Solari. Virtù*, scheda in *Il Camerino d'alabastro. Antonio Lombardo e la scultura all'antica*, catalogo della mostra (Ferrara, Castello di Ferrara, 14 marzo - 13 giugno 2004), a cura di M. Ceriana, Milano, pp. 202-203.

2005

N. Agapiou, *Endymion au Carrefour. La fortune littéraire et artistique du mythe d'Endymion à l'aube de l'ère moderne*, in *Iconographische Repertorien zur Rezeption des antiken Mythos in Europa*, Berlin, IV.
L. Arcangeli, *Tra Milano e Roma: esperienze politiche nella Parma del primo Cinquecento*, in *Emilia e Marche nel Rinascimento. L'identità visiva della Periferia*, a cura di G. Periti, Azzano San Paolo, pp. 89-118.
R. Buda, *I supporti lignei*, in *Inauratam et ornatam. Il polittico di Cima da Conegliano a Olera*, a cura di E. Daffra, Azzano San Paolo, pp. 90-97.
E. Daffra - M. Ceriana, *Cima da Conegliano e la bottega di Alvise Bianco per San Bartolomeo a Olera*, in *Inauratam et ornatam. Il polittico di Cima da Conegliano a Olera*, a cura di E. Daffra, Azzano San Paolo, pp. 40-75.
M. Danzi, *La biblioteca del cardinal Pietro Bembo*, Genève.

L. Dori - A. Dori, *Note sul restauro*, in *Inauratam et ornatam. Il polittico di Cima da Conegliano a Olera*, a cura di E. Daffra, Azzano San Paolo, pp. 76-89.
Inauratam et ornatam. Il polittico di Cima da Conegliano a Olera, a cura di E. Daffra, Azzano San Paolo.
Marco Palmezzano. Il Rinascimento nelle Romagne, catalogo della mostra (Forlì, Musei San Domenico, 4 dicembre 2005 - 30 aprile 2006), a cura di A. Paolucci, L. Prati, S. Tumidei, Cinisello Balsamo.
G. Periti, *Correggio, Prati e l'«Ecce Homo»: nuovi intrecci intorno a problemi di devozione nella Parma rinascimentale*, in *Emilia e Marche nel Rinascimento. L'identità visiva della Periferia*, a cura di G. Periti, Azzano San Paolo, pp. 181-214.
Pinacoteca Ambrosiana. Dipinti dal medioevo alla metà del Cinquecento, Milano, I.
P. Rosanò, *La tecnica esecutiva*, in *Inauratam et ornatam. Il polittico di Cima da Conegliano a Olera*, a cura di E. Daffra, Azzano San Paolo, pp. 102-106.
A. Talignani, *La Cappella Montini nella Cattedrale di Parma: un «unicum» di forme, colori ed epigrafi nella «periferia»*, in *Emilia e Marche nel Rinascimento. L'identità visiva della Periferia*, a cura di G. Periti, Azzano San Paolo, pp. 119-180.
S. Toffolo, *Liuto, lira da braccio e altri strumenti musicali nelle opere di Cima da Conegliano*, in «Il Fronimo: Rivista di chitarra», XXXIII, 129, gennaio-marzo, pp. 33-46.

2006

J. Anderson, *Allegorie e scene mitologiche*, in *Bellini, Giorgione, Tiziano e il Rinascimento della pittura veneziana*, catalogo della mostra (Washington, National Gallery of Art, 18 giugno - 17 settembre 2006 - Vienna, Kunsthistorisches Museum, 17 ottobre 2006 - 7 gennaio 2007), a cura di D.A. Brown, S. Ferino-Pagden, Milano, pp. 148-153.
Antonello da Messina. L'opera completa, catalogo della mostra (Roma, Scuderie del Quirinale, 18 marzo - 25 giugno 2006), a cura di M. Lucco, con il coordinamento scientifico di G.C.F. Villa, Cinisello Balsamo.
Bellini, Giorgione, Titian and the Renaissance of Venetian Painting, catalogo della mostra (Washington, National Gallery of Art, 18 giugno - 17 settembre 2006; Vienna, Kunsthistorisches Museum, 17 ottobre 2006 - 7 gennaio 2007), a cura di D.A. Brown, S. Ferino-Pagden, Washington.
B.H. Berrie - L.C. Matthew, *Venetian «Colore»: Artists at the Intersection of Technology and History*, in *Bellini, Giorgione, Titian and the Renaissance of Venetian Painting*, catalogo della mostra (Washington, National Gallery of Art, 18 giugno - 17 settembre 2006 - Vienna, Kunsthistorisches Museum, 17 ottobre 2006 - 7 gennaio 2007) a cura di D.A. Brown, S. Ferino-Pagden, Washington.
L'archivio degli estimi, a cura di E. Bacchetti, P. Miniutti, E. Orlando, in *Gli estimi della Podesteria di Treviso*, a cura di F. Cavazzana Romanelli, E. Orlando, Cornuda.
Le chiese di Conegliano, Cornuda.
I. Lübbeke, *Dürer's Visualization of an Imagined Community*, in *Albrecht Dürer. The Feast of the Rose Garlands*, catalogo della mostra (Praga, Národní Galerie, 21 giugno - 1 ottobre 2006), a cura di O. Kotkova, Prague, pp. 15-30.
Martino. Un santo e la sua civiltà nel racconto dell'arte, catalogo della mostra (Illegio, Casa delle Esposizioni, 29 aprile - 30 settembre 2006), a cura di A. Geretti, Milano.
E. Oberthaler - E. Walmesley, *Technical Study of Painting Methods*, in *Bellini, Giorgione, Titian and the Renaissance of Venetian Painting*, catalogo della mostra (Washington, National Gallery of Art, 18 giugno - 17 settembre 2006; Vienna, Kunsthistorisches Museum, 17 ottobre 2006 - 7 gennaio 2007), a cura di D.A. Brown, S. Ferino-Pagden, Washington, pp. 285-300.
G. Poldi - G.C.F. Villa, *Dalla conservazione alla storia dell'arte. Riflettografia e analisi non invasive per lo studio dei dipinti*, Pisa.
A. Soligon, *Una guerra tra santi: problemi di presenze e identità nel polittico di San Fior di G.B. Cima da Conegliano*, in «Storiadentro. Rivista di studi storici», n.s., 4, pp. 120-160.
M. Tazartes, *Gallerie dell'Accademia. Venezia*, Milano.

2007

Bellini a Vicenza: il «Battesimo di Cristo» in Santa Corona, a cura di M.E. Avagnina, G.C.F. Villa, Vicenza, p. 67.
G. Busi, *L'enigma dell'ebraico nel Rinascimento*, Torino.
S. Caglio, F. Frezzato, G. Poldi, *Pigmenti, leganti, strati: osservazioni analitiche sulla tecnica pittorica del «Battesimo di Cristo»*, in *Bellini a Vicenza: il «Battesimo di Cristo» in Santa Corona*, a cura di M.E. Avagnina, G.C.F. Villa, Vicenza.
M. Ceriana, *Opere di Tullio Lombardo diminuite o scomparse (e altre minuzie)*, in *Tullio Lombardo. Scultore e architetto nella Venezia del Rinascimento*, Atti del convegno di studi (Venezia, Fondazione Giorgio Cini, 4-6 aprile 2006), a cura di M. Ceriana, Verona, pp. 23-68.
Da Gaudenzio Ferrari ad Angelo Morbelli. Tesori dalle collezioni private novaresi, catalogo della mostra (Novara, Arengo del Broletto, 22 dicembre 2007 - 3 febbraio 2008), a cura di M. Rosci, Cinisello Balsamo.
I. Favaretto, *Di un torsetto femminile della raccolta Mantova Benavides e del gusto per l'antico nella cultura artistica veneta del XVI secolo*, in *Tullio Lombardo. Scultore e architetto nella Venezia del Rinascimento*, Atti del convegno di studi (Venezia, Fondazione Giorgio Cini, 4-6 aprile 2006), a cura di M. Ceriana, Verona, pp. 369-379.
D. Gasparotto, *Parma tra Quattro e Cinquecento: le presenze «forestiere» e la risposta locale*, in *Parma: grazia e affetti, natura e artificio. Protagonisti dell'arte da Correggio a Lanfranco*, catalogo della mostra (Tokyo, The National Museum of Western Art, 29 maggio - 26 agosto 2007), a cura di M. Takanashi, Tokyo, pp. 46-47.
C. Gryza-Gersch, *«Il poeta cantore e l'amata». Una nuova intepretazione per il* Doppio ritratto *di Vienna come* Allegoria della musica, in *Tullio Lombardo. Scultore e architetto nella Venezia del Rinascimento*, Atti del convegno di studi (Venezia, Fondazione Giorgio Cini, 4-6 aprile 2006), a cura di M. Ceriana, Verona, pp. 69-79.
Il museo Civico di Gemona. Catalogo delle opere, a cura di F. Merluzzi, presentazione di R. Fabiani, Gemona del Friuli.
M. Ishii, *Il battesimo come illuminazione: qualche riflessione sul Monumento del doge Giovanni Mocenigo di Tullio Lombardo*, in *Tullio Lombardo. Scultore e architetto nella Venezia del Rinascimento*, Atti del convegno di studi (Venezia, Fondazione Giorgio Cini, 4-6 aprile 2006), a cura di M. Ceriana, Verona, pp. 99-116.
P. Lucchi - M. Viero, *«Parole e figure. Momenti di storia del libro e della stampa dalle raccolte del Museo Correr»: una visita guidata all'esposizione*, in *I ritratti in miniatura delle collezioni dei Musei Civici Veneziani*, «Bollettino dei Musei Civici Veneziani», 2, pp. 129-153.
F. Merluzzi, *Giovanni Battista Cima detto Cima da Conegliano. 2. Madonna con il Bambino*, in *Il Museo Civico di Gemona. Catalogo delle opere*, a cura di F. Merluzzi, presentazione di R. Fabiani, Gemona del Friuli, pp. 42-47.
L. Muti, *Una Madonna col Bambino di Cima da Conegliano*, in *Un'identità: custodi dell'arte e della memoria*, a cura di G.M. Pilo, L. de Rossi, I. Reale, «Arte Documento. Quaderni», 12, Mariano del Friuli, pp. 195-198.
Parma: grazia e affetti, natura e artificio. Protagonisti dell'arte da Correggio a Lanfranco, catalogo della mostra (Tokyo, The National Museum of Western Art, 29 maggio - 26 agosto 2007), a cura di M. Takanashi, Tokyo.
A. Pontremoli, *I balli di Venere e Amore: natura e mito nella danza del Rinascimento*, in *Il Mito d'Arcadia. Pastori e amori nelle arti del Rinascimento*, Atti del convegno internazionale di studi (Torino, 14-15 marzo 2005), a cura di D. Boillet, A. Pontremoli, Firenze, pp. 143-165.
Tullio Lombardo. Scultore e architetto nella Venezia del Rinascimento, Atti del convegno di studi (Venezia, Fondazione Giorgio Cini, 4-6 aprile 2006), a cura di M. Ceriana, Verona.

2008

B. Adorni, *La scultura*, in *Santa Maria della Steccata a Parma. Da chiesa «civica» a basilica magistrale dell'Ordine costantiniano*, a cura di B. Adorni, Milano, pp. 279-303.
N. Agapiou, *L'Endymion cuirassé de Cima da Conegliano*, in «Studi umanistici piceni», 28, pp. 211-225.
F. Barocelli, *Cultura umanistica e religiosità a Parma al tempo del Correggio*, in *Correggio*, catalogo della mostra (Parma, Galleria Nazionale, Camera di San Paolo, cattedrale, chiesa di San Giovanni Evangelista, 20 settembre 2008 - 25 gennaio 2009), a cura di L. Fornari Schianchi, Milano, pp. 59-69.
L. Bonizzoni, S. Caglio, A. Galli, G. Poldi, *A Non Invasive Method to Detect Stratigraphy, Thicknesses and Pigment Concentration of Pictorial Multilayers Based on EDXRF and vis- RS:* in situ *applications*, in «Applied Physics A: Materials Science & Processing», 92, 1, pp. 203-210.
M. Ceriana, *Bellini e le arti plastiche*, in *Giovanni Bellini*, catalogo della mostra (Roma, Scuderie del Quirinale, 30 settembre 2008 - 11 gennaio 2009), a cura di M. Lucco, G.C.F. Villa, Cinisello Balsamo, pp. 91-103.
Correggio, catalogo della mostra (Parma, Galleria Nazionale, Camera di San Paolo, cattedrale, chiesa di San Giovanni Evangelista, 20 settembre 2008 - 25 gennaio 2009), a cura di L. Fornari Schianchi, Milano.
Garofalo. Pittore della Ferrara Estense, Milano.
Giovanni Bellini, catalogo della mostra (Roma, Scuderie del Quirinale, 30 settembre 2008 - 11 gennaio 2009), a cura di M. Lucco, G.C.F. Villa, Cinisello Balsamo.
S. Gramigna - A. Perissa, *Scuole Grandi e Piccole a Venezia tra arte e storia*, Venezia, II ed. aggiornata.
P. Humfrey, *Madonna con il Bambino (Madonna di Alzano, anche detta Madonna Morelli o Madonna Agliardi)*, in *Giovanni Bellini*, catalogo della mostra (Roma, Scuderie del Quirinale, 30 settembre 2008 - 11 gennaio 2009), a cura di M. Lucco, G.C.F. Villa, Cinisello Balsamo, pp. 232-233.
L. Lodi, *Recenti restauri ad alcuni dipinti del Museo: Ambrogio Bergognone, Bartolomeo Montagna, Bernardino Luini*, in *La Certosa di Pavia e il suo Museo. Ultimi restauri e nuovi studi*, Atti del convegno (Pavia, Centro Congressi della Certosa, 22-23 giugno 2005), a cura di B. Bentivoglio-Ravasio, con L. Lodi, M. Mapelli, Assago, pp. 461-484.
A. Nova, *Icona, racconto e «dramatic close-up» nei dipinti devozionali di Giovanni Bellini*, in *Giovanni Bellini*, catalogo della mostra (Roma, Scuderie del Quirinale, 30 settembre 2008 - 11 gennaio 2009), a cura di M. Lucco, G.C.F. Villa, Cinisello Balsamo, pp. 105-115.
G. Poldi, *Le analisi scientifiche non invasive sulle opere di Giovanni Bellini. Note tecniche e interpretative*, in *Bellini a Venezia. Sette opere indagate nel loro contesto*, a cura di G. Poldi, G.C.F. Villa, Milano, pp. 257-270.
G. Poldi - L. Bonizzoni, *Di mescole e di strati. Precisazioni sui pigmenti della pala di San Zeno di Mantegna secondo le analisi integrate ED-XRF e vis-RS*, in *La Pala di San Zeno, la Pala Trivulzio. Conoscenza, conservazione, monitoraggio*, Atti della giornata di studi (Verona, Palazzo della Gran Guardia, 5 dicembre 2006), a cura di F. Pesci, L. Toniolo, Venezia, pp. 104-119.
Rinascimento e passione per l'antico. Andrea Riccio e il suo tempo, catalogo della mostra (Trento, Castello del Buonconsiglio - Museo Diocesano Tridentino, 5 luglio - 2 novembre 2008), a cura di A. Bacchi, L. Giacomelli, Trento.

A. Ruggeri Augusti, *Il Monumento Barbarigo e i bronzi della Ca' d'Oro: un problema da discutere*, in *L'industria artistica del bronzo del Rinascimento a Venezia e nell'Italia Settentrionale*, Atti del convegno (Venezia, Fondazione Giorgio Cini, 23-24 ottobre 2007), a cura di M. Ceriana, Verona, pp. 39-48.

A. Scapin, *Pietro, Tullio e Antonio Lombardo*, in *Svizzeri a Venezia: nella storia, nell'arte, nella cultura, nell'economia; dalla metà del Quattrocento ad oggi*, Lugano, pp. 90-97.

A. Soligon, *Collocazione e fortuna critica del dipinto*, in *Ultima cena, chiesa di S. Giovanni Battista San Fior di Sopra. Presentazione a cura di Antonio Soligon dell'opera restaurata 12 gennaio 2008*, Conegliano, pp. 13-18.

G.C.F. Villa, in *Giovanni Bellini*, catalogo della mostra (Roma, Scuderie del Quirinale, 30 settembre 2008 - 11 gennaio 2009), a cura di M. Lucco, G.C.F. Villa, Cinisello Balsamo.

2009

F. Borgo, *Un sarto per Giovanni e un tintore per Cima. La Presentazione del Martini tra San Francesco e Sant'Andrea*, in *Tra Livenza e Tagliamento. Arte e cultura a Portrogruaro e nel territorio concordiese tra XV e XVI secolo*, Atti della giornata di studio (Portogruaro, 28 novembre 2008), a cura di A.M. Spiazzi, L. Majoli, Vicenza, pp. 222-243.

Botticelli to Titian. Two Centuries of Italian Masterpieces, catalogo della mostra (Budapest, Szépmüvészeti Mùzeum, 28 ottobre 2009 - 14 febbraio 2010), a cura di D. Sallay, V. Tàtrai, A. Vécsey, Budapest.

E. Francescutti, *La tecnica pittorica di Giovanni Martini: analogie, tangenze e diversità con le realizzazioni scultoree del maestro friulano*, in *Tra Livenza e Tagliamento. Arte e cultura a Portogruaro e nel territorio concordiese tra XV e XVI secolo*, Atti della giornata di studio (Portogruaro, 28 novembre 2008), a cura di A.M. Spiazzi, L. Majoli, Vicenza, pp. 185-201.

Giorgione, catalogo della mostra (Castelfranco Veneto, Museo Casa Giorgione, 12 dicembre 2009 - 11 aprile 2010), a cura di E.M. Dal Pozzolo, L. Puppi, Milano.

Il Potere e la Grazia. I Santi Patroni d'Europa, catalogo della mostra (Roma, Palazzo Venezia, 7 ottobre 2009 - 31 gennaio 2010), a cura di A. Geretti, S. Castri, con la collaborazione di C. Corsato, Milano.

La Pinacoteca Renier. Bernardino Renier, Girolamo Ascanio Molin, a cura di A. Renier, s.l.

L. Menegazzi, *Francesco da Milano*, in «Arte Veneta», XXV, pp. 28-43.

G. Nepi Scirè, *Gallerie dell'Accademia di Venezia*, Milano.

E. Ortis Alessandrini, *Presenze di Cima da Conegliano a Portogruaro e nel Veneto orientale*, in *Tra Livenza e Tagliamento. Arte e cultura a Portogruaro e nel territorio concordiese tra XV e XVI secolo*, Atti della giornata di studio (Portogruaro, 28 novembre 2008), a cura di A.M. Spiazzi, L. Majoli, Vicenza, pp. 168-183.

G. Poldi (a), *I pigmenti di Giovanni Martini da Udine in pittura e scultura, alla luce delle analisi non invasive*, in *Tra Livenza e Tagliamento. Arte e cultura a Portogruaro e nel territorio concordiese tra XV e XVI secolo*, Atti della Giornata di studio (Portogruaro, 28 novembre 2008), a cura di A. M. Spiazzi, L. Majoli, Vicenza, pp. 203-221.

G. Poldi (b), *Note quasi sparse sul colore e la tecnica di Giambellino. Nuovi studi analitici*, in G. Poldi - G.C.F. Villa, *Indagando Bellini*, Milano, pp. 161-223.

C. Prestianni, *Un documento inedito sulla committenza di Giovanna da Piacenza nel monastero di San Paolo*, in «Aurea Parma», XCIII, 1, gennaio-agosto, pp. 103-132.

U. Soragni, *Giorgione e il culto del Sole. Eresie e significati nella pittura del Rinascimento*, Saonara.

Tra Livenza e Tagliamento. Arte e cultura a Portogruaro e nel territorio concordiese tra XV e XVI secolo, Atti della giornata di studio (Portogruaro, 28 novembre 2008), a cura di A.M. Spiazzi, L. Majoli, Vicenza.

Tullio Lombardo and Venetian High Renaissance Sculpture, catalogo della mostra (Washington, National Gallery of Art, 4 luglio - 31 ottobre 2009), a cura di A. Luchs, New Haven.

G.C.F. Villa, *Indagando Bellini. Quattro ancone in un itinerario*, in G. Poldi - G.C.F. Villa, *Indagando Bellini*, Milano, pp. 10-160.

2010

G. Poldi, *Analisi scientifiche su tappeti e altri tessili: note introduttive e prospettive di ricerca*, in *Crivelli e l'arte tessile*, a cura di M. Tabibnia, T. Marchesi, E. Piccoli, Milano, pp. 155-179.

Indice delle immagini delle opere di Cima da Conegliano in catalogo

Referenze fotografiche

Amsterdam, © Rijksmuseum
Avignone, © RMN / René-Gabriel Ojéda
Bergamo, foto di proprietà della Parrocchia San Bartolomeo Ap. di Olera
Bergamo, Giovanni C.F. Villa, Università degli Studi di Bergamo, Centro Arti Visive
Bergamo, UBI - Banca Popolare di Bergamo, foto Sandro Da Re
Berlino, © 2009. Foto Scala, Firenze/BPK, Bildagentur für Kunst, Kultur und Geschichte
Berlino, Foto: Jörg P. Anders. © 2007. Foto Scala, Firenze/BPK, Bildagentur für Kunst, Kultur und Geschichte
Berlino, Foto: Jörg P. Anders. © 2009. Foto Scala, Firenze/BPK, Bildagentur für Kunst, Kultur und Geschichte
Berlino, Foto: Ursula Gerstenberger. © 2009. Foto Scala, Firenze/BPK, Bildagentur für Kunst, Kultur und Geschichte
Berlino, Foto: Volker - H. Schneider. © 2010. Foto Scala, Firenze/BPK, Bildagentur für Kunst, Kultur und Geschichte
Birmingham, © Birmingham Museums & Art Gallery
Bologna, Archivio Pinacoteca Nazionale di Bologna. Su concessione del Ministero per i Beni e le Attività Culturali
Budapest, Photo András Rázsó
Caen, © Musée des Beaux-Arts de Caen, Martine Seyve photographe
Cambridge, © The Fitzwilliam Museum, University of Cambridge
Cardiff, © National Museum of Wales
Cleveland, The Cleveland Museum of Art
Conegliano, Arcangelo Piai fotografo
Copenaghen, © SMK Foto
Detroit, The Detroit Institute of Arts, USA/ Gift of James E. Scripps/ The Bridgeman Art Library
Dresda, Foto: Estel/Klut 2009 © SKD
Dresda, Foto: Hans-Peter Klut
Dresda, Foto: Klut/Dresden
Düsseldorf, Museum kunst palast, Gemäldesammlung, Sammlung Kunstakademie (NRW)
Edinburgo, National Gallery of Scotland
Este, Archivio fotografico del Museo Nazionale Atestino, 1999. Su concessione del Ministero per i Beni e le Attività Culturali
Feltre, Bit & Nero snc. Su gentile concessione del Ministero per i Beni e le Attività Culturali. Soprintendenza speciale per il Patrimonio Storico, Artistico ed Etnoantropologico e per il Polo Museale della città di Venezia e dei comuni della Gronda lagunare
Firenze, © Gabinetto Fotografico della Soprintendenza Speciale per il Patrimonio Storico, Artistico ed Etnoantropologico e per il Polo Museale della città di Firenze
Firenze, Antonio Quattrone. Reproduced by permission of the President and Fellows of Harvard College
Francoforte, U. Edelmann - Städel Museum/ ARTOTHEK
Gand, © Lukas - Art in Flanders VZW
Gemona, © Comune di Gemona del Friuli
Harewood, By kind permission of the Earl and Countess of Harewood and the Trustees of the Harewood House Trust
Kassel, © Museumslandschaft Hessen Kassel, Gemäldegalerie Alte Meister
Lisbona, Photo: Catarina Gomes Ferriera
Londra, © The National Gallery
Londra, © The Samuel Courtauld Trust, The Courtauld Gallery
Londra, © The Trustees of the British Museum
Londra, By kind permission of the Trustees of the Wallace Collection
Londra, The Royal Collection © 2009 Her Majesty Queen Elizabeth II
Los Angeles, Digital Image Museum Associates/ LACMA/Art Resource NY/Scala, Firenze
Mantova, © Vito Magnanini fotografo. Su concessione del Ministero per i Beni e le Attività Culturali
Matera, Archivio fotografico della Soprintendenza per i Beni Storici Artistici ed Etnoantropologici della Basilicata
Milano, Diritti Biblioteca Ambrosiana. Vietata la riproduzione. Aut. No VB 416/09
Milano, Museo Poldi Pezzoli - Foto Jürgen Becker
Milano, Pinacoteca di Brera. Su concessione del Ministero per i Beni e le Attività Culturali
Modena. Su concessione del Ministero per i Beni e le Attività Culturali - Archivio Fotografico della Soprintendenza per i Beni Storici Artistici ed Etnoantropologici di Modena e Reggio Emilia - Foto M. Ravenna
Monaco, Blauel/Gnamm/ARTOTHEK
Monaco, pbk/Bayerische Staatsgemäldesammlungen
Mosca, © Museo Statale delle Belle Arti A. S. Pushkin
New York, © The Pierpont Morgan Library, 2009
New York, Image © The Metropolitan Museum of Art
Nivaa, The Nivaagaard Picture Gallery
Oxford, © Ashmolean Museum
Parigi, © Musée Jacquemart-André - Institut de France
Parigi, © Petit Palais / Roger-Viollet
Parigi, © RMN / Thierry Le Mage
Parma, © Galleria Nazionale di Parma. Su concessione del Ministero per i Beni e le Attività Culturali
Pavia, Fiorenzo Cantalupi Fotografo - © 2009 Comune di Pavia
Philadelphia, Philadelphia Museum of Art; John G.Johnson Collection, 1917
Raleigh, © North Carolina Museum of Art
Roma, Antonio Iorio
Roma, Giuseppe Schiavinotto
San Francisco, © Fine Arts Museum of San Francisco
San Pietroburgo, © Museo Statale Ermitage
Strasburgo, Photo Musée de la Ville de Strasbourg, M. Bertola
Treviso, Luigi Baldin Fotografo d'arte
Treviso, Luigi Baldin Fotografo d'arte. Su gentile concessione del Ministero per i Beni e le Attività Culturali. Soprintendenza speciale per il Patrimonio Storico, Artistico ed Etnoantropologico e per il Polo Museale della città di Venezia e dei comuni della Gronda lagunare
Varsavia, foto Piotr Ligier
Venezia, © Diocesi Patriarcato di Venezia. Chiesa dei Santi Giovanni e Paolo
Venezia, © Diocesi Patriarcato di Venezia. Chiesa della Madonna dell'Orto
Venezia, © Diocesi Patriarcato di Venezia. Chiesa di San Giovanni in Bragora
Venezia, Fotoflash Arte di Alessia e Mario Polesel
Venezia, Gallerie dell'Accademia. Su gentile concessione del Ministero per i Beni e le Attività Culturali. Soprintendenza speciale per il Patrimonio Storico, Artistico ed Etnoantropologico e per il Polo Museale della città di Venezia e dei comuni della Gronda lagunare
Venezia, Museo Correr
Vittorio Veneto, Foto: Ugo Agnoletto
Washington, Andrew W. Mellon Collection, Image courtesy of the Board of Trustees, National Gallery of Art
Washington, Samuel H. Kress Collection, Image courtesy of the Board of Trustees, National Gallery of Art

Impianti
Fotolito Veneta, San Martino Buonalbergo (Verona)

Stampato da
Grafiche Nardin, Ca' Savio Cavallino Treporti (Venezia)
per conto di Marsilio Editori s.p.a.® in Venezia

EDIZIONE

10 9 8 7 6 5 4 3 2 1

ANNO

2010 2011 2012 2013 2014